Da

Pour enseigner et apprendre l'orthographe

Nouveaux enjeux - Pratiques nouvelles
École/Collège

Delagrave

ISBN : 2-206-08952-X

Delagrave Édition – 15, rue Soufflot – 75254 Paris cedex 05
E-mail : delagrave@delagrave-edition.fr

SOMMAIRE

Troisième partie : Enseigner l'orthographe

Nous sommes inséparables de notre langue.
Tout ce qui nous arrive, poétiquement,
politiquement, nous arrive dans et par la langue.
La langue devrait être, bien et plus
et autrement qu'elle n'est,
l'objet de notre attention.

Henri Meschonnic
De la langue française. Essai sur une clarté obscure
Hachette, Pluriel, 1997

Orientations

XXIe siècle, IIIe millénaire ; l'écriture n'a pas disparu de l'horizon, bien au contraire. Et qui dit écriture dit orthographe. Connaitre l'orthographe constitue donc un impératif, aujourd'hui comme hier.

Toutes les disciplines scolaires réévaluent périodiquement leurs contenus et méthodes en fonction de nouvelles connaissances théoriques ou didactiques. Curieusement, l'orthographe fait bande à part. Son apprentissage, son enseignement, l'orthographe des élèves, suscitent des interrogations, ce qui est normal, mais surtout des passions irrationnelles, des levées d'obscurantismes, des nostalgies absurdes, des contrevérités grossières, ce qui l'est moins.

Pas une rentrée scolaire sans qu'un ministre ou un « intellectuel médiatique » ne parte en guerre contre l'abandon de l'orthographe à l'école. La preuve ? Les élèves font de plus en plus de fautes. Le remède ? Pas compliqué : la dictée. Réflexion bien courte, mais c'est là la spécificité du domaine.

S'interroger sur la matière et sur sa transmission, se demander comment les élèves acquièrent l'orthographe, quelles sont les difficultés propres à cet apprentissage et comment tenter de les résoudre, ou que faire pour améliorer les démarches, c'est presque déjà une atteinte à une institution nationale, dont Molière aurait pu faire une scène…

> Je viens d'apprendre là-bas, à la porte, de jolies nouvelles ; qu'on se moque ici de mes ordonnances, et qu'on a fait refus de prendre la dictée que j'avais prescrite. Voilà une hardiesse bien grande, une étrange rébellion ! Une dictée que j'avais pris plaisir à composer moi-même. Inventée et formée dans toutes les règles de l'art. Et qui devait faire dans les copies un effet merveilleux. La renvoyer avec mépris ! C'est une action exorbitante ! Un attentat énorme contre l'Orthographe ! Un crime de lèse-Tradition, qui ne se peut assez punir !

Ah, les bonnes vieilles méthodes d'autrefois, quand, dans le Secondaire, on n'accueillait que ceux qui avaient surmonté l'épreuve de la dictée à l'examen d'entrée en sixième ! Ah, les bonnes vieilles méthodes d'autrefois, celles qui réussissaient si bien en 1965 à mener au baccalauréat 13 % d'une génération !

Soyons sérieux. En déplorant avec constance les résultats des élèves, des publications du Ministère aux émissions de télévision, l'enseignement traditionnel d'aujourd'hui ne cesse en réalité de proclamer son impuissance ou son échec. En ne voyant de salut que dans un retour en arrière – c'était tellement mieux avant ! –, il frôle l'inconséquence. Cet esprit critique que les « défenseurs de la tradition » réclament des élèves, dommage qu'ils n'en fassent pas davantage usage eux-mêmes pour examiner les attendus de leurs jugements et de leurs recommandations. Dommage que l'immobilisme intellectuel – refaire ce qui a déjà échoué – soit la seule solution qu'ils puissent envisager pour « sauver l'orthographe ». Dommage qu'ils confondent les buts et les moyens, s'obstinant à ignorer ce qu'on sait aujourd'hui des apprentissages en général et de celui de l'orthographe en particulier. Ainsi, les enseignants n'ont pas seulement à conduire un enseignement délicat, ils ont à se battre sur le front des idées toutes faites et souvent contre la mauvaise foi, loin de la sérénité dont ils ont besoin pour enseigner l'orthographe, et leurs élèves pour l'apprendre. C'est avec cet immobilisme, ces positions préjudiciables, qu'il est temps de rompre.

Nouveau contexte, nouveaux enjeux

Depuis plusieurs décennies, de très nombreux travaux de recherche ont accumulé des connaissances. Ces travaux, qui nous viennent de la linguistique et de la psycholinguistique, des théories du langage, du texte et des discours, de la didactique du français et de celle des sciences, de la psychologie cognitive, sociale, du travail ou des apprentissages, de l'histoire, de la sociologie de l'école ou du langage, dessinent de façon convergente un tout autre tableau que celui du classique chaos orthographique sans autre forme de procès. Si des problèmes existent, encore faut-il les analyser avec les outils de compréhension contemporains, pas avec ceux d'hier, en tenant compte de l'école et des élèves tels qu'ils sont, dans la société telle qu'elle est.

Cessons de croire au mythe de l'âge d'or ou à la baisse de niveau généralisée : ceux qui, autrefois, développaient rapidement une bonne orthographe existent toujours, ceux qui n'y parvenaient pas aussi. Mais, avec la démocratisation de l'enseignement, ces derniers apparaissent aujourd'hui plus nombreux puisqu'ils restent dans le système éducatif plus longtemps, tandis que les premiers disparaissent dans les grands nombres.

Cessons de penser que ce qui s'enseigne aisément s'apprend facilement, que ce que nous décrétons simple, sans aucun critère scientifique, est simple pour l'enfant, au déni de la réalité enregistrée par les évaluations nationales, année après année.

Cessons surtout de jeter dans l'échec et la mésestime de soi des quantités d'élèves au nom d'idées fausses. Pour trop de jeunes sans formation, en effet, l'orthographe est le symbole de leur rejet de l'école, au double sens du terme : l'école les a rejetés dans une spirale négative – mauvais en orthographe, mauvais en français, mauvais élèves ; et ils ont rejeté l'école et les savoirs. Inutile d'en rappeler le cout psychologique et social. Si l'orthographe n'est pas responsable à elle seule de l'échec scolaire, on ne peut la tenir totalement pour innocente, tant elle pèse dans les jugements dès le début des apprentissages, et alors même que les critères manquent de rigueur. L'orthographe du français est reconnue comme une des plus difficiles au monde. Ne peut-on accorder aux enfants d'aujourd'hui le temps de la scolarité obligatoire pour l'apprendre ?

Écrire sans faute est le résultat d'un lent processus d'appropriation des normes de la langue écrite, où les erreurs ont une autre signification que celle qu'on leur prête ordinairement. La maitrise de l'orthographe n'est pas le simple résultat d'une mise en application de règles apprises par cœur, mais une affaire de réflexion et de conceptualisation, autant que de répétition ; les procédures ne s'automatisent qu'à terme. Aujourd'hui, ce processus est appréhendé pour l'essentiel. C'est l'apport le plus neuf et le plus récent de la recherche. Décisif, il ouvre de nouvelles perspectives.

L'enjeu de cet ouvrage est donc de proposer des réponses aux questions récurrentes des enseignants des 1er et 2nd degrés, telles qu'ils se les posent et nous les posent quand nous les rencontrons en formation initiale ou continue. Il est surtout de présenter une démarche d'enseignement en cohérence avec les connaissances actuelles sur l'apprentissage de l'orthographe. Il est encore de donner envie d'enseigner autrement à ceux qui le souhaitent, mais ne se lancent pas, faute de repères et d'outils suffisants.

Pour enseigner l'orthographe

Il faut d'abord cerner sa place comme une composante de l'activité d'écriture. On échappe alors à l'emprise de l'orthographe sur les activités de production écrite et leur évaluation. Il faut ensuite connaitre son fonctionnement en tant que système d'écriture. On bénéficie d'une description linguistique qui en donne une vision plus rigoureuse que le bric-à-brac de règles et pseudo-règles habituel. Il faut aussi connaitre la manière dont les élèves la comprennent et la mettent en œuvre. On dispose d'une représentation déjà assez précise de l'acquisition de l'orthographe au fil des années. Il faut enfin savoir comment organiser l'apprentissage des élèves pour qu'ils l'apprennent et l'assimilent. Des démarches pertinentes ont d'ores et déjà été expérimentées dans les classes.

Enseigner et apprendre l'orthographe n'est pas un manuel. Il tient tout à la fois de l'ouvrage théorique, du compte rendu de séquences, du témoignage, du guide pédagogique.

- Il s'adresse en priorité aux enseignants du cycle 3 et des premières années du collège, mais concerne également ceux qui, en amont ou en aval, doivent enseigner l'orthographe.
- Il s'organise autour d'orientations argumentées et de situations didactiques.
- Il propose de nombreux exemples de déroulement de séances et des pistes de travail.

De cette manière, nous pensons pouvoir fonder le travail d'enseignement en le donnant à voir. Nous espérons rendre ainsi chacun libre de conduire le sien dans sa classe. C'est le pari que nous faisons.

Parcours

La première partie présente les raisons d'une mutation indispensable, qu'il s'agisse de la place de l'orthographe dans l'évaluation des écrits ou des leçons elles-mêmes, ou encore des fondements linguistiques de l'orthographe qu'il est nécessaire de connaitre pour enseigner.

La deuxième partie donne des clés théoriques – psychologiques et linguistiques – qui apportent un nouveau regard sur l'acquisition de l'orthographe : elle situe ainsi **l'enjeu d'un enseignement renouvelé**. Le parti pris de cet ouvrage est de faire connaitre largement les « idées orthographiques » des élèves : ce cheminement évitera de faire apparaitre comme dogmatique ce que nous appelons une *approche combinée de l'orthographe*.

La troisième partie détaille la démarche d'enseignement qui articule trois types de situations correspondant chacune à un objectif majeur :

- comment amener les élèves à prendre en compte l'orthographe dans leurs écrits ;
- comment les aider à construire des connaissances orthographiques cohérentes ;
- comment faire évoluer leurs représentations qui, si elles ne sont pas travaillées, font obstacle à la progression de leurs connaissances et à l'appropriation de la norme.

Elle montre aussi de quelle manière une telle démarche peut produire des effets bénéfiques dans des domaines plus larges, en français et ailleurs.

En conséquence :

1 – Si l'on souhaite accéder directement aux *propositions didactiques*, on commencera par la troisième partie.

2 – Si l'on souhaite avoir en priorité une information nouvelle et approfondie sur les *conceptions orthographiques des élèves*, on commencera par la deuxième partie ; elle se présente comme une « orthographe de l'acquisition », de l'entrée dans l'écrit aux différents domaines de la langue.

3 – Si l'on souhaite d'abord faire le point sur le *fonctionnement de l'orthographe* sous l'angle linguistique, on commencera par le deuxième chapitre de la première partie.

Remerciements

Cet ouvrage est redevable d'une longue lignée de recherches théoriques et didactiques, notamment les recherches de tous ceux qui, depuis le Plan de Rénovation de 1970 jusqu'aux années 2000, ont œuvré pour améliorer l'enseignement et l'apprentissage du français ; il doit plus particulièrement pour l'orthographe au groupe LÉA (Linguistique de l'Écrit et Acquisition), animé par Jean-Pierre Jaffré, à la richesse de ses recherches et de ses échanges. Leurs travaux, dont seuls certains ont pu être cités, inspirent bien des analyses et des propositions qui vont suivre. Qu'ils en soient vivement remerciés.

Merci aussi à tous ceux, enseignants, élèves, professeurs-stagiaires, collègues, amis, famille, et, en particulier, à tous les membres du groupe de formation de formateurs « Maitrise de la langue : enseignement de l'orthographe à l'école et au collège » de l'IUFM de Paris (1999-2001), qui ont accepté de travailler avec nous, en ouvrant leurs classes ou leurs cahiers, en fournissant un exemple, en rapportant une observation, en essayant un dispositif ou en discutant, tout simplement, avec insistance et perspicacité.

Et, tout spécialement, à Véronique Adda, Anne Champion, Dominique Delomier, Julio Gascon, Geneviève Gauthier, Michèle Hamon, Jean-Jo Hamon, Joëlle Hardy-Vulbeau, Catherine Hutzler, Paule Irion, Véronique Mestre, Bruno Minard, Sylvain Olivier, Geneviève Pierrot, Jacques Treiner : un peu de leur travail avec nous figure dans ces pages.

Anne-Marie Bézian et **Corinne Lambin** occupent une place à part. Formatrices à l'IUFM de Paris et membres très actifs du groupe « Maitrise de la langue : enseignement de l'orthographe à l'école et au collège » de 1999 à 2001, elles ont toutes deux apporté une collaboration précieuse à cet ouvrage, la première dès sa genèse, la seconde un peu plus tard. Un grand nombre des séquences relatées dans la Troisième partie et dans les Compléments viennent de leurs classes et elles ont participé à la rédaction de la première version de trois des chapitres de la dernière partie. Cet ouvrage ne serait pas ce qu'il est sans leur fructueux apport. Un très grand et chaleureux merci à toutes les deux.

Précisions

1 – Les mots et les lettres mentionnés en tant que tels sont en italiques. Par exemple : il faut un *e* à *feuille*.
2 – Ce qu'écrivent les élèves est bien sûr noté tel quel, en italiques également : *une feulle*. Les formes phoniques sont transcrites avec l'alphabet phonétique international (API) entre deux barres obliques (/ynfœj/).
3 – Dans les dialogues, pour faciliter la lecture, les mots erronés qui font l'objet d'une citation sont généralement rétablis en orthographe conventionnelle, toujours plus lisible. Cependant, pour éviter une ambigüité, ils peuvent parfois être notés soit par une transcription phonétique, soit comme ils ont été écrits par l'élève.
4 – Cet ouvrage observe la plupart des rectifications orthographiques proposées par le Conseil supérieur de la langue française, approuvées à l'unanimité par l'Académie française le 3 mai 1990 et publiées dans le *Journal officiel de la République française* (section des documents administratifs) le 6 décembre 1990.
« Aucune des deux graphies ne peut être tenue pour fautive » (*Dictionnaire de l'Académie française*, 9e édition, 1993).

… et en pensant
à Bernard, Jean-Bernard, Azzedine,
dont l'orthographe n'aurait pas dû peser autant sur leur avenir
ou à Pauline
qui se croyait mauvaise, alors qu'elle ne faisait pas de fautes.

Première Partie

Un enseignement en mutation

Depuis l'école de Jules Ferry à laquelle on l'identifie volontiers, l'enseignement de l'orthographe est entré en mutation. Les profonds changements sociaux qui se sont produits dans les dernières décennies du XXe siècle ont entrainé dans leur sillage la remise en cause des formes coercitives qui le caractérisaient.

Du côté des sciences humaines et sociales, la linguistique structurale, la linguistique de l'écrit, la didactique du français, celle de la production de texte en particulier, ont amené à reconsidérer la façon d'aborder l'orthographe, non sans susciter beaucoup d'incertitudes et d'interrogations. Enfin, tout récemment, les recherches sur les représentations des élèves sont venues éclairer d'un jour nouveau cet apprentissage, en complément de la sociologie ou de la psychologie dont les contributions ont été importantes pour comprendre ce qui se passe dans le monde de l'école et à l'intérieur-même de la classe. L'orthographe, discipline scolaire par excellence, a ainsi fait l'objet de redescriptions linguistiques et psychosociales qui en bouleversent la vision et qui appellent de nouveaux repères pour de nouvelles pratiques.

Cette première partie a pour objectif de fournir à chacun les pièces liminaires du dossier, d'une part en cernant les limites et les impasses de l'enseignement actuel (chapitre I), d'autre part en présentant le socle de connaissances linguistiques indispensables pour enseigner l'orthographe, double fondement d'une mutation inéluctable (chapitre II).

Chapitre I

L'orthographe : une matière en question

L'orthographe a longtemps été une discipline autonome, définie par ses leçons et ses exercices, ses règles et ses exceptions, sa dictée et ses corrections. Aujourd'hui, elle est considérée comme une composante nécessaire à la communication écrite. Mais les relations entre écriture et orthographe apparaissent confuses et très conflictuelles, tandis que les leçons et les dictées ne donnent pas plus satisfaction qu'hier : seule une minorité d'élèves est à la hauteur des attentes. L'enseignant se trouve ainsi piégé, condamné à perpétuité à corriger les mêmes fautes et à refaire les mêmes leçons, parce qu'il le faut bien, mais peu convaincu de l'effet de son action. C'est donc ce cadre qu'il faut commencer par interroger.

> Ce premier chapitre consacré à l'approche traditionnelle a pour objectif :
> 1 – de démonter le conflit entre orthographe et écriture tel qu'il s'organise dans l'évaluation d'un texte d'élève (section 1),
> 2 – de montrer comment une leçon ordinaire peut difficilement atteindre les buts qu'elle se fixe (section 2).

1. LE PIÈGE DE L'ÉVALUATION : L'EXEMPLE D'UN RÉCIT (CE2)

Les rapports entre orthographe et production écrite sont complexes : écrire et orthographier se font conjointement, et, néanmoins, ne sont pas réductibles l'un à l'autre. La « dictée à l'adulte » qui permet à des enfants de cinq ans ne sachant rien du système d'écriture de leur langue de produire un texte écrit oralement ou les logiciels de reconnaissance vocale montrent à l'évidence que la fabrication du texte est indépendante de sa trace graphique. C'est pourquoi un texte bien orthographié peut ne pas être un bon texte ; inversement, un texte mal orthographié peut présenter d'indéniables qualités d'écriture. Pourtant, le texte ne sera lisible par d'autres – et donc n'acquerra son statut véritable de texte écrit – que lorsqu'il prendra forme orthographique.

Ainsi, orthographe et production écrite se retrouvent toujours indéfectiblement associées/dissociées : côté jardin ou côté cour, on ne peut empêcher l'une de surgir quand l'autre est déjà en scène. Dans le discours social ou scolaire, ce lien s'embrouille en raison de l'évaluation, au cœur des interrogations des enseignants :

- *Pourquoi les élèves n'appliquent-ils pas les règles qu'ils connaissent quand ils écrivent ?*
- *Ils ne savent même pas faire de phrases qui soient du français ! Est-ce la peine de faire écrire des textes ?*
- *Comment trouver le temps de les faire écrire plus alors qu'on n'a pas le temps de faire toutes les corrections ?*

Ce qui est mis en avant, du côté des élèves, ce sont les manques ; du côté des maitres, c'est le découragement tant est lourde la charge pour une efficacité minimale. Mais n'est-ce pas les présupposés des questions, la manière de poser le problème, qui font paraitre la mission impossible ?

Pour illustrer la profonde perplexité qui peut saisir chacun face à certains textes d'enfants, nous allons examiner un écrit recueilli dans une classe de CE2 en septembre, lors d'une évaluation nationale, et présenté dans un stage comme d'un niveau désastreux, l'exemple même de l'inutilité de toute action magistrale. La consigne demandait aux élèves d'inventer une histoire avec un titre en utilisant trois des mots d'une liste *(poisson, chat, chien, armoire, bocal, baguette magique*). Voici ce texte :

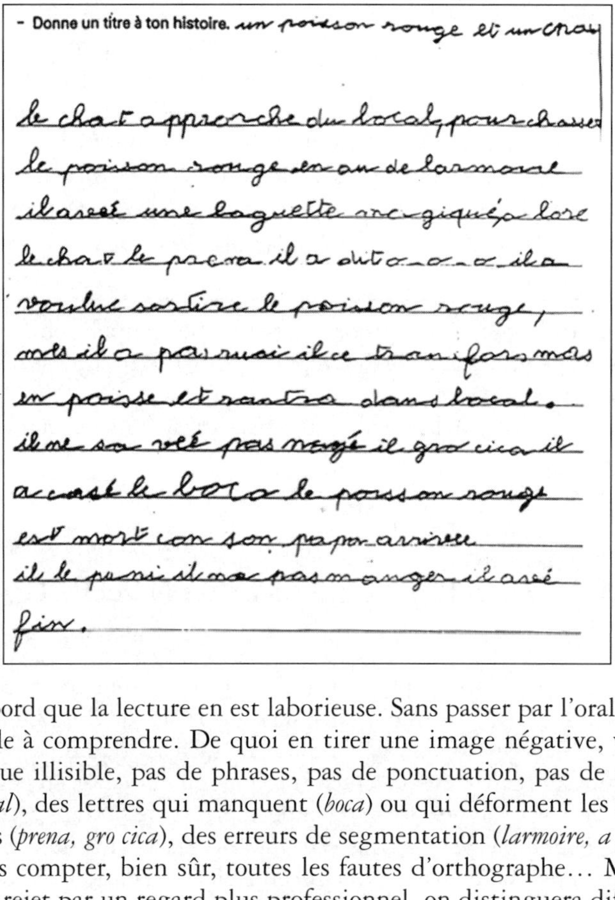
- Donne un titre à ton histoire. un poisson rouge et un chat

le chat approrche du bocal pour chasser
le poisson rouge en an de larmoire
il a reçé une baguette magiqué a lore
le chat le prena il a dit a-a-a il a
voulue sortire le poisson rouge,
mais il a pas reussi il a tranformas
en poisse et rantra dans bocal.
il ne sa vet pas nagé il gro cica il
a cassé le boca le poisson rouge
est mort con son papa arrive
il le puni il ma pas manger il a sé
fin.

Convenons d'abord que la lecture en est laborieuse. Sans passer par l'oral, il serait même par endroits impossible à comprendre. De quoi en tirer une image négative, voire très négative : graphisme presque illisible, pas de phrases, pas de ponctuation, pas de majuscules, des mots oubliés (*dans bocal*), des lettres qui manquent (*boca*) ou qui déforment les mots (*approrche, poisse*), des barbarismes (*prena, gro cica*), des erreurs de segmentation (*larmoire, a lore*), des temps qui se mélangent, sans compter, bien sûr, toutes les fautes d'orthographe… Mais si l'on surmonte la tentation du rejet par un regard plus professionnel, on distinguera différents niveaux d'analyse. Cet examen nous permettra de répondre aux deux questions suivantes :

1. L'élève sait-il composer une véritable histoire en réponse à une consigne ?
2. Jusqu'où les normes linguistiques sont-elles respectées ?

Une histoire cohérente

L'histoire met en jeu un conflit entre deux personnages, un chat et un poisson, conflit vital qui s'achève par un double désastre. L'élève réussit à donner une certaine épaisseur à son histoire en produisant non pas un récit sommaire, comme il est fréquent à cet âge, mais une véritable scène, avec du discours rapporté, qui joue à la fois sur le rythme et sur la durée : le lecteur est plongé d'emblée dans la quête du chat malveillant. La catastrophe n'est cependant pas immédiate : le narrateur donne à voir au lecteur la lente approche du héros vers le poisson, puis sa tentative qui échoue.

On note la pointe d'humour que constituent la réflexion du personnage (*il a dit o - o - o*), la transformation d'un chat en poisson qui ne sait pas nager et le mode de punition. Cette histoire s'apparente en effet à un conte d'avertissement (sans avertissement) : le personnage qui enfreint la loi est puni par où il a péché. La faim marque ainsi la fin du texte.

Si l'on veut, on pourra reprocher à cet élève une légère incohérence sémantique : il a introduit une baguette magique dans son récit, qui se révèle, sans qu'on sache pourquoi, d'une utilité limitée. En outre, on pourra le chicaner sur l'emploi des quelques termes anaphoriques de la fin, le déterminant possessif *son* (*papa*) et les pronoms personnels : en toute rigueur, *son* renvoie au *poisson*, et le premier *il* est le substitut de *son papa* (dont l'existence est révélée un peu abruptement, pour les besoins de la chute), tandis que les deux suivants renvoient au félin prédateur, sans qu'il y ait eu réintroduction du terme antécédent *le chat*. Cependant, ces inadéquations ne créent pas d'incohérence réelle, dans la mesure où le chat est le personnage principal auquel on a tendance à rattacher tous les pronoms en position de sujet grammatical ; de plus, dans notre univers, on s'attend à ce que les enfants soient privés de diner par les pères, et non l'inverse. Le seul vrai problème est celui de la reprise du groupe *une baguette magique* par le pronom complément *le* (*prena*) au début du texte, mais il est très localisé et ne gêne pas la compréhension.

En somme, cet élève a répondu à la consigne : il a su écrire une véritable histoire, qui accroche un lecteur, avec un titre, et en utilisant les mots qu'on lui demandait d'utiliser.

Les temps

Cet élève connait les différents temps qui permettent de raconter, à savoir le présent, le passé composé, avec une légère préférence pour le passé simple comme temps de la fiction, en alternance avec l'imparfait : il respecte l'opposition entre narration et description, premier plan et arrière-plan (sauf, pour *con son papa arrivee*). Il sait varier la perspective narrative : tantôt il cadre (*le chat approrche*) ou évalue (*mais il a pas rusi*), tantôt il colle au récit (*prit, dit, ce transforms mas*). Mais le passage d'un temps à l'autre dans un texte aussi court peut donner une impression d'incohérence.

Ce qu'il ne connait pas en revanche, c'est la conjugaison d'un verbe comme *grossir* (*il gros cica :* /grosisa/) qu'il calque sur la morphologie du premier groupe, le plus fréquent en français. Il fait là ce que font tous les écoliers, parfois dès la maternelle : grâce à l'écoute de nombreuses histoires, le passé simple apparait dans leurs récits avant tout enseignement.

Des formes comme *il prena*, *il disa*, *il gros cica*, sont très répandues chez les élèves. Jamais, pourtant, ils ne les ont rencontrées. Elles montrent que, pas plus qu'il ne l'a fait au cours de l'acquisition du langage, l'enfant ne *reproduit* dans son langage écrit les formes linguistiques telles qu'il les reçoit : il les *recompose*. À partir des énoncés qu'il entend lire ou lit, il procède à une véritable analyse pour découvrir le système de la langue et dégager des règles qu'il généralise avant de les affiner peu à peu. Sans cette analyse, il ne pourrait jamais produire lui-même de nouveaux énoncés. En effet, parler ou écrire ne consiste pas à faire de la récupération de matériaux linguistiques dans l'environnement, mais à recréer sans cesse de nouveaux agencements langagiers.

Ce qu'il ne connait pas non plus ou très mal, c'est l'orthographe des terminaisons verbales : *il avée*, *il le puni*, *il a voulue*. Certaines formes sont déjà cependant correctes : *dit*, *est*, *avait*. On peut donc relever, à travers les tâtonnements de ce récit, une intelligence de la valeur des temps et quelques connaissances en conjugaison.

La ponctuation

La première impression est que le texte n'est pas ponctué. Si l'on y regarde de plus près, on constate pourtant que trois points découpent l'histoire selon son organisation sémantique: la présentation des intentions du chat, l'ensemble des manœuvres par lesquelles il cherche à atteindre son but, la catastrophe avec sa punition.

Si la ponctuation n'est pas conforme à la norme, elle correspond en revanche aux caractéristiques que les recherches sur l'acquisition de l'écrit ont dégagées chez les jeunes élèves: ils ont un répertoire de signes généralement limité au point, et parfois à la virgule; ils attribuent au point et, à un degré moindre, à la virgule, un rôle sémantique et non syntaxique.

Autrement dit, si le point est bien perçu comme un séparateur, les jeunes élèves n'ont pas conscience de sa fonction de marqueur de phrase. De ce fait, ils ne séparent pas ce qui, du point de vue du sens, leur parait aller ensemble. Au contraire, ils enchainent une série d'actions formant un «paquet» sans aucune ponctuation et scandent par un point un changement de situation qu'ils considèrent important. La ponctuation évolue ensuite, à partir du CE2, vers une reconnaissance de la fonction syntaxique du point, qui devient alors plus fréquent; parallèlement, le répertoire des signes et le jeu des oppositions entre ces signes s'enrichissent.

On peut s'étonner de la lenteur de cette évolution puisque, souvent dès le CP ou le CE1, les jeunes enfants sont capables de dire qu'« une phrase commence par une majuscule et finit par un point » ; dès la Grande Section même, des enfants sont capables de faire des remarques sur la présence et le sens d'un point d'interrogation ou d'une majuscule. C'est l'illustration qu'un savoir disponible en réception ne l'est que beaucoup plus tard en production: les élèves savent souvent repérer quelque chose sans savoir le produire.

Peut-on dire pour autant qu'ils ne savent pas faire de phrases, comme on l'entend dire souvent ? La correction syntaxique de la phrase déclarative dépend d'abord de la présence de ses constituants obligatoires, le groupe nominal et le groupe verbal, et de la bonne formation interne de tous les groupes. Inversement, l'omission de la ponctuation n'est pas le signe d'une incorrection syntaxique généralisée. Pour le voir, il suffit de réécrire ce récit en allant à la ligne à chaque « phrase » :

un poisson rouge et un chat

le chat approrche du bocal, pour chasser le poisson rouge
en au de larmoire il avée une baguette magique,
a lore le chat le prena
il dit o – o – o –
il a voulue sortire le poisson rouge,
mes il a pas rusi
il ce transfors mas en poisse et rantra dans bocal.

il ne sa veé pas nagé
il gro cica
il a casé le boca
le poisson rouge est mort
con son papa est arrivee il le puni
il na pas manger
il avait fin.

Aucune phrase n'est incomplète: on peut donc conclure à la parfaite conformité syntaxique de ce texte, à un oubli de mot près (*dans bocal*). Même le *ne* de négation est présent deux fois sur trois. En fait, l'impression d'incorrection syntaxique laissée par l'absence de ponctuation tient à ce que nos habitudes de lecture sont touchées. Mais c'est bien une question d'habitude culturelle. Avant l'imprimerie, la *scripta continua* était la règle dans les manuscrits destinés à être lus à voix haute par un lecteur pour un public d'auditeurs. Ensuite, la lecture est devenue intime, silencieuse, et a gagné en rapidité grâce à ces balises que constitue la ponctuation. Pour les jeunes producteurs de texte, l'absence de ponctuation n'est pas une gêne, car ils ne sont pas encore des lecteurs rapides et ils ont peu l'occasion de travailler sur des manuscrits autres que les leurs: comme ils parviennent à relire leurs propres textes parce qu'ils les connaissent, ils ne perçoivent pas le problème.

L'orthographe

La première impression est que l'orthographe est très défectueuse. Pourtant, 67 %, soit deux tiers des mots, sont correctement graphiés, c'est dire qu'on est loin d'une faute à chaque mot. Il y a même une phrase entière bien orthographiée. Mais dans ce pourcentage de mots corrects figurent les « petits mots » qu'on ne porte habituellement pas au crédit des élèves. Ce qui est, au fond, un raisonnement curieux : ce que les élèves savent ne compte pas, ce qu'ils sont susceptibles d'ignorer est seul pris en compte. Cette remarque faite, que peut-on dire des « fautes d'orthographe » dans cette rédaction, notamment celles qui gênent considérablement le lecteur en le contraignant à passer par l'oral pour comprendre ?

Oublis et ajouts

Quand l'élève écrit *approrche*, *dans bocal*, *boca* ou *poisse*, s'agit-il d'erreurs touchant à la maitrise de la langue ? Non. Ce sont tout simplement des *lapsus calami* – glissements de plume – que chacun est à même de faire quand il est pressé. Nous sommes au cœur de la question de l'orthographe en production écrite.

En effet, écrire est une activité complexe, qui oblige à penser en même temps au contenu du texte qu'on va produire et à la façon de l'écrire. Pour la psychologie cognitive, compte tenu de la capacité et du fonctionnement de la mémoire, tout scripteur est souvent proche de la *surcharge mentale* (terme par lequel on indique qu'il n'y a plus de ressources cognitives disponibles pour traiter des données). Un scripteur expert, par exemple, est capable de se dédoubler quasiment : sa main trace les lettres d'un mot alors qu'il est déjà en train de préparer mentalement la suite. Des omissions ou des substitutions de mots ou de lettres peuvent alors se produire et passer pour des erreurs d'orthographe caractérisées, si, par exemple, il est en train d'écrire un mot au singulier, tout en planifiant l'écriture d'un groupe nominal au pluriel, et qu'un *s* surgisse en avance, bien mal à propos. Ce type d'erreurs est perçu soit immédiatement, soit à la relecture (mais parfois pas du tout, et c'est ce qu'on appelle pudiquement une *coquille*).

Un enfant de sept ou huit ans, lui, n'a pas encore la capacité de contrôler ce qu'il écrit (par exemple *approrche*). Il est préoccupé par ce qu'il veut dire et par l'écriture de chaque mot qu'il a encore du mal à tracer, il ne dispose que de très peu d'automatismes : il est donc presque toujours en surcharge mentale. De plus, il ne sait pas revenir en arrière pour modifier ce qu'il a déjà écrit. Les ratés qui se produisent (*boca*, *poisse* écrits ailleurs *bocal*, *poisson*) sont plus à considérer comme des *erreurs de gestion* que comme des erreurs d'orthographe. Ce type de fautes surgit d'ailleurs en production écrite alors qu'on ne les trouve pas, ou beaucoup moins, dans les exercices ou dans les dictées.

Altérations phoniques

Si on lit à haute voix certains blocs graphiques, on constate qu'ils ne correspondent à aucun mot. Pourtant, ces altérations ne sont pas toutes à mettre sur le même plan. Les unes sont des erreurs phonétiques, les autres graphiques.

Une erreur *phonétique* correspond à une erreur dans le langage *oral* et relève d'un travail sur l'audition et l'articulation. En effet, les enfants apprennent à parler dans des échanges spontanés et familiers où les mots s'enchainent dans une articulation plutôt lâche et rapide, et ne sont pas toujours facilement identifiables (par exemple, *je ne sais pas* ou *il y a* prononcés /ʃepa/ ou /ja/). C'est pourquoi certaines erreurs à l'écrit ne sont que la transcription de séquences phoniques au départ mal saisies et donc mal analysées. Ce pourrait être le cas d'*il avée* (*il y avait*) et de *con son papa* (*quand*) ; tout comme les deux premières syllabes de *réussir*, réduites à une seule (*rusi*). Ces erreurs disparaissent généralement quand les contacts avec l'écrit augmentent.

Une erreur *graphique* correspond à une erreur dans le langage *écrit* et relève de l'apprentissage de l'orthographe. Certaines ont l'air d'être phonétiques, mais elles ne sont des altérations phoniques que pour l'infortuné lecteur. L'élève, lui, prononce normalement (rien ne laisse soupçonner le contraire). Simplement, il ignore ou ne met pas en œuvre les lois de position qui changent la valeur de certains graphèmes. C'est le cas ici du phonème /s/, transcrit *s* dans *rusi* pour *réussi* ou *casé* pour *cassé*, et *c* dans *gro cica* pour /grosisa/ (et non /grosika/). La connaissance des valeurs des lettres, bien amorcée au cycle 2, doit encore être travaillée tout au long du cycle 3.

Segmentation

Les recherches sur l'acquisition de l'orthographe montrent que les élèves, quand ils ignorent la graphie d'un mot, produisent fréquemment de fausses segmentations, souvent en procédant à un découpage syllabique ou en agglutinant l'élément élidé. Ces erreurs perturbent la reconnaissance des mots : c'est le cas pour *a lore*, ou de /na/ graphié *na* (*il na pas manger*). En outre, il semble que les jeunes scripteurs aient du mal à comprendre la fonction de l'apostrophe ou à admettre qu'un mot puisse se réduire à une seule lettre : le regroupement de *n* et de *a* en un seul bloc étoffe un peu ces deux mots si chétifs.

Cependant, le travail réflexif parait plus élaboré pour trois formes verbales (*transfors mas*, *sa veé*, *gro cica*). En effet, l'élève combine un découpage morphologique et un découpage syllabique : le premier segment du mot semble correspondre à un radical porteur du sens du verbe (*transfors*, *sa*, *gro*) ; la seconde correspond à la partie variable, porteuse des marques de temps, mais il y accole la dernière consonne de façon à conserver au moins une syllabe (*mas*, *veé*, *cica*). Ces inventions astucieuses témoignent d'une conscience morphologique certaine. Quant aux autres erreurs, elles sont des plus banales à cet âge (*rantra*, *sortire*, *fin*). Finalement, même dans les cas les plus criants, des savoirs orthographiques existent.

En fin de compte

« Un poisson rouge et un chat » ne présente aucun déficit particulier, bien au contraire. Non seulement la compétence narrative est plutôt élaborée pour un enfant qui sort de cycle 2, mais on doit aussi conclure à une certaine maitrise de la langue, alors que c'est de ce côté-là que venait l'impression d'un texte très défectueux. Le piège de l'évaluation a donc parfaitement fonctionné. Il repose sur un faisceau de confusions à la source des rapports conflictuels entre orthographe et production écrite.

Confusion des niveaux d'analyse

Dans cette production, les atteintes aux formes des mots (tracé des lettres, segmentation, restitution intégrale du constituant phonique, orthographe, conjugaison) et des phrases (majuscule, ponctuation) sont au total nombreuses : c'est ce qui crée un effet très négatif. On peut le comprendre, puisque ces éléments, à l'écrit, constituent la voie d'accès à la signification pour le lecteur. Mais d'autres composantes existent, telles que la capacité à construire une histoire cohérente, avec du suspens et une morale implicite, à utiliser les temps du récit ou à former des phrases syntaxiquement correctes. Un jugement qui se laisse absorber par les *aspects de surface*, c'est-à-dire ce qui se présente en premier au regard du lecteur, néglige ces autres composantes. L'évaluation des compétences en jeu dans la production écrite en ressort déséquilibrée et faussée.

Il est donc impératif de distinguer des niveaux de fonctionnement des textes non seulement pour pouvoir évaluer les compétences des élèves avec justesse, mais aussi pour savoir quelles activités mettre en place : apprendre à ponctuer ou apprendre à faire une phrase complète, ce n'est pas le même apprentissage. De même, pour ce qui touche au verbe, connaitre la valeur des temps, savoir choisir ceux qui conviennent en fonction de ce qu'on écrit, savoir garder le cap sans mélanger les choix énonciatifs, mais en sachant créer des oppositions de temps ou d'aspect, connaitre les bonnes formes de la conjugaison, connaitre l'orthographe de ces formes, relèvent d'apprentissages différents.

Confusion des attentes en production écrite et en dictée

Lors d'une production écrite, la fabrication du message (planification conceptuelle et formulation linguistique) ainsi que l'activité motrice pour le tracer sur une feuille accaparent une très grande part des ressources mentales disponibles. De ce fait, il en reste peu pour gérer l'orthographe. On doit donc s'attendre à ce que celle-ci soit meilleure en dictée (si le texte est d'un niveau adapté) : l'élève peut en effet consacrer l'essentiel de ses ressources mentales à la récupération en mémoire des formes orthographiques qu'on lui dicte et à l'application des règles qu'il connait. En production écrite, c'est généralement quand il relit son texte qu'un scripteur se donne pour objectif d'en vérifier l'orthographe et d'en corriger les formes défectueuses. Jusque-là, l'orthographe n'est pas son premier souci.

C'est pourquoi dire d'un élève qu'il est mauvais en orthographe à partir du premier jet d'une rédaction n'a pas grande signification. Pour être valable, un jugement ne peut intervenir que sur un texte dont l'orthographe a été vérifiée par son auteur. Dans le cas d'« Un poisson rouge et un chat », le texte n'avait pas été retravaillé par l'élève et ne reflète peut-être pas vraiment ses compétences en orthographe.

Confusion entre expertise et apprentissage

Si ce texte est jugé très négativement, c'est aussi parce qu'on le compare aux formes du « bon usage ». Or écrire sans faute d'orthographe ou de syntaxe, ponctuer et mettre des majuscules dans une calligraphie déliée, employer les bons temps et un vocabulaire riche, tout en construisant une histoire complète et originale, n'est-ce pas demander à un enfant l'équivalent de ce que pourrait faire un professionnel de l'écriture ? Dans nulle autre discipline, on n'attend d'élèves de huit ou onze ans qu'ils disposent des mêmes aptitudes qu'un adulte cultivé. Au contraire, les disciplines ont défini ce qui peut être assimilé à un âge donné, et elles ont étagé leurs contenus tout au long de la scolarité.

Dans le domaine du français, rien de tel, le niveau d'exigence est exorbitant : ce sont les normes linguistiques qui servent de repères dans n'importe quelle évaluation, pas la norme statistiquement définie par ce que les élèves sont capables de faire à un âge donné. Or si l'on prend comme seul critère la conformité à la norme, alors évaluer un texte d'enfant consiste à dresser la liste de ses manques – jamais de ses acquis. Écrire en respectant les normes, c'est la ligne d'arrivée de l'apprentissage, pas celle de départ. Entre les deux, l'enfant écrit avec ce qu'il sait, et, comme il ne sait pas tout, il écrit nécessairement en commettant ce qu'on appelle des fautes. C'est encore plus particulièrement net en orthographe. Mais est-il raisonnable de prendre pour critères ce qui constitue le but de l'enseignement ? Un texte d'enfant ne sera jamais qu'un texte d'enfant. C'est un constat trivial ! Et pourtant, peu de gens sont prêts à considérer qu'une production avec ses fautes reflète un moment de l'évolution d'un élève. Au contraire, ils en tirent un jugement catégorique et définitif, comme dans le cas d'« Un poisson rouge et un chat ».

Rappelons-le, cette production était jugée indigne de la qualité même de texte français et son auteur déjà décrété en échec scolaire à huit ans. Or, dans sa production, les plus grands écarts à la norme concernent l'orthographe, l'emploi des majuscules et de la ponctuation, la conjugaison du passé simple, c'est-à-dire le domaine des formes du langage écrit dont il ignorait encore à peu près tout deux ans auparavant et qui constitue l'essentiel du programme du cycle dans lequel il entre. Étrange paradoxe que de lui tenir rigueur de ce qu'on ne lui a pas encore enseigné, ou si peu…

Pour mieux voir les effets dans l'évaluation de ces formes du langage écrit inabouties, procédons à un certain « toilettage ». Le résultat se lit de lui-même et n'a rien à voir avec un langage déficitaire :

Un poisson rouge et un chat

Le chat approche du bocal, pour chasser le poisson rouge. En haut de l'armoire il y avait une baguette magique. Alors le chat le prit. Il dit : « oh oh oh ! ». Il a voulu sortir le poisson rouge. Mais il a pas réussi. Il se transforma en poisson et rentra dans le bocal. Il ne savait pas nager. Il grossissa. Il a cassé le bocal. Le poisson rouge est mort. Quand son papa est arrivé il le punit. Il n'a pas mangé. Il avait faim.

Ainsi, c'est bien la place démesurée que l'on accorde au respect des normes les plus visibles, à l'orthographe en particulier, qui obscurcit le travail réel des élèves au cours de l'apprentissage de cette double maitrise, écriture et orthographe conjointes, mais non confondues.

L'obsession de l'orthographe, relayée par le discours social et souvent aussi familial, est bien décryptée par les élèves de CM2 ou du collège : savoir écrire pour eux, c'est ne pas faire de fautes d'orthographe ; travailler un texte, c'est en corriger les fautes d'orthographe. Même en CP, certains ont déjà peur d'écrire parce qu'ils ont peur de faire des fautes ! Le sens même de l'écriture est ainsi perverti. Comment les élèves pourraient-ils concevoir la production écrite comme autre chose qu'un guet-apens, si le poids de l'orthographe et de la présentation matérielle est si lourd dans les évaluations ? Comment les élèves pourraient-ils concevoir la production écrite comme un travail du texte, si le contenu et la visée de communication ont aussi peu d'importance ? Comment pourraient-ils aimer écrire alors que, dans la plupart des cas, leur parole de sujet est hors-jeu, disqualifiée d'avance pour sa mauvaise qualité formelle ? On connait certains élèves qui se refusent à écrire à cause de l'orthographe. La situation peut devenir plus grave, notamment au collège, quand l'impossible à dire/écrire déborde dans la violence des actes.

Conscients qu'un souci de l'orthographe trop excessif nuit à l'écriture, de nombreux enseignants à l'école ont cherché à dédramatiser la situation et disent d'écrire sans se préoccuper de l'orthographe, que *l'orthographe ne compte pas*. Si le propos est efficace, l'expression parait malheureuse, puisqu'il faut bien trouver un minimum de « vêture graphique » pour inscrire un mot sur une page, et, surtout, que l'orthographe compte tellement dans la société et à l'école qu'il y aura toujours quelqu'un, souvent l'enseignant d'ailleurs, qui fera remarquer la faute, ne serait-ce qu'en la soulignant... Comment obtenir ensuite – parce qu'elle est nécessaire – la correction orthographique si l'on commence par dévaluer l'orthographe ?

Pour ne pas se laisser piéger par l'évaluation, et donc pour mieux orienter son travail d'enseignant, il faut sortir de ces relations conflictuelles entre orthographe et production écrite en se situant dans une perspective d'acquisition pour l'une et l'autre. Certes, l'orthographe constitue l'« interface » entre l'auteur et le lecteur, le filtre par lequel un texte devient accessible, mais l'acquisition progressive des formes de l'écrit et leur contrôle, c'est l'enjeu de toute la scolarité obligatoire. ➢ Un tableau présente en annexe du chapitre des critères pour évaluer une fiction au début de cycle 3.

C'est bien *par* et *dans* l'écriture que l'élève parvient à comprendre la raison de l'orthographe et à avancer dans l'acquisition de la norme orthographique. Pour ce qui est de l'orthographe en production écrite, deux points sont à retenir :

1 – étant donné l'ensemble des dimensions à prendre en compte dans l'écriture d'un texte, on ne peut attendre des élèves une performance orthographique en production écrite qui atteigne les mêmes niveaux que dans d'autres situations, telles que des exercices ou des dictées : la charge cognitive est bien plus lourde ;

2 – les compétences linguistiques, et notamment orthographiques, d'un élève ne se résument pas à sa capacité à respecter la norme ; celle-ci, en effet, est le résultat de l'apprentis-

sage à long terme ; auparavant, sous l'erreur, existent des connaissances qui se construisent, et qu'il importe de reconnaitre et d'étayer.

➢ *IIIe partie, chapitre 1*

2. LE PIÈGE DE LA LEÇON : L'EXEMPLE DE *ON/ONT* DU COURS ÉLÉMENTAIRE À LA SIXIÈME

Qu'est-ce qui fait que l'enseignement de l'orthographe n'a pas l'efficacité escomptée, malgré des heures de travail et toute la bonne volonté du monde, piégeant ainsi maitres et élèves dans un espoir déçu, dans des malentendus réciproques ? Comment travaille-t-on cette matière dans une classe ? Certes, aucun enseignant n'est semblable à un autre. Mais les contenus et le mode de transmission des contenus, eux, sont relativement homogènes dans la mesure où les sources d'information sont, elles, peu différenciées. Ce sont généralement les manuels, parfois les livres du maitre ou des fiches de revues pédagogiques.

Pour déterminer les modalités de l'enseignement traditionnel de l'orthographe et en montrer les limites, nous allons examiner une banale leçon sur la différence entre *on* et *ont*. Cette leçon figure dans la plupart des ouvrages du cours élémentaire au collège et a pour objectif d'empêcher les élèves de confondre ces deux mots.

Une marche uniforme

La tradition

D'un manuel à l'autre, on retrouve une organisation de la matière identique ou presque, à l'instar de l'ancêtre toujours gaillard, « le » *Bled*[1], encore largement utilisé.

La leçon commence par le titre qui désigne les deux mots cibles et un exemple qui les montre en opposition ; la phrase est reprise juste en dessous avec un équivalent qui montre à quoi chacun des mots correspond ; cette équivalence débouche sur la « règle » à mettre en œuvre pour trouver la bonne graphie :

> ORTHOGRAPHE GRAMMATICALE 3e LEÇON
>
> ON – ONT
> • On gronde les enfants qui ont bavardé.
> • L'homme grondait les enfants qui avaient bavardé.
>
> RÈGLE
> Ont (o.n.t) est le verbe avoir et peut se remplacer par l'imparfait avaient.
> On (o.n) peut se remplacer par l'homme, c'est un pronom indéfini, masculin, singulier, toujours sujet du verbe.

S'ensuit une série de dix exercices à trous ou à transformation, qui vise à faire pratiquer la différence. Par exemple :

1. Bled, E. et O., *Cours d'orthographe. Cours moyen et classe de fin d'études*, Hachette, 1946, p. 3.

EXERCICES

11. Écrivez les verbes à la 3e personne du singulier de l'imparfait de l'indicatif: *On chantait, l'homme chantait*

casser du bois	réparer un meuble	affûter la scie
tailler la vigne	manquer le train	siffler le chien
rentrer le bétail	bêcher le jardin	frapper le fer

12. Remplacez les points par on ou par ont. Justifiez l'emploi de on ou de ont en écrivant l'homme ou avaient entre parenthèses.
… a du plaisir à jouer avec ceux qui … bon caractère. – … écoute les chanteurs qui … de belles voix. – … ramasse des champignons, … les mangera demain. – Au printemps les arbres … des feuilles naissantes, … entend des chants d'oiseaux. – Les petits poussins … des plumes blanches. – … apporte le dessert, … pousse des cris de joie. – Les soldats … soif, … leur porte à boire. – … bat le blé à la ferme, les servantes … de l'ouvrage.

Après le quatrième exercice, un complément est donné à la règle:

On (o.n) veut le verbe à la 3e personne du singulier.
Ont (o.n.t) veut le participe passé.

Quelque cinquante-trois *on* ou *ont* plus loin, l'élève doit avoir acquis un nouveau réflexe.

La méthode présente d'indéniables atouts, si on ne tient pas compte de la morale de l'époque et du vocabulaire suranné pour des élèves d'aujourd'hui, plus souvent citadins que campagnards: efficacité absolue du procédé de remplacement, obligation de justifier son choix, nombreux exercices.

Trente ans plus tard, le principe d'organisation reste identique dans cet ouvrage destiné à la classe de sixième[1] :

Deux exercices presque identiques sont ensuite proposés, dont voici le premier:

Exercice 1. on ou ont?
… sonne. … se lève? Elles … déjà déjeuné! • Ils … menacé de nous jeter des pierres. • … a pris de quoi manger. • Elles m'… demandé de te prévenir. • Je crois que les lapins … eu peur. • Mes voisins ne m'… rien dit. • … – ils … apporté le courrier? • Et si … allait faire un tour? Correction p. 121. Réussite: %

1. Guion, J. et J., *O.R.T.H. 6e. Apprendre l'orthographe*, Hatier, 1977, p. 56.

La leçon, squelettique, a l'aspect d'un aide-mémoire. La règle n'est plus qu'une schématisation ; les exercices, à trous, sont réduits au nombre de deux, de dix occurrences chacun permettant un calcul rapide en pourcentage de réussite. Quelques autres exercices à trous dits de transfert ou d'habileté sont encore proposés à la fin du manuel. Malgré ces variantes, les différences avec une page du *Bled* sont minimes.

Il en va ainsi des continuateurs. Ce qui change ? Un vocabulaire actualisé avec des ordinateurs plutôt que des travaux de ferme, une présentation qui rajeunit, un nombre d'exercices plus ou moins élevé, des consignes qui se diversifient. Par exemple pour un CM1[1], on trouve des exercices de reconstitution de phrases à partir d'un matériau lexical, des exercices à trous avec ou sans intrus, avec ou sans terminologie grammaticale, des exercices de substitution et de classement dans un tableau à double entrée. Sur le fond, ces variantes restent superficielles.

Le renouveau

En rupture avec l'ordre des ouvrages plus anciens, un manuel retient l'attention[2]. La leçon commence par six exercices d'observation (mise en relation, substitution, transformation, reconstitution de phrase) : ils visent à faire prendre conscience à l'élève d'abord de la relation existant entre *ont* et le verbe *avoir*, puis entre *on* et la classe des noms et des pronoms. Dans la première phase de la leçon, l'élève n'est jamais mis en demeure de choisir entre les deux graphies. À la fin de chaque exercice, une question invite l'élève à tirer une brève conclusion des manipulations opérées, comme dans cet exemple :

1. Pour chaque phrase à l'infinitif, trouve la phrase conjuguée correspondante.

1. Avoir des soucis.	a. Ces caissières ont des calculatrices.
2. Avoir la tête ailleurs.	b. Ces mannequins ont les yeux verts.
3. Avoir les yeux verts.	c. Ces chasseurs ont un fusil à deux coups.
4. Avoir rendez-vous à 9 heures.	d. Mes parents ont des soucis.
5. Avoir son mot à dire.	e. Ces élèves ont la tête ailleurs.
6. Avoir des calculatrices.	f. Ces personnes ont rendez-vous à 9 heures.
7. Avoir un fusil à deux coups.	g. Les participants ont leur mot à dire.

À quel mot correspond, dans la phrase à l'infinitif, le mot « ont » de la phrase conjuguée ?

Ce n'est qu'après la série d'exercices que vient l'énoncé de la règle, dont l'élève doit formuler lui-même les mots clés :

Complète

♦ **On** va au cinéma. → Elle va au cinéma.
Marie-Andrée va au cinéma.

On est un pronom qui peut être remplacé par un autre pronom (ou par un nom).
Un verbe qui a pour sujet *on* est toujours à la ? personne du singulier.

♦ Les enfants **ont** une bicyclette. → Les enfants avaient une bicyclette.
Les enfants auront une bicyclette.

Ont est une forme conjuguée du verbe ? qui peut être remplacée par *avaient* (imparfait) ou *auront* (futur simple).

Un encadré résume alors les substitutions possibles pour chacun des homophones. Des exercices d'entrainement sont ensuite proposés comme dans tous les ouvrages. Les cinq premiers continuent à installer chaque homophone comme un élément d'une classe, classe nominale pour *on*, classe verbale pour *ont* ; c'est seulement dans les deux derniers exercices que les

1. Bois, G., Henri, E., *L'Orthographe quotidienne au CM1*, Nathan, 1986, p. 59.
2. Berlion, D., dir., *L'Orthographe à 4 temps, CM (6ᵉ des collèges)*, Hachette, 1993, p. 78.

élèves sont invités à choisir entre les deux homophones dans un classique exercice à trous. Enfin, la leçon s'achève sur une proposition d'écriture narrative visant l'emploi de *on* comme équivalent de *nous*, à la manière du *Petit Nicolas* de Sempé et Goscinny (« Quand je suis arrivé à l'école cet après-midi, on était plusieurs copains à avoir commencé des collections »). La progression adoptée et l'exercice d'écriture signent indubitablement une volonté de renouveau. Mais, en dépit des apparences, les manuels restent assez proches les uns des autres.

Des principes communs

Option linguistique

La leçon sur l'opposition graphique de deux homophones s'appuie à juste titre sur le principe de substitution. La commutation de deux unités dans un même contexte est en effet une opération de base en linguistique structurale. C'est ce qui permet de constituer une *classe syntaxique* (classe du nom, classe des déterminants) ou de déterminer les constituants de la phrase (groupe nominal, groupe verbal). Par exemple, pour le groupe nominal :

Un constituant obligatoire de la phrase : le groupe nominal

Pierre	*est arrivé*
l'homme	
il	
on	
ce qui devait arriver	
le troisième millénaire qui devrait voir les humains sur Mars	

Apprendre à *remplacer par*… n'est donc pas qu'un « procédé », une « recette », c'est au contraire un savoir-faire fondamental dans l'étude de la langue, le principe d'équivalence ou d'analogie qu'il faut bien sûr enseigner. C'est aussi du même coup le moyen d'éviter une erreur, au besoin en se passant de toute terminologie grammaticale : *on* est un pronom puisqu'il commute avec *il* ou *elle* ; *ont* est une forme du verbe *avoir*, puisqu'il commute avec *avaient*, autre forme du verbe *avoir* ; inversement, *on* ne peut pas se substituer à *avaient*. Rien d'étonnant à ce que les manuels développent tous ce contenu.

Méthode

Au-delà de l'option linguistique, la parenté entre les ouvrages tient à la méthode d'enseignement. Ils commencent par présenter un ou deux exemples, puis indiquent une règle et concluent par des exercices. On reconnait là le triptyque emblématique de l'enseignement de l'orthographe : <*Observation/Formulation de la règle/Application*>. Ce qui varie, c'est :

– le nombre de phrases proposées en exemple au départ ;
– la formulation de la règle, plus ou moins verbalisée, plus ou moins schématisée ;
– l'utilisation ou non d'une terminologie grammaticale ;
– le nombre des exercices et des items à travailler, chiffre allant du simple au double ;
– la tâche proposée dans les exercices, tantôt répétitive, tantôt plus diversifiée, plus rarement créative ;
– la part accordée à l'activité de l'élève.

C'est sur ce dernier point que le dernier manuel se singularise un peu, d'abord en présentant séparément les homophones, ensuite en sollicitant la participation active des élèves : l'observation se fait à travers des exercices dont ils doivent tirer à chaque fois une conclusion ; la formulation de la règle qu'ils ont à compléter apparait comme une synthèse de leurs conclusions d'étape. Mais, même si elle prend une coloration différente, cette leçon relève bien de la méthode aux trois temps immuables.

On comprend alors que le *Bled* reste le modèle dans la mémoire des enseignants ou des parents qui y ont encore volontiers recours. Pourquoi le remplacer ? Prototype d'une longue lignée de manuels, il fournit le principe d'organisation de base, parfaitement lisible sur la page : l'exemple, la règle, les exercices, chaque leçon découpée de la même manière.

Devant un tel consensus, la question reste entière : pourquoi les élèves ne tirent-ils pas profit de ces leçons refaites chaque année et continuent-ils à faire des erreurs sur les homophones *on/ont* ?

Une leçon dans l'impasse

La logique qui organise les leçons dans l'enseignement traditionnel de l'orthographe est celle de ceux qui savent, pas celle des élèves, les principaux intéressés. C'est le cas avec cette leçon : elle propose une démarche inadaptée ; elle table sur une conduite qui leur est étrangère ; elle leur fournit une vision de l'orthographe qui les entrave ; et, surtout, elle passe à côté du problème essentiel, à savoir la manière dont ils se représentent le mot *on*.

Une démarche prématurée

Reprenons les différentes étapes de la leçon : on observe, on dégage une règle, on applique. Qui applique ? L'élève, bien sûr. Mais qui observe ? L'élève ? N'est-ce pas plutôt l'enseignant qui lui fait observer – *qui dit* – ce qu'il faut voir ? Et qui formule la règle ? Pas l'élève, puisque la règle est énoncée par le livre (ou l'enseignant). Comment pourrait-il d'ailleurs tirer une règle d'un ou deux exemples ? Pour inférer un fonctionnement linguistique, il faut certainement travailler sur un corpus de plus d'une phrase ou deux ! C'est bien le signe que les exemples n'ont pas pour fonction une observation qui pourrait déboucher sur l'induction d'une règle ; ils servent plutôt d'illustration à la règle que l'élève n'a plus qu'à apprendre et à mettre en application. Mais, à y regarder de plus près, ce qu'on attend de l'élève est d'une grande complexité.

En premier lieu, il doit *déduire* l'orthographe d'un mot d'une règle générale ; or aller du général au particulier n'a rien de naturel, l'élève qui écrit a en tête un mot précis, pas le produit de l'application d'une règle générale. En second lieu, il doit mettre en œuvre *mentalement* un *raisonnement conditionnel* de type « Si… alors…, sinon… alors… ». Ce qui donne à peu près : « Je veux écrire /ɔ̃/ ; si je peux le remplacer par *l'homme* (ou *il* ou *elle*), alors j'écris *on* ; si je ne peux pas et si, par contre, je peux le remplacer par *avait*, alors j'écris *ont* ». Or, selon des psychologues, ce raisonnement serait impossible avant l'âge de douze ans ; pour d'autres, il serait possible, mais pas sans un support matériel.

Plus fondamentalement, la conception sous-jacente à ce type de leçon s'inspire du béhaviorisme. Elle postule qu'apprendre consiste à monter un processus réflexe plutôt que réflexif, comme on entraine des rats à trouver leur chemin dans un labyrinthe. Elle vise à créer le plus rapidement possible le couple stimulus-réponse par une « boucle répétitive » :

– évocation mentale d'un mot homophone (stimulus) ;

– déclenchement d'une « règle » (réponse) pour trouver la bonne graphie ;

– renforcement de la bonne réponse (élimination de la mauvaise) par la correction de l'exercice, avec ou sans récompense (ou punition).

S'il peut rendre compte de certains apprentissages, le béhaviorisme ne se soucie pas de ce qui se passe dans la « boite noire », le cerveau de l'élève. Or les apprentissages conceptuels ne se réduisent pas à des montages de mécanismes : cet élève, il pense. Pourtant, ce principe fait apparaitre naturel et simple aux yeux de tous un processus allant « de la règle à son application ». Il a pour lui la force de l'habitude. Il a contre lui le démenti des faits : seuls les élèves considérés comme les meilleurs appliquent les règles. Pourtant, rien n'y fait, il reste le favori des tenants de l'immobilisme.

Un doute illusoire

Les manuels présupposent que les élèves vont recourir à l'algorithme de remplacement par *avaient* ou *auront*, *il* ou *l'homme*, parce qu'ils s'interrogent sur la graphie homophone. Mais tabler sur un doute initial qui déclencherait cet algorithme se révèle un contresens, une vue d'esprit d'adulte. En effet, les élèves ne s'interrogent pas. Ils savent. Ils ne savent pas qu'ils se trompent, mais ils pensent qu'ils savent, ce qui revient au même.

Pour que les élèves puissent s'interroger, il faudrait que l'idée d'un *ont* douteux leur vienne, mais, pour douter, il faut avoir des raisons de douter. Or, on le verra, leur choix est solidement arrimé à une explication qui dans bien d'autres circonstances est exactement celle qu'on exige d'eux. La modalité du doute ne va pas de soi à huit ou douze ans, c'est une attitude scientifique ou philosophique qui se développerait plutôt avec l'âge...

De plus, elle n'est pas très pratique, elle est même contraire à l'acte d'écrire. S'il fallait s'interroger à chaque mot, on n'écrirait pas. Comment un jeune scripteur pourrait-il d'ailleurs distinguer les mots dont il lui faut douter de ceux qu'il sait écrire ? Se demander avant de tracer chaque mot si c'est bien « comme ça » reviendrait à essayer de marcher en se demandant quel est le prochain muscle à bouger, avec les conséquences que l'on devine. Il faut bien que l'apprenti commence à avoir quelques certitudes. Et ce qui compte avant tout, c'est de ne pas perdre ses idées, comme il l'explique volontiers.

En fait, si les élèves se rappellent que /ɔ̃/ pose problème, c'est sans doute que ce problème est déjà résolu et que le recours à la substitution devient inutile. En d'autres termes, fonder l'apprentissage sur un doute préalable, dont l'issue dépend d'une opération linguistique formelle et mentale, est une illusion dommageable.

Une matière morcelée

L'intérêt de savoir écrire correctement les homophones est indiscutable. Après *on/ont*, viennent donc *a/à*, *et/est*, *ou/où*, *quel/qu'elle*, *son/sont*, etc. On fera donc appel respectivement à *avait*, *était*, *ou bien*, *qu'il*, *ses*, etc. À chaque couple d'homophones, un procédé spécifique. Leçon après leçon, tous les homophones vont se décliner selon le même principe : mise en opposition et règle d'action à mémoriser.

Et toute l'orthographe se dévide ainsi : les « mots commençant par... », les « mots se terminant par... », les noms féminins en *té* ou *tié*, le pluriel des noms en *s*, celui des noms en *oux* et en *aux*, ceux qui ne prennent pas de *s*, le féminin des noms, le féminin des adjectifs, l'accord du participe passé avec *être*, avec *avoir*... Certaines tables des matières donnent le tournis. On distingue mal, en effet, ce qui préside à la décision d'intercaler l'étude des noms composés entre celle des adjectifs en *eux* et celle des adjectifs en *ique*, *oire* et *ile*, ou de traiter les accents entre les graphèmes *g/ge*, *c/ç* (alors que ce rapprochement ne manquerait pas d'intérêt s'il était explicité).

Au mieux, l'ordre provient de la répartition traditionnelle en trois grandes catégories : l'orthographe lexicale, l'orthographe grammaticale, la conjugaison, sans oublier les homonymes qu'il faut parvenir à caser. Mais, à l'intérieur de ces grandes catégories, l'accumulation et la disparité dominent avec la juxtaposition de leçons, souvent sans lien, souvent centrées sur un secteur étroit, voire minuscule.

Ce qui se dégage de cette manière d'organiser l'enseignement de l'orthographe, c'est donc une vision très morcelée et confuse. Rien n'est mis en perspective – on empile –, ni hiérarchisé – on fait tout apprendre, l'essentiel comme le secondaire –, rien n'est gradué – on répète les mêmes leçons ou presque, du cours préparatoire au collège, sans parvenir à donner une vue d'ensemble de l'orthographe et des problèmes qu'elle résout. La façon de traiter les homophones, par exemple, n'amène pas les élèves à réfléchir sur l'homophonie si caractéristique de la langue française, sur son ampleur, sur ses causes, sur l'ambigüité qui en résulte et sur son traitement par l'orthographe.

Cette approche morcelée de l'orthographe a plusieurs conséquences préjudiciables. D'une part, à cause de la quantité d'éléments présentés, l'apprentissage soumet à forte charge la mémoire, déjà très fortement sollicitée par l'écriture. D'autre part, cette vision à la fois pointilliste et encyclopédique conforte les élèves dans un traitement de l'orthographe au coup par coup, à un bricolage dans la situation immédiate : or ils n'ont que trop tendance à traiter un mot comme un évènement unique, ce *on*-là ou ce *ont*-là à cet endroit-là de cette phrase-là, au lieu de l'appréhender comme l'occurrence d'une classe en rapport avec d'autres unités et rattachée à un fonctionnement orthographique identifiable.

La tripartition dominante qui veut que tout fait orthographique appartienne à une catégorie ou à une autre tient ainsi lieu de théorie, mais de théorie bien sommaire : où donc placer *leur/l'heure ?* Et *ont a fini*, est-ce une erreur de conjugaison ou d'orthographe grammaticale ? À la fois rigide, cloisonnée et cumulative, elle laisse les maitres démunis pour interpréter les erreurs des élèves ; quant à ces derniers, elle les prive de la possibilité de concevoir l'orthographe autrement que comme une succession de « difficultés », de règles « inventées pour embêter les enfants », comme le pensait Lionel, élève de CM2 qui aimait écrire des romans, mais que l'orthographe de sa langue contrariait. Fidèle à sa réputation, celle-ci finit par n'être qu'une accumulation de petits phénomènes disparates, traités dans des compartiments étanches, et son enseignement tout autant que son apprentissage une corvée bien décourageante.

Des principes discutables

Si ce choix est encore fait, alors qu'on dispose, depuis un demi-siècle, d'une théorie linguistique qui offre une description d'ensemble de l'orthographe du français, c'est sans doute qu'un impératif supérieur l'emporte. Ne peut-on y voir un effet des principes cartésiens (ou plutôt de leur adaptation scolaire), si fortement ancrés dans le monde de l'éducation en France, selon lesquels il convient de « diviser chacune des difficultés que j'examinerais en autant de parcelles qu'il se pourrait et qu'il serait requis pour les mieux résoudre » et de « conduire par ordre mes pensées, en commençant par les objets les plus simples et les plus aisés à connaitre, pour monter peu à peu, comme par degrés, jusqu'à la connaissance des plus composés » ? Le découpage de l'orthographe en portions minuscules et successives serait conforme à ces deux principes du *Discours de la méthode* : les difficultés orthographiques sont réduites en éléments « simples » qu'il est alors possible d'apprendre, chaque « difficulté » devant être surmontée avant de passer à une autre, avec, au bout du chemin, la norme orthographique.

Mais pourquoi faut-il considérer les notions orthographiques comme des difficultés et non comme des savoirs nouveaux à appréhender ? Il n'y a sans doute aucune autre discipline qui envisage son objet en ces termes et qui confonde difficulté et complexité. D'ailleurs, si on lit attentivement ce que dit Descartes, c'est le sujet qui, percevant lui-même une difficulté, procède à la division et à l'examen et en détermine l'ordre. Faut-il ajouter qu'il s'agit d'un adulte, homme de sciences et philosophe de surcroit ?

L'élève, lui, ne perçoit rien du tout et se voit présenter une règle qui est le produit d'une analyse à laquelle il n'a pas procédé lui-même. Il n'en connait que le *résultat* ; or un résultat, sans les tenants et aboutissants qui y ont conduit, est quelque chose de très abstrait, à quoi il est difficile d'adhérer. À cet égard, commencer par des exercices dont il faut tirer une conclusion partielle et où chaque homophone est d'abord examiné pour lui-même est une démarche certainement mieux adaptée. Ce n'est cependant pas suffisant pour créer une vraie rupture.

Dans l'enseignement traditionnel, la vision en tunnel de l'orthographe, micro-élément après micro-élément, accroit la difficulté. Comment ne pas s'y perdre ? En revanche, rassembler sous un même principe explicatif une multitude de faits apparemment distincts (par exemple, les différents moyens pour distinguer *on/ont*, *a/à*, *et/est*, *ou/où*, *quel/qu'elle*, *son/sont* ; les accents et les lois qui régissent les graphèmes *s*, *c*, *g*), établir des relations et des hiérarchies entre les phénomènes orthographiques facilite l'apprentissage, car elle en réduit la complexité et soulage la mémoire de travail ; les lignes de force qui organisent le système orthographique se dessineraient peu à peu, permettant l'intégration de nouveaux faits à moindres frais.

➢ ***1re partie, chapitre 2***

Un problème insoupçonné

Pour tous les manuels, ce qui fait problème, c'est la confusion entre le pronom *on* et la forme verbale *ont*. Sans doute les apparences sont-elles en faveur de cette analyse. Mais quand on interroge les élèves, on découvre que le problème est ailleurs. Voici ce qu'en dit, parmi bien d'autres, Anaïs (CE2) à propos de *ont lui en livre* : « J'ai mis *o-n-t*, parce que… je sais pas… c'est *plusieurs personnes* qui lui en livrent » ; ou Céline (CE2) pour *ont l'appelait la belle* : « La maitresse nous a expliqué que, quand il y en avait plusieurs, il fallait *n-t* automatiquement, et là comme il y a plusieurs gens qui l'appellent *la belle*, on met *n-t* ».

Le point commun à ces explications n'est donc pas une hypothétique *confusion* entre *on* et le verbe *avoir*. Si confusion il y a, elle est bien plus subtile : elle a pour origine l'équivalence sémantique entre *on* et *nous*. C'est elle qui amène les élèves à transférer sur le pronom *on* le trait de pluralité de *nous* et à trouver dans la forme graphique *ont* la combinaison idéale : *on* pour transcrire /ɔ̃/ et *nt* pour le pluriel. À aucun moment, ils ne voient le *ont* comme une forme du verbe *avoir*. Et même quand la graphie semble juste, ce peut être encore par le même raisonnement inapproprié, comme le fait Zahra (CE2) avec *on eu une recreation* : « *On* avec un *n* pas avec un *t* à la fin. Parce qu'il n'y en avait pas beaucoup, pas beaucoup de personnes ».

Ces commentaires confirment que les élèves ne doutent pas, au contraire. Leur raisonnement est solide, imparable : quand on dit *on*, c'est qu'on n'est pas tout seul ; le pluriel se marque par *nt* ; *ont* est une forme de pluriel. Ni doute, ni confusion : la graphie *ont* pour le pronom apparait comme une valeur sûre. Du reste, quand ils doutent, souvent des élèves plus âgés, ils savent entre quoi et quoi ils hésitent, mais leur interprétation sémantique de *on* les empêche de trancher, telle Annelise (CM2) qui hésite pour *ont va la voir* : « Je me suis demandé si c'était *o-n* ou *o-n-t* et je suis pas sûre si c'est *o-n* ou *o-n-t*… Parce que c'est nous, donc on est plusieurs, et c'est *o-n-t*, c'est comme *ils* ou *elles* avec un *s* ». On voit au passage qu'à aucun moment ne surgit l'idée de recourir à la substitution préconisée par *avait*, pourtant enseignée de façon systématique.

Or, malgré les liens étroits entre *on* et *nous*, seuls deux manuels les mettent en relation, et seulement de façon indirecte : l'un, dans un schéma sans commentaire ; l'autre, dans un exercice avec la caution de la littérature (*Le Petit Nicolas*). Pourquoi cette réticence ? Sans doute parce que l'école a décrété depuis longtemps, à l'encontre de tous les usages sociaux, qu'il ne faut pas employer *on* à la place de *nous*. Cette surnorme constitue un obstacle supplémentaire pour les élèves, qui doivent se débrouiller seuls du rapprochement entre *on* et *nous*.

Si on tient compte des élèves, l'objectif n'est donc pas tant de leur faire découvrir et apprendre que la forme *ont* est la troisième personne du pluriel d'*avoir* : il est de leur faire découvrir et apprendre que le mot (ou le pronom) *on*, bien que pouvant représenter « plusieurs personnes », *n'est pas* un pluriel, mais un singulier et ne prend pas la marque *nt*, ce que mettent en évidence les procédures linguistiques de substitution et de combinaison.

Ce qui fait problème n'est donc pas traité. Et ce qui est traité est inutile ou néfaste, car l'opposition systématique entre *on* et *ont* conduit en fait les élèves à les associer, avec tous les risques de renforcer la confusion cognitive. D'ailleurs, la maitresse le répète : il faut mettre *nt* au pluriel ! Cette leçon, qui se propose de résoudre une confusion imaginaire, mais ne touche pas à la confusion réelle, est pourtant refaite chaque année à l'identique… Mais tant qu'il n'est pas posé dans les termes des élèves, un « problème » reste entier. C'est bien pourquoi des élèves de cinquième peuvent continuer à justifier la graphie *ont* pour le pronom *on* par l'idée de « plusieurs », et que l'on croit remédier aux erreurs en répétant les mêmes leçons de l'école au collège.

De fait, l'approche traditionnelle postule un élève exécutant pas à pas ce qui lui est indiqué à l'intérieur du cadre immuable <*Exemple/Règle/Exercice*>, et elle ne sait pas faire avec les sujets réels quand ils dévient des voies qu'elle leur trace. En raison de l'insuffisance de la réflexion sur les contenus enseignés et de la méconnaissance des façons de penser et des modes d'apprentissage propres aux jeunes scripteurs, elle ne sait que renvoyer l'élève à lui-même. On ne peut alors que prendre acte du peu d'effets des leçons.

Un bilan de connaissances instructif

Dès que l'on creuse un peu, on constate la fragilité des connaissances grammaticales des élèves. Même dans une classe de cinquième d'un quartier favorisé, à l'issue d'une leçon de cinquante minutes sur le participe passé employé avec *être* et *avoir*, les élèves peinent à définir ce qu'est une marque de genre ou de nombre ou ce qu'on entend par *accord*. Certes, à douze ou treize ans, il n'est pas facile de manier le métalangage. Mais, derrière la maladresse d'expression, qu'en est-il de la compréhension des phénomènes ? Voici quelques échantillons représentatifs de ces réponses écrites :

- [1] *Qu'est-ce qu'une marque de pluriel ?*

Tony : C'est le genre. C'est pour voir si c'est au singulier ou au pluriel.
Justin : La marque de pluriel, c'est que le mot est plusieurs.
Antonin : Une marque de pluriel c'est quand le sujet est au pluriel, le mot s'accorde en genre et en nombre avec le sujet et qui prend un *s*.
Kerry : C'est l'accord avec le temps (*s*, *es*, *t*).

- [2] *Qu'est-ce qu'une marque de genre ?*

Antonin : Une marque de féminité, c'est que le sujet s'accorde en genre et en nombre et c'est une marque de féminité comme une voiture.
Kerry : C'est l'accord avec le verbe (*une*, *un*).
Rosalinde : Une marque de féminin est quand le verbe est accordé à un sujet féminin.

Quant à la définition de l'*accord*, sur 23 élèves, 7 laissent une case vide, 2 fournissent une réponse tautologique, 3 une réponse portant sur l'état morphologique (« C'est que le mot est accordé au pluriel »). Seuls 11 élèves expliquent l'accord comme quelque chose qui se passe entre deux éléments, sans pour autant proposer une définition totalement recevable :

Antonin : Accorder, c'est quand le sujet est au pluriel, il s'accorde en genre et en nombre avec le mot.
Kerry : Les mettre au même temps.
Hubert : On accorde le sujet au participe passé sauf pour l'auxiliaire *avoir*.

Plusieurs d'entre eux s'arrêtent au contexte sans définir véritablement ce que veut dire *accorder*, par exemple : « C'est quand on accorde le verbe grâce au sujet ». Les confusions, quand les élèves s'aventurent hors de la récitation par cœur de la règle, sont certainement des indices d'une absence de maitrise. Quelques-uns font un beau mélange : *singulier* et *pluriel* sont rattachés à *genre*, tandis que *masculin* et *féminin* sont rangés sous *nombre* ; et presque tous proposent une définition qui pose problème. Qu'un élève réponde de la façon suivante reste néanmoins exceptionnel :

Paulin : 1 – C'est que pour les auxiliaires *être*.
2 – C'est que pour les auxiliaires *avoir*.
3 –

Finalement, ce sont seulement trois élèves qui parviennent à une définition satisfaisante (l'accord est un transfert ou une unification de catégorie entre deux éléments), de portée plus ou moins générale :

> **Rosalinde :** C'est quand le verbe et le sujet sont à la même marque.
> **Denis :** C'est mettre la marque du pluriel ou du féminin ou les deux au participe passé avec le sujet.
> **Éloi :** Accorder : mettre un mot à la même marque pluriel, marque singulier, marque féminin, marque masculin d'un autre mot.

Le bilan laisse songeur. Certes, les élèves savent quasiment toujours quelque chose à propos des notions questionnées et ils n'omettent pas systématiquement les marques d'accord. Mais, si l'on pense que certaines sont travaillées depuis le CE1, voire le CP, on conviendra que le résultat d'ensemble n'est à la hauteur ni des attentes, ni de la dépense (d'énergie, de temps, mais aussi au sens économique du terme). Cette évaluation qualitative faite dans une classe de collège corrobore les évaluations quantitatives issues des évaluations nationales menées en France depuis 1989. À douze ou treize ans, la « clarté cognitive » est loin d'être au rendez-vous pour ces notions rebattues depuis le début ou presque de la scolarité élémentaire que sont le nombre, le genre, l'accord sujet/verbe, les principaux homophones.

Ainsi, quelles que soient leurs qualités, les leçons d'orthographe trouvent leurs limites dans leurs présupposés et l'ignorance des représentations des écoliers et des collégiens. À travers les choix faits par les manuels et le poids de la tradition, le piège de la « belle leçon » se referme sur les jeunes scripteurs et leurs enseignants. Il se referme d'autant plus que, pour l'enseignement traditionnel, des connaissances orthographiques acquises lors de leçons accompagnées d'exercices devraient directement et rapidement se transférer dans les activités d'écriture. Or la mise en jeu de l'orthographe dans un exercice et dans un discours sont de nature différente : la première relève de l'exécution d'un programme limité, la seconde d'un acte langagier aux multiples facettes. Si le véritable champ d'application de l'orthographe est l'écriture, alors l'apprentissage de l'orthographe en production écrite doit faire l'objet d'un enseignement.

➢ ***IIIe partie, chapitre 1***

C'est toute la conception de la leçon traditionnelle qu'il faut remettre en question :

1 – ses contenus sont peu adaptés, car ils ne donnent pas une vision pertinente du fonctionnement de l'orthographe et ne prennent pas en compte les représentations des élèves ;

2 – ses modalités, même si observation, formulation de règles et application font partie de l'apprentissage, sont à repenser dans la perspective de l'élève qui apprend.

➢ ***IIIe partie, chapitres 2 et 3***

La tâche du professeur d'école ou de collège est claire : transmettre des connaissances orthographiques et les évaluer. C'est ensuite que cela se complique. Quelles connaissances, comment les transmettre, comment les évaluer aujourd'hui ? Au fil du temps, des réformes, des transformations de la société, du développement des sciences humaines, la position de l'orthographe s'est brouillée durablement, privée du statut de discipline et du prestige de moyen de sélection scolaire précoce (note éliminatoire à l'entrée en sixième).

Aujourd'hui, bien des choses ont changé : l'orthographe a trouvé, un peu paradoxalement, mais à juste titre, son mode d'évaluation véritable à l'extérieur d'elle-même, dans le domaine connexe de la production écrite. On peut donc à présent redéfinir la position de l'orthographe, à la fois plus modeste (elle est un moyen et non une fin au service d'une activité plus significative) et plus ambitieuse (elle ouvre à une réflexion sur la langue).

Annexe

Grille de critères pour évaluer une fiction au début du CE2

Histoire	plutôt oui	en partie	plutôt non
Le texte est une histoire : – avec des personnages crédibles, dont l'un au moins a un problème à résoudre ; – organisée autour d'une quête, d'un conflit ; – qui se déroule dans un monde plausible ; – dans laquelle l'emploi des pronoms permet de suivre les personnages et les objets du monde créé ; – qui va jusqu'à la résolution du conflit ou la fin de la quête.			
Temps et morphologie verbale	**plutôt oui**	**en partie**	**plutôt non**
Les temps conviennent à une fiction : – pour les passages narratifs ou descriptifs : passé simple ou présent ou passé composé pour les actions de premier plan ; imparfait pour les descriptions et actions d'arrière-plan ; – pour les passages dialogués : présent, passé composé, futur. Un temps de base pour la narration est clairement choisi au bout de quelques lignes. La morphologie verbale au passé simple est connue. Les inventions morphologiques sont plausibles (*il prena*).			
Phrases, syntaxe et ponctuation	**plutôt oui**	**en partie**	**plutôt non**
Les phrases sont syntaxiquement correctes : – présence des groupes syntaxiques obligatoires ; – structure des groupes ; – quelques points structurent le texte de façon sémantique ; – des marques (points ou virgules) ponctuent les phrases syntaxiquement ; – quelques majuscules sont présentes.			
Orthographe	**plutôt oui**	**en partie**	**plutôt non**
Certaines graphies laissent supposer des déformations phonétiques. Les mots sont correctement segmentés : ex. : *l'avion*, *alors* (mais on laisse de côté *il na pas*). La valeur de base des graphèmes est connue : ex. : *s* dans *casé* pour *cassé*. La valeur de position des graphèmes est connue : ex. : *ss* dans *cassé*.			

Au fur et à mesure du travail mené en classe, les critères sont modifiés (complétés ou remplacés).

➢ Une grille typologique des erreurs d'orthographe plus complète figure en annexe de la IIIe partie, chapitre I.

Chapitre II
Des fondements linguistiques

Comme lors de l'acquisition du langage, quand l'enfant apprend à écrire sa langue, il entre dans un monde d'usages, de conventions qui lui préexistent : les formes dans lesquelles les unités sémantiques se matérialisent à l'écrit pour pouvoir être communiquées ont été codifiées au fil des siècles, elles sont le résultat d'une histoire particulière, politique, linguistique, culturelle.

En parlant, en écrivant, chacun s'inscrit donc comme sujet dans une langue, une culture, une histoire. Cette évidence banale a de multiples implications. L'enfant des écoles françaises va apprendre la langue écrite d'une langue issue du latin, écrite avec l'alphabet latin, mais qui n'est plus du latin et à laquelle cet alphabet ne convient que partiellement. Ces paramètres façonnent la manière dont le français actuel s'écrit ; ils vont peser sur la manière dont l'écolier s'approprie le système graphique du français au cours de sa scolarité, dans sa double dimension, structurale et culturelle. Ils sont donc à connaitre pour pouvoir comprendre ce que font les élèves avec l'orthographe et organiser l'apprentissage.

> Ce chapitre consacré à la description linguistique de l'orthographe a pour objectif :
> 1 – de situer le système graphique du français parmi les systèmes d'écriture (section 1) ;
> 2 – d'exposer les principes qui sous-tendent notre orthographe (section 2).

1. ORTHOGRAPHE ET SYSTÈMES D'ÉCRITURE

1.1. Une écriture alphabétique ?

Interrogé sur le français, chacun dira qu'il s'agit d'une « écriture alphabétique ». À juste titre : on écrit le français avec des *lettres*, c'est-à-dire avec des signes qui correspondent à des *phonèmes* et dont l'ensemble constitue un *alphabet*.

Le terme de *phonème* est préférable à celui de *son*, moins spécialisé, mais ambigu : par exemple, à propos du mot *proie*, on entend indifféremment dire « le son /wa/ » ou « le son /pʀ/ », « le son /ʀwa/ » ou « le son /pʀwa/ », ce qui, en toute rigueur, ne peut être la même chose. Le terme de *phonème* lève toute ambigüité : c'est la plus petite unité distinctive de la chaine orale. *Proie* a quatre phonèmes ; ces quatre phonèmes forment un mot d'une syllabe.

Le terme de *son* renvoie à la réalité physique, où les différences sont mesurées par des appareils. Pour le linguiste, la différence qui compte, c'est la différence *fonctionnelle*, celle qui fait que deux mots ne signifient pas la même chose : *proie* n'est pas *broie*. L'Alphabet Phonétique International (API) est le code indispensable dès qu'il est question d'oral à l'écrit ; on le trouve aujourd'hui dans tous les dictionnaires.

Si on utilise, notamment avec des élèves, le terme de *son*, il doit être employé comme l'équivalent de *phonème*, et non de *syllabe* ou de *mot*, chacun des termes devant être également employé de façon rigoureuse.

De fait, si j'écris *mari* et *mardi*, deux éléments de la réalité qui n'ont *a priori* rien à voir, j'écris la même chose, à une lettre près, simplement parce que les deux mots sont identiques à un phonème près. Mais les choses ne sont pas si simples. En témoigne l'intruse par excellence, dénoncée par son nom même, la lettre *muette* : notre écriture note ce qui s'entend, mais pas seulement.

Pour apprécier le fonctionnement de l'orthographe du français, un détour par les systèmes d'écriture se révèle éclairant. Toutes les langues peuvent s'analyser en phonèmes, mais toutes n'en font pas le même usage à l'écrit. Comme l'enfant français[1], l'enfant mexicain, anglais, turc, grec, russe, tunisien, chinois, utilise des mots comportant une consonne dans laquelle on reconnait un son plus ou moins proche de notre /d/.

Mais pour écrire de tels mots, tous ne vont pas faire la même chose. Les premiers utiliseront la lettre *d* parce que leur langue s'écrit avec l'alphabet latin (espagnol, anglais, turc). Les autres utiliseront d'autres tracés, tous différents (grec, russe, arabe). Quant à l'enfant chinois, il ne tracera aucune sorte de *d*, mais un caractère correspondant au mot entier contenant ce phonème, comme la comparaison entre *dà* (« grand ») et *dào* (« voie »), deux mots proches phoniquement mais dissemblables graphiquement, le montre : 大 道

Dans le domaine de l'écriture, les différences se situent donc à plusieurs niveaux :
1 – Les *systèmes d'écriture* s'opposent par les unités linguistiques retenues comme unités de base de l'écrit : écriture du français/écriture du chinois.
2 – Le *graphisme* oppose les tracés codifiés des signes dans l'espace à deux dimensions de la page : alphabet latin/alphabet grec.
3 – L'*orthographe* définit la norme dans une langue donnée : *foto* est correct en espagnol, pas en français qui exige *photo*.

Système d'écriture, graphisme, orthographe, sont intimement liés et souvent rassemblés sous un même terme – écriture –, qui comporte encore bien des acceptions, notamment celle de production d'écrit, voire de production littéraire.

L'écriture, dans le sens qui nous occupe ici, commence quand une suite de signes écrits représente un énoncé particulier dans une langue donnée. Pour comprendre une écriture, il faut en connaitre la langue et savoir à quoi correspondent dans la chaine orale les signes graphiques. En effet, si toutes les écritures ont pour but de noter du sens, elles le font selon deux grands principes opposés : d'un côté, les unités graphiques de base sont des unités significatives – principe *sémiographique* (chinois) ; de l'autre, les unités graphiques de base sont des unités phoniques, dépourvues de signification – principe *phonographique* (espagnol, français).

Du côté du principe *sémiographique*, l'unité graphique de base peut correspondre à un mot ou à une partie de mot ayant du sens. L'unité de base est donc immédiatement significative.
Étant donné la difficulté de définir rigoureusement le terme de *mot* (*pomme de terre*, trois mots typographiques, mais un seul élément significatif ; *anticonstitutionnellement*, un seul mot, mais plusieurs éléments significatifs), les linguistes utilisent le terme de *morphème*.
Le *morphème* est défini comme la plus petite unité *significative* de la chaine orale ou écrite. Un mot peut donc comporter un ou plusieurs morphèmes.
Du côté du principe *phonographique*, l'unité graphique de base est soit la syllabe, soit le phonème. Dans les deux cas, il faut combiner ces unités non significatives pour obtenir une unité significative.
On attribue aux Grecs l'invention de l'alphabet : ils ont, en fait, emprunté aux Phéniciens leur système de signes, lequel ne notait que les consonnes et pas les voyelles. Mais, en grec, les marques grammaticales étaient portées par des voyelles qui ne pouvaient donc pas ne pas être

1. À l'école, les appartenances nationales, culturelles et linguistiques sont si nombreuses qu'aucun terme générique n'est totalement satisfaisant. Par souci d'allègement, *enfant français* désignera un enfant scolarisé en français et *sa langue* la langue des apprentissages, que le français soit sa langue maternelle ou non.

transcrites. Ce sont les lettres-consonnes phéniciennes inutilisées qui ont été mises à contribution : les Grecs leur ont attribué les valeurs vocaliques dont ils avaient besoin pour transcrire efficacement leur langue. Ils ont ainsi « inventé » l'*écriture alphabétique*.

Ces principes sont à prendre comme des tendances fondamentales. Dans les faits, une tension entre la notation phonographique et la notation sémiographique travaille l'écriture de toutes les langues qui oscillent entre ces deux pôles. Il vaut mieux, par conséquent, parler de principe dominant.

LES DEUX TENDANCES DES SYSTÈMES D'ÉCRITURE

SYSTÈMES D'ÉCRITURE		
PRINCIPE **PHONOGRAPHIQUE** *Notation de la dimension sonore*		PRINCIPE **SÉMIOGRAPHIQUE** *Notation de la dimension sémantique*
Phonèmes	Syllabes	Morphèmes ou Mots
espagnol	hiragana & kana (Japon)	chinois
finnois		kanji (Japon)
anglais		anglais
français		français

d'après Jean-Pierre Jaffré

Le français ne se situe pas tout entier du côté phonographique. Comme celle de l'anglais, son écriture participe des deux principes. On peut, par commodité, continuer à parler d'écriture alphabétique. Ce n'est pas faux, car c'est bien le principe dominant, mais c'est réducteur, étant donné l'importance de ce qui échappe à la dimension « alphabétique ». Comprendre quels principes la gouvernent et selon quels agencements elle s'organise est donc indispensable. Que représentent les lettres dans l'écriture du français ? Telle est bien la question.

1.2. Une orthographe mixte

Pour voir de plus près de quoi est faite notre orthographe, prenons un exemple. Connaissez-vous « Le plus beau vers de la langue française » ? C'est le titre d'un poème de René de Obaldia dont le caractère facétieux autorise, voire incite, à tous les outrages. Il nous servira de fil conducteur dans cette exploration (➢ le poème complet se trouve en annexe du chapitre). Ce vers, c'est :

Le geai gélatineux geignait dans le jasmin
/ləʒɛʒelatinøʒɛɲɛdɑ̃lәʒasmɛ̃/

34 lettres pour 25 phonèmes, le compte n'y est pas. Le principe d'une écriture alphabétique, à savoir l'équivalence entre une lettre et un phonème, n'est effectivement pas respecté :

– certaines lettres n'ont aucune correspondance sonore, comme par exemple, le *t* de *geignait*, ou le *x* de *gélatineux*, le *e* de *geai* ; mais, sans ce *e* intercalé entre *g* et *ai*, *g* correspondrait au phonème /g/, et ce serait un autre mot ;
– il faut parfois deux lettres pour transcrire un seul phonème, comme le *gn* de *geignait* et le *in* de *jasmin* ;
– la même lettre *e* réapparait avec un accent ;
– le même phonème /ʒ/ est transcrit par deux lettres différentes, *g* et *j*.

L'idéal d'une relation biunivoque entre lettre et phonème est trahi. Mais il y a pire. Les séquences de lettres *ei* ou *ai* se prononcent de la même manière, mais, si la première n'indique rien de particulier, ce n'est pas le cas de la seconde. Tout lecteur reconnait, en effet, dans le *ai* de *geignait* la marque d'un imparfait de l'indicatif. Cette séquence de deux lettres est donc porteuse d'une signification, contrairement au *ai* de *geai*. De même, dans le vers *Le geai volumineux picorait des pois fins*, vers récusé par le « poite » à juste titre pour sa valeur indiscutablement moindre, chacun reconnait dans le *s* final de *fins*, la marque d'un pluriel. Cette lettre – muette – en dit long : une garniture de légumes, annoncée sur un menu comme *pois fin*, ne susciterait pas un grand attrait. Mais le *s* de *pois*, lui, ne signifie pas un pluriel, ce qui soulève encore un autre problème.

Ainsi, notre écriture participe bien des deux principes phonographique et sémiographique, puisque non seulement les unités graphiques transcrivent des séquences de phonèmes (***g-é***), mais qu'elles sont porteuses de significations, avec (*geign**ai**t*) ou sans (*pois fins*) correspondance avec l'oral. C'est en ce sens que l'orthographe du français peut être qualifiée de *mixte*.

La question « Que représentent les lettres en français ? » n'a donc pas de réponse unique. Il est indéniable que la lettre correspond bien à l'unité minimale de l'oral, le phonème, mais cette relation n'est ni toujours « transparente », ni systématique : parfois il faut plus d'une lettre pour transcrire un phonème : la lettre n'est donc pas, à strictement parler, l'unité de base de l'écrit ; parfois la lettre remplit un autre rôle que celui de transcrire un phonème, ce qui engage l'orthographe du français dans une autre direction que celle des écritures alphabétiques.

Sans parler des lettres qui semblent totalement sans objet, si l'on veut préciser le rapport « sons/lettres », ou le rapport entre lettres et éléments de signification, – et c'est indispensable pour enseigner l'orthographe et la lecture –, il est nécessaire de définir sur quelle base établir ces deux types de rapport. La lettre se révèle alors un « outil » incommode pour traiter de l'orthographe du français : elle doit laisser place au graphème.

1.3. De la lettre au graphème

Parler de graphème plutôt que de lettre n'a pas pour but de « faire savant ». C'est, au contraire, une façon de simplifier. Comment apprendre en effet à écrire les mots de la langue ? Il y a deux solutions :

1 – soit apprendre la séquence de lettres qui constitue chaque mot sans se poser de question sur le pourquoi des lettres : rien ne rapprocherait alors *gélatineux* de *gel*, *fin* de *pin*, *gélatineux* de *volumineux* ; on épèlerait tous les mots du français les uns après les autres pour les mémoriser, avec la même patience qu'un calligraphe chinois ;

2 – soit on s'appuie sur un code de transcription, clé du rapport entre chaine orale et chaine écrite.

La seconde solution prévaut depuis longtemps ; les manuels d'apprentissage de la lecture proposent tous des tables de correspondances grapho-phonologiques. Encore faut-il définir comment la chaine orale et la chaine écrite s'articulent l'une à l'autre. Par exemple, à la fin de *gélatineux*, j'entends /ø/. Mais par quoi ce phonème est-il transcrit ? Par les deux lettres, *e* + *u* ? Mais que faire alors du *x*, lettre muette bien encombrante ? Faut-il alors préférer dire, comme certains, que /ø/ se transcrit *eux* ? Et qu'est-ce qui m'empêche de dire qu'en français, /ε/ se transcrit *eai* puisqu'il est attesté dans *geai* ou *mangeait* ? La tradition, certes. Mais la tradition elle-même, plus ou moins reprise dans les méthodes de lecture ou d'orthographe, repose sur des choix.

> Quels que soient ces choix, c'est une prise de position *théorique*. La théorie peut être implicite ou non, minimaliste ou lourde, il s'agit toujours d'une théorie. Décrire notre orthographe à l'aide d'un alphabet, comme on le fait habituellement, est déjà une forme de théorie. Toutefois, parce que nous n'écrivons pas *Sofia salta en los campos*, mais *Sophie saute dans les champs*, c'est une clé trop grossière pour comprendre le fonctionnement de l'orthographe française : il faut bien en effet parler de *ph*, de *au*, de *am*, ainsi que du *p* ou du *s* qu'on entend ou qu'on n'entend pas.

La lettre de notre alphabet est une donnée empirique, héritage culturel d'une langue morte ; le graphème correspond à un découpage *fonctionnel* de la chaine écrite d'une langue vivante. Une théorie trop simpliste peut aboutir à l'inverse de son objectif : en faisant l'impasse sur certains faits, elle alourdit l'apprentissage.

Une description linguistique de l'orthographe, bien meilleure que la description traditionnelle, a été proposée dans les années 1970 par Nina Catach et son équipe de linguistes et d'historiens de la langue, à la suite de Victor Gak, linguiste soviétique dont les recherches ont été connues tardivement. Dans ce cadre théorique, les faits orthographiques apparaissent organisés de façon relativement cohérente, au lieu de n'être que des phénomènes à la fois innombrables et insaisissables. Les maitres mots en sont *système* et *fonction*. L'orthographe du français y est décrite avant tout comme la résultante de la coexistence non pacifique des deux principes antagonistes que sont le principe phonographique et le principe sémiographique. Plusieurs systèmes – d'où son appellation de *plurisystème graphique* – s'articulent les uns aux autres à partir du *graphème*, unité de base mieux à même de rendre compte du fonctionnement de notre orthographe. Appréhendé par son rôle et non par sa composition, le graphème est constitué d'une ou deux lettres, voire de trois, mais il reste un par sa fonction ; la lettre, dans ce cadre, est le matériau brut du graphème.

En prenant pour base le graphème, on peut alors déterminer les différents principes organisateurs de l'orthographe du français, la façon dont ces principes s'articulent les uns aux autres et se hiérarchisent. La complexité de notre orthographe ne disparait pas magiquement, mais une vision d'ensemble de son fonctionnement devient possible, où l'essentiel se distingue de l'accessoire. Il est alors plus facile de conduire un enseignement raisonnable.

2. LES PRINCIPES ORGANISATEURS DE L'ORTHOGRAPHE FRANÇAISE

2.1. Principe phonographique

Prépondérance

Conformément au principe des écritures alphabétiques, la première fonction des graphèmes en français est de noter les phonèmes de la chaine orale. C'est le principe dominant dans notre orthographe. Dans les deux vers cités plus haut, le poids des *phonogrammes*, les graphèmes ayant pour fonction de noter les phonèmes, représente respectivement 90 % et 83 % de l'ensemble.

Ces chiffres sont conformes à ceux de Nina Catach et vont à l'encontre de l'idée que le français écrit est coupé de l'oral, une représentation défendue par certains. À condition, toutefois, de bien prendre pour unité de base le graphème et non la lettre pour établir la relation entre chaine graphique et chaine phonique. Soit :

l	e	ge	ai	v	o	l	u	m	i	n	eu	x	p	i	c	o	r	ai	t	d	es	p	oi	s	f	in	s
◆	◆	◆	◆	◆	◆	◆	◆	◆	◆	◆	◆		◆	◆	◆	◆	◆	◆		◆	◆	◆	◆◆		◆	◆	

Dans notre exemple, *ge*, *ai*, *eu*, *ei*, *gn*, *an*, *in*, comptent pour un et non deux. Cette curieuse équation participe de notre histoire politique, de l'histoire de la langue, de celle de l'orthographe, qui ont conduit à écrire le français avec un alphabet latin inadapté.

Les choix qui ont été faits l'ont été par des hommes qui analysaient le français au crible du latin séculaire, la grande langue de la communication écrite en Europe. Mais, contrairement aux Latins avec l'alphabet grec, et avant eux, aux Grecs avec l'alphabet phénicien, ils n'ont pas franchi le pas d'introduire – d'emprunter – les lettres dont le français avait besoin, malgré des débats intenses et des propositions ingénieuses. Seuls ont été ajoutés le *j* et le *v*, et quelques signes *diacritiques*, les accents, la cédille et le tréma, auxiliaires-suppléants qui modifient la valeur de certaines lettres.

Pour ne prendre que quelques exemples : comment noter le phonème à l'initiale de *chef* que le latin ne connaissait pas (*capitem*)? comment faire avec les voyelles nasales apparues à partir des Xᵉ et XIᵉ siècles? ou encore, par quoi noter un /y/ qui n'existait pas en latin?

En raison du décalage entre la phonologie du français et celle du latin, et donc d'un nombre de lettres insuffisant pour le français, à défaut d'en créer, les solutions retenues pour transcrire les phonèmes du français ne pouvaient qu'être problématiques.

Inventaire

De quoi disposons-nous pour transcrire les 36 phonèmes du français? Le recensement fournit une liste de 130 graphèmes environ[1]. Ce nombre est élevé, mais certains sont très rares, comme *oo* pour /ɔ/ à cause du mot *alcool*, ou *um* pour /œ̃/ à cause de *parfum*; mais il faut garder à l'esprit qu'un graphème rare peut appartenir à un mot fréquent, tel *eu* pour noter /y/ dans *j'ai eu*. Si l'on tient compte des fréquences et des régularités, le nombre de graphèmes se réduit à 70, parmi lesquels 45 sont considérés comme les *graphèmes de base*.

Ce chiffre reste supérieur au nombre des phonèmes. La situation est donc paradoxale: il y a trop de graphèmes dans l'orthographe française (plusieurs graphèmes transcrivent un même phonème), alors qu'il manque des lettres dans l'alphabet pour la transcription de tous les phonèmes (rien pour /u/, ni pour /ʃ/) ; il y a même quelques doublons (*i* et *y*, *j* et *g*, *k* et *q*, *c* et *s*).

En latin, la lettre *u* transcrit le phonème /u/, tandis que *y* apparait dans des mots grecs empruntés comportant le phonème /y/ étranger à cette langue. En français, notre *u* transcrit /y/ et notre *y* dit « i grec » /i/. Comme nous avons déjà un *i*, *y* n'est pas d'une grande utilité, et il nous manque une lettre pour noter /u/...

Voici la table de graphèmes qui constitue une sorte de nouvel « alphabet » servant de base à la transcription grapho-phonologique du français:

VOYELLES	A AN	E	I IN	O ON	U UN	EU	OU
SEMI-CONSONNES			Y	OI OIN			
CONSONNES	P B M	T D N	S Z X	F V	C G GN NG	CH J	L R

Pour faire cet inventaire ordonné, les différents graphèmes ont été rattachés à un graphème clé, qui représente l'ensemble des graphèmes correspondant au même phonème, ou, parfois, à un secteur phonologique. Des phonèmes ont en effet été regroupés quand ils forment des variantes comme /o/ et /ɔ/, /e/ et /ɛ/ (le /ɛ̃/ et /œ̃/ sont distingués dans les parlers méridionaux, mais /œ̃/ ne concerne qu'un petit nombre de mots). Enfin, trois spécificités graphiques, *x, oi, oin*, correspondant à un groupe de deux phonèmes, complètent l'inventaire. L'alphabet tradi-

1. Les données de cette section proviennent de Nina Catach et de l'équipe HESO-CNRS, *L'Orthographe française. Traité théorique et pratique avec des travaux d'application et leurs corrigés.* De légères simplifications ont été introduites. Pour le détail, s'y reporter (bibliographie *Orthographe*).

tionnel de 26 lettres que nous utilisons couramment conserve naturellement sa place, culturelle et sociale, et sa connaissance est indispensable. Mais il apparait aujourd'hui davantage comme un outil de classement, un outil « cognitif » et « légal », que comme un outil linguistique pour l'orthographe.

Hiérarchisation

Ces 33 graphèmes clés, qu'on nomme *archigraphèmes*, sont donc à la fois une façon de désigner un ensemble d'éléments et un élément de cet ensemble, le plus fréquent en général : il en est le représentant prototypique. Les autres graphèmes du secteur sont plus ou moins nombreux, plus ou moins fréquents. De grandes différences existent en effet. Prenons deux exemples, *E* et *I*. Le premier correspond à un couple de phonèmes, l'un ouvert, /ɛ/, l'autre fermé /e/, mais qu'on rassemble parce que l'opposition phonologique n'est pas pertinente.

Le couple de phonèmes /e/–/ɛ/ est considéré aujourd'hui en variation libre : l'opposition phonologique n'existe pas ou plus dans certaines régions, et elle est souvent instable chez les locuteurs ; elle ne sert plus à opposer radicalement des mots comme *les* et *laid*, et encore moins *je chantai* et *je chantais*, contrairement à une idée répandue à l'école.

Voici la fréquence relative des graphèmes dans les secteurs du *I* et du *E* (en gras, les graphèmes qui font partie des 45 graphèmes de base ; les autres à la liste des 70) :

E			
/e/	é + e	99 %	*dé – des*
/ɛ/	è + e	67,9 %	*sève – sec*
	ai	30 %	*lait*
	ê	2,1 %	*bêler*
	ei	non dénombrable	*reine*
	ë	non dénombrable	*noël*

I			
/i/	i	99 %	*lit*
	y	2 %	*lycée*
	ï	non dénombrable	*égoïste*
	î	non dénombrable	*île*

Ces chiffres sont antérieurs aux rectifications orthographiques de 1990 qui, sauf pour maintenir une distinction entre homophones ou une famille morphologique, suppriment les accents circonflexes sur *i* et *u*.

D'un côté, *E* recouvre une gamme assez large de graphèmes, graphème simple comme *e*, *digramme* comme *ai* ou *ei*, avec un recours aux diacritiques important ; de l'autre, un seul graphème domine, avec un recours aux accents marginal. On comprend alors que les conséquences seront bien différentes pour les élèves au cours de leur apprentissage : hésitations et écarts à la norme fréquents pour *E*, de bonnes chances de tomber juste pour *I*.

Les tableaux de graphèmes guident le choix des correspondances grapho-phonologiques à présenter aux jeunes apprentis dans une perspective de systématisation. Est-il nécessaire de reculer l'apprentissage de *ou*, sous prétexte qu'il serait « complexe » parce que composé de deux lettres, malgré une fréquence de 98 % ? Est-il raisonnable de présenter *i* et *y* comme deux graphies équivalentes de /i/, en conférant ainsi au second graphème le même poids qu'au premier ? Ou ne vaut-il pas mieux, au gré des rencontres, faire apprendre comme des particularités (ce qu'ils sont) les mots qui comportent un *y*, tels que *bicyclette*, *lycée*, *cygne*, sans oublier *il y a* si difficile à appréhender ? Bien que ce graphème apparaisse dans des mots souvent utilisés par les enfants, tels que *pleine*, *reine*, *neige*, *baleine*, le même choix ne devrait-il pas être fait pour *ei*, dont la fréquence est trop faible pour être calculée ?

L'utilisation de ces données hiérarchisées présente un autre avantage : elles permettent d'apprécier les graphies produites par les élèves, notamment les débutants. Par exemple, quand Cécile en cours préparatoire écrit *jéfé du bato*, elle a recours aux graphèmes clés, ce qui représente déjà une certaine compétence. De même, François qui écrit *setaifacil*, mais qui élargit déjà sa palette en utilisant en plus le graphème de base *ai*, dans une position légitime, qui plus est.

Il est logique, en effet, que les jeunes élèves s'emparent d'abord des graphèmes les plus fréquents qu'ils ont plus de chances de rencontrer dans leurs lectures en raison même de leur fréquence. Toutefois, la connaissance des graphèmes de base ne suffit pas. Non seulement, il faut connaitre un plus grand nombre de graphèmes, mais il faut aussi connaitre certains faits de distribution.

Distribution

La *distribution* des graphèmes, c'est-à-dire leur place dans le mot et leur place par rapport à d'autres graphèmes, est un élément essentiel du système phonographique en français. Par exemple, on trouve le *trigramme eau* généralement en finale, jamais à l'initiale. De même, on ne trouve de consonnes doubles qu'à l'intérieur d'un mot (sauf deux *s* en finale dans quelques mots d'origine étrangère). Une recherche a d'ailleurs montré que, dès le cours préparatoire, les enfants commencent à respecter ces régularités, ces *variantes positionnelles*, qui ne sont pas enseignées en tant que telles.

À côté de ces tendances liées à la position dans le mot, des régularités plus contraignantes existent : on connait la règle du *s* intervocalique, celle des différentes valeurs de *c* ou de *g* en fonction de la voyelle qui suit. On connait moins certains fonctionnements liés au *e* :

e + s / t	*poule – poulet* *me – mes – met*	*e + ll* *e + tt*	*appeler – appelle* *bée – bette* *jetons – jette*	*consonne + e*	*tant – tante* *port – porte*

De fait, certaines lettres, principalement *e*, *s*, *t*, ont un rôle semblable à celui des accents et autres signes diacritiques : ils indiquent une valeur particulière du graphème qui précède. Quand la contrainte est générale, on peut parler de *lois de position*. Leur non-respect ne permet pas de restituer la prononciation exacte des mots.

Le scripteur débutant ignore ces lois de position qui affectent ces graphèmes. Il est avant tout occupé à analyser la chaine phonique et à trouver les graphèmes correspondants. Par exemple, quand Karim écrit *le chat ci gou* au début du cours préparatoire, il a su trouver les phonogrammes dont il a besoin dans les bons « casiers », *c* pour /k/ et *g* pour /ʒ/. Bien sûr, quand il lit son texte en classe, il oralise normalement. Même pour les lois de position qui sont bien identifiées et enseignées dès le cycle 2, les enfants mettront plusieurs années avant de les respecter dans leurs productions, et il n'est pas rare d'observer encore des hésitations au CE2, comme on l'a vu avec *il gro cica, il a pas réusi, il casa*.

En résumé

La dimension phonographique est une tendance fondamentale de l'orthographe du français ; ce qui explique la part importante qu'elle prend très tôt dans les écrits des jeunes élèves. Elle reste d'ailleurs toujours une solution possible pour qu'une communication minimale s'établisse : on peut toujours écrire un mot qu'on ne connait pas d'après sa prononciation et se faire comprendre d'un lecteur (coopératif). C'est bien ce que font les enfants et les étrangers qui écrivent « comme ça se prononce », c'est-à-dire en enchainant les phonogrammes les plus fréquents, souvent les archigraphèmes ou les graphèmes de base. Souvent accusatrice, cette remarque devrait souligner au contraire une étape critique dans la conquête de l'écrit, comme on le verra dans la deuxième partie.

Sur le versant de l'écriture, maitriser le système phonographique prend du temps : le nombre élevé de graphèmes, leurs formes variées (graphème simple, digramme, trigramme), les doubles emplois, les variantes positionnelles et les signes diacritiques, viennent brouiller le principe du fonctionnement phonographique idéal – un seul signe graphique pour un seul phonème.

2.2. Principe morphologique

Le deuxième principe qui régit l'orthographe du français reçoit le nom de principe *morphologique* parce qu'il consiste à mettre en relation de façon plus ou moins systématique, suffisamment récurrente en tout cas, un morphème (ou un élément d'un morphème) et une graphie déterminée. Au sens structural du terme, la morphologie renvoie donc au niveau d'analyse défini par son unité de base, le morphème, unité minimale *significative* par opposition, rappelons-le, au phonème, unité minimale *distinctive*.

Cette intrusion de la signification dans un système d'écriture *a priori* phonographique augmente la complexité du système phonographique. C'est par là que l'orthographe du français se rattache au second grand principe qui régit les systèmes d'écriture, les systèmes sémiographiques.

Au sens étymologique, la *morphologie* est l'étude de la forme des mots et se répartit en *morphologie lexicale* et *morphologie flexionnelle*.

La *morphologie lexicale* s'intéresse à la formation des mots par les mécanismes de dérivation et de composition. Dans la dérivation, à un radical, qui est souvent autonome (*train*), sont ajoutés des affixes (préfixes ou suffixes), éléments identifiables, mais qui ne peuvent s'employer que dans des dérivés (*traineau, entrain, entrainement*) ; dans la composition, chacun des termes dispose de son autonomie (*train-train*).

La *morphologie flexionnelle* s'intéresse aux variations formelles liées aux catégories grammaticales du genre, du nombre, du temps, du mode, de la personne. Le terme de flexion renvoie tantôt à l'ensemble des formes prises par un mot en fonction des différentes catégories qui l'affectent (*petit/petite/petits/petites* ; *chante/chantais/chanterais*), tantôt au phénomène lui-même.

Orthographe et lexique

Fonctionnement

À l'écrit, chaque mot se présente comme une suite de lettres encadrée par deux blancs. Cette suite de lettres lui appartient en propre, mais pas nécessairement de façon exclusive, puisqu'il existe des homographes (ex. : *page*). Par *orthographe lexicale*, on désigne donc la part de l'orthographe qui est spécifique à chacune des unités de la langue. Les dictionnaires en recensent l'orthographe, ils sont le garant de leur conformité à la norme, elle-même fruit d'un consensus (qui peut changer).

Mais les mots d'une langue, même hors de tout énoncé, ne sont pas des éléments isolés, ils entretiennent des relations (souvent à l'œuvre dans les jeux de mots ou les associations d'idées) : ils peuvent appartenir à un même champ lexical ou à la même famille morphologique ; ils peuvent être dans une relation de synonymie, d'antonymie, de paronymie, d'homonymie ; ils peuvent être des mots composés ou bien des dérivés ; ils peuvent être formés avec le même préfixe ou le même suffixe sans autre rapport sémantique.

L'orthographe rend visibles certaines de ces relations. Elle le fait soit directement par les morphèmes communs à plusieurs unités, qui partagent donc également les formes graphiques de ces morphèmes, soit indirectement par la présence de certains graphèmes – deux fils donc, qui tissent des liens à travers le lexique. La rencontre entre orthographe et lexique englobe davantage de faits que la traditionnelle « orthographe d'usage ». Certains de ces faits sont bien connus, d'autres sans doute moins.

Permanence graphique des morphèmes lexicaux

Le poème de René de Obaldia présente de multiples exemples de ces relations que l'orthographe rend manifestes. Par exemple, dans cette strophe :

Quand vous serez grinds
Mes zinfints
Et que vous aurez une petite amie anglaise
Vous pourrez murmurer
À son oreille dénaturée

Que l'oreille soit un organe de l'ouïe est une chose, qu'elle soit dénaturée chez une petite amie anglaise en est une autre (et de la seule responsabilité du poète). Mais que le terme qui la désigne soit composé de la suite de phonèmes /ɔʀɛj/ est purement *arbitraire* : aucune espèce de relation ne relie le concept « oreille » (le signifié) à la séquence de phonèmes /ɔʀɛj/ (le signifiant) ; on pourrait tout aussi bien dire *trache* (on dit bien *ear*, *Ohr*, *orecchio*, respectivement en anglais, allemand, italien). En revanche, les formes /ɔʀɛjɔ̃/, /ɔʀeje/, /ɔʀɛjɛt/, se trouvent, elles, *motivées* par leur appartenance à la même famille morphologique qu'*oreille*. Et chacun pourrait imaginer un *porte-oreillette*. Autrement dit, le simple jeu des radicaux et des affixes engendre, à partir d'un morphème radical commun ou par composition de radicaux, des créations lexicales où l'arbitraire initial trouve une limite.

À l'écrit, les mots appartenant à la même famille voient leurs liens renforcés par la présence des mêmes graphèmes, du moins pour leur constituant commun : tous les mots de la famille d'*oreille* commencent par *o*, et conservent *ill* pour transcrire /j/.

Toute similitude, phonique ou graphique, peut faire surgir l'image d'un mot. Ces rapprochements ouvrent aux jeux de langage, ceux de la poésie, ceux des sketchs de Devos, ceux de la publicité ou de la bande dessinée, et aussi aux méprises des élèves, telle cette *eau limpide* devenue *olympide* en période de Jeux olympiques... Pour amener les élèves à prendre conscience de cette dimension à l'œuvre dans l'orthographe, on peut leur proposer de jouer de ces ressources graphiques à partir de certaines erreurs, à la manière de l'*hénaurme* de Flaubert ou de la lettre à Lili de Pagnol. Par exemple, dans une classe de 5e, un élève a proposé la définition suivante après un travail sur les étymologies et les familles respectives d'*oreille* (> *auricula*) et d'*or* (> *aurum*) : *aureillette : petit récepteur acoustique pour animateurs de télévision très bien payés.* On contribue ainsi à installer une autre image de l'orthographe dans l'esprit d'élèves qui n'en ont souvent qu'une représentation répressive.

À côté des radicaux, les affixes relèvent du même principe de permanence graphique. Par exemple, pour les suffixes dans notre mini-corpus obaldien : *gélatineux* – *volumineux* ; *anglaise* – *française*. Le premier suffixe, *eux*, renvoie à une qualité, le second, *ais*, à un pays. c'est ce qui permettrait de produire une petite amie *zendaise* au royaume de Zenda, ou d'imaginer sous la plume d'Obaldia : *Ce vers, le plus poiteux de la langue française...* De même, l'oreille *dénaturée* ne peut être *dainaturée*, parce que le qualificatif est construit avec le préfixe de haute fréquence *dé*, dont l'orthographe exclut la graphie *ai*.

Bien des questions d'orthographe se traitent à la croisée de la phonographie et de la morphologie. Il est plus simple, par exemple, d'aborder certaines « doubles consonnes » en termes de point de jonction entre un préfixe et un radical, ou un radical et un suffixe, avec ou sans « assimilation », plutôt qu'en termes exclusifs de doubles consonnes, avec des listes à apprendre par cœur de « mots commençant par... » où tout finit par s'embrouiller :

in-sensé	*in + sensé*		
im-possible	*in + possible*	loi de position devant *p*	
in-nommable	*in + nom*		fausse double consonne
im-mobile	*in + mobile*	loi de position devant *m*	fausse double consonne
il-légal	*in + légal*	assimilation du *n* du préfixe *in* par l'initiale du radical	fausse double consonne
ir-réductible	*in + réductible*	assimilation du *n* du préfixe *in* par l'initiale du radical	fausse double consonne
forte-ment	*forte + ment*		
prudem-ment	*pruden + ment*	*e* est celui du digramme *en* de l'adjectif *prudent* loi de position devant *m*	fausse double consonne
mécham-ment	*méchan + ment*	*a* est celui du digramme *an* de l'adjectif *méchant* loi de position devant *m*	fausse double consonne

Il n'est cependant pas toujours facile de retrouver le terme radical (ni le « sens » des préfixes). Le radical peut avoir perdu toute autonomie dans le français d'aujourd'hui comme dans *im-mense* ou *in-nocent*, alors qu'il est clair dans *illégal* ou *immobile*. De plus, ce fonctionnement ne présente pas un caractère systématique. C'est cependant une piste fructueuse, à explorer avec les élèves, notamment au collège.

On constate donc que l'orthographe des radicaux et celle des affixes (les suffixes de façon systématique, les préfixes de façon moins claire) contribuent à tisser des liens entre les différents vocables du français. La cohésion des séries lexicales est ainsi renforcée.

Fonction lexicale des graphèmes

Une autre forme de cohésion existe grâce au jeu des graphèmes à l'intérieur d'une famille morphologique. Dans le domaine de la dérivation, le rapport qui unit un mot souche à ses dérivés peut tenir à la présence d'un graphème, voire d'une partie d'un graphème. Ce graphème fonctionne alors comme un rappel permanent de l'existence des termes dérivés. Simple marque – « marque familiale », disent parfois les élèves –, trace ténue, les rapports sont alors plus abstraits, puisque, à la différence des cas précédents, ils ne reposent pas directement sur un morphème complet. C'est par le terme de *morphogramme lexical* qu'on désigne cette marque de relation.

- **Consonnes**

Les morphogrammes lexicaux associent étroitement les formes du masculin et féminin des adjectifs, et, de façon plus lâche, les mots appartenant à des classes diverses. La présence d'un morphogramme lexical est caractéristique en français, comme le reflètent *grinds* et *zinfints*. Si le poète a pris des libertés avec ces deux mots, il n'en a pas moins respecté cette tendance forte en français, selon laquelle une consonne présente dans les « formes longues » se maintient dans la « forme courte » :

grand : grande – grandeur – grandement
enfant : enfanter – enfantin – enfantement – enfantillage

Les unités de notre mini-corpus obaldien qui obéissent au même fonctionnement sont nombreuses : *droit – petit – vers – nid – galop – trois – froid – étroit – anglais – français – volumineux – gélatineux*. Pour ces deux derniers, on note que la « consonne cachée », terme qu'utilisent parfois aussi les élèves, subit une modification qui n'a rien d'évident : *x* → *s*.

La présence des morphogrammes lexicaux est un phénomène régulier. Il n'est cependant pas général : *élan* est privé du *c* d'*élancer* dont il est pourtant tiré. Il est à l'origine de graphies erronées, tel le très fréquent *abrit*. Cette « faute » par *surgénéralisation* est de celles qui témoignent d'une connaissance du système.

On peut rappeler que ce qui nous semble évident aujourd'hui ne l'a pas toujours été. Par exemple, « grand » s'écrivait au masculin *grand*, au féminin *grande* et au pluriel *grans*.
Quant aux « fautes » des élèves, on peut rappeler aussi qu'au cours des siècles, on a réintroduit de nombreuses lettres muettes d'origine latine, parfois grecque, non sans quelques erreurs d'ailleurs. Ces lettres ont quelquefois repris du service pour de nouveaux dérivés. On peut citer *temps* longtemps écrit *tems* dont le *p*, présent dans la forme latine *tempus*, sert dans les dérivés *temporel*, *temporalité*. Un autre cas très célèbre est *poids* : le *d* a été introduit selon une fausse étymologie, puisqu'il vient de *pensum*, mais il est actif aujourd'hui dans *pondéral*.
À noter encore qu'une consonne finale peut ne pas être à proprement parler une marque familiale, mais une sorte de « marque de série » : c'est ainsi qu'un assez grand nombre de prépositions ou d'adverbes comportent un *s* final, tels *alors*, *après*, *auprès*, *ailleurs*, *autrefois*, *certes*, *dans*, *dehors*, *depuis*, *dès*, *désormais*, *dessous*, *dessus*, etc. On ne peut alors être totalement surpris par la graphie erronée *parmis* si fréquente.

• **Voyelles**

Les consonnes en position finale ne sont pas seules à faire ce travail de relations lexicales. La trace de liens se lit aussi dans les voyelles dont le rôle, plus discret, n'est pas sans efficacité, comme le souligne le poète lui-même :

Ai, eu, ai, in
Le geai gélatineux geignait dans le jasmin…

Prenons, par exemple, *in* dont la présence insistante scande tout le texte : *jasmin – fin – gamin – voisin*, sans oublier *divin* présent dans la forme *divine*. À l'exception de la première, ces unités entrent dans une alternance masculin/féminin : *fin/fine – divin/divine – gamin/gamine – voisin/voisine*. Même *jasmin*, d'origine arabo-persane, évoque aujourd'hui facilement le prénom féminin *Yasmine* ou *Yasmina*. Dans chaque paire de mots, un terme comporte donc un *i* : c'est ce *i* qui « motive » le graphème *in* pour la transcription du phonème /ɛ̃/ de l'autre terme.

Dans un secteur où la concurrence entre graphèmes est importante, ce même type d'alternance concerne les autres graphèmes :

IN			UN		
/ɛ̃/ / /i/	in / i	*fin / fine*	/œ̃/ / /y/	un / u	*les zuns / les zunes*
/ɛ̃/ / /a/	ain / a	*main / manuel*		um / u	*parfum / parfumerie*
/ɛ̃/ / /ɛ/	ain / ai	*romain / romaine* *souterrain / souterraine* *train / trainer*			
	en / e	*citoyen / citoyenne*			
	ein / ei	*frein / freiner*			

En se référant à ces alternances vocaliques, le choix d'un graphème dans des secteurs concurrentiels n'apparait plus aussi aléatoire (le *in* de *lapin* ou le *ain* de *main*). Ce fonctionnement s'étend à d'autres digrammes. Par exemple, *au/a* dans *aurait/avait*, *avoir* ; *saurait /savait*, *savoir*. Quant à *eau* ou à *eu*, l'alternance est plus surprenante : *beau/belle – oiseau/oiseleur – cheveu/chevelure*. C'est la présence de *u* qui explique cette alternance tenant à l'histoire de la langue et de l'orthographe : l'ancienne consonne /l/ s'est vocalisée en /u/.

Ainsi, que ce soit par la permanence graphique des morphèmes (radicaux et affixes) ou par la présence de morphogrammes lexicaux (simples graphèmes, éléments de digrammes ou de trigrammes), l'orthographe vient rappeler, d'une manière parfois très subtile, les rapports qui unissent entre eux les termes du lexique à l'écrit. Selon les cas, le lien avec l'oral est conservé ou non. Ce principe constitue donc un maillage tout en finesse des unités lexicales graphiques.

La possibilité d'établir ces liens dépend de l'étendue du lexique personnel des élèves, c'est-à-dire de leurs connaissances culturelles, et les disparités individuelles sont ici particulièrement fortes. C'est un domaine où l'âge, la connaissance d'autres langues, celle du latin ou d'autres langues romanes, mais aussi les habitudes de lecture, les pratiques culturelles familiales, et le regard particulier sur les langues que donne toute situation de plurilinguisme bien vécue, jouent un rôle important. Mais c'est aussi naturellement la tâche de toutes les disciplines que de concourir au développement du lexique.

Travailler le vocabulaire dans ses dimensions morphologique et orthographique de façon conjointe ne peut qu'être bénéfique. La connaissance de l'orthographe des unités lexicales se trouve alors décuplée, dès lors que l'on peut analyser un mot construit en ses divers éléments (radical, affixes) dont l'orthographe est *a priori* connue. En raison de l'extension du phénomène, le vieux conseil de penser à un mot de la même famille garde toute sa valeur : on a intérêt à engager les élèves très tôt sur cette voie, sans mettre en avant immédiatement les « exceptions », même au prix de quelques erreurs ici ou là, – inévitables de toute façon. C'est une clé dont s'emparent les élèves quand ils en appréhendent la portée et qui les accompagne dans cette exploration progressive du lexique tout au long de la scolarité.

Orthographe et grammaire

Fonctionnement

Dans « Le plus beau vers de la langue française », la suite de lettres *ait* indique que le verbe *geindre* est à la troisième personne du singulier de l'imparfait de l'indicatif, ou plutôt, *ai* indique l'imparfait, et *t* la troisième personne du singulier ; de même, le *s* final de *fins* indique le pluriel. Ce sont là des faits bien connus, qui forment ce qu'on appelle communément *l'orthographe grammaticale*. Certains graphèmes ont ainsi pour fonction d'indiquer, selon la classe de mots concernée, la catégorie grammaticale du genre, du nombre, de temps, de mode, de personne[1]. Ils constituent, en somme, la part graphique de la morphologie flexionnelle : ce sont de véritables marques grammaticales à l'écrit.

Leur rendement est maximal, leur présence automatique : chaque fois qu'on crée ou emprunte un mot (verbe, nom ou adjectif), ces graphèmes apparaissent. Par exemple : *il surfait comme tous les internautes de sa classe.* On peut d'ailleurs constater que le verbe *surfer* conserve de son origine anglo-américaine un phonogramme rare, uniquement répertorié dans la liste des 130 graphèmes, à savoir *u* pour noter /œ/ comme dans *club*, alors qu'il utilise la très française désinence graphique *ait* pour noter l'imparfait.

La présence de ces marques graphiques active automatiquement chez un lecteur les significations qui leur sont attachées. À l'inverse, leur omission crée une perturbation, et génère souvent une autre signification. Que l'on compare : (*attendre son*) *ami*/*amie* ou *geignait*/*geignaient*/*geignais* ou encore *la tête nue de son voisin*/*la tête de son voisin nu*.

C'est par l'opération très classique en linguistique de la *commutation* que l'on repère les différentes valeurs morphologiques des graphèmes. Elle consiste à substituer l'un à l'autre des éléments entrant dans le même contexte, ce qui montre en même temps leur caractère segmentable et leur rôle. Par exemple, en substituant *fin* à *fins*, on peut établir la valeur morphologique de pluriel du *s*. On établit de la même façon la fonction du *e* : ainsi, pour un petit *e* de différence, *dénaturée* ne peut s'appliquer qu'à l'oreille de la petite amie anglaise, pas au vers du poète.

1. Riegel, M., Pellat, J.-C., Rioul, R., *Grammaire méthodique du français*, PUF, 1994, chapitre XVII ; Tomassone, R., *Pour enseigner la grammaire*, Delagrave, 1996, pp. 258-261.

Rapport avec l'oral

La désinence verbale de l'imparfait /ε/ est toujours graphiée *ai*, la troisième personne du singulier se marque par un *t* « muet ». Autrement dit, sous l'angle du rapport à l'oral, tantôt les marques sont en correspondance avec un segment de la chaine phonique, tantôt elles ne le sont pas : on touche là à tout ce qu'on appelle parfois la « morphologie silencieuse », si particulière au français écrit.

Dans le premier cas, un phonogramme se spécialise pour servir de marque grammaticale : parmi tous les graphèmes pouvant transcrire un /ε/, c'est *ai* qui est l'heureux élu pour indiquer l'imparfait. Dans le second cas, un graphème perd sa fonction de phonogramme pour indiquer une valeur à un autre niveau, c'est-à-dire dans un autre système : il n'a plus de lien avec l'oral, comme le *t* de *geignait* qui marque la troisième personne du singulier. Toutefois, il retrouve sa valeur phonogrammique dans une liaison (obligatoire dans *geignait-il encore*, ou facultative dans *il geignait avec obstination*).

Par opposition aux phonogrammes d'une part et aux morphogrammes *lexicaux* d'autre part, ces graphèmes dont la fonction concerne la morphologie flexionnelle reçoivent le nom générique de *morphogrammes grammaticaux*. Mais deux catégories de morphogrammes coexistent : ceux dont la fonction grammaticale est détachée d'une fonction phonographique, comme la marque de personne *t*, et ceux dont la fonction grammaticale ne l'est pas, comme la marque temporelle *ai*. Les premiers sont des *morphogrammes* au sens strict, les seconds des *morphonogrammes* (à entendre comme un mot-valise).

Cette distinction théorique concerne aussi l'apprentissage : un morphogramme peut être omis, pas un morphonogramme. Si un élève, par exemple, peut ne pas savoir qu'il faut un *s* au pluriel, quand il veut écrire un verbe à l'imparfait, il lui faut nécessairement sélectionner un graphème du secteur *E* pour transcrire le /ε/ du verbe qu'il emploie. Il peut alors choisir *ai* parmi les graphèmes possibles, mais il n'est pas certain que ce soit une vraie marque d'imparfait, comme dans l'exemple *sétaifacil*. Les morphonogrammes existent aussi dans le domaine lexical : ce sont certaines marques de famille dont il a été question plus haut. Par exemple, *ai*, à la différence de *è* (*genèse*), renvoie à la sphère de la nationalité (*franç-aise*, *angl-aise*). Cependant, c'est dans le domaine grammatical que les morphogrammes et morphonogrammes ont les valeurs les plus significatives.

Inventaire

Quels sont les graphèmes ainsi spécialisés dans une fonction grammaticale ? Pour en faire l'inventaire, il faut tenir compte des différentes classes de mots. D'une part, les catégories grammaticales n'affectent pas de la même manière l'ensemble des parties du discours (en sont évidemment exclus les « mots invariables ») : pas de genre pour le verbe (participe passé mis à part), pas de temps pour le nom. D'autre part, les morphogrammes et morphonogrammes diffèrent selon que les classes de mots relèvent du domaine nominal ou du domaine verbal : un *s* nominal est une marque de pluriel, un *s* verbal est une marque de personne.

Sans entrer ici dans tous les détails, on peut proposer la liste suivante :

• dans les formes nominales (noms, déterminants, adjectifs/participes passés, pronoms) :
– pour marquer le nombre : *s*, *x* ;
– pour marquer le genre : *e*.

• dans les formes verbales :
– pour marquer le nombre : *(e)nt* ;
– pour marquer le mode : *er*, *é* ;
– pour marquer le temps : *ai*, *e*, *i(ons/ez)* ;
– pour marquer la personne : *e*, *s*, *x*, *t*, *ons/ont*, *ez*.

Parmi ces morphogrammes, on retrouve un trio déjà rencontré dans la section consacrée aux phonogrammes, à savoir *e*, *s*, *t*. Du côté des morphonogrammes, on trouve une série de graphèmes appartenant au secteur du *E*, à savoir *é*, *e*(*r*), *e*(*z*), *ai*. L'ensemble de ces graphèmes à portée grammaticale forme ainsi un système complexe qui joue sur la surexploitation de quelques graphèmes et sur leur distribution dans les différentes classes grammaticales. Ce fonctionnement laisse prévoir que leur apprentissage ne peut pas être simple.

En résumé

La dimension morphologique constitue une autre tendance de l'orthographe du français, certes moindre que la dimension phonographique, mais tout aussi conséquente. Ses manifestations sont nombreuses et régulières ; elles viennent s'ajouter au composant phonographique en modifiant profondément la perspective d'une écriture dite « alphabétique ».

Les unités de base de l'écrit ne servent plus simplement à écrire des mots de sens différent : elles sont elles-mêmes porteuses de sens, et de sens divers, en relation avec l'oral (morphonogrammes) ou non (morphogrammes). Dans ce dernier cas, c'est tout un nouveau fonctionnement, spécifique au français écrit, – l'univers de la morphographie – que les élèves doivent appréhender.

La grammaire et le lexique sont ainsi rapprochés par le principe morphologique. Cependant, si les morphogrammes sont des graphèmes déterminés par des contraintes grammaticales ou lexicales, ils n'ont pas la même portée : il y a une différence entre le *s* de *fins* ou le *t* de *geignait*, et le *s* d'*anglais*, le *t* de *petit* ou celui d'*enfant*. Un morphogramme grammatical comporte un « sens grammatical » (pluriel, indice de 3e personne), présent dans l'énoncé, tandis qu'un morphogramme lexical est une simple liaison avec des unités significatives non présentes dans l'énoncé, il n'a pas en lui-même une véritable signification.

En dépit de cette distinction, les morphogrammes assurent une cohésion sémantique et grammaticale, sinon indispensable (l'oral s'en passe souvent), du moins attendue, et donc finalement nécessaire. L'invariabilité des marques et désinences grammaticales, la ressemblance graphique des radicaux, la fixité des affixes, le rappel des graphèmes à l'intérieur des familles morphologiques, contribuent à réduire la part d'arbitraire de notre orthographe.

Il faut néanmoins ajouter ceci : les morphogrammes facilitent la lecture, ils compliquent l'écriture. En effet, pour le lecteur, ils constituent un soutien sémantique permanent (l'absence des graphèmes attendus perturbe d'ailleurs profondément le sens de ce qu'il lit) ; pour le scripteur, la nécessité de ces graphèmes complique sa tâche d'écriture au plus haut point en exigeant une vigilance constante, surtout dans la phase d'apprentissage (mais la vigilance ne peut jamais se relâcher complètement).

Ce fonctionnement repose sur l'identification des catégories grammaticales et des structures lexicales. Tant que les élèves n'ont pas la capacité de traiter les phénomènes sous plusieurs angles à la fois, tant que leur compréhension des relations syntaxiques reste limitée, tant qu'ils ne disposent pas d'un lexique large et structuré, la mise en œuvre du principe morphologique est longue et couteuse. Il convient d'en tenir compte, d'autant qu'un autre principe vient encore se greffer sur les deux premiers.

2.3. Principe distinctif

Fonctionnement

À chaque chose, à chaque idée, à chaque notion, son vocable ? À chaque unité de la langue, son signifiant phonique ? Ce qui, à première vue, pourrait paraitre rationnel n'a pas cours. L'homophonie existe en français, comme dans toutes les langues sans doute. Par exemple, dans notre illustre premier vers : /ʒɛ/ (*geai*/*jet*) ou /dɑ̃/ (*dans*/*dent*).

L'évolution phonétique du latin au français est à l'origine de l'importance de l'homophonie en français aujourd'hui. En effet, l'érosion des radicaux latins dans le passage du latin au français aboutit fréquemment à la formation de monosyllabes. Or, plus les monosyllabes sont en nombre élevé, plus ils ont des chances d'être composés des mêmes phonèmes :

securum > /syʀ/ (« sûr ») – *supra* > /syʀ/ (« sur »)
insula > /il/ (« ile ») – *ille* > /il/ (« il »)

Combien y a-t-il d'homophones ? Difficile à dire, car le lexique est *a priori* illimité. Dans la première strophe, près de la moitié des mots ont un ou plusieurs homophones, par exemple :

mes/mets/met/mets/mais, sans/sang/cent, en/an, air/ère/erre/aire/hère/haire, vers/ver/verre/vair.

La réponse impliquerait de savoir cerner avec précision les limites de l'homophonie : mais, avec *langue* (« organe de la bouche » ou « système d'expression et de communication d'un groupe social »), a-t-on affaire à deux mots différents ou à deux acceptions différentes ? Les dictionnaires, qui ne sont qu'une représentation du sentiment linguistique à un moment donné, ont des options divergentes ; il en va sans doute de même pour chacun d'entre nous, professeurs, élèves ou simples locuteurs.

En général, le critère est celui de l'origine commune, mais il n'est pas toujours suffisant, comme ici, puisque *langue* a pour étymon indiscutable *lingua*. Le *Dictionnaire du français contemporain* de Larousse (1971) et le *Robert Méthodique* (1982) optent pour la séparation des mots, Le *Petit Larousse illustré* (1989) et le *Nouveau Petit Robert* (1993) pour la séparation des sens...

Ce recensement des homophones est en réalité incomplet. En effet, il ne prend en compte que les « mots ». Or, en discours, d'autres possibilités d'homophonie apparaissent. Par exemple : *geai/j'ai*, *dans/d'en*, *sans/s'en*, *avoir/à voir*, ou encore *de/deux*, souvent confondu en CP (*il a levé ses de mains*). Certains font les titres des chapitres de manuels d'orthographe.

C'est aussi sous l'angle de l'homophonie que l'on peut envisager la flexion des mots variables. Par exemple, pour les noms et les adjectifs : *langue/langues*, *ingénu/ingénus /ingénue/ingénues* ; pour les verbes : *mets/met*, *aurai/aurais/aurait/aurez*.

L'homophonie est donc un phénomène massif en français. Elle concerne les mots traditionnellement considérés comme des homonymes, mais également toutes les formes d'un mot dit variable, formes qui sont particulièrement nombreuses dans le domaine verbal. On comprend alors pourquoi ce dernier domaine est celui que les élèves acquièrent le plus tardivement, comme on le verra dans la prochaine partie où l'on examinera les conséquences des rapports entre la flexion et l'homophonie sur l'acquisition.

Différenciation

À ce stade, on soulignera seulement les implications différentes de l'homophonie à l'oral et à l'écrit. À l'oral, en plus de certaines différences linguistiques (classes syntaxiques : *car*, nom/conjonction ; ou genres différents : *un voile*, *une voile*), le contexte, l'intonation, les gestes et la co-présence des interlocuteurs qui peuvent toujours s'expliquer, suffisent généralement à lever l'ambigüité.

À l'écrit, le contexte joue sa partie, bien sûr, de même que les différences de fonctionnement linguistiques s'il y en a. Mais là où l'oral s'accommode de la situation, l'écrit, dans un certain nombre de cas, signale la différence lexicale par une différence graphique. Dans notre strophe, sur les treize cas recensés, tous sauf *langue* au statut incertain, sont différenciés.

Cette différenciation s'obtient par différents moyens, lesquels se combinent souvent. Citons-en quelques-uns :

Phonogramme	geai / jet geai / jet sans / cent
Morphogramme lexical	geai / jet – jeter sang – sanguin / cent – centaine air – aérien / erre – errer ces – ce – cette – cela / ses – son – sa – soi foi / fois – foison
Combinaison (morphogramme lexical et/ou opposition par une lettre finale)	pois /poix / poids – pondéral
Ajout d'un signe diacritique	la / là a / à
Ajout d'une lettre finale	plu / plus foi / foie
Ajout d'une lettre interne (ce qui déclenche ici une autre modification par l'intervention d'une loi de position)	compter / conter

La différenciation graphique opère à l'intérieur du système phonographique ou entre les différents systèmes : choix de phonogrammes différents dans des radicaux (*tante*/*tente*) ou dans les affixes ou des finales (*ant*/*ent*, *ère*/*aire*); utilisation des morphogrammes lexicaux (*pin*/*pinède* et *pain*/*panification*, *bon*/*bonne* et *bond*/*bondir*), voire des morphogrammes grammaticaux (*vin*/*il vint*). Elle fait, bien sûr, largement appel à l'étymologie, avérée ou supposée.

À la Renaissance, un mouvement profond entreprend de donner au français ses lettres de noblesse en en faisant une langue littéraire à l'égal des langues des Anciens. Considéré comme une langue pauvre, le français doit être enrichi, d'une part par l'apport de mots nouveaux, d'autre part par le rappel de ses liens avec le latin – c'est la « Défense et illustration de la langue française » de Du Bellay, mot d'ordre repris par la Pléiade. Mais à partir du moment où l'on écrit en français, se pose impérativement la question des formes graphiques dans laquelle inscrire notre langue, et donc, à terme celle de l'orthographe. Les débats sont intenses entre écrivains, imprimeurs, grammairiens et autres humanistes.

On fait donc appel au latin pour créer des mots nécessaires à la vie administrative, culturelle, scientifique de l'époque, ou pour des significations qu'on juge mal représentées dans le lexique du moment. D'où, par exemple, le phénomène des doublets : un mot dont l'évolution est dite populaire se voit « doubler » par un mot créé de toutes pièces sur la même racine latine; le second est plus proche formellement du latin puisqu'il est obtenu par une « translittération », l'usage éloignant irrémédiablement les deux mots. Par exemple: *frêle* et *fragile* viennent tous deux de *fragilem*.

On fait également appel au latin pour différencier des homophones. Par exemple, *cler*, point d'aboutissement de *clericum* et de *clarum*, se sépare en *clerc* ou *clair*: *e* présent dans *clérical* et ajout d'un *c* en rapport avec le *g* de *clergé*; utilisation du digramme *ai* en relation avec le *a* de *clarté*. Par exemple, encore, on éprouve le besoin d'introduire une différence graphique pour transcrire /kõte/ dans deux mots sentis différents alors qu'ils proviennent de la même origine: *computare* a donc donné naissance à *conter* et *compter* (d'où l'ordinateur anglo-américain *computer*), différence qui n'existe pas en espagnol (*contar*). De même, on distingue *panser* de *penser*, alors qu'ils viennent tous deux de *pensum*, tout comme *peser*. Même chose pour *dessin*/*dessein*, *repère*/*repaire*. Les confusions fréquentes des jeunes élèves ne sont, après tout, qu'un retour aux sources.

À noter que des erreurs se commettent parfois: ainsi on écrit *sçavoir*, ultérieurement simplifié en *savoir*, parce qu'on croit qu'il vient de *scire* (d'où *science*), alors qu'il provient de *sapere* (*savoir* et *saveur* ont donc la même étymologie...); ou encore on modifie *pois* (XIIe siècle) en *poids* (XVIe siècle) en lui donnant *pondus* comme étymologie alors que lui aussi vient de *pensum*. Pour initier des élèves à partir du CM2 à la dimension historique et étymologique de leur langue, la descendance de *pendere* est d'ailleurs un bon sujet d'étude[1].

1. Le *Dictionnaire étymologique du français* de Jacqueline Picoche est une mine d'informations (bibliographie *Outils*).

Mais le recours à l'étymologie latine pour différencier les homophones trouve une limite. Par exemple: *mer*, *mère*, *maire*, proviennent tous les trois d'un mot latin qui comporte un *a*, *mare*, *mater*, *major*; seul le dernier bénéficie du *a* d'origine contrôlée. La féminisation actuelle des noms de métiers et de fonctions introduit aujourd'hui une nouvelle homophonie que la graphie désambigüise: *la maire est sa mère*.
Le mouvement de « relatinisation » a donc pris le contrepied d'une évolution qui allait en partie vers une graphie phonétique, et donc vers une part importante d'homographie à laquelle l'évolution linguistique conduisait inéluctablement. Une orthographe fortement phonétique ne pouvait d'ailleurs que poser des problèmes dans une société où les locuteurs ne parlaient pas la même langue, mais parlaient soit des langues différentes (et leurs variantes), romanes (franco-provençal, langues d'oc, catalan) ou non (basque, breton, flamand, alsacien), soit des variétés du français (gallo, normand, picard). Ces quelques aperçus montrent comment les choix d'hier pèsent encore sur l'orthographe d'aujourd'hui.

En résumé

La quantité d'homophones est importante en français, notamment parmi les monosyllabes, eux-mêmes en nombre élevé dans notre langue. Deux cas de figure coexistent à l'écrit: l'identité formelle ou la différenciation graphique. Dans le premier cas, la situation est la même à l'oral et à l'écrit, dans le second, elle est évidemment spécifique à ce dernier. Pour éviter les risques d'ambigüité, à l'écrit, l'orthographe a tendance à marquer la différence sémantique par des différences graphiques.
S'il est loin d'être systématique, le principe distinctif constitue bien une autre tendance forte de l'orthographe du français, fonctionnant sur un jeu d'oppositions diverses – présence/absence ou alternance de graphèmes de types différents (phonogrammes ou morphogrammes), ajout de lettres au statut plus aléatoire, comme on va le voir. Ce principe, confortable pour le lecteur expert puisqu'il lui permet d'accéder instantanément au sens des homophones, alourdit bien évidemment la tâche de l'apprenti scripteur.

2.4. Principe étymologique et principe historique

Fonctionnement

Les trois principes déjà présentés n'achèvent pas la description de l'orthographe du français. Certaines graphies leur échappent. Revenons sur les derniers vers de notre poème:

Tous ces gé zingénus qui sonnent comme un glas:
Le geai géla… « Blaise! Trois heures de retenue.
Motif:
Tape le rythme avec son soulier froid
Sur la tête nue de son voisin. »

Comment rendre compte, en effet, des doubles consonnes de *sonnent* et de *comme*, du *s* de *glas*, le *h* d'*heures*, de l'accent de *tête*, ou du *y* et du *th* de *rythme*? Si on ne gardait qu'un seul *n* ou *m*, si on enlevait le *h* initial, le *s* final, si on remplaçait l'accent circonflexe par un grave et *yth* par *it*, la relation avec l'oral serait néanmoins assurée sans perte d'information lexicale ni risque de confusion majeure entre homophones (sauf peut-être *une tète*, *il tète*?). En d'autres termes, les fonctions phonographique, morphographique et distinctive seraient préservées, signe qu'elles ne sont pas directement en jeu.

Ces graphies relèvent donc d'autres principes: ce sont des lettres étymologiques ou historiques. Certes, l'étymologie et l'histoire sont à l'origine de toute l'orthographe du français, mais on désigne par là des lettres qui, si elles ont pu jouer un rôle autrefois, n'ont plus de réelle fonction aujourd'hui. Les doubles consonnes, le *h* et le *y*, certaines consonnes internes, ou finales (*s*, *z*, *x*, le plus souvent), constituent l'essentiel de cet inventaire. Par exemple, l'initiale du mot *heure* rappelle le latin *hora*, *y* et *th* rappellent doublement l'origine grecque de *rythme* (l'Académie française a déjà simplifié *rhythme* en réduisant *rh* en *r* en 1878, ce qu'elle n'a pas fait pour *rhume* ou *rhétorique*), l'accent circonflexe de *tête* a remplacé un *s* qui avait cessé d'être prononcé (*teste*), mais qui continuait à marquer la durée plus longue du /ɛ/ précédent; les différences de durée, pour la majorité de la population, ne sont plus sensibles depuis la fin de la Seconde Guerre mondiale.

Certaines doubles consonnes sont, elles aussi, les vestiges d'une prononciation ancienne. À l'époque de la nasalisation où, comme dans le Sud-Ouest aujourd'hui, *grand-mère* et *grammaire* étaient homophones, la solution avait été de transcrire les voyelles nasales par des digrammes tels que *an*: la « double consonne » relevait alors de la phonographie (*an* + *née*). La fin de cette période n'a pas entrainé la suppression de la consonne nasale devenue inutile (sauf dans la prononciation méridionale). Cependant, les mots forgés ultérieurement sur la racine latine ne comportent que la seule consonne originelle, ce qui différencie des mots de la même famille tels qu'*homme* et *hominien*, *sonner* et *sonorisation*. Quant au *h* initial de mots comme *huile* ou *huit*, absent des *oleum* et *octo* d'origine, il permet, avant l'invention de la lettre *v*, de différencier les mots « huile » et « vile », ou « huit » et « vit », écrits alors respectivement *uile* ou *uit*.

Ces lettres étymologiques ou historiques sont d'ailleurs souvent récupérées pour les dérivés ou la distinction d'homophones: par exemple, le *p* et le *s* de *corps* lui confèrent des lettres qui le distinguent de *cor*, et le lient à *corporel* et à *corset* (encore que ce dernier lien manque de « visibilité » aujourd'hui).

> Dans ce secteur aussi, les étymologies ne sont pas toujours justes: *dompter* dont le *p* n'a rien à voir avec *domitare*, ou le fameux *nénuphar* dont le *ph* grec a de quoi étonner, puisque le mot vient du persan (il a d'ailleurs été écrit *nénufar* par de très bons auteurs). Ou bien, si ces étymologies sont justes, elles se sont perdues, tel le *s* de *glas*, qui viendrait de *classicum*, « sonnerie de cloches », mais qui n'a pas donné naissance à des dérivés.
> L'histoire de la langue et de l'orthographe n'est pas exempte de responsabilité dans la prononciation actuelle. L'absence de graphèmes propres pour noter certains phonèmes produit des effets du même type que la surabondance de lettres étymologiques (vraies ou fausses): *argüer* est aujourd'hui de plus en plus souvent prononcé comme *narguer*, le lien entre le verbe et le nom *argument* ne suffisant plus à endiguer l'impact de la séquence *gu* où *u* est analysé comme un diacritique et non comme la semi-consonne peu fréquente /ɥ/. L'inverse se produit avec le mot *gageüre* dont la morphologie n'est plus perçue (*parer/parure*, *parler/parlure*, *gager/gag(e)-ure*) et où l'attraction du suffixe *eure* annihile le rôle diacritique du *e*. C'est aussi par l'histoire que s'explique la présence de nombreux digrammes dans l'orthographe du français : ils sont souvent la trace d'une ancienne diphtongue; certains ont été remplacés par des graphèmes simples, mais pas systématiquement. On connait l'histoire du *ai* des imparfaits ou du terme qui désigne notre langue, le français. Dès le XVᵉ siècle, voire avant, la prononciation populaire à Paris et dans ses environs passe de /wɛ/ à /wa/, puis se réduit à /ɛ/. Cette prononciation s'étend à la cour vers la fin du XVIIᵉ siècle, puis s'impose au cours du XVIIIᵉ siècle et l'emporte après la Révolution. Mais il faudra attendre 1835 pour que la graphie *ai* préconisée par Voltaire soit adoptée par l'Académie dans son dictionnaire (*paroissoit* > *paraissait*).

Cette zone dans laquelle se disputent les principes étymologique et historique est une zone floue, instable, voire anarchique. On n'en finirait pas d'énumérer les exceptions, les anomalies, concernant des graphies incorporées pour des raisons aujourd'hui sans intérêt, et qui ne subsistent que comme traces des choix graphiques, plus ou moins heureux, ou comme erreurs et incohérences malheureuses d'une époque antérieure.

Rectifications orthographiques

Avec ces témoins du passé, le fonctionnement de l'orthographe, en effet, s'obscurcit considérablement – pourquoi tous les mots de la famille de *char* s'écrivent-ils avec deux *r*, sauf *chariot* ? – et le cout de l'apprentissage s'alourdit encore – est-il vraiment nécessaire de consacrer du temps en classe à faire apprendre une « règle » qui ne concerne qu'*un* mot ?

C'est pourquoi plusieurs tentatives de réforme ont eu lieu depuis le début du XXe siècle, et plus récemment en 1990. Ces dernières rectifications, observées dans cet ouvrage, approuvées par l'Académie française qui n'en a cependant pas eu l'initiative, ont été publiées au *Journal officiel* du 6 décembre 1990. Ce sont à l'heure actuelle des « recommandations », qui ne deviendront définitives que lorsque l'usage les aura entérinées : « Aucune des deux graphies ne peut être tenue pour fautive » (*Dictionnaire de l'Académie*, 9e édition, 1993). Elles visent à éliminer les principales anomalies, celles des graphies qui viennent d'être évoquées, sans bouleverser les habitudes par une réforme radicale, même si, évidemment, l'image des mots est atteinte, du moins pour ceux chez qui elle est construite en mémoire.

Ces rectifications s'inscrivent dans la droite ligne de l'action régulière de l'Académie française, qui a toujours introduit des changements au fur et à mesure des éditions de son *Dictionnaire* pour suivre les évolutions de la langue et des pratiques des usagers.
Cependant, les modifications n'ont pas toujours eu la même envergure dans les différentes éditions qui se sont succédé depuis la première en 1694, jusqu'à la huitième en 1935, la volonté réformatrice de l'Académie ayant été parfois des plus fragiles. Les fascicules de la neuvième édition qui paraissent actuellement signalent, et parfois homologuent, ces rectifications approuvées en 1990. Progressivement, d'ailleurs, les dictionnaires intègrent ou signalent à leur tour ces rectifications qui sont déjà obligatoires dans l'enseignement de la communauté française de Belgique et sont proposées de façon optionnelle dans les correcteurs orthographiques des logiciels.

Même si l'on peut comprendre que ceux qui les ont apprises soient attachés aux anciennes graphies, même si les nouvelles sont peu connues et ne sont pas obligatoires, même si les enseignants ne souhaitent pas les observer à titre personnel, les graphies marginales ou déviantes ne doivent plus faire l'objet de toutes les attentions en classe. Pour notre part, nous préconisons les recommandations. Il est toutefois nécessaire de s'en expliquer avec ses élèves (et leurs parents).

En résumé

Les principes étymologique et historique ont laissé des traces profondes dans l'orthographe du français. Celle-ci se caractérise, en effet, par la présence de nombreuses graphies irrégulières, voire aberrantes, reliquats d'un passé révolu. Masquant les tendances fortes de notre orthographe, ces graphies contribuent à donner au français sa réputation de langue difficile à écrire en raison de son orthographe impossible, au risque de détourner les étrangers de son apprentissage. Elles ne se justifient aujourd'hui ni par la transcription de l'oral, ni par la morphologie, ni par la distinction des homophones.
C'est pourquoi les rectifications en cours sont essentielles. Il ne s'agit pas d'une révolution phonétique, comme les opposants malveillants voudraient le faire croire, mais d'une légère mise en ordre (ce qui évitera à certains, y compris à des enseignants, de faire des erreurs sans le savoir...) En conséquence, les anomalies n'ont plus à être enseignées. Quant aux élèves qui appliquent eux aussi sans le savoir les rectifications, ils ne peuvent plus être sanctionnés.
Cependant, bien des mots resteront en l'état, avec leurs lettres étymologiques (*photo*, *rythme*) ou historiques (*huile*, *dompter*, *grammaire*). Le cout d'apprentissage est toutefois bien plus élevé (ils doivent être appris un par un, sans faire jouer l'analogie), et les risques d'erreurs également. On gardera donc à l'esprit que les graphies gouvernées par ces deux principes ne sont pas prioritaires pour les élèves : bien d'autres urgences, qui relèvent des principes de base, les attendent.

Le poème de René de Obaldia n'a pas été choisi pour sa conformité à une théorie, et, pourtant, cet échantillon de langue réunit des exemples de tous les principes à l'œuvre dans l'orthographe du français. Mettant l'accent sur la *fonction* des graphèmes, la description linguistique fait bar-

rage à une vision morcelée de l'orthographe, où l'accumulation de difficultés et d'exceptions toujours soulignées masque toute idée d'organisation. Elle donne au contraire de l'orthographe du français une vision large et structurée (même si tout est loin d'être cohérent, l'incohérence elle-même s'explique en grande partie).
L'orthographe du français apparait alors bien comme un système, ou, selon l'expression déjà mentionnée, comme un *plurisystème*. Ce terme est plus approprié, en effet : au système phonographique (les graphèmes ont pour fonction de noter les unités de base non significatives que sont les phonèmes) s'articule le système morphographique (certains graphèmes, gardant ou non leur fonction phonographique, servent à marquer les relations grammaticales ou lexicales), tandis qu'une autre tendance forte vise (toujours par l'intermédiaire de certains graphèmes) à individualiser les mots, surtout en cas d'homophonie. Autrement dit, le lien n'est jamais rompu entre les différents systèmes, les faits majeurs véritablement fonctionnels s'opposant à des faits marginaux, ne touchant que quelques unités. Le tableau qui suit rassemble les pièces de ce plurisystème.

PRINCIPES DE L'ORTHOGRAPHE DU FRANÇAIS

	PRINCIPES		Exemples	Graphèmes
Zone fonctionnelle	1.	phonologique	*avril – poisson – loupe*	phonogramme (avec des lois de position)
	2.	morphologique		
		• lexical	*clair – grand*	morphogramme lexical
		• grammatical	*chantais – grands – pointue*	morphogramme grammatical
	3.	distinctif	*pin / pain – tante / tente*	
Zone non fonctionnelle	4.	étymologique	*photo – lycée*	
	5.	historique	*huile – année*	

d'après Victor Gak et Nina Catach

Ainsi, notre écriture n'est pas à proprement parler une écriture alphabétique. C'est bien une écriture *mixte*, participant des deux grandes tendances qui caractérisent les systèmes d'écritures dont l'humanité s'est dotée, le principe phonographique et le principe sémiographique. Par cette mise en perspective où structure et culture ont partie liée, c'est une représentation de l'orthographe différente qui peut être donnée, intelligible plutôt que coercitive. Des éclairages sur l'évolution du français et sur quelques systèmes d'écritures sont parmi les moyens de faire partager une autre image de l'orthographe. La présence dans nos classes d'enfants venus de tous les coins du monde ne peut que renforcer l'intérêt des élèves[1].

En disposant d'un cadre théorique plus fiable qui met au premier plan la notion de fonction, de système et de relations, il est possible de s'attaquer à l'essentiel, les zones centrales du système, les grandes régularités qui doivent être premières dans un apprentissage, et de laisser l'accessoire et l'exception pour plus tard.

Il est donc temps de sortir des impasses de l'enseignement traditionnel qui ne voit les phénomènes orthographiques que par le petit bout de la lorgnette, en méconnait de nombreux aspects et ne perçoit l'élève que comme un organisme défectueux à corriger sans fin par la répétition des mêmes leçons et exercices. Indispensable, une bonne théorie linguistique ne suffit pas, pas plus qu'une meilleure appréciation de l'orthographe en production écrite. Il faut explorer une autre voie – celle où nous mène l'élève quand il cherche à acquérir le fonctionnement orthographique de sa langue.

1. Dans un collège, un projet d'envergure a rassemblé des classes de tous les niveaux et des professeurs de plusieurs disciplines pour une enquête sur la diversité des langues parlées dans les familles et l'écriture de ces langues. Voir aussi bibliographie *Orthographe* : Josèphe Chignier et *al.*, *Les Systèmes d'écriture…*

LE PLUS BEAU VERS
DE LA LANGUE FRANÇAISE

« Le geai gélatineux geignait dans le jasmin »
Voici, mes zinfints
Sans en avoir l'air
Le plus beau vers
De la langue française.

Ai, eu, ai, in
Le geai gélatineux geignait dans le jasmin...

Le poite aurait pu dire
Tout à son aise :

« Le geai volumineux picorait des pois fins »
Eh bien ! non, mes zinfints.
Le poite qui a du génie
Jusque dans son délire
D'une main moite
A écrit :

« C'était l'heure divine où, sous le ciel gamin,
LE GEAI GÉLATINEUX GEIGNAIT DANS LE JASMIN. »

Gé, gé, gé, les gé expirent dans le ji.
Là, le geai est agi
Par le génie du poite
Du poite qui s'identifie
A l'oiseau sorti de son nid
Sorti de sa ouate.
Quel galop !
Quel train dans le soupir !
Quel élan souterrain !

Quand vous serez grinds
Mes zinfints
Et que vous aurez une petite amie anglaise
Vous pourrez murmurer
A son oreille dénaturée
Ce vers, le plus beau de la langue française
Et qui vient tout droit du gallo-romain :

« Le geai gélatineux geignait dans le jasmin. »

Admirez comme
Voyelles et consonnes sont étroitement liées
Les zunes zappuyant les zuns de leurs zailes.
Admirez aussi, mes zinfints,
Ces gé à vif
Ces gé sans fin
Tous ces gé zingénus qui sonnent comme un glas :
Le geai géla... « Blaise ! Trois heures de retenue.
Motif :
Tape le rythme avec son soulier froid
Sur la tête nue de son voisin. »

René de Obaldia, *Innocentines*, © Grasset, 1969.

Deuxième Partie

Acquérir l'orthographe

L'École est par définition le lieu de la transmission des savoirs d'une génération à la suivante : le maitre enseigne, l'élève apprend. Mais l'élève n'apprend pas telles quelles les connaissances enseignées : il les appréhende à sa manière, il les retraite, il les construit, selon le terme de la psychologie constructiviste. Le regard se déplace ainsi sur celui qui apprend.

Comment l'élève appréhende-t-il le fonctionnement du système graphique du français ? Comment construit-il des connaissances dans ce domaine ? Quelques exemples ont déjà donné une idée de la distorsion entre le « texte du savoir » qui lui est dispensé et la manière dont il l'interprète. Ces exemples ne sont pas isolés, bien au contraire. Au-delà d'une connaissance générale sur l'enfant ou sur l'adolescent, savoir comment les élèves comprennent et raisonnent en matière d'orthographe se révèle primordial : c'est à cette condition que l'on peut accompagner l'apprentissage de tous, et non celui des meilleurs.

Cette deuxième partie, consacrée à l'acquisition de l'orthographe, a pour objectif de faire connaitre le plus précisément possible les représentations des élèves aux prises avec le système graphique de leur langue. Il s'agit en somme d'une nouvelle visite du fonctionnement de l'orthographe, en adoptant, cette fois, le point de vue du scripteur qui ne sait rien ou encore peu. Après une brève incursion du côté de la notion fondamentale de *conception orthographique* (chapitre I), on suivra les élèves dans la conquête des premières formes écrites (chapitre II), puis dans celle de la morphographie (chapitre III), avant de redéfinir l'enjeu d'un enseignement de l'orthographe (chapitre IV).

C'est donc un peu de la fabrique mentale des idées linguistiques qui va s'offrir à la lecture. L'ampleur et la nature des tâches conceptuelles que les élèves doivent mener prendront un autre relief.

Chapitre I
La petite fabrique mentale

Il courer tros vite, écrit Bastien (CE1).
Elle prent la craies, écrit Laurette (CE2).
Ont veus avoir la libertée de jouer au foot dans la coure, écrit Simon (CM2).
Il levas les bras, écrit Renaud (CM2).
Tous le monde la vue, écrit Nahema (6e).

Où vont-ils chercher tout cela, les élèves de nos classes ? Aucun d'entre eux n'a jamais vu les mots *courer, tros, prent, veus, libertée* ; aucun n'a jamais rencontré les assemblages *la craies, la coure, il levas*, et encore moins la phrase *tous le monde la vue*. Et pourtant, ils écrivent ces mots, ces assemblages, ces phrases. C'est justement le signe qu'écrire n'est pas reproduire, mais produire. Un scripteur n'a pas dans un disque dur mental des phrases toutes prêtes qu'il n'aurait plus qu'à copier-coller, version moderne du savant de *Gulliver* qui prétendait détenir dans ses poches tous les mots nécessaires pour parler. Toute énonciation est une création verbale, et, pour chaque énoncé, il lui faut reconstruire la forme graphique qui convient, c'est-à-dire l'*ortho-graphe*, la forme droite, correcte, selon les normes définies par sa culture. Mais, de même qu'un enfant qui apprend à parler fabrique des mots qui n'existent pas à partir de ce qu'il entend, de même un enfant qui apprend l'orthographe fabrique des formes et des combinaisons qui n'existent pas à partir de ce qu'il trouve dans son environnement, imprimés, leçons, explications, signalements, corrections.

Ce flux de toutes sortes d'informations dépose des sédiments dans sa mémoire, mais comme le fait un torrent, pas comme un long fleuve tranquille. Là où l'enseignement s'imagine dessiner un jardin de Lenôtre, c'est un parc après la tempête qui se découvre, si l'on tient à cette vision catastrophique que l'on a habituellement de l'orthographe à l'école.

Du côté des élèves, c'est très différent, c'est une aventure – difficile – qui commence. Pour eux, apprendre ressemblerait plutôt à reconstituer un immense puzzle du niveau « compétition », sans savoir ce qu'est un puzzle ni ce que représente l'image d'origine. Alors ils font ce qu'ils peuvent, avec ce qu'ils ont, avec ce qu'ils sont, avec ce qu'on leur donne et dit, avec ce qu'ils pensent savoir et avoir compris. Autrement dit, avec la *structure psycho-cognitive* et les connaissances d'élèves de cinq, huit ou treize ans, en cours d'apprentissage. Ils avancent à tâtons, et quand quelque chose semble fiable – *s* et *nt* au pluriel, donc *ont veus* –, ils s'y accrochent.

• Les disciplines scientifiques pionnières

Dans les dernières décennies, toutes les disciplines ont commencé à s'intéresser les unes après les autres à la manière dont l'enfant, l'élève, assimile leurs concepts et méthodes, dans les perspectives ouvertes notamment par Piaget, Vygotski ou Bruner, trois psychologues majeurs du développement de l'enfant, à l'opposé du béhaviorisme longtemps dominant.

L'œuvre de Lev Vygotski (1896-1934), psychologue soviétique, est aujourd'hui considérée comme fondamentale sur les rapports entre apprentissages et développement, l'origine sociale de la pensée, et les notions de médiation culturelle, d'*instruments psychologiques*, parmi lesquels le langage joue un rôle primordial. Jerome Bruner (né en 1915), psychologue américain, a participé aux premiers pas des sciences cognitives; il se rattache aujourd'hui à une psychologie culturelle et intersubjective (*... car la culture donne forme à l'esprit*); il a travaillé sur l'acquisition de la parole et s'intéresse à l'éducation. Il partage avec Vygotski, qu'il a contribué à faire connaitre, une conception de la genèse sociale du développement où le rôle des interactions de tutelle avec la notion d'étayage est central. En cela, l'interactionisme social ou la médiation culturelle s'opposent au constructivisme de Jean Piaget (1896-1980) pour qui le moteur du développement en différents stades est un processus interne d'équilibration des structures cognitives (accomodation/assimilation) en réponse à l'activité de l'enfant sur l'environnement (bibliographie : *Au-delà de l'orthographe*).

Les didactiques des mathématiques et des sciences ont mis les premières l'accent, d'une part, sur le fait qu'apprendre, c'est conceptualiser/mobiliser et non ingurgiter/restituer, et, d'autre part, sur le fait que les enfants ne conceptualisent pas comme des adultes. Elles ont fait admettre l'idée d'un « statut de l'erreur ».

Par exemple, beaucoup d'enfants commencent une soustraction par la gauche, comme en lecture (la stratégie peut ne pas se remarquer s'il n'y a pas de retenue à effectuer) et ils n'hésitent pas à modifier les chiffres pour rétablir « l'ordre » : 33-17 devient 37-13, parce qu'ils ne savent pas soustraire 7 de 3. C'est une erreur fréquente, « normale » au cycle 2, qui dénote une compréhension encore incertaine de la numération. Dans les erreurs avec les nombres négatifs, on retrouve la même idée « substantialiste » qu'on ne peut soustraire que d'un plus grand : les nombres négatifs ou des instructions comme « 3-5 » ne veulent rien dire. L'erreur a donc du sens pour l'élève, puisqu'elle reflète sa façon de penser : soustraire, c'est comme enlever ; et, puisqu'une opération est exigée, le moindre mal est de permuter le petit et le grand. Elle a donc aussi du sens pour le maitre qui peut voir où l'élève en est.

Piaget a rendu célèbre l'exemple du transvasement des liquides : jusqu'à un certain âge, les enfants pensent que, si on transvase une même quantité de liquide dans deux verres de section différente, le plus étroit en contient plus, la perception de la hauteur du liquide primant sur l'égalité de départ. Ce stade de la « non-conservation » n'a qu'un temps.

Certains parlent de « fausses compréhensions » chez les enfants. Mais cette expression ne fait que souligner la position supérieure de l'adulte qui sait, elle n'apporte rien de plus. L'enfant, lui, comprend pour de bon, ignore tout de l'écart entre ce qu'il comprend et ce qu'il devrait comprendre. L'histoire des sciences n'est-elle pas jalonnée de ces « fausses compréhensions » du réel qui étaient pourtant les certitudes de l'époque précédente ?

La Terre ne tourne autour du soleil que depuis Copernic (XVIe siècle), la lune ne tombe comme les pommes que depuis Newton (XVIIe siècle), le sang ne circule que depuis Harvey (XVIIe siècle), les êtres vivants n'évoluent que depuis Lamarck (XVIIIe siècle), l'atome n'est sécable que depuis Rutherford (XXe siècle). Quant aux gènes du père et de la mère, font-ils *vraiment* part égale dans l'esprit de tous...

Dans cette perspective, une erreur est une représentation momentanée, dont la destinée normale est de céder avec l'apprentissage et le développement. En effet, les élèves n'acquièrent pas d'un seul bloc le savoir visé par l'enseignement, ils élaborent des conceptions qui leur sont propres, passent par des savoirs intermédiaires, parfois régressent avant d'avancer à nouveau. C'est pourquoi, selon la formule consacrée, « l'erreur est inhérente à tout apprentissage », puisqu'elle est la manifestation d'une conception inadéquate et que les conceptions inadéquates sont inévitables quand on apprend. Au regard de l'évaluation, les termes de *conception* ou de *représentation* (ce dernier, lié au débat philosophique selon lequel le réel ne peut être appréhendé qu'indirectement) sont neutres et donc mieux aptes à rendre compte de ce que font les élèves avec le savoir.

On peut définir une conception comme la représentation mentale d'un objet de pensée construite par un processus d'abstraction et de généralisation à partir d'observations, d'actions, d'informations. Une conception est donc plus qu'une simple idée passagère, elle est un constituant de la structure cognitive : résultat d'un processus, elle est aussi le filtre qui permet d'interpréter le réel et d'agir dessus. Mais il n'y a là rien de figé : une conception est aussi le point de départ d'un nouveau processus. Le processus de construction des savoirs remodelant en permanence les conceptions, l'apprentissage peut alors être vu comme une suite de transformations conceptuelles qui conduisent *in fine* à la pensée adulte et au savoir cible. Mais rien n'est plus difficile que ces transformations conceptuelles. Bachelard en a fait un pivot de sa réflexion dans cette page si célèbre :

> « Quand on cherche les conditions psychologiques des progrès de la science, on arrive bientôt à cette conviction que c'est en termes d'obstacles qu'il faut poser le problème de la connaissance scientifique. Et il ne s'agit pas de considérer des obstacles externes, comme la complexité et la fugacité des phénomènes, ni d'incriminer la faiblesse des sens et de l'esprit humain : c'est dans l'acte même de connaître, intimement, qu'apparaissent, par une sorte de nécessité fonctionnelle, des lenteurs et des troubles. C'est là que nous montrerons des causes de stagnation et même de régression, c'est là que nous décèlerons des causes d'inertie que nous appellerons des obstacles épistémologiques. La connaissance du réel est une lumière qui projette toujours quelque part des ombres. Elle n'est jamais immédiate et pleine. » (*La Formation de l'esprit scientifique*, Librairie philosophique J. Vrin)

Reprenant à Bachelard le concept d'*obstacle* et de *rupture*, les didactiques des mathématiques et des sciences ont montré que, une fois élaborées, les conceptions font de la résistance : d'aides, elles deviennent obstacles à l'acquisition des connaissances. De véritables ruptures doivent s'opérer dans les systèmes de pensée. En effet, les conceptions ont un pouvoir explicatif, valide dans un certain nombre de cas, ce qui leur confère leur légitimité aux yeux des élèves, qui ne perçoivent pas les cas d'invalidité ou ne sont pas gênés par eux. Les conceptions sont d'ailleurs souvent organisées en réseaux, ce qui leur donne encore plus de force. C'est ce qui explique pourquoi elles persistent, de façon plus ou moins souterraine, malgré l'enseignement.

> Par exemple, cette idée d'enfant, en fin de scolarité primaire, qu'un poisson ne respire pas parce qu'il n'a pas de poumons, se retrouve chez des adultes. En sciences, de nombreux travaux ont montré la résurgence de ces conceptions « archaïques » chez les étudiants de physique ou de biologie, pour peu que le problème soit présenté de façon inhabituelle.

Les conceptions doivent donc être véritablement travaillées. Faire corriger une faute en rétablissant la « bonne réponse », même assortie d'une nouvelle explication, ne contrebalance pas une conception erronée. Le discours magistral ne fait pas le poids face à un système de pensée : il peut tout au plus l'inhiber provisoirement, mais il reste sans effet durable quand les circonstances se modifient, notamment hors de la présence du maitre. Une intervention n'est efficace que si l'élève n'a pas pu mettre en œuvre ce qu'il sait pour diverses raisons, surcharge cognitive, distraction, démotivation, voire évitement inconscient, ou s'il est sur le point de remettre lui-même en cause une conception antérieure.

> Théoricien des apprentissages et didacticien, Jean-Pierre Astolfi montre, par exemple, les limites d'une leçon au cours de laquelle le maitre, à la suite d'une sortie, finit par obtenir le mot *énergie* comme cause du fonctionnement de la turbine de centrale hydroélectrique observée. Ce terme correspond à l'objectif de la leçon, mais ne correspond en rien à l'élaboration d'un concept de physique, ni même à son repérage : pour les élèves, la cause, c'est le courant, car il est très fort. Et l'on peut parier sur le retour de la même réponse après une observation de moulins à vent, à la différence près qu'ils citeraient le vent comme cause du mouvement des ailes. Après tout, s'il n'y a pas de vent, le moulin à vent, il ne tourne pas !

Personne n'abandonne aisément une idée qu'il croit juste, qui a une efficacité suffisante d'un point de vue probabiliste (nombre de chances) ou économique (rapport cout/bénéfice), qui relève de l'habitude ou du sens commun, voire des sens (le soleil tourne d'une fenêtre à l'autre de la classe). Il faut en fait souvent renoncer à ce qui est un système de pensée au profit d'un autre, mais ce passage ne se décrète pas de l'extérieur, il s'opère dans le sujet, même s'il ne s'opère pas tout seul, par simple maturation.

Quand les erreurs sont le reflet de véritables façons de penser, il est important d'essayer de les identifier et de les démonter, c'est-à-dire de trouver quelles en sont les racines. Certes, il y a toujours une part d'hypothèse dans l'interprétation des conceptions des élèves. Mais, en mathématiques comme en sciences, les plus fréquentes d'entre elles ont été repérées.

> Invariablement, les élèves de cours préparatoire désigneront comme êtres vivants, le soleil, une cascade, un nuage, la conception sous-jacente étant l'assimilation du vivant au mouvement ; invariablement, dans une classe de CM2, une partie des élèves calculera l'âge du capitaine en additionnant les 26 moutons et 10 chèvres qu'il transporte, puisque des nombres dans un problème, surtout s'il est énoncé par le maitre, appellent un calcul sur ces nombres[1].

Ainsi, la notion de « conceptions propres » des enfants a pris place au cœur de la réflexion didactique. Cette révolution dans la manière de voir les erreurs s'est accompagnée de l'abandon progressif du terme de *faute*, trop connoté du côté de la morale, voire du péché originel. Parallèlement s'est imposée la différence entre *enseignement* et *apprentissage*, comme relevant d'agents différents. En dépit de l'ambigüité possible du terme *apprendre* en français, à la différence de l'anglais et de l'allemand où s'opposent *to teach/to learn, lehren/lernen*, et qu'on retrouve dans les propos des élèves (un bon maitre est un maitre qui « apprend bien »), le maitre enseigne, l'élève apprend. Mais ces modifications terminologiques n'ont d'intérêt que si elles correspondent à une transformation des conceptions des enseignants eux-mêmes. Or, si le principe est clair, la tolérance à l'erreur reste faible, surtout en orthographe…

• En orthographe aussi

À la lumière de ces réflexions sur l'origine et la construction des connaissances, on ne peut pas ne pas s'interroger sur l'apprentissage de l'orthographe. Si les connaissances défaillantes des élèves en sciences ont pour cause des conceptions erronées, comment les erreurs orthographiques des élèves ne seraient-elles pas, elles aussi, provoquées par des conceptions erronées sur le système graphique de leur langue ?

Effectivement, comme en sciences ou en mathématiques, les erreurs des élèves sont bien la trace de conceptions identifiables aujourd'hui. La plupart du temps, quand les enfants « inventent », ils ne font pas n'importe quoi : *il courer*, mais pas *il courét* ; *il prent*, mais pas *il prenc* ; *la libertée*, mais pas *la libbertai* ; *tros*, mais pas *treaub*.

Le point décisif est bien là : non seulement les enfants et les adolescents n'écrivent pas n'importe quoi, mais leurs erreurs se ressemblent. Certes, les graphies des élèves ne sont pas régies par les lois de la physique, on ne peut pas prédire exactement ce qu'ils vont écrire ; en revanche, une fois qu'ils ont écrit, bien souvent, on a des clés pour décoder leurs productions. La convergence des conceptions des élèves s'explique par leur origine même : leurs graphies sont le résultat de processus qui dépendent de conceptions mobilisées à un instant donné de l'écriture. Or les élèves affrontent tous la même orthographe du français avec laquelle ils ont une relation directe quand ils lisent ; ou médiatisée au cours des activités scolaires par l'intermédiaire d'adultes qui orientent leur regard d'une même manière, comme l'a montré l'examen des manuels dans la première partie. En bref, un même objet, un discours médiateur similaire. En outre, dans une tranche d'âge donnée, les capacités psycho-cognitives générales peuvent être

1. Voir la bibliographie *Au-delà de l'orthographe*, notamment : J.-P. Astolfi ; J.-P. Astolfi et M. Develay ; S. Baruk ; G. de Vecchi et A. Giordan ; A. Giordan. Ces publications, naturellement utiles pour un maitre polyvalent, le sont aussi pour un professeur de français amené ainsi à réfléchir à sa discipline d'un point de vue excentré.

considérées comme relativement proches (attention, mémorisation, capacité d'analyse, raisonnement).

Pour comprendre quelles conceptions sont élaborées au cours de l'acquisition de l'orthographe à partir des enseignements dispensés dans les classes, il a fallu le concours des enfants et des adolescents eux-mêmes. C'est en expliquant leur point de vue qu'ils l'expriment et nous permettent de le connaitre. On dispose aujourd'hui d'un vaste ensemble de productions d'élèves et de commentaires enregistrés au cours de très nombreux entretiens ; ces grands *corpus* (souvent dans des thèses peu accessibles) témoignent plus ou moins directement des représentations des élèves – de leurs « idées linguistiques ».

> Le principe de ces recherches est le suivant : lors d'entretiens répétés, les élèves, tous volontaires pour participer à la recherche, sont invités à expliquer certains de leurs choix orthographiques dans leur production écrite (en règle générale, un « premier jet »). Ces textes sont écrits en classe selon les consignes de l'enseignant. La plupart du temps, l'entretien a lieu peu après, dans un lieu familier de l'établissement. Les élèves sont ainsi sollicités dans leur milieu naturel d'écolier, de collégien ou de lycéen, et dans une tâche habituelle de relecture d'un écrit. Dans certains entretiens, deux élèves révisent ensemble leurs textes. Des données proviennent également de séances de classe enregistrées. Des milliers, voire des dizaines de milliers de commentaires sur des graphies, erronées ou non, ont ainsi été recueillis de la grande section de maternelle au lycée[1].

Il est certes très difficile de reconstituer un processus et on peut se méprendre sur ce qu'on fait. Mais, dans un échange, un élève produit une analyse « ici et maintenant », et c'est le recoupement de tous les commentaires, c'est leur confrontation qui donne une image convergente de ce que les élèves fabriquent en orthographe. Les conclusions sont assez probantes pour qu'elles puissent servir dès à présent à organiser un enseignement de l'orthographe.

Ainsi, par-delà la diversité extrême de ce que les élèves écrivent, par-delà la diversité des sujets eux-mêmes, par-delà leurs différences culturelles et de niveaux d'apprentissage, il est aujourd'hui possible de comprendre les lignes de force qui organisent l'acquisition du système graphique : les « inventions » des scripteurs ont bien un autre statut que celui de fautes d'orthographe.

Le parti pris de cet ouvrage est de faire connaitre largement les « idées orthographiques » des élèves et leur évolution pour une raison fondamentale. Si l'on veut présenter de nouvelles propositions didactiques qui n'apparaissent pas comme une méthode de plus, n'ayant d'autre intérêt que celui de la nouveauté, il faut donner aux enseignants qui sont les acteurs du changement, et non de simples exécutants comme certains le voudraient, les clés de ce changement. Pour renoncer à un enseignement dominant, décrié mais généralisé, il faut des raisons fortes. Modifier sa façon d'enseigner demande en effet du travail ; il faut donc être convaincu pour s'y engager. Donner à lire les raisonnements des élèves en montrant comment ces raisonnements s'articulent au fonctionnement du système graphique est sans doute le meilleur moyen.

C'est pourquoi de nombreux exemples vont être présentés dans les chapitres suivants. Ils visent à donner aux enseignants de l'école et du collège un aperçu suffisant de la façon dont les élèves abordent le fonctionnement de l'orthographe. De cette manière, ils pourront décrypter à leur tour les questions et les graphies de leurs propres élèves, suivre leurs raisonnements, interpréter ce qu'ils disent et pensent – bref, donner sens à ce qu'ils font.

1. Pour l'essentiel, il s'agit des recherches du groupe LÉA, *Linguistique de l'Écrit et Acquisition*, qui a rassemblé de 1993 à 2000 une douzaine d'enseignants, de formateurs et de chercheurs, et qui était animé par Jean-Pierre Jaffré, chargé de recherche au CNRS (lui-même membre des équipes HESO-CNRS de Nina Catach et RESO-INRP). Des publications se sont fait l'écho des *commentaires métagraphiques* des scripteurs novices, notamment l'article de J.-P. Jaffré et D. Ducard, « Approches génétiques et productions graphiques », *Études de Linguistique Appliquée*, n° 101, 1996, pp. 87-98.

Les rapports entre l'enseignement et l'acquisition/apprentissage apparaissent plus complexes que dans l'enseignement traditionnel de l'orthographe, mais la fausse simplicité n'aide en rien, au contraire. Toutefois, après un « voyage » dans la tête et les mots des élèves confrontés à la complexité du système graphique de leur langue, la complexité n'apparaitra plus si opaque. Chacun saura alors que les élèves de *sa* classe sont des enfants comme les autres, partageant avec les autres des idées linguistiques similaires, plutôt créatives, parfois insolites, la plupart du temps pleines d'intelligence de la langue, dénotant toujours une parcelle de savoir linguistique – un miroir quelque peu brouillé des enseignements reçus, mais un miroir quand même. Nos propositions didactiques prendront alors tout leur sens.

Chapitre II
À la conquête des formes graphiques

Que comprennent des signes tracés sur la page les élèves de nos classes lancés dans l'aventure de l'écriture ? Quelle que soit sa langue, un enfant doit acquérir plusieurs types de connaissances : celles qui concernent les unités graphiques et leurs modes de relation avec l'oral, les mots eux-mêmes, les relations entre les mots si ces relations sont marquées comme en français. Il doit retrouver en quelque sorte les principes qui sous-tendent l'écriture de sa langue et, par conséquent, appréhender de nombreuses notions dont il n'a pas eu besoin d'avoir conscience pour parler.

Quand on a devant soi des textes d'élèves de CM1 ou de 6e, on a tendance à oublier ou à minimiser l'acquis conceptuel qui est déjà le leur, faute de savoir d'où ils viennent. Il est donc intéressant d'avoir un aperçu de leur évolution.

> Ce chapitre consacré aux tâches conceptuelles des élèves a pour objectif :
> 1 – d'indiquer brièvement comment les très jeunes enfants partent à la conquête des premières formes écrites (section 1) ;
> 2 – de montrer quelles élaborations notionnelles ils ont ensuite à mener concernant les pièces de base du système (section 2).

1. PREMIERS PAS DANS L'ÉCRIT

Comme bien des commencements, il est impossible d'en préciser la borne initiale. À trois ans ? à quatre ? Peut-être quand l'enfant produit un tracé qui n'est pas un dessin et qui « veut dire quelque chose ». Comme ces deux enfants d'une petite section de maternelle qui se montrent intéressés par l'idée d'écrire quelque chose :

Rosaline (3 ans 4 mois) : 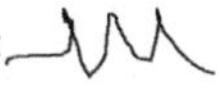 *maman*

Jules (3 ans 5 mois)  

maman *Jules Bernot*

À la question de savoir ce qu'ils ont écrit, chacun répond sans hésitation par un mot, et un mot hautement symbolique. Comment vont-ils passer de ces « gribouillis » chargés de sens et d'affects à des graphies interprétables par n'importe quel lecteur hors de leur présence ? Ce sont les recherches d'Emilia Ferreiro qui ont permis de comprendre les premières conceptualisations des jeunes enfants sur l'écrit.

Psychologue argentine, elle a fait partie de l'équipe de Piaget, puis travaillé en Amérique latine. Sa description de « la psycho-genèse du lire/écrire », est une référence majeure. Elle a montré que les jeunes enfants se construisent des représentations du fonctionnement de l'écrit bien avant de recevoir un enseignement systématique : leurs conceptions ne coïncident au départ ni avec le fonctionnement réel, ni, plus tard, avec ce qui leur est enseigné. Il s'agit donc bien d'une acquisition conceptuelle et culturelle, en aucun cas d'un montage de mécanismes. Dans cette perspective de psycholinguistique génétique, Emilia Ferreiro s'attache à dévoiler les idées que les enfants se forment sur l'écrit, ainsi que la dynamique de la construction de la langue écrite.

1.1. Des gribouillis aux pseudo-mots

Au cours d'une première période, les enfants passent de tracés semblables à ceux de Rosaline et de Jules à l'utilisation de lettres (ou de tracés qui ressemblent fortement à des lettres). Ils en produisent souvent des lignes entières. En fait, ils occupent la largeur de la page, mais, après un temps, commencent à se restreindre ; d'autres enfants, au contraire, préfèrent d'emblée des mots d'une seule lettre.

Pour écrire un mot, ils peuvent répéter la même suite de lettres (c'est l'intention différente qui semble compter pour distinguer les mots), avant de commencer à introduire de la différence dans les lettres elles-mêmes. Ils ont alors souvent un double principe d'écriture : il faut une certaine quantité de lettres pour faire un mot, et il faut que ces lettres soient différentes (ou que leur position relative le soit) pour faire des mots différents. Faut-il voir un reste de ce type d'idée chez des élèves plus âgés qui semblent avoir du mal à faire de mots d'une seule lettre, tels que *m'*, *d'*, *à*, *y*, des mots à part entière ? C'est une période, en tout cas, pendant laquelle ils développent des capacités d'analyse et de combinaison.

Cette étape est dite « pré-alphabétique », ou « prélinguistique », parce que, même s'ils utilisent des lettres de l'alphabet pour écrire, les enfants n'ont aucune idée de ce que représentent ces signes, même s'ils connaissent la « comptine de l'alphabet ». Ils n'ont pas encore percé à jour le secret de l'écriture alphabétique. Dans cette période, ils ont tendance à produire, par exemple, plus de lettres pour *lion* que pour *papillon*. C'est l'objet de la réalité à quoi renvoie le mot, le *référent*, qui commande la longueur du mot. On retrouvera longtemps l'impact de cette conception sur les choix graphiques des élèves.

Le prénom joue un rôle important : il fournit un répertoire de lettres, il est le terreau des évolutions futures. En effet, les enfants savent l'écrire, mais ils l'écrivent « par cœur », sans savoir pourquoi il est composé de ces lettres-là : les lettres sont encore de simples tracés, elles n'ont pas de fonction autre qu'identitaire. Cette procédure d'écriture (et de lecture) par mots, sans compréhension du rôle des lettres, est appelée *logographique* (de *logos*, « mot »). L'enfant reconnait un mot à certains indices qui le frappent, tels que sa longueur, la présence de points, de hampes ou de jambages, la répétition d'une lettre, voire le support. Si on change une lettre à leur insu, ou s'ils ont omis eux-mêmes une lettre, ils ne le voient pas, niant parfois l'altération.

1.2. La clé du secret

La deuxième phase est inaugurée quand l'enfant établit un lien particulier entre ce qui se dit et ce qui s'écrit, quand il comprend que l'énoncé écrit est en correspondance stricte avec l'énoncé oral, identique à chaque lecture. C'est le moment décisif du passage à l'écrit, rupture qui évoque celle, dans l'histoire, de la naissance de l'écriture comme système linguistique.

Il s'agit alors pour l'enfant de découvrir comment s'opère cette mise en relation dans le système propre de sa langue. À quoi correspondent les lettres qu'il a déjà pris l'habitude de tracer ? C'est souvent le prénom qui est encore mis à contribution. À un moment, souvent en grande section, Caroline et Camille, par exemple, vont se rendre compte qu'elles écrivent leur prénom avec les mêmes premières lettres, non parce qu'elles se ressemblent physiquement ou qu'elles sont dans la même classe, mais parce que la première syllabe de leurs prénoms est identique, et que c'est aussi la raison pour laquelle *caramel* et *camion* commencent par ces mêmes lettres : « Au début, on entend pareil et on écrit pareil ». Ce qu'elles découvrent alors, c'est le *principe phonographique*: les mots sont écrits avec des lettres qui sont en rapport avec les sons du langage, et non directement avec les mots ou les choses.

Quand l'enfant a compris ce principe, il lui faut procéder à un découpage de la chaine orale et repérer quel type d'unités de l'oral est représenté par les lettres, les unités de base de l'écrit. Ce n'est pas une mince affaire, car l'oral se présente comme un flux continu. Dans un premier temps, l'enfant découpe la chaine orale en syllabes, unités aisément perceptibles. Sa première hypothèse est qu'une lettre note une syllabe:

Amy (4 ans 1 mois) :
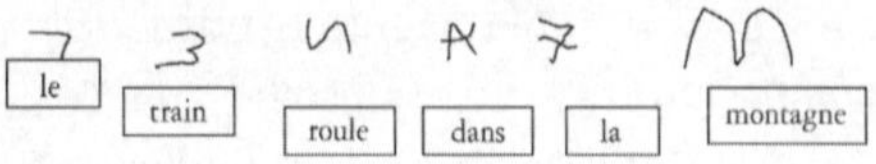

Stéphanie (4 ans 1 mois) :
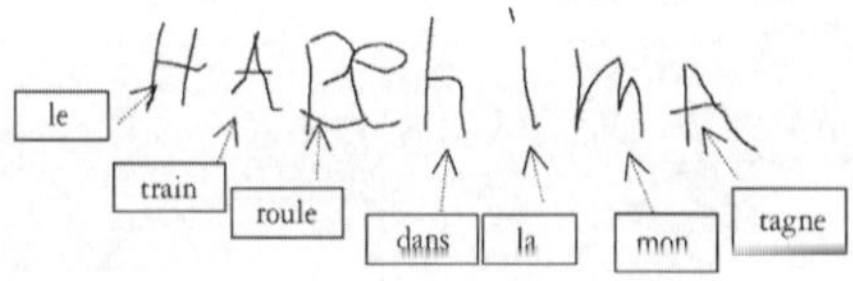

Comme le montrent ces exemples[1], la capacité à analyser la chaine orale est indépendante de la connaissance du tracé des lettres (Amy) ou de celle de leur valeur conventionnelle (Stéphanie). Le niveau de conceptualisation atteint par ces fillettes est ici plus élevé que si elles avaient recopié d'un modèle le même énoncé avec les bonnes lettres, les bons tracés, ou même si elles savaient écrire par cœur le mot *train*, mais sans idée de correspondance entre lettres et sons.

Cependant, l'idée qu'une lettre représente une syllabe ne tient pas dans une langue « alphabétique ». Là encore, le prénom joue son rôle d'empêcheur de stagner dans les conceptions primitives. Camille et Caroline constatent qu'elles écrivent leur prénom avec plus de lettres que le nombre de syllabes. Comment est-ce possible ? *L'hypothèse syllabique* – une lettre, une syllabe – ne peut donc que se fragiliser.

Dans une étape ultérieure, les enfants procèdent à une segmentation plus poussée des éléments phoniques et parviennent au phonème. Ils ont alors compris la fonction des lettres de l'alphabet. Dorénavant, quand ils écrivent, la procédure phonographique sous-jacente concerne les bonnes unités: une lettre transcrit un phonème. Cette conception, adéquate même si elle ne constitue qu'une partie de ce qu'il y a à appréhender, n'implique pas que les enfants connaissent la valeur conventionnelle des lettres, ni même qu'ils tracent des lettres. Emilia Ferreiro a pu reconnaitre dans l'exemple suivant, d'apparence très primitive, un niveau de conceptualisation de l'écrit plus élevé que celui d'Amy présenté plus haut, car les emplacements de tous les phonèmes sont marqués (l'article est absent) :

1. Les exemples en français sont empruntés à Marie-Christine Jeanjean, Marie-Françoise Jeanjean, Jacqueline Massonnet, *Oser parler, pouvoir écrire*, Nathan, 1994, pp. 69 et 71 ; celui d'Emilia Ferreiro à Ferreiro, E., Gomez Palacio, M., et collaborateurs *Lire-écrire à l'école. Comment s'y apprennent-ils ? Analyse des perturbations dans les processus d'apprentissage de la lecture et de l'écriture*, Lyon, CRDP, 1988, p. 94.

Diana (1re année d'apprentissage) :

(EL) GATOCOMEPAN *(le chat mange du pain)*

Ce qui est primordial pour la psychogenèse de l'écrit n'est pas la connaissance des lettres, mais bien la compréhension de leur fonction (le reste suit). L'ensemble du processus décrit par Emilia Ferreiro dévoile ainsi cette part de construction personnelle de l'enfant, aux aspects plus ou moins surprenants.

Le processus de conceptualisation de l'écrit qui amène les enfants jusqu'à découvrir la relation graphème/phonème n'est certainement pas indépendant des informations diverses que l'enfant reçoit au sujet de l'écrit. Nos enfants ne vivent pas en chambre close, et, en France, ils sont presque tous scolarisés à l'âge de trois ans. Il est même probable que ce soit l'enseignement systématique des correspondances grapho-phonologiques qui conduise les élèves à concevoir le phonème, l'unité ultime et particulièrement abstraite de la chaine orale.

Cependant, quand l'enfant commence à comprendre la fonction des lettres, il passe souvent par une période où il écrit certaines parties d'un énoncé selon l'hypothèse syllabique et d'autres selon l'hypothèse alphabétique. Cette formule intermédiaire a reçu le nom d'étape « syllabico-alphabétique ». Par exemple :

Saliha (5 ans 8 mois) :

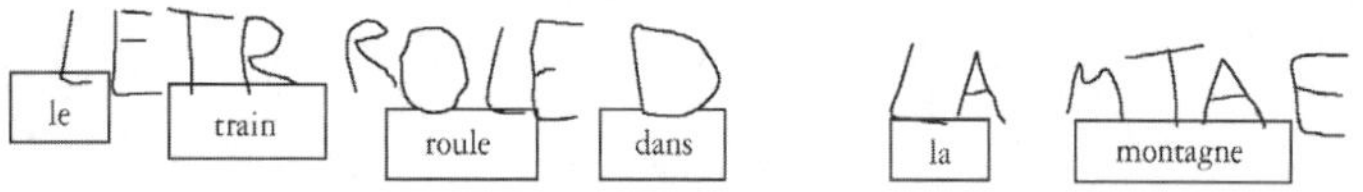

Ces productions donnent l'impression qu'il manque des lettres, et, dans un glissement rapide, que l'enfant a « des cases en moins », qu'il y a là peut-être un « trouble grave ». Mais, comme le souligne Emilia Ferreiro, le mouvement est celui d'une augmentation : il y a davantage de lettres avec l'hypothèse syllabico-alphabétique qu'avec l'hypothèse syllabique. Il faudrait avoir déjà atteint l'étage supérieur, à savoir l'hypothèse alphabétique, pour pouvoir parler d'une diminution. Or ce degré supérieur n'a encore jamais été atteint. Il est donc particulièrement abusif d'y voir une perte ou un manque.

1.3. Le sens de l'acquisition

Ce que met en évidence Emilia Ferreiro pour les débuts dans l'écrit débouche sur une réflexion d'une portée bien plus générale : si l'on pose comme repère le point d'arrivée de l'acquisition, et non l'étape où se trouvait l'enfant antérieurement, alors la progression de l'élève n'est pas reconnue ; elle peut être même interprétée comme une régression, voire niée.

Or l'enseignement de l'orthographe, en méconnaissant le travail propre de l'élève, fait cela constamment. Prenons un exemple, celui du nombre. Quand l'enfant commence à comprendre qu'il faut un *s* au pluriel alors qu'il n'en mettait pas jusque-là, il ne passe pas de « rien » à « tout » en une seule fois et une fois pour toutes. Ce qui veut dire que tantôt il met des *s*, tantôt il n'en met pas. Cette période est généralement jugée de façon négative, voire très négative, comme une période où l'élève ne fait pas attention (il pourrait bien les mettre tous, la preuve, il en met quelques-uns), alors qu'elle est une période de progrès par rapport à la période précédente ; cette période d'instabilité est tout simplement la période où la maitrise de base se met en place. Un peu comme l'adulte qui apprend à conduire : au début, il ne pense pas à indiquer un changement de direction, car il a trop à faire avec le reste, et c'est le moniteur qui s'en charge ; quand le signalement est fait une fois sur deux, ce dernier peut parler de progrès, même s'il est clair que c'est insuffisant pour obtenir son permis de conduire (on n'attend pas de celui qui prend des leçons qu'il sache déjà faire ce qu'un conducteur certifié est censé faire).

Il est capital de voir l'élève dans son trajet d'acquisition, faisant plus qu'il ne faisait à l'étape antérieure, moins que ce qu'il fera à l'étape suivante. On peut donc se représenter la dynamique de l'apprentissage par cette schématisation qui montre l'évolution respective de ce qui n'existe pas encore (en noir) et ce qui existe (en blanc) au cours du processus d'acquisition (ce mouvement linaire ne tient pas compte de possibles régressions ou d'arrêts momentanés) :

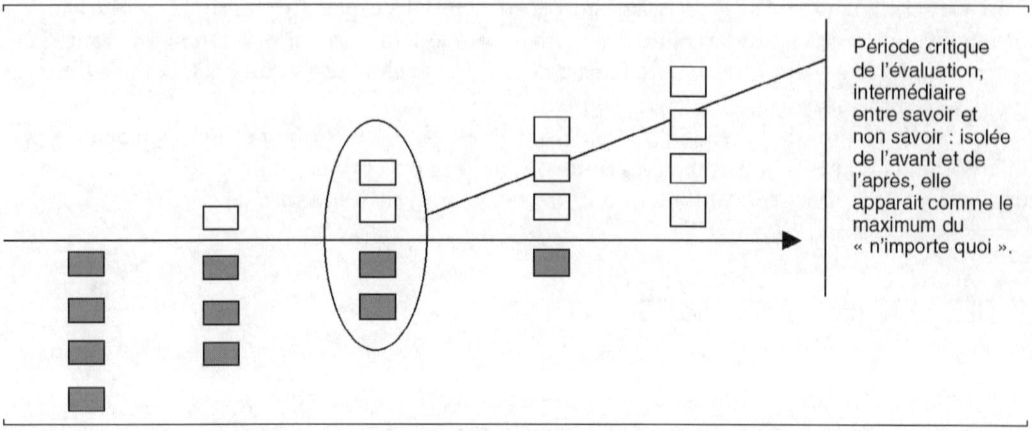

L'émergence progressive d'un savoir-faire

Ce qui est posé là contient en germe toute la question de l'apprentissage et de la manière dont nous prenons la mesure de l'acquisition de l'orthographe tout au long de la scolarité.

Ainsi, au cours de la première grande phase de l'acquisition du langage écrit, l'enfant doit avant tout découvrir la réponse à ces deux questions :

– Quel est le système d'écriture du français ? Que représentent les signes de base de l'écrit ?

– Quels sont les tracés, les formes spatiales, calligraphiques, typographiques, de cette écriture (et éventuellement pour certains enfants, quelles différences avec l'écriture de la langue familiale) ?

Le travail cognitif fondamental de l'enfant concerne la compréhension des lois de composition du système graphique. C'est certainement celui qui demande le plus d'effort conceptuel à l'enfant, alors que, trop souvent, l'accent est mis sur les tracés normatifs, de type figuratif et non linguistique (les « boucles », les « ponts », les « cannes »). C'est pourquoi il est particulièrement important que chaque enfant soit incité, dès l'école maternelle, à produire de l'écrit, et pas seulement à recopier un modèle (de lettres, de mots ou de phrases) ou à dicter ses textes à l'adulte : ces productions personnelles, cette écriture spontanée, sont aussi des moments de réflexion intense sur le fonctionnement de l'écrit, qu'il prolonge par des échanges avec l'enseignant et d'autres enfants dans un atelier.

Tous les enfants n'ont pas l'occasion de s'essayer à écrire chez eux. Or cette activité est un levier pour franchir le seuil de la conceptualisation fondamentale, à savoir la compréhension de la nature linguistique de l'articulation entre le langage oral et le langage écrit. Au cours préparatoire, les élèves ont peu de temps pour franchir ce seuil et il est difficile de le faire sous la pression que suscite l'apprentissage systématique de la lecture. C'est pourquoi l'école maternelle doit instituer un temps suffisant de pratique d'écriture et de réflexion sur les formes graphiques. Sinon, ceux qui n'ont pas eu cette expérience se retrouvent vite en décalage avec les autres. Ce décalage devient rédhibitoire au fur et à mesure que les autres progressent, si un soutien particulier n'est pas rapidement mis en place.

Cependant, quand les enfants ont appréhendé la nature du système d'écriture, ils ne sont pas au bout de leurs peines : ils doivent aussi découvrir quelles sont les conventions propres à l'écriture du français. Ils entrent alors dans une nouvelle période, que certains appellent la « phase orthographique », celle de l'apprentissage des formes dans ce qu'elles ont de spécifique pour une langue donnée, celle des formes normées. Elle va durer des années.

Ainsi, les recherches sur la psychogenèse de l'écrit ont révélé l'existence des conceptualisations propres aux très jeunes enfants qui entrent dans l'écrit et montré l'impact du système d'écriture de la langue d'apprentissage sur ces conceptualisations. Ces résultats conduisent à la même idée-force que les didactiques des mathématiques et des sciences mettent en avant : l'enseignement piétine tant qu'il ignore la part de travail psycho-cognitif des élèves et ne l'intègre pas dans le processus d'enseignement-apprentissage.

Sur le terrain de l'orthographe, que se passe-t-il une fois que l'enfant a franchi la première grande étape de « l'alphabétisation » ? Quelles conceptions forge-t-il ? Quels obstacles doit-il dépasser ? Quel travail doit-il fournir pour découvrir les formes de l'écrit ?

2. DES LETTRES ET DES MOTS

Quand l'enfant commence à écrire, il ne part pas de rien : il dispose de la faculté du langage et ses compétences langagières et linguistiques peuvent donc être déjà très développées. À l'écrit, tout est à faire. Mais, à partir du moment où il a la clé du système phonographique qui constitue le socle de notre orthographe, il acquiert vite les principales correspondances grapho-phonologiques. Il peut alors tout écrire, du moins tout ce qu'il est capable de dire en construisant seul son discours.

Sa première tâche est de proposer une configuration graphique qui lui semble plausible ; il choisit des lettres ayant quelque rapport avec ce qu'il entend et ce qu'il sait des lettres (parfois il se sert carrément de leur nom, *Gunavion* (*G/j'ai*), procédé de base aujourd'hui des messages électroniques). Ses choix sont plus ou moins proches des formes attendues (graphèmes, mots). Mais il est encore bien loin de les connaitre toutes, alors qu'il en a besoin dans ses énoncés : le décalage est donc permanent entre ce qu'il écrit effectivement et ce qui doit s'écrire.

Pour pouvoir produire des formes normées, les élèves vont devoir s'attaquer à la mixité de l'orthographe, et à toutes les conséquences des propriétés du système que sont les phénomènes de polyvalence et de plurifonctionnalité, de segmentation et de différenciation, de variation et d'identité. Suivons cet enfant qui veut en dire bien plus qu'il ne sait écrire, et qui s'avance, muni de son principe phonographique d'un côté, des principales correspondances graphophonologiques de l'autre.

2.1. Des lettres qui en font trop

Des graphèmes aux multiples valeurs

Parce que l'enseignement présente chaque phonème séparément avec ses différents graphèmes, on mesure mal l'effet que peut produire l'ensemble dans l'esprit d'un élève. En effet, le système phonographique constitue en réalité un réseau complexe. Observons par exemple la « carte » du phonogramme *s* :

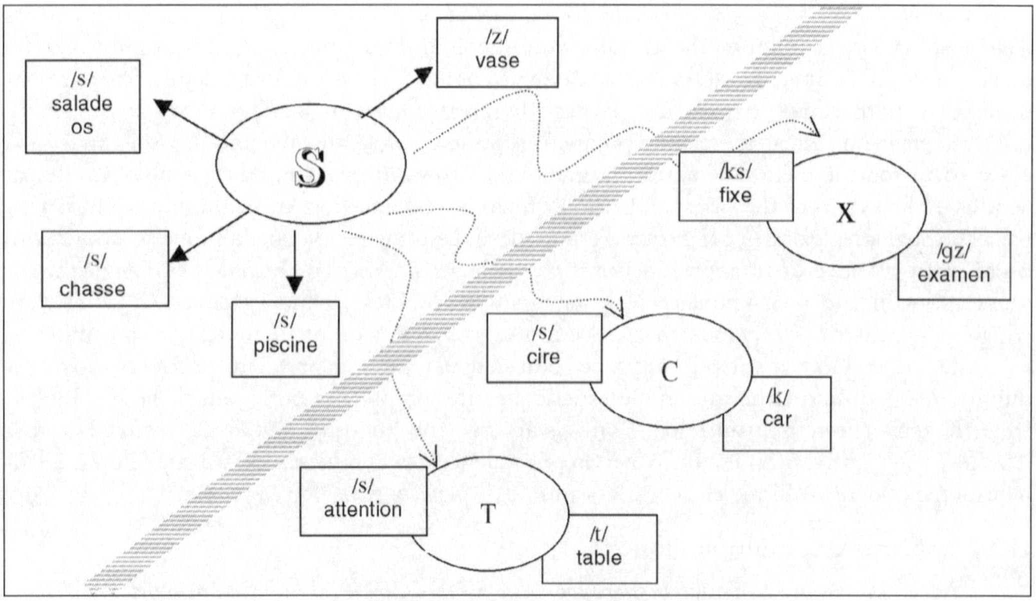

Le réseau d'un phonogramme

Ainsi, à peine a-t-il compris le principe de base de l'écriture de sa langue que l'enfant doit le remettre en cause en raison de la *polyvalence* des graphèmes et des relations de nature diverse qu'ils entretiennent entre eux. Il doit concevoir en effet :

1 – qu'une lettre peut ne pas toujours avoir la même valeur ;
2 – qu'une lettre peut partager avec d'autres une même valeur ;
3 – que la position d'une lettre ou des lettres voisines peut changer sa valeur ;
4 – qu'il faut parfois deux ou trois lettres pour une seule valeur ;
5 – que, pour toutes ces raisons, les lettres se trouvent prises dans des chaines de relations, et entrent constamment en rapport les unes avec les autres, rapports de contigüité, de complémentarité ou d'opposition.

Comme certains graphèmes appartiennent à plusieurs secteurs différents, ceux-ci sont reliés par des liens invisibles, dans une sorte de réseau qui se propage :

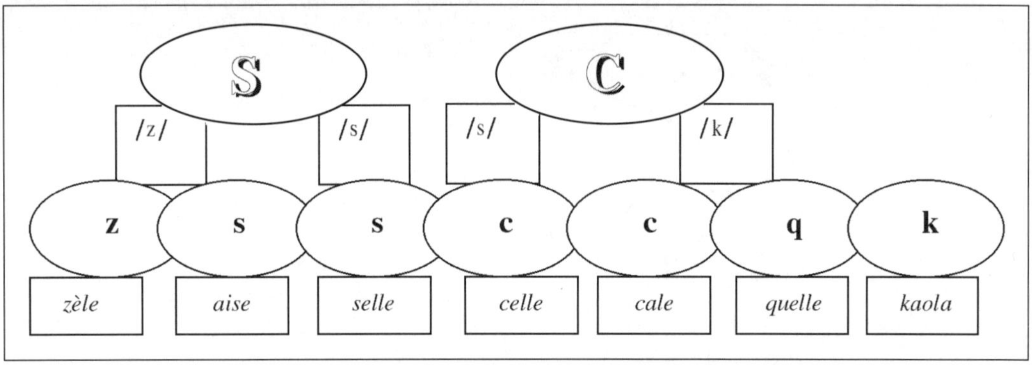

Les relations invisibles entre graphèmes

Le choc de la polyvalence est rude, d'autant qu'un nombre important de lettres est concerné par ce phénomène. Cette interrelation constante entre différentes lettres ne peut qu'engendrer de la confusion. Comment savoir quel est le bon graphème ? *an* ou *en* : *man-*

sarde/mensonge? *f* ou *ph*: *farine/pharmacie*? *o* ou *au*: *obus/aube*? *g* ou *j*: *gelée/jeton*? Il n'y a pas d'autre solution que d'apprendre la suite de phonogrammes composant chaque mot. Quand une élève de CP écrit *onssré ravi ce vou vené*, elle ne confond pas *que* avec *ce*, elle ne sait tout bonnement pas transcrire /k/ dans ce mot-là, car elle ignore tout de la loi de position du *c* devant *e*.

L'enfant doit donc opérer une première rupture: «C'est phonographique, soit, mais...». Mais il faut tout de même mémoriser la graphie des mots, un par un, ou du moins famille par famille, en plus du code de correspondance. La mémoire est donc fortement impliquée en français pour l'orthographe lexicale et le risque d'erreur élevé. Le principe phonographique se trouve ainsi biaisé: pour savoir écrire un mot, il ne suffit pas de le décomposer en phonèmes et d'en déduire la transcription, il faut en fait connaitre les phonogrammes propres à ce mot! Même si /ɛ/ peut se graphier *è*, et *z* transcrire /z/, le mot /mezɔ̃/ s'écrit *m-ai-s-on*, à l'exclusion de toute autre possibilité.

D'une certaine manière, l'apprenti doit renouer avec la première procédure logographique, celle qui lui permettait en maternelle d'écrire son prénom ou le jour de la semaine par cœur. La différence est qu'autrefois, il ne savait pas trop pourquoi c'était ces lettres-là et pas d'autres, et qu'à présent, il le sait. Ainsi, la polyvalence des graphèmes est un coin enfoncé dans le principe phonographique et on parlera plutôt de *principe phono/logographique*.

Des graphèmes aux multiples fonctions

Avec le phénomène de la *plurifonctionnalité*, l'élève doit également concevoir:

1 – que les lettres n'ont pas toujours une équivalence phonique, qu'il y a du surplus;
2 – que des lettres peuvent donc avoir une autre fonction que phonographique;
3 – qu'il y a plusieurs fonctions possibles;
4 – que ces fonctions sont remplies par des lettres qui n'ont pas de correspondance sonore ou bien par des lettres qui en ont une;
5 – que la même lettre peut avoir des fonctions différentes;
6 – que la même lettre peut avoir des fonctions différentes en même temps;
7 – que parfois des lettres ne servent à rien ou à pas grand-chose.

Ce qui peut donner quelque chose comme ceci (en simplifiant) :

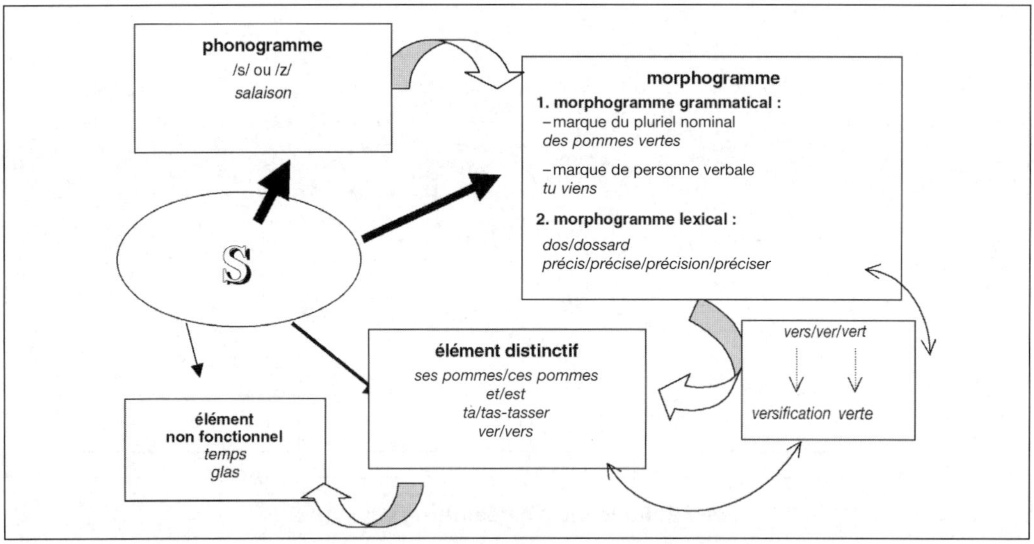

Le réseau d'un graphème polyfonctionnel

Cette seconde rupture fait plonger l'élève dans la mixité de l'orthographe du français, où se révèle sa double dimension, sémiographique, et non plus seulement phonographique. Après avoir compris que les unités de base ne correspondent pas directement au sens des mots, l'apprenti doit réintégrer du sens sous la lettre. C'est en quelque sorte le trajet inverse du premier effectué dans la première grande phase de la genèse de l'écrit, quand il a dû abandonner l'idée que l'écrit avait un rapport direct avec les choses (un mot long correspond à un mot qui est long à dire, pas qui désigne un objet volumineux). Mais, là encore, rien n'est simple, tout se complique. Prenons l'exemple, sans même évoquer le mot *femme*, de la « lettre » *a* :

1 – c'est un graphème dans le mot *papa* ;
2 – c'est encore un graphème, mais avec une variante (diacritique) dans *château*, *voilà* ;
3 – c'est un constituant de graphème dans les mots *aimer, faim, lance, jambe, autel, beau* ;
4 – c'est un constituant de graphème, qui joue en plus un rôle distinctif dans *tante/tente* ;
5 – c'est une syllabe dans *a-bri-cot* ;
6 – c'est un préfixe dans *a-normal*, une marque verbale dans *chant-a* ;
7 – c'est un mot dans *il a* (verbe) et un autre, avec un signe diacritique, dans *à Versailles* (préposition) ;
8 – c'est un constituant du « même mot » dans *au château* et dans *à Versailles*.

Pas étonnant que les élèves aient du mal à s'y retrouver, surtout à une période où, sans même parler de morphèmes, les notions de mots, de syllabes, de lettres, voire de sons, ne sont pas encore assurées. Les substitutions de termes sont souvent la trace de confusions entre des notions encore peu distinctes. C'est pourquoi une simple rectification terminologique à la volée ne suffit pas à modifier la situation. Les élèves doivent s'y atteler par un travail concret destiné à mettre un peu de clarté. Il s'agit alors de déterminer, sur la base d'une similitude (sinon il n'y aurait pas de confusion initiale), les propriétés qui opposent deux ensembles et qui justifient des dénominations différentes.

> Par exemple, dans une classe de CE1, les élèves confondent le son /a/ et le mot « a ». La maitresse leur demande de relever des exemples avec *a*. Quand le corpus est suffisant, la classe est invitée à trier les occurrences. À l'issue de la séquence, les élèves sont ainsi parvenus à constituer deux listes : celle des *mots* où la lettre *a* correspond au *son* /a/ (liste : *abricot*, *alligator*, *assez* ; *château, là-bas*) ; celle des *phrases* où la lettre *a* correspond au *mot a* (liste : *il a perdu*, *il a peur*, *il y a* ; *à la campagne*, *à la maison*). Ce type de travail, somme toute banal, favorise la construction des notions par les élèves, car ils manipulent des mots selon trois points de vue : les exemples, les propriétés, la terminologie. Ils touchent en même temps à quelque chose d'aussi abstrait que les rapports d'inclusion entre le son et le mot, la lettre et le mot, le mot et la phrase, c'est-à-dire entre un élément et l'unité supérieure dont il est le constituant.

Ainsi, la découverte du principe sémiographique bouleverse l'élaboration à laquelle parviennent les élèves à l'issue de leurs premières conceptualisations de l'écrit. La polyvalence des graphèmes est une première entorse au principe. Mais la plurifonctionnalité des graphèmes est une complication autrement plus sérieuse sur le chemin de l'orthographe. C'est en tout cas, et pour longtemps comme on le verra, la porte ouverte à toutes sortes d'inférences sémantiques hors norme, de confusions cognitives abondantes.

Cependant, connaitre les lettres, leurs valeurs, leurs modes d'assemblage, leurs différentes fonctions, n'est qu'une partie du travail de l'élève : pour écrire, il doit produire des mots, organiser son texte en mots graphiques. Les caractéristiques du langage écrit et les propriétés du système graphique se révèlent ici encore déterminantes.

2.2. Des mots peu distingués

Depuis l'époque révolue de la *scriptua continua*, des blancs séparent les mots. Mais où faut-il en mettre ? Comment savoir où s'arrête un mot quand on ne connait pas sa forme écrite et qu'en plus on ne sait pas vraiment ce que c'est qu'un mot ? D'ailleurs, dans les tout premiers temps, un certain nombre d'enfants pense que seuls les noms, les verbes et les adjectifs s'écrivent.

En effet, c'est par l'oral que les enfants connaissent « les mots », mais, à l'oral, les mots sont liés les uns aux autres par groupes syntaxiques ou rythmiques, et de ce fait, ils n'ont pas de véritable indépendance. Il va donc falloir apprendre à segmenter la chaine orale et à distinguer les mots les uns des autres en leur donnant leur physionomie graphique propre. La « dictée à l'adulte » est un des moyens d'y travailler.

Individuation des mots

Dans leurs premiers écrits, les élèves produisent des segmentations qui ne coïncident pas avec les frontières des mots. Il s'agit là d'organisations caractéristiques des premiers essais, liées à la structure du mot français. À la différence d'autres langues, le français n'a pas d'accent de mots, mais un accent sur la voyelle finale du groupe de mots :

une feuille → j'en vois une → une feuille blanche → une feuille de papier → une feuille de papier blanche

Cet accent baladeur brouille les limites ; les mots doivent se dégager progressivement de leur gangue – les discours dans lesquels ils s'insèrent – pour conquérir leur autonomie. Aux niveaux avancés de la scolarité, il est donc important de reconnaitre les « mauvaises segmentations » pour ce qu'elles sont, à savoir des formes primitives, en principe transitoires, qui n'ont pas évolué.

Pour percevoir le travail cognitif de l'élève, rarement connu dans sa continuité, nous examinerons des écrits recueillis au cours des deux premières années d'apprentissage (trois fois la première année, trois fois la seconde) ; il s'agit de phrases dictées ou de petits récits inventés à partir de quelques images[1]. Chaque phrase, chaque texte, est donc une vue instantanée, mais l'ensemble donne une image exceptionnelle du développement de l'écrit entre six et huit ans. Par exemple :

ALE	• Phrases dictées :	• Textes personnels :
CP (novembre)		*la fi reuvers le cafe*
CP (mars)	*lours nempamangelabrico*	*li lev la Man li l (l) lev les 2 Man* *et les 2 pie.*
CE1 (janvier)	*l'ours (e) n'est mes pas manger l'abricot*	*il leve les deux bras* *il tombe il se releve et* *il leve sont pied.*
CE1 (avril)	*l'ours n'aimer pas manger l'abricot*	*un garçon qui tombe* *ils leve la main les deux* *mains en roulant leve un pied* *et ils tombe*

En dix-huit mois, la transformation est totale : la segmentation de la phrase dictée est correcte, les unités ont acquis leur physionomie propre, avec les bons phonogrammes et les bonnes lettres muettes. Avant la fin du cycle des apprentissages, il ne commet plus qu'une seule erreur en phrase dictée, qu'on retrouve chez des élèves bien plus âgés (*aimer*). En production de texte également, la transformation est profonde. Au début, les formes sont très instables, à peine identifiables, puis elles comportent davantage de graphèmes propres au « mot cible », l'ordre des lettres est respecté, les phonogrammes ne sont plus

1. Ce corpus provient de la thèse de François Siegrist : les élèves y sont désignés par trois lettres majuscules, telles ALE ou CED (bibliographie *Orthographe*).

omis, les formes s'individualisent, se stabilisent, et on commence à les saisir mieux. Par exemple :

g capo vaire ci gou (CP, mai) ; *des crapo ver ci jou* (CE1, janvier) ; *des crapo vert qui jouent* (CE1, mai).

C'est une caractéristique des premiers écrits que de très nombreuses lettres manquent (*la fi* pour *la fille*) : soit l'analyse de la chaine orale est incomplète, souvent dans le cas de groupes consonantiques avec un /R/ ou un /l/ ; soit des lettres se perdent en cours de route en raison de la grande lenteur motrice à cet âge et de la faible capacité de la mémoire de travail. Les inversions de lettres si nombreuses au début (*li* pour *il*) pourraient avoir la même origine. Souvent, les mots séparés par des blancs sont rares au début ; à la place, on trouve des formes agglutinées. Parfois c'est une partie de la phrase, parfois la totalité : *Géanavion* (LAU, CP, février). Parfois encore, les élèves constituent deux blocs correspondant à une organisation de l'énoncé en thème/propos : *séonpetigason kitapeanchian* (CED, CP, janvier).

L'influence de l'oral est donc très importante, et la procédure phonographique – un phonème, une lettre – semble à son plus haut degré d'exploitation, d'autant que les phonogrammes retenus sont souvent des phonogrammes de base sans les valeurs de position (*gason* pour *garçon*) ou de fréquence (*ki* pour *qui*). Néanmoins, on remarque déjà chez CED un *e* muet qui s'est glissé dans le deuxième bloc, et qui amorce la configuration définitive du mot *tape* (on y reviendra avec le genre). Peu à peu, les mots prennent de l'autonomie, les *e* se multiplient à la fin des mots (*livre, cube*), et l'on trouve déjà moins de ces grandes agglutinations des commencements ; elles ne concernent plus que des groupes de mots : *des crapauvere* (ALE, CP, mars) ou *il se lave les maisoalochod* (MAG, CE1, octobre). Notons que l'histoire aurait très bien pu retenir une entité « crapauvert », à côté d'un colvert ou d'un pivert.

À côté de la diminution des agglutinations, on observe des segmentations inférieures au mot, comme dans cet exemple typique d'ALE en janvier : *l'ours ~~(e)~~ n'est mes pas manger l'abricot.* Il découpe le mot *aimait* en syllabes ; puis il transcrit ces syllabes à l'aide des mots monosyllabiques qu'il connait, *est* et *mes*, qui sont vidés de leur signifié respectif pour ne fournir que leur signifiant, à la manière d'un rébus (système utilisé par les hiéroglyphes égyptiens ou dans l'écriture chinoise). Pour un lecteur non averti, la gêne est maximale, puisque ces mots détournés sont souvent des mots outils, ce qui met à mal toute idée de structure syntaxique sous-jacente, ce qui est pire qu'une substitution de phonogrammes ou l'absence de marques grammaticales. En outre le lecteur est contraint à une lecture non naturelle, ce qu'il n'aime pas.

Cependant, dès les premiers écrits où toutes sortes de distorsions, de fausses segmentations, s'accumulent, on constate que les productions graphiques ne suivent pas un seul principe. À la même époque, ALE agglutine sous dictée et segmente dans son texte personnel (cette coexistence entre deux façons de faire, sans doute plus ou moins induite par la modalité d'écriture, rappelle aussi la période où l'hypothèse alphabétique commence à supplanter l'hypothèse syllabique). À quoi tient l'évolution ? La réponse est triviale : la notion du mot matérialisé par des blancs est bien le *résultat* de l'apprentissage de l'écrit. Avant cet apprentissage, la conscience du mot est floue, sinon inexistante. Une recherche a d'ailleurs montré que des adultes analphabètes pensent inutile de faire des séparations à l'intérieur d'une phrase, sinon pour signifier l'interruption de l'action énoncée (ce qui rappelle la façon sémantique et non syntaxique de ponctuer des jeunes scripteurs).

Dans les petites classes, la segmentation fait souvent l'objet d'un travail spécifique. Mais l'évolution tient surtout aux pratiques d'écriture dès le plus jeune âge et, bien sûr, à la lecture, grande pourvoyeuse des segmentations conventionnelles, puisqu'elle joue un rôle essentiel dans le développement du lexique. Soit la séquence *l'acrobatie* que CED écrit en janvier du CE1 *la crobasie*. Pour trouver la bonne segmentation, il faut la déduire de l'impossibilité de dire *une crobatie*, ce qui est un peu compliqué à sept ans. Notons au passage que, si CED ne connait pas le mot hors contexte, la présence du *e* final procède déjà d'une bonne intuition. En lisant ou en produisant des textes sur le cirque, l'élève rencontrera *une acrobatie* et *l'acrobatie, un acrobate* et *des acrobates*. Toutes les activités de lecture et d'écriture favorisent les observations et les prises de conscience : le mot est bien un fait de culture écrite.

Gêne de lecteur mise à part, l'évolution est assez rapide au cours du cycle 2. Voici ce que MAG écrit à partir des mêmes images :

• CP, mars	• CE1, avril
li va anvélo li mécébra anlér li cacoatougour. écétefoa li mélémie élébre.	*un garçon ce proméne en vélo il léve les bras et apré il léve la jambe et apré il léve les 2 bras et les 2 jambe et apré il tombe par terre*

Même chez un élève qui semble nettement moins avancé que les autres à la fin du CE1 (*lourse naimai pa manger labrico* ou *troi soiseaux vole ver le lace*), on constate une évolution considérable, si l'on reprend ses productions de mars ou de mai au CP : *lous an man pmjeb labrico* ou *3 sioaso vele vairelelace*. Sans compter que, dans son texte personnel, ses graphies sont en fin de CE1 très proches de la norme : *il a un enfant qui fait du vélo et il fait le fou et il t'ombe.*

Ainsi, en moins de deux ans après le début de l'apprentissage systématique, ces élèves ont tous évolué sur les deux plans de la segmentation et de la sélection des graphèmes. L'évolution manifeste de leurs productions graphiques montre, s'il en est encore besoin, comment des évaluations trop précoces figent les élèves les plus lents dans une image négative, vite proche d'un étiquetage de « difficulté ». La continuité du cycle 2 ne devrait pas rester un vain mot.

Liaisons et enchainements

À l'oral, il y a une différence entre la structure du mot isolé et celle du même mot dans un groupe. Prenons par exemple chacun des mots de la formule inaugurale d'un conte, *il était une fois un homme*, et regardons comment se modifie la répartition des consonnes (C) et des voyelles (V) :

Mots	il	était	une	fois	un	homme
isolés	VC	VCV	VC	CCV	V	VC

En discours, la consonne finale du mot *il* glisse vers la voyelle initiale du mot suivant *était* pour constituer une nouvelle syllabe /le/ de type CV, tandis que des consonnes de liaison s'introduisent en supplément pour constituer une syllabe orale, /tyn/ ou /nɔm /, qui commence par une consonne, soit quelque chose comme :

Mots	i	lé – tait	tune	fois	un	nhomme
enchainés	V	CV CV	CVC	CCV	V	CVC

De ce fait, quand les mots sont dans des énoncés et non isolés, ils peuvent être perçus comme ayant une initiale consonantique et non pas vocalique. Or les élèves appréhendent les mots avant tout en contexte et non sous forme de liste. Les déplacements incessants des frontières de mots obligent les élèves à trouver des solutions pour rendre la chaine écrite conforme à la chaine orale, tant que leur prise de conscience des mots reste limitée et qu'ils conceptualisent l'écrit essentiellement selon le principe phonographique. Par exemple :

Annie (CP) : *j'ai rêvé qun navions volai dans le ciel*
Francis (CP) : *iladi unfé èvenu parissi*
Nourdine (CP) : *j'ai rêvé que mon namiléléfant éte reparti anafriq*

Les écrits des élèves portent de nombreuses traces de ces liaisons et de ces enchainements « réinterprétés » : tantôt ils déportent vers la droite un *t* ou un *n* de liaison, en le redoublant éventuellement (*mon nami*), tantôt ils regroupent plusieurs mots (*parissi*). On peut d'ailleurs se demander s'il est bien juste de parler de « regroupement », alors que les mots n'ont pas encore été réellement individualisés (c'est là le piège des mots qu'on utilise pour analyser ce qui n'est qu'en émergence).

Le cas de la liaison du pluriel est aussi un piège remarquable. Si les élèves vont rarement jusqu'au choix plaisant de René de Obaldia avec *les zunes* et *les zuns*, c'est sans doute parce que *z* est une lettre peu fréquente et qu'un mot commençant par *z* est rare. Les élèves qui ne manquent pas d'ingéniosité quand ils ont un problème à résoudre choisissent donc d'accoler un *s* à l'initiale du mot suivant, sans se rendre compte de la valeur différente qu'il prend en cette position. On peut suivre leurs tâtonnemens sur quelques mois :

	CP mai-juin	CE1 octobre	CE1 décembre-février	CE1 avril-mai
CED	*Troi soiseaux*	*six sanfant*	*trois oiseau*	*trois oiseaux*
NIC	*troi sioio*		*trois oiseaux*	*trois oiseaux*
STE	*3 soizo*		*troi seoisos – un noisau – suoieau – l'oisau – les soisau*	*troi oiso*

Comme on le voit, la solution du *s* reporté sur le mot suivant est provisoire. Elle s'est toutefois maintenue jusqu'à la dernière épreuve chez deux élèves qui sont tous les deux passés par une graphie originale, un *s* isolé pour l'un, un *s* suivi d'une apostrophe pour l'autre : *troi s oisseau*, *trois s'oiseaus*. On peut donc penser que ces solutions les ont retardés et qu'elles auraient disparu après un temps supplémentaire. Un *s* isolé, un *s'* devant un nom sont tellement contraires à tout ce que les élèves peuvent observer que ces graphies disparaissent en général. Mais ces lettres peuvent former avec le mot qui suit un mot de la langue. Dans ce cas, la solution du report du *s* se maintient d'autant plus facilement que la séquence graphique ainsi créée existe. On trouve encore chez des élèves de collège des graphies telles qu'*ils s'appelèrent au secours*.

Les graphies de ce type sont toujours reçues comme une confusion des sens particulièrement grave, alors que l'élève, lui, pense sa graphie légitime, puisqu'elle est attestée : « Je l'ai déjà vu écrit comme ça », dit-il volontiers, sans avoir des idées claires sur le fait qu'un signifiant marche avec son signifié. C'est ainsi qu'on est allé jusqu'à voir dans *ils savaient les yeux chones*, en plus de la confusion réelle entre consonne sourde/sonore (*ch/j*), l'indice d'un désordre psychologique profond des modes d'*être, d'avoir*, de *savoir*. Les graphies *s'appelèrent, savaient* ou *s'avaient* sont des solutions inadéquates, mais courantes, à un problème réel, celui de la consonne de liaison. Dans le cas de collégiens qui ne sont pas parvenus d'eux-mêmes à éliminer ces graphies, il faut les amener à débusquer la procédure qu'ils mettent en œuvre en reprenant la question des liaisons d'une manière explicite. Celles-ci sont en effet toujours abordées dans le cadre de la lecture à haute voix (la lecture expressive), et pas sur le versant de la production : la consonne que j'entends, est-ce une liaison ou une « vraie » consonne qu'il faut écrire ?

Un enseignant ne peut avoir un comportement de lecteur ordinaire devant les productions graphiques perturbantes des élèves. Ceux-ci ne déforment pas systématiquement les mots quand ils parlent. Par conséquent, quand ce que nous lisons ne correspond pas aux valeurs des graphèmes ou aux frontières des unités lexicales, c'est que les élèves les ignorent (ou ne les ont pas mobilisées à ce moment-là).

Différenciation des homophones

En même temps que les mots s'individualisent par la segmentation et la sélection des graphèmes propres à chacun, les élèves doivent affronter l'homophonie. Le passage à l'écrit en révèle l'ampleur et l'incertitude : certains de ces mots sont différenciés graphiquement, d'autres pas. Les élèves devraient donc se trouver face à un dilemme ; en fait, pendant une longue période, quand ils écrivent, ils ne se rendent pas compte qu'ils ont affaire à une possible homophonie. Il n'existe pas en effet de repères véritables pour savoir s'il faut différencier ou non, et si oui, comment. Là où les choses se compliquent encore, c'est que l'homophonie se traite de deux façons différentes selon le niveau concerné. Et pour les élèves, la différence est importante.

Lexique

Au niveau lexical, quand les mots désignent des objets différents, les distinguer par des graphies semble assez naturel (*cire/sire*). Il s'agit alors d'apprendre une séquence de graphèmes en relation à un signifié et correspondant à un référent. Les enfants apprennent qu'un *car* ne se prend pas toujours au *quart*, que le *chant* du *cygne* n'est pas le *signe* d'un *champ*, qu'un *coup* de *poing* dans le *cou* laisse un *point* douloureux, et qu'un *maitre* mesure plus d'un *mètre*. La rectification d'une erreur passe en général par l'évocation du référent (« Ah oui, le *port* des bateaux, pas le cochon »), et quand, c'est possible, par la mise en relation du graphème distinctif avec d'autres éléments du lexique (la zone *portuaire*, l'élevage *porcin*), ou par des réseaux lexicaux plus abstraits (*raisonner* avec la *raison*, *résonner* avec le *son*).

Il vaut mieux en effet faire apprendre ces homophones non comme des homophones, mais comme n'importe quel autre mot, en les associant à des mots qui partagent le même graphème, et surtout aux mots de la même famille. Comme on rapproche *gel, gelée, gélatineux*, on regroupera *signe* avec *signal, signer, signature* pour le distinguer de *cygne*. La distinction graphique des homophones lexicaux est une affaire de compréhension de la langue, de mise en mémoire et de récupération, et bien sûr de vigilance. Le classement de mots, mais aussi la fabrication de séries formelles dans des jeux d'écriture où l'assonance et la rime sont reines (*Pour qui, sire, son serpent sur sa selle ? La cire de ce cachet-ci ou celle de celui-là ?*) peuvent faciliter la mémorisation.

Si l'on se place du point de vue de l'élève dont les repères sont encore largement ceux du langage oral, c'est même l'ensemble de la sélection des graphèmes qu'on peut situer sous l'emprise de l'homophonie, dans la mesure où la plupart des mots en français comportent au moins un graphème qui peut avoir un « équivalent ». Les unités de base de l'écrit (les phonogrammes) correspondent bien aux unités de base de l'oral (les phonèmes), mais les phonogrammes sont déterminés en partie par l'unité qu'ils servent à transcrire, à savoir le mot lui-même (qui véhicule du sens) : *mansarde*, c'est le *an* de *maman* et pas le *en* de *vent* ; *geai*, c'est le *g* de *geler* et pas le *j* de *jeter*. Le rapport mot/graphèmes est ainsi toujours très étroit en français. Faire appel à la signification du mot parait évident pour distinguer des homophones, mais il n'y a, au fond, pas de grande différence entre le traitement des homophones et des mots ordinaires, puisqu'on ne peut pas simplement appliquer un code de transcription de phonèmes.

Discours

En discours, on ne peut plus s'appuyer sur des objets différents pour opposer *a* et *à, c'* et *s'*, *mes* et *mais*, *ni* et *n'y*, *on* et *ont*. La distinction est interne à la langue, et il faut donc procéder à une sorte d'analyse grammaticale permanente : à quelle classe correspond la forme phonique que je perçois ? Dans quelle structure entre-t-elle ? Par exemple, un énoncé aussi ordinaire que *c'était facile* reste toujours difficile à écrire en fin de cycle 2 : *s'est es facile* (ALE) ; *cétai facile* (CED) ; *s'était facile* (MAG). Le savoir mis en jeu dépasse de loin les possibilités des jeunes scripteurs, et les confusions sont encore nombreuses chez les collégiens.

On peut rapprocher de l'homophonie de discours un autre phénomène, celui de la réduction phonétique dans les échanges familiers. Elle consiste à n'articuler qu'un phonème là où il en faudrait deux, ce qui se répercute parfois à l'écrit (*rusi*, au lieu de *réussi*, dans « Un poisson rouge et un chat »). Dans certains contextes, les causes sont plus profondes. Par exemple, quand Alexi (CE2) écrit *il aida à poussé le roché* au lieu de *il l'aida*, plus qu'un oubli de lettre, l'absence de *l'* semble être le produit de l'analyse de la chaine orale qu'il est en mesure de faire à ce moment-là. Autrement dit, il ne parvient pas à mettre en relation le niveau sémantique (l'anaphore), le niveau grammatical (le pronom objet antéposé), le niveau morphologique (la forme élidée) et le niveau graphique (*l'*). Ce type d'omission se rencontre encore chez bien des collégiens. C'est un travail explicite sur les mots et les organisations syntaxiques sous leurs formes écrites et les possibles effets de sens produits qui amène les élèves à prendre conscience de ce que la communication orale confond souvent.

C'est aussi un procédé comique qui fonde certains quiproquos. Dans *Tailleur pour dames* de Feydeau, à un moment des plus embrouillés et où il est question de médecin, un personnage, cherchant à savoir qui est qui, pose la question : «/sevukilswaɲɛ/ » qui peut s'entendre « C'est vous qui le soignez ? » ou « C'est vous qu'il soignait ? »
Certaines graphies dans des textes d'élèves sont à cet égard difficiles à interpréter, comme dans celui de Norbert (CE2) : *soudain il vu le dragon il l'aide à sortir de la caverne.* Est-ce un problème de contrôle moteur qui a fait perdre en route l'auxiliaire dans le passé composé *a vu* ? Est-ce un problème morphologique lié à un problème textuel ? En effet, le contexte et l'emploi (très classique) de *vu* pour *vit* incitent à penser que le temps choisi pour ce récit est le passé simple ; le verbe qui suit au présent constituerait alors un écart. Ou est-ce un problème d'enchainement et de segmentation qui lui fait écrire *il aide à* au lieu de *il l'aida à* ?
Ces mots grammaticaux monosyllabiques, parfois réduits à une seule lettre suivie ou non d'une apostrophe, qui ont un ou deux homophones, sont très opaques pour les élèves. Une syllabe aussi élémentaire que /ma/ dans *ma mère m'a vu* implique en réalité une somme de connaissances et de contrôle qu'on minimise généralement. Pour les élèves, un *l'*, un *s'*, un *t'*, un *c'*, un *y*, sont des espèces linguistiques non identifiées, des ovnis graphiques, leur présence même dans la chaine orale n'est pas nécessairement reconnue ; d'ailleurs, dans certains enchainements, il n'est pas sûr qu'ils soient bien là : comment reconnaitre *tu* dans /tavy/ ou *je* dans /ʃepa/ ? En outre, l'apostrophe crée certains automatismes graphiques qui jouent des tours aux élèves : *il l'ira, un j'eune, il j'ouait, j'usqua*, sont des graphies fréquentes sous leur plume.

Ainsi, le phénomène de l'homophonie dépasse la seule question habituellement retenue de la différenciation des homophones et regroupe, en fait, plusieurs phénomènes. Ce qui pose le plus de problème n'est pas l'homophonie lexicale, mais bien les assemblages qui ne renvoient plus à des entités du monde réel : il faut donc les appréhender à l'intérieur du système de la langue ou par rapport aux paramètres de l'énonciation. Or ces assemblages sont à la fois les plus fréquents, les plus difficiles et les moins travaillés en profondeur. L'enseignement traditionnel de l'orthographe est limité par cette vision morcelée des phénomènes d'orthographe que les élèves doivent pourtant affronter conjointement ; de plus, la langue étudiée en classe est une langue épurée des réalités phonétiques qui sont pourtant celles des élèves quand ils écrivent ; quant à la vision du traitement des homophones, elle est à peu près celle-ci :

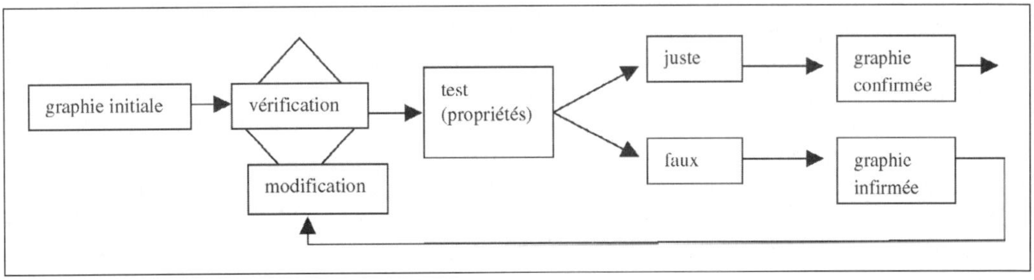

Test de vérification

Dans la réalité, cette logique de machine n'est pas celle des élèves. Outre que les propriétés reposent sur des notions mal connues et que la capacité à les tester exige des opérations cognitives et linguistiques complexes, ils cherchent plutôt à confirmer leur première graphie, en appelant à la rescousse divers arguments, comme on le verra, parce qu'ils n'ont évidemment pas la connaissance et les capacités de raisonnement d'un enseignant. Penser à s'interroger et à analyser le sens et la syntaxe pour y déceler d'éventuels homophones est le résultat de l'apprentissage, pas son point de départ.

Segmenter et différencier sont donc deux opérations sollicitées en permanence en raison des configurations propres à notre langue et à son orthographe. Par leur intrication aux phénomènes d'enchainements et de liaisons, ces deux opérations sont bien plus abstraites et embrouillées qu'on ne l'imagine habituellement. Pour qui s'aventure dans l'écriture du français dont les formes écrites se sont considérablement éloignées d'une simple transcription alphabétique et, avec un bagage conceptuel sur son fonctionnement encore mince, la tâche est lourde. Bien des graphies déviantes, des segmentations étranges, des découpages ou agglutinations syllabiques, des réanalyses sémantiques s'expliquent ainsi. Par exemple, *qu'elle laide rond, dit le prince*: «Je savais pas trop l'écrire, alors j'ai mis qu'elle était laide et j'ai pensé au mot *rond* parce qu'il disait qu'elle avait les joues trop rondes», explique Sofian (6e).

Toutefois, écrire, ce n'est pas écrire des mots, c'est produire des énoncés. Il faut donc aussi appréhender ce qui arrive aux mots quand ils sont agencés dans un énoncé particulier avec un sens donné, autrement dit élaborer une conception de la variation des unités lexicales.

2.3. Des mots qui se transforment

Identité des unités lexicales

En français, les mots, ou du moins beaucoup de mots, n'ont pas toujours la même forme. L'élève doit donc trouver des réponses à une série de questions : comment peut-on savoir que c'est le même mot si ce n'est pas le même ? Quels mots changent, quels mots ne changent pas, et comment les reconnaitre ? Bien sûr, au cours de l'acquisition du langage, les enfants ont acquis la variation (*il a mis la rouge, lui, mais, moi, je vais aller mettre la verte*). Ils la pratiquent depuis longtemps, mais sans le savoir. Avec le passage à l'écrit, il faut refaire le parcours. Les élèves, en effet, doivent prendre conscience de son existence et de ses modalités.

Sur le plan conceptuel, la tâche est difficile, car, en raison de la variation, l'identité des mots est soumise à rude épreuve. Si, pour tout adulte cultivé, *il* et *elle*, *cheval* et *chevaux*, *lointain* et *lointaine*, *vais* et *aller*, *mis* et *mettre* sont sans aucun doute le « même » mot, il n'en va pas de même pour les élèves. Au départ, ils produisent des formes sans nécessairement les mettre en relation. Par exemple, quand Manuel (CE2) dit de *première* (*dans les deux première rangés*) : « On m'a appris à l'écrire par cœur», il lui accorde le même statut d'autonomie qu'à *dans* ou *deux*. Il ne semble pas concevoir un mot ayant la signification «premier», et dont les formes seraient *premier, premiers, première, premières* en fonction du contexte. Il traite l'unité lexicale selon le principe logographique plutôt que morphologique.

La notion de mot variable, c'est-à-dire une entité constituée de formes différentes, est une notion qui se construit progressivement. C'est par une opération d'abstraction que je peux parler du «mot *fort*» ou du «mot *être*» dans la phrase *les vagues étaient très fortes*: je néglige la variation des formes en surface au profit de l'invariant en profondeur. La forme *présente* est rattachée à un ensemble de formes *absentes*. Rassembler sous une même étiquette toutes les formes différentes d'un mot indique donc qu'un travail de réorganisation s'est opéré: le mot est pensé comme un ensemble de formes, quelles que soient les formes manifestes dans un énoncé. Au passage, les élèves doivent donc aussi saisir cette convention: nous désignons un mot variable par une de ses formes, le masculin singulier pour un adjectif ou un nom, l'infinitif pour un verbe. C'est cette « forme vedette » qui sert d'entrée dans un dictionnaire (mais, en latin, c'est *amo*, « j'aime », et non l'infinitif *amare*). Tant qu'ils n'ont pas compris cette convention, ou plutôt le rapport mot/formes, ils ont du mal à trouver les mots dans le dictionnaire et peuvent dire, à juste titre, que *fortes* ou *étaient* n'y figurent pas : il leur faut, pour les trouver, une pleine conscience de leur identité, à la fois une et variable.

Variation orale, variation écrite

Mais, en même temps que l'apprentissage de l'écrit les amène à prendre conscience du phénomène de la variation, les élèves découvrent que la variation ne se manifeste pas de la même manière à l'oral et à l'écrit, ce qui constitue une nouvelle tâche conceptuelle. Sans entrer encore dans le détail de la catégorie linguistique du nombre qui sera traité dans le prochain chapitre, on peut avoir une idée de ce qui se passe en comparant les mots dans lesquels la forme au pluriel diffère de la forme au singulier à l'oral et à l'écrit.

Premier exemple : *la tempête a dévasté la forêt* ⟶ *les tempêtes ont dévasté les forêts*

	les	tempêtes	ont	dévasté	les	forêts
à l'oral	•		•		•	
à l'écrit	•	○	•		•	○

Deuxième exemple : *elle a renversé le grand cèdre* ⟶ *elles ont renversé les grands cèdres*

	elles	ont	renversé	les	grands	cèdres
à l'oral	•	•		•		
à l'écrit	•	•		•	○	○

• Variation perceptible à l'oral, et donc à l'écrit

○ Variation perceptible à l'écrit seulement

À l'oral, quelques mots ont des formes différentes au singulier et au pluriel (parfois seulement à cause de la liaison) ; à l'écrit, les mots variables sont plus nombreux. L'élève doit alors comprendre qu'il ne peut plus simplement transcrire ce qu'il entend dans une approche phono/logographique : je dis *les* et j'écris *les*, je dis *cèdre* et j'écris *cèdre* ; mais si je veux combiner *les* et *cèdre* dans une phrase, alors il faut faire quelque chose de plus.

Classes variables, classes non variables

Cependant, à partir du moment où les élèves commencent à appréhender qu'il y a de la variation, ils doivent aussi en découvrir les limites : toutes les unités lexicales ne varient pas, ce qui leur échappe parfois. Tel élève de 6e explique qu'il a mis un *s* à *comme* dans *commes tous les matins*, parce que « c'est les matins » ; tel autre de 5e justifie *savoirs* dans *nous ne pouvions pas savoirs la fin* par « *s*, c'est nous ».

Croyant résoudre le problème, l'enseignement traditionnel de l'orthographe insiste sur la différence entre les mots variables et les mots invariables. Et les élèves apprennent que les déterminants, les noms, les adjectifs, les pronoms, les verbes, sont variables, tandis que les prépositions, les conjonctions, les adverbes, les interjections, ne le sont pas. Mais c'est déplacer l'obstacle, car, ce qui n'est pas donné aux élèves, c'est la clé pour distinguer les classes de mots au fil de la plume. Quand ils écrivent, les mots n'annoncent pas leur statut et il faut penser à se poser la question, c'est-à-dire avoir déjà une idée que la question se pose (ce qui ne va pas de soi). En outre, la réponse n'est pas si simple. Au jeu de la variation, dans la famille de *lointain*, par exemple, j'appelle *lointaine*, mais pas *loin*. Et pourtant, je peux dire/écrire *elles sont déjà loin*, comme je peux dire/écrire *ces collines sont lointaines*. Ce ne sont donc pas des caractéristiques sémantiques mais formelles qui entrent en ligne de compte, c'est-à-dire, pour les élèves, l'aboutissement d'un long travail conceptuel.

Classes obscures

Déterminer la classe syntaxique d'une unité est un travail qui exige des connaissances avancées et qui peut facilement dépasser les capacités des élèves. Un exemple va le montrer. Claire (CM2) a écrit *je ne serai plus jamais aussi injuste et malpolie* (c'est un garçon qui parle) et elle explique la présence du *e* comme une lettre nécessaire, bien que non fonctionnelle (elle hésite avec *s*) : « Moi je trouve que ça fait un peu moins bizarre de mettre *e*. Quand je regarde le mot *poli, être poli,* je vois plutôt le mot *i-e* que *i* ». Elle s'interroge ensuite sur la nature de *malpolie* et écarte la possibilité que ce soit un verbe parce qu'« on ne conjugue pas ».

– Alors qu'est-ce que c'est ?
– C'est un adjectif qualificatif.
– Comment tu le sais ?
– Euh... C'est un détail. Comme on dit *des hautes branches* ou *un beau château,* là on dit *il est malpoli.* On n'est pas obligé de le dire.

Cette élève de CM2 s'appuie d'abord sur son intuition (bonne) et ensuite sur ses connaissances pour justifier son propos. Elle dispose de deux critères de reconnaissance de l'adjectif, l'un sémantique, l'autre syntaxique. L'adjectif est, en effet, souvent présenté comme permettant de préciser le nom (« C'est un détail ») ; par ailleurs, c'est un constituant facultatif du groupe nominal (« On n'est pas obligé de le dire »). Le problème est que, dans la configuration de son énoncé, l'adjectif *malpoli* n'est pas un constituant du groupe nominal, mais du groupe verbal. Les deux critères sont alors inopérants : l'adjectif attribut est obligatoire tant sur le plan syntaxique que sur le plan sémantique, puisqu'il constitue le propos (le prédicat). La suite montre son embarras :

– Tu pourrais l'enlever dans *il est malpoli* ?
– Non, mais... [...]
– Tu m'as dit que c'est un adjectif qualificatif...
– Je suis pas sûre non plus. Je suis jamais sûre de moi !

La discussion se déplace ensuite sur *le pauvre petit garçon malpoli* :

– *Pauvre*, qu'est-ce que c'est ?
– C'est obligatoirement un adjectif.
– Et *petit* ?
– Aussi.
– Tu en es sûre ?
– Oui.
– Et *malpoli* ?
– Je suis pas sûre, je sais pas pourquoi mais je suis pas sûre. Parce que là, on peut enlever *petit*, *le garçon*, on peut l'enlever, tandis que *malpoli*, c'est plus difficile.

Certaines unités ont un statut clair d'adjectifs, d'autres pas ou beaucoup moins. C'est le sens de sa conclusion tout à fait clairvoyante :

– *Menteur* et *lâche*, qu'est-ce que c'est ?
– C'est des adjectifs.
– Tu en es sûre ou pas ?
– Non.
– Tu n'as pas un moyen infaillible de reconnaitre les adjectifs ?
– Non. Enfin, d'habitude, je le sais, mais les plus courants !
– Les plus courants ?
– *Pauvre, petit,* très courants à l'écrit.

La réflexion menée par cette bonne élève de CM2 est déjà très poussée, mais elle ne lui permet pas d'aboutir à un résultat satisfaisant. Ce qu'elle révèle, en revanche, c'est l'obstacle que constitue, pour les élèves, l'identité syntaxique des mots. Les mots sont des énigmes, le connu peut être un piège : *les vents forts soufflent en rafales – les vents sont forts – les vents soufflent fort.*

Pour déterminer ce que sont ces unités et en déduire l'orthographe, il faut faire appel à des procédures complexes qui soulèvent autant de problèmes qu'elles permettent d'en résoudre. La réussite n'est pas assurée tant qu'une masse critique de savoirs et de savoir-faire n'est pas atteinte. De fait, le travail cognitif de l'élève est sous-estimé. Il lui faut, en effet, abstraire de *première, petite, pauvres, beaux, malpolies, difficile, terrestre, bouillonnante, premiers,* ce qu'il y a de commun et qui en fait des adjectifs. Ce ne peut pas être directement leur sens, mais c'est pourtant bien quelque chose de cet ordre, puisqu'ils partagent des valeurs sémantiques de caractérisation (ils complètent le sens du nom) ou d'identification (ils délimitent la référence) : *un pauvre petit garçon malpoli* ou *la croute terrestre.* Ce n'est pas non plus directement leur comportement, puisque leur place (avant ou après le nom, après certains verbes, en position détachée) ou leur fonction syntaxique (épithète, attribut, apposition), varient, mais c'est pourtant quelque chose de cet ordre, le fait qu'ils partagent ces places et ces rôles, d'où sont exclues d'autres unités.

Si l'on suit Claire, les élèves commencent par repérer quelques traits, ce qui leur permet de reconnaitre « les plus courants », comme elle dit. C'est à partir d'une sorte de « prototype » qu'elle semble construire la classe des adjectifs. Il est en tout cas peu probable que la constitution d'une classe passe par l'analyse syntaxique de chaque unité. On retrouve là le problème de l'identique et du différent, du variable et de l'invariant, mais à un niveau encore plus abstrait, puisqu'il se situe tout entier au niveau des mots et non des choses, c'est-à-dire sur le plan métalinguistique. Or l'orthographe française oblige à accéder à ce plan : pour appliquer les règles de variation graphique, il ne suffit pas de connaitre ces règles, il faut identifier les unités comme appartenant à une classe variable. Quand ils écrivent, les élèves ignorent à quels types de mots ils ont affaire, pas pour les mots les plus courants, certes, mais une grande partie de ceux qui peuplent leurs énoncés (à commencer par ceux qui nous paraissent tout simples). Ni la notion de classes de mots, ni la notion de variation, ni la notion de classes variables et de classes invariables, ni les différentes classes elles-mêmes, ne préexistent à l'acquisition de l'écrit : elles s'élaborent tout au long du processus d'acquisition et elles en sont un résultat.

Ainsi, l'approche linguistique de l'orthographe comme *systèmes inter-reliés,* le *plurisystème,* permet de comprendre pourquoi les élèves ont de bonnes raisons de tout emmêler : tout est mêlé. Leurs procédures ne peuvent donc être que composites. Étant donné tous les paramètres imbriqués, on peut s'attendre à ce que les scripteurs novices ne conçoivent pas les limites du mot, ne fassent pas les bonnes segmentations, n'utilisent pas les bons graphèmes, ne différencient pas les homophones, ne saisissent pas bien les mots grammaticaux. C'est, précisément, l'objectif du travail qu'il faut mener avec eux.

Mais même cela n'est pas assez : les mots varient. Et les élèves vont avoir fort à faire pour débrouiller tous les fils de la variation inhérente à l'écriture du français. Il leur faut comprendre que du même peut être du différent, que du proche n'est déjà plus du même, que la manière dont cela fonctionne à l'oral est très différente de l'écrit. Il leur faut comprendre aussi ce qui fait varier les mots et comment s'organisent ces variations (alors que le statut des mots est si obscur) : apprendre qu'au pluriel il faut un *s*, par exemple, n'est pas un gros problème pour les jeunes scripteurs ; le vrai problème qu'ils ont à résoudre, c'est où et quand (et seulement où et quand), en mettre un.

Effectivement, écrire des mots par cœur ou écrire ce qui s'entend sont des procédures primitives. Il faut enclencher une autre façon de faire, il faut changer de mode d'approche, et s'engager dans l'appréhension des fonctionnements typiques de l'écrit, et, finalement, de la langue. Comment les élèves s'y prennent-ils ? Nous allons les suivre dans ce nouveau trajet conceptuel de façon à pouvoir, ensuite, mieux les accompagner.

Chapitre III

L'univers de la morphographie

Pourquoi et comment les mots changent-ils de forme ? Les réponses que les élèves vont devoir trouver pour se conformer aux normes de l'orthographe se situent du côté du principe sémiographique, là où les signes graphiques ont une signification. Quels sont ces signes ? Quelle valeur ont-ils ? Comment les emploie-t-on ?

C'est par le jeu de graphèmes spécialisés – les *morphogrammes* – que s'organise cette dimension de l'orthographe. Traditionnellement, ce qui relève de l'étude des formes s'appelle la *morphologie*, mais la variation des mots dépend de leur insertion en discours, c'est-à-dire de la *syntaxe* ; c'est pourquoi on parle souvent de *morphosyntaxe*. Ce que l'école appelle l'orthographe grammaticale en relève ; certains la désignent par les termes d'*orthographe relationnelle,* soulignant par là qu'elle résulte toujours de la mise en relation d'unités variables avec d'autres unités. L'orthographe joue ainsi en permanence sur deux axes : l'axe de la sélection des signes et l'axe de la combinaison des signes.

La tâche conceptuelle des élèves est considérable. Pour pouvoir mobiliser au fur et à mesure qu'ils écrivent les morphogrammes qui conviennent, ils doivent comprendre comment certains mots changent de forme en fonction de certaines catégories linguistiques, les catégories nominales du nombre et du genre, ainsi que les différentes catégories verbales ; mais aussi comment ces catégories affectent les unités lexicales en fonction de leurs combinaisons en discours. Cela implique aussi bien sûr de comprendre ces catégories et ces combinaisons.

Or les catégories, les structures syntaxiques, les marques graphiques, n'ont aucun caractère d'évidence. La forme *chantant* peut se décomposer aisément en *chant* pour la base (avec le signifié « chanter ») et *ant* pour le participe présent (avec une valeur d'aspect inaccompli). En revanche, ce n'est pas possible avec la forme *chats* : outre le signifié « chat », deux catégories sont perçues, celle du genre, en l'occurrence, le masculin, et celle du nombre, en l'occurrence, le pluriel ; mais aucun graphème ne correspond à la première des deux catégories, le genre masculin. Dans *chanterai*, *rai* marque le futur de l'indicatif et la première personne du singulier, mais si l'on cherche à préciser davantage la relation forme/valeur, les difficultés commencent : *r* qui semble représenter la catégorie du temps futur figure aussi dans le conditionnel *chanterais* ; *ai* qui semble représenter la catégorie de la première personne du singulier figure également comme marque de passé simple je *chantai* ; *s* caractérise aussi la deuxième personne, et, si on l'enlève, on a un futur !

L'absence de possibilité de segmentation dans certains cas, l'impossibilité d'attribuer une fonction exclusive à un élément unique dans d'autres cas, caractérisent le français. Des fonctions sans marque, des marques à plusieurs fonctions concomitantes, des marques à plusieurs valeurs – cette caractéristique du français complique singulièrement la tâche d'identification des marques, des catégories, et donc l'identification des morphogrammes tout autant que leur mode d'emploi. C'est bien un nouvel univers – celui de la morphographie – que les élèves doivent appréhender, avec des outils bien rudimentaires, leurs connaissances et leurs capacités de raisonnement du moment.

Tous les enseignants savent que l'acquisition de « l'orthographe grammaticale » est une entreprise ardue. En dépit de leurs efforts, ils constatent, à l'école comme au collège, que les élèves « connaissent les règles, mais ne les appliquent pas ». C'est donc bien la mise en œuvre de ces connaissances qui ne va pas de soi. Dès les premiers pas dans l'écrit, les enfants n'ont cessé d'interpréter les formes graphiques d'une manière toute personnelle. En fait, ils vont continuer à le faire avec les catégories grammaticales[1].

Ce chapitre consacré à l'univers des formes grammaticales a pour objectif de montrer comment se développent les idées linguistiques des élèves sur :
1 – le nombre (section 1) ;
2 – le genre (section 2) ;
3 – les catégories verbales (section 3).

1. LE NOMBRE

1.1. La règle du *s*

Les enfants découvrent assez tôt la catégorie du nombre, du moins celui du nom. À cela une raison : le nom représente un « objet » et si ces objets sont multiples, *ajouter* une lettre pour faire *plus* de quelque chose a de la pertinence : il y a une sorte d'harmonie entre la forme et le sens. La marque *s* est donc vite repérée et mémorisée comme marque du nombre nominal, parfois dès la grande section de maternelle : « Il y a un *s* parce qu'il y en a plusieurs ». La question du nombre du verbe est d'une tout autre espèce pour les élèves (elle sera traitée dans les catégories du verbe).

C'est, bien sûr, un pas très important, car c'est une brèche dans l'idée qu'on écrit ce qu'on entend. En effet, dans un premier temps, les élèves abordent la notion de nombre graphique sur le modèle de l'oral, en notant ce qui se prononce : la présence du déterminant *les* ou *des* porte alors à elle seule l'idée de pluriel. Par exemple, André (CM1) à propos du mot *languette* dans *un livre avec des languette*, épelle le mot pour expliquer comment il l'a écrit ; interrogé sur la fin du mot, il mentionne la lettre *e* et ne voit rien d'autre à dire.

La règle du *s* commence à s'appliquer assez tôt. Le corpus de François Siegrist offre sur ce point une illustration très claire de l'évolution. Le groupe nominal *des crapauds verts* a été dicté à trois reprises :

	CP mars-avril	CE1 janvier	CE1 avril-mai		nombre total d'élèves
ENN	*dé ca po vére*	*des crapo ver*	*des crapau ver*	→ aucune marque	5
XAV	*des cape veire*	*des carpo ver*	*des crapeaus vert*	→ une marque sur le nom : *s*	4
LAU	*be crapo ver*	*des crapaus ver*	*des crapeaux vert*	→ une marque sur le nom : *x*	8
YVE	*des crapo vèr*	*des crapeau vèrt*	*des crapot vers*	→ une marque sur l'adjectif : *s*	1
NAT	*des crapos vert*	*des crapo vert*	*des crapos verts*	→ double marque	2

En moins d'un an, la transformation est notable : pour les trois quarts des élèves, aucune marque la première fois, au moins une la dernière, deux élèves marquant au pluriel tout le

1. Une grande partie des exemples qui vont être présentés provient de travaux de recherche personnels (enregistrement en entretien ou dans les classes, collaboration régulière ou ponctuelle avec des enseignants) ; mais aussi de la thèse déjà mentionnée de François Siegrist (indiquée par FS), ainsi que de celles de Jean-Yves Guillaume (JYG) et de Jean-Michel Sandon (JMS). Voir bibliographie *Orthographe*.

groupe nominal. Quant aux cinq élèves qui ne produisent aucune marque lors des passations, tous mettent un *s* sur d'autres mots. Conjointement, d'autres savoirs sont apparus : la variante graphique *eau* pour /o/ en finale (même si *crapaud* ne se termine pas par *eau*) ; la variante *x* pour le pluriel en *eau*.

1.2. L'idée de pluriel

Avec la règle du *s*, les élèves accèdent aux catégories morphologiques, aux morphogrammes, à la mixité de l'orthographe du français. Seulement, la manière dont les élèves *interprètent* les catégories diffère de celle du grammairien, ce que la diversité des significations révèle en production écrite. Le pluriel, notamment, n'a pas exactement la signification linguistique.

Partons d'un exemple d'apparence anodine. Quand Paul (CE2) rajoute spontanément un *s* à *quatre galette*, il commente : « C'est parce que, comme il y a plusieurs galettes, on met un *s* ». N'est-ce pas ce que les élèves apprennent en classe ? Certes, mais ce qui convient dans un cas ne convient pas dans le suivant, avec, pourtant, la même justification. Hania (CE2), en effet, explique, dans une forte argumentation, qu'il faut un *s* dans *Je voudrais de la nouritures*, « Parce qu'il y a plusieurs nourritures dans le monde... Et que s'il y avait une seule nourriture dans chaque monde et que les autres en ont plus, il y aura des gens qui vont se plaindre et qui vont dire ils ont plus de nourriture que nous ».

Si l'on y regarde de plus près, il est clair que le nombre des élèves confond deux notions, celle de « pluriel » et celle de « pluralité ». Ces décalages et confusions sont très répandus. En fait, les élèves « calculent » le pluriel en fonction de leur perception du monde extralinguistique : si celui-ci leur apparait dénombrable et multiple, alors la marque *s* semble tout indiquée, elle correspond à ce qu'ils ont compris du système de la langue. Les noms collectifs sont particulièrement visés, mais pas seulement.

Les élèves se montrent sensibles à certains aspects de la pluralité. Le premier a trait à une interprétation « comptable » : combien d'éléments faut-il pour faire « plusieurs » ? Deux ? Quatre ? La question se pose en tout cas avec Adrien (CE1), interpellé vigoureusement par un « Tu ne mets pas de *s*, toi, à *deux canards* ? » et qui répond sereinement : « Pas de *s*, la maitresse a dit qu'on mettait un *s* quand il y en avait plusieurs ». Dans la langue naturelle, il est vrai, *deux, des, quelques* ou *plusieurs*, ce n'est pas la même chose, là où, en mathématiques, *plusieurs* commence à « plus d'un ». L'échelle implicite des élèves a de quoi surprendre, mais la profondeur de leur réflexion n'en est pas moins incontestable, comme chez Florence (corpus JMS, 8 ans) à propos de *je me ba contre deutre tauro* : « J'ai voulu mettre un *s* à la place du *e*, mais je l'ai pas mis parce qu'on aurait cru que c'était beaucoup de taureaux, alors que moi, je voulais qu'il y en ait que quatre, et c'est pas vraiment beaucoup, quatre ». Le travail de l'élève consiste donc à ajuster la notion sémantique de « plusieurs », celle de la vie courante, à celle du fonctionnement morphosyntaxique du pluriel. C'est bien ce qui s'entend dans ce commentaire de Clara (CE2) qui vient de se rendre compte qu'elle a oublié un *s* dans *les reine* : « Oui, les reines aussi, elles sont deux, *et c'est quand même* plusieurs ». La modalisation résume le conflit : il faut bien s'y faire, à partir de deux unités « c'est quand même » le pluriel.

Un deuxième aspect réside dans le rapport qui existe dans la pluralité entre l'individu et la collection (un parmi d'autres). C'est ce qui explique le choix de Noël (CE2) pour *elle regarde un mannequins* :

– Qu'est-ce qui t'as fait penser à un *s* ?
– Il y a plusieurs mannequins dans ses mains.
– Qu'est-ce que tu veux dire par là ?
– Elle a déniché *plusieurs* mannequins et elle cherche *celui* qui est le plus beau.

Un troisième aspect concerne l'itération qu'on peut entendre aussi dans la pluralité (l'un après l'autre), comme il ressort de l'explication de Marie-Aude (CM1) à propos de *j'aime bien faire des lettre*: « J'écris qu'une lettre pour l'instant, je vais pas en faire plusieurs, alors je mets pas de *s* à la fin ». Le point de vue se défend : « acheter des pommes » et « manger des pommes » n'impliquent pas tout à fait le même rapport immédiat aux pommes.

Non travaillées, ces idées persistent au collège. Par exemple, chez Guillaume (6e), qui explique *la familles arriva*: « La famille, c'est beaucoup; c'est par exemple le père, la mère, les enfants, il y a pas qu'un seul enfant » ; ou chez Solange (6e), pour *le voyage dura une semaines*: « Ils ont roulé plusieurs jours, il y a plusieurs jours dans une semaine ». Tous ces élèves possèdent pourtant bien la notion de variation du pluriel, ils en connaissent la marque, et en gros la valeur : leurs propos nous signalent même des nuances subtiles dont nous n'avions plus conscience. Mais le sens est infini, et l'orthographe n'a pas retenu, pas plus que la langue, de différencier tous les aspects de la pluralité.

La catégorie linguistique de pluriel est plus restrictive. En gros, la marque *s* résulte de la combinaison d'un nom « comptable » (voir la différence entre *du vin* et *des vins*) et d'un déterminant pluriel, même quand celui-ci disparait dans un *d'* ou un *de*, comme dans *d'autres taureaux* ou *de beaux chats*. Le travail que les élèves doivent mener consiste alors à cerner l'extension de la notion, son « aire de validité », en renonçant à ne prendre en compte que le référent : *l'équipe* est au singulier, parce que le déterminant est au singulier (je peux le remplacer par *une*).

> Cependant, l'obligation de faire un « calcul » qui porte sur le référent n'est pas totalement écartée en français : *beaucoup d'eau/beaucoup d'arbres* ou *une chemise de coton/une chemise à rayures.* Pour les mots composés, les rectifications orthographiques de 1990 ont d'ailleurs considérablement simplifié la question en les alignant sur la règle commune : *un cache-poussière/des cache-poussières* ; *un casse-pied/des casse-pieds.*

Comprendre que c'est la combinaison d'un nom et d'un déterminant pluriel qui contraint la présence du morphogramme *s* permet de franchir un réel obstacle. Au bout du trajet, l'évidence, l'acception linguistique du terme :

• Michel (CE2)
les nuages
– Tu l'avais écrit toi-même ou c'est la maitresse qui te l'a dit ?
– C'est moi.
– Pourquoi tu as mis un *s* ?
– Parce qu'il y a *les*.
– Quand il y a *les*, tu mets toujours *s* ?
– Oui, *parce que c'est un nom au pluriel.*

• Lélia (CE2)
ils entrerent, regardanent la foule de gents
– Tu me dis qu'il y a plusieurs gens dans la foule, mais tu as écrit *la foule* comme ça ?
– Parce que c'est *une foule*, c'est pas *des foules.*

Le critère du pluriel se situe non plus « dans le référent », mais bien « dans la langue ». Si on s'en tient aux apparences, c'est-à-dire à ce qui se lit dans les copies, on ne saisit pas que c'est avec les *mêmes arguments* que les élèves font des « fautes », ou n'en font pas. C'est donc bien un processus qu'il faut d'abord comprendre.

1.3. Les procédures graphiques

Un outil d'analyse

Les très nombreux commentaires dont nous disposons permettent de préciser la façon dont les élèves sélectionnent leurs graphies. Si on définit une *procédure graphique* par les *composants linguistiques* qui interviennent dans le processus de production, on peut rendre compte de leurs graphies par trois grands types de procédures différentes.

1. Une procédure de type ***phono/logographique***. Elle se caractérise par l'absence de marque ; le commentaire est généralement « J'ai écrit comme ça se prononce ». La graphie est non normée comme dans *avec des languette* ou, si un *s* ou *x* est présent, c'est parce que « Ça s'écrit toujours comme ça ».
2. Une procédure de type ***morphosémantique***. La marque morphologique *s*, ou sa variante *x*, est présente, mais sous l'influence de considérations sémantiques sur le référent ; le commentaire est généralement « J'ai mis un *s* parce qu'il y en a plusieurs ». La graphie est normée comme dans *quatre galettes* ; ou non normée comme dans *de la nouritures*.
3. Une procédure de type ***morphosyntaxique***. La marque morphologique *s*, ou sa variante *x*, dépend des rapports syntaxiques entre déterminant pluriel et nom ; le commentaire est généralement « J'ai mis un *s* parce qu'il y a *les* (ou *des*) devant ». La graphie est normée comme dans *les nuages* ou comme avec le nom collectif *la foule*.

La dernière procédure s'accompagne souvent de formulations générales, et non plus liées à l'énoncé : « On met un *s* parce que le nom est au pluriel ». On ne pourra cependant considérer que les élèves ont acquis la « fonction morphogrammique du *s* » que lorsque l'ensemble du fonctionnement du pluriel sera maitrisé (notamment, dans sa différence avec le verbe).

Cet ensemble de procédures dessine ainsi la trame de l'acquisition conceptuelle du pluriel du nom. C'est un outil d'analyse pour comprendre les raisonnements des élèves et déterminer où ils en sont : il servira également pour les autres catégories morphologiques.

Les chaines d'accord

Le nom forme avec son déterminant un bloc dont les éléments sont réciproquement nécessaires en discours (l'un ne va pas sans l'autre) : ils constituent le « noyau » du groupe nominal. Ils partagent le même nombre, tout comme les expansions que sont l'adjectif et le participe passé dans certaines conditions. C'est ce phénomène qu'on appelle *accord*. Les différentes unités constituent ensemble une *chaine d'accord*. Le nombre pluriel, signalé par le déterminant, matérialisé par le *s*, se propage à l'intérieur de la chaine ; le morphogramme *s* est « distribué » sur toutes les unités variables en nombre. À l'écrit, les marques sont généralement plus nombreuses qu'à l'oral et y sont donc « redondantes ». Utile au lecteur, la cohésion du groupe nominal se trouve ainsi renforcée, mais cette redondance ne semble pas naturelle aux élèves, puisqu'on s'en passe très bien à l'oral (elle n'existe pas en anglais, ce qui d'ailleurs les trouble par la suite).

Les élèves écrivent les déterminants *des*, *les*, *mes*, plutôt comme des mots selon le principe logographique, et non comme une des deux formes d'une unité variable : ces mots ne se mettent pas au pluriel, ils sont le pluriel. Du fait de cette évidence, le déterminant joue le rôle d'un *signal* d'accord pour les noms dans les procédures morphosyntaxiques. Mais, contrairement à ce qu'on pourrait penser, il n'y a pas de continuité de la classe des noms à celle des adjectifs (dorénavant, pour ne pas alourdir, les participes passés soumis aux mêmes règles que les adjectifs ne seront mentionnés à part que pour leurs caractéristiques propres).

Quand Kamel (CE2) examine *des main ridé*, il remarque tout de suite : « *Une main*... Je dois mettre un *s* à *main* ». Et il précise tout en corrigeant son texte : « Il y a *des* devant *main*.

Quand il y a *des*, on met un *s* ». Mais interrogé sur *ridé*, il ne peut que répondre : « Je sais pas s'il y a une faute ». Ce commentaire est très intéressant, non seulement parce que, d'une certaine manière, il prouve que l'élève « connait la règle », mais parce qu'il désigne la zone qui pose problème : mettre un *s* au nom, oui, à l'adjectif, pas si simple ! Dans le cas de *crapauds verts* examiné plus haut, le décalage de traitement entre le nom et l'adjectif est d'ailleurs très net, puisque seuls trois adjectifs portent la marque du pluriel contre 14 noms à la fin du cycle 2.

S'ils peuvent concevoir que le nom prenne un *s* parce que plusieurs objets sont en quelque sorte « découpés » dans la réalité par l'énoncé, les élèves ont plus de mal à concevoir la variation en nombre de l'adjectif : la notion de « plusieurs » s'applique mal à une qualité, à une caractérisation, à une détermination. Par exemple, *une des voitures présidentielles roule mal* est un cas de figure redoutable : pourquoi mettre un *s* à *présidentielles* alors qu'il n'y a qu'un seul président et qu'il ne monte que dans une seule voiture à la fois ? Seule, l'analyse syntaxique permet de dépasser ces considérations sémantiques.

Les structures syntaxiques

La maitrise des structures syntaxiques détermine la possibilité de produire ou non des marques de nombre adéquates. Or, on l'a vu, les élèves ne connaissent souvent pas les unités qu'ils manipulent ; ils ne connaissent pas non plus les relations entre unités. C'est pourquoi ils ont tendance à étendre les marques de nombre aux mots invariables dont ils ne perçoivent pas le statut syntaxique différent (*commes tous les matins*). Mais même un mot variable ne varie pas en toute situation, ce que ne sait pas Manuel (CE2), par exemple :

> 63 *pains au chocolats*
> – Ici, tu as mis *pain* avec un *s*. Tu peux dire pourquoi ?
> – Parce qu'il y a plusieurs pains au chocolat.
> – Et à *chocolat* ?
> – Parce que c'est un groupe de mots qui va avec. C'est *pains au chocolat.* Sinon, c'est un pain, alors.
> – Un groupe de mots qui va avec... Tu peux en dire plus ?
> – On peut pas dire *pain* tout seul, sinon on croit que c'est un pain tout seul, la baguette de pain. C'est une précision qui va avec.

La finesse de ce commentaire ne peut que frapper : ce qui conduit cet élève à l'erreur, c'est sa connaissance de la valeur du *s* et de la règle d'accord, mais aussi de la similitude fonctionnelle entre l'épithète et le complément de nom. D'ailleurs, si l'usage fait un jour de *pain-au-chocolat* un mot composé, Mathieu n'aura fait qu'anticiper en appliquant le pluriel préconisé par les rectifications orthographiques.

De leur côté, les adjectifs de couleur suscitent une réaction surprenante. Beaucoup d'élèves répugnent, en effet, à les accorder, parce que, disent-ils, « c'est la couleur », « c'est du bleu », « c'est le noir », dans une procédure typiquement morphosémantique. Ainsi, à vouloir aborder trop tôt les spécificités (spécieuses) de certains adjectifs de couleur (*les yeux bleu vert*, ou *les feuilles marron*), on passe à côté de l'essentiel : amener les élèves à traiter ceux qui ont un comportement « normal » (*bleu, vert, rouge, blanc*) comme des adjectifs.

La fragilité des élaborations syntaxiques se révèle surtout en présence de *mots écrans*. En effet, sans même parler du cas des attributs, un adjectif n'est pas toujours adjacent au nom. La chaine peut être interrompue par des mots qui sont invariables (adverbes) ou des groupes enchâssés (groupes prépositionnels, relatives). Ces *rupteurs* sont de deux types : les premiers suspendent simplement la chaine d'accord ; les seconds introduisent une nouvelle chaine d'accord et c'est bien sûr une difficulté accrue[1]. On opposera par exemple :

1. Jean-Pierre Jaffré et Daniel Bessonnat « Accord ou pas d'accord ? Les chaînes morphologiques », *Pratiques*, n° 77, 1993, pp. 25-42.

les chats trop affamés miaulaient
les chats de ma voisine miaulaient
les chats de ma voisine, affamés, miaulaient
les chats de ma voisine, affamée, miaulaient

Dans le premier cas, la marque peut être oubliée (ou *s* peut apparaitre sur *trop*) ; dans le deuxième cas, le *s* risque fort de se perdre après l'insertion d'une chaine au singulier. Tel élève qui peut justifier une marque de pluriel dans le cas où l'adjectif se trouve à côté du nom l'omet dès que d'autres mots s'intercalent. On peut alors penser que certains élèves adoptent en fait une stratégie « positionnelle » : s'il y a *les* ou *des*, on met un *s* à ce qui est à côté sur une distance plus ou moins étendue. Ce marquage de proximité (qu'on retrouvera avec le genre et le verbe) apparait comme une sorte de stratégie compensatoire à la complexité des notions. On n'y prend généralement pas garde parce qu'elle se confond avec une procédure strictement morphosyntaxique. Elle se maintient sans doute plus longtemps qu'on ne croit parce qu'elle est efficace dans les structures syntaxiques les plus courantes (déterminant/nom/adjectif).

Du fait de son bon rendement dans le cas de l'épithète, et nul dans le cas de l'attribut ou de l'apposition, on en déduit à tort que les élèves sont très irréguliers dans leurs accords. En fait, la procédure qu'ils utilisent est la même, mais son issue dépend du hasard des constructions syntaxiques. C'est donc bien les procédures et non les graphies seules qu'il faut interroger.

Un processus continu

L'utilisation appropriée du morphogramme *s* est donc en partie déterminée par la compréhension du fonctionnement des chaines d'accord. C'est un processus d'élaboration continu.

Au début, les élèves traitent le nombre avec une procédure phonographique en ne marquant que ce qui s'entend comme pluriel, c'est-à-dire essentiellement les déterminants et les noms en *aux* (certains élèves graphient encore ainsi au CM2, voire après) ; certaines liaisons donnant parfois lieu, on l'a vu, à des reconfigurations pour le moins étranges (*ils savaient* pour *ils avaient*). L'émergence de l'idée de pluriel est relativement rapide, mais les élèves recourent alors à des procédures sous l'emprise du sens, les procédures morphosémantiques. Ces procédures sont à l'origine de graphies discordantes, tant qu'elles ne sont pas structurées par la syntaxe.

Les procédures de tous types coexistent chez un même élève, y compris dans le même énoncé. C'est sans doute là en partie l'origine de cette disparité que l'on observe dans les productions graphiques des élèves : effectivement, ils font tantôt des « accords phonographiques », tantôt des « accords morphosémantiques », tantôt des « accords morphosyntaxiques ». Dans cette période de découverte de la notion de pluriel du nom et de ses satellites, ce qui envahit l'esprit, c'est l'injonction d'accorder ou de « penser pluriel » : pluriel $\Rightarrow$ *s*, *x* ; *s*, *x* $\Rightarrow$ pluriel.

Tout mot au pluriel reçoit un *s*, même s'il a déjà un *z* ou un *x* : « *Des pneuxs* : le *x*, c'est parce qu'il y a toujours un *x* après un *eu*, et *s*, parce que c'est au pluriel ». Inversement, les élèves peuvent réanalyser la présence de certains *s* ou *x* comme une marque de pluriel, ce qui les amène à les supprimer volontairement, alors qu'il s'agit de morphogrammes lexicaux : « *Un homme mauvai*, pas de *s*, c'est au singulier ». Cependant, on aurait tort de croire que tout *s* est une marque de pluriel pour les élèves. Par exemple, Khaled (CM2) explique *un lointains pays* en épelant *lointains*, sans même mentionner la présence du *s* ; questionné sur ce *s*, il donne une réponse inattendue :

– Parce qu'une fois, un camarade m'a dit qu'il y avait un *s* à *lointain*.
– Qu'est-ce que tu en penses ?
– Je sais pas, je crois que c'est comme ça.
– On met toujours des *s*, comme ça ?
– Non, pas toujours.

– C'est-à-dire ?
– La plupart du temps, quand c'est une exception ou des noms pluriels.
– Et là ?
– Là, je crois que c'est une exception.
– Ça ne serait pas pluriel ?
– Non.

De fait, un élève peut penser légitimement qu'un mot se termine par un *s* : des adverbes, tel *hormis* ; certains noms, à commencer par *pays* ; des adjectifs comme *gros*, *gris* (les mots en *i* semblent d'ailleurs particulièrement susciter le besoin d'en rajouter un). Dans ce cas, ce n'est pas une « faute d'accord » et renvoyer Khaled à la leçon sur le pluriel, lui faire faire des exercices de « remédiation », ne l'aidera en rien à sortir de la confusion : il sait bien qu'on met un *s* au pluriel (mieux vaudrait d'ailleurs qu'il travaille sur le genre de *lointain*).

Au cours de l'apprentissage d'une notion, il se produit toujours ces phénomènes de *surgénéralisation*. Avec le verbe et le participe passé, comme on le verra plus loin, c'est encore plus compliqué. Cette période où tout peut se mélanger ne dure qu'un moment... si tout va bien.

Une fois que les élèves commencent à mobiliser des procédures morphosyntaxiques, la difficulté de l'accord nominal au pluriel en français réside dans la composition des chaines elles-mêmes. En l'état actuel des connaissances, on peut supposer un développement en tache d'huile à partir de la chaine prototypique, c'est-à-dire réduite au noyau : Dét + N. Il est en effet important de ne pas s'arrêter aux structures les plus simples, mais de rechercher une complexité croissante. Voici quelques combinaisons possibles (les abréviations correspondent aux constituants habituels du groupe nominal) :

chaine expansée, avec un adjectif à gauche ou à droite du nom : Dét + A + N ; Dét + N + A
chaine avec verbe *être* : Dét + N → *être* + A
chaine expansée avec rupteurs : Dét + N + rupteurs + A
chaine avec apposition : App + Dét + N ↓

Toutes ces chaines ne sont pas exclusives l'une de l'autre : l'expansion peut avoir deux adjectifs ; le relatif *qui* est un rupteur et peut être lié à *être* et à un attribut. Il faut aussi tenir compte de paramètres complémentaires parmi lesquels :

– la force du signal d'accord selon que le déterminant est marqué ou non phoniquement comme pluriel, ce qui facilite plus ou moins le repérage de l'accord :

les livres (mot pluriel) > *quels élèves* (liaison) > *quels livres* (aucun signal phonique) ;

– la présence ou non dans l'énoncé d'autres éléments variant phoniquement, qui relancent le pluriel :

les crapauds sont verts > *les crapauds étaient verts*
il y a beaucoup de chevaux qui sont grands > *il y avait beaucoup d'arbres qui étaient grands* ;

– la quantité, la nature et la combinaison des structures dans un même énoncé, autrement dit la longueur de la chaine et le degré d'enchâssement des composants.

Pendant la scolarité, il existe des paliers d'acquisition, des niveaux de conceptualisation très différents : un enfant en CP peut déjà reconnaitre le *s* et l'expliquer quand il lit *Le prince de Motordu jouait avec des toitures* (« Il y en a plusieurs, il joue pas qu'avec une voiture ») ; il peut même commencer à mettre quelques *s* à quelques noms dans l'année (à condition d'avoir une pratique de production d'écrits effective) ; mais, en troisième, les accords dans le cas d'apposition ou d'attributs de l'objet ne sont certainement pas tous maitrisés.

Quand les élèves commencent à mieux appréhender les relations syntaxiques, la difficulté réside alors dans la capacité à repérer toutes les structures impliquées par l'accord en nombre et à gérer ces chaines d'accords « en temps réel ». Le temps de l'apprentissage ne doit donc pas être sous-estimé – c'est un temps d'assimilation et de mise en ordre.

2. LE GENRE

La plupart du temps, le genre se traite comme le nombre. Ne dit-on pas toujours, presque du même souffle, « les accords en genre et en nombre » ? Tout s'y prête : mêmes classes du système nominal concernées (nom, déterminant, adjectif, participe passé sous certaines conditions, pronom), même variation binaire (masculin/féminin, singulier/pluriel), même alternance entre un terme non marqué et un terme marqué (masculin/singulier ou féminin/pluriel), même type de marques graphiques (présence ou absence d'une lettre spécifique). L'idée qui s'impose est donc que ce qui vaut pour l'un vaut pour l'autre.

Cependant, des différences linguistiques, auxquelles les scripteurs experts ne sont plus sensibles, existent bel et bien. La « source » du genre n'est pas la même que celle du nombre ; la morphologie et sa résultante orthographique non plus : le *e* dit du féminin n'a pas le même « comportement » que le *s* du pluriel, ce qui laisse donc présager une acquisition quelque peu différente. Toutefois, le parallèle retrouve en partie son fondement si l'on apprécie les graphies des élèves sous l'angle des procédures graphiques qu'ils mobilisent. Mais, pour pouvoir examiner ces procédures, il faut d'abord préciser certaines caractéristiques linguistiques du genre qui sont parfois mal connues.

2.1. La catégorie du genre

À la source, le nom

Héritage du latin que le français partage avec les autres langues romanes, et, plus lointainement, avec les langues indo-européennes, le genre est un mode de classification des noms qui se répercute sur d'autres classes syntaxiques par le phénomène de l'accord. Pour les noms désignant des êtres vivants, le genre représente linguistiquement la différence des sexes.

> Les genres en français sont issus, mais pas toujours, des genres en latin. À l'origine, sur le plan sémantique, le genre indo-européen correspond probablement à une vision du monde calquée sur la partition des sexes. Les objets comme les êtres animés se répartissent selon qu'ils sont régis par un principe mâle ou femelle, avec un entre-deux, le neutre (« ni l'un ni l'autre »), aujourd'hui perdu. L'usage tranchant, certains noms ont changé de genre au cours de l'histoire de notre langue, sans parler des modifications actuelles dues à la féminisation des noms de métiers et de fonctions. Pour les êtres vivants, le genre est dit « motivé ». À l'inverse, le genre est considéré comme « arbitraire » quand il oppose la *lune* au *soleil*, la *gomme* au *crayon*. L'allemand qui a conservé le genre des noms « inanimés », contrairement à l'anglais, fait de la *lune* un masculin et du *soleil* un féminin, tandis que, dans le poème de Goethe, « *le roi* des aulnes » est une figure de *la Mort* mieux accordée au masculin allemand *der Tod* qu'au féminin français où l'on parle plus volontiers de *la Femme en blanc* ou de *la grande Faucheuse.*
> Le lexique porte la trace de cette proximité actuelle ou révolue entre genre et sexe, puisque, en français, les mots *masculin* et *féminin* participent du vocabulaire général tout autant que de la terminologie grammaticale (c'est pourquoi on peut dire « cette femme est féminine », mais « *femme* est féminin »).

Cependant, tous les êtres vivants ne sont pas concernés par une attribution motivée du genre. Il faut en général être un humain, un animal domestique ou un gros animal : *le président/la présidente, le chat/la chatte, le lion/la lionne,* mais ni *le serpent*, ni *l'araignée*. L'empreinte de la langue l'emportant parfois sur l'espèce, les enfants n'hésitent pas à faire de la grenouille la femelle du crapaud, et de la souris celle du rat. Il faut dire, à leur décharge, que les manuels entretiennent souvent aussi la confusion entre le monde et la langue. Concernant les noms « animés », la classification en genre présente donc plusieurs cas de figure :

	masculin	féminin
formes autonomes	serpent	souris
formes autonomes, souvent associées sémantiquement par paire	homme garçon cerf	femme fille biche
formes associées morphologiquement	président chat	présidente chatte
formes au genre grammatical indéterminé (noms *épicènes*)	flutiste élève	

Avec les prénoms, on retrouve les mêmes cas de figure : la tradition culturelle, qui a pu se modifier au cours du temps, les attribue exclusivement à un sexe ou à un autre (*Pierre/Marie*) ou indifféremment aux deux sexes (*Claude*, *Dominique*, *Camille*). Certains constituent une paire morphologique (*Louis/Louise, Frédéric/Frédérique*).

Le genre est une catégorie obligatoire des noms. Les mots nouveaux doivent s'en trouver un pour être utilisés en français (*une start-up*, *le surf*). La loi du genre s'impose à tous les noms et à tout ce qui fonctionne comme un nom, et donc tout ce qui « se rapporte » à eux : le nom (ou son équivalent) transmet son genre à tous les éléments morphologiquement variables en genre et qui en dépendent syntaxiquement. Même un infinitif ou un pronom indéfini transmet un genre, en l'occurrence, le genre non marqué, le masculin (*personne n'est parfait,* et non *personne n'est parfaite*). Bref, nul ni rien n'échappent au genre et à ses répercussions sur les chaines d'accord.

Lexique ou discours

Le genre étant une propriété lexicale des noms, le nom *a* un genre en langue, il *prend* un nombre en discours. Le genre est donc contraint, on dit qu'il est « inhérent ». En réalité, le genre du nom a une double origine : soit il est fixé en langue, et les dictionnaires l'indiquent ; soit, au contraire, il dépend de la situation et du contexte, et il doit être spécifié lors de la mise en discours. Cette différence est importante pour l'orthographe : soit on récupère le genre dans la mémoire lexicale, soit on doit le déterminer en fonction du référent.

Pour un francophone, utiliser un nom avec le genre approprié ne présente pas de difficulté. Ainsi, Bomo (4 ans 4 mois, moyenne section) choisit sans l'ombre d'une hésitation entre *un camion* et *une camion*, entre *une moto* et *un moto*. Pour connaitre le genre des noms, il suffit de grandir avec eux, pourrait-on dire, c'est-à-dire d'apprendre le français en milieu naturel (les enfants étrangers l'apprennent vite). En apprenant à parler, l'enfant construit en effet deux ensembles de noms, ceux qui sont masculins et ceux qui sont féminins. Il tire cette information principalement des déterminants, puisqu'un nom a besoin d'un déterminant pour constituer un groupe nominal ; il peut aussi tirer partie des autres mots variables en genre en rapport avec les noms, puisque le genre du nom s'y manifeste par l'accord.

L'acquisition du genre est, comme pour tous les autres domaines, le résultat d'un processus *épilinguistique*, c'est-à-dire d'une analyse dont l'enfant n'a pas conscience (avant l'école). Elle se fait par interaction avec l'entourage. C'est pourquoi, si le genre de certains noms est mal connu, les erreurs sont transmises. De fait, chacun hésite sur le genre de quelques noms, cette hésitation étant socialement partagée ou, au contraire, plus personnelle.

La seule difficulté réside dans la possibilité ou non de repérer ce genre sur les mots dépendant du nom, ce qui arrive surtout dans le cas des noms peu fréquents ou appartenant à des lexiques spécialisés. En effet, le genre peut être masqué :

– par l'absence de déterminant dans le cas de certains groupes prépositionnels (*les étoffes de coton*), de certaines énumérations (*apporter serviette, maillot, bonnet de bain*), des apostrophes (*cher maire*) ;

– par la disparition de l'opposition de genre dans le cas de l'élision de l'article (*l'œil*, *l'école*) ou la présence d'un leurre (*son récit/son histoire*) ;

– par la neutralisation de l'opposition de genre au pluriel (*des maisons*, *des nuages*), car mettre au pluriel supprime l'individualité.

En règle générale, si on emploie un nom, on connait son genre. Pour les noms qu'ils utilisent eux-mêmes à l'écrit, les élèves n'ont donc en principe pas de difficultés.

La question peut toutefois se poser dans les dictées où les élèves doivent d'abord interpréter le sens avant de pouvoir écrire. C'est une des recettes des concours et championnats d'orthographe pour faire chuter les candidats : un mot rare, pratiquement inconnu, au pluriel, et les « fautes d'accord » sont inéluctables. Mais s'agit-il encore d'orthographe ?

Même si le genre est masqué, les élèves remontent facilement jusqu'à lui, comme le fait Mélie (CM2) pour déterminer les marques du participe passé dans *mes ailes transparentes s'étaient développées* : « C'est plusieurs ailes, donc on met un *s* puisqu'il y a l'auxiliaire *être* et ça s'accorde, et comme on dit *une aile*, j'ai mis un *e* ». La différence entre genre et nombre se manifeste d'ailleurs dans le commentaire : le pluriel est lié au référent extralinguistique (« C'est plusieurs ailes »), alors que le genre est intrinsèque (« On dit *une aile* »). Le déterminant présent dans l'énoncé n'a pas besoin d'afficher la couleur : l'élève sait. Il peut alors répercuter les marques convenables sur les termes associés.

En revanche, si le genre n'est pas inhérent, il est nécessaire de le déterminer préalablement. La forme graphique de certains noms dépend directement du sexe de l'être représenté (*ami/amie*) ; s'il s'agit d'un nom épicène, ce sont seulement les expansions qui en dépendent (*élève assis/assise*). Cependant, quand les élèves écrivent, ils n'ont pas réellement besoin de « calculer » le genre en fonction du sexe des êtres dont ils parlent : puisqu'ils les créent avec leurs mots, ils savent à qui ils ont affaire. Il reste néanmoins que leur vigilance est peut-être moins soutenue s'il n'y a pas de mot signal spécifique, ce qui arrive au pluriel (*beaucoup d'élèves sont sorties*) ou en cas d'élision (*l'élève est sortie*).

Les pronoms déictiques *JE* et *TU* (et leurs variantes) appellent un traitement particulier. Par eux-mêmes, ces pronoms ne sont d'aucun genre, mais ils ont, comme les noms, la propriété d'en transmettre un aux éléments qui sont en relation syntaxique avec eux. En ce sens, ce sont bien des pronoms *personnels*, qui ont à voir avec le sexe des personnes impliquées directement dans l'énonciation (*Je suis partie*) ou indirectement (*Je suis parti, dit Pierre*). La détermination du genre transmis par les déictiques et par certains noms épicènes qui n'affichent pas leur genre est donc parfois une opération délicate, qui s'ajoute à toutes celles qui incombent aux scripteurs : ce n'est pas sans conséquence sur la gestion des accords.

En lecture, il arrive que le genre soit une clé importante de la compréhension. En effet, dans les romans contemporains (littérature de jeunesse incluse), une part du jeu littéraire consiste à retarder les informations sur les personnages ou à ne pas livrer de façon explicite l'ensemble de leurs caractéristiques. Au lecteur, donc, de rassembler progressivement des informations de divers types pour « construire les personnages ». Quand le sexe d'un personnage, élément important de leur caractérisation, n'est pas donné, il faut parfois de la sagacité pour le découvrir au fil des pages, dans les non-dits, les implicites culturels ou les marques graphiques de genre. Encore faut-il être vigilant. C'est ainsi que le narrateur de *L'assassin habite à côté* ne se révèle qu'à la deuxième page, au détour d'un très discret *Je suis sûr qu'il y a des rats et des serpents là-dedans* (Florence Dutruc-Rosset, *L'assassin habite à côté*, Syros jeunesse, 1997).

Le repérage des personnages est une condition nécessaire à la poursuite d'un roman. Les élèves faibles lecteurs se détournent souvent de la lecture parce qu'ils ne parviennent pas à tirer partie des informations implicites et incertaines distillées au fil des pages. Pour ne pas s'y perdre, ils doivent apprendre à rechercher activement et à synthétiser tous les indices révélateurs, parmi lesquels les marques de genre qui permettent, dans les débuts d'un récit, d'identifier le sexe d'un personnage qui dit *je* ou qui s'entend dire *tu*. C'est à cette condition qu'ils pourront accepter de lire au départ dans une certaine incertitude et comprendre que c'est là un « pacte de lecture »[1].

Le point de départ du genre apparait donc sensiblement différent de celui du nombre : alors que c'est tout le groupe nominal qui est au pluriel ou au singulier, c'est le nom (ou son équivalent) qui est masculin ou féminin, ou qui est porteur d'un genre potentiel s'il n'a pas de genre inhérent ; c'est donc lui qui transmet cette propriété aux autres éléments du groupe nominal ou aux unités en relation syntaxique avec lui.

Variation en genre des adjectifs

De toutes les unités qui reçoivent leur genre du nom (déterminants, adjectifs, participes passés, pronoms), l'adjectif peut être considéré comme le prototype. L'adjectif est, la plupart du temps, présenté comme « variable en genre (et en nombre) », on dit qu'il « s'accorde en genre (et en nombre) ». Certes, la variabilité morphologique en genre des adjectifs est indéniable, mais dans certaines limites, comme une recherche sur *tous* les adjectifs du français répertorié dans le *Grand Robert de la langue française* l'a établie[2] : à l'oral, 33 % sont variables ; à l'écrit, 58 %.

Ces chiffres ont de quoi surprendre : deux tiers des adjectifs sont invariables à l'oral. Ce n'est qu'à l'écrit que la variation devient majoritaire, mais sans avoir le caractère systématique qu'on lui prête, puisqu'elle ne concerne qu'un peu plus de la moitié des adjectifs. L'invariabilité, qui est souvent présentée dans les manuels comme un phénomène mineur (voire comme exceptionnel), est loin de l'être sur le plan linguistique, et encore moins sur le plan de l'acquisition.

Pour aborder correctement l'orthographe du genre des adjectifs dans une perspective d'acquisition, il faut partir d'une autre « grammaire ». Les adjectifs, en français, se répartissent en trois groupes morphologiques selon leur double fonctionnement oral et écrit :

– ceux qui sont variables à l'oral et à l'écrit (les Var/Var) : *petit/petite* ;

– ceux qui sont invariables à l'oral, mais variables à l'écrit (les Inv/Var) : *poli/polie* ;

– ceux qui sont invariables à l'oral et invariables à l'écrit (les Inv/Inv) : *calme* (ils sont dits *épicènes* comme certains noms).

Il y a donc bien là une différence supplémentaire avec le fonctionnement du nombre où l'on peut presque dire que tous les adjectifs sont invariables à l'oral et variables à l'écrit (ceux en *-al* ou *-ail* et quelques adjectifs de couleur mis à part). Prenons, par exemple, les 109 adjectifs courants qu'un manuel d'orthographe donne à apprendre par cœur dans l'année de CM1 ; ils se répartissent de la façon suivante :

RÉPARTITION DES ADJECTIFS SELON LEUR STRUCTURE MORPHOLOGIQUE

Structures	Exemples	Corpus manuel CM1	
variables à l'oral/variables à l'écrit **Var/Var**	étroit/étroite – chaud/chaude brun/brune – actif/active	54	49,5 %
invariables à l'oral/variables à l'écrit **Inv/Var**	poli/polie – carré/carrée normal/normale – clair/claire	16	14,7 %
invariables à l'oral et à l'écrit **Inv/Inv**	calme – facile rapide – sonore	39	35,8 %

1. Marceline Laparra, « Le repérage initial des personnages : difficultés éprouvées par les élèves réputés mauvais lecteurs », *Pratiques*, n° 60, 1988, pp. 59-73.

2. D'après Henri Seguin, « Le genre des adjectifs en français, analyse quantitative et correspondances phonographiques des règles », *Langue Française*, n° 20, 1973, pp. 52-74.

À l'écrit, plus du tiers des adjectifs ne varie pas. Cette répartition confirme que la variation en genre ne peut être tenue pour une propriété générale de la classe des adjectifs. Dans ces conditions, continuer à parler de la variation des adjectifs de façon globale ne peut qu'être préjudiciable, car cela retarde la compréhension du fonctionnement du genre, avec des conséquences sur l'orthographe. Les élèves doivent alors se débrouiller seuls face à ce qui apparait comme une contradiction : apprendre que les adjectifs varient et utiliser des adjectifs qui ne le font pas.

Dans un manuel de grammaire de CM figure une double page sur les adjectifs avec, à gauche, la syntaxe, à droite, la morphologie : alors qu'à droite, on présente la variation des adjectifs en genre comme un principe général à quelques exceptions près, à gauche, dans les exemples d'épithètes et d'attributs, tous, sauf un, sont invariables…

D'où vient alors cette image déformée ? D'une vision habituelle de la langue à travers le prisme envahissant de l'écrit, qui fait perdre de vue que le langage est d'abord oral, et que c'est la langue orale qui fournit les premiers repères aux élèves dans l'acquisition de l'écrit. Pour le scripteur débutant qui s'en tient à la perception auditive de la variation morphologique des adjectifs, il n'y a, en effet, pas plus de différence entre *un endroit clair* et *une chambre claire* qu'entre *un endroit calme* et *une chambre calme*. Il doit donc comprendre que les adjectifs qui ne varient pas à l'oral se répartissent en réalité en deux groupes (Inv/Var et Inv/Inv).

Le travail conceptuel de l'élève va donc devoir porter sur la différence de fonctionnement entre l'oral et l'écrit, ainsi que sur la différenciation des modes de variation. Pour les premiers (les Var/Var, *petit*), il dispose d'un repère phonique, pour les seconds (les Inv/Var, *clair*), il doit s'en passer – ce qui change tout. Quant aux adjectifs Inv/Inv (*facile*), ils ont beau avoir une forme fixe qui devrait lui simplifier la vie, il doit quand même apprendre qu'ils ont une forme fixe.

2.2. La règle du *e* du féminin

Une des règles d'orthographe les plus ancrées dans les mémoires concerne le genre : « On met un *e* au féminin ». Comme celle de la variation en genre des adjectifs, cette règle mérite également d'être réexaminée. Certes, tous les adjectifs ont un *e* au féminin. Toutefois, on n'en *met* pas aux adjectifs à forme fixe, les Inv/Inv, puisque leur propriété graphique est, précisément, de se terminer par un *e*. La règle ne concerne donc qu'une partie des adjectifs. Si les élèves ne connaissent pas bien l'orthographe lexicale, la connaissance de cette règle de formation des adjectifs au féminin entraine l'erreur… au masculin, comme chez Lionel (CM2) qui justifie la graphie *le troizièm* : « Sans *e*, parce que c'est masculin ». Il est donc important de clarifier la « règle du *e* » à la lumière de la théorie du plurisystème graphique.

Une lettre aux fonctions multiples

La lettre *e*, comme chacun sait, est la lettre la plus fréquente en français. Le graphème *e* est, en effet, sur tous les fronts à la fois : il est au moins aussi polyvalent et plurifonctionnel que le *s*, sinon plus.

C'est d'abord un phonogramme, mais qui joue un rôle dans plusieurs secteurs, soit à plein titre, avec ou sans accent (*e, è*), soit dans la composition de digrammes ou de trigrammes (*eu, eau*) ; soit même comme « anticoagulant » dans la suite *ai + n (aient)* ; c'est bien sûr la marque grammaticale du féminin, mais aussi une marque verbale ; c'est encore une lettre distinctive (*soi/soie*). Face à un réseau fonctionnel aussi complexe, les risques de confusion sont élevés. Même si on s'efforce de présenter les choses avec clarté dans des leçons différentes, pour l'élève, les cases ne sont pas étanches : un *e* reste un *e*, et il ne sait pas d'avance à quel *e* il a affaire. Il doit donc apprendre à différencier les différents rôles du *e*.

Lettre finale, lettre diacritique

Une des raisons de sa grande fréquence est sa position en finale, ce qui n'est pas anodin pour l'acquisition du genre. Par exemple, sur 57 mots d'une liste lexicale de fréquence correspondant à l'année de CP[1], 27, soit près de la moitié, se terminent par *e*:

porte – terre – table – pipe – école – tête – nature – livre – rouge – carte – vache – cheminée – sucre – classe – robe – rive – barbe – vigne – homme – femme – triste – route – poste – plante – brique – poire – branche.

Ce *e* joue ainsi un premier rôle, celui d'indicateur de frontière lexicale: après un *e*, un blanc, place remarquable, s'il en est. Si les enfants sont confrontés à des situations de lecture et d'écriture véritables depuis la maternelle, la présence d'un *e* final ne passe pas inaperçue. Témoin, cette petite fille de grande section qui, voulant écrire *robe*, épelle: «*r-a-u-b*» (sa sœur s'appelle Aurore), et qui ajoute: «Je crois qu'il y a un *e*»[2].

Mais ce rôle se conjugue fréquemment avec une autre fonction, moins repérée, mais pourtant tout aussi essentielle pour comprendre l'acquisition du genre à l'écrit: à la fin d'un mot, le graphème *e* indique que la consonne qui précède se prononce. Si on enlevait ce *e*, la prononciation de quelques-uns des mots de la liste changerait et on obtiendrait un autre mot: *porte/port – plante/plant*. Ce qui pourrait se formuler ainsi: /t/ se transcrit *t*, mais en finale, on écrit le plus souvent *te*; ou, de façon plus générale, si elle n'est pas suivie d'un *e*, la consonne finale d'un mot ne se prononce généralement pas: *crapaud/émeraude – cran/crâne – galop/antilope – bris/brise – rat/pirate*. Cependant, cette «règle» n'a pas un caractère absolu, elle est plus sensible avec certaines consonnes, et de nombreux monosyllabes y échappent: *choc – sac – coq – jour – sens – dix*. Toutefois, elle possède une grande généralité; on trouve en abondance des paires de mots différenciés par l'adjonction d'un *e* dans toutes les classes de mots:

RÔLE DIACRITIQUE DU *e*

nom/verbe	plomb/plombe – parfum/parfume – chant/chante	élite/élit – réussite/réussit – saut/saute
nom/nom ou verbe	port/porte – plant/plante – loup/loupe	bassin/bassine – patin/patine
verbe/verbe	agit/agite – part/parte	élis/élise
nom/nom	(un) rond/(une) ronde	
adverbe/nom	tant/tante	
adverbe/verbe	ras/rase	

Signal de fin de mot, souvent au service de la consonne qui précède, ce *e* est indépendant du genre des noms, puisqu'on le trouve aussi dans des noms masculins: *arbre – bronze – chêne – cube – doute – pouce – rêve – site – stade* (pour les mots de deux syllabes, un dictionnaire informatique en sélectionne près de 600). Le graphème *e* partage ainsi avec quelques autres lettres une fonction *diacritique*: il ne transcrit pas un phonème, mais sa présence est nécessaire pour en transcrire un (c'est aussi son rôle après *g* pour transcrire /ʒ/ devant *a, o, u*). Il s'agit donc d'une véritable loi de position: en règle générale, une consonne finale se transcrit par Consonne + *e*.

On peut suivre l'émergence du *e* dans les écrits des scripteurs débutants (corpus FS), alors que la loi de position n'est pas enseignée en tant que telle. Au départ, avec le principe phonographique de base, un graphème pour un phonème, il n'y en a tout simplement pas:

ALE: *papa tap avec un bato*; FLO: *lé papa borm* (CP, décembre-janvier)

Mais les formes graphiques qui appellent un *e* évoluent, comme chez NAT, au cours des six passations du CP au CE1:

1. Bibliographie *Outils de travail*: François Ters, Georges Mayer et Daniel Reichenbach, *L'Échelle Dubois-Buyse*.
2. MEN, *Parole, langage et apprentissages* (document vidéo, non publié), 1999.

	Consonne	C + *e*
1re	*mANg – tap – cAtrfLer*	
2e	*lenv – lenv*	*genbe – grentecare – il tonbe*
3e	*vel – madam – du chnec*	*rons contrve*
4e	*perd [perdent]*	*boive – vere – chode*
5e	*duchnec*	*lache – lache – vele – rancontre – madame*
6e		*tonbe – voles – rancontre – madame – chnece*

Le changement est remarquable : absence totale de *e* derrière une consonne prononcée la première fois, présence systématique la dernière. Entre les deux, un mélange de présence et d'absence, les deux formules, avec ou sans *e* diacritique, pouvant coexister dans la même phrase : *il lenv/sa genbe* (2e passation) ; *perd/chode* (4e passation). Ce qui caractérise l'orthographe des enfants, c'est bien l'absence de traitement uniforme de mots relevant du même traitement : *boive* mais *perd* (4e passation). La bonne graphie n'apparait pas d'un seul coup et une fois pour toutes ; au contraire, la progression de la graphie normée (présence de *e*) s'observe parallèlement à la diminution de la graphie non normée (absence de *e*).

L'image d'un développement de l'orthographe moins sommaire que le simple binaire « juste ou faux », « il sait ou il ne sait pas », se trouve ici confirmée.

Des lois graphiques très générales

D'autres modifications accompagnent la variation de certains adjectifs :

voyelle nasale → voyelle orale	*brun/brune – romain/romaine – bon/bonne*
consonne sourde → consonne sonore	*actif/active*
terminaison → autre terminaison	*fou/folle*

Mais d'un *point de vue orthographique*, il n'est pas nécessaire de les présenter comme des phénomènes spécifiques du genre, comme on le fait habituellement. Quand les élèves savent écrire *lune* ou *couveuse*, ils savent écrire *brune* ou *courageuse* ; s'ils repèrent qu'un /ɔ/ ouvert est généralement suivi d'une consonne double comme dans *colle* ou *sonne,* ils savent écrire *folle*, *bonne*, *sotte*. Faut-il vraiment apprendre que *gros* ou *gras* prennent deux *s* au féminin ? Se tromper en écrivant *base* à la place de *basse* parce qu'on n'aurait pas mobilisé la loi de position du *s* intervocalique n'est pas rare ; écrire *base* à la place de *basse* parce qu'on n'aurait pas *appris* que le féminin de *bas* est *basse* est impensable.

Il faut donc reconsidérer le rôle du *e* pour les adjectifs dont la variation est phonique (Var/Var) : comme dans beaucoup de mots, le *e* graphique sert à transcrire la consonne finale qu'on entend au féminin (dans les parlers méridionaux, ce *e* est légèrement prononcé). L'orthographe de ces unités procède de lois très générales : on y retrouve les mêmes « moules graphiques » qu'ailleurs. Il est alors inutile de s'égarer sur le détail de multiples règles, comme le font souvent les manuels : les adjectifs qui prennent deux *n*, ceux qui transforment un *f* en *v*, ceux qui changent la finale, *etc.* On a intérêt, tout au contraire, à faire fonctionner l'analogie. Les élèves savent en général comment on *dit* ; en orthographe, il s'agit d'apprendre comment on *écrit*. Ce qu'ils savent orthographier en vertu des lois phonographiques générales n'a plus besoin d'être enseigné dans le cadre de l'orthographe du genre. On allègera cet apprentissage quand on réduira le nombre de règles au profit de ce qui est fondamental. Le fondamental, pour le genre, c'est de découvrir les rôles multiples de la lettre *e* ; c'est appréhender le fonctionnement différent des adjectifs au regard de cette lettre *e*. Le tableau suivant résume cette polyvalence du *e* que les élèves doivent démêler :

LES MULTIPLES FONCTIONS DU GRAPHÈME *e*

FONCTIONS	TYPES DE GRAPHÈME	CARACTÉRISTIQUES		EXEMPLES
phonogrammique	phonogramme	/ə/		*recevoir – cheval*
		/E/	+ consonne	*avec – et – les*
			+ accent	*ré – règle*
		/œ/	diagramme	*peu – peur*
		/o/	trigramme	*château*
	diacritique	noms – adjectifs		*porte – grande*
		verbes		*aime – parte – aient*
		toutes unités		*geai – mangeait – bourgeois*
morphogrammique	morphogramme lexical	interne		*soierie – rouerie – paiement*
		finale (suffixe)		*saulaie – monnaie*
		famille (*eau* en alternance avec *e*)		*château/châtelain*
	morphogramme grammatical	noms – adjectifs		*amie – bleue*
		verbes		*joue – aie*
distinctive	lettre distinctive	ajout		*rail/raie – air/aire – soi/soie*
		alternance		*voix/voie*

Des différences qui comptent

Si, en somme, on peut considérer que le graphème *e* est la marque du féminin, il ne faut pas oublier qu'il ne l'est pas au même titre pour tous les adjectifs et autres unités variables en genre. Quoi de semblable entre un *e* auxiliaire graphique d'une consonne et donc rattaché au système phonographique, et un *e* pur morphogramme et donc rattaché au système sémiographique ? Dans le premier cas, il s'agit d'appliquer des règles de transcription générale ; dans l'autre cas, il s'agit d'utiliser un signe qui n'a plus aucun lien avec l'oral, et qui relève des relations internes aux constituants de l'énoncé : *carré/carrée, normal/normale, clair/claire.*

Le parallèle habituel entre le genre et le nombre trouve bien ici une autre de ses limites. Là où la catégorie du nombre nominal fait appel à deux morphogrammes grammaticaux différents dont l'un est largement dominant (*s, x*), pour la catégorie du genre, une même lettre correspond à deux types différents de graphèmes. De plus, alors que tous les éléments (ou presque) d'un groupe nominal au pluriel prennent un *s*, ce qui leur confère une unité visuelle, dans un groupe nominal au féminin, le nom ne comporte pas nécessairement de *e* (*une maison*), tandis que noms, déterminants, adjectifs au masculin, verbes au présent, peuvent avoir une finale en *e* (*le bolide rapide vide la piste*).

C'est pourquoi s'en tenir à « la règle du *e* », sans différencier les deux graphèmes, sans faire prendre conscience d'une différence de fonctionnement entre les adjectifs, n'aide pas les élèves à sortir de la confusion cognitive, comme l'invention du masculin *troiziem* le montre.

Ce qui, au premier abord, pourrait n'intéresser que des linguistes est en fait une des clés pour comprendre en réalité les graphies des élèves. Du point de vue de l'acquisition, comme pour le nombre, savoir où en sont les élèves se révèle indispensable. C'est en essayant de décrypter leurs graphies en termes de procédures qu'on peut espérer y parvenir.

2.3. Les procédures graphiques

Ce que font les élèves avec le genre ressemble fort à ce qu'ils font avec le nombre. On y retrouve le même jeu de types de procédures, avec une procédure supplémentaire.

1. Une procédure de type ***phono/logographique***. Elle se caractérise par l'absence de marque ; si un *e* est présent, c'est comme lettre diacritique (féminin des adjectifs Var/Var), non comme

une marque de genre ; le commentaire est généralement « J'ai écrit comme ça se prononce » ; au masculin des adjectifs Var/Var, la graphie est normée à condition que la consonne muette soit connue.
2. Une procédure de type ***morphologique***. Des marques sont connues, telle que *e*, mais elles sont attribuées soit sans raison précise, soit sélectionnées comme marques d'une catégorie (féminin), sans rapport avec le contexte syntaxique : « *Votre village est inondée : e, féminin* ».
3. Une procédure de type ***morphosémantique***. La marque morphologique *e* est présente, mais par rapprochements sémantiques entre un terme source (un nom ou un pronom en général, mais pas toujours) et un terme cible (déterminant, adjectif ou participe passé, voire toute autre catégorie), ou sous l'influence de considérations sémantiques sur le référent ; le commentaire est généralement « J'ai mis un *e* parce que c'est féminin », ou bien « parce que c'est une fille ». La norme dépend de la validité syntaxique du rapprochement sémantique.
4. Une procédure de type ***morphosyntaxique***. La marque morphologique *e* est réglée par les rapports syntaxiques entre termes sources (nom ou pronom) et termes cibles (déterminant, adjectif ou participe passé), dans différentes configurations syntaxiques ; le commentaire est généralement « J'ai mis un *e* parce qu'il s'accorde ». L'absence de *e* apparait comme la marque du masculin. La graphie est normée si les relations syntaxiques sont correctement identifiées.

La dernière procédure débouche souvent sur une formulation générale, et non plus liée à l'énoncé en cours : « On met un *e* parce que le nom est au féminin ». Comme pour le nombre, on ne pourra cependant considérer que les élèves ont acquis la « fonction morphogrammique du *e* » que lorsque l'ensemble du fonctionnement du genre sera maitrisé (et, notamment, dans sa différence avec le verbe).

Procédures phonographiques

De vrais faux accords graphiques

Les processus qui aboutissent au tracé de la lettre *e* ne sont pas nécessairement les mêmes d'un *e* à l'autre. Dans les premiers temps, un adjectif, comme tout autre mot, se réduit souvent à sa plus simple expression, comme dans *un pti garson tap chai* (ENN, CP, décembre-janvier). De la même façon, les adjectifs au féminin se terminent par une consonne qui transcrit en fait la consonne finale de l'oral : *ma mère est chaud come le soleil. ma mère et bel come le soleil. ma mère et gros come le soleil* (Simon, CE1, mai). Les mots sont graphiés « comme ça se prononce », à l'état pur, en quelque sorte, ou presque.

Le *e* diacritique apparait vite cependant, que ce soit à la finale des verbes, comme dans *il raive que son ami était vivan* (Claire, CP, avril), ou à celle d'adjectifs Var/Var au féminin, tel *petite*. Par exemple, *sous l'eau chaude* a été dicté à 19 enfants en octobre de leur année de CE1 (corpus FS). Tous sauf trois, dans le respect ou non de la segmentation des mots, avec ou sans les bons graphèmes (le plus souvent, sans), produisent la suite canonique Consonne + *e*.

Quand, en CP ou en début de CE1, un élève écrit *une petite maison*, fait-il un accord en genre ou transcrit-il une chaine orale dans laquelle l'accord est automatiquement fait ? Le *e* est-il une marque de féminin ou sert-il à la notation d'un /t/ final ? On peut douter qu'à cette époque, les élèves écrivent avec les catégories grammaticales, dont ils n'ont encore qu'une idée fort vague, sinon nulle, en respectant la règle du féminin (ou la conjugaison pour les verbes au présent).

En fait, des élèves plus avancés peuvent écrire un féminin sans nécessairement en avoir conscience. Voici l'exemple de Renaud (CE2) qui utilise dans un texte deux adjectifs épithètes d'un nom féminin, l'un « juste », *les hautes alpes*, l'autre « faux », *les étoiles sont doré*. Que dit-il du genre ? Rien, ni quand la lettre *e* est présente (Var/Var), ni quand elle est absente (Inv/Var). Dans le premier cas, l'élève commente le pluriel, puis longuement la graphie de *au*. Dans le second, avec un peu d'aide, il finit par retrouver que *doré* est un adjectif, ce qui le met sur la piste du pluriel :

– Quand on met… je sais que j'ai oublié un *s* parce qu'il y a *sont*, c'est *eux*. […]
– Et donc ?
– Il faut rajouter un *s* à *doré*. (Ce qu'il fait.)
– Qu'est-ce qui est doré ?
– Les étoiles.
– Tu vois autre chose à dire ?
– Non.

À aucun moment, l'idée de marque de genre ne semble exister, alors que la notion de pluriel et le morphogramme grammatical *s* sont déjà bien en place : le *e* de *hautes* n'est présent que par nécessité phonographique ; il est donc « normal » qu'il fasse défaut à *doré*.

Ainsi, les élèves savent écrire aussi bien *petit*, selon une procédure phono/logographique, que *petite*, selon une procédure phonographique, mais sans nécessairement les relier : le féminin et le masculin ne font pas encore nécessairement la paire, à une époque où les élèves de CE2 ont pourtant déjà eu des leçons sur le genre, et où ils sont capables, par ailleurs, de discourir longuement sur le nombre. Pendant une période, l'extension du *e* en finale résulte effectivement moins de la connaissance explicite du genre que de la connaissance implicite de cette régularité phonogrammique : Consonne + *e* en finale.

Mais si, alors même qu'ils ont bien tracé un *e*, les élèves n'ont pas l'idée de son rôle grammatical, comment pourraient-ils écrire *une maison carrée* ? Effectivement, ils ne le font pas. Au masculin, les apparences sont sauves (*un nez pointu*), mais évidemment pas au féminin (*une dent pointu*). L'absence de marque sur les adjectifs Inv/Var procède de cette logique phonographique ; en retour, elle est bien la preuve que le *e* des Var/Var sert d'auxiliaire à la consonne du féminin et n'est pas encore conçu comme une marque de féminin. En écrivant *une petite souris*, les élèves ne *mettent* pas l'adjectif *petit* au féminin, ils écrivent le mot *petite* comme ils écriraient le mot *vite*. Quant aux adjectifs Inv/Var, ils les traitent de façon identique, c'est-à-dire sans aucune marque, quel que soit le genre.

Seuls, les adjectifs tels *normal* ou *dur* (Inv/Var se terminant par une consonne liquide, (*l* ou *r*) semblent faire exception. Par exemple, Daria (CM1) écrit *c'est la meilleure blague*. Mais elle explique que « le mot s'écrit toujours comme ça » ; elle écrirait donc *un meilleure jeu*. C'est effectivement en toute bonne foi que les élèves peuvent croire que la forme *meilleure*, qui ne présente aucune variation à l'oral, vaut pour le masculin et le féminin : ne se termine-t-elle pas comme *facile* ou *alimentaire* ? Comment faire le tri entre *raide* et *laide*, *sale* et *dorsale*, *polaire* et *claire* avec la seule règle du *e* ?

De fait, les élèves rencontrent sans cesse des mots terminés par un *t*, un *s*, un *x* ou un *e*. Tant qu'ils ne savent pas analyser cette lettre, celle-ci fait corps avec le mot lui-même. Clara (CE2), par exemple, pense que *jolie* s'écrit toujours avec un *e*, et elle a « juste » quand elle commande au Père Noël *une jolie poupée*, mais « faux » à la ligne suivante quand elle demande *un jolie bébé*. C'est pourtant la même procédure de type phono/logographique dans les deux cas, reposant sur l'image intériorisée d'une des formes du mot (ici celle du féminin) et non sur l'accord, ce qui aboutit inéluctablement à des résultats opposés dans des contextes différents.

Quitte ou double

Une autre caractéristique majeure en français est qu'il n'existe pas de marque spécifique du masculin : *e* alterne avec une marque zéro, là où l'italien, par exemple, oppose *caro kugino* à *cara kugina* (*cher cousin/chère cousine*). De ce fait, une forme variable en genre sans *e* est automatiquement au masculin. Mais qu'a fait le scripteur ? Rien, justement : il peut avoir simplement écrit la suite de phonogrammes qui composent le mot qu'il veut écrire.

Concernant le genre, certains malentendus apparaissent alors. Ce qu'on prend pour des accords en genre n'en est souvent pas. Ou plutôt, s'il y a bien un accord en genre, il se fait lors de la formulation mentale de l'énoncé ; il s'agit ensuite de transcrire une suite de mots, *une petite maison*, *sous l'eau chaude*, *un nez pointu*, *la meilleure blague* par une procédure de type phono/logographique.

Si un élève sait écrire par cœur des adjectifs tels que *vert*, *mauvais*, *affreux*, consonne muette comprise, et s'il connait la régularité Consonne + *e* en finale, alors il obtient des résultats très différents selon le type d'adjectif et de contexte, *tout en faisant la même chose* :

Si je dois écrire un adjectif	Var/Var	masculin	le résultat apparaitra	juste	*un crapaud vert*
	Inv/Var	masculin		juste	*un nez pointu*
	Var/Var	féminin		juste	*l'eau chaude*
	Inv/Var	féminin		**faux**	*une dent* ***pointu***

Du côté des élèves, dans trois cas sur quatre, le résultat n'attire pas les foudres magistrales : il y a là de quoi conforter une procédure somme toute rentable. Du côté des enseignants, le niveau réel des élèves est souvent surévalué, puisque la présence d'un *e* au féminin ou son absence au masculin ne certifie pas qu'un *accord graphique* a été fait.

Ainsi, tant qu'on s'en tient aux apparences, les graphies des élèves semblent aléatoires, mais si on les rattache aux procédures qui les produisent, elles deviennent cohérentes. C'est pourquoi il est important, pour éviter les malentendus et évaluer les véritables connaissances des élèves, d'apprécier au plus près ce qu'ils font, ce qu'ils essaient d'appliquer. Derrière ces apparences de réussite, il ne s'agit encore souvent que de « pseudos accords », ceux qui font croire que l'élève en sait bien plus qu'il n'en sait en réalité, et que la raison de ses fautes est son inattention. Cependant, ces lettres peuvent être aussi la marque d'un accord volontaire : en effet, les conceptions des élèves changent, leurs procédures évoluent.

Consonne cachée

Au fur et à mesure que les jeunes élèves apprennent à lire et écrire, ils mémorisent, non seulement les mots, non seulement les principales correspondances grapho-phonologiques, mais aussi des « patrons » de mots : en finale, /o/ s'écrit *eau* ; une consonne finale est suivie d'un *e* ; certains mots se terminent par une consonne muette. En effet, avec des adjectifs comme *petit* ou *grand*, ils rencontrent et apprennent rapidement des mots qui se terminent par une consonne qui échappe au principe phonographique (mais dont ils ne perçoivent pas encore le rôle de morphogramme lexical).

En raison de la configuration des unités lexicales en français, les élèves semblent donc assez vite composer entre un principe phonographique pur et un principe logographique : un mot comporte une suite de lettres correspondant à la suite de phonèmes de ce mot à l'oral, mais chaque mot a ses graphèmes à lui (*o* et pas *au*, *ai* et pas *è*), et, en plus, à la fin, il peut avoir en supplément une lettre muette, consonne ou voyelle, surtout *t*, *s*, *x* et *e*. La représentation du mot dans l'esprit des élèves ressemblerait alors à ceci :

SUITE DE PHONOGRAMMES	lettre muette ? *t – s – x – e*

MOT GRAPHIQUE

Structure du mot

Cette entorse au principe phonographique les amène d'ailleurs à rajouter des consonnes finales ici ou là, sûrs de leur fait : « Je l'ai déjà vu écrit comme ça », explique Julien (CE2), après avoir écrit *un nez pointut*, tandis que Jalil, à côté de lui, précise : « Après un *u*, c'est presque toujours qu'il faut mettre un *t* ou un *s* ». Pour d'autres, il faut un *e* après un *i* (*malpolie*).

Mais, plus assurés dans leur écriture, les élèves s'interrogent davantage sur ces lettres muettes aux obscures fonctions et sont alors mieux à même d'en comprendre le rôle. En effet, les enseignants mettent systématiquement l'accent sur cette lettre muette du masculin des adjectifs Var/Var, soit en disant qu'elle « prépare » le féminin, soit en disant de penser au féminin pour trouver la « consonne cachée » du masculin. C'est ce qu'explique Isa (CE2) à propos d'*un ciel gris* : « Parce que je me suis dit qu'il y a un *s* parce que si c'était au féminin, c'était *grise*, donc il doit y avoir un *s* ».

L'appel au féminin est destiné à faire repérer la graphie du masculin, car c'est elle qui pose problème aux élèves. Mais, petit à petit, ils apprennent à construire la forme du masculin et la forme du féminin comme une seule unité lexicale, un adjectif, qu'ils prennent l'habitude de nommer de façon conventionnelle, par la forme non marquée, celle du masculin. Dans cette période, les élèves comprennent le genre comme un phénomène de variation phonique dont le pivot est la consonne qu'on entend au féminin.

Les excès du « phono »

Seulement, certains élèves tirent de cette conception du genre des effets surprenants qu'il est utile de connaitre. Par exemple, dès lors qu'une unité est intuitivement perçue comme adjectif, il leur parait logique qu'elle se termine par une consonne au féminin, comme Michel (CE2), qui a écrit *l'école étais ocupais* et qui pense qu'il faudrait du féminin, mais, ajoute-t-il, « Je ne sais pas comment ça se dit », avant d'essayer /okypɛt/ dont il n'est pas plus satisfait que du *s*, choisi faute de mieux. Convaincu du principe phonographique, il lui est difficile d'imaginer autre chose.

De façon similaire, il arrive que des élèves suivent la logique phonographique jusqu'au bout en tentant d'attribuer au graphème *e* une fonction de phonogramme à part entière, c'est-à-dire destiné à transcrire un phonème /œ/. Ils tentent alors de prononcer le *e*… ou de le supprimer, comme le tente Côme (CE2) dans *toute sa splendeur* :

– Je l'ai écrit normalement, mais je sais pas si j'ai fait une faute.
– Tu pourrais en avoir fait une ?
– Oui, je pense qu'il ne fallait pas mettre de *e*.
– Pourquoi ?
– Sinon, ça ferait /tu tœ/ et on ne dit pas ça, on dit /tut/.

On a bel et bien affaire à un conflit cognitif : l'élève écrit « normalement » le mot qu'il connait, et il se retrouve avec une lettre en trop, s'il l'analyse avec sa procédure du moment, c'est-à-dire une procédure phonographique stricte (autant de graphèmes que de phonèmes).

La conscience du genre fondée sur l'opposition phonologique de deux termes très proches conduit d'ailleurs certains élèves à restreindre considérablement ce qu'on entend par « genre ». À propos de *toute les places*, Paula (CE2), après avoir rectifié l'erreur de pluriel, explique que c'est seulement *toutes* qui est au féminin, pas *places* ; elle en vient à dissocier complètement le genre du nom de celui de ses associés :

– Oui, parce que *la*, c'est féminin et *le*, c'est masculin. Quand on dit *la fille*, c'est féminin et *le garçon*, c'est masculin.
– *La fille* et *le garçon* ? Qu'est-ce qui est masculin ? Qu'est-ce qui est féminin, là-dedans ? Quand tu dis *le garçon*, qu'est-ce qui est masculin ?
– C'est plutôt *le* et puis voilà, et puis *la fille*, c'est *la*.
– Donc c'est *la* qui est féminin et *le* qui est masculin ?

– Oui.
– Et *fille* et *garçon ?*
– Je sais pas. On me l'a déjà appris mais je sais plus. Je crois qu'on l'a déjà appris, mais je sais plus.

La confusion est à son comble. Ce n'est plus le nom qui détient le genre, le genre devient une propriété du déterminant ou de l'adjectif (Var/Var). L'élève n'arrive plus à coordonner l'ensemble des savoirs nouvellement acquis. D'une manière générale, la tension est donc forte entre :

1 – le principe phonographique découvert par les enfants et enseigné à travers les correspondances grapho-phonologiques depuis le CP (dimension phonographique) ;

2 – les mots tels que les élèves les perçoivent et les acquièrent par la lecture et les listes lexicales à apprendre (dimension logographique) ;

3 – la connaissance implicite, puis explicite, de certains aspects du genre : on entend une consonne au féminin, il y a toujours deux mots masculin/féminin qui vont ensemble (dimension morphologique).

Cette tension va entrainer à son tour de nouvelles conceptions.

***La double fonction du graphème* e**

La présence du morphogramme lexical pour les adjectifs Var/Var au masculin met les élèves en porte-à-faux par rapport à leurs procédures phonographiques, et la relation étroite entre forme du masculin et forme du féminin bouscule leurs représentations d'un mot qui s'écrit « toujours comme ça ». La présence du *e* du féminin n'apparait alors plus attachée à un mot précis, mais commune à tous les adjectifs Var/Var. Quant à la consonne, elle change aussi de statut. En effet, elle est également présente dans toute la famille lexicale. Elle apparait alors comme une « marque de famille » : *froid – froide – froidure – froidement*, dont le féminin fait aussi partie. Cette consonne, muette à l'écrit, acquiert peu à peu le statut de morphogramme lexical.

Les élèves peuvent alors regarder le graphème *e* sous un nouvel angle : ce graphème sert à opposer les deux genres, et pas seulement à transformer le morphogramme lexical du masculin *t*, *s*, *d* (*petit*, *gris*, *gros*, *chaud*) en phonogramme au féminin *te*, *se*, *sse*, *de* (*petite*, *grise*, *grosse*, *chaude*). En saisissant ce mécanisme, les élèves commencent à relier deux niveaux différents du plurisystème et accèdent à un autre niveau de compréhension de l'orthographe, plus large et plus profond. Ils découvrent que des graphèmes ont une autre valeur que phonographique : la valeur grammaticale du graphème *e* fait ainsi écho à celle du graphème *s* comme marque de pluriel.

La représentation du genre se complexifie : il apparait alors conçu comme un système alternatif différencié à l'oral et à l'écrit : à l'oral, la différence entre le masculin et le féminin repose sur une consonne en plus ou en moins ; à l'écrit, sur la lettre *e*.

Mais la double fonction du *e* n'est pas si simple à concevoir, comme en témoigne ce commentaire de David (CM1) qui, comme Côme, commence par défendre l'idée que le *e* dans *petites souris* se prononce, avant de trouver une réponse lumineuse : « Il sert à… Justement il sert pour l'écriture et c'est aussi le féminin. C'est le représentant de deux choses… Du féminin et de la prononciation ». On entend encore dans ces propos les derniers échos d'un conflit cognitif. Là où les scripteurs chevronnés (et en particulier les enseignants) ont oublié le rôle phonographique du *e* au profit de la seule marque de genre : le graphème *e* « est le représentant de deux choses ». Il a bien une double fonction.

Ainsi, la conception purement phonographique du *e* cède progressivement du terrain. Elle en cède d'autant plus que les élèves se rendent compte davantage des « ratés » : avec un certain nombre d'adjectifs (les Inv/Var au féminin), elle produit des « fautes » signalées par le maitre et qu'ils perçoivent dorénavant comme telles (l'œil ne « voit » pas, c'est le cerveau). Ce sont là les germes de l'évolution. Les élèves sont alors prêts à basculer vers des procédures de types différents.

Procédures morphologiques

Ces procédures sont en rupture avec les procédures phono/logographiques dans la mesure où les élèves ont conscience de la fonction morphologique du *e*. Réanalysé comme marque de féminin, le graphème *e* devient alors disponible pour les adjectifs Inv/Var (*clair*) : il identifie un mot au féminin. Mais, quand les élèves deviennent sensibles à l'existence du genre, ils n'accèdent pas à la notion d'*accord* pour autant. Par exemple, Laurette (CE2), à propos de *votre village à été inondée*, explique : « J'ai écrit *i-n-o-n-d-é-e*, parce que c'est du féminin... C'est *une inondation*, pas *un inondation*.

La présence du morphogramme *e* est justifiée par des rapprochements lexicaux avec un nom féminin de la même famille. En appréciant les propriétés d'un mot hors de son contexte, ces élèves montrent que la dimension morphologique et la dimension syntaxique ne sont pas nécessairement liées au départ, et qu'un décalage peut exister.

Assez vite, cependant, les élèves comprennent que la marque *e* est le produit d'une relation. Mais, dans un premier temps, la façon précise dont les mots sont reliés les uns aux autres leur est en partie étrangère, leurs graphies obéissent à des rapprochements sémantiques. Ce n'est que dans un second temps qu'ils maitrisent les relations syntaxiques. Les premières procédures sont des procédures de type *morphosémantique*, les secondes sont des procédures de type *morphosyntaxique*.

Procédures morphosémantiques

Obstacle syntaxique

Si *e* est une marque de féminin, il est logique de le mettre à toute la classe des adjectifs. Logique, certes, mais plus facile à dire qu'à faire. D'une part, les élèves ne savent pas encore très bien à quelle classe appartient l'unité qu'ils écrivent, d'autre part, ils ne connaissent pas les structures syntaxiques qu'ils emploient. Ils vont devoir naviguer à vue pendant de longues années, avec le sentiment d'une tâche impossible : on ne peut pas savoir, dit en substance Annelise (CM2) qui discute de *cette satané prison* ; elle l'a écrit comme elle le prononce, mais hésite ensuite : « Par contre, je sais pas si on met *é-e* ou *é*... Parce que ça peut être les deux, ça serait le même son ». Elle penche néanmoins pour *é-e*, « On peut mettre *é-e* parce que c'est *une prison* », mais pas au point d'éliminer *é* : elle laisse les deux et ce sera au maitre de trancher !

De tels propos qui sont loin d'être isolés peuvent paraitre déroutants ; ils sont surtout le signe que c'est l'univers de la morphographie qui déroute les élèves puisque « ça serait le même son ». Annelise semble disposer de toutes les connaissances nécessaires pour décider, et pourtant elle ne se résout pas à ajouter elle-même le morphogramme grammatical *e*. Il faut donc admettre qu'il y a là une vraie difficulté. Que manque-t-il ? Sans doute, la maitrise explicite des classes et structures syntaxiques ; et, surtout, le raisonnement analogique et le raisonnement conditionnel :

> *cette* ***satané*** *prison*
> *cette* ***grande*** *prison*
> Si je peux avoir *grande* là où j'ai /satane/, alors ils appartiennent à la même classe,
> et comme *grande* est un adjectif variable au féminin, /satane/ l'est aussi,
> et comme les adjectifs au féminin prennent un *e*, /satane/ prend un *e*.

En somme, il faudrait savoir établir un « rapport proportionnel » :

grande	satanée
grand	satané

Peu d'élèves semblent aptes à faire seuls un tel raisonnement à l'école ou au début du collège. Les plus jeunes produisent plutôt des raisonnements tautologiques, sans sourciller, telle Laurette (CE2) :

vos habitant n'ont pas été ***afolée***
– Je l'ai mis au féminin.
– Pourquoi ?
– Parce qu'il y a *é-e*. J'ai mis « afolée », parce que c'est au féminin.
– Et pourquoi c'est au féminin ?
– Parce que j'ai mis *é-e*, alors.

La plupart du temps, toutefois, les élèves mettent bien en relation deux termes, celui qui reçoit une marque de genre, celui qui en est la source, mais ils établissent la relation à leur façon.

Rapprochements sémantiques

Ce qui va guider – massivement – la distribution des marques de genre, c'est le *sens*. Les élèves attribuent, en effet, des marques de genre en rapprochant des mots qu'ils sentent liés sur une base sémantique. Évidemment, dans un certain nombre de cas, le rapprochement sémantique correspond à une relation syntaxique pertinente au regard du genre, mais pas toujours. Dans le cas de *satanée*, parce que *satanée* est épithète de *prison*, l'accord tombe juste. Mais le même raisonnement débouche facilement sur des résultats opposés, comme dans ces exemples où des élèves de sixième justifient *le maitre en blouse noir* par : « Pas de *e*, c'est le maitre, un garçon » ou *un nez allongée* « *e*, c'est le nez à la taupe » (corpus JYG). Il suffirait d'ailleurs que le maitre porte un blouson ou qu'il soit question de patte et non de nez, et rien ne viendrait dénoncer ces faux accords, aux apparences, une fois de plus, trompeuses.

Toutes sortes de relations sont ainsi établies selon une procédure morphosémantique trop « puissante » : à fonder la variation morphologique sur des liens de nature sémantique, on glisse aisément hors du cadre des relations syntaxiques, et l'on peut « accorder », persuadé de bien faire, n'importe quoi avec n'importe quoi, comme dans ces trois exemples de sixième (corpus JYG) : « *elle a de la voie* : *e,* c'est elle » ; « *le marie* : c'est le marie à la femme, *e* » ; « *Aurore aussie bien entendu* : *e*, c'est une fille, Aurore ».

Les formulations sont-elles très différentes entre un accord « juste » et un accord « faux », entre « *é-e* parce que c'est *une prison* » (juste) et « *e*, c'est une fille, Aurore » (faux) ? Que peut comprendre un élève à des résultats aussi opposés ? Ces élèves ont pourtant des connaissances : ils savent quelles sont les marques de genre (*e* ou rien) ; que le genre d'un nom se transfère sur d'autres mots ; que ces mots doivent entretenir avec le nom un rapport qui justifie l'accord en genre.

Mais ils ignorent que l'accord est une relation de dépendance particulière ; ils ne savent pas que cette relation s'exerce entre un nom source du genre et ses associés potentiels – déterminant, adjectifs ou participes passés –, ou, pour reprendre des termes en vigueur au Québec, entre un *donneur* et un *receveur*[1] : cette terminologie présente en effet l'intérêt de définir en termes simples toute relation de dépendance non symétrique, et d'englober sous une même appellation toutes les unités qui sont au même régime, la relation sujet/verbe, notamment.

C'est en effectuant des manipulations et en observant les effets de ces manipulations que les élèves parviennent à déterminer quels mots « donnent » et quels mots « reçoivent », et à dépasser l'idée qu'il suffit que quelque chose fasse penser au féminin pour rendre légitime la présence d'un *e*, et inversement. En attendant qu'ils parviennent à appréhender l'organisation

1. Marie Nadeau, « La réussite des accords grammaticaux au primaire, comment relever le défi ? » *in* Suzanne-G. Chartrand, *Pour un nouvel enseignement de la grammaire*, pp. 279-313 (bibliographie *Orthographe*).

syntaxique de la phrase comme le paramètre décisif des relations de genre, ils tirent de l'énoncé une mise en rapport qui a une certaine plausibilité sur le plan sémantique, mais pas nécessairement sur le plan syntaxique.

Pourtant, comme on l'a vu précédemment, il est des cas où l'on ne peut se contenter des termes de l'énoncé pour en déduire les marques. En effet, quand le genre représente l'identité sexuelle, certains contextes exigent d'en passer par le référent. Comment faire autrement, en effet, pour écrire /ami/ quand il est précédé de *mon* ou de *ses* ? Comment éviter le détour sémantique quand le participe passé /aʀive/ est commandé par les *ministres* ? S'agit-il d'hommes ou de femmes ? Cette question se pose aussi bien sûr lorsque les personnes d'énonciation *JE/TU* sont en cause. On reviendra plus loin sur le traitement du participe passé avec l'ensemble des marques verbales. Une procédure qui fait appel au « sens », c'est-à-dire au rapport entre les unités linguistiques de l'énoncé et leur référent, ne peut donc être totalement écartée quand il s'agit d'êtres animés. Il est bien sûr nécessaire qu'elle s'exerce dans les cadres syntaxiques pertinents et sur les classes effectivement variables en genre…

Mais l'élève, lui, voit encore une fois son travail se compliquer en raison du double fonctionnement du genre, sémantique et syntaxique. Les choses sont forcément plus confuses, la tâche plus difficile, quand une même catégorie fonctionne sur deux modes. Tant qu'il ne sait pas très bien ce que sont les mots qu'il écrit, l'élève ne peut qu'avancer dans le brouillard, puisque le précepte dont il dispose est à peu près aussi précis que ceci : le sens est obligatoire dans certains cas, mais mieux vaut l'éviter dans les autres. Pour en savoir plus, il devra appréhender une bonne part du fonctionnement de sa langue. Vaste programme ! Pourtant, progressivement, une autre façon de raisonner se met en place, des procédures d'un autre type émergent.

Procédures morphosyntaxiques

Ce qui fait bouger les élèves, c'est probablement une conjonction de deux phénomènes :

1 – l'échec partiel des procédures précédentes, puisqu'elles aboutissent à des erreurs dans certains cas et pas dans d'autres, ce qui finit par être source d'interrogations ;

2 – le développement de capacités cognitives générales qui permet de manipuler abstraitement des structures plus abstraites, sur un fond d'expériences langagières plus larges.

Le discours magistral (leçons, rappels, corrections) devient de plus en plus « audible », quand il met l'accent sur les classes et les structures syntaxiques, plutôt que sur le sens. Les élèves, de leur côté, découvrent qu'il existe un autre moyen de déterminer les marques de genre que le recours à la variation phonique ou le rapprochement sémantique. Leurs propos se modifient. Annelise (CM2) explique qu'elle a « accordé » *une claque* avec *appliquée*. D'autres vont plus loin. Par exemple, Isa (CE2) qui commente *une grande cabane* : « D'abord, si le nom était au masculin, j'aurais écrit *grand* avec un *d* et pas de *e*. Comme c'est au féminin, j'ai mis un *e* ». Ou encore Sonia (CM2) qui justifie *des pommes de terre sautées* : « *Sautées*, c'est employé comme adjectif. Donc il faut accorder avec *pommes de terre* et précise « Ça va dans le groupe nominal ». L'argumentation est d'une forme nouvelle : elle part de la classe syntaxique : « C'est un adjectif » ; puis en déduit le fonctionnement morphosyntaxique : « *Donc* il s'accorde avec… ».

Il est cependant rare d'obtenir une « application de règle » par un raisonnement déductif véritable avant le collège. Mais peu à peu, ce type de raisonnement se développe et s'intériorise, au point qu'il échappe en partie au contrôle conscient, tandis que les graphies se normalisent, du moins dans les cas relativement simples. Les différences entre adjectifs-participes passés Var/Var ou Inv/Var disparaissent : le graphème *e* est définitivement un morphogramme grammatical qui signifie, par un jeu de bascule entre présence et absence, le genre en français.

La limite est alors celle des connaissances grammaticales. En effet, qu'on analyse les relations syntaxiques en termes de position (droite, gauche) et de distance (même groupe, groupe différent, présence de rupteurs intercalés), ou en termes de fonction (épithète, attribut, apposition), il est clair que, pour les élèves, tout accord n'en vaut pas un autre, certains sont plus vite réussis que d'autres.

Un processus continu

Plusieurs enquêtes montrent que le processus d'acquisition des marques de genre n'est pas uniforme[1]. En premier lieu, ce test auprès de 133 élèves de CM2 où la réussite de l'accord en genre des 9 adjectifs ou participes passés, situés tous dans le groupe verbal, est directement liée à la structure morphologique des unités :

Var/Var	*violente – ouverte*	100 %
Inv/Var	*clair – cassée – gaie*	87 %
Inv/Var en *eur*	*meilleure – meilleure – supérieure – majeure*	58 %

Résultat sans ambigüité ! Une enquête suisse, plus récente, auprès de 260 élèves de CM2 et 294 élèves de 6e confirme le poids de la structure morphologique sur la réussite des accords (cette fois, ce sont des épithètes), puisque, là où, en 6e, les élèves sont 98 % à écrire *notre prochaine rencontre* (Var/Var) sans erreur, ils ne sont plus que 38 % pour *mes meilleures salutations* (Inv/Var).

L'inégalité de traitement des accords apparait aussi dans les évaluations nationales françaises. En 1991 et 1992, un même exercice a été proposé à l'entrée en sixième. Il s'agit de réécrire un texte en remplaçant *le chat* par *les deux chattes*. Le pourcentage d'accords en genre réussis diffère pour les cinq adjectifs ou participes passés concernés (différents par leur structure morphologique et leur fonction syntaxique). Toutefois, ce qui est le plus remarquable, c'est que ces pourcentages sont non seulement très proches d'une année à l'autre, mais que l'ordre de réussite est le même, à un mot près (inversion dans une fourchette très étroite). Si les élèves faisaient vraiment n'importe quoi, on ne retrouverait pas d'une année à l'autre une telle similitude : c'est bien parce que l'ordre de réussite a quelque chose à voir avec *le degré de difficulté linguistique* et *les procédures préférentielles* à un âge donné qu'une telle convergence existe.

On voit à quel point les résultats d'un test sur les accords en genre peuvent varier en fonction du poids relatif des différentes caractéristiques morphosyntaxiques : il suffit qu'il comporte un peu plus ou un peu moins d'unités d'un type donné pour tout changer. C'est tout le jugement qui se trouve faussé, si l'on ne prend pas garde aux données linguistiques et si l'on passe à côté des procédures.

Comme pour le nombre, il est impossible d'avancer en toute certitude un ordre d'acquisition du genre. Mais, en tenant compte des différentes recherches, on peut le concevoir comme un développement à partir des quatre structures morphosyntaxiques de base, où se croisent la dimension morphologique (Var/Var ou Inv/Var) avec la dimension syntaxique (dans le groupe nominal, dans le groupe verbal), ce qui correspond à des degrés croissants de difficulté :

GN	Var/Var :	*l'eau chaude*
GV	Var/Var :	*la maison est verte*
GN	Inv/Var :	*l'eau claire*
GV	Inv/Var :	*la maison est carrée*

À cela, il faudrait ajouter d'autres paramètres, tels que la différence entre adjectifs et participes passés, les appositions, encore rares dans les productions écrites des élèves avant le col-

1. Respectivement : Brault, N., Espeillac, C., Soubeyran, L., « Pédagogie de l'orthographe : corriger en cherchant ! », *Bref*, n° 4, 1975, pp. 5-18 ; Bétrix Koehler, D., *Dis-moi comment tu orthographies, je te dirai qui tu es*, Lausanne, Centre vaudois de recherches pédagogiques, 1991 ; *Éducation & Formations, Évaluations CE2 – 6e. Résultats nationaux septembre 1991*, Hors série, 1992 ; Dossiers *Éducation & Formations*, n° 21, 1992.

lège, les effets liés au déterminant, au pluriel, à l'insertion dans une relative, qui multiplient très vite les cas de figure possibles. Il faut cependant se garder de voir là une progression uniforme ou linéaire ; certains éléments, concernant le sens ou la situation d'écriture, notamment, peuvent jouer un rôle favorable ou défavorable.

Ainsi, parce que le genre est une catégorie en partie liée à une variation phonique, les élèves privilégient un traitement phonographique (sans conscience du genre parfois, même quand la norme est respectée). Le changement décisif intervient quand ils se rendent compte de l'existence des adjectifs-participes passés Inv/Var. Mais quand le genre ne dépend pas d'une variation phonique, il doit être « calculé » au fil de la plume, c'est-à-dire lors de la charge cognitive maximale, ce qui perturbe beaucoup (les élèves ne parviennent pas alors à mobiliser leurs savoirs) ; en outre, l'accord fait appel à des connaissances complexes sur le fonctionnement syntaxique que les élèves sont encore loin d'avoir. Ils s'efforcent alors de mettre en œuvre des procédures qui combinent leurs connaissances générales du genre et les raisons de mettre une marque de genre dans un contexte donné, au moment même où ils écrivent. Ils utilisent bien le graphème *e* comme une marque morphologique de féminin, mais les fondements syntaxiques sont au début des plus approximatifs. C'est ce qui devient manifeste, quand les rapprochements sont non pertinents. En l'absence de connaissances syntaxiques assurées, les élèves peuvent difficilement procéder sur une base autre que sémantique. C'est pourquoi les procédures morphosémantiques sont les procédures les plus fréquentes à l'école. Pour réussir à établir les relations syntaxiques sur une base pertinente, les savoirs grammaticaux à acquérir et à coordonner constituent un immense chantier.

Tout ne peut donc être réglé avant l'entrée au collège qui se doit de poursuivre l'apprentissage du genre et du nombre dans des structures diversifiées, notamment parce que la rencontre avec les marques verbales fait des étincelles.

3. LES MARQUES VERBALES

L'orthographe du verbe français est un concentré de complexités. D'une part, la morphologie verbale est particulièrement substantielle, comme en témoigne le nombre élevé des tableaux dans les manuels de conjugaison. D'autre part, l'orthographe des désinences est en elle-même difficile pour plusieurs raisons. Les tableaux traditionnels, références obligées, ne suffisent pas à en rendre compte du point de vue de l'acquisition. Pour comprendre les procédures des élèves, il est nécessaire d'entrer plus avant dans le fonctionnement si redoutable de la morphologie du verbe français et de ses graphies.

3.1. Conjugaison et orthographe

Un verbe est une unité aux multiples facettes, car il change de forme – *il se conjugue* – en fonction des catégories qui l'affectent. À l'écrit, l'orthographe des désinences s'organise en un réseau de graphèmes spécifiques à ces catégories. Pour pouvoir orthographier une forme verbale, il est nécessaire de savoir quelles sont ces catégories et quels liens s'établissent entre elles et les graphèmes qui les représentent.

Toute forme verbale comporte deux parties, un radical (ou *base*) et une désinence. Le radical est la partie proprement lexicale du mot, porteuse de la signification du verbe, qui l'oppose à tous les autres verbes : ce radical est souvent partagé avec des mots de la même famille (*chant* correspond aussi bien au nom qu'au radical du verbe *chanter*). La désinence résulte de la combinaison des diverses catégories imposées par le contexte de l'énoncé, c'est la partie commune aux verbes du même groupe.

La classification traditionnnelle repose sur les désinences partagées. La classification des verbes selon le nombre de leurs bases (de huit pour *être* à une pour *chanter*), proposée en son temps par Jean Dubois, donne une description plus fine de la morphologie verbale et évite l'inconvénient d'un « troisième groupe » fourre-tout. Le terme de *base* convient sans doute mieux à la pluralité des manifestations du verbe, tandis que *radical* évoque davantage une forme souche unique.

Les catégories du verbe sont celles du mode et du temps, de la personne, du nombre, de la voix et de l'aspect, chacune de ces catégories ayant en général plusieurs valeurs (la personne en a traditionnellement six, du moins à certains modes; le temps a un nombre de valeurs variables dépendant, lui aussi, du mode). Certaines valeurs de ces catégories impliquent la présence d'auxiliaires (passé composé, présent passif, futur immédiat), auquel cas certaines des catégories sont portées par l'auxiliaire, comme, par exemple, le nombre: *ils chantaient/ils avaient chanté.* Certains verbes ont plusieurs bases, sur lesquelles viennent se greffer les désinences: deux pour *appeler* (*appelle/appelons*) ; cinq pour *prendre* (*prend – pren/ait – prenn/ent – prend/ra – pr/it*).

Du point de vue orthographique, la partie radicale est soumise aux mêmes impératifs que n'importe quelle autre unité lexicale de la langue: une suite de phonogrammes obéissant aux diverses lois de position des graphèmes transcrit une suite de phonèmes et constitue le signifiant graphique du mot, lui et pas un autre. En écrivant, les élèves traitent la partie radicale avec les mêmes connaissances grapho-phonologiques que pour toutes les espèces de mots (*mangeai* comme *geai*). Il est donc inutile de surcharger leur mémoire plus qu'il n'est nécessaire. Un petit nombre de régularités phonographiques s'appliquant à toutes les unités lexicales – quelle que soit leur classe – est plus facile à mémoriser que des listes de règles régissant seulement les conjugaisons.

La variation du radical n'est pas en elle-même un « problème » (*prenne* comme *renne*), à l'exception, peut-être, de quelques verbes du type *essayer* à cause de l'alternance entre voyelle et semi-consonne (*essai/essayage*).

Comme pour n'importe quel mot, il faut, évidemment, sélectionner les bons graphèmes parmi les candidats possibles pour une unité donnée: *il ventait/il vantait*; *dessiner* tout comme *dessin* prend deux *s* pour transcrire /s/, ce qui règle en même temps la question du /ɛ/ ouvert, comme dans *dessert*. Et justement, si on écrit *appeler* avec un *l*, et *appelle* avec deux *l*, c'est de la même manière que l'on écrit *chapelier* avec un *l* et *chapelle* avec deux. Il s'agit là de l'antique usage de la double consonne pour noter un /ɛ/ ouvert, en lieu et place d'un accent grave qui est utilisé dans les verbes du type *semer*: un *e* suivi d'une consonne simple correspond à un /ə/, un *e* suivi d'une double consonne correspond à un /ɛ/. La variation graphique consonne simple/consonne double, ou toute autre particularité orthographique du radical, n'est donc pas propre aux verbes. Toutefois, les Rectifications de 1990 suppriment la double consonne au profit de *è* pour tous les verbes (*il ficèle*), sauf *jeter* (et les verbes de la même famille) et *appeler* (ou *rappeler*).

Il en va différemment des désinences. L'orthographe de la désinence dépend de la « nature » de cette désinence, c'est-à-dire des catégories verbales qui se combinent en elle pour former à droite du radical un segment spécifique. Il faut donc avoir identifié les catégories verbales sous-jacentes pour pouvoir trouver la « traduction » graphique qui convient. C'est bien sûr là que les choses se compliquent fortement pour les raisons que l'on va à présent examiner.

L'enseignement, traditionnellement, fait apprendre la conjugaison des verbes sous forme de tableaux: chaque combinaison « 1 mode + 1 temps + 1 personne » occupe une case du tableau et constitue ce qu'on appelle parfois un *tiroir verbal*. C'est le système des « paradigmes » (liste des formes types) hérité de l'apprentissage du latin, aussi bien pour la conjugaison (système verbal) que pour les déclinaisons (système nominal). Ce choix peut paraitre justifié, tant la description linguistique des formes verbales se révèle complexe, à la mesure de la complexité verbale. Seulement, cet enseignement, qui confond par trop les connaissances morphologiques et les connaissances orthographiques, fait l'impasse sur une question essentielle : comment savoir où trouver la bonne désinence, et, donc, son orthographe ?

Pour accéder à une désinence dans un tableau, il faut déjà avoir la clé du tiroir, c'est-à-dire savoir quel est le groupe du verbe, le mode, le temps, la personne. Si l'on sait tout cela, le problème est déjà pratiquement résolu. C'est évidemment parce qu'il ne l'est pas, comme les erreurs persistant jusqu'au lycée le montrent, qu'il est nécessaire de comprendre comment les élèves s'y prennent avec l'orthographe des formes verbales. Plus tard, les tables pré-inscrites dans la mémoire apparaitront alors pour ce qu'elles sont : un moyen utile, au terme de l'apprentissage, quand le classement des formes et des désinences aide au contrôle de ses écrits – mais pas le moyen d'écrire sans faute quand on n'a pas encore construit les notions de verbe, de catégorie verbale et de désinence.

3.2. L'orthographe des désinences

Un enfant manie les formes verbales sans avoir « appris » ses conjugaisons, mais, à l'écrit, cette connaissance ne suffit pas. Divers phénomènes rendent la sélection des graphies malaisée, notamment les formes homophones différenciées graphiquement ; la structuration des désinences ; le secteur particulier des formes en /E/.

Un rapport oral/écrit hétérogène

Les oppositions de modes, temps ou de personnes sont indiquées par une différence phonique qui se retrouve naturellement à l'écrit. Mais la différenciation phonique est loin d'être la règle, et beaucoup de formes verbales sont homophones. Dans le cas de formes homophones, soit elles sont également homographes (*je finis/tu finis*), soit, au contraire, elles sont hétérographes (*finis/finit*). Peu étonnant alors que les élèves aient du mal à prendre des repères : cette densité d'homophonie, qui ne permet pas d'identifier une unité verbale uniquement par sa forme, ne facilite pas non plus la compréhension des catégories verbales. Mais, en différenciant souvent ces formes, l'écrit ajoute une opacité supplémentaire dans l'orthographe des désinences, tout en rendant indispensable la bonne compréhension des catégories et des marques verbales.

Pour mesurer l'ampleur du phénomène, examinons le verbe *finir* aux temps simples, infinitif et participe passé inclus, ce qui représente un ensemble de 41 « tiroirs verbaux ». À l'oral, il n'y a que 14 formes différentes dans ces cases (la différence entre /e/ fermé et /ɛ/ ouvert n'est pas prise en compte dans la mesure où cette opposition n'est plus systématique aujourd'hui en français ; elle ne peut donc pas servir de guide aux élèves ; seul /E/ sera utilisé pour les deux) ; mais pour ces 14 formes phoniques différentes, il y a 28 formes graphiques différentes. Le tableau suivant permet de visualiser l'éventail des choix graphiques qui s'offre au scripteur à partir de ce qu'il « entend » dans la phase de formulation mentale d'un énoncé (on s'en tient aux 7 formes homophones hétérographes de ce verbe ; les marques purement graphiques sont détachées par un tiret) :

Formes phoniques	Formes graphiques correspondantes	Nombre de formes graphiques différentes
/finiʀɛ/	finirai/finirai-s/finirai-t/finirai-ent • finire-z	5
/finisɛ/	finissai-s/finissai-t/finissai-ent • finisse-z	4
/finis/	finisse/finisse-s/finisse-nt	3
/fini/	fini/fini-s/fini-t	3
/finiʀa/	finira-s/finira	2
/finiʀɔ̃/	finiron-s/finiron-t	2
/finiʀ/	finir/finir-ent	2

21 formes graphiques différentes pour 7 formes orales ! On comprend la mauvaise réputation des verbes français chez les étudiants étrangers, d'autant que deux formes totalisent à elles seules près de la moitié des variantes graphiques. L'hétérogénéité règne en maitre. Sur l'ensemble des temps aux modes personnels, on peut faire plusieurs constats :

– il existe toujours une certaine dose d'homophonie et d'hétérographie ;

– il y a toujours plus de formes différenciées à l'écrit qu'à l'oral, mais de façon différente d'un temps à l'autre : à l'indicatif présent, 4 formes orales pour 5 formes écrites, mais, au futur qui comporte 3 formes à l'oral, les 6 formes écrites sont toutes différentes ;

– le degré d'homophonie, plus sensible au singulier qu'au pluriel, varie selon les temps et les personnes : 4 formes identiques à l'imparfait, 3 au présent et au passé simple ;

– l'opposition graphique entre les personnes n'est pas uniforme d'un temps à l'autre : le futur oppose les deuxième et troisième personnes du singulier, que les autres temps ne distinguent pas ;

– le futur se caractérise par la marque /R/, mais cette marque se rencontre aussi au conditionnel ; c'est d'ailleurs ce qui permet de le différencier de l'imparfait, avec lequel, il partage la marque /E/ ;

– au singulier, le présent se caractérise par l'absence de marque temporelle (il se confond avec le radical), mais c'est aussi le cas du passé simple.

Il n'y a donc aucune régularité dans l'homophonie et la différenciation graphique, aucune ligne de partage claire ni pour les temps ni pour les personnes. Aucune marque ne caractérise un temps aux six personnes ; aucune marque ne caractérise une personne à tous les temps (même la très constante première personne du pluriel perd *ons* au passé simple). Tout au plus peut-on remarquer que les valeurs temporelles sont plutôt marquées à l'oral (et donc à l'écrit) ; que les marques de temps se situent à la suite du radical, précédant les marques personnelles ; et que les marques personnelles sont plus souvent graphiques. Les désinences sont donc bien des amalgames complexes, car il est pratiquement impossible d'établir une relation entre un segment et une valeur.

En bref, beaucoup d'homophonie – qui confond les catégories –, mais aussi beaucoup d'hétérographie – qui oblige à les distinguer –, c'est-à-dire le cas de figure le plus difficile pour les élèves, puisque l'écrit différencie des formes que l'oral ne juge pas bon de différencier : ils devront donc assimiler ces marques qui sont propres à l'écrit, « de l'intérieur » du système morphologique.

> La présentation de la morphologie verbale a été volontairement simplifiée, puisqu'elle s'est faite à partir d'un seul verbe du deuxième groupe. Mais si l'on comptabilise toutes les formes composées et surcomposées, le participe présent, les 4 formes du participe passé, la voix passive, le nombre de formes fléchies d'un verbe du premier groupe serait en réalité de 338 ; sur ces 338 formes, il n'existerait que 21 formes différenciées à l'oral et 38 à l'écrit[1]. Et si l'on ne tient compte que des formes réellement employées, dans 60 % des cas d'homophonie, une différence graphique existe. Ces chiffres ne font qu'amplifier ce qui a été décrit plus haut : plus les fréquences sont élevées, plus l'homophonie est importante, plus la différenciation graphique l'est aussi.

Pour les élèves, les catégories verbales se présentent donc de la manière la plus nébuleuse. En effet, celle-ci ayant un rapport variable et non homogène à l'oral, tantôt l'oral peut être un guide, tantôt il peut être un piège. Les repères que les élèves peuvent se construire reposent sur des tendances (*s* à la deuxième personne, *t* à la troisième, par exemple), mais ces repères

1. Voir bibliographie *Orthographe* : René Honvault, *in* Ducard, D. et *al.*, *L'Orthographe en trois dimensions*, p. 64.

ne les mettent pas à l'abri de faux pas, tant les catégories sont nombreuses et intriquées, tant le fonctionnement hétérogène est difficile à cerner.

Le double jeu des graphèmes

La morphologie du verbe français à l'écrit repose sur des jeux d'opposition et de similitude multiples aux différents niveaux du système graphique, dans une distribution des plus subtiles. Elle utilise un double jeu de graphèmes pour les désinences, selon le type de rapport que la catégorie verbale entretient avec l'oral. Certains relèvent du principe morphologique, mais assurent en même temps une fonction phonographique : ce sont les *morphonogrammes* ; d'autres relèvent du seul principe morphologique : ce sont les *morphogrammes*. À vrai dire, ces deux types de graphèmes se succèdent fréquemment dans la construction d'une unité verbale :

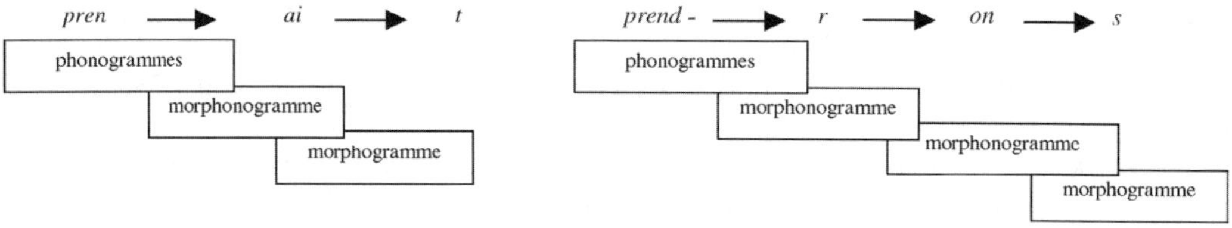

On aurait intérêt à exploiter davantage l'imparfait comme modèle des formes verbales : d'une part, il est relativement bien identifié comme forme conjuguée dans les textes que lisent et écrivent les jeunes scripteurs ; d'autre part, sa composition est uniforme quel que soit le groupe du verbe :

Base	+	Temps	+	Personne
chant finiss pren voy		ai		s s t
		i		ons ez
		ai		ent

À partir de ce modèle régulier, qui exhibe l'enchainement du morphonogramme temporel (*ai* ou *i*) et du morphogramme personnel (*s*, *s*, *t*, *ent*), ou une combinaison (*on-s*, *e-z*), il sera plus facile d'élaborer ces catégories et d'appréhender les mêmes composants dans le reste de la conjugaison quand ils sont moins lisibles.

Cette différence fonctionnelle entre graphèmes a de l'importance. Au début, en effet, les élèves n'ont aucune conscience de l'existence des morphogrammes qui sont purement et simplement absents. En revanche, s'il s'agit de morphonogrammes, les jeunes scripteurs sont bien obligés de graphier quelque chose en contrepartie du segment phonique. Mais, pour qu'ils aient conscience d'une autre fonction, il leur faut commencer à construire les catégories et les valeurs attachées aux graphèmes qui les transcrivent.

Prenons la forme verbale /finisje/, le phonème /j/, qui peut être considéré comme la marque de l'imparfait par opposition au présent /finise/, se transcrit par le graphème *i* comme dans *glacier* ou *atelier*. Mais, contrairement à la transcription du yod dans le lexique, celui de l'imparfait ne peut être autre chose que *i* : tous les imparfaits de tous les verbes existants ou à venir ont ou auront un *i*. Cependant, chez les jeunes élèves, le *i* n'est pas immédiatement investi de cette double fonction phonographique et morphologique ; c'est pourquoi, jusqu'à ce qu'ils aient conscience de la spécialisation du graphème *i* comme marque de l'imparfait, on trouve *ill* (comme dans *abeille*), *y* (comme dans *gruyère*).

En somme, dans les premiers temps, tout dépend du secteur phonogrammique dont dépend le morphonogramme : si le choix est restreint, la chance de tomber juste est élevée, c'est le cas de la désinence *ra* qui n'a pas de variante ; si le secteur offre de multiples variantes, c'est l'inverse. C'est évidemment avec les formes en /E/ que la diversité est la plus élevée. On y reviendra plus loin. Avec les morphogrammes qui viennent en supplément, l'approche est d'emblée différente. Ces graphèmes sont le résultat d'une intention autre que celle de noter ce qui s'entend : ils apparaissent avec le développement des premières connaissances grammaticales.

Pour que les élèves respectent toute la norme, il leur faut avoir saisi le rôle de chacun des graphèmes, ainsi que le système de leurs relations réciproques, et, notamment, le rôle, par contraste, de l'absence d'un graphème. Comme avec le genre et le nombre, ce point se révèle crucial : comprendre qu'une lettre muette soit chargée de sens n'est déjà pas facile, mais comprendre que l'absence de cette même lettre est tout aussi significative est encore plus difficile. Par exemple, la présence d'un *s* à la désinence du futur *ra* indique la deuxième personne du singulier, alors que son absence fait de la désinence *ra* une troisième personne. On a vu qu'une alternance avec rien (*s*/ø) rend difficile au jeune scripteur la conceptualisation des formes non marquées.

Avec le verbe où les alternances sont rarement binaires comme *finiron-s*/*finiron-t*, la difficulté est accrue : /finis/ correspond à *finisse*, *finisse-s*, *finisse-nt* ; les formes en *rai* alternent en *rai*, *rai-s*, *rai-t*, *rai-ent*. Il faut donc récupérer en mémoire trois ou quatre désinences possibles et les garder en tête pour les comparer mentalement et raisonner. En fait, l'alternance exploite deux possibilités de base : soit une alternance entre une marque et une autre ; soit une alternance entre une marque et une marque zéro :

ORAL		ÉCRIT	**Exemples**
		désinences hétérographes	
désinences hétérophones	→	alternance de deux morphonogrammes	*finirai/finira*
désinences homophones	→	alternance de deux morphonogrammes	*chanté/chantai*
		alternance de deux morphogrammes	*finirons/finiront*
		alternance d'un morphogramme avec ø	*finira/finiras*

Dans la mesure où morphonogrammes et morphogrammes se combinent généralement, le système d'alternances est en réalité plus complexe. Quoi qu'il en soit, leur régularité confère aux morphogrammes ou, par opposition, à une place vide, un statut de marque aussi solide que s'il existait un segment sonore. Mais ce n'est bien sûr valable qu'au terme de l'acquisition, car il faut, en fait, maitriser l'ensemble des pièces du système morphologique. C'est là que surgit un autre écueil.

En français, toute désinence est transcrite par un ou plusieurs graphèmes spécifiques, ce sont eux qui lui confèrent un statut de désinence à l'écrit. Mais certains d'entre eux jouent aussi un rôle dans la morphologie nominale où ils ont d'autres valeurs. À la plurifonctionnalité s'ajoute donc la polyvalence, avec tous les risques de confusion qu'une telle situation entraine.

C'est le cas de *s* ou de *x* que l'on rencontre aux première et deuxième personnes du *singulier*, alors qu'ils sont des morphogrammes de *pluriel* pour les unités qui appartiennent au système nominal. Il faut un temps certain aux élèves pour assimiler cet étrange comportement et jongler entre les deux « modes » : pluriel pour les noms, singulier pour les verbes !

C'est aussi le cas de *e* qui a plusieurs fonctions dans la morphologie verbale :

– diacritique dans *chante* ou dans *finissaient* où il empêche le contact entre une voyelle orale et une consonne nasale, et donc la nasalisation de *ai* ;

– morphogramme au présent de l'indicatif ou du subjonctif des verbes du premier groupe dont le radical se termine par une voyelle, comme dans *il joue* ou *il appuie* ; il est alors également distinctif quand il permet d'opposer *il voie* à *il voit*.

Ce double usage du *e*, phonogramme diacritique ou morphogramme, rappelle le double fonctionnement des adjectifs, Var/Var (*chant/chante* comme *petit/petite*) ou des Inv/Var (*il appuie* comme *malpoli-e*). La mixité est bien au cœur du système verbal, comme elle l'est au cœur du système nominal.

C'est enfin le cas de *t*, qui est le morphogramme lexical le plus fréquent pour les noms et les adjectifs variables en genre de type Var/Var. Il concerne aussi un certain nombre de participes passés. De ce fait, des formes verbales sont homophones alors que le graphème *t* n'y a pas la même fonction : *il écrit/il est écrit*. Alors qu'il s'agit de tracer la même suite de lettres pour ces deux formes verbales homophones, dans le premier cas, il est un morphogramme grammatical marquant la troisième personne ; dans le second, il est un morphogramme lexical, comme le montre *elle est écrite*, rappel permanent d'une famille de mots (*écriture*, *écritoire*). Le *s* (encore lui) présente d'ailleurs la même double fonction : *je pris/je suis pris*. Cette proximité – formes homophones, double fonction du même graphème – est une nouvelle source d'erreurs et une nouvelle intrication à démêler.

Des distinctions significatives reposent ainsi sur l'opposition des graphèmes *e*, *s*, *t*, que ce soit à l'intérieur d'un même temps ou pour la même personne à deux modes différents :

indicatif/conditionnel	*je chanterai/je chanterais*
indicatif/subjonctif	*je vois/je voie – tu vois/tu voies – il voit/il voie*
	j'ai/j'aie/il ait
indicatif/impératif	*parles/parle*

D'une manière générale, ces distinctions sont mal connues, mal identifiées, et, par conséquent, peu respectées : *il faudrait qu'il y est plus d'heures, il faut qu'il aie un bon résultat, pour qu'il voit*, sont des graphies assez fréquentes, y compris dans les imprimés. Quant à l'impératif, on ne compte plus, par exemple, les *dégages* (ou même *vas t'en*) dans les sous-titres de films. La sélection des bonnes graphies, leur interprétation, dépendent donc avant tout du bon repérage du mode et du temps. En raison de la complexité des valeurs en jeu, il conviendrait de rééchelonner leur apprentissage.

Les discours argumentatifs et explicatifs fournissent de nombreuses occasions de manier le conditionnel et le subjonctif (doute, distance, interprétation, modalisations, formes atténuées, discours rapporté, phrases complexes). C'est donc principalement au collège qu'il incombe de les étudier. Quant à l'impératif, étudié trop tôt, il risque de perturber un processus en cours d'élaboration. En effet, les élèves qui apprennent à marquer la deuxième personne du singulier par un *s* doivent « désapprendre » cette marque pour les verbes du premier groupe au comportement irrégulier.

Une avalanche de formes en /E/

De toute la morphologie verbale, les formes en /E/ constituent le secteur le plus difficile. En effet, la neutralisation de l'opposition entre /e/ et /ɛ/ en français aujourd'hui génère un nombre très élevé de formes verbales homophones. Par exemple, un peu plus du tiers des tiroirs verbaux de *finir* se terminent par /E/ ; avec les verbes du premier groupe, ce chiffre s'élève à 44 % (sans compter la troisième personne du pluriel au passé simple *èrent* contient aussi un /E/). C'est considérable.

L'orthographe tend à différencier ces finales homophones par le jeu des graphèmes. Mais, là où les réseaux lexicaux peuvent aider à la sélection des bonnes graphies (*cent* → *centaine/sang* → *sanguin*), la différenciation des finales en /E/ repose sur des graphèmes qui sont eux-mêmes porteurs de valeurs grammaticales et participent à la construction syntaxique de l'écrit.

Prenons un exemple. Partant de « Blanche-Neige », « manger », « pomme », les phrases suivantes peuvent être pensées et écrites en fonction de diverses contraintes textuelles (progression thématique, perspective temporelle) :

- *Blanche-Neige a mangé la pomme*
- *Blanche-Neige mangeait la pomme*
- *Blanche-Neige va manger la pomme*
- *la pomme a été mangée par Blanche-Neige*

Elles ont toutes à peu près le même sens, le rapport entre Blanche-Neige et la pomme restant identique. Mais le verdict orthographique, lui, est sans appel : quatre énoncés, quatre graphies différentes pour le verbe *manger*. Pour un élève en train d'écrire, une question concrète et décisive se pose alors : quelle lettre dois-je mettre dans cet énoncé ? Comment choisir ici et maintenant ?

Deux graphèmes constituent la base des oppositions qui permettent de distinguer les différentes graphies des finales verbales : *AI* et *E* sont des morphonogrammes (ce qu'ils ne sont pas dans *clé* et *claie*, ou *aigle* et *église*). *AI* est complété par trois morphogrammes *s*, *t*, *nt* (ø dans *je chantai*) ; *E* apparait sous la forme *é* ou bien suivi de *r* ou de *z*, qui ont une fonction diacritique identique à celle de l'accent (*bouche*/*boucher* ou *ne*/*nez*).

Dans le premier cas, les éléments restent segmentables : *ai* est appréhendé comme une marque temporelle et *s*, *t*, *ent*, ø, comme des marques de personne ; dans le second cas, ce sont plutôt des amalgames qui sont appréhendés comme marques, respectivement *ez* pour la deuxième personne du pluriel, *er* pour l'infinitif et *é* pour le participe passé des verbes du premier groupe. Leur distribution n'est pas équivalente, *AI* est plus homogène, *E* plus hétérogène : *AI* correspond toujours à un mode personnel, tandis que *E* se partage entre modes personnels (pour tous les verbes) et modes non personnels (verbes du premier groupe) ; *AI* intervient dans la conjugaison dans tous les verbes, tandis que *E* domine dans celle des verbes du premier groupe. Ce que résume ce tableau :

Formes conjuguées de tous les verbes	ai + { ø / s / t / ent }	ez
Formes non conjuguées des verbes du 1er groupe		er é

Quant à leur fréquence dans les textes, une étude a montré qu'elle est relativement proche : 46 % pour *AI* (imparfait et conditionnel) ; 54 % pour *E* (*er* : 26 % ; *é* : 19 % ; *ez* : 9 %)[1]. Mais si l'on ne s'intéresse qu'aux verbes du premier groupe, les plus nombreux et les plus fréquents (hormis une petite dizaine de verbes du troisième groupe, et bien sûr *être* et *avoir*), la prédominance du *E* est écrasante :

AI	17 %	
	imparfait	
	conditionnel	

E	83 %		
	infinitif	er	43 %
	participe passé	é	36 %
	2e personne du pluriel	ez	4 %

Une comparaison entre le français, l'italien et le roumain donne une idée du travail qui incombe aux écoliers français : pour le verbe *expliquer*, là où les 3 formes homophones de l'italien et les 4 formes homophones du roumain ne sont pas différenciées à l'écrit, pour les 12 formes en /E/ du français, il y a 10 formes graphiques différentes[2].

1. Voir bibliographie *Orthographe* : René Honvault, *in* Ducard, D. et *al.*, *op. cit.*, p. 74.
2. Voir bibliographie *Orthographe* : Catherine Brissaud et Daniel Bessonnat, *L'Orthographe au collège : pour une autre approche*, p. 205.

Ainsi, le verbe est, plus que tout autre, l'incarnation de la variation en français : c'est une séquence phonogrammique à la finale de laquelle (et parfois en son sein) s'accumulent, s'agglutinent, s'amalgament toutes sortes de marques, parfois en correspondance avec l'oral, parfois non, dans un secteur fortement homophonique et où les catégories sont nombreuses. Cette caractéristique ne peut manquer de poser problème aux élèves, qui doivent, pour trouver les graphies, maitriser les catégories (ou certaines de leurs valeurs).

Un graphème, en effet, n'a de fonction précise que par rapport au contexte dans lequel il s'insère : le graphème *ai*, phonogramme dans *maison*, désinence de l'imparfait dans *vivait*, du passé simple dans *chantai* ; le graphème *t*, phonogramme dans *table*, morphogramme lexical dans *vert* et (*est*) *cuit*, désinence de la troisième personne dans (*il*) *cuit*. Tous les graphèmes qui sont porteurs de valeurs grammaticales ont aussi une fonction dans le système phonographique. Si, à l'arrivée, on peut admirer l'économie d'un fonctionnement qui joue sur un petit nombre de graphèmes hautement significatifs, l'acquisition de la morphographie verbale du français ne peut être qu'une course de fond, le temps de « recycler » le matériau graphique et comprendre comment un même graphème peut jouer des rôles différents (*aimai*).

Au cours de l'acquisition, les élèves ont en effet à construire le répertoire des graphies verbales spécifiques, morphonogrammes ou morphogrammes. Certaines concernent les verbes du premier groupe :

– la marque de classe syntaxique (le verbe, une des parties du discours) : *er* ;
– le statut du participe passé et sa marque *é* ;

D'autres concernent tous les verbes :

– les marques temporelles : *ai* ;
– les marques personnelles : *e*, *s*, *t*, *ons*, *ez* ;
– la marque du nombre verbal : *nt*.

Bien sûr, quand les morphogrammes ont acquis une valeur, les élèves tendent à les étendre à toutes les situations qui leur paraissent appropriées, dans les « failles » du système, en quelque sorte. C'est ainsi qu'ils font du *t* une marque « universelle » de troisième personne, l'ajoutant là où elle « manque » (d'où le classique *il chantat*).

Les élèves doivent donc non seulement comprendre *comment ça marche*, mais aussi se convaincre du caractère impérieux de l'emploi des morphogrammes. De fait, le plus infime décalage graphique entraine une perturbation de la syntaxe – et de la signification – pouvant aller jusqu'à une transformation du sens de l'énoncé. C'est ce qui explique que les infractions verbales soient ressenties comme « graves » pour un lecteur. L'orthographe du verbe symbolise ainsi, plus que d'autres secteurs linguistiques sans doute, l'idée de plurisystème de l'orthographe du français, sa mixité congénitale, en mettant directement en contact la dimension phonographique et la dimension sémiographique. Les trois principes à l'œuvre dans l'orthographe du français – phonographique, morphologique, distinctif – interagissent en permanence. Cette complexité – objective – pèse lourdement sur l'apprentissage de l'orthographe verbale.

3.3. Les procédures graphiques

Avec le verbe, on vient de le voir, tout est compliqué : caractère abstrait des notions sous-jacentes, spécialisation rigoureuse de graphèmes polyvalents et plurifonctionnels, multiplicité des agencements, jeu d'alternance entre segments phoniques et donc graphiques, ou segments graphiques seulement, intervention significative d'un élément $\emptyset$.

Dans ce domaine comme dans les autres, les conceptions que les élèves développent sont à l'origine de leurs procédures graphiques. Mais, en raison de la complexité de l'orthographe verbale, ils semblent errer parmi les graphies potentielles, renvoyés de l'une à l'autre avec des repères parcellaires et incertains. Pour donner une idée du maquis dans lequel les élèves se débattent, écoutons Stéphanie (CM1, corpus JMS) à propos de *la maitresse ma explique*: « La fin, je ne savais pas si je mettais un *s* ou *ent* ou *ait* parce que c'est *la maitresse*, alors tout ça, ça ne va pas et *ée*, je ne le vois pas non plus ». Elle connait quelques finales qui correspondent à ce que nous appelons respectivement marques de personne, de nombre, de temps, de genre, mais elle n'en a pas la clé, car ces graphies n'ont pas encore pris tout leur sens, elles ne sont pas organisées en système: elle sait juste qu'elle est perdue. Avec moins d'inquiétude, c'est aussi le parcours de Laurette (CE2) qui résume ce qu'elle sait du verbe dans *le pinceau volent au-dessus de ta tête*:

– *Vole,* j'ai mis *e-n-t*, parce que c'est un verbe.
– Tu peux expliquer un peu plus?
– C'est un verbe, il faut les conjuguer, alors on met *e-n-t*.
– Tout le temps *e-n-t*?
– Non, quand c'est à l'infinitif, on met *e-r*, à l'imparfait, je crois que c'est *a-i-t*.

Au début du cycle des approfondissements, les suites de lettres *ent*, *er* et *ait* apparaissent comme spécifiques du verbe. Mais rien à voir avec l'ordre logique des leçons de grammaire ou d'orthographe. Ce qui a émergé, ce sont des éléments plus saillants que d'autres, à savoir la graphie d'un mode (l'infinitif), d'un nombre (le pluriel de la troisième personne), d'un temps (l'imparfait à la troisième personne du singulier) : *une* marque et non toutes celles qui couvriraient une même catégorie en s'opposant les unes aux autres. Les graphies semblent flotter en apesanteur, sans relation entre elles, uniquement rattachées à l'idée de verbe:

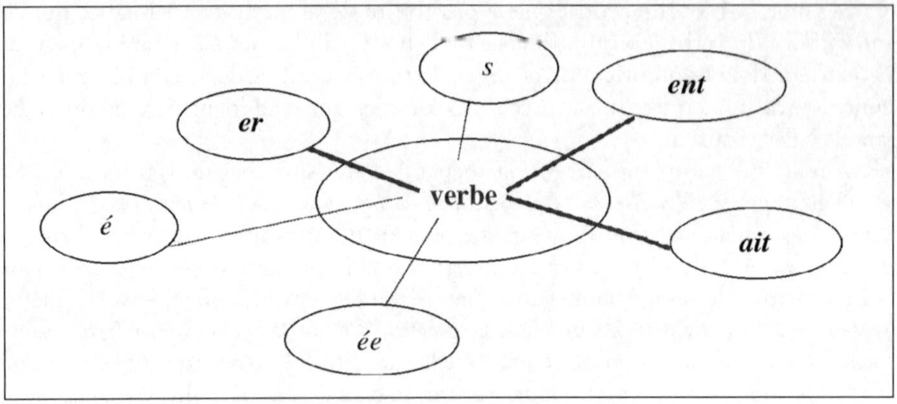

Des verbes et des marques

C'est pourquoi il est difficile de tracer une ligne claire du développement des graphies verbales. On retrouve les grandes procédures déjà rencontrées, mais le travail conceptuel de l'élève suit des méandres plus sinueux. En effet, avec les verbes, les élèves quittent très vite les approches de type phono/logographique, mais sans accéder pour autant à l'organisation minutieuse des agencements verbaux. Pour comprendre quelle est la bonne graphie, il faut appréhender le verbe dans sa fonction syntaxique, ce qui représente un travail conceptuel manifestement hors de portée pendant longtemps. Les élèves ont alors plutôt recours à une procédure de type morphologique. Elle consiste à piocher une graphie dans le stock des graphies verbales repérées comme telles, ainsi que le font Stéphanie et Laurette.

Nous allons donc suivre les élèves dans leur travail conceptuel en prenant pour fil directeur *les catégories qu'ils invoquent* et auxquelles ils se raccrochent: le verbe, le temps/mode, la personne, le nombre, le genre. Grâce à leurs commentaires, mais aussi à l'analyse des erreurs (ou des réussites apparentes), leurs choix graphiques deviendront plus compréhensibles : leurs conceptions sous-jacentes, nœuds d'incertitudes ou de conflits, apparaitront comme des points de passage obligés de la construction du système verbal.

Identification du verbe

La première condition pour sélectionner une graphie verbale (morphonogramme ou morphogramme), c'est évidemment d'identifier le mot qu'on écrit comme un verbe. C'est, là comme ailleurs, mais sans doute encore davantage, une coupure forte avec l'oral où la production automatique des énoncés n'oblige pas le locuteur à avoir conscience de la catégorie syntaxique des unités qu'il utilise.

Le verbe n'a tout d'abord pas droit à un traitement différent des autres constituants de la phrase. Dans ces segmentations typiques des débuts, tantôt la procédure à l'œuvre est fortement phonographique, tantôt elle combine une connaissance de l'orthographe de certains mots et une approche fondée sur la transcription de l'oral: *voilà un peitet élefan il éfrmendrole* (Antoine, CP, mars) ; *un jure un chat é té à allé sur. un chare le chat é técotan* (Laure, CP, mars) ; *un lapin courtdansl'herbe* (Pierre, CP, mars). Mais, qu'il soit noyé dans la masse ou éclaté en morceaux, le verbe, pas plus que les autres éléments d'ailleurs, n'est constitué comme une unité autonome; les segmentations ignorent les frontières de mots, et en particulier celles du verbe, encore souvent uni aux éléments du contexte.

Cependant, l'intuition du verbe existe très vite. Le verbe se remarque par sa propriété effectivement remarquable d'unité multiforme. Comme le dit Guillaume (CM1) de *j'ai fais* pour justifier le *s*: «Un verbe irrégulier peut changer tout le temps». Même s'il se limite à un verbe «irrégulier», il souligne ainsi que la possibilité de se modifier est bien ce qui constitue le premier indice du verbe. Sous l'influence de l'enseignement, les élèves apprennent à repérer le verbe par leur double propriété de changer de terminaison et de se combiner avec des pronoms, une liste de mots restreinte et précise. Ce dernier moyen d'identification du verbe serait-il imparable? Pas si sûr.

Renaud (CE2) commente *elle était abier* par: «Parce que c'est un verbe... au présent» et précise: «Parce que *je m'habille, tu t'habilles, il s'habille, nous nous habillons, vous vous habillez, ils s'habillent*». Cette manipulation linguistique peut d'ailleurs s'appliquer à une forme non verbale, comme le fait Miloud (CE2) qui s'interroge sur la possible présence d'un *e* dans *elle est bossu*: «Presque tout le temps on met un *e* dans le verbe» et qui, pour preuve, se met à conjuguer: «Parce qu'on peut dire *je suis bossu, tu es bossu, il est bossu, nous sommes bossus, vous êtes bossus, ils sont bossus*». Ce qui est en cause ici, c'est la capacité cognitive pour un enfant de huit ou dix ans d'appliquer un test linguistique «toutes choses égales par ailleurs». Les élèves ne se rendent évidemment pas compte des différences qu'ils introduisent dans le contexte, tout comme ils ne perçoivent pas les failles d'un raisonnement. C'est le cas de Laurette (CE2) qui explique son choix de *vous me plaiser*:

– Le verbe est conjugué à l'infinitif.
– Comment tu le sais?
– Parce qu'il y a *e-r.*

Quoi qu'il en soit, les propriétés formelles et combinatoires du verbe, soulignées fortement par les enseignants, conduisent les élèves à identifier et nommer le verbe. C'est même sans doute une des premières étiquettes terminologiques qu'ils utilisent de façon spontanée.

Le contraste est net avec les noms qui ne sont que très peu, et tardivement, désignés comme *noms*. Cette différence pourrait indiquer que le verbe occupe la place de l'élément marqué dans une opposition. Ce qui est nommé est ce qui se détache, le *pluriel* et pas le singulier, le *féminin* et pas le masculin, le *verbe* et pas le nom. Ce qui n'est pas nommé n'a pas besoin de l'être: le nom, parce qu'il renvoie naturellement aux objets du monde dont il est dit quelque chose, le singulier et le masculin, parce qu'ils n'ont de marques en propre ni à l'oral ni à l'écrit. Mais cette « invisibilité » n'aide pas les élèves dans leur conceptualisation des catégories du nom, du singulier et du masculin, avec tous les effets que l'on a déjà rencontrés et que l'on va rencontrer de nouveau.

Toutefois, on aurait tort de croire que l'usage de l'étiquette *verbe* vaut pour la notion. Loin s'en faut. À l'occasion d'activités qui font appel à la connaissance du *verbe*, les enseignants sont souvent surpris de voir les élèves relever des mots qui n'en sont pas. Même au collège, quand on veut étudier les grandes oppositions concernant le discours ancré ou non ancré dans la situation, l'aspect ou les effets du passif dans un article de presse, on découvre que les élèves repèrent encore très mal les formes verbales complexes et le socle sur lequel on pensait bâtir de nouveaux savoirs s'effondre.

En réalité, ce que mettent les jeunes écoliers sous l'étiquette *verbe* n'est pas la même chose que l'adulte, même s'ils ont assez tôt une certaine idée du verbe. Côme (CE2), par exemple, explique pourquoi il a écrit *l'école était occupée par la Croix Rouge* : « Parce que premièrement, c'est pas un verbe… Parce que *occupée*, c'est pas à l'infinitif. Quand on fait *e-r*, c'est à l'infinitif ». Au-delà du caractère tautologique de son raisonnement, si fréquent en CE2, c'est une conception plus restreinte du verbe qui se dégage : *verbe* renvoie à *infinitif* et s'oppose tantôt au participe passé comme ici, tantôt aux formes conjuguées comme dans d'autres commentaires.

Le traitement des autres finales d'infinitif ne pose pas le même problème : *finir*, *prendre* ou *voir* se règlent sur une base phonogrammique. Tout au plus, il est nécessaire de savoir s'il faut un *e* : *voir*, *vouloir*, *boire*, *croire* ; mais la même question se pose pour *ivoire*/*dortoir*. En revanche, dans les formes en /E/, le morphonogramme *er* étant en concurrence avec d'autres graphies, il doit être *choisi*. Quand ils mettent *er*, les élèves savent qu'ils ont affaire à une espèce particulière de mots : c'est, en quelque sorte, la signature du verbe. Issu d'une sélection, le morphonogramme *er* apparait alors bien comme une marque de classe plutôt qu'une marque du mode.

En tant que classe, le verbe est une catégorie abstraite. Comme toutes les unités variables, le verbe n'existe que sous la forme concrète qu'il prend dans un énoncé. Mais l'infinitif sert aussi à nommer l'ensemble des formes fléchies. On retrouve là ce double rôle qu'une forme particulière doit jouer : forme qui s'oppose aux autres par les valeurs qu'elle manifeste, en même temps que forme qui les rassemble toutes conventionnellement pour désigner l'unité lexicale, la *forme vedette*. C'est là un un statut ambigu pour les élèves.

Une autre ambigüité vient perturber leur perception : déjà multiforme aux temps simples, le verbe devient opaque aux temps composés ou surcomposés, et carrément insaisissable au passif, du moins jusqu'aux classes avancées du collège. C'est la notion même d'*unité* qui se dilue. Il y a d'ailleurs là une singularité : les élèves apprennent qu'un verbe, c'est ce qui change avec les pronoms de conjugaison ; mais, quand il s'agit d'un temps composé, ce qui change en se conjuguant, c'est l'auxiliaire, alors que le verbe, dans sa forme de participe passé, reste fixe. Cette « contradiction » se reflète dans la formulation si fréquente : « C'est le verbe *avoir pris, être mouillé* ».

Quand les élèves atteignent un niveau de connaissances supérieur, l'identification du verbe pose un nouveau problème, en particulier, s'ils tentent de mettre en application une « règle » enseignée qui se retourne souvent contre ses utilisateurs. Un exemple parmi des dizaines, Noël (CM2) justifie *ils etaient presser* par : « Parce qu'on nous a dit que quand deux verbes se suivaient, le deuxième était toujours à l'infinitif ». Mieux vaut inciter les élèves à utiliser la commutation avec un verbe du troisième groupe, qui relève d'une procédure linguistique, et qui ne pousse pas les élèves à la faute, alors que leur intuition initiale (ou l'utilisation d'une procédure phonographique) les conduit vers une meilleure solution. Par exemple, Sonia (CM2) commente *la pomme Golden fut mangé* :

– C'est le passé composé. Non, en fait, *fut*, c'est le verbe, et *manger*, c'est un autre verbe après, mais à l'infinitif. C'est pas le passé composé parce que devant, c'est ni le verbe *être* ni le verbe *avoir*, donc c'est à l'infinitif.
– Tu veux dire que… ?
– C'est *e-r*. (Elle « corrige ».)

En fait, pour pouvoir appliquer une telle règle, il faut déjà disposer de connaissances solides sur l'ensemble des formes verbales. À une époque où ni le passé simple qui permettrait d'identifier *fut*, ni le passif qui permettrait d'identifier le statut de *mangée* ne sont connus, la conclusion parait inévitable. Nombre d'« erreurs » s'expliquent ainsi. En effet, les élèves ont des compétences langagières qui les amènent à employer toutes sortes de formes verbales qu'ils sont incapables d'analyser avec précision : compétences langagières ne veut pas dire compétences métalinguistiques, et encore moins orthographiques.

Le temps

La plupart des marques de temps se prononcent. Elles peuvent donc être transcrites par des procédures de type phonographique, comme dans ce texte de Félix (CP, janvier) qui rassemble des formes verbales à l'imparfait, mais aussi au passé simple et au futur, toutes traitées de façon phonographique :

*Il **été** une foi une geun fille*
***abité** dans un chateau son père.*
***Etè** rich mé une foi la geun*
*fille **mouru**. mè il **fur** un anfan*
*sé **té** la pricesse du chateau.*
*une foi une viei femme **veun***
*elle **di** can elle **ora** disan elle seu*
***coupra** le doi fin.*

C'est encore la même procédure chez Albane (CE2) qui écrit *le prince et la princes arriver* (lu /ARIVER/) *au chatau est vécur ereu* et donne pour seul commentaire : « C'est fini, l'histoire, ils vont se marier ». Au futur et parfois au passé simple, si les élèves transcrivent ce qui s'entend, même s'ils n'ont pas appris la conjugaison, ni compris les valeurs temporelles, certaines formes apparaitront normées : *il fera* ou *il arriva*.

Le présent se confond souvent avec la forme courte du radical (*prend*, *veu-t*, *pren-ons*, *voul-ons*) et relève de la connaissance des phonogrammes. Pour *ton chien aboi tros*, Alice (CE1) n'a aucun doute : « Ça, je le savais, j'ai mis avec *o-i* pour que ça fasse /wa/ ». Presque invisible avec ses formes peu marquées, le présent offre donc moins de prise aux commentaires et à l'analyse que les autres temps. Le graphème *e* des verbes du premier groupe a surtout une fonction diacritique, ou bien il est interprété comme une marque de singulier. Édith (CM1) explique à propos de *L'histoire se passe en vraie* : « Comme je parle d'une seule histoire, j'ai pas mis *s*. »

Reste l'imparfait. Avec ce temps, on entre dans le domaine des finales homophones en /E/. Les élèves l'emploient très tôt en raison de sa place dans l'ouverture des récits comme temps d'arrière-plan et utilisent, dès qu'elles ont été identifiées, les variantes *é*, *er*, *ai*, mais sans qu'une valeur particulière leur soit attachée. Interrogé sur la diversité de ses choix dans *elle bouger et je coier qu'ell allé tonbé*, ainsi que dans le reste de son texte qui comporte aussi *ai*, Michel (CE2) explique comment il s'y prend : « Je le pense dans ma tête ! Je me dis : c'est lequel qui me va le mieux ? » ; puis il justifie la sélection de *é* par « J'en pense que c'est bien ». Chez d'autres, on peut déceler une utilisation de *ai* comme une marque pour des mots un peu différents des autres. C'est le cas de la jeune Adeline (CE1, corpus JMS) qui commente *J'ai glissai et je sui tombai je me sui fait mal après je sui rentrai à la maison. je me sui aucupai* :

– Les mots comme ça maintenant je sais que c'est souvent *ai* à la fin quand ça fait /E/.
– Et *fait mal* ?
– Oui, mais *fait*, je le connais, c'est pas pareil.

Effectivement, le morphonogramme *ai* s'impose assez vite, car les élèves le mettent en relation avec sa valeur textuelle : « Dans les histoires, je mets souvent *ai* », disent-ils, quitte à le distribuer généreusement, comme Samir (6e) qui justifie ainsi *Il avait décider d'allait se promenait* : « Comme mon texte est à l'imparfait, j'ai mis pareil. On nous a dit que quand on raconte quelque chose, on doit garder le même verbe ».

Le mouvement que semblent suivre de nombreux élèves peut donc se lire ainsi : *é* → *er* → *ai*. Tant que le verbe n'est pas distingué des autres mots, le phonogramme *é* apparait comme le plus évident ; ensuite la conscience d'avoir affaire à un verbe pousse à choisir la marque catégorielle *er*, qui peut même servir de *structure d'attente* (je mets *er* parce que je sais que c'est un verbe et que je ne sais pas quoi mettre d'autre) ; enfin, la conscience du verbe conjugué entraine le choix du morphonogramme *ai*. De ce fait, le graphème *ai* se rencontre aussi au passé simple : *les enfants sautairent*. À noter que la graphie de la deuxième personne du pluriel *ez* vient augmenter le nombre de finales homophones en /E/, ce qui explique quelques malheureux *je, tu, il,* ou *ils venez.* Avec le travail sur les temps composés, la finale *é* revient avec son statut de marque de participe passé des verbes du premier groupe.

Pour toutes ces raisons, le morphonogramme *ai* a du mal à trouver une assise solide, comme dans cette discussion qui oppose Stéphane et Anne (CM2) sur *les histoires que je préféré* :

Stéphane : Déjà on peut pas mettre *é* à l'imparfait.
Anne : Oui, mais qui te dit que c'est à l'imparfait ?
Stéphane : De toute façon, ça peut pas être *é* parce qu'il n'y a rien entre *je* et *préféré.*

À vrai dire, le plus souvent, ce n'est pas le morphonogramme *ai* que les élèves sélectionnent comme marque d'imparfait, mais la suite *ait* prise comme un tout qui ne s'analyse pas. C'est ce qu'explique Thomas (CM2) après avoir écrit *les histoires que je préférait* : « J'écris toujours *ait* à l'imparfait ». Cette idée persistante a pour origine les récits eux-mêmes : les formes de l'imparfait présentes au début des contes sont le plus souvent à la troisième personne. Les élèves en extraient la suite *ait* sans faire le lien entre le *t* et celui de la troisième personne. Ils se réfèrent d'ailleurs souvent à la formule *il était une fois*. Quant à l'apprentissage par cœur de la conjugaison, il peut même conforter cette conviction, puisque, généralement, les élèves récitent en bloc la finale : *il chantait, a-i-t*. Il est donc indispensable d'aider les élèves à prendre conscience de ses deux composants, le morphonogramme *ai* et le morphogramme *t* (ou *s*). Plus compliquée à saisir, la graphie *j'aitait*, qui n'est pas exceptionnelle, résulte en partie du même raisonnement, comme chez Sofiane (6e) : « J'ai d'abord écrit *j'ai* et puis j'ai mis à l'imparfait ». Comme dans un rébus, les unités sont vidées de leur contenu sémantique au profit de la seule dimension formelle.

Ainsi, les élèves semblent relativement peu conscients des différentes valeurs de la catégorie du temps et de ses différentes graphies ; ils en restent plutôt à une approche phono/logophonographique (qui fait illusion). Mais l'imparfait, avec son morphonogramme *ai*, plonge l'élève dans le vaste marais des formes homophones en /E/[1]. Il n'en sortira pas avant de longues années, pas avant en tout cas qu'il ait mis en ordre l'ensemble des autres catégories verbales et leurs marques graphiques.

La personne

Si les marques liées aux modes et aux temps dépendent pour beaucoup des choix discursifs du scripteur, avec les autres catégories, les marques dépendent surtout d'un rapport entre deux éléments co-présents dans l'énoncé. Contrairement aux marques de temps, une

1. Voir Catherine Brissaud et Jean-Michel Sandon, « L'acquisition des formes verbales en /E/ à l'école élémentaire et au collège, entre phonographie et morphographie », *Langue française*, n° 124, 1999, pp. 40-57 ; Catherine Brissaud, « L'imparfait et ses concurrents, du CM2 à la troisième », *Le Français Aujourd'hui*, n° 122, 1998, pp. 62-70.

bonne partie des marques de personne n'a pas de contrepartie phonique : ce sont les morphogrammes *s*, *e*, *t*, *nt*. Et, si elles en ont une, comme à la première ou à la deuxième personne du pluriel, un morphogramme vient compléter la désinence : *on-s*, *e-z*. C'est dire qu'avec la catégorie de la personne, l'essentiel se joue avec des « lettres muettes ».

Les élèves rappellent d'eux-mêmes les combinaisons de base entre un pronom de conjugaison et une terminaison graphique, sur lesquelles on attire constamment leur attention. Ils se détachent assez vite des procédures strictement phono/logographiques et intègrent les marques les plus évidentes. Mehdi, par exemple, passe en quelques mois de *kannousarivon aucalé* (CP, mars) à *quand nous sortons de lécole* (CE1, novembre). En fait, les élèves appréhendent les finales verbales par un trait saillant. C'est particulièrement frappant à la troisième personne : avec une forme verbale telle qu'*il sort*, c'est la catégorie de la personne qui est souvent mentionnée, et pas celle du singulier, tandis que, avec *ils sortent*, c'est celle du pluriel, et pas celle de la personne. À chaque fois, une seule catégorie, celle qui s'exprime matériellement par un ou plusieurs graphèmes. La troisième personne du pluriel sera donc abordée plus loin avec la catégorie du nombre.

Une fois constituées dans l'esprit des élèves, ces marques courent le risque de devenir des automatismes graphiques, sans qu'ils les perçoivent : *un camions* ou *un marchez*. Mais ces combinaisons entre un pronom et une marque graphique alimentent surtout leurs raisonnements dans des généralisations intempestives.

L'attribution de la valeur de troisième personne à n'importe quel *t* ou son extension proliférante sont fréquentes. Wema (6e) veut corriger *il a démoli le mur* : « Je me suis trompée, à *démoli*, il faut un *t* parce qu'il y a *il* ». Ou, plus spectaculaire, Thomas (CM1) commente ainsi *sait* dans *le seigneur dit à sait chevaliers* : « *t*, parce que c'est lui qui dit à ses chevaliers ». Même si l'homophone *sait* a surgi sous sa plume comme un « prêt-à-l'emploi », il ne voit pas l'incongruité d'une forme qui devrait évoquer le signifié « savoir » ; il isole le *t* et le justifie comme marque de troisième personne en établissant un rapport avec le sujet.

> On trouve ici toute la logique singulière d'un « accord » avec le possesseur, procédure morphosémantique caractérisée. Mais, si l'on s'arrête à l'analyse des élèves, il faut bien convenir d'une parcelle de vérité. En effet, les « possessifs », en dépit de leur dénomination ambigüe, sont bien des unités qui renvoient à la personne : *ses chevaliers*, les chevaliers qui sont à lui. Le lien avec le pronom personnel peut d'ailleurs apparaitre : « Prends ses affaires, celles qui sont à lui, pas les miennes ». L'intuition du statut du déterminant possessif lié à l'objet et au possesseur, servira d'ailleurs à cet élève s'il fait de l'anglais ou de l'allemand, quand il lui faudra dissocier les deux éléments dans *his father/her father*, ou *sein Vater/ihr Vater* (son père à lui/à elle).

Quand ce lien entre un pronom de conjugaison et une terminaison verbale est bien établi, l'association tend à paraitre normale, quel que soit le statut du pronom. *Nous* ou *vous* peuvent déclencher les graphies *ons* ou *ez*, comme chez Zoé (CM1) dans *il est allé vous cherchez* : « Comme il y a *vous*, on doit mettre *ez* ».

La perturbation introduite par un pronom semble souvent insoluble aux élèves parce qu'ils sont pris entre deux feux. C'est ce qu'explique d'une manière lumineuse Elodie (CM2, corpus JMS) à propos de *Si vous me donner votre dromadaire* : « *Vous avez*, c'est la conjugaison, tandis que là il y a *me* entre, et dans la conjugaison, ça compte, le petit mot devant. Là, c'est plus *vous* qui est devant, alors on doit mettre *er* ». Si la graphie normale *ez* est bloquée par la présence d'un « petit mot qui compte », alors il ne reste plus qu'une possibilité, un dernier recours : ce sera *er*, car il s'agit tout de même d'un verbe. Effectivement, si un pronom s'intercale, ou plus généralement un rupteur, les fragiles certitudes ont vite fait de vaciller. Néanmoins, quand le sujet est un groupe nominal et que les élèves ont l'habitude de l'identifier en le remplaçant par *il* ou *ils*, le ralliement à la marque *t* ou *nt* semble plus facile. Iman (6e) commente *les habitants de la planète vous avez dit de partir* : « J'ai mis *ez* parce que je croyais que ça s'accordait avec *vous*, mais je me suis trompée, c'est pas *vous les astronautes* qui disent quelque chose, c'est les habitants de la planète, c'est comme s'il y avait *ils*, *ils vous avaient dit* ».

Ainsi, la catégorie de la personne présente un premier niveau de fonctionnement accessible aux élèves en quelques années. En effet, la combinaison relativement stable entre les pronoms de conjugaison et les marques graphiques leur permet d'acquérir quelques graphies de base, à partir du moment, bien sûr, où ils ne se contentent plus de procédures de type phono/logographique élémentaires. Mais, par bien d'autres aspects (la polyvalence des graphèmes, leur rôle distinctif, la liaison avec les modes, les formes homophones, les constructions syntaxiques), cette catégorie demande un temps d'assimilation assez long.

Le nombre verbal

D'un morphogramme à l'autre

De la même manière qu'avec l'adjectif, les élèves ne perçoivent pas nécessairement que le verbe est soumis à la catégorie du nombre, et la procédure mise en œuvre est une procédure de type *phonographique*. C'est le cas de Céline (CE2) quand elle écrit *il ne reussire pas* (/ReysiR/ et non /Reysi/), en se préoccupant seulement du choix des phonogrammes : « *Réussir*, je sais qu'il y a deux *s* ; à *pas*, il y a un *s* et *ne*, c'est facile, *n-e* ». Chez les jeunes scripteurs, un décalage existe souvent dans les procédures qu'ils utilisent pour les noms et les verbes, comme dans *six anfens boive dens un vere* (NAT, CE1, octobre, corpus FS). L'élève transcrit la forme verbale formulée mentalement en utilisant la loi de position Consonne + *e* (/bwav/ et non /bwa/), alors que le nom comporte le morphogramme du pluriel. On peut d'ailleurs comprendre ce décalage : tant que le pluriel est associé à l'idée de « plusieurs choses » dans la réalité, il n'y a aucun sens à mettre le verbe au pluriel. Il n'existe donc pas de continuité entre le marquage en nombre du nom et celui du verbe. Les évaluations nationales montrent bien cet écart à la fin du cycle des apprentissages fondamentaux (en pourcentages de réussite)[1] :

> 1989 : *Pendant la récréation, garçons* (73,6 %) *et filles* (77,5 %) *jouent* (34,1 %) *aux billes* (54,7 %).
> 1993 : *Trois enfants* (70,6 %) *marchent* (30,4 %) *sur le chemin entre les grands* (56,1 %) *arbres* (50,1 %).

Peu à peu, l'enseignement fait bien sûr évoluer les élèves. La tendance naturelle est d'abord de rester en terrain connu. Solange (CM1) commente ainsi *leur enfants s'appelles* : « Il y a un *s* parce qu'il y en a plusieurs ». Plusieurs quoi exactement ? On ne le saura pas. La marque *nt* est donc le résultat d'un processus de différenciation entre nom et verbe qui soulève d'autres questions : sur la marque du singulier, sur la valeur du *s* dans la morphologie verbale, sur les éléments concernés par le morphogramme du pluriel verbal.

La question du singulier semble se poser davantage avec le verbe qu'avec le nom ou l'adjectif : il exige sa part. Paul (CE2) explique ainsi l'erreur soulignée par la maitresse dans *je te remerci* : « Parce que comme c'est moi qui parle... Il faut mettre un *t*, parce qu'il n'y a pas plusieurs gens qui parlent ». Et s'il y avait plusieurs personnes qui parlaient ? Il mettrait un *s*. Cette « solution » lui permet d'établir une opposition franche : au *s*, le pluriel, au *t*, le singulier. Même fausse, elle correspond à un progrès dans l'acquisition de la morphographie : certaines lettres ont désormais pour lui le statut de morphogramme verbal.

1. *Éducation et Formation*, « Évaluation CE2-6e. Résultats nationaux – septembre 1989 », n° hors série, 1990 ; *Dossiers d'éducation et formations*, « Évaluation CE2-6e. Résultats nationaux – septembre 1993 », n° 33, 1993.

Au passage, on voit là une des limites des signalements sur les copies. Si ce que souligne l'enseignant ne correspond pas à une notion réellement assimilée par l'élève, celui-ci ne comprend pas quelle erreur il a commise et l'interprète par rapport à ses propres conceptions.

Cependant, comme *s* apparait aussi dans la conjugaison, les élèves doivent également le prendre en compte. Certains interprètent ce *s* associé au *tu* comme un pluriel, comme Brice (CM1) pour *tu sors de l'eau*: « Sa mère, elle lui parle à lui... Ben, ils sont plusieurs, *s* ». L'enchevêtrement d'idées peut être encore plus obscur quand André (CM1) rajoute *nt* à *tu envisage* en expliquant: « Au pluriel. Quand on met *tu* au début, il faut mettre le pluriel après. Comme /a/, *a-s*. Et le verbe *e-n-t* ». Pour certains élèves, le *s* associé à *tu* (appris comme une règle en raison de sa grande fréquence), est donc « retraité » comme un *s* de pluriel (*tu as*) ; mais c'est *nt* qui convient si la forme se termine par un *e*. Ces deux commentaires montrent combien les idées des élèves peuvent cheminer loin de ce qu'on croit leur enseigner.

Imprégnés du rôle grammatical du *s* nominal qui tire aussi sa force d'être le premier morphogramme repéré, mais devenus sensibles au pluriel verbal, les élèves doivent se défaire d'un raisonnement en voie d'automatisation – le pluriel, c'est *s* – au profit d'un autre raisonnement – sauf quand c'est un verbe. Ce n'est pas simple puisqu'il s'agit bel et bien d'inhiber une conception déjà bien ancrée. Les élèves adoptent cependant peu à peu la marque *nt* ou *ent* pour le pluriel verbal de la troisième personne et commencent à repérer son omission, tel Marwan (CE2) qui corrige de lui-même *les notes tourne* : « J'ai oublié *n-t* ». Pourtant, même s'il finit par dire: « Parce que ce sont les notes qui tournent », il a du mal à expliquer pourquoi: « Je l'ai déjà vu comme ça », puis se retranche derrière l'argument d'autorité: « On nous a appris comme ça ». Quoi qu'il en soit de leurs raisons, c'est bien un autre morceau de savoir qui émerge.

La plupart des graphies reflètent une conception du nombre liée à l'idée de pluralité dans le référent. Toutes sortes de relations peuvent être ainsi établies sur cette base. Par exemple, Renaud (CM2) explique son choix dans *il levas les bras*: « Il faut un *s* parce qu'il a deux bras ». Avec le même raisonnement, Miloud (CE2) défend *ces parent divorce*, en s'opposant au pluriel: « C'est pas au pluriel parce que là il y a simplement un divorce, il n'y en a pas plusieurs ». Sur le terrain du sens, les explications semblent toujours intarissables.

Quand les élèves sont attentifs au nombre verbal et à sa marque *nt*, ils peuvent alors l'étendre à toute forme verbale. Par exemple, Anaïs (CE2) raye l'accent et rajoute *n-t* dans *suivé bien Jeannot* et justifie sa décision avec une grande fermeté: « La mère, elle dit à plusieurs enfants *Suivez bien Jeannot*... elle dit ça à plusieurs enfants », avant de préciser: « *n-t* ? Ça sert à mettre au pluriel ». Le cas le plus sensible concerne le participe passé, tant qu'il n'a pas d'autre statut que celui de « verbe ». Par exemple, Victor (CM2) estime qu'il a commis une erreur dans *il y a eu 31 malades qui sont parti*: « J'ai écrit *t-i* à la fin, normalement, il y a 31 malades, donc c'est au pluriel. Ça ne doit pas être *t-i*... mais *t-i-e-n-t*... Parce qu'un verbe, c'est *ils* au pluriel, mais ça se termine par *e-n-t* ». Son propos souligne discrètement la spécificité un peu bizarre du verbe qui fait appel à une autre marque.

Puisque la suite de lettres *ent* ou *nt* s'identifie à ce point à l'idée de pluriel, on peut observer deux effets. D'une part, une séquence *ent* dans une unité non verbale est d'emblée interprétée comme un pluriel, les élèves ayant alors du mal à ajouter un *s* à un nom ou un adjectif se terminant par *nt*, comme Miloud (CE2) qui commente ainsi *parent* toujours dans *ces parent divorce*: « *e-n-t*... Parce que c'est au pluriel », avant de se raviser: « Avec un *s* à la fin... Parce que deux personnes, c'est au pluriel, ou plusieurs ». Il explique alors avec finesse sa confusion: « Je pensais que c'était comme les verbes, *ils* au pluriel ». Cette conviction peut s'installer durablement, comme chez cet élève de 6e: « *Des établissement*, pas de *s*, il y a *nt* ». D'autre part, la marque apparait sur des unités non verbales confondues avec un verbe, ou simplement associées à un verbe, avec un raisonnement qui persiste chez des élèves au collège. Gérard (6e) justifie *nous courames très vitent* par: « Pluriel, on est plusieurs à courir dans le souterrain ».

Mais la différenciation entre marque nominale et marque verbale est aussi mise à mal avec les formes en /ɔ̃/. Mustapha (CE2) justifie *nous partont en train* : « Parce qu'on est plusieurs, c'est toute la classe qui part, et pour un verbe, on met pas *s*, c'est comme ça qu'on nous apprend ». Ce « brouillage » rappelle celui qui conduit à écrire *ont* le pronom *on*. Dans les deux cas, c'est le rôle du *t* comme marque de troisième personne qui n'est pas encore bien identifié.

Un premier parcours cognitif conduit donc les élèves à découvrir le verbe et quelques-unes de ses marques qui le spécifient comme verbe. À la différence de ce qui se produit avec les autres classes de mots, les élèves développent assez rapidement une conscience morphologique du verbe ; ils savent qu'ils ont affaire à un élément différent des autres. Le passage à la marque *(e)nt* comme marque du pluriel verbal par opposition au *s* nominal vient conforter cette représentation du verbe. Ce passage s'accompagne d'une nouvelle organisation des graphèmes : *s* n'a pas la même valeur dans le système nominal et dans le système verbal, *nt* non plus (d'où le célèbre exemple en linguistique : *les poules du couvent couvent*). Mais, tant que les procédures morphosémantiques dominent, passer d'un morphogramme à l'autre, ce n'est faire qu'une partie du chemin. Il faut aussi entrer dans le système des relations internes à la langue, et appréhender la notion d'*accord*.

À la recherche du sujet

Du point de vue morphologique et, donc orthographique, le verbe, comme l'adjectif, ne trouve pas ses marques en lui-même. Il *reçoit* ses marques de ce qu'on appelle le sujet ou, selon l'expression consacrée, il *s'accorde* avec son sujet. Seulement, il ressort de leurs commentaires et de leurs choix graphiques que les élèves sont assez vite conscients que le verbe est sous la dépendance d'un autre terme, mais que le problème est ailleurs. Le problème, c'est l'identification du sujet.

Pendant un certain temps, on l'a vu, les élèves procèdent en isolant la forme verbale de son contexte et en la manipulant pour elle-même, selon une procédure de type *morphologique* qui sélectionne des marques parmi celles connues comme étant des marques verbales, sans autre considération. Progressivement, les élèves se mettent à prendre en compte l'environnement proche pour appuyer leurs raisonnements. Par exemple, David (CM1) s'explique sur *ces questions t'embêtes* : « *Ces questions*, comme il y en a plusieurs, il vaut mieux mettre un *s*, et puis *embêtes*, on en met un aussi parce que ça suit » ; et il précise : « C'est ces questions qui t'embêtent, *ces questions*, c'est au pluriel, alors on met un *s* ». Même si aucune terminologie n'est employée, même si le graphème *s* n'est pas le bon morphogramme, même si le premier constituant est au pluriel pour des raisons sémantiques, le second constituant l'est *en raison* du premier. Le passage de *aussi* à *alors* marque un mouvement cognitif qui va de la simple comparaison à la déduction. L'élève indique ainsi la solidarité irrécusable des deux constituants de la phrase dans la catégorie du nombre. La relation sujet/verbe semble donc établie et repose sur deux critères : la proximité, comme le souligne l'expression « ça suit », et le test linguistique de l'encadrement par *c'est... qui*.

Mais des structures plus complexes révèlent tout le flou qui existe autour de la notion de *sujet*. Les élèves identifient en effet comme sujet un terme qui précède le verbe et qui a quelque chose à donner, une valeur de nombre ou de personne, par exemple. Le *donneur*, pour reprendre la terminologie québécoise vraiment judicieuse, n'est souvent pas le sujet syntaxique. De très nombreux commentaires sont là pour l'attester. Certaines structures se révèlent particulièrement périlleuses. C'est le cas lorsqu'un élément s'intercale entre le sujet et le verbe, mais aussi le relatif *qui* ou le sujet inversé.

• Le pronom *lui* « donne » une finale verbale en *t*, dans lequel se confondent la marque de troisième personne et la marque du singulier. À l'inverse et tout aussi naturellement, *les* (ou *leur*), fortement marqués du côté du pluriel par la forme ou le sens, « donnent » une finale verbale au pluriel. C'est ce qu'explique Jessica (6e) pour *je lui avait donné*: « *t*, parce que *lui*, c'est comme *il*, et avec *il*, c'est presque toujours *t* ». Régulièrement, les pronoms *les* ou *leur* propagent une marque de pluriel au verbe, qu'il soit une forme conjuguée, un participe passé ou un infinitif, du moment qu'il parait apte à se combiner avec *s* ou *nt*. Par exemple, Victor (CM2) s'interroge sur *sans les faires cuires*:

– Je sais pas. Normalement, il n'y a pas de *s*. Si, il y a un *s* à *cuire*. Non.
– Commence par ce dont tu es le plus sûr.
– C'est un verbe.
– *Cuire?*
– Oui, *cuire* et l'auxiliaire, c'est *faire*.
– Et alors?
– À mon avis, il ne faut pas de *s* à *faire* et il faut *e-n-t* à la fin de *cuire*.
– Pourquoi faut-il *e-n-t* à la fin de *cuire?*
– Parce que c'est un verbe et c'est au pluriel.
– Comment tu le sais?
– Parce qu'il y a *les* devant. C'est *les pommes de terre. Les*, c'est un pronom qui remplace *les pommes de terre*, parce que normalement, c'est *sans faire cuire les pommes de terre.*

L'« accord » repose sur un rapport de proximité; c'est le mot directement à gauche du « verbe » qui est considéré comme le terme donneur. Les élèves se sentent d'ailleurs parfois dans l'impasse, comme Loïc (CM2, corpus JMS) avec *ils ne savaient pas se qu'il les attender*: « Je ne sais vraiment pas comment faire parce que *finir* ou *fini*, ça ne va pas et je ne peux pas mettre à l'imparfait comme *savaient*, parce qu'il y a *les* devant, alors peut-être *és* parce que là, ça peut aller avec *les*... Parce que je ne connais pas de conjugaison avec *les* dedans ».

Que faire, en effet, quand une petite différence vient enrayer la machine et que ce que l'on connait ne peut plus s'appliquer? Tous les savoirs s'y épuisent. Et, puisqu'il faut bien mettre quelque chose, la marque de classe *er* semble la moins mauvaise des solutions : elle sert alors aux élèves de forme d'attente ou de forme générique. Il est donc important de ne pas se laisser abuser par certaines réussites: au singulier, *sans le faire cuire* n'aurait rien laissé paraitre.

• Les pronoms relatifs suscitent des interrogations similaires, comme chez Camille (CM2, corpus JMS) qui a écrit *non, mais je connais l'hérisson qui le conn~~ait~~ er lui*: « J'ai écrit vite et je l'ai mis comme verbe, mais après j'ai vu qu'il n'y avait pas de sujet, alors je l'ai mis en *er*... Pour le premier, il y a *je* comme sujet mais pas dans le deuxième ». Appartenant au langage des enfants dès leur plus jeune âge, le relatif *qui* n'a pas pour autant le statut de sujet grammatical, ni d'élément anaphorique transmetteur de marques. Non sans logique, l'élève recourt à la graphie *er* pour indiquer sa nature verbale.

L'intuition première est ici contrecarrée par un savoir qui ne maitrise qu'une partie des données à connaitre. Dans ce cas, une procédure morphosémantique guide souvent mieux l'élève vers la norme. Par exemple, pour Anaïs (CE2), tout semble facile pour *les dix lapins qui restent* : « On peut tout de suite voir qu'il reste plusieurs lapins, parce que si j'ai cent livres et j'en ai lu que dix, il m'en restera plus d'un à lire ». Mais, dans bien d'autres cas, le résultat est moins heureux. Par exemple, pour Sylviane (CM1) avec *les albums de Claude Ponti qui plaise le plus* : « Il faut pas mettre *ent*, parce que c'est Claude Ponti. C'est lui qui les a écrits, il les a pas écrits avec quelqu'un ».

• Les structures enchâssées, comme les groupes nominaux contenant une expansion nominale, sont aussi des structures à risque. Quatre cas de figure sont possibles en fonction du nombre respectif de chacun des constituants:

			Noms	Verbes	
(1) le château	du prince	était pris d'assaut	sg + sg	→ sg	convergence
(2) les châteaux	des princes	étaient pris d'assaut	pl + pl	→ pl	convergence
(3) le château	des princes	était pris d'assaut	sg + pl	→ sg	divergence
(4) les châteaux	du prince	étaient pris d'assaut	pl + sg	→ pl	divergence

Qu'ils soient neutres au regard du nombre (*qui*) ou non (*du prince/des princes*), les rupteurs contrarient souvent le transfert des marques dans une chaine : les chances de produire une graphie normée sont liées à la convergence ou la divergence des nombres, y compris parfois chez des experts, comme des recherches l'ont montré.

• Les sujets inversés, fréquents dans certains textes littéraires et les dictées d'examen, déclenchent les mêmes errements dans la sélection du terme donneur et suscitent des explications qui dénotent des confusions remarquables. La persistance d'erreurs chez des scripteurs plus âgés indique bien que le sujet reste ou est aussi une affaire de place : *Dans le grenier obscur était amassé les objets les plus divers* (Anne, 1re) ou *ce que montre ses illustrations* (étudiant, concours).

Ainsi, le fort impact des mots qui font écran est bien l'indice du statut incertain du sujet dans ces années d'apprentissage : la conscience de la dépendance du verbe à l'égard d'un autre élément n'est qu'un aspect du travail conceptuel. La notion de sujet se construit en même temps que l'accord du verbe, et probablement en partie grâce à lui.

Très souvent, les élèves s'en tiennent à un rapport de *position* avec des considérations morphologiques pour trouver le sujet : le terme donneur est celui qui se trouve devant le verbe. Bien des erreurs s'expliquent sans doute par cette procédure formelle, qui se renforce d'une procédure morphologique ou morphosémantique : le donneur choisi est souvent celui qui se fait remarquer par ses marques bien caractéristiques. Dans ce cadre, « accorder » signifie souvent en réalité : « Tout ce qui peut être considéré comme un verbe se met au pluriel s'il y a devant un mot au pluriel ou qui évoque le pluriel ». Position à gauche du verbe et marques à transmettre sont donc les indices privilégiés pour choisir le « candidat sujet ».

Ce que pointent en effet tous ces accords de proximité, alors même que les élèves expliquent qu'ils ont « accordé » le verbe avec son sujet, c'est une conception limitée du sujet. En effet, dans les phrases toutes simples – sujet/verbe/complément –, rien ne se voit : le terme à gauche du verbe est effectivement le sujet légitime. En revanche, dès qu'on sort de la phrase assertive canonique réduite (expansions dans le groupe nominal, phrases interrogatives, sujets inversés, circonstants mobiles, enchâssements, pronominalisations), l'identification du sujet vacille, dévoilant ainsi que la notion de sujet n'est en réalité pas encore construite sur des bases syntaxiques.

En effet, les élèves apprennent à identifier la relation sujet/verbe dans le cadre étroit de la phrase, espace privilégié des exercices. Quand il n'y a qu'un seul candidat possible, il n'y a pas beaucoup de risque de tomber à côté ! Mais, plus les structures se complexifient, plus la lisibilité du rapport sujet/verbe se perd. Or seule une identification du donneur qui repose sur une procédure de type morphosyntaxique permet véritablement de maitriser la relation sujet/verbe : pour cela, il faut en effet que les élèves ne réduisent pas le sujet à une position, mais intègrent sa dimension sémantique d'agent (ou de patient dans une phrase passive) et sa véritable dimension syntaxique de « donneur » : le sujet est le constituant qui exerce une contrainte sur le verbe.
La commutation avec *il* ou l'encadrement par *c'est… qui* sont des manipulations apprises dans les classes et évidemment très efficaces. Mais ce sont des opérations compliquées et, quand les élèves s'y essaient, ils ne parviennent souvent pas à les mener seuls au bout. Reste la variation concomitante en nombre : le sujet est l'élément qui, s'il varie en nombre, fait varier le nombre du verbe. Mais la circularité de la solution n'échappera pas : pour accorder correctement le verbe, il faut identifier le sujet ; pour identifier correctement le sujet, il faut montrer qu'il commande les marques du verbe… C'est pourquoi l'identification du sujet n'est pas aussi simple que la réussite dans les structures simples le laisserait croire.

Il ne suffit donc pas de rappeler que si le sujet est au pluriel, le verbe l'est aussi, puisqu'ils le savent, ni de leur dire de bien vérifier l'accord du verbe avec son sujet, puisqu'ils pensent le faire. Le problème est en fait double : la correction du texte oblige non seulement à identifier correctement le sujet, mais à maintenir les marques adéquates tout au long des chaines anaphoriques, y compris dans les phrases suivantes. Les phénomènes de reprise qui mettent en jeu les phénomènes d'accord sont en effet une caractéristique des textes. Mieux vaut donc, en production écrite, leur apprendre à traiter l'accord du verbe au fil du texte, c'est-à-dire, souvent, au fil des anaphores, par un jeu de surlignage, par exemple.

Le transfert des acquis des structures simples aux structures complexes que les élèves utilisent dans leurs textes est lent. Le sujet n'est pas une donnée « naturelle », son identification n'est pas immédiatement syntaxique. Il est même probable que l'interprétation de l'accord du verbe en termes de position soit plus répandue qu'on ne le pense : générale à l'école, elle est certainement encore dominante au début du collège. L'étude du sujet en termes de relations de dépendance et de combinaison y a donc sa place, à condition de ne pas refaire ce qui a été fait à l'école, mais de l'aborder par les structures complexes et la production écrite.

Le cas du participe passé

Forme verbale, le participe passé partage avec les différentes unités du système nominal certaines propriétés. C'est l'origine de sa dénomination : il *participe* du verbe et du nom, au point, d'ailleurs, qu'il est parfois difficile de décider si l'on a affaire à un adjectif ou à un participe passé ; ne parle-t-on pas de *participe passé employé comme adjectif* ?

Du point de vue morphologique, sauf, bien sûr, s'il s'agit d'un verbe intransitif qui se conjugue avec l'auxiliaire *avoir* comme *parler*, le participe passé s'aligne totalement sur l'adjectif : *conquis* comme *exquis* (Var/Var) ou *capturé* comme *carré* (Inv/Var). Que ce soit dans le groupe nominal, les appositions et les constructions participiales, le parallèle reste constant : *content de son voyage/revenu de son voyage… les mains moites/la nuit tombée, il reprit son chemin.*

Les conceptions des élèves relatives au participe passé sont donc proches de celles qui concernent l'adjectif, du moins tant que cette unité n'est pas sentie comme forme verbale. Mais une fois la conjonction faite, obscurité cognitive et conflits s'installent durablement. Deux raisons au moins rendent ainsi très lente la conceptualisation du fonctionnement orthographique du participe passé : sa double appartenance qui lui donne ce statut ambigu ; les règles d'accord qui le régissent selon qu'il est employé avec *avoir* ou *être*, dont on a pu dire qu'elles étaient l'emblème de l'orthographe française, voire de l'école elle-même.

Employé comme épithète ou avec *être*, le participe passé ressemble comme un frère à l'adjectif et les élèves développent des procédures identiques, à commencer par la procédure phono/logographique, avec ou sans conscience de la catégorie. Par exemple, Kamel (CE2) commente la finale *t-i* dans *je suis parti* : « Ça s'entend, /paʀti/, et puis *partir*, c'est le verbe ».

Dans les cas d'homophonie en /E /, le choix se porte souvent sur les graphies *er*, ou moins fréquemment *ai(t)*, pour marquer l'appartenance à la classe des verbes, comme on l'a vu. Puis, quand ils ont appris à se méfier des finales en /E /, la discussion porte surtout sur l'alternative *er* ou *é* à partir de la procédure de substitution qu'on leur enseigne. Par exemple, Valentin (CM2) explique comment il s'y est pris pour *Élisabeth s'était caché dans le grenier* : « On peut pas dire *Élisabeth était battre*, donc *é*. Quand c'est le participe passé, on met *e* accent aigu, et quand c'est le verbe, c'est *e-r* ».

À partir du moment où les élèves se lancent dans les accords, ils sont tenus par cette double appartenance qui fait du participe passé une forme verbale dont les marques de variation sont celles d'un adjectif et par ce qu'ils comprennent des règles d'accord. Comment s'y retrouver ? Tout repose sur l'identification pertinente de la relation donneur/receveur. Comme dans d'autres cas, les procédures qui dominent sont longtemps de type morphosémantique. Un élève de 5e (corpus JYG) justifie ainsi *elle n'était pas encore marié* : « Pas de *e*, on dit *un mari.* » Rapprochement légitime, certes, mais pas aux regards de la loi orthographique…

Même sans recourir au sens, il faut encore établir la relation avec la bonne source, ce qui n'est pas toujours simple. Par exemple, Serge (CM2) commente ainsi son choix dans *arrivée à la maison, on vit toutes nos affaires parterre* : « *é-e*, parce que *à la maison*, c'est féminin, donc la marque du féminin, c'est *e*, c'est quand on rajoute un *e* » en précisant de façon logique que si c'était *arrivé au château*, il l'écrirait *é* (une fois de plus, on remarque combien il est facile de se leurrer sur le niveau réel des élèves avec certaines occurrences linguistiques).

> Nul doute qu'il existe un rapport entre *arriver* et *à la maison*, il est même double : sémantique (un mouvement et le lieu d'aboutissement de ce mouvement) et syntaxique (un verbe et son complément prépositionnel). Mais il n'est pas morphosyntaxique : le genre de l'un ne dépend pas du genre de l'autre, et, par conséquent, cette relation ne s'inscrit pas dans le système orthographique du français.

Peu à peu, quand les élèves ont compris qu'il faut accorder, ils accordent. C'est ce que fait Lucy (CM2) pour *il a appelé les pompiers* : « Comme *le directeur*, c'est pas féminin, ben c'est masculin… J'ai pas rajouté de *e*, la terminaison se termine comme ça ». Mais aussi pour *les parents ont remercié* : « Là, c'est les parents. Comme les *parents*, c'est masculin, j'ai mis *ont remercié*… et j'ai oublié mon *s*. J'ai été trop vite ». Le participe passé s'accorde avec le sujet, telle semble être la conception qui guide l'élève. Cette conception erronée relèverait alors de la méconnaissance de la règle d'accord du participe passé employé avec *avoir*. Mais la suite de l'entretien sur *ils lui ont rendues la classe* donne un autre éclairage :

> – À *rendu*, il fallait mettre un *e*, je crois, je suis pas sûre, parce que *ils l'ont rendu*, ils ont rendu à la maitresse, alors. Je pensais qu'il fallait mettre un *e*. Je suis pas certaine.
> – Qu'est-ce qui te fait douter ?
> – C'est à cause de *la maitresse*. [Le groupe nominal *la maitresse* ne figure pas dans son texte].
> – C'est-à-dire ?
> – Comme *les pompiers*, c'est masculin, et que *la maitresse*, c'est féminin, je bloque.
> – Qu'est-ce qui bloque ?
> – Parce que je ne sais pas vraiment la terminaison, j'ai mis au hasard.
> Gros soupir.
> – Pas complètement au hasard.
> – Non, j'ai mis un peu féminin-masculin.
> – Un peu des deux ?
> – Oui, parce que j'étais pas sûre.

En fait, l'élève n'accorde pas le participe passé avec le sujet, ni ne confond les règles d'accord avec *avoir* et *être*. Elle a une règle beaucoup plus primitive, une règle de position valable pour tout participe passé et qui pourrait s'énoncer ainsi : « Une forme verbale s'accorde en genre (et en nombre) avec l'élément placé à gauche ». Mais que faire quand il y a deux mots à gauche du verbe et qu'ils sont porteurs de marques divergentes ? Mettre un peu des deux…

Ces conceptions sont répandues, souvent camouflées par des graphies apparemment justes, qui donnent même parfois l'illusion d'un accord du participe passé avec l'objet antéposé. Par exemple, Claire (CM2), faisant parler un narrateur masculin, écrit *c'est mon camarade qui m'y a poussé* et explique : « C'est un camarade qui l'a poussé… Si c'était une fille, on aurait mis *é-e* ». Pour l'élève, le contrat est rempli : elle a su choisir entre *er* et *é*, elle a su accorder le participe passé avec le seul terme qui puisse, selon elle, occuper le rôle de donneur, à savoir *mon camarade*.

Pour traiter convenablement l'orthographe des participes passés, il faut donc savoir identifier le sujet et l'objet d'une manière sûre, les formes simples et composées des verbes, ainsi que les auxiliaires à tous les modes, temps et voix, dans toutes sortes de structures. On touche là aux limites de ce qu'un écolier ou un jeune collégien peut savoir ou appréhender. Par exemple, Annelise (CM2) entreprend de rectifier *la reine m'avait corriger* : « J'ai fait une faute, je crois. Parce que *elle m'avait battue*. Et je devrais mettre *é-e*... Non, *é* parce qu'il y a le verbe *avoir*, l'auxiliaire *avoir* ». Ni l'intuition, ni la chance (le bon côté de l'erreur) ne profitent à cette élève qui n'a de l'accord avec *avoir* qu'une connaissance partielle, comme il est normal au CM2. Quand les élèves abordent de nouveaux savoirs, ces savoirs doivent composer avec les savoirs antérieurs ; les confusions, les interprétations décalées, les généralisations dites abusives, sont inévitables.

Confrontés à une nouvelle situation, les élèves se rendent compte parfois qu'ils n'en savent pas assez, comme Mélie (CM2) qui s'interroge sur *dès que jus prononcé* : « Je crois que c'est le verbe *avoir*. Avec le verbe *avoir*, ça ne s'accorde pas... Oui, mais peut-être que ça ne marche pas avec le passé simple. Comme je n'ai pas appris le passé simple, je ne sais pas ». À moins d'avoir déjà la réponse, rien ne permet en effet de conclure que le participe passé se comporte de façon habituelle en présence d'une forme qui peut être le verbe *avoir* au passé simple, lequel n'a pas encore été étudié. C'est ce qui arrive aussi à Sonia (CM2) qui sait accorder un participe passé employé avec *être*, mais hésite avec *quand j'y suis arriver* : « En fait, c'est *y* qui me pose un problème. Par exemple *j'ai*, ça complique pas, parce que, comme c'est le verbe qui est après *j apostrophe*... » Comme Elodie (CM2, corpus JMS), elle ne sait que faire d'un « petit mot » qui s'intercale. La route du participe passé est bien semée d'embuches !

Quoi qu'il en soit, quelques élèves commencent à établir des repères solides vers la fin de l'école primaire. Ils utilisent l'algorithme fondé sur la substitution, mais, à la différence des premières utilisations, ils vont jusqu'au bout, même avec un verbe dont le participe passé ne varie pas phoniquement, comme le fait Claire (CM2) avec *il s'est faufilé* : « *é* parce que... Déjà, pour trouver si c'est *é* ou *e-r*, c'est *battu*, c'est déjà *é* et puisque c'est un singe, donc c'est un garçon. C'est masculin singulier ». Dans d'autres cas, le raisonnement des élèves, plus synthétique, s'appuie d'emblée sur la règle. Par exemple, Sonia (CM2) qui écrit sans aucune hésitation *on ne sait pas encore ce qui a causé* : « *A causé,* c'est le passé composé. *A*, c'est... l'auxiliaire qui va avec *causé* et on n'accorde pas avec le verbe *avoir*, on n'accorde qu'avec le verbe *être* ». Même si l'élève ne précise pas avec quoi « on accorde », la maitrise dont elle fait preuve est indubitable : deux mois plus tôt, elle se montrait désarmée à cause d'un petit *y*.

Les certitudes et les incertitudes des élèves montrent donc bien que ce ne sont plus les connaissances de base qui posent problème : le participe passé s'accorde. Ce sont ces connaissances annexes qui vont faire la différence : avec quoi et dans quelles conditions s'accorde-t-il ? À travers les commentaires, on voit que les structures dans lesquelles les règles s'appliquent ne sont pas appréhendées sur une base syntaxique et que les différentes notions dont ils auraient besoin sont elles aussi en cours d'élaboration. La consolidation des connaissances et le transfert de ces connaissances aux structures complexes et l'automatisation sont bien les objectifs du collège. Ainsi, le traitement du participe passé rencontre les mêmes écueils que les formes verbales simples avec la catégorie du nombre, à ceci près que l'accord du participe passé nécessite un plus grand nombre de connaissances.

Le genre et le verbe

La catégorie du genre n'est pas vraiment considérée comme une catégorie verbale, mais, au-delà du participe passé, elle intervient ici parce que les élèves l'impliquent dans leurs raisonnements et dans la sélection des graphies verbales. On peut d'ailleurs comprendre qu'ils le fassent, puisque le verbe est une unité qui « s'accorde », et que genre et nombre, toujours associés, sont aussi associés à l'idée d'accord. Qu'y a-t-il alors de particulier avec le genre ? Des conceptions singulières, nées d'une certaine idée du genre et d'une certaine idée de l'accord. En outre, le genre intervient dans le processus d'énonciation, ce qui constitue un domaine spécifique.

Genre et sexe

Les conceptions les plus inventives des élèves s'exercent dans l'espace où genre grammatical et genre naturel interfèrent. Quand les élèves ont pris conscience du genre, ce qu'ils conçoivent sous cette catégorie n'est pas exactement ce que le genre grammatical recouvre. En effet, rien ne permet aux élèves d'imaginer que les formes verbales simples soient exclues de l'accord en genre. À la base de cette conception, on retrouve des ingrédients déjà rencontrés : la polyvalence du graphème *e* – marque de genre, marque de temps et de mode ; le participe passé – véritable cheval de Troie, puisque c'est une forme verbale qui se comporte souvent comme un adjectif au regard du genre ; l'idée même d'accord – tout ce qu'on peut accorder doit s'accorder ; et, enfin, la différence radicale entre le masculin et le féminin.

C'est donc très naturellement que le graphème *e* de la morphologie verbale est interprété comme la marque d'un féminin, comme en témoigne cet échange entre deux élèves de CM1 : David a écrit *il tus*, mais est sûr que ce n'est pas cela ; Marie-Aude, sa voisine, propose *t-u-e*. « Non, rétorque David, c'est pas elle qui tue. – Oui, c'est vrai ». Le raisonnement coule de source : si le graphème *e* renvoie au féminin, il est naturel qu'il ne puisse être utilisé avec le pronom *il* ou un sujet masculin ; réciproquement, s'il s'agit d'une fille (ou d'une entité assimilée), le *e* s'impose. Les commentaires de ce type sont innombrables. Lélia (CE2) justifie *il vu* : « *v-u*. Parce que si c'était elle, on mettrait *v-u-e* ». Et *elle joue ?* « *e*, parce que c'est une fille ». Paula (CE2), elle, essaie d'expliquer *il but et s'endormi* : « Je sais pas si c'est vraiment ça, mais *il s'endormit*, c'était l'auteur, le père, c'était qu'un garçon, alors, un garçon, on met pas de *e* comme *mamie*. *Papi*, on met pas de *e* et à *mamie*, on met un *e* ». Quant à Baptiste (6e), il commente ainsi *ève due partir* : « *e*, c'est une fille... une femme. – Et si tu avais parlé d'*Adam* ? – Avec un *t* ».

Pour de nombreux élèves, puisque la différenciation des genres est une nécessité impérieuse, les finales verbales ne sauraient échapper à une partition si logique. C'est le point de départ d'une remise en ordre des graphies verbales : *e* s'oppose à *t*, à *s* parfois, ou encore à rien. Marie-Aude (CM1) écrit *avant qu'il part*, mais prononce /paRt/ : « Comme c'est un garçon qui part à l'école, je ne mets pas de *e* ». Sa règle ? « Moi, quand c'est un garçon, je mets plus souvent pas de *e*, quand c'est une fille je mets un *e* ». Dans tous les cas, l'idée de base est la même, toute simple : *e* marque le féminin dans la conjugaison des verbes comme ailleurs ; les autres lettres (ou leur absence) marquent le masculin. On voit la difficulté pour les élèves de concilier des points de vue inconciliables avec les faits : ils devront accepter que *e n'indique pas* le genre, en somme, désapprendre. Ce qu'il faut comprendre, c'est que l'élève tente de sauver un ordre dans la langue en harmonie avec l'ordre du monde : le masculin et le féminin, ce n'est quand même pas la même chose... Il utilise alors, pour recréer cette opposition radicale, les autres graphèmes repérés en finale verbale. Ce « recyclage » des *s*, des *t*, voire de ∅, à cette fin est probablement une avancée : en effet, les élèves manipulent alors eux-mêmes la polyvalence des graphèmes et les oppositions binaires pour produire des significations ; ils accèdent ainsi à des principes de fonctionnement plus abstraits.

Cette façon de conceptualiser le genre dans la morphologie verbale se révèle très résistante. Elle persiste encore chez certains élèves du lycée, comme chez cette élève de seconde qui justifie ainsi *Emma vie en Normandie* : « C'est du féminin, je l'ai déjà vu écrit comme ça dans des textes ». Le travail de l'élève va consister à restreindre progressivement le champ d'application des règles aux cas où elles s'appliquent. Cependant, ce processus de redistribution des fonctions et des marques, identique avec le nombre, est plus complexe avec le genre, parce que, touchant à la différenciation sexuelle, le genre rencontre la dimension de l'énonciation.

Une marque énonciative

En français, les marques d'accord de certains participes passés ne relèvent pas du seul cadre morphosyntaxique. Comparons ces deux oppositions :

[1] *il s'est faufilé/elle s'est faufilée* [2] *je me suis faufilé/je me suis faufilée*

Dans chaque cas, l'opposition des marques *ø/e* correspond à une différence sexuelle. Mais, en [1], l'énonciateur dit ce qu'a fait *il* ou *elle*, sans rien dire de qui dit cela ; en [2], l'énonciateur dit aussi ce que *je* a fait, mais, dans le même temps, révèle l'identité sexuelle de l'être qui dit *je*. C'est cette caractéristique du sujet d'énonciation qui gouverne, dans des cadres syntaxiques précis, la marque de certains éléments de l'énoncé. En position de sujet de l'énoncé, comme tout sujet, le pronom commande l'accord du verbe et transfère un genre à toute unité variable sous sa dépendance syntaxique, notamment le participe passé employé avec *être*. C'est en ce sens que le morphogramme *e*, ou, plutôt, l'alternance *ø/e*, a une véritable fonction énonciative. Les pronoms déictiques *JE* et *TU* sous toutes leurs formes de sujet, mais aussi d'objet direct parfois (*je*, *j'*, *moi*, *me*, *m'*, *tu*, *toi*, *te*, *t'*, *nous* et *vous*), sont concernés.

Le discours rapporté et les récits fictifs introduisent la possibilité d'un décalage entre le locuteur réel (l'élève) et le *je* de l'énoncé (l'élève, quelqu'un d'autre, un personnage). Il n'y a donc pas toujours nécessairement coïncidence, comme dans le récit de Claire dont le narrateur est un garçon : *c'est mon camarade qui m'y a poussé.*

Ce que retiennent toutefois les élèves, c'est qu'on met un *e* quand on est une fille et qu'on n'en met pas quand on est un garçon. Les filles expriment cette relation immédiate avec beaucoup de force, comme Laurette (CE2) pour *je suis allée* : « Moi, je suis une fille, alors je marque *é-e* ». Il est ainsi possible de se débrouiller avec un passé simple passif inconnu, comme Annelise (CM2) qui élimine d'abord *er* de *je fus convoquer* : « Je crois qu'il faut mettre *é-e* parce qu'on dit *je fus battue*, pas *je fus battre* », et qui règle ensuite la terminaison : « *é-e*, parce que je suis une fille ». Ou encore Clémentine (CM2) qui, avec *étonnée, je découvre*, traite une structure détachée jamais encore étudiée : « Comme je suis une fille, c'est avec la marque du féminin qu'on écrit ».

Pour toutes ces élèves, la chose est entendue : il faut un *e* puisqu'elles sont des filles. Seulement, cette règle n'a pas de limite. Elle s'étend aux formes verbales simples. Annelise (CM2) explique ainsi *je m'évanouie* : « Parce que je suis une fille, j'ai mis un *e* et puis je crois que c'est bizarre avec *i* parce que j'ai hésité ». De ce fait, la règle s'applique à tous les participes passés, avec *être* ou *avoir* indistinctement, comme chez Irène (CM2) : « Je suis une fille, alors j'ai mis *é-e* » commente-t-elle aussi bien pour *j'étais sortie* ou *je suis entrée* que pour *j'ai apuée* ou [*la porte*] *je ne l'avais pas trouvée*, qui laisserait facilement croire à un bel accord du participe passé avec un objet antéposé. Et, s'il n'y a pas de *e* dans *j'ai sonné*, c'est par erreur : « Je sais pas si je me suis trompée. Je crois que c'est avec un *e*... Parce que je suis une fille ».

Cette procédure de type morphosémantique dans sa version énonciative trouve un champ d'application extrêmement large, sans limite syntaxique, par exemple chez Laurette (CE2) pour *j'avais pris du 34, mais c'était trop sérée* : « J'avais marqué *é-e*, comme je suis une fille, j'écris comme ça. Comme c'est pas plusieurs garçons et filles qui ont pris du 34, et que c'était serré... J'ai mis que c'était à moi ». Le point de départ de l'accord se situe moins dans un terme de l'énoncé que dans la personne de l'élève locuteur-scripteur (ou dans un personnage ayant le statut de locuteur). On comprend alors que le pluriel ne soit pas pris en compte au même niveau, comme l'explique encore Laurette (CE2) à propos de *nous sommes arrivées*, où *nous* renvoie à tous les élèves : « Parce que comme je suis une fille, je mets *é-e* ».

Bien sûr, le graphème *e* finit par rentrer dans l'ordre linguistique de la morphologie verbale et cesse de se confondre avec une marque de genre-sexe. Pour Clémence (CM2), par exemple, le rôle du *e* dans *j'appuie* n'a rien à voir avec le fait qu'elle soit une fille : « Parce que c'est un verbe du premier groupe, et à la première personne du singulier, on écrit *e* ».

Les filles trouvent donc dans ce domaine de l'orthographe un fonctionnement « simple et naturel » : elles se disent/s'inscrivent comme sujets grâce au graphème *e*. Pour les garçons, la situation est plus délicate : pour marquer leur identité sexuelle, ils n'ont rien (dans le discours). Ou plutôt une absence : un non *e* (ce qui est quand même quelque chose). Certes, garçons et filles ont la même difficulté à concevoir le masculin du fait de l'absence de trace matérielle : « Si on met que *é*, ça serait plutôt pour un garçon ». Mais les garçons y sont plus sensibles pour des raisons évidentes : leur position de sujet d'énonciation leur apparait graphiquement plus incertaine. Du fait de l'absence de marque « pleine », ils se réfèrent aux graphies de façon négative, avec, de toute évidence, un risque majeur en cas d'erreur, comme le signale Jonathan (CE2) en commentant *nous sommes allé* : « Parce que si je mets *e*, on va croire que je suis une fille ».

Mais, chaque fois que c'est possible, leurs « Pas de *e*, je suis un garçon » quelque peu défensifs sont remplacés par de triomphants : « Le masculin remporte sur le féminin ! ». Leur litanie évoque alors celle des filles : c'est la règle ! Parfois, cependant, le doute numérique peut s'insinuer, comme chez Luc (CM2) qui s'interroge sur *nous étions assaillies* : « Parce que je sais pas quand il y a un seul garçon, si le garçon remporte sur les filles »... Pour ne pas alimenter les raisonnements morphosémantiques, l'explication de la règle du double accord gagnerait à prendre un tour moins conflictuel et plus linguistique. C'est d'ailleurs ce que fait Claire (CM2) qui explique parfaitement le phénomène de neutralisation dans le groupe nominal *les acrobates effrayés* : « Parce qu'on sait pas si c'est des filles ou des garçons, et quand on ne sait pas, on met *é-s*, jamais *é-e-s*, quand on précise que c'est féminin, on met *é-e-s* ». Effectivement, dans l'opposition binaire, le masculin est le terme non marqué, puisqu'il peut accueillir du féminin, alors que le féminin exclut le masculin ; ce dernier fonctionne comme un neutre, effaçant la différence des sexes au profit du nombre.

> Quoi qu'il en soit, le graphème *e* est tellement identifié à « fille » que certains garçons répugnent à prêter leur plume à un énonciateur de sexe féminin, même fictif. Écrire *je suis revenue* quand on est un garçon, c'est prendre le risque d'une confusion déplaisante, voire insupportable. Cette réticence peut pousser des élèves à réaménager une consigne d'écriture. Par exemple, s'il s'agit d'écrire la suite d'un texte dont le narrateur est de sexe féminin et si le texte est au passé composé, ils peuvent remplacer ce temps par le passé simple et éviter ainsi tous les accords des participes passés. Ils peuvent même remplacer la première personne par la troisième, comme Bruno (CM2) qui justifie ainsi sa décision : « Parce que je ne suis pas une fille !... Je préfère mettre des personnages que mettre *je*. Le blocage peut se manifester de manière plus feutrée, par exemple, quand André (CM1) fait parler une chienne et écrit *je me suis bien amusé*. Même après avoir formulé que *je* représente la chienne qui parle, que la chienne est du féminin et qu'on met un *e* au féminin, il conclut : « Il faudrait peut-être mettre un *e*, mais je n'en suis pas sûr ».

À noter que, dans cette indistinction entre genre grammatical et genre sexuel, ce qui compte, c'est le locuteur. Les élèves ne sont pas sensibles, ou beaucoup moins, à ce qui se passe avec *TU*, l'allocutaire : avant le début du collège, beaucoup ne semblent pas concevoir que le transfert de marques est équivalent et qu'il doit donc être déterminé en fonction de la situation de discours.

Toutes sortes de confusions se glissent donc dans cet espace qui fait du locuteur seul le donneur de marques de genre hors de toutes contraintes syntaxiques. C'est ainsi qu'un élève de CM2 tente de justifier l'accord de *ma chère* par le sexe féminin de l'énonciateur : « *Ma*, c'est une dame qui parle ». Si le déterminant *ma* indique effectivement la présence d'un énonciateur dans l'énoncé, il ne dit certainement pas qu'il est de sexe féminin. C'est ainsi encore qu'un élève de troisième explique qu'il a écrit *je sais pas quel profession je vais choisir* parce qu'il est un garçon, et qu'une fille aurait dû écrire *quelle* et non *quel*.

Le remède ne consiste donc pas à rappeler encore une fois la règle d'accord du participe passé. Les fautes de genre ne sont souvent que le « symptôme » d'un brouillage à un autre niveau. C'est donc bien davantage un travail d'élucidation qui se révèle nécessaire. « Qui parle ? » est la question essentielle. La littérature offre un champ d'interrogations inépuisable. L'article de presse implique une même vigilance : « Qui l'a écrit ? », « Qui a la parole ? « Mais c'est surtout le travail d'écriture, avec ses jeux discursifs et ses multiples choix énonciatifs, qui constitue un des meilleurs moyens de démêler avec les élèves les notions complexes impliquées. Quand ils auront eux-mêmes inventé des histoires en distillant les informations sur le sexe des personnages, inventé des récits à la première personne, quand ils auront écrit des textes autobiographiques, des récits fantastiques ou de science-fiction, quand ils se seront faits journalistes-enquêteurs pour le journal de l'école ou du collège, – bref, quand ils auront écrit de nombreux textes différents en jouant sur les voix et les marques –, ils seront mieux à même de ne pas confondre le sujet de l'énoncé avec le sujet d'énonciation. C'est alors seulement que les accords en genre du participe passé obéiront aux règles morphosyntaxiques : *je* pourra être un autre, distinct de leur propre personne, locuteur réel socialement ancré et sujet. En retour, ces « écrivants », selon l'expression de Barthes, deviendront peut-être aussi de meilleurs lecteurs, acceptant de jouer au chat et à la souris avec l'auteur et sachant mieux le faire, plus vigilants à l'égard de l'origine des discours et des sources en tous genres (textes, images, réseaux informatiques).

De fait, écrire pour des lecteurs réels, et donc s'inscrire comme sujet dans son écrit, déclenche des prises de conscience nécessaires sur le chemin de la norme. En témoignent les propos de Céline (CE2) qui relate pour le journal de l'école l'intoxication alimentaire de la veille à la cantine et qui explique à propos de *je suis revenu* : « Oui, et il n'y a pas besoin de mettre rien ici, parce que c'est moi, donc je sais, et j'ai pas besoin de mettre de *e*. *Je suis revenu*, on ne sait pas si c'est une fille ou un garçon, enfin, moi je sais que c'est une fille » ; mais, quelques instants plus tard, elle s'écrie : « Attends. À mon avis, il n'y a besoin de rien mettre parce que *je suis revenu*, je suis seule… Hum… il faut mettre un *e*, parce que c'est quand même moi, parce que les gens qui vont lire ça, ils ne savent pas qui c'est, ça. Donc, si je mets un *e*, ça va préciser que je suis une fille et je suis pas un garçon ! »

Ainsi, pour un élève, tous les accords ne se valent pas : *il est revenu* ne met pas en jeu la même procédure que *je suis revenu*. C'est pourquoi faire des exercices et écrire sont deux activités qui ont peu de chose à voir : dans un cas, s'il s'agit d'accorder par exemple *je* (fille) *suis parti(e)*, le *je* ne renvoyant à rien, l'accord n'est qu'un ajout mécanique n'offrant aucune prise aux élèves, ne suscitant aucune réflexion ; dans l'autre, l'élève scripteur s'engage nécessairement comme sujet de l'énonciation et doit alors déterminer lui-même les implications de sa position d'énonciateur, présent ou en retrait de l'énoncé, donnant ou non la parole à d'autres. C'est là que tout se joue. C'est bien pourquoi le genre occupe une place originale dans l'acquisition des finales verbales, entre la catégorie de la personne et les autres catégories.

Une progression continue de l'école au collège

D'une manière générale, les rapprochements auxquels procèdent les élèves, les combinaisons qu'ils mettent en évidence, correspondent bien à ce qu'ils ont appris à faire : ils justifient une finale verbale par un terme qui est censé la gouverner. Ces rapprochements sont dans certaines circonstances exacts, dans d'autres inexacts. Mais, dans la plupart des cas, ce qui échappe aux élèves, c'est la dimension syntaxique. Ou plutôt, celle-ci se confond encore avec la co-présence (il y a tel mot dans l'énoncé) ou la position (il y a tel mot avant). Un mot est promu « donneur » parce qu'il présente une propriété estimée pertinente, sans que les élèves sachent comment la vérifier, ni même le plus souvent sans qu'ils aient l'idée de vérifier cette pertinence. Les mots écrans apparaissent comme des obstacles à la production de la norme, montrant ainsi que la syntaxe n'existe encore qu'à l'état primitif et ne peut servir de cadre aux élèves.

Parallèlement, ceux-ci ne se représentent pas les graphies verbales comme un système. Le choix d'une marque se justifie au coup par coup, avec l'autorité de la maitresse en renfort, comme le fait Michel (CE2) avec *ma main était fatiguer, j'avais envie de le tapez* :

– Comme il n'y avait pas *je, tu, il, nous, vous, ils,* j'ai mis *e-r* parce que c'est l'infinitif !
– Et comment tu le sais ?

– Parce que la maitresse, elle nous l'a expliqué. *Le directeur m'avait fait pleurer, pleurer*, j'ai fait la même chose… *J'avais envie de le taper, mais comme il était plus grand…*
– *Le taper*, tu n'as pas fait la même chose, là ?
– Non, j'ai mis *e-z*.
– Pourquoi ?
– Parce que la maitresse nous a aussi expliqué que *taper*, ça s'écrivait avec *e-z*.

Ce traitement se comprend chez un élève au début du cycle 3. Il se retrouve encore à son issue. Par exemple, Francis (CM2) explique *dont le père vener* : « Y avait un verbe devant (montre *dont*) » ; *il se transforma* : « C'est *a*, 3e personne du singulier » ; *il couru* : « C'est pareil que *transforma* ; *il fit* : « C'est la 3e personne du singulier au passé simple : c'est *t* » ; *il parti* : « C'est l'enfant qui partit, 3e personne du singulier, c'est *i*, y a rien ». Ce qui frappe dans cette série de commentaires enchainés rapidement les uns à la suite des autres, c'est moins l'absence de cohérence que l'« imperméabilité » de l'élève à cette incohérence. Les bribes de savoirs ne sont ni confrontées, ni reliées entre elles pour former un ilot cohérent. Les causes peuvent tenir au développement des élèves, puisque, selon Piaget, l'âge des opérations formelles est douze ans. On peut aussi penser que l'apprentissage des formes verbales par les tableaux de conjugaison traditionnels ne permet pas de créer à lui seul de la cohérence.

Il est parfois déroutant de voir comment un élève qui semble disposer des connaissances nécessaires ne parvient pourtant pas à résoudre un problème qu'on estime à sa portée : quelque chose vient le faire déraper. C'est le cas avec cette élève sur le point d'entrer au collège, qui, après avoir exposé tout son savoir, et contre toute attente, en reste pourtant à une règle personnelle d'un autre âge. Ce n'est pas un cas isolé. Voici la séquence dans sa totalité :

• Claire (CM2)
le téléphone a ***soner***
– *Le téléphone a sonné*. Comment tu as décidé d'écrire ?
– *Soner*, j'ai écrit comme je le pensais, j'ai écrit vite fait. Je pense que c'est pas une faute parce que j'ai jamais vu *sonné* avec un *é* accent.
– Quand est-ce qu'on met des *e* accent ?
– Par exemple, quand c'est au passé composé, le participe passé, on met *e* accent.
– Comment tu sais que c'est au passé composé ?
– Par exemple, *j'ai marché*, c'est le verbe *avoir* et le participe passé de *marcher*.
– Tu l'écris comment ?
– *h* et *e* accent.
– C'est le passé composé et tu me dis que *marché*, c'est… ?
– Le participe passé d'*avoir*, mais *avoir*, ça ne s'accorde jamais avec un participe passé, parce que normalement, si c'était une fille et qu'il y en avait plusieurs, on aurait mis *é-e-s*. On le met pas parce que ça ne s'accorde pas avec *avoir*.
– Tu me dis que *marché*, c'est le participe passé d'*avoir*.
– Oui, mais *avoir* ne peut pas s'accorder avec le participe passé, parce que si c'est plusieurs ou si c'est une fille, on met pas de *e*, c'est qu'avec *être* qu'on met ça. Le participe passé ne s'accorde qu'avec *être*.
– Si c'est une fille, on met quoi ?
– On met *é-e*. Si c'est plusieurs filles, on met *é-e-s*. Plusieurs garçons, c'est *é-s*.
– Là, pourquoi tu ne le fais pas ? Tu es une fille, toi ?
– Oui.
– Donc si tu le fais pas, tu es une fille, mais tu as mis *marché, é*, c'est parce que… ?
– Parce que le verbe *avoir* ne s'accorde pas avec le participe passé.
– Tu m'as dit qu'avec le verbe *être*.
– Oui.
– Par exemple, avec le verbe *être*, qu'est-ce que ça ferait ?
– *Je suis arrivée.*

– Écris-le.
– Mais là, on ne sait pas si c'est une fille ou un garçon, alors dans ces cas-là, on fait ça. Écrit *arrivé(e).*
– C'est-à-dire ?
– Entre parenthèses.
– Si toi, tu avais écrit *je suis arrivée à l'hôpital*, comment tu l'aurais écrit ?
– *Arrivée, é-e.* Si j'avais mis *nous sommes arrivées,* j'aurais mis *é-e-s.*
– *Le téléphone a sonné*, tu penses que c'est quoi ?
– *e-r.*
– Pourquoi *e-r* ?
– Parce que je ne l'ai jamais vu écrit *é* accent.
– Quand il y a des mots que tu as déjà vus écrits, tu les réécris et tu te dis ça, c'est bon, ça, c'est pas bon.
– Oui.

Peu à peu, cependant, les élèves engrangent et structurent les connaissances, développent des savoir-faire. Vers la fin de l'école primaire, quelques certitudes dans certains domaines leur permettent de résoudre quelques problèmes. Ceux qui ont une bonne maitrise des formes verbales abordent le collège dans de meilleures conditions. Mais le travail conceptuel qui leur permet d'appréhender le verbe comme un système, c'est au collège qu'il se fait pour une grande partie des élèves.

Dans une enquête portant sur 180 rédactions et 10 569 « mots verbaux » (formes simples, auxiliaires et participes passés), le taux d'erreurs tombe de 25,1 % en sixième à 11,2 % en fin de troisième[1]. En d'autres termes, les élèves ne cessent de progresser tout au long du collège. La même recherche propose aussi une échelle de la difficulté des différentes graphies verbales en indiquant comment leur pourcentage de réussite s'améliore continument de la fin du CM2 à la fin de la troisième :

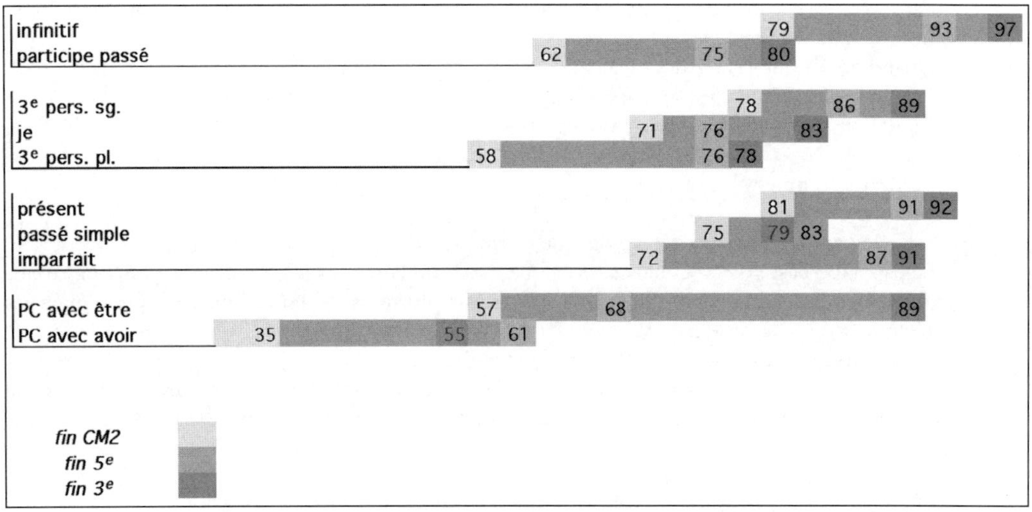

Acquisition différenciée des formes verbales du CM2 à la 3e

La réussite dépend des caractéristiques linguistiques et du niveau de classe. Ces caractéristiques, on l'a vu, sont liées aux conceptions des élèves qui privilégient certains types de

1. Voir bibliographie *Orthographe* : Catherine Brissaud, *Acquisition de l'orthographe du verbe au collège : le cas des formes en /E/...*

procédures à certains moments du processus d'acquisition. L'évolution vers la norme suit le mouvement de compréhension par les élèves de la morphologie du verbe et de son orthographe. Certaines marques progressent beaucoup (3e personne du pluriel) ; d'autres progressent peu ou pas après la cinquième (présent). On note l'inégalité de traitement du passé composé selon l'auxiliaire : très faible avec *avoir* à l'entrée au collège, il progresse à la fin de la cinquième, mais régresse en fin de troisième, ce qui indique des restructurations en cours ; en revanche, le score moyen du passé composé avec *être* décolle en deux ans. Cette enquête confirme aussi que les verbes du premier groupe suscitent plus d'erreurs que les autres, et donc, qu'ils sont plus difficiles, malgré les apparences.

Le volet principal de cette recherche a porté sur la zone cruciale des formes homophones en /E/. Très fréquentes, elles provoquent de nombreuses erreurs. Mais on observe une évolution très nette. Les 1 269 élèves de 43 classes de collège et dix classes de CM2 ont eu à écrire 48 formes verbales en /E/ dans un exercice à trou dont les énoncés ont été choisis de façon à tester l'impact des contextes. Voici les résultats pour *ils ont expliqué qu'ils n'avaient pas fait attention* :

graphies proposées	% fin CM2	% fin 6e	% fin 5e	% fin 4e	% fin 3e
expliqué	59	65	72	79	81
expliqués	25,6	21	19,3	16	16
expliquai(ent)	8,7	7,1	4,4	3,5	–
expliquer	6	6,3	1,8	1,5	1,6

Le pourcentage de graphies exactes l'emporte largement sur les autres à chaque niveau ; la progression est continue jusqu'à la fin de la troisième, mais la maitrise n'est pas encore complète. Pourtant, il s'agit d'une phrase qu'on qualifierait volontiers de « simple », puisqu'il n'y a même pas de mot écran. L'erreur dominante consiste à « accorder » le participe passé avec le sujet, procédure que les commentaires ont mise en pleine lumière : elle subsiste encore à la fin du collège.

Les résultats montrent aussi dans quel ordre se fait l'acquisition de l'orthographe du participe passé : d'abord employé avec *être*, puis employé comme adjectif, puis avec *avoir*. Dans ce dernier cas, le non-accord reste fréquent quand un objet direct est antéposé.

> L'étude aboutit à des conclusions d'ordre général intéressantes. Les premières sont aujourd'hui classiques : les filles sont meilleures que les garçons ; les élèves de milieu favorisé sont meilleurs que ceux de milieu populaire ; les élèves à l'heure sont meilleurs que les élèves en retard. Mais, ce qui est moins attendu, c'est que *tous les élèves progressent*, y compris les garçons de milieu populaire et en retard. Simplement, ils ont besoin de davantage de temps (pour certains items, ils ont le même taux de réussite que les autres obtiennent deux ans plus tôt). Leurs progrès sont sensibles à partir de la cinquième. On a observé la même chose dans le domaine de l'apprentissage de l'écrit. Les plus faibles des apprentis lecteurs n'ont pas un profil *différent*, mais *décalé* dans le temps de plusieurs mois par rapport aux bons lecteurs.

Ainsi, l'apprentissage est périlleux, parce que le domaine du verbe est objectivement compliqué. Sa morphologie est bien plus importante que dans une langue comme l'anglais, par exemple ; le grand nombre de formes n'est pas compensé par des différences perceptibles à l'oral comme dans les autres langues romanes ; l'homophonie très étendue renforce la complexité du français écrit, d'autant que les catégories verbales s'enchainent et se combinent selon plusieurs modalités, rarement claires. Mais c'est aussi ce qui engage plus vite les élèves dans la conscience du verbe et de sa morphographie.

La finale verbale est donc un lieu critique où intervient un assortiment de graphèmes et de valeurs difficiles à démêler. Naviguer entre les graphèmes *e*, *s*, *t*, *nt*, choisir entre *er*, *ai*, *ez*, dépend donc moins de la connaissance des conjugaisons que de la capacité à se situer dans le jeu complexe des temps et des modes, et, à un moindre degré, des personnes ; or les différentes valeurs des temps et des modes ne sont intériorisées que lentement, justement parce qu'elles sont nombreuses et complexes en français.

Dans l'espace créé par cette complexité, les élèves développent des conceptions variées et éclatées, peinant à intégrer les graphies verbales en un système unifié. Toutefois, la progression est constante jusqu'à la troisième. Toutes les données des recherches sont ainsi convergentes, à commencer par les évaluations nationales CE2-6e : éclairées par les commentaires des élèves présentés dans ce chapitre, elles conduisent à la conclusion que l'orthographe verbale, encore difficilement maitrisable à la fin de la scolarité obligatoire, *a fortiori* à l'entrée en sixième, constitue un des objectifs majeurs du collège.

4. L'ACQUISITION : UN SYSTÈME, DES PROCÉDURES EN ÉVOLUTION

Un système linguistique complexe

L'univers de la morphographie est bien celui de la complexité. Nul doute ne peut subsister après ce voyage dans les conceptions des élèves à la conquête du système graphique de leur langue. Cette complexité, insistons sur ce point, n'est pas celle qui vaut à l'orthographe française sa réputation d'opacité, celle des exceptions, et encore moins celle des règles d'accord du participe passé des verbes pronominaux qui embarrassent tout le monde. Non, la complexité qui s'entend dans les propos des élèves tient aux catégories morphologiques de base, non seulement les catégories verbales, mais aussi le nombre et le genre dans le système nominal, catégories généralement qualifiées de « simples ». Les propos des élèves servent ainsi de « révélateur » à bien des phénomènes qui, au terme d'un apprentissage réussi, passent inaperçus.

Figures de cette complexité, le cercle infernal des lettres – *e*, *s*, *t* – entouré d'un deuxième cercle dans lequel se pressent *ai*, *x*, *er*, *ez*, *nt*. Les élèves s'égarent, en effet, entre les différentes fonctions que ces lettres surdéterminées remplissent, par exemple, en attribuant au *e* d'une forme verbale la valeur d'une marque de féminin. Les méprises que les graphies et les commentaires mettent au jour s'enracinent donc principalement dans le fonctionnement de l'orthographe française. La présence des mêmes lettres d'un niveau du système à l'autre, le fait que la forme graphique d'un mot soit la résultante de plusieurs principes successifs ou concomitants, constituent autant d'obstacles cognitifs à franchir.

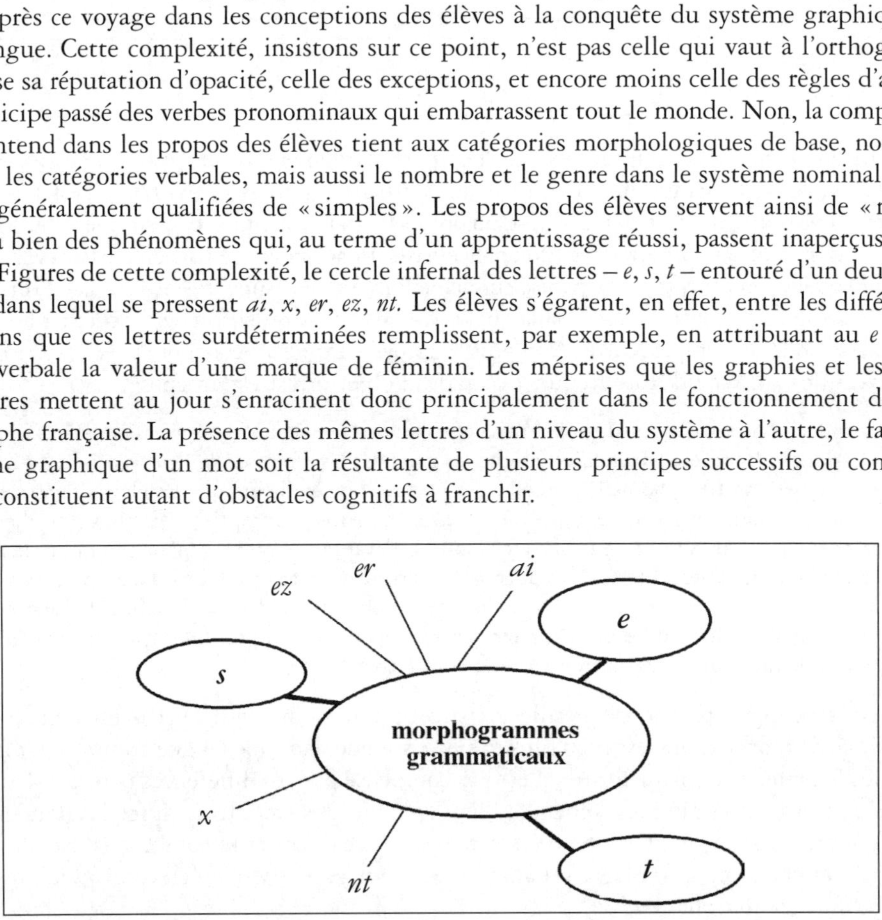

Ces lettres à tout faire ne peuvent être produites à bon escient que si elles sont appréhendées dans une perspective fonctionnelle, c'est-à-dire comme *graphèmes*. Un graphème, au fond, c'est simplement une lettre perçue à travers le rôle qu'elle remplit en langue ou en discours. C'est pourquoi le *e* de *crépite* n'est pas tout à fait celui de *petite*, que le *s* de *chantes* n'est pas celui de *chants*, que *cuisinier* et *cuisiner* n'ont pas exactement le même *er*, ni *il a écrit* et *il écrit* le même *t*, et qu'*aimai* possède deux *ai* différents.

La description linguistique de l'orthographe française comme un *plurisystème* – intrication des phénomènes, interrelation des systèmes – trouve un écho dans les commentaires des élèves – obscurité cognitive, confusion des niveaux, des marques et des unités. C'est dans ce sens que cette théorie est un outil indispensable pour les enseignants. Les leçons qui organisent la matière orthographe sans se soucier des interférences passent à côté de l'essentiel : pour les élèves, l'indistinction est le point de départ, la différenciation le point d'arrivée. Eux font des liens que le découpage traditionnel entre orthographe, grammaire, conjugaison, vocabulaire, ignore. Le rôle de l'enseignement est de les aider à trier entre les liens valides et ceux qui ne le sont pas, plutôt que de s'épuiser à faire comme si aucune relation n'existait.

C'est quand les scripteurs élaborent la notion de graphème et de plurifonctionnalité qu'ils commencent à y voir plus clair : « C'est le représentant de deux choses », dit David (CM1) en parlant de la lettre *e* dans *petites souris*. Jusque-là, les élèves ont tendance à ne voir qu'une dimension, la plus prégnante. Tout leur travail consiste à découvrir les autres dimensions, et à se situer dans les différents niveaux de fonctionnement de l'orthographe. Maitriser l'orthographe, c'est pouvoir activer (ou inhiber) telle fonction ou telle valeur d'une lettre quand il le faut. Pour ce faire, il est nécessaire d'appréhender en profondeur l'ordre qui régit ces graphèmes surdéterminés, et, notamment, les marques morphologiques.

Les catégories grammaticales ne pèsent pas du même poids. La palme de la complexité revient sans aucun doute au verbe et à ses multiples marques graphiques. Globalement, l'ordre croissant des difficultés va du nombre au genre dans le système nominal, puis aux marques verbales. Toutefois, cette hiérarchisation est grossière. D'une part, le nombre est également une catégorie du verbe. On ne peut donc parler de pleine maitrise des marques de nombre que lorsqu'elles sont utilisées correctement dans les deux systèmes, c'est-à-dire quand elles sont reconnues dans leurs oppositions et leur complémentarité. D'autre part, de nombreuses différences internes à l'intérieur de chaque catégorie existent. Certaines marques apparaissent plus « naturelles », et par là, plus « faciles » que d'autres ; c'est le cas, par exemple, du nombre du nom par rapport à celui des adjectifs ; c'est aussi le cas du genre d'un adjectif épithète d'un nom représentant un être de sexe féminin par rapport au genre d'un participe passé, transmis par un pronom substitut d'un nom féminin abstrait.

Partant de là, si l'on peut parfois proposer une hiérarchie plus fine à l'intérieur de chaque catégorie, il est impossible aujourd'hui d'en établir une qui intègre toutes les catégories. Le pourra-t-on un jour ? Le nombre de paramètres de nature différente qui interviennent est tel qu'il sera difficile d'établir une échelle de complexité suffisamment convaincante. Jusqu'où faut-il aller, en effet, dans la prise en compte des différences structurelles entre, par exemple, *arrivées au château, vous êtes allées vous coucher* et *les plumes de l'albatros, tachées par le pétrole de la marée noire, ne lui permettaient plus de voler* ? Quand ils écrivent, c'est bien avec cette complexité qui mêle toutes les catégories avec toutes sortes de structures syntaxiques et dans toutes sortes de situations énonciatives que les élèves travaillent, sans parler des résonances sémantiques propres à chacun. Faute d'une description systématique et largement testée, on s'en tiendra à une attitude pragmatique : pour enseigner, finalement, il faut savoir que des différences importantes existent à l'intérieur et entre les catégories. On peut retenir comme paramètres généraux pour apprécier la complexité :

– le rapport à l'oral ;
– la longueur de la chaine d'accord ;
– la position relative des unités ;
– la présence de rupteurs, et leurs caractéristiques ;
– la présence de mots déclencheurs d'accord ;
– les interférences du sens ;
– le nombre de catégories affectant une même unité (ce qui accroit le poids des paramètres précédents).

Des procédures évolutives

Dès l'entrée dans l'écrit, l'acquisition de la morphographie se caractérise par un processus de conceptualisation permanent. Des procédures émergent, évoluent, entrent en conflit, se combinent, disparaissent ou se réorganisent, reflétant les conceptions que les élèves élaborent progressivement pour répondre à la complexité du système.

Confrontés à cette complexité, les élèves mettent en œuvre des stratégies diversifiées. À chaque instant, ils ont à résoudre cette équation fondamentale à d'innombrables inconnues : quelles lettres faut-il mettre ? La diversité de leurs réponses semble parfois insaisissable. Mais elle se réduit si l'on prend en compte leurs procédures graphiques.

D'abord, dans l'ignorance de ces catégories, les élèves mettent en œuvre des procédures centrées sur les unités phonographiques. L'apprentissage des correspondances grapho-phonologiques au cours du cycle 2 de l'école primaire les amène à disposer de la liste des principaux phonogrammes, ce qui leur permet d'écrire à peu près tout ce qu'ils souhaitent. Mais la concurrence entre les graphèmes, la lecture et l'apprentissage des mots, la présence de lettres qui ne correspondent à aucun son, conduisent les élèves à la notion de mots différenciés les uns des autres. Les procédures strictement phonographiques, ainsi retravaillées par les procédures logographiques (qui existent dès le début de l'acquisition), fusionnent alors en procédures de type phono/logographique.

C'est aussi le germe d'une ouverture sur le deuxième niveau de fonctionnement du système graphique du français : en effet, les marques morphologiques, muettes ou non, sont généralement situées à la finale. La présence de ces lettres muettes intrigue. Dans un second temps, variable selon les catégories, les élèves prennent conscience de la spécificité de certaines de ces lettres : elles disent quelque chose. Ils commencent ainsi à appréhender certains aspects du nombre, du genre et des catégories verbales. Un lien causal est établi entre un élément source et une graphie.

Cette clé supplémentaire enrichit considérablement la palette graphique des élèves. Mais la façon dont ces marques sont régies ne leur est pas vraiment accessible. Les procédures de type morphosémantique dominent alors largement : le rapprochement entre une source et une cible s'opère sur une base sémantique, la source étant souvent située dans le référent extra-linguistique : « *Ont a courus*, j'ai mis un *s* parce qu'on est plusieurs dans le souterrain ». Les justifications se font au coup par coup, comme aimantées par un trait sémantique plus saillant qu'un autre : « *Le camion est noire*, *e*, c'est la couleur noire ». Le sens tend parfois à se dissoudre quand une graphie est justifiée par la simple présence d'une autre unité : « *Je vais vous tuez,* avec *vous*, on met toujours *ez* ». La position tient alors de mise en relation. La plupart du temps, d'ailleurs, les morphogrammes, pris un par un, sont connus et utilisés dans leur spécificité. Mais c'est en partie une illusion. Ce qui manque, c'est leur dimension fonctionnelle en discours. C'est pourquoi les rupteurs, ces mots qui font écran, égarent si souvent les élèves.

La dernière clé dans la compréhension du fonctionnement du système graphique est donc d'ordre syntaxique : seules certaines relations syntaxiques sont marquées en français, seules certaines classes lexicales sont soumises à la variation morphologique. Les procédures de type morphosyntaxique émergent plus tardivement, quand les élèves commencent à appréhender la structure des énoncés. Ils peuvent alors déduire les marques graphiques d'une unité de son appartenance : « *Les arbres étaient tous arrachés* : *ent*, parce que le sujet est au pluriel ».

Pour finir, deux points sont à rappeler qui vont compter pour organiser un enseignement. Premièrement, de nombreuses réussites ne sont que superficielles, grâce à la nature du système graphique du français (dans *il a marché*, le morphonogramme du participe passé ressemble comme deux gouttes d'eau au phonogramme *é*, par exemple) ou parce que les relations syntaxiques recouvrent *aussi* des relations sémantiques (la plupart des énoncés des jeunes scripteurs sont encore simples, la coïncidence est fréquente). Mais les mêmes procédures, soit phono/logographiques, soit morphosémantiques, génèrent des « fautes » dans d'autres contextes. On ne peut donc se contenter des apparences.

Deuxièmement, les procédures ont un caractère général dans l'univers de la morphographie, mais elles ne sont pas mises en œuvre par les élèves de façon généralisée. En d'autres termes, les élèves ne traitent pas toutes les marques selon la même procédure. Bien au contraire, ils semblent aborder les phénomènes morphologiques de façon spécifique. C'est pourquoi, dans un même énoncé de CE2 tel que *les étoiles sont doré*, le traitement peut être morphosyntaxique pour le pluriel, phonographique pour le genre et phono/logographique pour le verbe. On ne peut donc pas décrire l'acquisition de la morphographie en « stades », mais plutôt comme une *dynamique évolutive*, *orientée* par le fonctionnement linguistique des catégories elles-mêmes.

Chapitre IV

Enjeu : les conceptions des élèves

Quiconque découvre le travail qui se cache derrière les graphies, justes ou fausses, des élèves, ne peut plus continuer à tenir le même discours sur leur absence de connaissances et de réflexion. Il ne peut que chercher d'autres voies pour enseigner. Après l'exemple du pronom *on* présenté dans la première partie, cette deuxième partie a, en effet, montré que les conceptions des enfants et adolescents concernent *l'ensemble des notions* en jeu dans l'apprentissage de l'orthographe. Cette approche des représentations orthographiques permet ainsi de clarifier certaines questions et de poser de nouveaux jalons pour l'enseignement.

1. QUELQUES CLARIFICATIONS

◆ Pourquoi font-ils des fautes ?

Une faute est la conséquence d'une distorsion entre une conception et le fonctionnement du système orthographique, c'est une idée linguistique qui doit encore évoluer. Dans le domaine de l'orthographe comme ailleurs, les fautes sont la trace des tâtonnements dans l'apprentissage. La réponse est alors simple, presque naïve, les élèves font des fautes parce qu'ils ne peuvent pas faire autrement : ils pensent. Quand ils écrivent, ce qu'ils graphient est l'effet de ce qu'ils peuvent mobiliser comme savoir à un instant donné.

La question des fautes recouvre en fait deux aspects différents, selon que les élèves ont les connaissances nécessaires pour les rectifier ou ne les ont pas encore. Dans le premier cas, les fautes sont liées à la charge cognitive de la rédaction, à un automatisme ancien qui resurgit, à un télescopage avec la suite du texte en cours d'élaboration ; elles sont en principe corrigées à la relecture. C'est donc plutôt une affaire de mise à distance, de temps et de vigilance.

Dans le second cas, les élèves écrivent ce qu'ils croient être juste. Aucun jeune scripteur n'a la volonté de commettre sciemment des erreurs. Leurs commentaires montrent au contraire combien ils cherchent à mettre en œuvre ce qu'ils ont appris, combien ils se sentent dans leur bon droit. Ce n'est que chez des élèves plus âgés que l'on rencontre le doute ou la certitude d'être dans une impasse ; et, au collège, ils donnent parfois l'impression de renoncer ou de s'en moquer. Mais, dans leur grande majorité, les élèves écrivent comme ils pensent. C'est pourquoi, même en copie, ils font des fautes : contrairement à ce qu'on croit généralement, on ne copie pas en photographiant des suites de lettres, mais en reconstituant le mot ou un segment du mot. Là où un ordinateur restitue sans faire d'histoire, le cerveau de l'être humain ne peut s'empêcher de mettre son grain de sel.

En fait, même en informatique, il y a des erreurs de copie de 0 ou de 1 qui provoquent des « plantages ». Quant au vivant, si l'homme existe, ce serait aussi à la suite d'une longue lignée d'erreurs de copie, dit-on en génétique…

Pour cette raison également, on a trop misé sur l'auto-dictée. Espoir déçu, mais espoir mal placé : dans le cas d'une copie, à plus forte raison d'une dictée préparée seuls, les élèves ne perçoivent pas les graphies indépendamment de ce qu'ils en comprennent. Moins les graphèmes font sens pour eux, moins ils ont de chances de les voir (un élève peut se rendre compte qu'il a oublié un *s* dans *les meilleure buts*, et ne rien voir du *e*). On ne peut, en effet, observer que ce que l'on conçoit. Ce précepte des sciences s'applique aussi dans le champ de l'orthographe. On doit donc en conclure que la tâche de copie ou d'auto-dictée est plus difficile qu'on le croit. En bref, les fautes sont presque toujours le signe d'une conception erronée sous-jacente.

◆ Pourquoi les fautes persistent-elles ?

Une faute, c'est du savoir actuel matérialisé dans une graphie à un moment donné du développement. Si les fautes persistent, c'est que les conceptions qui en sont à l'origine subsistent.

L'enseignement traditionnel de l'orthographe ignore presque tout de la façon dont les élèves reçoivent le discours magistral. Les manuels ne traitent généralement pas la façon dont les élèves analysent la langue et le matériau graphique, ni les questions qu'ils se posent. Jusqu'à présent, pour corriger les fautes, une seule réponse est proposée, la répétition, une seule cause étant supposée, l'absence de travail ou d'attention de l'élève (ceci explique cela). Il faut « consolider », estime-t-on, pour éviter les fautes. L'élève en perpétuel déficit est à remplir dans un mouvement sans fin, comme le tonneau des Danaïdes.

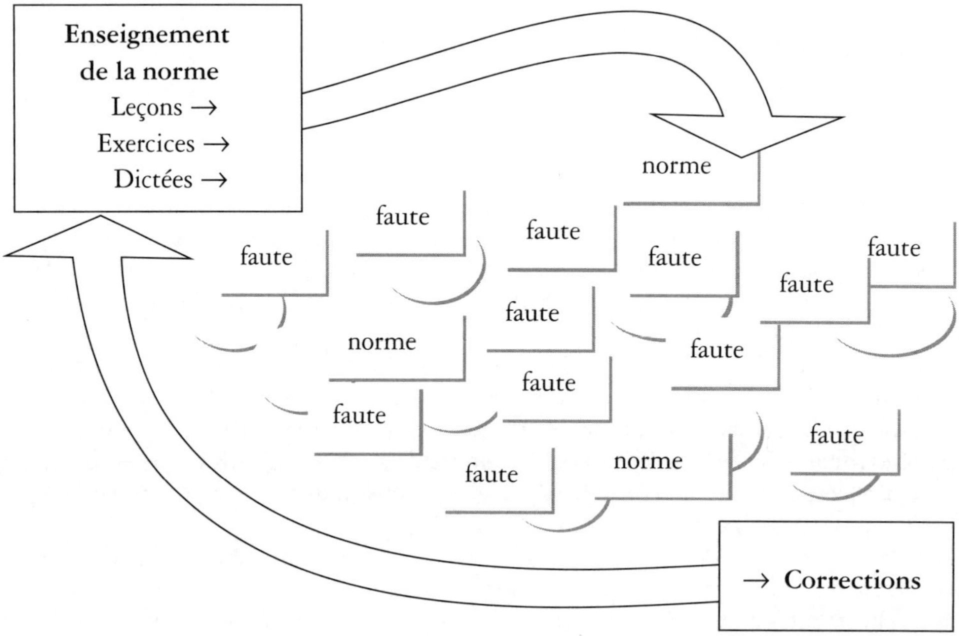

Le mouvement perpétuel de l'enseignement de la norme

La répétition, privilégiée par l'enseignement traditionnel, conduit à rappeler aux élèves ce qu'ils savent déjà et laisse intactes les conceptions à l'origine des erreurs. Les mêmes causes ayant les mêmes effets, ils refont les mêmes fautes (par exemple, mettre un *e* n'importe où parce qu'on est une fille). Même s'ils réussissent leurs exercices, mêmes s'ils disent qu'ils ont compris, ils n'en continuent pas moins à penser comme auparavant. Dans une tâche d'écriture, les conceptions sous-jacentes aux erreurs sont prêtes à l'emploi, car c'est la structure cognitive qui parle alors, si l'on peut dire. Effacer les fautes revient en fait à cacher les miettes sous le tapis.

C'est pourquoi, année après année, les mêmes leçons d'orthographe semblent à refaire. Les tables des matières des manuels et les « progressions » affichées dans les classes sont à cet égard éloquentes. Un cercle vicieux s'instaure : le retour des mêmes discours, des mêmes thèmes, amenuise l'intérêt des élèves qui ont l'impression de piétiner sans pour autant augmenter, ou si peu, leur efficacité orthographique. Mais si l'on refait à l'identique, comment pourraient-ils échapper à leurs façons de raisonner, surtout si, de ce fait, on renforce ce qui les conduit à l'erreur ?

Une part non négligeable du travail en orthographe est ainsi gaspillée à tenter d'évacuer les fautes plutôt que de travailler à partir de ce que les élèves échafaudent dans leur tête.

◆ Pourquoi n'appliquent-ils pas les règles qu'ils connaissent ?

Les règles sont un concentré de savoirs. Si les élèves ne les appliquent pas, c'est parce que, en réalité, ils ne les connaissent pas, contrairement à ce qui se répète en salle des professeurs.

Ce qu'ils en connaissent, c'est la partie qu'ils peuvent réciter. Personne ne réduit la connaissance des nombres entiers naturels à la connaissance de la comptine des nombres, ni la compréhension de la relativité restreinte à la connaissance de la formule $E=mc^2$; pour les règles d'orthographe, c'est un peu similaire. À l'école, et même au début du collège, les élèves n'ont pas encore acquis ces savoirs que la règle résume.

L'exemple du sujet est particulièrement démonstratif. Les élèves accordent le verbe, mais pas nécessairement avec le sujet. Ils se servent de propriétés telles que la position pour élire un terme « donneur » ; mais l'accord n'est pas perçu comme le produit de la relation syntaxique définie strictement sous ce terme. Et l'on pourrait multiplier les exemples : le choix des bonnes graphies dépend d'un ensemble de connaissances qui semble parfois incommensurable. Chacune d'elles implique une série de notions en cascade. Mais, si l'on creuse un peu, on constate que chacun des mots qui composent une règle renvoie à une notion sinon vide, du moins encore très approximative. Leurs errements terminologiques suggèrent qu'ils ne construisent pas un bel objet de pensée dans la logique des oppositions catégorielles : nombre/genre ; singulier/pluriel ; sujet/verbe ; variable/invariable (pour s'en tenir aux oppositions binaires). On voit plutôt émerger d'abord une graphie correspondant au terme marqué d'une opposition (par exemple, le verbe, le pluriel), mais sans que s'installe une vision structurée de toute la catégorie. La mise en œuvre des règles bute sur tout ce qui n'est pas connu, ou qui l'est imparfaitement. C'est même souvent un excès d'application qui provoque une erreur.

En fait, tout se passe comme si les élèves naviguaient à vue, accrochant un mot par ci, un mot par là, grappillant des bribes de morphologie et de syntaxe, bricolant une règle *ad hoc*, selon un principe d'accumulation désordonnée et plutôt confuse, et par un va-et-vient entre graphèmes, formes, règles, termes. À la longue, si tout se passe bien, cela finit par s'agencer en système. Mais tant que les élèves considèrent chaque mot comme un cas isolé, ils ne peuvent appliquer les règles que dans les exercices, situation toute spéciale où il leur est dit explicitement quelle règle ils doivent appliquer. C'est d'ailleurs pourquoi le transfert se fait si mal entre exercices et productions écrites.

Finalement, ce que les commentaires des élèves révèlent, c'est que la syntaxe ne préexiste pas à l'orthographe – elle se construit en même temps. Or l'enseignement traditionnel de l'orthographe, pour une grande part, présuppose les notions syntaxiques. Ce défaut de soubassement est général chez les élèves, on ignore même d'ailleurs à quel point. Les élèves ne sont donc pas en mesure d'appliquer les règles, même s'ils semblent les connaitre. En outre, l'application de règles requiert des capacités cognitives générales de mémoire, de raisonnement, qui ne sont pas encore effectives, ou suffisamment effectives, pour être efficaces avant un certain âge. Fonder l'apprentissage sur les règles, c'est, en somme, supposer le problème résolu. C'est un chemin qui se termine en impasse pour nombre d'élèves et ralentit considérablement l'apprentissage de tous, car ils n'y trouvent pas ce dont ils ont besoin.

◆ Pourquoi ne progressent-ils pas davantage ?

Cette question est la trace d'un grand malentendu quelque peu paradoxal. En fait, les élèves progressent. Mais leurs progrès ne se voient pas, car, ce qui est mesuré, ce sont les fautes. Or la disparition des fautes est trop lente pour qu'elle soit remarquée au cours d'une année scolaire, durée trop restreinte au regard de l'acquisition.

La question met donc mal à l'aise : les enseignants ne peuvent pas ne pas se sentir plus ou moins responsables de l'absence de progrès de leurs élèves, ils sont mis en cause par la société, quand ce n'est pas de l'intérieur de l'institution elle-même...

> À l'école : « Cette année, j'ai une classe nulle en orthographe, je me demande ce qu'ils ont appris l'année dernière ! » ; au collège : « J'ai fait une interro d'histoire (ou de sciences). C'est incroyable ce qu'ils font comme fautes ! Tu ne pourrais pas faire quelque chose ? » Ou même : « On ne leur fait plus apprendre de règles en français ? » Sans oublier le ministre qui déclare, en général à la rentrée scolaire, qu'il faut *enfin* faire apprendre l'orthographe.

Les progrès se voient d'autant moins que le niveau réel des élèves est facilement surévalué : comme ils peuvent réciter des règles ou produire des graphies conformes à la norme, même avec des procédures erronées, on pense qu'ils piétinent ou régressent s'ils commettent ensuite une erreur. En fait, c'est sur plusieurs années que les graphies des élèves évoluent. Leurs progrès se font au rythme de la réduction des procédures inadéquates, en particulier morphosémantiques, et de l'appréhension des structures syntaxiques. Affirmer que les fautes ne diminuent pas est donc inexact : il serait plus juste de dire que certains types de fautes persistent plus que d'autres.

Il faudrait donc plutôt reformuler ainsi la question : comment les élèves pourraient-ils progresser davantage dans le cadre de l'enseignement actuel de l'orthographe, puisque leurs conceptions ne sont pas travaillées ? Ce n'est pas en dispensant une série de cours dans une instruction reconnue socialement et validée par la tradition, ni en corrigeant les fautes par la norme, qu'on touche aux conceptions erronées. Il n'est donc pas étonnant que les fautes reviennent après la correction et que les progrès soient si lents – et parfois cessent. C'est en touchant aux causes qu'on touchera aux conséquences.

Ainsi, les nombreuses questions que suscite l'apprentissage de l'orthographe ont toutes le même point de mire, à savoir les fautes des élèves. Une réponse globale peut être alors avancée : oui, les fautes existent parce qu'elles sont inévitables, comme dans tout apprentissage ; mais elles diminuent tout au long de la scolarité. Il faut donc à présent sortir de la sempiternelle stigmatisation des élèves ou de la mise en cause des enseignants – les premiers ne peuvent pas éviter les fautes, les seconds les empêcher. Mais, parallèlement, il faut abandonner le cadre actuel de l'enseignement de l'orthographe qui n'est plus adapté à ce qu'on sait aujourd'hui de la manière dont les élèves comprennent et apprennent l'orthographe.

2. UNE AUTRE PERSPECTIVE

◆ Un traitement des erreurs différent

On a longtemps expliqué les erreurs par des causes extérieures au processus d'apprentissage (sociologiques ou psychologiques). Aujourd'hui, nous savons qu'elles font partie de ce processus et qu'un travail conceptuel s'accomplit en dépit de ce que nous appelons fautes. Le fait qu'elles s'organisent en un système qu'on peut décrire en est d'ailleurs la meilleure confirmation[1]. Nous

1. L'idée que les fautes en langue ont un sens et se décrivent ne date pas d'aujourd'hui. Henri Frei a publié *La grammaire des fautes* en 1929, Slatkine Reprints, 1970.

savons aussi que les graphies « justes » ne le sont peut-être pas tant que cela. Le cadre étroit des « fautes d'orthographe » éclate.

On peut même s'interroger sur la notion même de faute. En effet, la faute reflète le point de vue de celui qui sait et la position de celui qui aurait pu ne pas la commettre, ce qui n'est pas le cas des élèves. Étymologiquement, *faute* vient du participe passé féminin substantivé d'un verbe latin qui veut dire « tromper » et au passif « se tromper » ; dans la même famille, on trouve non seulement *faux,* mais *faussaire*. Le mot parait bien inapproprié : l'élève ne se trompe pas, et encore moins ne trompe (c'est plutôt le système qui le trompe). Il est ignorant, ce qui n'est ni la même chose, ni une injure, mais correspond à l'état de celui qui ne sait pas et que l'école a pour mission de rendre moins ignorant.

À cet égard, *erreur* est un peu plus satisfaisant : le mot vient d'un verbe latin qui veut dire « aller à l'aventure », et de là « s'égarer », « se tromper ». De fait, si l'on ne connait pas son chemin, on a toutes les chances de ne pas aller au but par la ligne droite (celle de ceux qui n'ignorent plus). Sur les chemins de traverse, les graphies des élèves sont bien en ce sens des erreurs.

Quel que soit le nom qu'on lui donne, *faute* ou *erreur*, poser que l'élève fait une erreur, c'est d'abord partir du point d'arrivée, la norme, comme s'il pouvait la connaitre avant d'avoir fini son apprentissage ; c'est parfois se leurrer sur les réussites ; c'est enfin souvent passer à côté de la raison de cette erreur, en ne voyant pas de façon positive quel contenu de savoir elle révèle. Pour l'élève, elle dit toujours ou presque qu'il aurait dû savoir, qu'il est en faute, et non qu'il est encore dans l'aventure du savoir – en chemin.

Les fautes se voient, et donc se repèrent dans un texte d'élève. Ce sont, dans tous les cas, des écarts à la norme. Mais, leur signification, elle, n'est pas donnée une fois pour toutes ; elle est fonction d'un ensemble de paramètres que seul l'enseignant connait : les erreurs sont un indice, parmi d'autres, de ce que comprend l'élève. La « problématique de la faute » qui caractérise l'enseignement traditionnel de l'orthographe se déplace ainsi vers celle de la construction des savoirs linguistiques. C'est pourquoi il est nécessaire de ne pas s'en tenir à une correction trop formelle des mauvaises réponses (rectifier une faute en rappelant brièvement la règle par oral), mais de remonter à la source et de s'attaquer à la chaine des causalités erronées. Il s'agit d'amener les élèves à construire une vision structurée, hiérarchisée du système, sans viser un savoir encyclopédique qui conduit à des marches forcées dans ce qu'on appelle « le programme ».

Le but n'est pas, en effet, de connaitre toutes les variétés de formation du pluriel, mais de construire le concept de pluriel (langue), qui n'est pas le calque exact de celui de pluralité (monde) : il est plus important de comprendre pourquoi *une équipe* ne prend pas de *s*, et que le pronom *on* n'est pas un pluriel, plutôt que s'acharner sur les sept exceptions des pluriels en *ou*. Bien sûr, cela implique que la norme ne sera pas respectée tout de suite. Mais l'est-elle davantage, quand on fait apprendre dès le CE1 la liste des exceptions ?

Il ne s'agit donc pas d'éviter l'erreur à tout prix et, pour ce faire, d'enchainer le maximum de notions dans une année ; ni de rectifier tous les manquements à la norme en effaçant la faute parce qu'elle ferait tache ou qu'elle risquerait de prendre racine (elle est déjà là comme résultat d'un processus de pensée). Mais, au contraire, il faut donner à l'élève la possibilité de se tromper, de s'expliquer, de se poser des questions, bref de penser et d'élaborer le système orthographique en toute confiance.

C'est donc sur toutes les graphies qu'il convient de s'interroger, comme en mathématiques où on a l'habitude de considérer que des résultats numériques justes ne sont rien si le raisonnement ne l'est pas. En orthographe aussi, ce qui compte, c'est le lien entre « les graphies de surface » – la pointe émergée de l'iceberg – et le raisonnement qui préside à leur apparition, surtout s'il existe des facteurs linguistiques susceptibles de faire passer pour juste une graphie résultant d'un raisonnement inadéquat. Les cas de figure sont les suivants :

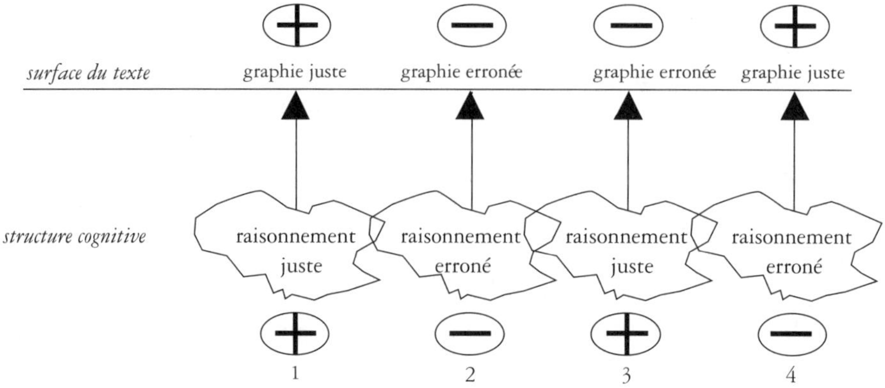

Sous les graphies de surface

En 1 et 2, la situation est tranchée : l'élève sait ou ne sait pas. En 3, un accident de parcours s'est produit ; c'est l'erreur classique due à la surchauffe, perceptible à la relecture. En 4, les bonnes fées du binaire et du non marqué ont donné un coup de pouce : on retrouve là les graphies des élèves qui pensent que « meilleur » s'écrit toujours *meilleure* ou « lointain » toujours *lointains* ; ils produisent fatalement des graphies « justes », mais produiront tout aussi fatalement un jour une graphie erronée. Il faut aller voir derrière les apparences pour éviter que les fausses réussites deviennent dans d'autres contextes de vraies erreurs. On s'intéressera donc aux causes des graphies et non à leur seule conformité à la norme ; c'est donc tout le rapport réussite/erreur qui se trouve modifié.

◆ Un déplacement vers les processus

Si l'on cesse d'être obnubilé par les fautes, on devient sensible aux processus. Plus que la comptabilité des erreurs, ce qui compte, c'est que les procédures graphiques des élèves évoluent. Cette évolution engendre bien sûr des erreurs qu'on doit savoir relativiser.

> Quand, après quelques mois de cours préparatoire, se produit une « dégradation orthographique », loin d'être une catastrophe, elle signale au contraire un changement de niveau cognitif. Les élèves, dans une activité d'écriture autonome, procèdent eux-mêmes à une analyse de la chaine orale pour la mettre en relation avec la chaine écrite. Jusque-là, ils « transportaient » les mots récupérés sur des affiches, dans les livres ou dans les cahiers de référence. Cette excellente procédure logographique, qui implique des opérations cognitives non négligeables (retrouver le support qui contient une référence dont on a besoin, localiser la chaine écrite pertinente, identifier le segment recherché, le recopier sans erreur), est vite débordée et doit se combiner avec les procédures phonographiques. Pour qu'un mot soit mémorisé à moyen terme, il est indispensable que ses composants soient analysés. Ce gain d'autonomie se fait au détriment de graphies au départ, mais en apparence, plus normées. Plus tard, l'inflation des *s* ou des *e* indique que les élèves mobilisent les notions de pluriel et de féminin. Et si les verbes se trouvent affublés d'un *s*, c'est encore bon signe : ils sont en train d'intégrer la catégorie des mots variables en nombre. Le passage au *nt* ne sera alors plus qu'une petite marche supplémentaire à gravir.

Il convient d'avoir une vigilance toute spéciale pour les procédures de type morphosémantique auxquelles les élèves recourent, faute de mieux. Comme il n'est pas facile d'expliquer les relations syntaxiques en termes syntaxiques à de jeunes enfants, les maitres sont eux aussi obligés de tirer les démonstrations vers le sémantique : « On met un *s* quand il y en a plusieurs », disent-ils à leurs élèves qui ne s'en étonnent guère. Que des graphèmes soient porteurs d'une signification (morphogrammes) absente des correspondances grapho-phonologiques (phonogrammes) satisfait probablement un besoin profond : les choses doivent avoir du sens.

Ces procédures sont donc incontournables. Elles sont un tremplin, mais elles peuvent devenir un obstacle si elles s'installent et s'incrustent. Leur danger provient de ce qu'elles ont souvent toutes les apparences, comme on l'a vu, de procédures pertinentes : fondamentalement, elles sont ouvertes à toutes les dérives du sens. Les procédures de type morphosémantique constituent alors un mur invisible sur lequel butent les élèves qui n'arrivent pas à passer à des traitements morphosyntaxiques.

C'est donc bien une affaire de *niveaux de formulation* – qui correspondent à des niveaux de savoirs – pour reprendre cette notion de la didactique des sciences. Il est normal d'adapter ce qu'on dit à l'âge des élèves. Ce n'est pas le règne du tout ou rien : on peut traiter la respiration autrement qu'en termes d'échanges gazeux cellulaires ou la matière au niveau atomique (surtout si l'enseignant est préparé à rencontrer des obstacles, tels que « respiration = poumons » ou « matière = matériau dur »).

À certains égards, il en va de même en orthographe. Qu'un enfant de sept ans ne segmente pas convenablement les mots ou qu'il graphie des mots en croyant utiliser les bons graphèmes parce que c'est ce qu'il entend n'est pas un problème ; c'en est un s'il a treize ans et ne s'interroge pas sur l'adéquation entre telle séquence de lettres et un mot particulier, ou sur l'éventualité d'une homophonie. Qu'un élève de huit ou neuf ans effectue des accords par rapprochements sémantiques n'est pas un problème ; le problème, c'est qu'un collégien continue à ne disposer que de ce mode de compréhension du système orthographique. Les erreurs risquent de devenir la manifestation d'un échec en orthographe définitif. C'est pourquoi il est impératif de veiller à ce que les élèves ne s'immobilisent pas dans des procédures et des niveaux de formulation non pertinents.

◆ Une modification des attentes

De tous les tests d'évaluation régulièrement passés depuis des décennies d'un bout à l'autre de la francophonie, il ressort toujours que les résultats ne répondent pas aux attentes. La société, les parents, les enseignants, ne voient d'abord dans un écrit d'enfant ou d'adolescent que ses fautes. On attend en effet toujours de l'élève qu'il rende une copie sans faute comme le ferait un correcteur-typographe dans la presse ou l'édition. Aujourd'hui, nous savons non seulement que c'est impossible, mais pourquoi. Ce sont donc les attentes qu'il faut changer – parce qu'elles sont déraisonnables.

> Pourtant les abus de « l'institution orthographe[1] » ont été dénoncés à maintes reprises, dès le XIXe siècle et tout au long du XXe siècle. Dans les années 1970, la dénonciation s'est faite plus vigoureuse contre l'ambition de l'exhaustivité, contre l'absurdité de la notation négative qui abonne les élèves faibles au zéro à perpétuité. Petits pas, peu d'effets, après la parution en 1977 des instructions officielles pour l'enseignement de l'orthographe préconisant une notation positive et l'utilisation des échelles d'acquisition du vocabulaire (Circulaire n° 77-208 du 14 juin 1977, *BO* n° 25 du 30 juin 1977). Inconnues des enseignants, ces recommandations sont généralement restées lettre morte, tout comme l'Arrêté de 1901 et les Tolérances de 1976. Plus récemment, les évaluations nationales, par ailleurs source d'informations précieuses, ont pour effet regrettable de laisser entendre que les élèves pourraient être plus avancés.

L'orthographe du français est difficile. Tout le monde le sait, mais oublie sur le seuil de la classe que ce qui est difficile exige du temps. Toutes les disciplines admettent qu'un niveau d'expertise ne peut s'atteindre en quelques années. Il faudra bien enfin accepter qu'il en va de même pour l'orthographe : écrire sans faute, c'est bien maitriser la totalité du savoir orthographique, ce qui implique de larges connaissances linguistiques. Les enfants ne peuvent donc acquérir une orthographe correcte dans les quelques années de l'école primaire, ni même dans

1. L'expression est de Jean Guion, *L'Institution orthographe*... (bibliographie *Orthographe*).

les premières années du collège. La scolarité obligatoire doit être considérée comme un minimum pour la majorité des élèves : tant mieux pour ceux qui vont plus vite, mais ils ne sauraient servir de mètre étalon.

À partir du moment où l'on reconnait la part de construction de savoirs qui se cache dans une erreur, continuer à renvoyer les enfants et les adolescents à leurs fautes est un déni de leur intelligence. Les manques ne doivent plus masquer les acquis. Nous devons reconnaitre le travail conceptuel de l'élève. Si l'élève a confiance en lui, il avancera d'autant mieux dans la maitrise de l'orthographe, et non si ses capacités d'apprendre et d'évoluer sont sans cesse mises en doute. Ainsi, il s'agit de prendre acte que l'acquisition/apprentissage de l'orthographe est un travail exigeant et un processus continu, non linéaire et dynamique, qu'on pourrait figurer sous cette forme :

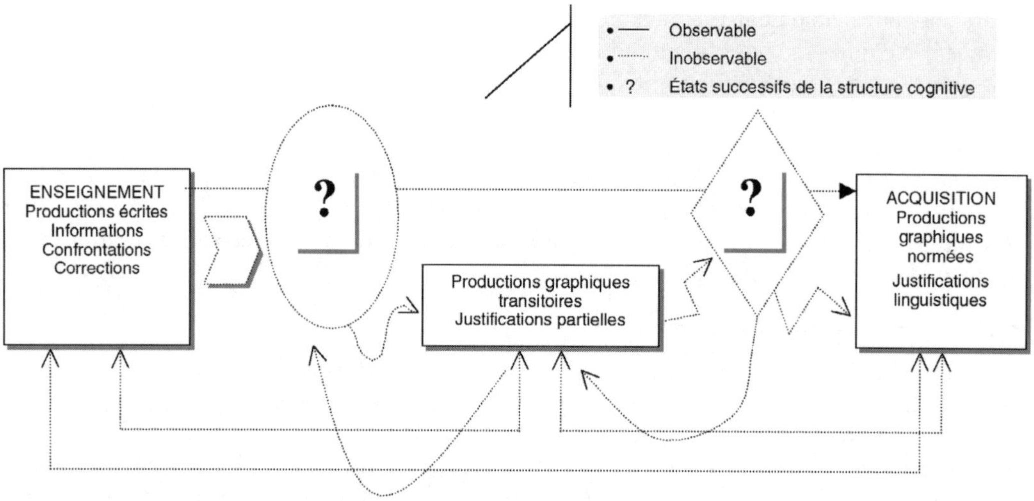

Le travail de l'élève

Pour soutenir cet apprentissage, l'enseignement est alors davantage à concevoir comme l'accompagnement d'un trajet que l'élève doit faire, trajet parfois labyrinthique.

◆ Une autre voie

Jusqu'à présent, les tentatives pour renouveler l'enseignement de l'orthographe se sont effectuées dans trois directions, sans beaucoup de succès.

1 – L'adoption de la théorie du plurisystème graphique qui a donné à cet enseignement l'assise linguistique qui lui manquait ; mais ce n'était pas une didactique et ce ne pouvait donc être qu'une théorie de référence. Elle a surtout convaincu ceux qui attendaient une vision synthétique et fonctionnelle de l'orthographe, ainsi qu'un instrument plus rigoureux d'analyse des erreurs. Mais ceux qui croyaient au grand bond en avant ont été déçus.

2 – L'élaboration d'une didactique de la production écrite où l'orthographe s'intègre aux projets d'écriture ; mais, comme il est difficile de faire améliorer leurs textes par les élèves, ces démarches ont souvent semblé plus pénibles qu'efficaces.

3 – La mise au point de méthodes qui favorisent l'activité des élèves, mais ces démarches ont presque toujours été jugées lourdes à mettre en place et bien plus couteuses en préparation et en temps qu'une leçon et des exercices.

Les mouvements pédagogiques, les groupes de recherche sur la « rénovation du français », de l'INRP (notamment les groupes EVA et RESO) ou d'ailleurs, les revues pédagogiques ou didactiques, anciennes ou plus récentes (*Les Cahiers pédagogiques, Le Français aujourd'hui, Pratiques, Repères, Recherches, Enjeux, Lidil*) n'ont pourtant cessé d'insister sur la nécessité de changer le mode de travail pédagogique, trop axé sur la transmission par leçons magistrales, pas assez sur les activités de découverte par les élèves, et de proposer de multiples exemples de classe[1]. En leur temps, des expériences pour faire du travail sur la langue une « activité d'éveil » se sont ainsi multipliées, mais, attaquées de toutes parts, elles ont fini par sombrer. Notons qu'il a fallu deux prix Nobel, Georges Charpak, à la suite de Leon Lederman aux États-Unis, pour que l'idée de l'importance de l'*activité réfléchie* des élèves en sciences refasse surface sur la scène sociale avec « La main à la pâte » et sa démarche d'investigation scientifique.

Mais, si on ne s'occupe pas de ce qui se passe dans la tête de l'élève, de sa façon d'assembler les pièces du puzzle, si rien ne soutient les processus d'acquisition, les changements ne peuvent qu'être limités.

De fait, la « discipline orthographe » a résisté jusqu'à présent. La tradition de la leçon (règles-exercices) parachevée par la dictée est restée trop forte, enracinée dans des conceptions de l'école et des apprentissages plus que séculaires – le cartésianisme (partir des composants simples) et le béhaviorisme (ne s'intéresser qu'aux mécanismes montés par répétitions), voire un certain jacobinisme (former par un moule unique, la dictée le même jour à la même heure dans toutes les classes, rêve dont on a dit longtemps qu'il était celui du ministre). C'est probablement l'effet conjugué de ces principes solidement ancrés en France qui ont toujours entravé les mutations, malgré toutes les expériences publiées, malgré leur diffusion dans la formation. Les tentatives de changement ont toujours buté sur ce socle inébranlable fait d'habitudes et de lieux communs, conforté par ce qui sonne comme le bon sens qui veut qu'on commence par les bases et les petites choses simples – et qu'on répète aussi longtemps que nécessaire.

Or ni la linguistique, ni la didactique de la production écrite, ni l'intégration de l'orthographe à l'écriture, ne pouvaient réussir le miracle attendu, l'éradication rapide des fautes. C'est le seul critère pour les maitres et les parents, dont la pression est forte. Rien d'autre n'existe alors à l'horizon de l'apprentissage de l'orthographe. Parce qu'elles ne s'évanouissent pas magiquement, les fautes des élèves constituent donc un frein à l'innovation : à quoi bon changer les méthodes d'enseignement ? Pourquoi s'encombrer d'une théorie linguistique de l'orthographe ? Les règles traditionnelles (« qui ont fait leur preuve », assure-t-on au mépris de la réalité) sont bien suffisantes : *ils* n'ont qu'à les apprendre !

Une autre perspective s'ouvre donc aujourd'hui avec l'approche psycholinguistique. Certes, ici ou là, on avait pu remarquer un raisonnement inadéquat, farfelu même, notamment chez un élève considéré en difficulté. Mais, ce qui est nouveau, c'est de connaitre le caractère systématique de ces raisonnements, qui touchent tous les élèves et concernent toute l'orthographe, et d'avoir une description du développement dynamique des acquisitions orthographiques, qui rompt avec l'image des fautes et du « n'importe quoi ». Le renouvèlement amorcé depuis de nombreuses années peut ainsi se poursuivre.

◆ Un pari sensé, raisonné, raisonnable

Inutile de rêver à une hypothétique table rase sur laquelle on pourrait implanter des connaissances de façon logique et correcte, une fois pour toutes, en allant du simple au complexe.

1. Pour avoir une vue d'ensemble des recherches-actions de l'INRP en didactique du français sur une longue période, lire *Repères*, n° 20, 1999, coordonné par Gilbert Ducancel et Michel Dabène, en hommage à Hélène Romian. Plus particulièrement, pour éclairer les contenus et démarches présentés ici, les articles de Catherine Tauveron, Gilbert Ducancel, Jean-Pierre Jaffré, Jean-Michel Sandon, Guislaine Haas, Maurice Mas.

L'esprit humain est ainsi fait que l'homme, l'enfant, a besoin de savoir « ce que c'est » et « comment ça marche » ; il imagine toujours quelque chose, il se forge des représentations pour interpréter le monde, ou, plus modestement, son environnement. Bref, il pense et nomme ou manipule les objets de ses pensées de bonne et de mauvaise manière. Personne ne pourra l'en empêcher. Les conceptions, les raisonnements des élèves, existent. Ce sont parfois des obstacles, ce sont aussi des points d'appui. Il faut donc apprendre à s'en servir et ouvrir l'enseignement sur d'autres horizons que celui – obsessionnel, bouché et vain – de la faute.

Parce que les élèves ne peuvent pas faire autrement que penser comme ils pensent, il faut par conséquent essayer d'enseigner autrement : *l'enjeu, ce sont leurs conceptions orthographiques*.

Sans renoncer, bien évidemment, aux relations fécondes entre orthographe et production écrite, ni à l'apport de la linguistique à l'enseignement de l'orthographe, et encore moins aux « méthodes actives », il s'agit de faire place à un travail spécifique qui ne laisse pas l'élève seul dans ses interprétations du fonctionnement de l'orthographe, mais, au contraire, l'aide dans son parcours cognitif. En un mot, il convient de repenser l'acte d'enseigner et les dispositifs d'enseignement, non à partir du seul savoir constitué, du « savoir savant » transposé en un « savoir scolaire », organisé selon sa logique propre, mais en fonction des élèves et de leur façon d'appréhender l'univers de l'écrit. Le terme de *progression* retrouvera alors son sens.

Le rôle de l'enseignant s'élargit : traditionnellement garant des connaissances et de leur transmission, il a également pour tâche d'intervenir dans la manière dont l'élève construit des contenus de savoir, et pas simplement d'en sanctionner l'acquisition. Certes, comme la fin du XXe siècle l'a à juste titre souligné, l'enfant est l'acteur de son apprentissage. Mais cette redéfinition des rôles n'implique en rien l'effacement de l'enseignement, au contraire. En effet, l'enfant n'apprend pas tout seul, et encore moins dans le domaine de l'écrit qu'ailleurs. Il apprend avec et grâce à d'autres. À l'enseignant d'organiser alors au mieux le rapport de l'élève au savoir en proposant des activités susceptibles de favoriser l'élaboration des connaissances et leur évolution, tout en tirant partie des interactions qui ont cours dans une classe, ce que ce schéma du « triangle didactique » rappelle :

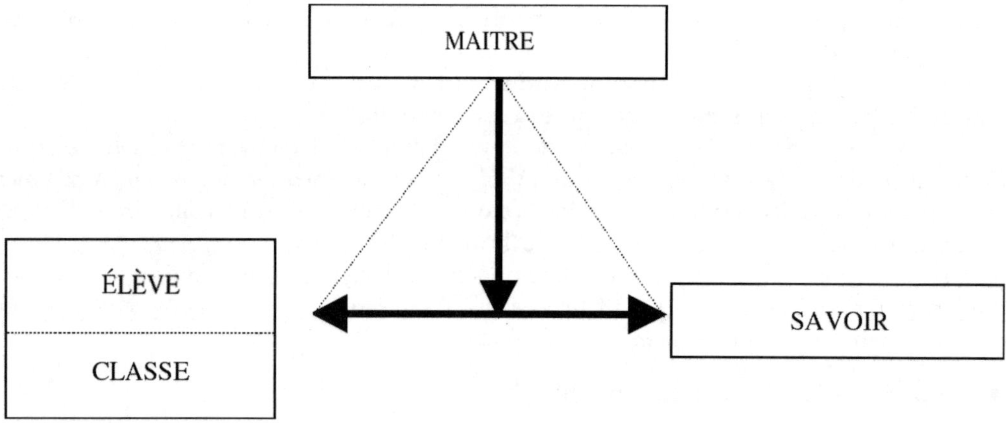

Pour changer sa manière d'enseigner, il faut être convaincu de l'intérêt du changement. Cette deuxième partie a montré pourquoi on ne peut continuer à déplorer les « mauvais résultats » des élèves, les imputant à leur seule responsabilité, et ne rien modifier de sa pratique. Mais il faut aussi savoir comment.

La troisième partie va maintenant présenter par quels dispositifs concrets il est possible d'enseigner l'orthographe en tenant compte de l'enjeu posé par les conceptions des élèves. La nouvelle perspective, c'est alors celle de l'intégration d'un travail sur ces conceptions dans le dispositif didactique déjà constitué. Toutes les conditions d'un changement prometteur sont ainsi réunies. Aujourd'hui, l'expérience acquise dans les classes, les nombreuses recherches, théoriques et didactiques, l'évolution des autres disciplines, tout converge pour que l'on s'engage dans cette voie. Pas de nouvelles illusions, toutefois : on ne transformera pas un enfant en ce qu'il n'est pas. Même s'il se préoccupe de la façon dont les élèves s'approprient le savoir, même s'il est un rouage primordial de l'acquisition, l'enseignant n'en est pas le maitre. Un enfant reste un enfant qui apprend comme un enfant, et, parce que l'orthographe du français reste un système compliqué, son apprentissage restera un apprentissage complexe qui s'étendra sur de longues années.

Cette précaution prise, on peut faire le pari d'un apprentissage plus cohérent, plus harmonieux et plus efficace, avec des conséquences bénéfiques dans d'autres domaines. C'est un bon pari : tout à gagner, rien à perdre.

Troisième Partie

Enseigner l'orthographe

Centrée sur l'acte d'enseigner, cette troisième partie a pour objectif de proposer une approche qui combine des activités en situation d'écriture et des activités distanciées de l'écriture. Par le va-et-vient entre production écrite et orthographe, il s'agit de créer dans l'esprit des élèves la nécessité de l'orthographe, et de leur apprendre à la contrôler dans la révision de leurs écrits. Par le va-et-vient entre ces apprentissages en situation et des apprentissages spécifiques, il s'agit de confronter les élèves au fonctionnement du système graphique et aux représentations qu'ils élaborent.

Cette approche *combinée* de l'orthographe alterne différents modes de travail et s'organise autour de trois axes : l'axe de l'écriture (chapitre I) ; l'axe de la découverte du système graphique (chapitre II) ; l'axe de l'évolution des conceptions personnelles des élèves (chapitre III). Les effets de cette manière d'enseigner l'orthographe dans d'autres domaines seront ensuite examinés (chapitre IV).

En faisant tour à tour écrire les élèves, élaborer les notions orthographiques et confronter leurs représentations, cette approche didactique tient compte de ce que l'on sait aujourd'hui du développement des connaissances orthographiques et des apprentissages en général.

Les comptes rendus des enseignants sont indiqués par une police différente.

Chapitre I
Faire écrire/orthographier

Pour apprendre à écrire, il faut écrire. En écrivant, on orthographie. Pour savoir orthographier en écrivant, il faut travailler l'orthographe au cours des activités d'écriture. Que ce soit à l'école ou au collège, les programmes arriment plus que jamais l'une à l'autre l'écriture et l'orthographe, dans un lien désormais difficile à défaire.

Au cycle 3 de l'école primaire (listes de compétences):

> – orthographier correctement un texte simple lors de sa rédaction ou dans une phase de relecture critique, en s'aidant de tous les instruments disponibles (*BO*, p. 68);
> – élaborer et écrire un récit d'au moins une vingtaine de lignes, avec ou sans support, en respectant des contraintes orthographiques, syntaxiques, lexicales et de présentation. (*BO*, p. 74)

Au collège:

> À l'entrée en sixième, les élèves devraient maitriser la production de phrases, l'articulation des idées, l'organisation des paragraphes. Des activités de consolidation seront mises en place pour les élèves qui n'ont pas atteint ces seuils ainsi que pour ceux qui ne maitrisent pas l'orthographe élémentaire. Le but de la classe de 6e est que les élèves soient capables de produire un texte narratif cohérent d'une page environ. (*Programmes de 6e*, p. 17)
> Le but du cycle est que les élèves maitrisent les marques syntaxiques des discours complexes, y compris dans leur orthographe, en même temps qu'ils enrichissent leur vocabulaire. (*Programmes de 5e/4e*, p. 20)

Les programmes font donc de la maitrise de l'écriture avec son corrélat, l'orthographe, une priorité à la mesure de la finalité sociale assignée:

> L'enseignement de l'orthographe est perçu comme absolument nécessaire, dans la mesure où, sans orthographe correcte, il n'est pas de communication écrite possible et parce que savoir orthographier correctement un texte est considéré, socialement toujours et professionnellement souvent, comme une compétence indispensable, fortement discriminante et parfois discriminatoire. (*Accompagnement des programmes du cycle central 5e/4e*, p. 40)

La correction orthographique est bien sûr aussi le souci des enseignants dont les questions se concentrent sur ce point:

- *Le maitre doit-il corriger toutes les fautes d'orthographe?*
- *À quel moment faut-il corriger?*
- *Est-ce intéressant d'utiliser un code de correction?*
- *À partir de quand les élèves sont-ils capables de corriger seuls leurs fautes?*
- *Comment faire? ils ne savent pas se relire, ou ils recopient un texte déjà corrigé en refaisant des fautes...*

Toutefois, la question de l'orthographe en production écrite ne se réduit pas à celle des fautes. D'abord parce que l'écriture doit rester la visée première et être travaillée pour elle-même. Ensuite parce que les rapports entre production écrite et orthographe vont bien au-delà. En effet, l'écriture, qui motive la nécessité de travailler l'orthographe de son texte, est également source de réflexion sur la langue et à l'origine d'apprentissage de notions linguistiques et de savoir-faire variés. Il importe alors de faire de cette compétence – *savoir orthographier un texte* – un objet et un moment d'apprentissage à part entière et donc de mettre en place un enseignement à cette fin.

Ce chapitre consacré à l'enseignement de l'orthographe dans le cadre de la production écrite a pour objectif:
1 – de montrer par un exemple comment se déroule une séquence d'apprentissage intégrée, du texte à l'orthographe (section 1);
2 – d'exposer les principes de cette démarche (section 2);
3 – d'en proposer un mode d'emploi (section 3);
4 – d'apporter des éléments d'appréciation dans un rapide bilan (section 4).

1. UNE SÉQUENCE INTÉGRÉE (CE2)

Intégrer l'enseignement de l'orthographe à celui de l'écriture implique de respecter les hiérarchies. La priorité revient aux activités liées au sens et non à celles qui s'attachent à la dimension formelle. En d'autres termes, les élèves commencent par écrire et travailler le contenu avant de s'occuper d'orthographe. C'est pourquoi il sera d'abord question du traitement des contraintes textuelles.

1.1. Priorité aux contraintes textuelles

Je présenterai ma démarche à partir d'un projet pluridisciplinaire « Être un enfant en Afrique de l'ouest, de nos jours »[1]. *Kirikou et la sorcière* de Michel Ocelot, vu avant la sortie de Noël, nous avait donné l'idée de ce projet au retour des vacances en janvier. Parallèlement au travail de géographie, j'avais proposé aux élèves de regarder le film d'Idrissa Ouedraoga, *Yaaba*, en VO. Nous avions déjà travaillé les notions de récit et de dialogue à partir de la brochure de *Kirikou et la sorcière* destinée aux enseignants:

1 - en comparant deux textes du scénario à propos d'une même scène, le premier sous la forme d'un récit, le second sous la forme d'un dialogue;

2 - en composant un nouveau texte à partir de ces deux textes précédents pour obtenir un dialogue intégré dans un récit.

Ce travail de composition nous avait permis d'appréhender les marques formelles, telles que le retour à la ligne pour séparer récit et dialogue, et le tiret pour introduire les paroles des personnages. Je n'avais pas insisté lors de ce premier travail sur d'autres aspects formels éventuels, comme les guillemets ou les didascalies, sachant que le film *Yaaba* nous donnerait l'occasion d'approfondir ces aspects.

Il existe, en effet, dans ce film une scène muette entre deux personnages importants, deux vieillards, considérés dans le village comme des sorciers; ils possèdent un certain savoir médical et détiennent entre leurs mains la vie d'une fillette atteinte du tétanos. J'ai donc demandé aux élèves d'inventer le dialogue qu'auraient pu tenir ces deux personnages dans cette scène. Cette tâche de production écrite devait leur permettre de faire revivre en eux le film, et de réinvestir et d'approfondir les marques du dialogue que nous avions déjà travaillées. Les élèves ont rédigé par groupes de deux ou trois: ils pouvaient ainsi avoir recours à des échanges oraux pour inventer les

1. Compte rendu d'Anne-Marie Bézian.

répliques. Pour donner une idée claire du déroulement de ce projet d'écriture, nous en parcourrons les étapes, séance par séance.

Première phase : l'appropriation de la tâche d'écriture

1re séance : faire écrire les « précurseurs »

Convaincue de la nécessité de la réécriture, mais constatant la difficulté de faire écrire plusieurs fois un texte par des élèves jeunes, j'ai adopté depuis quelques années un dispositif qui permet de faire des économies de temps et d'énergie, en m'appuyant sur l'hétérogénéité de la classe. Je fais appel à des « précurseurs ». Que sont ces précurseurs ? Il s'agit d'élèves volontaires, ordinairement au nombre de six, qui acceptent, au moment où un sujet d'écriture est proposé, de rédiger un premier jet, sans aucune aide (ce qui n'exclut pas une écriture à deux ou trois, quand le sujet s'y prête). Au lieu de mettre toute la classe au travail de production, seuls quelques élèves vont se lancer dans l'écriture : ce sont ainsi de véritables avant-courriers, des éclaireurs du texte – d'où leur nom. Leur rôle est de mettre chacun sur la voie des idées et de débusquer les embuches.

Généralement, je me retrouve confrontée à l'impossibilité de satisfaire à l'envie d'un grand nombre d'élèves d'être précurseurs. J'organise un tour de rôle, tout en encourageant chacun à s'essayer au moins une fois à l'exercice. Cette séance d'écriture inaugurale dure environ trente minutes pendant lesquelles le reste de la classe effectue un travail individuel d'exercices d'application ou d'entrainement à la lecture.

2e séance : mener une discussion avec l'ensemble de la classe

Au cours de la journée, chaque élève précurseur lit à haute voix son texte à la classe. Après chaque lecture s'engage une discussion entre les élèves pour débattre des qualités « littéraires » : le principe de cette séance est d'écouter les textes, d'en discuter au fur et à mesure et de retenir ce qui parait intéressant. Dans cet exemple, j'ai pris connaissance des productions des précurseurs avant la discussion, ce qui m'a amenée à choisir un ordre d'écoute. J'ai choisi de faire lire en premier les deux productions suivantes pour la manière dont chacune enclenche le dialogue :

Texte précurseur 1 Athénaïs, Clarisse et Laure	
Yaaba	*– Bonjour vieil ami comment va-tu ?*
Yabio	*– Bien et toi comment va tu ?*

Texte précurseur 2 Abderrahim et Nathalie	
Rikou	*– Bonsoir*
Yaaba	*– Bonsoir*
Rikou	*– Comment te nome tu*
Yaaba	*– Je me nome Yaaba*
Rikou	*– Moi c'est Rikou*
Rikou	*– As tu soif*
Yaaba	*– Oui je veux bien un peut d'eau sil te plait*
Rikou	*– Quel bon vent vous amène ?*

Le rapprochement de ces deux textes a permis au groupe classe de réfléchir aux contraintes textuelles du début du dialogue et de définir plus précisément deux éléments pertinents pour cette tâche d'écriture.

- L'amorce du dialogue :

– les personnages se saluent : *Bonjour, Bonsoir* ;
– la relation qui les unit est définie : *vieil ami* montre qu'ils se connaissent ; *Comment te nome tu – Je me nome Yaaba – Moi c'est Rikou*, qu'ils ne se connaissent pas ;
– une marque d'hospitalité est présente : *As tu soif* ;
– le motif de la venue de Yaaba est demandé : *Quel bon vent vous amène ?*

• La dénomination des personnages

Des deux personnages, seule Yaaba, le personnage principal, est dénommée dans le film. Le vieil homme, second personnage de cette scène muette, n'a pas de nom attitré. La tâche d'écriture consistant à écrire une scène qui doit se suffire à elle-même, il est donc presque nécessaire de le nommer. Le premier groupe a choisi *Yabio*, nom qui joue sur l'opposition fréquente en langue romane du féminin et du masculin *a/o*, tandis que le deuxième groupe a proposé *Rikou* sous l'influence probable du dessin animé, *Kirikou et la sorcière.*

Ces deux éléments, l'amorce du dialogue et la dénomination des personnages, pouvaient servir ensuite d'« idées » pour les autres élèves. Je veille cependant toujours à présenter une variété de choix pour éviter un « effet modèle » : ainsi, dans l'un des deux textes (T2), les personnages se connaissent, dans l'autre texte non (T1) ; l'une des deux scènes débute pendant la journée (T1), l'autre le soir venu (T2).

Nous avons ensuite poursuivi par l'écoute du texte précurseur 3 pour repérer comment Hamid et Yan traitaient ces deux mêmes aspects. La prise de conscience des contraintes textuelles se trouve ainsi renforcée par l'examen d'un nouveau texte, et constitue un temps d'appropriation pour chaque élève. Mais le texte précurseur 3 posait un problème qui nous a amenés à traiter ensuite une autre contrainte textuelle.

• La cohérence sémantique

Nous avons mené collectivement l'autre activité caractéristique de cette phase de discussion, à savoir la reformulation orale d'un passage incompréhensible pour les auditeurs. Dans l'exemple ci-dessous, il s'agissait de la dernière réplique de Yaaba :

Texte précurseur 3	Hamid et Yan
Yaaba	*– Bonjour Noba*
Noba	*– Bonjour Yaaba tu veux un peu d'eau*
Yaaba	*– Oui je veux bien un peu d'eau*
Noba	*– Que-ce que tu veux*
Yaaba	*– Veux tu m'aider*
Noba	*– Oui*
Yaaba	*– Mon amis Bila, il a une amie, un jour les trois frère et un qui était armé d'un couteau Bila voulez se défendre, Napoko c'est défendus Mais elle a reçus un couteau rouillé. Noba est-que tu peu me faire une potion pou guerrir Napoko*

Voici un extrait de la discussion entre les élèves à propos de ce passage :

Loïc : Vous avez oublié plein de mots à la fin du texte, on ne comprend pas ce que raconte Yaaba. (À la maitresse) Tu peux relire ce qu'elle dit, Yaaba, s'il te plait ?
Enseignante : *Mon amis Bila, il a une amie, un jour les trois frère et un qui était armé d'un couteau…*
Loïc (interrompt) : Voilà ! Il faut dire qu'est-ce qu'ils font les trois frères. Par exemple qu'ils sont les ennemis de Bila.
Athénaïs : Il faudrait dire aussi que les trois frères vont voir Bila pour se battre !
Loïc : Vous dites *Napoko*, mais le vieil homme, il ne sait pas qui c'est Napoko. Il faudrait dire *l'amie de Bila qui s'appelle Napoko.*
Wanda : Napoko, elle ne s'est pas défendue, elle a défendu Bila (le mot est accentué).
Enseignante : Tu veux dire qu'il faut préciser que Napoko est blessée au cours de la bagarre car elle a voulu défendre Bila ?
Wanda : Oui !

Pour relancer le débat, j'ai relu le passage une nouvelle fois.

Damien : Vous avez oublié un mot *elle a reçu un coup de couteau rouillé.*
Jenny : Bila ne voulait pas se défendre. Vous vous êtes trompés ! Bila, il voulait se battre.

Enseignante: Oui, en effet, dans la scène du film, quand Bila aperçoit les trois frères qui leur barrent le chemin, il dit à Napoko qu'il préfère se battre pour en finir avec ces trois frères.
Athénaïs: Vous pourriez dire que Napoko a reçu un coup de couteau dans le bras et que c'est pour ça qu'elle a attrapé le tétanos.
Claire: Ben oui, sinon le vieil homme, il ne saura pas quelle potion il doit préparer.
Enseignante: Je ne suis pas de ton avis car le vieil homme est un guérisseur, donc il sait comme Yaaba qu'une coupure de couteau rouillé peut donner le tétanos. Avez-vous autre chose à dire?
La classe: Non!
Enseignante: Bien, Hamid et Yan avez-vous compris maintenant ce qui n'allait pas sur la dernière réplique de Yaaba? Si nous résumons: il faut préciser qui est Napoko, qui sont les trois frères, que Napolo a reçu un coup de couteau en voulant défendre Bila qui voulait se battre. Pensez bien à terminer chaque phrase!
(Acquiescement par un hochement de tête.)

Au cours de cet échange, on voit que les élèves découvrent, avec un certain plaisir, comment on peut effectivement améliorer la mise en texte en ajoutant ou en supprimant un mot ou une expression: l'échange contribue, en effet, à rendre les élèves plus sensibles aux obscurités et incohérences sémantiques, d'une part, et à les initier concrètement à la révision d'une production, d'autre part.

Les autres textes précurseurs ont été ensuite examinés. La séance a duré environ 45 minutes et s'est achevée par la synthèse des remarques émises sous forme d'une affiche-conseil. Ce type d'affiche est destiné à aider les élèves en leur rappelant les points importants pour l'écriture:

Pour écrire le dialogue entre Yaaba et le vieil homme il faudra faire attention à:
- Donner un prénom au vieil homme: *Rikou/Noba*
- Ne pas mélanger *tu* et *vous*: Dans la brousse les gens semblent se tutoyer.
- Penser à utiliser les éléments naturels: le vent, le coucher du soleil, etc.

Quand le dialogue commence:

a. Les personnages se saluent
b. Ils prennent de leurs nouvelles *Le voyage a dû être long? Veux-tu un peu d'eau? As-tu soif? Comment vas-tu?*
c. Le vieil homme s'informe sur les raisons de la venue de Bila: *Quel bon vent t'amène? – Qu'est-ce que tu veux? – Veux-tu m'aider?*
d. Indiquer quand on change de jours: *Le lendemain…*

Des expressions pour nous aider à écrire:
se battre/un coup de couteau rouillé/le tétanos…

Dans cette discussion, que se passe-t-il pour les élèves? On peut juger étonnant de ne pas faire travailler la classe sur une version écrite. J'y vois, pourtant, un avantage: ce dispositif permet aux élèves de focaliser leur attention sur les qualités textuelles. En effet, dès que les élèves ont un écrit sous les yeux, ils sont enclins à se préoccuper trop vite de problèmes d'orthographe au détriment de ce travail d'analyse sur le contenu et la qualité de l'expression. C'est pourquoi il me parait plus intéressant qu'ils prennent connaissance d'une production en l'écoutant. De plus, les auteurs ne se voient pas réduits à leurs fautes d'orthographe (inévitables, à cette étape), ils ne se sentent pas mis en accusation; c'est sans doute une des raisons pour lesquelles les volontaires ne manquent pas.

J'ajoute que cette situation inhabituelle d'auditeur contribue à développer au fil du temps une nouvelle attitude chez les élèves en train d'écrire: la prise en compte d'un lecteur potentiel au moment où ils planifient le contenu de leur texte, où ils fabriquent leurs phrases. D'une façon générale, ils apprennent et qu'on peut se questionner et à poser des questions pertinentes, capacités qui ne sont évidemment pas cantonnées à l'expression écrite. En outre, j'ai pu constater que, progressivement, les enfants acquièrent une capacité d'écoute de plus en plus grande, et qu'ils apprennent à respecter l'autre, cherchant à l'aider plutôt qu'à se moquer.

Et pour l'enseignant, qu'en est-il de sa place et de sa fonction au cours de cette discussion ? C'est une place et une fonction qui ne cesseront d'évoluer au cours de l'année. Au premier trimestre, l'enseignant est très présent dans la discussion, car il est obligé de diriger les premiers entretiens, en soumettant aux élèves de nombreuses questions sur le texte pour les initier à ce mode de travail et les habituer à préciser leurs remarques. Puis, au cours de l'année, il deviendra un animateur de débat le plus en retrait possible. En résumé, il est :

1 – celui qui distribue la parole,

2 – qui reformule pour la clarté de l'échange un point de vue,

3 – qui donne occasionnellement son point de vue personnel,

4 – qui résume comme dans l'exemple ci-dessus les deux ou trois éléments à retenir.

Cependant, selon le temps disponible et le niveau des élèves concernés, il est préférable que les élèves résument eux-mêmes les points à améliorer sur lesquels, en général, ils ont pris des notes pendant la discussion. Il est aussi fréquent que les précurseurs, contrairement à l'exemple ci-dessus, participent activement au débat.

Deuxième phase : l'écriture

3e séance : faire écrire à tous une version du dialogue

Un ou deux jours plus tard, instruite de la discussion et à l'aide de l'affiche-conseil relue collectivement, toute la classe écrit, ce qui correspond à trois situations différentes :

1 – les précurseurs retravaillent certains passages pour améliorer leur texte ;

2 – les précurseurs préfèrent repartir à zéro et écrire un nouveau texte ;

3 – le reste de la classe compose son premier jet.

Je laisse toujours une grande liberté aux précurseurs, parce qu'ils ont accepté de prendre des risques, et aussi parce que décider qu'un texte ne mérite pas d'être amélioré me parait relever des compétences d'écriture. À la fin de la séance, tous les groupes d'élèves ont écrit une version du dialogue, nouvelle ou non, totale ou partielle.

Voyons ce qu'apporte la première phase, la discussion des textes des précurseurs, en examinant les productions selon les différents cas de figure.

• Cas n° 1 : les précurseurs décident d'améliorer certains passages.

Pour illustrer ce cas, je reprendrai un passage du texte de Hamid et Yan, dont la dernière réplique avait été critiquée :

Texte précurseur 3			Hamid et Yan
1er jet		2e jet	
Yaaba	*– Mon amis Bila, il a une amie, un jour les trois frère et un qui était armé d'un couteau Bila voulez se défendre, Napoko c'est défendus Mais elle a reçus un couteau rouillé. Noba est-que tu peu me faire une potion pou guerrir Napoko*	*Yaaba*	*– Mon amis Bila a une amie qui s'appelle Napoko. Un jour les trois ennemis de Bila sont venus il y avait un des trois ennemis qui avait un couteau rouillé. Bila voulez se battre Mais Napoko a défendus Bila, et elle a reçu un coup de couteau dans le bras et elle a reçu le tétanos. Noba, est-ce que tu peu me faire une potion pour guerrir Napoko*
		Noba	*– D'accord je vais faire une potion pour Napoko. Veut-tu dormir chez moi se soir*
		Yaaba	*– je veut bien dormir chez toi se soir* *Le lendemain*
		Noba	*– hier soir, je suis aller chercher la potion*
		Yaaba	*– D'accord, est-ce que tu et près*
		Noba	*– D'accord je suis près*

Le premier jet révèle clairement les nombreuses difficultés de ces deux élèves, difficultés à se remémorer avec exactitude certains détails, à gérer la chronologie en soulignant les enchainements *un jour, mais*, à établir les liens de causalité.

L'apport de la discussion avec le groupe se passe de commentaires, me semble-t-il. En s'appropriant les propositions du groupe (*qui s'appelle Napoko, ce sont les ennemis de Bila, un coup de couteau dans le bras*), ces deux élèves sont parvenus à compléter leurs embryons de phrases et à rendre leurs répliques compréhensibles. Cependant, nous pouvons constater que de nouvelles maladresses d'expression surgissent: nombreuses répétitions (*Bila*), mauvais choix lexicaux (*a reçu le tétanos*).

• Cas n° 2: les précurseurs décident, à l'issue de la discussion, d'écrire un nouveau texte.

Texte précurseur 4			**Max et Norbert**
1er jet		2e jet	
l'homme	*– Viens ici ! chez moi tu dormira une nuit*	*Rakoue*	*– Bonjour Yaaba*
Yaaba	*– Napoko à le tétanos*	*Yaaba*	*– Bonjour Rakoue*
l'homme	*– Je vais préparé une potion dabors j'irais chercher les ingrédients demain*	*Rakoue*	*– Veut-tu un peu d'eau le voyage a du être long.*
Yaaba	*– Va chercher les ingrédients comme tu l'avais dit hier*	*Yaaba*	*– Oui je veut un peu d'eau s'il te plaît*
l'homme	*– J'irai J'irai*	*Rakoue*	*– Quel bon vent t'amène.*
Yaaba	*– après que tu es chercher les ingrédients je par*	*Yaaba*	*– Une amie de mon seul ami à attrapé le tétanos*
		Rakoue	*– Je vais essayer de préparer une potion*
		Yaaba	*– Va si tant que le soleil et là. Quand tu auras fini de préparer la potion, je repartirai.*
		Rakoue	*– je vais chercher les ingrédients*

Nous avons ici un autre exemple du type d'aide que peut apporter la phase de discussion et de reformulation collective aux élèves les plus faibles de la classe: ils y trouvent de «solides béquilles» qui leur permettent à leur tour de composer un vrai dialogue, nettement moins expéditif. Ce premier pas est gratifiant et les encourage la plupart du temps à persévérer de sorte qu'ils font de réels progrès au cours de l'année.

• Cas n° 3: les autres élèves écrivent leur premier jet.

La discussion se révèle également très efficace pour le reste de la classe qui n'a pas encore produit de texte. Il est habituel, en effet, d'obtenir dès le premier jet, des productions telles que l'exemple suivant:

Texte 1er jet	**Camila, Jenny et Wanda**
Oulfasa	*– Bonjour Yaaba voudrais tu un peu d'eau pour te détendre car le voyage a du être long.*
Yaaba	*– Oui merci, peu-tu m'aider siltaupler.*
Oulfasa	*– Oui, je ve bien t'aider.*
Yaaba	*– Une petite fille du village a était blésser avec un couteau rouillé.*
Oulfasa	*– Oh ! la ! la tu c'est qu'un couteau rouillé peu dauner le tétanos.*
Yaaba	*– Va préparer la potion pendant que le soleil est encore la.*
Oulfasa	*– Une plante de ceci, deux plantes de cela pour une pouainiet derbe et maintenant je rentre à la maison.*
	le lendemain matin
Oulfasa	*– Yaaba, Yaaba reveille toi le jour est là j'ai fait trenper les plante dans l'eau toute la nuit reparton vite avant que la potion ne fase plus d'efet et que sa sagrave sur la petite malade.*

Ces élèves ont rempli le contrat en tenant compte des critères de l'affiche-conseil: elles ont inventé un prénom plausible pour le vieil homme (*Oulfasa*) ; le dialogue s'amorce progressivement (les personnages se saluent, prennent de leurs nouvelles) ; le contexte de la narration est pris en compte (il y a des références aux éléments naturels : *Pendant que le soleil est encore là/le jour est là*) ; elles ont su insérer des indications temporelles concernant le déroulement de la narration (*Le lendemain matin*).

Elles sont même allées au-delà de ce contrat. En effet, elles ont réussi à restituer l'intrigue du film en l'intégrant de façon vivante dans les répliques du dialogue : ainsi Oulfasa, guérisseur, n'a pas besoin que Yaaba lui révèle la maladie dont souffre la fillette (*Oh ! la la ! tu sais qu'un couteau rouillé peut donner le tétanos*). Oulfasa, énumérant à haute voix les fruits de sa cueillette, prend vie sous nos yeux. Quant à la dernière réplique (*repartons vite avant que la potion ne fasse plus d'effet et que ça s'aggrave pour la petite malade*), elle inscrit leur dialogue dans l'ensemble de la narration cinématographique.

Ainsi, l'apport de la discussion sur les textes précurseurs menée par la classe se lit dans toutes les productions : cette phase initiale permet à chacun de s'approprier le but et la nature de la tâche à réaliser. Débarrassés du « Je ne sais pas quoi écrire », les élèves peuvent alors, selon leurs compétences personnelles, se focaliser dès leur premier jet sur de nouvelles contraintes d'écriture.

4e séance : organiser une relecture critique

Après cette séance d'écriture, le lendemain, les élèves ont échangé leurs brouillons et ils en ont effectué une relecture critique. Ils ont débattu par groupes de deux ou trois des textes dont ils avaient la charge et ont rédigé une *fiche-conseils* à l'attention des auteurs.

À la fin de cette séance, trente minutes environ, j'ai ramassé les productions et ces fiches-conseils personnalisées pour en prendre connaissance, éventuellement les compléter ou reformuler des remarques elliptiques. En revanche, je ne corrige pas les erreurs d'orthographe de la fiche-conseils pour ne pas la surcharger visuellement, de sorte que les élèves restent attentifs au contenu des critiques.

5e séance : faire réécrire l'ensemble de la classe

Le lendemain, chaque groupe a pris connaissance des conseils qui lui étaient adressés et a retravaillé sa production. La fiche-conseils provoque deux types de révision :

1 – des modifications locales de type lexical, assez classiques, qui viennent s'insérer dans le texte ; nous en verrons un exemple avec la nouvelle révision du texte 3 ;

2 – des modifications plus radicales sur un passage signalé insatisfaisant ; elles entrainent la suppression, la modification ou, comme nous le verrons avec le texte 4, l'ajout de quelques répliques pour mieux clore le dialogue.

Les ajouts ou les modifications sont toujours notés en couleur (ici entre crochets), ce qui me permet de visualiser facilement le travail effectué. Examinons les révisions provoquées par une fiche-conseils :

Texte précurseur 3		3e jet Hamid et Yan
FICHE-CONSEILS	*Yaaba*	*[...] et elle a [attraper] le tétanos.*
Il faudrait mètre a la place de reçus il faudrait dire : attraper le tétanos Non il faudrait dire j'ai préparé et ne pas dire aller chercher la potion	*Noba*	*– hier soir, [quand tu dormais]* *[j'ai préparer] la potion*
	Yaaba	*– D'accord, est-ce que tu et près [pour partir et me raccompagne chez moi]*
<u>intervention de la maitresse :</u> Que faisait Yaaba quand Noba a préparé la potion ? Il faudrait que Noba le dise dans la discussion	*Noba*	*– D'accord je suis près [pour partir et te raccompagner]*

On voit comment certaines suggestions sont reprises. D'une façon générale, la relecture et la fiche-conseil constituent une source importante d'amélioration des textes. En habituant ses élèves à devenir des lecteurs critiques, par un entrainement régulier sur les textes des précurseurs, l'enseignant les rend plus autonomes dans la gestion de l'élaboration progressive de leurs propres textes et allège la tâche de correction qui lui incombe habituellement.

Troisième phase : le traitement de problèmes textuels

6e séance : répondre à un problème soulevé

Lors de la discussion des textes précurseurs, tout n'est évidemment pas réglé. D'autres problèmes surgissent en cours d'écriture et donnent parfois lieu à un travail systématique sur un problème d'ordre textuel. En l'occurrence, une séance a été consacrée à l'interrogation d'un groupe de relecteurs : « On a le droit de dire comment ils parlent les personnages ? » Au fur et à mesure de l'avancée de leur travail, et grâce aux oreilles qui trainent toujours quand l'enseignant est avec un groupe, tous se sont posé la question des didascalies.

Une fois le problème énoncé pour toute la classe, nous avons alors passé en revue plusieurs solutions et choisi celle qui nous évitait de réécrire tout le brouillon : un ajout dans la marge entre parenthèses devant le nom du personnage concerné, et le problème s'est trouvé résolu ! Notons cependant que cette troisième phase n'intervient qu'en cas de besoin. C'est parce qu'il concernait toute la classe que j'ai décidé d'organiser une réflexion collective rapide sur ce point. Il est difficile en effet de différer trop longtemps l'achèvement du texte, surtout au CE2. Les occasions de traiter d'autres problèmes textuels ne manqueront pas de se présenter.

Bilan

Quel bilan en tirer pour les élèves et pour l'enseignant ? Au terme de six séances, chaque groupe avait enfin achevé son texte, ce qui nous avait pris trois heures environ réparties sur deux semaines, durant lesquelles chacun s'était plongé dans ce travail d'écriture en s'inquiétant seulement de savoir si ce qu'il écrivait avait du sens pour les autres !

La démarche mise en place conduit tous les élèves de la classe à créer un texte, et à le travailler. Elle leur permet indubitablement d'améliorer leur production. Au fur et à mesure de leur élaboration, les textes s'étoffent, perdent de leur maladresse initiale, sont plus cohérents. Les élèves perçoivent l'efficacité du travail du texte, ce qui soutient leur effort, et leur procure un réel plaisir. Le dispositif des précurseurs permet à chacun d'y gagner : les précurseurs écrivent davantage, mais reçoivent également davantage, puisque leur texte est discuté en profondeur ; les autres font l'économie d'une version sans perdre l'avantage qu'elle pourrait leur procurer : ils savent d'emblée dans quel sens aller, quelles erreurs éviter. Ainsi, au lieu d'un premier brouillon assez loin de la cible, leur première version est déjà presque l'équivalent d'une réécriture.

Pour l'enseignant, cette façon de procéder est également plus intéressante. Il a le sentiment de voir réellement ses élèves progresser en production écrite. De plus, le dispositif des précurseurs présente un autre immense avantage : il lui permet de gagner sur la correction des copies, une partie de ce travail n'ayant plus lieu d'être, quand la discussion a mis chacun sur la voie, et que la relecture critique a produit son effet. Avantage dont on conviendra qu'il n'est pas mince, la lourdeur des corrections étant ce qui freine généralement l'écriture dans les classes…

Et l'orthographe ?

Dans ma démarche de production d'écrit, la priorité est donnée aux contraintes textuelles jusqu'à la troisième phase : il n'a donc pas encore été question d'orthographe, mais uniquement du contenu et de l'organisation du dialogue que chaque groupe voulait écrire. Cependant, les élèves ne s'en désintéressent pas et demandent souvent comment s'écrit tel ou tel mot. Il faut bien, en effet, donner une forme aux mots pour les écrire sur la page ! Pour prendre en compte leur souci – légitime ! –, mais sans lui donner plus d'importance qu'il n'en mérite à cette phase, je leur ai proposé de signaler leurs hésitations par un trait ondulé, solution que j'ai trouvée dans un ouvrage et qui sera reprise plus loin[1]. Par exemple :

elle a reçus un couteau rouillé

Je vois plusieurs avantages à cette façon de faire. Le premier est de ne pas interrompre l'acte d'écriture au risque de perdre le fil des idées ; le second, de leur apprendre à repérer ce qui leur pose personnellement un problème. Grâce à cette pratique d'apparence anodine, nous ne parlons pas d'orthographe, tout en favorisant progressivement une vigilance orthographique individuelle de plus en plus grande, et ceci, dès les premiers instants d'écriture. Ainsi on rend les élèves plus actifs, mais également plus autonomes face aux apprentissages qu'ils doivent encore faire.

De plus, avec les ratures et les essais dans les marges, ce moyen me permet de repérer une question d'orthographe pertinente pour le texte en cours : c'est de cette façon que j'ai sélectionné, pour *Yaaba*, le thème des finales verbales.

1.2. Le temps de l'orthographe

Un projet d'écriture s'achève sur une « publication », ce qui impose un travail de correction orthographique. Mais les élèves, en situation d'écriture, rencontrent des problèmes d'orthographe sur lesquels ils s'interrogent. L'enseignant saisit alors cette occasion pour leur proposer une recherche destinée à résoudre un de ces problèmes. Cette recherche va les conduire à apprendre quelque chose de plus en orthographe, que ce soit totalement nouveau ou qu'il s'agisse de consolider des savoirs.

Dans cette perspective, intégrer l'orthographe en production écrite, c'est donc :

1 – aussi bien découvrir ou approfondir une notion d'orthographe qui pose problème (quatrième phase) ;

2 – qu'apprendre à réviser un texte (cinquième phase).

Quatrième phase : le traitement d'une question orthographique

Sélection d'une notion orthographique

Dans la plupart des brouillons, j'avais remarqué de nombreuses hésitations sur les graphies de désinences verbales, mais aussi la présence, chez un même élève, de graphies différentes pour une même forme verbale, ce qui signale une connaissance pour le moins mal assurée. Se laisser le temps de détecter une question d'orthographe permet ainsi de répondre à un vrai besoin des élèves et de ne pas leur imposer une « progression » établie sans rapport avec leurs préoccupations présentes.

Par exemple, dans le texte de Hamid et Yan (T3), les formes verbales étaient correctement orthographiées à certains endroits et ces mêmes formes, ou d'autres similaires, étaient mal orthographiées plus loin :

*Bonjour Yaaba, tu **veux** un peu d'eau*	mais	*est-ce que tu **peu** me faire…*
*Oui je **veux** bien un peu d'eau*		***veut**-tu dormir chez moi se soir ?*
*Que-ce que tu **veux***		*Je **veut** bien dormir chez toi ce soir…*
***Veux** tu m'aider*		

1. Voir bibliographie, *Orthographe* : André Angoujard, *Savoir orthographier.*

J'ai donc décidé de mettre en place une séquence concernant les marques personnelles aux deux premières personnes de l'indicatif présent. En effet, élaborant un dialogue entre Yaaba et le vieil homme, tous les élèves y étaient sans cesse confrontés.

Que l'enseignant repère un problème et décide d'organiser une étude systématique est une chose, c'en est une autre que les élèves eux-mêmes en aient conscience. Il parait donc indispensable de leur laisser le temps de l'identifier et de le leur faire formuler dans leurs propres termes. C'est à cette condition, me semble-t-il, que s'instaure progressivement dans leur esprit une véritable relation entre les questions spécifiques qu'ils se posent en cours de rédaction (comment s'écrit ce mot ? est-ce qu'il faut mettre un *s* ?), le savoir linguistique qu'ils possèdent déjà, et celui qu'il leur faut encore acquérir. C'est tout l'enjeu de l'intégration de l'orthographe dans la production écrite.

1re séance : amener les élèves à repérer ce qui leur pose problème

Travail en groupe

Sur chaque brouillon, j'ai souligné uniquement quelques formes verbales erronées : il s'agit par là moins de signaler des fautes d'orthographe que de focaliser l'attention des élèves sur des graphies qui posent problème et sur lesquelles la classe va réfléchir. Voici quelques exemples :

- *Il risque de lui faire mal, comprend-tu pourquoi je suis ici.*
- *D'accord, je veux bien que tu me questionne.*
- *Il suffit que tu m'aide à l'y verse.*
- *Je peut repartir maintenant.*

Je donne comme consigne aux groupes de tenter de corriger ces formes verbales mal orthographiées. En cas de désaccord, toutes les graphies proposées doivent être notées les unes sous les autres pour être soumises à la classe au moment de la mise en commun. Je n'attends pas de cet échange par groupe une correction exhaustive. Cette première confrontation a seulement pour but de favoriser l'émergence du problème orthographique qu'ils ont tous rencontré. En les mettant directement en activité, j'évite ainsi de tomber dans l'écueil de formuler à leur place le problème à résoudre, et, d'une façon générale, je reste à ce stade dans des formulations volontairement floues et peu explicites.

Mise en commun

Lors de la mise en commun, la synthèse de chaque rapporteur fait apparaître deux points :

– tous les groupes sont parvenus à corriger les erreurs à la deuxième personne, comme je l'avais escompté : en effet, la plupart des élèves connaissent la marque de cette personne dès la fin du cycle 2, même s'ils ne parviennent pas à la produire dans leurs premiers jets ;

– en revanche, tous les groupes ont rencontré des difficultés pour corriger les erreurs avec *je* : certains élèves ont proposé d'écrire un *e*, d'autres un *s*.

Ces deux lettres correspondent effectivement à des marques de première personne. Leur proposition indique un début d'acquisition, insuffisant, toutefois, pour trancher avec certitude entre ces diverses possibilités. Le niveau d'acquisition des élèves à cette étape peut se lire dans l'argumentation d'un des rapporteurs. Attardons-nous un instant sur ses propos :

> – Dans notre groupe, pour *je guéris la malade*, on n'est pas arrivé à se mettre d'accord. On avait écrit *je guérit* avec un *t*. Mais tu nous l'as souligné parce que c'était faux. On a cherché et on a compris notre erreur : c'est pas *il*, c'est *je*.
> Alors maintenant Julia et Martial disent qu'il faut un *e* parce que, dans le tableau avec IL-ELLE-ON, on a appris que pour *il oublie*, c'est avec *e*. Mais Damien et moi, on pense que c'est un *s* !
> Désarroi dans la voix et le regard du rapporteur…

À quelle gymnastique mentale se sont livrés ces élèves de CE2 pour comprendre l'erreur signalée et trouver une terminaison convenable ? On peut tenter de reconstituer leur cheminement.

Dans un premier temps, ils ont eu recours à un tableau disponible dans la classe, intitulé « IL-ELLE-ON au présent » :

IL – ELLE – ON au présent							
E		T		D		pas de lettre finale	
elle crie	*crier*	elle sourit	*sourire*	il prend	*prendre*	il va	*aller*
il oublie	*oublier*	il gémit	*gémir*	on attend	*attendre*	il a	*avoir*
il se lève	*se lever*	on éteint	*éteindre*	elle perd	*perdre*	on est	*être*
on tue	*tuer*	on voit	*voir*				
elle joue	*jouer*	il dort	*dormir*				
il s'étire	*s'étirer*	il vient	*venir*				
		elle met	*mettre*				
elle souffre	*souffrir*						

Ce tableau leur a permis de repérer que la lettre *t* fait partie des désinences possibles avec la troisième personne du singulier ; ils en ont déduit que cette lettre ne convient pas à la première personne. Ils l'ont donc éliminée.

Ensuite, ils ont cherché une autre terminaison possible. À quelles lettres pensent-ils ? La moitié du groupe propose la lettre *e*. Dans les paroles du rapporteur, on voit se dessiner une argumentation : *e* existe, ils l'ont rencontré, ils savent que c'est possible pour un verbe ; mais cette solution figure dans un tableau qui concerne la troisième personne et certains se montrent réticents devant une telle annexion. Quant à ceux qui proposent *s*, ils n'ont pas d'argument pour justifier ou convaincre. D'où le désarroi sensible dans le ton de Maximin.

C'est précisément dans ces moments-là que mon intervention, dans la classe, est particulièrement importante. Je suis, en effet, la seule à pouvoir les rassurer et valider leur questionnement ; leur raisonnement est loin d'être dérisoire, même s'il n'est pas abouti : « Il est normal que vous hésitiez. Vos propositions sont d'ailleurs très pertinentes, car avec *je*, on peut trouver *e* ou *s* ou autre chose. Mais ça, ce sera pour la prochaine leçon ». Derrière leur questionnement s'amorce en effet une découverte essentielle pour eux : certaines erreurs sont dues à la complexité du système de notre langue. À la fin de cette première séance, il était néanmoins inutile de le leur dire, tellement cette complexité dépasse encore tout ce qu'ils peuvent imaginer !

Pour finir, je les aide à formuler sous la forme d'une question le problème d'orthographe que nous allons tenter de résoudre et nous l'affichons :

Quelles sont les lettres muettes que nous pouvons mettre comme terminaisons des verbes avec JE et TU ?

Cette affiche est restée au tableau pendant toute la durée de notre recherche.

Bilan

Au terme de cette mise en commun, les élèves sont parvenus à identifier clairement la nature du problème qu'ils rencontraient chaque fois qu'ils voulaient écrire un verbe à la première personne, à savoir la *concurrence* de lettres possibles : *e*, *s*, rien, ou autre chose. En l'occurrence, ils ont cerné une notion d'orthographe centrale pour leur projet d'écriture, puisqu'elle était mise en jeu à chaque réplique ou presque dans leur dialogue. Cela justifie, pour l'ensemble de la classe, que s'engage une étude systématique dans les séances suivantes.

Au bout de trois quarts d'heure de discussion et de confrontation, nous sommes loin de pouvoir énoncer avec assurance, comme on le trouve dans les leçons de manuels de conjugaison, toutes les terminaisons des verbes avec la première personne du singulier. Ce tâtonnement pour favoriser uniquement l'émergence d'un questionnement peut paraitre long, et il est certainement légitime de s'interroger sur le bien fondé de cette démarche. Cependant, si l'on veut en tant qu'enseignant aider les élèves à se repérer dans la jungle des désinences verbales qui se présentent à leur esprit toutes emmêlées quand ils sont en train d'écrire, alors il est impossible de faire l'économie de ce tâtonnement !

2

Rappel de la question

Je commence toujours par demander aux élèves de rappeler le questionnement qui anime notre recherche. Il ne s'agit pas simplement de relire une question sur une affiche, mais de retrouver tout le cheminement déjà parcouru. Cette étape de reformulation est souvent laborieuse, car les élèves ne peuvent pas énoncer clairement ce qui est encore obscur pour eux et dont ils se souviennent mal. Elle est cependant essentielle pour bien recentrer le travail de recherche et aussi pour guider vers ce qui en sera la trace finale, à savoir la construction d'une affiche récapitulative.

Travail en groupe

Les élèves ont travaillé par groupes de quatre sur un corpus de phrases au présent, toutes à la première personne du singulier. Ces phrases proviennent de leurs brouillons ou s'en inspirent : ce qui rappelle constamment à ces élèves de début de cycle 3 le lien entre leur recherche orthographique et leur projet d'écriture. Accessoirement, elles constituent un réservoir de formes correctes, réutilisables lors de la dernière phase de révision :

J'ai peur pour Napoko
Je vais chercher les ingrédients
Je souffre
Je viens avec toi
Je cueille des feuilles de Baobab
Je perds patience
Je guéris tous les malades
Je crie

J'offre un peu d'eau
Je souris
Je veux un bœuf et trois chèvres
J'éteins le feu
Je t'attends
Je remue la potion
Je peux t'aider

Je joue dans le Marigot
Je dors
Je pars chez le vieux sage
Je prépare une potion
Je prends trois brindilles d'herbe
J'aperçois Yaaba
Je suis prêt

Je donne comme consigne de classer toutes ces formes verbales. Je n'attends évidemment pas un classement exhaustif ni homogène. Ce qui importe, c'est le questionnement que met en jeu tout classement. En effet, pour pouvoir classer, les élèves doivent définir des critères, et, en réfléchissant sur ces critères, ils ébauchent des explications sur le fonctionnement du système orthographique. Dans cette nouvelle séance, la tâche consiste donc à découvrir dans des graphies normées le rôle des lettres muettes dans les finales verbales.

Mise en commun

Pour faciliter la mise en commun, j'ai instauré une procédure en deux temps qui est systématiquement appliquée dans ce type de recherche : premier temps, on prend connaissance de tous les classements, on les compare, on rassemble ceux qui s'avèrent proches, voire identiques ; deuxième temps, on discute, on confronte les points de vue pour construire une affiche récapitulative.

Premier temps : observation

Chaque groupe a donc affiché son classement. Les élèves ont pris connaissance de l'ensemble des propositions parmi lesquelles ils ont repéré trois critères de classement.

1. Selon la lettre de la désinence verbale :

E	*S*	*X*	*DS*	
je souffre	je vais	je veux	je perds	j'ai
je cueille	je viens	je peux	j'attends	
je crie	je guéris		je prends	
j'offre	je souris			
je remue	j'éteins			
je joue	je dors			
je prépare	je pars			
	j'aperçois			
	je suis			

La classe remarque que ces tableaux sont analogues à celui que nous avions construit pour la troisième personne du singulier quelques semaines auparavant.

2. Selon l'infinitif :

ER	*IR*	*DRE*	*OIR*	
je prépare	je cueille	je perds	je peux	j'ai
je crie	je souffre	j'attends	je veux	je suis
je remue	je dors	je prends	j'aperçois	
je vais	je pars			
	je guéris			
	je souris			
	je viens	j'éteins		

L'affichage de cette proposition n'a suscité aucun commentaire.

3. Selon la terminaison orale :

Liste 1 :	je prépare – je cueille – je souffre – je pars – je dors
Liste 2 :	je crie – je guéris – je souris
Liste 3 :	je viens – j'éteins

On observe que la répartition n'est pas liée aux lettres finales, objet pourtant affiché de la recherche, mais aux « sons » : la liste 1 rassemble des formes se terminant par une consonne orale (*je prépare – je souffre – je pars – je dors*) ou une semi-consonne (*je cueille*), tandis que les listes 2 et 3 regroupent respectivement des verbes se terminant par les voyelles /i/ (*je crie – je guéris – je souris*) et /ɛ̃/ (*je viens – j'éteins*).

La plupart des d'élèves ont classé les formes verbales selon l'un des deux premiers critères ; la dernière proposition émane d'un seul groupe qui n'est cependant pas arrivé à classer l'ensemble du corpus.

Deuxième temps : confrontation

Le deuxième temps va conduire les élèves à élaborer un nouveau savoir orthographique. La dernière proposition, qui allait au-delà des notions d'infinitif ou de terminaisons verbales, a lancé un vrai débat au sein de la classe. Il n'est pas rare, en effet, qu'une proposition marginale, mal dégrossie, mal comprise à première vue, fasse avancer la réflexion de toute la classe.

Que s'est-il passé, en effet, quand le dernier groupe a présenté son classement selon la terminaison orale ? La majorité des élèves l'a d'abord rejeté, car il n'y avait ni référence à l'infinitif, ni à la terminaison. Contraints de contre-argumenter, les auteurs du classement ont alors évoqué leur difficulté de scripteurs quand ils devaient écrire par exemple *je* /paʀ/ ou *je* /prepaʀ/, *je* /kʀi/ ou *je* /geʀi/.

Ainsi, contre toute attente, ce sont eux qui ont fait émerger le problème d'orthographe, tel qu'il se pose véritablement à eux: l'homophonie ne conduit pas aux mêmes graphies. On écrit: *je pars*, mais *je prépare*; *je crie*, mais *je guéris*. Les autres élèves ont alors compris le classement du dernier groupe, et se sont ralliés à cette façon de traduire leurs hésitations devant les «formes pièges» du présent de l'indicatif à la première personne du singulier.

Il serait trop long de rendre compte de la troisième séance dans ses moindres détails. On retiendra que tout ce travail passe par beaucoup d'échanges, de confrontations, de manipulations sous forme de tri, de classement pour permettre à la classe de formuler progressivement son cheminement vers une connaissance particulière. Voici simplement l'affiche récapitulative qui a conclu notre étude des désinences:

LES TERMINAISONS DE *JE* AU PRÉSENT

infinitif	er	ir	ir	dre	dre	oir	oir	
terminaison	E	E	S	S	DS	S	X	
piège !	je crie	je guéris						
piège !	je prépare	je souffre	je dors					
		j'offre	je pars					
		je cueille						
			je viens	j'éteins				
					je perds	j'aperçois	je veux	j'ai
					j'attends		je peux	je suis
								je vais

Ce tableau constitue pour les élèves un outil auquel ils peuvent se référer pour poursuivre leur projet d'écriture : il synthétise, sous une forme matérielle, toute une phase de réflexion intense, il peut être consulté à volonté. Certains s'en servent, d'autres à peine. Mais j'ai pu constater, en fin d'année, un emploi bien plus correct des marques de personne au présent.

Bilan

Que nous révèle ce travail de classement sur les acquis et les stratégies orthographiques des élèves? Le premier classement montre que les élèves concernés ont conscience de la présence d'une lettre à la fin du verbe et que cette lettre peut varier, à savoir *e*, *s*, *x*, *ds* (inutile ici de chercher à établir *d* comme lettre du radical). En revanche, rien ne nous indique qu'ils ont conscience du caractère muet de ces lettres finales, ni même vraiment de leur rôle. Or une partie de leurs difficultés à trouver la bonne graphie provient de là.

Le deuxième classement montre que ces autres élèves savent manipuler les notions d'infinitif et de verbe conjugué. Néanmoins, quand ils écrivent un texte, ce type de savoir ne leur permet pas de retrouver la lettre muette, d'autant que chacune des colonnes, pour un même infinitif, regroupe des formes se terminant par deux lettres différentes: *e* ou *s* pour les verbes en *er* et en *ir*, *ds* ou *s* pour les verbes en *dre*, *x* ou *s* pour les verbes en *oir*, plus les inclassables auxiliaires!

Le troisième classement montre que les élèves s'intéressent avant tout à la forme phonique du verbe à transcrire: alors que l'affiche qui rappelle en permanence la question à résoudre invite à s'interroger sur les lettres muettes, ils n'ont pas hésité à rassembler dans une même liste des verbes aux finales graphiques différentes, mais qui comportent des similitudes sonores (*je prépare – je pars*). Ce choix «décalé» semble à première vue paradoxal: pour trouver des lettres muettes, le groupe part de l'oral.

Mais c'est ce choix qui met alors sur la voie de ce qui constitue un obstacle pour les élèves. Il indique, en effet, que les élèves traitent la terminaison d'un verbe comme une autre : de même que, dans certains mots, il faut mettre tantôt *ai* ou tantôt *é* quand on entend /e/ (*maison* ou *mésange*), ou écrire *is* ou *it* quand on entend /i/ (*brebis* ou *bandit*), de même pour certains verbes, il faut rajouter parfois un *e*, parfois un *s* après le *i*, quand on entend /i/. Bref, une complication parmi d'autres. Même s'ils ont commencé « la conjugaison » au CE1, les élèves n'appréhendent pas clairement les valeurs spécifiques des lettres finales muettes dans les formes verbales. En insistant sur ce qui lui pose problème, le troisième groupe rappelle que la façon dont les questions se posent pour les enfants en situation d'écriture ne coïncide pas nécessairement avec la façon dont le savoir s'organise dans les ouvrages pédagogiques ou dans les leçons qu'on leur propose.

Ainsi, ces trois classements témoignent bien de l'hétérogénéité des savoirs rencontrée habituellement dans une classe. En tenant compte de cette hétérogénéité et en favorisant les échanges, il devient possible de construire avec les élèves un « outil » qui synthétise la richesse de ces divers apports. La fiche récapitulative le reflète : on y trouve aussi bien un classement qui met en relation infinitif et finales muettes que la mise en relief de ce qui est source de difficulté pour les élèves.

Cinquième phase : la révision orthographique du texte

Malgré le parti pris que j'affiche de ne pas mettre l'accent sur l'orthographe jusqu'à la phase finale, le souci de la correction s'observe déjà auparavant. La phase de révision orthographique s'effectue donc en réalité en deux temps, d'abord au cours de l'élaboration du texte, ensuite dans une séance de travail autonome en fin de production écrite.

Pendant la réécriture

Les élèves, qui se montrent capables de signaler leurs hésitations dans leurs premiers jets, se montrent aussi capables de corriger spontanément certaines erreurs d'orthographe. C'est ce qu'un examen attentif des versions successives révèle.

Reprenons le texte de Hamid et Yan. Dans la partie qui n'était pas à modifier, ils n'ont effectué aucune correction orthographique : *Que-ce que* et *Veux tu*, ainsi que l'absence de point d'interrogation, subsistent. C'est généralement ce qui se passe quand les élèves poursuivent l'écriture de leur texte. Ils semblent en effet trop absorbés par le travail qu'ils doivent encore fournir pour revenir activement sur la partie déjà rédigée. En revanche, dans le passage que ces deux élèves ont reformulé, on remarque qu'ils ont effectué un certain nombre de changements :

Texte précurseur 3			Hamid et Yan
	1er jet		2e jet
Yaaba	*– Mon amis Bila, il a une amie, un jour les trois frère et un qui était armé d'un couteau Bila voulez se défendre, Napoko c'est défendus Mais elle a reçus un couteau rouillé. Noba est-que tu peu me faire une potion pou guerrir Napoko*	*Yaaba*	*– Mon amis Bila a une amie qui s'appelle Napoko. Un jour* [***les trois ennemis***] *de Bila sont venus il y avait un des trois ennemis qui avait un couteau rouillé. Bila voulez se battre Mais Napoko a défendus Bila, et elle a* [***reçu***] *un coup de couteau rouillé dans le bras et elle a* [***reçu***] *le tétanos. Noba,* [***est-ce que***] *tu peu me faire une potion* [***pour***] *gue*[***rir***] *Napoko*
		Noba	*– D'accord je vais faire une potion pour Napoko. Veut-tu dormir chez moi se soir*
		Yaaba	*– Je veut bien dormir chez toi se soir* *Le lendemain* *– hier soir, je suis aller chercher la potion*
		Noba	*– D'accord,* [***est-ce que***] *tu et près*
		Yaaba	*– D'accord je suis près*

Ils ont:
- rétabli des mots ou lettres oubliés : *pour, est-ce que*;
- rectifié en partie une erreur d'orthographe lexicale: *guerir*;
- éliminé de fait une erreur: *Napoko c'est défendus*, devenu *Napoko a défendus*;
- corrigé une erreur grammaticale: *les trois frère*, devenu *trois ennemis*; *a reçu*;
- remanié la ponctuation en remplaçant des virgules par des points, devant *Un jour* ou *Bila*. Ces points ne délimitent pas encore toujours des phrases au sens syntaxique du terme, mais ils séparent, néanmoins, les différentes phases de l'événement relaté: la présentation des protagonistes amis, la présentation des protagonistes ennemis, le résumé de la situation, le recours à autrui pour avoir de l'aide.

Que peut-on conclure à l'issue d'une activité qui avait pour but d'améliorer la qualité « textuelle » du dialogue?

• Premier constat : des améliorations spontanées se sont produites en orthographe dans des domaines variés. Contrairement à ce que peut nous suggérer une lecture trop hâtive qui ne perçoit que les erreurs, Hamid et Yan sont donc loin d'avoir été négligents : près de 80 % des mots sont déjà corrects, avant toute correction instituée, dès la première réécriture à visée textuelle.

• Deuxième constat : l'instabilité de certaines formes nous invite, cependant, à nous interroger sur ce que nous validons comme « correct ». Il est, en effet, remarquable de constater que ces élèves orthographient *je veux, tu veux*, mais écrivent lors de la révision *tu peu, veut-tu, je veut*: que faut-il croire? De la même manière, nous pourrions émettre des réserves sur ce que l'adulte analyse comme la marque d'un pluriel correct *dans les trois ennemis*. La présence dans le même texte de *mon amis Bila* et de *les trois frère* n'autorise aucune certitude. Peut-être ce *s* final représente-t-il la graphie « normale » de mots au masculin se terminant par /i/? Dans ce cas, je considère que ces graphies disparates ne résultent pas d'une inattention, mais signalent plutôt que les mots ou les notions ne sont pas réellement acquis.

• Troisième constat : le remaniement du passage a conduit Hamid et Yan à supprimer ou remplacer certains mots qui étaient mal orthographiés comme *frère* ou *Napoko c'est défendus*. À la place, on trouve des mots bien orthographiés. Il aurait été inutile de s'arrêter trop tôt sur l'orthographe de mots qui sont éliminés de la version finale de leur texte.

• Quatrième constat : les « manques » concernent les accords, les homophones, les désinences verbales et la ponctuation. Autrement dit, ce qu'on attend *à l'issue* du cycle 3 et dont on débute l'étude systématique en classe de CE2. Il n'y a donc pas lieu de s'inquiéter.

Il apparait donc clairement que ces élèves ont conscience de la nécessité de ponctuer leur texte, tout comme ils ont conscience de la nécessité de veiller à l'orthographe de leur production. Ils pensent à le faire, dès qu'une première ébauche existe et qu'ils maitrisent un peu mieux les contraintes textuelles. Ainsi, ces rectifications révèlent la capacité des élèves à réviser spontanément un texte. C'est une capacité habituellement méconnue, précisément parce que la correction du maitre s'exerce avec trop de précipitation sur la moindre phrase écrite.

C'est pourquoi l'enseignant, me semble-t-il, doit s'abstenir de corriger, tant que le texte n'est pas définitivement élaboré, et, surtout, tant que l'élève n'a pas d'abord lui-même pris le temps de la relecture. J'ai donc décidé récemment de ne plus signaler les fautes d'orthographe sur les brouillons. Je laisse ainsi toute liberté aux élèves pour modifier autant qu'ils le veulent les mots et les phrases de leur texte, et, surtout, je leur laisse une place pour exercer leur compétence spontanée de correcteur. Ne le cachons pas: ce « principe de non-intervention » est difficile quand on est enseignant, victimes que nous sommes de ce vieux réflexe de lecteur-correcteur qui consiste à recouvrir de rouge les textes dont nous prenons connaissance! Difficile, mais riche d'enseignement pour le maitre et riche d'apprentissage pour l'élève!

Lors de la relecture finale

Comme dans toutes les classes, les élèves vont devoir corriger l'orthographe avant de recopier. Cette phase se révèle délicate. Quand on demande aux élèves de se relire, on constate que les textes sont soit laissés dans l'état initial, soit corrigés en dépit du bon sens.

À force d'observer mes élèves en train de s'évertuer vainement à corriger leur texte, je me suis demandé quel sens avait la consigne pour eux. On s'aperçoit, en effet, que leur attention décroche très vite: leurs yeux suivent, certes, les lignes, mais ils ne réagissent pas aux erreurs qu'ils croisent. Se laissent-ils reprendre par le sens d'un texte qu'ils connaissent par cœur pour l'avoir écrit eux-mêmes ou ne savent-ils pas quoi et comment chercher? J'en suis venue à penser que cette tâche, qui passe pour simple aux yeux des adultes, ne l'est absolument pas pour des élèves et qu'il faut donc leur apprendre à corriger l'orthographe de leurs productions. C'est toute cette réflexion qui m'a encouragée depuis quelques années à chercher et à trouver une autre façon de faire. Avant de commencer, nous rappelons collectivement les moyens à notre disposition.

Pour l'orthographe lexicale

Les élèves ont naturellement la possibilité d'utiliser des *dictionnaires*. Ils s'appuient sur les traits ondulés par lesquels ils ont signalé leurs hésitations dans la rédaction du premier jet. Ils peuvent à présent traiter ces hésitations.

Ils peuvent aussi avoir recours à leur *répertoire d'orthographe* qui contient la rubrique «Vocabulaire pour écrire nos histoires». En effet, nous insérons dans cette rubrique des listes de mots «indispensables» pour rédiger le texte en cours d'élaboration. Nous commençons ces listes dès la discussion sur les textes des précurseurs.

Pour *Yaaba*, la liste rassemblait les éléments suivants:

un coup de couteau le sorcier le vieil homme le coucher du soleil	se battre elle a reçu un coup	le lendemain un jour plus tard	qu'est-ce que... ? quel bon vent t'amène ? quel bon vent vous amène ? comment vas-tu ?

Le choix des mots, des expressions, voire des phrases, dépend du niveau de la classe. Ces listes constituent le capital de mots à apprendre par cœur, comme on le demande habituellement à l'école.

Pour l'orthographe grammaticale

Bien évidemment, les élèves ont recours à des *manuels de conjugaison*. Ils peuvent aussi consulter à tout moment les diverses *affiches récapitulatives* de nos recherches orthographiques, en l'occurrence, pour *Yaaba*, les tableaux des désinences verbales avec «Les terminaisons de JE au présent» ou «Les terminaisons de IL-ELLE-ON au présent». C'est à ce moment-là qu'elles prennent véritablement leur fonction d'outil pour l'écriture.

Pour guider les élèves dans leur recherche des erreurs d'accord, je leur ai proposé une technique, les «balles d'accord», que j'ai aussi trouvée dans un manuel et qui sera présenté plus loin[1]: il s'agit, tout simplement, de tracer le trajet des accords à partir d'un mot signal.

Par exemple:

les trois ennemis de Bila sont venus

ils

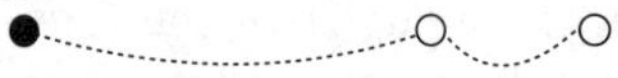

1. D'après Jean-Michel Sandon, dir. *Le Moniteur d'orthographe LÉO, Langue, Écriture, Orthographe, CE2*, Nathan, 1994, (concepteurs J.-P. Jaffré et D. Ducard).

Organisation

Le travail de révision orthographique s'effectue en binôme, les élèves travaillant ensemble sur les deux textes. Qu'apporte ce choix pédagogique aux élèves ?

En premier lieu, soutenir leur motivation. J'ai souligné combien l'effort de relecture est couteux pour les élèves ; mais la recherche de la bonne solution graphique l'est au moins autant. Réviser à deux, généralement de niveau différent, allège cette tâche.

En second lieu, accroitre leurs chances de repérer un plus grand nombre d'erreurs. On sait en effet combien il est facile de laisser passer une graphie incorrecte dans un texte qu'on a écrit soi-même (ou ne pas voir une coquille dans un texte qu'on lit).

En troisième lieu, les contraindre à argumenter en cas de désaccord. En effet, pour défendre ses choix, chacun est amené à justifier son point de vue. Ces échanges les obligent à préciser leurs analyses, et leur permettent de prendre conscience de leurs savoirs ou de leurs erreurs.

Voici, par exemple, un extrait de la discussion du groupe de Maximin et Julia :

Veux-tu un peut d'eau ?
Maximin : J'ai hésité sur *peut*. Je savais pas s'il fallait mettre un *t*.
Julia : Non, il y a pas de *il*. C'est pas un verbe, *peut*.
Maximin : Si, c'est un verbe, on peut dire *tu peux*.
Julia : Oui, mais ici, tu peux dire *beaucoup d'eau,* ou *un verre d'eau*. Donc, c'est pas un verbe.

Il y a là un véritable enjeu pour l'auteur du texte et son interlocuteur : on n'abandonne pas facilement des choix qu'on a faits et on cherche à les défendre, mais, en revanche, il est réconfortant de trouver de l'aide pour sortir d'une hésitation qu'on n'est pas parvenu à surmonter seul. Quand les élèves n'arrivent pas à se mettre d'accord, ils peuvent toujours appeler la maitresse pour trancher le litige. Je peux ainsi entendre la nature des obstacles qui les empêchent d'avancer.

En outre, pour les quelques élèves dont les textes sont tellement loin de la norme qu'ils en sont illisibles, je leur redonne une version imprimée ; je corrige la plupart des erreurs, laissant celles qu'ils sont susceptibles de corriger en équipe.

Ainsi, tant sur le plan affectif que cognitif, il m'apparait plus intéressant de faire réviser les textes par deux élèves. D'ailleurs, nous-mêmes, quand nous avons besoin d'être certains de la qualité orthographique d'un texte, nous recourons aux bons offices de quelqu'un (en attendant une complète fiabilité des correcteurs électroniques...). La relecture prend généralement deux séances de trente minutes.

Bilan

Il a fallu aux élèves entre deux et trois semaines pour rendre une version définitive de la rencontre entre Yaaba et le vieil homme. Cette durée peut paraitre longue au regard des deux ou trois séances habituellement consacrées à l'écriture : préparation, rédaction (brouillon et copie), correction. C'est sans compter avec le travail sur la manière dont les personnages se parlent dans une histoire, le fonctionnement des dialogues, la conjugaison et l'orthographe des désinences verbales. Et, de toute façon, quatre séances (en moyenne) par semaine ne couvrent pas l'horaire imparti à l'écriture et à l'étude de la langue au CE2. Je préfère d'ailleurs augmenter le nombre de séances plutôt qu'en allonger la durée. Cela me permet, au début de chaque séance, de remettre en perspective le travail en pointant avec les élèves le chemin parcouru, ce qui les aide à mémoriser ; cela me permet aussi d'avoir du temps entre deux séances pour réfléchir à la suite des opérations.

Contrairement à ce qu'on pourrait imaginer, les élèves ne manifestent pas de sentiment de lassitude : ils acceptent, tous sans exception, de retravailler plusieurs fois sur le même texte, car, pour chaque nouvelle phase, un objectif de travail précis et limité leur est assigné. De plus, ils restent constamment maitres du devenir de leur texte à chaque étape de sa production. Pendant la discussion des textes des précurseurs, ils identifient ensemble les contraintes textuelles ; après le premier jet, ils relisent et discutent à plusieurs de leur texte et y apportent ensemble des améliorations ; les notions travaillées au cours du projet sont des notions qui leur posent problème ; enfin, lors de la révision orthographique, ils reviennent sur les hésitations qu'ils ont eues en cours d'écriture, en discutent, cherchent à les résoudre ensemble. En bref, cette démarche, dont l'enjeu est clair à leurs yeux, leur donne sans cesse la parole ; ils sont véritablement acteurs dans ce double apprentissage, de l'écriture et de l'orthographe.

Mon regard sur l'orthographe de mes élèves a changé. Les signes d'hésitation sur les brouillons m'ont convaincue qu'ils ne la négligent pas et qu'intuitivement, ils situent ce qui leur pose problème (les erreurs sont souvent accompagnées d'un trait ondulé qui signale un doute, donc une question) ; de cette façon, je cerne également mieux ce qui constitue une difficulté pour eux.

L'analyse des corrections spontanées dans des textes comme celui de Hamid et Yan, qui laisse souvent une impression désagréable à première vue, car la qualité textuelle n'est pas très bonne et l'orthographe encore moins, m'a rassurée : la réécriture améliore aussi l'orthographe, même si les élèves ne s'en occupent pas directement. De plus, en constatant que leurs « manques » correspondent aux notions qui sont au programme du cycle, mon attitude s'est modifiée : ces manques ne m'apparaissent plus aussi « dramatiques ». On ne peut à la fois déplorer la mauvaise qualité orthographique en production et prétendre se conformer au programme d'orthographe des IO, puisque ce serait reprocher aux élèves d'ignorer ce qu'on est censé leur enseigner pendant les deux ou trois prochaines années.

Il est alors normal de prendre en charge, avant qu'ils recopient au propre, la correction des erreurs restantes. J'exécute alors seulement à ce stade cette part de correction qui incombe nécessairement à tout professeur. Il m'est d'ailleurs arrivé d'avoir d'heureuses surprises : en fin de CE2, les meilleurs élèves parviennent parfois à corriger toutes leurs erreurs ; de même, un tiers des élèves d'une classe de CM2, travaillant selon une démarche identique, a su mener à bien cette tâche de révision sans mon intervention, dès le début de l'année. Faut-il souligner combien il devient alors facile et confortable de faire écrire ses élèves ?

Consciente de la complexité en jeu dans l'activité d'écriture, j'ai le sentiment de leur apporter une réponse qui leur donne le temps d'acquérir et d'exercer les différentes compétences requises, et de les placer ainsi en situation de réussite. Chacun progresse selon ses moyens et son niveau de départ, mais chacun y gagne aussi en compréhension de ce que signifie composer le meilleur texte possible. C'est également vrai avec les élèves les plus faibles. J'ai remarqué de façon constante sur tout le cycle 3 que ceux-ci sont toujours parmi les premiers à s'approprier les outils de facilitation (trait ondulé, tracé des accords) – comme s'ils percevaient très vite que ces outils étaient un point d'ancrage concret pour entrer dans la révision effective de leurs textes et qu'ils leur donneraient à l'avenir une plus grande autonomie.

Plus généralement, cette démarche me semble accroitre leur sentiment de grandir : leur pensée, leur mode d'expression, leur questionnement sur le fond et la forme sont pris à tout instant très au sérieux. Aussi eux-mêmes accordent progressivement de plus en plus d'attention à leurs textes dans toutes leurs composantes, y compris la composante orthographique. Dans la version définitive, il n'est pas rare de constater un souci de présentation : progressivement, les idées d'un texte s'organisent en paragraphes, des retours à la ligne avec sauts de ligne apparaissent et très peu de fautes subsistent. Pour tous les élèves, la version finale est toujours (ou presque) meilleure que la première.

Il serait bien naïf, cependant, d'imaginer que cette démarche produise instantanément des effets miraculeux dans les copies des élèves en production d'écrit. Il faut, au contraire, une patience identique à celle des enseignants de cours préparatoire : aucun ne s'imagine que ses élèves maitriseront couramment la lecture quelques semaines après le début de l'apprentissage, et chacun trouve naturel qu'en fin d'année cette maitrise soit encore imparfaite. Eh bien, il en va de même de l'amélioration de l'orthographe en production écrite malgré les séquences intégrées !

Mais la démarche a l'avantage de permettre aux élèves de résoudre des problèmes qu'ils se sont réellement posés, que ce soit pour améliorer l'intérêt de leur histoire ou pour comprendre une forme linguistique. Leur motivation est grande quand il s'agit de réfléchir ensemble pour découvrir une nouvelle « clé ». Or ce n'est que lorsqu'ils ont conscience des clés d'accès que les élèves peuvent faire preuve d'effort et de vigilance face aux erreurs et à la qualité de ce qu'ils expriment. Au bout du compte, je n'ai pas le sentiment que la démarche prend trop de temps, mais qu'elle permet d'en gagner : mes élèves apprennent à écrire et réécrire, à lire et se relire, et je constate au fil des productions écrites une amélioration certaine.

C'est ce dispositif qui me semble aujourd'hui le plus efficace pour permettre aux élèves de maitriser progressivement l'écriture et la révision d'un texte. ➤ Un tableau en annexe du chapitre en résume les différents moments, avec la part respective de chacun.

2. PRINCIPES

Les fondements d'une pratique nouvelle de l'orthographe se trouvent pour une part dans les démarches actuelles en production écrite. C'est dans le cadre d'un apprentissage conjoint qu'on peut repenser les rapports entre orthographe et écriture.

2.1. Projets d'écriture

Une activité langagière

L'enjeu d'une démarche d'écriture intégrant l'orthographe est de faire progresser la seconde sans dénaturer la première : écriture et orthographe se confortent l'une l'autre dans une double nécessité, que même de jeunes scripteurs comprennent.

Pour cela, les élèves doivent d'abord être engagés dans une activité d'écriture qui ait un sens pour eux. Les projets d'écriture – il en existe une grande variété – répondent à ce besoin, pas seulement pour des raisons psychologiques, de motivation, mais aussi pour des raisons qui tiennent à l'acte d'écrire lui-même. Écrire est d'abord une activité langagière en tant qu'elle émane d'un locuteur/scripteur défini, agissant sur un destinataire tout aussi défini (même s'il est inconnu), dans des circonstances précises, à travers un écrit précis, dans un certain but : *qui*, *quoi*, *quand*, *où*, *pour qui*, *pour quoi faire* sont les questions bien connues. En d'autres termes, l'activité est toujours située dans un contexte.

L'absence de ces paramètres explique les critiques faites à la rédaction traditionnelle dont Claude Duneton disait en substance : « À l'école, n'importe qui écrit n'importe quoi pour personne ». Moins l'élève parvient à se représenter ces paramètres, plus il a de difficultés à écrire. Les moins expérimentés peinent dans les activités « décontextualisées », alors qu'il leur est plus facile d'écrire et d'améliorer leur texte pour quelqu'un ou pour quelque chose. Ils comprennent alors mieux certaines exigences.

Une production écrite

Comment fait-on pour écrire ? La psychologie cognitive a proposé un modèle qui découpe le processus en en trois composants principaux :

1. La *planification* est une phase de « pré-écriture » au cours de laquelle le scripteur définit la tâche en fonction de l'enjeu du texte, mobilise les connaissances disponibles en mémoire et les organise, en les recadrant par rapport au destinataire ; ces connaissances ont trait aussi bien au thème, « réel » ou « fictionnel », qu'au genre, aux formes de discours, à la structure du type d'écrit ;
2. La *mise en texte* concerne la transformation des idées ou du contenu évoqués en une suite d'énoncés ; elle comporte des contraintes qui s'exercent sur tout le texte ou ponctuellement : on parle de contraintes globales (continuité de la narration à la première ou troisième personne, progression thématique, cohérence sémantique, choix des temps, *etc.*) et de contraintes locales (construction de la phrase, choix du vocabulaire, reprises pronominales, accords, orthographe lexicale, *etc.*) ;
3. La *révision* concerne l'adaptation du texte à la conception que l'auteur s'en fait ou à la partie déjà écrite, ainsi qu'à certaines normes : elle consiste dans la modification de certains passages ou dans le repérage de dysfonctionnements linguistiques ou discursifs (erreurs syntaxiques, lexicales, orthographiques, obscurités, contradictions, absence d'un argument, *etc.*), ce qui aboutit à la mise au point d'une nouvelle version jusqu'à la version considérée comme définitive.

Ces trois sous-processus ne s'enchainent pas de façon linéaire et se répètent chaque fois que nécessaire, même si la planification est plus importante avant de commencer à écrire et la révision au moment de finir. Mais une opération de révision, purement mentale, peut précéder l'inscription sur la page et donc ne pas laisser de trace.

Dans ce processus de production, l'orthographe intervient en quelque sorte deux fois :

1 – lors de la mise en texte, il s'agit de retrouver en mémoire la forme graphique des mots (*potion* pour /posjɔ̃/) et leur attribuer les marques de leur insertion en discours (un pluriel, une désinence verbale) ;

2 – lors de la révision, un contrôle plus précis s'exerce pour s'assurer de la conformité des graphies produites avec les normes orthographiques. Cette révision orthographique a lieu en partie pendant la mise en texte, en partie dans les phases de relecture finale (elle peut ne pas avoir lieu).

Ce modèle, qu'on peut juger très réducteur, a le mérite de « déplier » la complexité de l'écriture, facilement oubliée par ceux qui écrivent peu, avec la charge cognitive qu'elle représente et les « ratés » qu'elle provoque, même chez un scripteur expert. On voit aussi l'importance de la révision : remaniements, reprises et retouches font *partie intégrante* de l'acte d'écrire. Le terme de *production* reflète alors bien celui d'une lente élaboration du texte, d'une écriture par étapes, par approfondissement, dont on peut voir les marques dans les brouillons d'écrivains, tout comme dans ceux des écoliers.

Le travail du texte

Les scripteurs novices ne maitrisent évidemment pas toutes les opérations. Ils se mettent à écrire très vite, procédant *pas à pas*, un mot en appelant un autre, et sont surtout accaparés par la mise en texte, et les contraintes locales, principalement la forme graphique des mots, et même encore par le traçage des lettres. Et s'ils se relisent avant de recopier, ils modifient en réalité fort peu leur texte. Lors des révisions, les élèves utilisent les mêmes opérations d'ajout, de suppression, de remplacement et de déplacement que les écrivains ; mais l'ordre de fréquence respective de ces opérations varie en fonction du niveau des élèves : en CP, la suppression est plus fréquente que l'ajout ; à partir du CE1, le remplacement prend la première place, tandis que le déplacement reste peu usité. Apprendre à écrire, c'est, dans cette perspective, apprendre l'ensemble des opérations en jeu dans l'écriture ou la révision, et apprendre à les coordonner de plus en plus aisément. Une révision collective au tableau ou au rétroprojecteur donnera aux élèves l'occasion de voir celles qu'ils ignorent. Le développement des automatismes orthographiques est à cet égard un facteur de progrès, car il libère des ressources en mémoire de travail pour toutes les autres dimensions.

Retravailler son texte est une activité peut-être encore plus ardue que l'écriture elle-même. Sa difficulté tient à la double activité mentale qu'elle requiert, au double rôle qu'il faut tenir. Il s'agit en effet de juger de l'adéquation de son texte au texte projeté afin d'apporter les améliorations qu'on estime nécessaires. Le scripteur devient ainsi lecteur de son propre texte, et un lecteur critique. La révision peut donc se définir comme une suspension de l'écriture et un changement de position. Selon les cas, le scripteur/lecteur estime que son texte est conforme à ses attentes (ou à celles qui lui ont été fixées) ou qu'il ne l'est pas. S'il le juge conforme, il le conserve tel quel ; sinon, il peut soit entamer un travail de transformation, soit décider de se lancer dans une nouvelle production, forme originale de réécriture : c'est un peu ce qui se produit en classe avec les textes des précurseurs qui servent de premiers jets à toute la classe.

C'est cette double posture scripteur/lecteur fonctionnant en alternance qui est particulièrement complexe, car elle réclame un détachement de son écrit : le *Je* qui lit n'est plus le *Je* qui écrit. Tant que le scripteur colle au sens de ce qu'il a voulu écrire, il repère difficilement les anomalies. Un exemple classique est celui des pronoms dont les antécédents ne sont pas indiqués, mais l'auteur, qui sait de quoi il parle, n'en a pas conscience. Ne pas voir l'absence d'un mot, comme *dans bocal*, en est un autre, sans parler des erreurs d'orthographe qui ne sont littéralement pas lues. Le repérage de ce qui est sur la page et non dans sa tête n'est pas une tâche facile. C'est pourquoi on repère mieux les problèmes dans le texte d'autrui.

La révision implique évidemment une capacité de jugement et des connaissances minimales pour substituer un nouveau texte au texte existant. Les connaissances du lecteur et du scripteur se nourrissent d'ailleurs les unes les autres. Selon la psychologie cognitive, trois opérations se combinent pour aboutir à une modification : détection, identification, résolution. Ces trois opérations peuvent être considérées sinon comme des paliers de compétence au sens strict, du moins comme des repères pour évaluer ce que fait un élève, même en l'absence d'un résultat conforme à la norme :

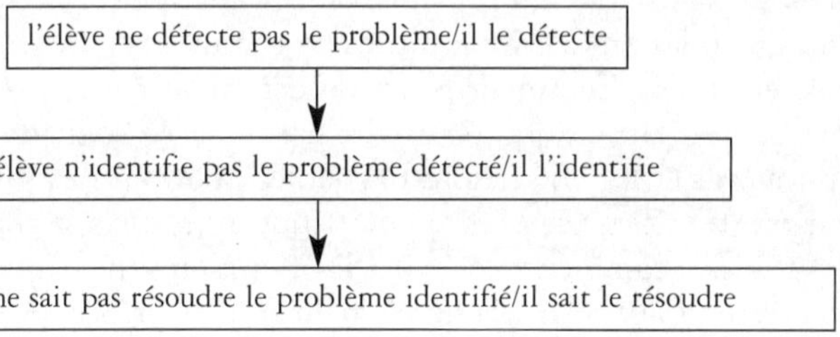

Ces trois opérations expliquent qu'un élève puisse ne pas parvenir à améliorer son texte alors qu'il a pu repérer un problème ; ou même qu'il puisse le repérer et le résoudre sans l'identifier explicitement. Ce sont des capacités liées, mais de types différents.

Complexe pour les adultes, il va sans dire que la révision l'est infiniment plus pour des enfants ou des adolescents dont le capital de connaissances et les outils intellectuels sont bien moindres. Encore un paradoxe : moins on en sait, plus on doit corriger, et moins on a les capacités de le faire. Enseigner la révision, c'est donc mettre en place des dispositifs qui permettent à ce savoir-faire de se construire, de s'exercer et de s'améliorer.

L'évaluation formative

Un projet d'écriture se déroule généralement en plusieurs phases. C'est également le cas des activités d'apprentissage qui réclament des reprises et des approfondissements. Les démarches actuelles, parce qu'elles posent comme central le processus d'écriture et non le produit fini, s'allient assez naturellement à l'évaluation formative.

Par opposition à l'évaluation sommative, l'évaluation formative intervient tout au long du processus d'apprentissage pour mesurer un parcours – ce qui a été fait, ce qui reste à faire, quels moyens se donner pour atteindre l'objectif prévu ou l'objectif nouveau qu'un premier jet fait émerger. La connexion entre projet d'écriture et évaluation formative permet ainsi d'échapper au piège d'une évaluation à la fois prématurée et démesurée.

Dans le cadre d'une tâche d'écriture déterminée par un projet, l'élève apprend à déceler dans son texte ce qu'il a réussi à faire et ce qu'il peut encore faire pour le rendre plus conforme au projet défini par lui, par la classe ou par le maitre. C'est en cherchant à préciser cet écart entre les deux qu'il parvient à conceptualiser quelque chose du fonctionnement de l'écrit. Il s'approprie ainsi progressivement des savoirs sur les textes, les discours ou la langue ; ces savoirs deviennent des repères pour améliorer une production et pour constituer *in fine* les critères de son évaluation. *C'est ce processus qui est considéré comme formateur*, à condition que l'élève prenne une part véritablement active à l'élaboration des critères, comme dans le projet *Yaaba*.

Toute la difficulté tient au fait que les éléments les plus repérables sont les éléments les plus formels. On a ainsi vu se développer une image de l'écriture et des textes presque caricaturale : pour ne prendre qu'un exemple, le récit fictionnel *doit* être au passé simple et comporter des dialogues ; il *doit* avoir des substituts et de connecteurs variés. Ces critères sont trop souvent posés comme les critères absolus du bon récit, quel qu'il soit. Or la dimension formelle n'a pas à prendre le pas sur les autres aspects, souvent l'essentiel. L'écriture est d'abord l'activité d'un sujet qui dit quelque chose à quelqu'un : il est donc aussi question de significations. Les élèves les moins habiles avec les normes formelles sont eux aussi qui risquent le plus d'être rebutés par un travail avant tout technique, qui perd de vue ce qu'ils veulent dire et les enferme dans des principes rigides et pas toujours pertinents. Ces dérives incitent à la vigilance : l'écriture est un processus continu et ouvert, son apprentissage nécessite des démarches diversifiées.

L'apprentissage de l'écriture

Cette double perspective du projet et de l'évaluation formative favorise l'apprentissage. En s'arrêtant sur quelques productions initiales qui vont servir de tremplin pour toute la classe, les élèves perçoivent mieux comment écrire ou comment réécrire. On évite ainsi les impasses des traditionnelles préparations qui, pour faire naitre l'écrit souhaité et parer aux erreurs, accumulent les explications et les injonctions préalables, toutes mises sur le même plan ou, version moderne, des listes de critères censées apporter une aide, mais se transformant vite en carcan.

En effet, avant de commencer à écrire, les élèves cherchent surtout à comprendre où l'enseignant veut en venir, s'accrochent à un élément qui les préoccupe, s'inquiètent ou se réjouissent du projet. Il leur est alors difficile de retenir l'ensemble des indications dont ils devront tenir compte, *a fortiori* d'enregistrer des contenus nouveaux. Ils ont à peine conscience des notions toujours évoquées par oral et qui s'effacent vite sous l'impact de nouvelles paroles, eux qui n'ont encore qu'une faible pratique de lecture ou d'écriture. Très vite, dans cette évocation abstraite d'objets inconnus, non encore pensés, les élèves (comme chacun au commencement d'un apprentissage) se retrouvent en situation de surcharge mentale et décrochent ; c'est pourquoi ils donnent ensuite cette impression de ne pas avoir écouté ce qu'on leur a dit. Le désir d'écrire, s'il existe, lui, se retrouve noyé sous les préalables, les notions théoriques et les propos magistraux.

Une telle approche est donc rarement efficace : pour les psychologues de l'apprentissage, nombre des informations données préalablement à une activité se perdent, car on fournit les réponses avant même que les questions se posent. C'est, en tout cas, une dénaturation profonde de l'apprentissage. On retrouve là les caractéristiques de notre système éducatif qui survalorise le discours professoral, la transmission orale, l'abstraction sans médiation, l'application, le résultat rapide.

L'important n'est donc pas tant de munir les élèves de tout un arsenal de prescriptions, avec ou sans grille de critères, mais de leur laisser un espace pour l'élaboration conceptuelle des notions convoquées par l'écriture. Sans cette élaboration, les élèves relisent leur brouillon avant de recopier sans le travailler ou cochent plus ou moins de bonne foi les cases de leurs grilles de prétendue auto-évaluation. Mais la machine tourne à vide : ils n'améliorent pas leurs écrits, parce qu'ils n'ont pas de prise sur l'écriture.

Il est donc plus efficace de prendre appui sur les connaissances initiales des élèves, qui ont presque toujours une certaine représentation des écrits. Une fois que le projet et la tâche d'écriture ont été définis, ils écrivent. C'est seulement à partir des premiers jets que l'enseignant peut déterminer des contenus d'enseignement précis. C'est aussi à partir d'un premier état du texte que les élèves sont plus réceptifs : ils ont rencontré des problèmes d'écriture, ils se sont posé des questions, le travail collectif va permettre de répondre à certaines d'entre elles. L'apprentissage prend ainsi place au cœur même du processus d'écriture, quand l'élève a mis la main à la pâte, et non avant. C'est là une des ruptures majeures avec la pédagogie traditionnelle de la rédaction.

Le questionnement est ainsi enclenché par l'action, les réponses apportées aux élèves ou recherchées par eux viennent quand le sens de l'activité est devenu plus clair. Une fois qu'un texte est sous les yeux des élèves, avec la mémoire des questions qu'ils se sont posées – ou avec les questions qu'on les amène à se poser –, les contenus qu'on veut enseigner deviennent moins vagues : l'activité d'écriture, d'une part, la trace écrite que constitue le brouillon, de l'autre, les ont rendus plus accessibles.

> Au collège, la démarche d'évaluation formative permet de lancer un projet où l'écriture accompagne la séquence sur toute sa durée, au lieu d'être prévue comme l'apothéose finale, en réalité souvent décevante parce que le travail d'écriture a été conçu comme une synthèse terminale. Par exemple, dans une classe de cinquième qui étudie les *Fabliaux du Moyen Âge*, le projet d'écrire un recueil est enclenché dès la première séance. Après la lecture par l'enseignant de plusieurs fabliaux, une première discussion montre que les élèves ont été sensibles à leur caractère facétieux. Avant le cours suivant, ils ont à penser à une histoire possible. Ils en écrivent une première ébauche lors de la seconde séance et les versions « s'épaississent » au fur et à mesure des séances[1]. Leurs textes s'enrichissent en effet des lectures analytiques ou cursives, ainsi que d'un travail sur divers types d'images qui servent de point de comparaison avec l'écriture en cours : la dimension de satire sociale se dégage peu à peu et les élèves l'introduisent dans leurs fabliaux, tout en complexifiant la structure du récit et en renforçant les indices « moyennâgeux ». L'écriture est ainsi en remaniement constant, par expansions et transformations, dans des versions successives.

Le choix des contenus d'enseignement dépend donc d'une réelle analyse des besoins des élèves dans une tâche d'écriture définie, tels qu'ils se manifestent dans leurs brouillons, pas d'une progression fixée *a priori*. Ce choix tient compte aussi, bien sûr, des programmes et des capacités des élèves, capacités langagières, cognitives, psychologiques. L'objectif n'est donc jamais de traiter tous les aspects à la fois, il s'agit de sélectionner un ou deux points, d'ordre textuel ou linguistique, qui vont donner lieu à un travail systématique. C'est ainsi que les activités sur la langue, conçues comme des ressources, viennent s'articuler aux activités d'écriture et de lecture, ainsi que le préconisent les programmes de l'école et du collège. Le processus d'apprentissage relève non d'un empilement qui irait de l'exposé du savoir à son application, mais de mouvements en spirale et interdépendants :

1. Bibliographie *Écritures* : Dominique Bucheton et Jean-Claude Chabanne, *Écrire en* ZEP…

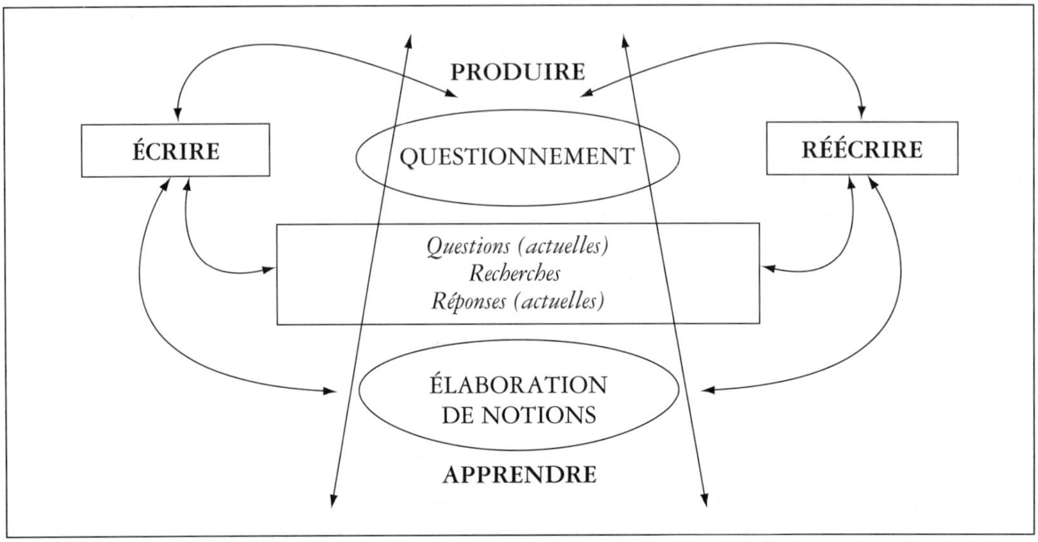

Processus d'écriture/Processus d'apprentissage

Dans ce cadre, le questionnement des élèves peut porter sur un point d'orthographe que le projet d'écriture met en avant : une pause est alors faite pour une étude spécifique. Mais, pour ce qui concerne l'orthographe, l'essentiel en production écrite reste évidemment la révision du texte définitif.

Ainsi, une séquence d'écriture se déroule selon un certain nombre de phases, les unes consacrées à l'écriture proprement dite, les autres à des apprentissages spécifiques en relation avec l'écriture, qu'ils soient d'ordre textuel ou linguistique. ➢ Une synthèse de la démarche figure en annexe du chapitre. La trame proposée a une portée générale. C'est pourquoi le tableau comporte deux phases supplémentaires. Elles correspondent, d'une part, à la « publication » finale, et, d'autre part, aux activités de structuration, dans le prolongement de celles qui sont intervenues en cours d'écriture (sous forme d'exercices de consolidation ou d'approfondissement, par exemple). Mais il n'est pas souhaitable de développer systématiquement toutes ces phases dans un même projet.

Selon les classes et les objectifs définis par l'enseignant, une seule phase d'apprentissage systématique est suffisante. On peut aussi sauter cette phase et insister davantage sur la révision orthographique, ou, au contraire, prendre la révision orthographique en charge pour alléger le travail des élèves dans un projet, en inversant les choix dans le projet suivant. Avec les plus jeunes, il est souvent nécessaire de restreindre la durée d'un projet d'apprentissage. Au collège, où la séquence est devenue le module de base de l'enseignement du français, des activités de lecture y sont le plus souvent associées, et l'intégration des activités de lecture, d'écriture et de langue y est plus forte. L'organisation et la succession des différentes phases sont aussi à modifier en fonction des capacités d'autonomie plus grandes des élèves. Les paramètres qui fondent les décisions de l'enseignant évoluent bien sûr au cours de l'année.

2.2. Intégration de l'orthographe

L'apprentissage de notions orthographiques

L'approche intégrée de l'orthographe au projet d'écriture a pour effet d'établir une relation forte entre orthographe et écriture dans l'esprit des élèves. Il s'agit bien d'un moment d'apprentissage où l'orthographe apparait non pas comme une tâche purement gratuite, coupée de la pratique du langage, mais comme un ensemble de connaissances nécessaires. La pause pour travailler la langue forme alors un module à part qui suspend le cours de l'écriture mais y reste en même temps rattaché. Les élèves sont ainsi conscients de la finalité de l'orthographe (se faire comprendre) et de l'intérêt de l'étude entreprise (elle porte sur une question qui les fait hésiter). Quand ils reprennent l'écriture, ils se rendent compte qu'ils savent résoudre leur problème sur ce point précis et qu'ils sauront le faire dans d'autres textes. Ainsi, la distance entre le travail et le but de ce travail se trouve raccourcie, à portée d'élève en somme.

Mais, pour que cet avantage existe, il est capital que l'étude reste dans les limites du problème qui se pose aux élèves. Dans l'exemple de *Yaaba*, l'écriture à partir d'une scène de film a mené en CE2, non seulement à réfléchir au fonctionnement des dialogues et à la manière dont les êtres humains se parlent, mais aussi à l'étude des marques formelles telles que le retour à la ligne ou le tiret et à celle des marques verbales. Quant aux désinences, le problème ne concernait surtout que la première personne du singulier de quelques verbes: l'étude s'y est cantonnée.

Il est également important que la manière dont les élèves perçoivent le problème soit prise en compte. Pour ceux de CE2, la difficulté provenait de l'homophonie de la finale, et non des désinences verbales proprement dites, notion encore fort vague à ce stade. Les formes verbales s'organisent pour eux à partir de l'oral, la présence de lettres muettes n'a pas encore de signification claire, elles ne forment pas encore un système. C'est d'ailleurs pourquoi rattacher une forme verbale à son infinitif, comme le font certains élèves qui reproduisent les usages scolaires, ne les aide pas beaucoup à résoudre leur problème. À l'arrivée, cependant, la question a été élargie à un plus grand nombre de verbes (mais toujours aux verbes qu'ils utilisent vraiment, puisqu'ils sont tirés de leurs brouillons), tandis que la notion de désinence trouve un début de raison d'être. Il ne s'agit donc pas d'enfermer les élèves dans le cadre étroit de leurs questions, mais, au contraire, d'en partir pour les emmener plus loin.

Enfin, on a vu l'importance des traces écrites en cours de travail. Mais, à la différence d'une pédagogie plus traditionnelle, elles ne servent pas seulement de « résumé » de la leçon à apprendre par cœur. Elles servent à mesurer le chemin parcouru à partir du questionnement initial et deviennent ensuite des outils de référence dont les élèves se servent pour écrire ou pour une autre recherche.

Les problèmes d'orthographe au cours des activités d'écriture obligent donc à dépasser le cloisonnement traditionnel entre grammaire, orthographe, conjugaison et même vocabulaire. Ce cloisonnement ne correspond, en effet, ni à la manière dont les élèves appréhendent les phénomènes linguistiques, ni à la façon dont ces phénomènes entrent en jeu dans une production écrite. Par exemple, pour écrire leur dialogue, les élèves ont eu besoin du présent de verbes de tous les groupes à deux personnes seulement.

Ainsi, l'enjeu de l'intégration de l'orthographe dans le processus d'écriture est de permettre ce mouvement de contextualisation/décontextualisation qui sous-tend les apprentissages et les renforce : c'est parce qu'ils écrivent, souvent et beaucoup et que les écrits circulent, qu'ils sont obligés de s'interroger sur l'orthographe. En partant d'une question limitée à une production particulière, les élèves prennent de la distance par rapport à cette question, et finalement, construisent un ensemble de connaissances relatives à un domaine linguistique. Ces connaissances seront ensuite mobilisables en dehors des conditions où elles ont émergé et été travaillées. C'est le processus dans son ensemble qui est source d'apprentissage.

Au collège, la séquence est l'unité de base de l'enseignement du français : elle intègre l'étude des *outils de la langue* qui doivent permettre de mieux appréhender le fonctionnement des discours. Cependant, même si certaines marques d'accord jouent un rôle crucial dans la construction du sens en lecture, les questions orthographiques se posent et se traitent plutôt en relation avec la production écrite, indiquée dans les programmes du cycle central du collège, comme une des sources des activités sur la langue : « L'étude de la langue s'appuie notamment sur les productions des élèves ». (*Programmes de 5e/4e*, p. 15)

Quelles notions travailler en relation avec la production écrite ? Des questions orthographiques reviennent de façon récurrente dans certains types de discours et c'est souvent une occasion de s'y arrêter. Le risque serait toutefois de plaquer une étude, parce qu'on pense que tel fait d'orthographe peut y être intéressant : la décision dépend de l'examen des brouillons ou des demandes des élèves. C'est d'ailleurs tout l'intérêt d'encourager les élèves à utiliser le brouillon pour noter leurs essais graphiques et leurs doutes, sans craindre l'erreur.

Les faits orthographiques les plus évidents concernent, à côté d'un lexique plus ou moins spécifique selon les cas, les mots d'usage courants et les principaux homophones, les marques verbales en relation avec le système des temps adopté, mais également les chaines d'accord à l'intérieur ou au-delà de la phrase, et donc ce qui touche à l'anaphore et à ses conséquences orthographiques. Il est clair qu'une histoire mettant en scène plusieurs personnages, par exemple, provoquera, en plus de la nécessité de les distinguer par des désignations et des reprises nominales et pronominales appropriées, des problèmes d'accord en nombre entre le sujet et le verbe ou l'attribut. Ces problèmes se poseront moins s'il n'y a qu'un seul personnage. On voit d'ailleurs à quel point l'orthographe ne peut être isolée des questions de « grammaire de phrase », de « grammaire de texte » ou de « grammaire de discours », selon la distinction qui a cours au collège.

➢ Un tableau en annexe du chapitre propose des mises en relation entre projets d'écriture et étude de notions d'orthographe à partir des faits les plus saillants. ➢ S'y ajoutent deux extraits de journal de bord de classes de CM2. Ces exemples n'ont d'autre but que de servir de point de départ à un outil plus personnel.

La compétence de révision

Savoir prendre en charge l'orthographe de ses écrits constitue une compétence à part entière. Quand on écrit, les ressources mentales sont fortement sollicitées par des contraintes orthographiques. Il faut en effet récupérer les bonnes formes des mots dans la mémoire à long terme tout en agençant la phrase, les maintenir en mémoire à court terme le temps de « calculer » les rapports entre les mots ou les groupes de mots et de faire les accords qui traduisent ces rapports et, enfin, les produire matériellement en les traçant sur un papier ou en les tapant sur un clavier. Étant donné les capacités limitées de notre mémoire de travail, la complexité de notre orthographe est un désavantage supplémentaire qui entraine facilement des « maldonnes » chez un scripteur. La *révision orthographique* est donc cette activité par laquelle celui-ci s'assure de la conformité des graphies qu'il produit avec les formes conventionnelles et les marques réglées de la mise en discours. Elle nécessite une vigilance toute particulière.

Comment définir cette *vigilance orthographique* ? Comme l'état d'esprit d'un scripteur qui a intériorisé l'exigence de la norme orthographique et qui reste attentif à la possibilité d'une divergence entre ses propres graphies et la norme : il sait donc qu'il a tout intérêt à se relire pour faire la chasse aux fautes. Il connait bien sûr l'orthographe et sait que les points d'achoppement sont en général la variation et l'homophonie ; il connait aussi ses propres zones d'incertitude. Il dispose enfin de stratégies et d'un certain nombre d'outils pour l'aider en cas de besoin.

Motivation, vigilance, connaissances et savoir-faire sont les ingrédients de la compétence de révision. Elle s'exerce d'ailleurs en partie de façon automatique sous l'emprise de contraintes multiples : pour écrire, on lit et relit en permanence son propre texte, dans des micro-séquences de révision, et la lecture évaluative s'enclenche dès que le cerveau voit des formes. Mais elle intervient surtout de façon délibérée dans des phases qui lui sont consacrées.

Pour un scripteur novice, les choses sont bien différentes : il a peu d'automatismes, et s'il est très jeune, tracer les lettres lui demande encore beaucoup d'efforts, ce qui lui laisse peu de ressources pour traiter le reste ; son capital de formes graphiques en mémoire lexicale est faible, il connait peu de règles, et encore moins leur champ d'application ; il utilise des procédures peu adéquates, comme on l'a vu dans la seconde partie. Les écarts par rapport à la norme sont donc beaucoup plus nombreux, mais il n'en a pas conscience ; il ne voit pas bien l'intérêt de réviser l'orthographe de ses écrits, souvent parce qu'il pense que ce qu'il a écrit convient (sinon, il ne l'écrirait pas) ; l'utilisation d'outils lui complique la vie et, d'ailleurs, quand il se relit, il perçoit mal les erreurs. Même quand il copie, il voit mal la différence entre ce qu'il doit écrire et ce qu'il écrit, l'attention n'étant qu'un aspect de la question. Le travail de révision orthographique est donc pour lui bien plus lourd et incertain.

La vigilance orthographique à la source de l'activité de révision est une attitude subjective, elle ne se décrète pas. Mais, si on ne peut pas « implanter » une capacité psychologique dans la tête des élèves, on peut contribuer à la faire émerger et à la développer par des conditions appropriées. La compétence de révision, elle, se développe avec la pratique.

Une compétence à construire

Pour développer sa capacité de vigilance orthographique, il faut commencer par avoir la possibilité de l'exercer. C'est à cette condition que l'on devient capable de prendre en charge l'orthographe dans ses écrits. Or les habitudes scolaires sont à l'opposé. L'enseignant intervient en général dès le premier jet en soulignant les erreurs. Cette pratique si banale a des effets plutôt négatifs.

D'abord, en mettant l'accent sur les fautes d'orthographe – alors que c'est le moment où la gestion de l'orthographe en plus de la fabrication du texte au cours du premier jet est la plus difficile –, l'enseignant semble dire qu'il attache moins d'importance au travail d'élaboration du texte et à ce que veut dire l'élève, qui a toujours l'impression d'échouer à intéresser son premier lecteur. De fait, l'élève docile s'efforcera en priorité de corriger l'orthographe et ne s'occupera pas ou beaucoup moins des autres aspects.

Ensuite, puisqu'il s'agit d'un premier jet, tant que le texte n'est pas stabilisé, il est inutile de perdre de l'énergie à corriger quelque chose qui pourrait être remanié ou qui devrait être supprimé. Certains élèves, d'ailleurs, se sentent piégés quand on leur pointe une faute, tout simplement parce qu'ils ont fait le choix d'un autre ordre de priorité, le même que celui que ferait un expert : « Je m'en occuperai après, je ne veux pas perdre mon idée », expliquent-ils. Pour eux, ce ne sont pas véritablement des erreurs, mais de simples graphies provisoires dont le but est de matérialiser le texte en cours de fabrication.

Enfin, la correction magistrale immédiate déresponsabilise les élèves : « C'est pas grave, le maitre, la maitresse, corrigera », disent-ils. Et quand ils réagissent à un soulignement, ils y vont à pile ou face : on ajoute un *s* s'il n'y en avait pas ; on enlève un *s* s'il y en avait un. Pas besoin de trop réfléchir : en fin de mot, de toute façon, en français, on a des chances de se retrouver dans un cas ou dans un autre ! Comment faire naitre et développer une attitude de vigilance orthographique, comment fonder un comportement de « réviseur », si les élèves ont le sentiment que la charge de leurs erreurs ne leur incombe pas ? Cette réaction d'élève à qui l'on redonnait son texte pour qu'elle le corrige, et qui demandait ce qu'elle devait faire : « D'habitude, c'est le maitre qui dit ce qu'il faut faire » en est un exemple éloquent.

Vouloir qu'ils corrigent leurs erreurs et le faire à leur place est contradictoire. On peut, bien sûr, et c'est là toute l'ambigüité, leur faire corriger des erreurs *indiquées* : on peut contraindre la révision, pas la vigilance. Or c'est bien la vigilance orthographique qui pilote la révision et qui rendra, à terme, l'élève autonome dans la compétence visée – savoir prendre en charge l'ensemble du processus écrire/orthographier. On saisit l'enjeu de ne pas se substituer à eux en signalant les erreurs des élèves sur leur premier jet. Pour qu'un comportement attendu se mette en place, son apprentissage doit se faire dans les conditions de son futur exercice : si l'enseignant ne renonce pas à son rôle de surveillant d'orthographe systématique, l'élève ne peut que rester un simple exécutant. Il faut donc, au contraire, les aider à se construire une compétence solide, autrement dit, faire de la compétence de révision un objectif d'apprentissage à long terme.

Il est difficile d'expliquer pourquoi l'idée de ne pas corriger le premier jet des élèves (en règle générale, bien sûr, il n'est pas question de créer un nouveau dogmatisme) soulève autant de réticences de la part des enseignants. Les raisons se mêlent : les parents, l'inspecteur, les Instructions officielles, les élèves eux-mêmes. Toutes ces raisons existent plus ou moins. Mais on entend aussi une autre résonance qui amène se demander ce qui se joue d'important, manifestement, dans cette première marque laissée par le maitre sur le travail de l'élève, alors que renoncer à cette première correction soulagerait une tâche dont la lourdeur est sans cesse mise en avant.

Une exigence flexible

Si la vigilance orthographique correspond à une attitude intérieure, la révision, elle, est une activité délibérée. Mais tous les écrits n'appellent pas la même correction : du *Dictionnaire de l'Académie française* aux forums de la Toile, de la lettre de candidature à la liste des courses, les degrés d'exigence ne sont clairement pas les mêmes. À l'école, il est important d'instituer une révision à visée orthographique quand la situation l'exige, et de renoncer à l'instituer dans les autres cas. Deux catégories de critères interviennent pour moduler l'exigence de correction : le rôle des écrits et leur degré de diffusion ou de permanence.

Le degré maximal d'exigence concerne bien sûr les projets qui débouchent sur une « publication » à l'extérieur de la classe : recueil de contes en CE2, de récits mythologiques en 6e, de fabliaux en 5e ; exposition à la suite d'une classe de mer en CM ; création d'un site internet ; critiques de livres, de films, de cédéroms pour la BCD ou le CDI ; lettres aux correspondants ou à un journal régional ; recueil de fiches de petites expériences scientifiques ; compte rendu du conseil des élèves de l'école diffusé dans toutes les classes. Les situations locales, les événements culturels, sociaux ou politiques, fournissent sans cesse de nouvelles occasions. À côté des projets de ce type, on range les documents d'apprentissage dont la fonction d'outil de référence rend nécessaire la normalisation orthographique : résumés divers, fiches synthèse, fiches aide-mémoire, bilans d'apprentissage, affiches dans la classe. L'élève, destinataire de l'écrit qu'il a lui-même produit ou contribué à produire, est désormais considéré comme un lecteur externe. Par ailleurs, l'institution exige une correction orthographique dans les travaux évalués, contrôles ou examens.

À l'opposé, le degré minimal d'exigence concerne les écrits qui n'ont pas une fonction de communication : l'élève est le seul destinataire, et, s'il ne l'est pas (le maitre est à part), la communication est orale. Par exemple, cahier de textes ; journal de lecture, journal de bord demandé pendant l'écriture d'un recueil de nouvelles ; cahier d'observations en sciences ; histoires ou poèmes personnels, roman feuilleton écrit par des équipes tournantes, lus seulement à haute voix en classe. On trouve aussi dans cette catégorie les écrits qui accompagnent d'autres activités, véritables écrits pour penser : éléments ou versions successives d'un texte en gestation ; textes préparatoires à une écriture collective ; réponse à des questions en littérature ou en grammaire ; formulation d'une hypothèse en sciences ; préparation d'arguments dans un débat. Parce qu'ils relèvent d'une communication restreinte et ont pour but d'accompagner un travail, on peut encore ranger dans la même catégorie des écrits qui ne sont plus tout à fait personnels : formulation d'un projet dans un groupe de travail ; fiche-conseil pour le remaniement d'un texte littéraire ou dans d'autres disciplines ; réactions de lecteurs au sein de la classe ; prise de notes pour un groupe.

En aucun cas, il ne s'agit de dire que l'orthographe ne compte pas, on peut même faire remarquer surtout en CM2 ou au collège que, pour soi-même aussi, les écrits bien orthographiés sont plus agréables, quand on travaille : l'attitude de l'enseignant à l'égard de l'écriture, l'importance qu'il accorde au sens de ce qu'ils écrivent, au travail en train de se faire, garantissent néanmoins aux élèves l'ordre de priorité.

En résumé, on peut adopter cette règle simple, ou plutôt cette tendance : ce qui est public ou permanent se corrige, ce qui est personnel ou éphémère ne donne pas lieu à un travail de révision. Face à des demandes ainsi hiérarchisées et adaptées, les élèves peuvent mieux comprendre et évaluer la nécessité d'un contrôle orthographique, et commencer à intérioriser cette nécessité, sans être submergés par la masse de corrections que leur niveau d'orthographe encore limité exigerait. Apprendre à discerner ce qu'il faut réviser ou non en fonction d'une analyse de la situation de discours – pour qui j'écris, avec quel enjeu ? – fait d'ailleurs aussi partie de la compétence à acquérir. De cette façon, l'écriture peut avoir en classe la place qui est nécessaire pour apprendre, en français et dans les autres disciplines, tout en gardant un équilibre entre ces deux objectifs, savoir écrire et savoir prendre en charge l'orthographe de ses écrits.

Une activité spontanée

Quand ils écrivent ou réécrivent, les élèves ont spontanément une activité de révision orthographique. C'est ce que montre la comparaison entre les premiers jets et les versions suivantes du dialogue inventé dans *Yaaba*. Des enregistrements lors de travaux de groupe en témoignent aussi, avec des questions ou des rectifications fréquentes sur la graphie d'un mot : « Eh ! C'est pas ce *et*, c'est *e-s-t* ». L'observation directe est tout aussi probante. Voici l'exemple d'un jeune scripteur de CE1 qui invente une histoire à partir d'images[1].

Le moustique
Il étai une foi un petit garçon qui dormer épui une abeille
la piquet alor il se réveille pui alume la lumière alor il
regarde pui il regarde ce coi alor il voi labeille alor il prent la
chaussure de partère pour tuer labeille il se lève alor

Puis il continue son histoire tout en revenant sur le texte déjà écrit (ses interventions sont indiquées entre parenthèses) :

labeille mai il narive pas a tuer (il met un accent grave sur le *a*) *labeille* (ajoute un *s* à *mai*) *alor il tire la chaussure*
sur le mur pui il ne la tu pas il ésèi (il barre l'accent grave sur le second *e*) *lle avec les mais il iariv pa* (il met un *e* final à *iariv*)

À la fin du texte, il regarde de nouveau les images et remplace toutes les occurrences d'*abeille* ou *labeille* par *moustique*.

Cette observation a l'intérêt de saisir sur le vif comment l'orthographe est intriquée dans la fabrication du texte, et combien elle importe au jeune scripteur. Les pauses, les relectures, les ratures, les retouches, sont le signe qu'il cherche à résoudre un problème, *sans répondre à une injonction magistrale directe*, et que, pour ce faire, il mobilise ses connaissances. C'est bien ce comportement « spontané » – il est évidemment le résultat d'une pratique scolaire de l'écrit – qu'il convient d'encourager plutôt que se précipiter pour signaler à l'élève ses erreurs.

1. Jacques Rillard, « L'orthographe et la production écrite », *in* Groupe Maitrise de la langue, *Je vous écris sans fautes*, pp. 63-85 ; un autre exemple de la même recherche est proposé avec Jean-Michel Sandon (fiche n° 6) *in* Angoujard et *al. Savoir orthographier* (bibliographie *Orthographe*).

Des capacités en développement

Bien sûr, le traitement qu'effectuent les élèves se situe dans les limites de leurs capacités. En orthographe aussi, on observe différents paliers de compétence. La première condition est celle de la perception du problème, et, pour cela, il faut disposer de connaissances minimales. Quand Léon (CP) écrit en février *les princS vous lé semarié*, il aura beau se relire, il ne soupçonnera pas l'existence d'une quelconque anomalie et ne pourra envisager aucune action. À la différence de Christopher (CE2) qui vient d'écrire *les robots quil a a la maison*, et qui explique : « Je suis pas sûr, j'ai jamais vu deux lettres comme ça pareilles ». Il détecte effectivement un problème : deux *a* ne peuvent être contigus en français, le second est nécessairement la préposition pourvue d'un accent grave, ce qu'il n'arrive pas à analyser. Contrairement à Hélène (CM2) qui s'interroge sur *elle a toujours aimée les roses* : « Je sais qu'avec *avoir*, ça s'accorde pas, mais il y a quand même des fois où ça s'accorde, et je sais pas, là, parce que c'est elle, c'est féminin ». Un degré de plus, et une solution est envisagée. Par exemple, Antoine (CE2) qui rajoute un *s* à *ils se nourire*, en précisant : « C'est eux, ils sont plusieurs ». Ou Issa (5ᵉ) qui, en recopiant son brouillon, transforme à la volée *ils devaient arrivaient* en *ils devaient arriver*. La dernière étape correspond donc au maximum des possibilités : un problème est identifié, analysé et la solution est exacte. On retrouve bien les opérations qui conduisent à « corriger » : je m'arrête parce que je détecte un problème, je l'identifie, je trouve une solution – bonne ou mauvaise, complète ou partielle, c'est une autre histoire. On voit, en effet, avec quelques-uns de ces exemples, qu'identifier un problème correctement ne suffit pas, il faut connaitre la bonne forme, marque ou règle.

> C'est pourquoi, avant le terme d'un apprentissage, on ne doit pas confondre un travail avec son résultat. Un élève peut déployer une activité de révision orthographique intense, mais laisser beaucoup d'erreurs. Il ressent alors très mal de se voir compter pour rien cet effort, alors que c'est son manque de connaissances qui donne à sa copie l'allure d'un catalogue de fautes, pas un manque d'attention. Le nombre des erreurs initiales est en fait souvent déterminant : moins elles sont nombreuses, moins il est difficile de les corriger. À cet égard, les élèves faibles partent avec un handicap, car, s'ils en corrigent beaucoup, il leur en reste toujours beaucoup.
>
> Même s'ils n'ont pas tout corrigé, les adolescents, en particulier, ressentent mal l'accusation de négligence qui leur apparait comme une injustice, avec toutes les conséquences qu'on connait. Les sociologues de l'éducation ne rappellent-ils pas que la première violence à l'école est celle de l'institution sur les « élèves en difficulté » ? Le déclenchement de réactions violentes dans les classes n'est parfois pas sans lien avec ce déni du travail de l'élève. Il faut donc savoir reconnaitre l'activité de révision, quelle qu'en soit l'issue, au besoin en comparant les différentes versions d'un écrit, mais aussi enseigner les moyens de corriger plus et mieux.

Quant à la correction finale, elle reste à la charge de l'enseignant : il peut décider de laisser la dernière version en l'état ou corriger les erreurs lui-même, s'il tient à ce que tout soit corrigé.

Une activité de réflexion métalinguistique

En écrivant ou en révisant leurs écrits, les élèves s'interrogent sur les formes qu'ils manipulent. Sur les brouillons, on peut suivre à la trace leurs questionnements, dans les ratures ou dans les marges. Par exemple en 3ᵉ : *il caller*, *callat*, *calat*, et pour finir, *cala*. Ou encore :

Brouillon		Copie
je lui ~~est~~ dit	1.	
avait	2.	
	3.	*je lui ai dit*

Chacune des modifications s'attache à un problème : d'abord l'élève élimine la forme graphique correspondant à l'auxiliaire *être* au profit d'une forme d'*avoir*, sans corriger la marque de personne, mais en créant une erreur de temps ; puis, en recopiant, il rectifie le temps et la personne. Par ces modifications successives, il mène ainsi une véritable réflexion métalinguistique. La tradition scolaire qui condamne les ratures apparait alors bien contradictoire : en les stigmatisant, l'école sanctionne ce qu'elle est censée enseigner, à savoir l'usage réflexif du langage écrit.

En écrivant, un élève fait donc de l'orthographe, il se l'apprend en quelque sorte. Il trouve là le terrain d'expérimentation dont il a besoin pour mettre en pratique ce qu'il sait ou croit savoir. Les textes des jeunes élèves sont assez caractéristiques de ce point de vue : par exemple, dans un récit, les premiers verbes à l'imparfait sont écrits *é* (*il tombé*), *er* (*il vouler*) ou *ai* (*il volai*), puis une première forme en *ait* émerge et s'étend aux autres (*il courait, il criait*), comme si le scripteur avait besoin d'un certain espace pour reconstruire la graphie correcte. L'intérêt de laisser à l'élève l'initiative de la révision orthographique de son texte n'est donc pas seulement de lui donner l'occasion de développer et d'intérioriser une conduite ; il est aussi qu'écrire/réécrire est source de réflexion sur la langue, condition indispensable à l'apprentissage.

Dans le cas de graphies erronées, il est important de se rappeler qu'elles sont souvent le résultat d'une compréhension encore partielle des phénomènes linguistiques. C'est pourquoi les corrections magistrales qui sont censées empêcher qu'elles se fixent ou se reproduisent ne font généralement pas le poids. Il faut transformer les raisonnements à la base. De plus, l'élève qui prend connaissance des annotations sur sa copie est un lecteur (et un lecteur hâtif, pas toujours motivé à comprendre les causes de ses erreurs) ; or, en réception, le cerveau s'accommode d'un matériau approximatif, par exemple l'inversion de lettres à l'intérieur d'un mot, et peut ne pas analyser complètement les formes graphiques, même si certaines lettres font des différences sémantiques importantes (*je suis arrivé/arrivée*, *il/ils*).

Parce qu'il pense que les élèves sont incapables de repérer eux-mêmes leurs erreurs ou qu'il veut les aider, ou encore parce qu'il estime que tout texte d'élève devrait avoir le niveau d'un texte relu et corrigé par un professionnel de l'écriture, un enseignant s'épuise souvent à corriger les fautes, quitte à restreindre les activités d'écriture, alors qu'il faudrait précisément faire l'inverse, c'est-à-dire faire écrire beaucoup et avec un enjeu véritable, même sans correction systématique, même sans contrôle institué. À plusieurs conditions, toutefois :

1 – que l'activité de révision s'exerce dans les situations d'écriture où elle est nécessaire ;

2 – que la révision fasse l'objet d'un enseignement ;

3 – que des activités d'apprentissage d'un autre type soient organisées (ce sera l'objet des deux prochains chapitres).

Mieux vaut donc parier sur les potentialités de l'écriture – la réflexion que mène l'élève quand il écrit contribue à l'apprentissage de l'orthographe – et ne pas hésiter à l'explorer dans d'autres dimensions, celles qui conjuguent contrainte et liberté.

Écritures du « 3e type »

Entre les projets à l'orthographe révisée et les écrits de travail non révisés, il existe des pratiques qui n'ont d'autre finalité que l'écriture, mais qui contribuent pourtant elles aussi à développer une conscience orthographique. Ces pratiques du « 3e type », ce sont les écritures personnelles d'une part, les jeux d'écriture d'autre part. Leur intérêt est de rappeler que l'écriture puise à de multiples sources et suit des parcours variés. Elles mettent ainsi en garde contre un encadrement trop systématique dans des projets trop réglés d'avance. L'écriture nait aussi de l'inconnu ou du secret, d'images – ou des mots eux-mêmes.

Écritures ordinaires ou littéraires, les pratiques personnelles d'écriture sont plus fréquentes qu'on ne le pense, comme il ressort des grandes enquêtes sur les pratiques culturelles des Français, ou d'autres circonscrites à l'école ou au collège. Ces pratiques, cependant, ne sont pas toujours considérées comme de l'écriture par ceux qui disent les avoir, car elles n'ont pas la légitimité des pratiques reconnues : correspondance, poèmes, journaux intimes (ou journal de vacances), mais aussi chansons, petits textes dans un album de photos, récits complets ou débuts de récits, fiches sur des thèmes favoris, sujets de rédaction, pensées, et, plus surprenant, une pratique très répandue de listes ou de copie de textes variés, de mots qui plaisent.

Ce que les élèves découvrent dans ces écrits privés, c'est la liberté du langage, c'est le pouvoir des mots, le plaisir de la forme. Et c'est aussi eux-mêmes. L'écriture, on l'oublie trop souvent, n'est pas qu'une activité langagière en direction d'autrui ou une activité cognitive, elle est aussi un chemin vers soi. La dimension psychique à l'œuvre dans l'écriture mérite de fait quelques précautions. Parce que ces pratiques, parfois clandestines, sont d'excellents moyens d'apprendre à écrire, il ne faudrait pas tout gâcher par une transposition abusive en un programme scolaire obligatoire, une sorte de rapt magistral. On peut simplement les encourager en faisant savoir que « ça existe », que « c'est possible ». À l'école élémentaire, on peut proposer aux jeunes élèves de choisir un « cahier d'écritures personnelles » et laisser des plages pour écrire, avec la liberté de le montrer ou non aux autres, maitre ou copains.

Pour se construire, pour que ces jeux d'identité ne tournent à l'expression de soi infantilisante ou déplacée (on songe à certaines pratiques caricaturales du texte libre), à l'enfermement dans ce qu'on est, mais provoquent des transformations, la confrontation à l'altérité est nécessaire – confrontation aux autres, confrontation à la littérature. La mise à distance par les jeux du langage, par le jeu des significations et des formes qui font sens, permet une élaboration des expériences et des émotions.

Les jeux d'écriture sont en nombre presque infini. Beaucoup, notamment parmi ceux de l'OuLiPo, ont pour spécificité de jouer sur le matériau même de l'écrit, le signifiant graphique.

- Le célèbre **lipogramme** où il s'agit d'écrire un texte sans utiliser une lettre donnée, jeu immortalisé par Georges Perec dans *La Disparition*; selon la lettre supprimée, *e* (difficile), *s*, *t*, les effets sont forts. On peut par exemple faire inventer une carte postale de vacances, sans utiliser la lettre *a*.
- La **lettre obligée**, qui, à l'inverse du lipogramme, accumule une même lettre dans un espace de faible dimension, ou la concentration **d'homophones**, à la manière d'Agnès Rosenstiehl, dont les albums (Larousse) fournissent des idées à foison :

Car Agathe avala l'âpre amas d'ananas
La toquée caquète, le coquin taquine
Le Français en liberté

À l'île au lilas le loup lit la loi
La grue en gants gris guérit l'ogre aigri
L'alphabet fou ou le livre des syllabes sibyllines

cornichon ! calme cette colère, cocotte chérie ! cette crapule complote comme cent colonels !
Drôle d'alphabet ou les aventures d'une tarte aux pommes

Le pas, ça va, le trot, c'est trop (paroles de cavalier montant son cheval à l'envers)
Le Livre de la langue française

- La **boule de neige**, qui consiste à écrire une phrase dont le premier mot comporte une seule lettre, le deuxième deux, le troisième trois, *etc.* Le but est d'aller le plus loin possible. Dans le même ordre d'idée, les **anagrammes**, les **acrostiches**, les **bouts rimés**, le **caviardage**.
- La **contrainte du prisonnier** qui est une missive, dans laquelle on ne peut utiliser de lettres à hampe ou à jambage pour gagner de la place sur un papier toujours difficile à obtenir quand on est prisonnier. Tickets de métro, de bus ou de tramway sont un support idéal, facile à trouver.
- **Un mot pour un autre** à la façon de Tardieu ou de Pef, et, dans le même ordre d'idée, les **mots-valises** à la manière de Leiris, ou **un mot dans un autre**, comme dans ce texte de Didier (5e) :

Réflexions d'une baleine

La baleine a avalé le balai en tricotant de la laine avec haine. Elle se dit bah ! Inutile de s'en faire, du moment que mon haleine est fraîche, je pourrais quand même aller au bal. En attendant jouons à la balle avant d'aller aux halles chercher du lait, il parait que le marchand est toujours aussi laid.
Ça ne rime à rien ce que je dis mais ça ne fait rien, il faut bien trouver une fin.

• **L'écriture effervescente** (selon l'expression de Jean Ricardou), où, à partir d'un mot écrit au centre du tableau, chacun vient déposer un mot ou une expression qui entre en résonance par le sens ou par les sons et les lettres avec le mot initial. Les élèves sont ensuite invités à écrire un texte qui combine à leur gré le maximum des termes.

Par exemple :

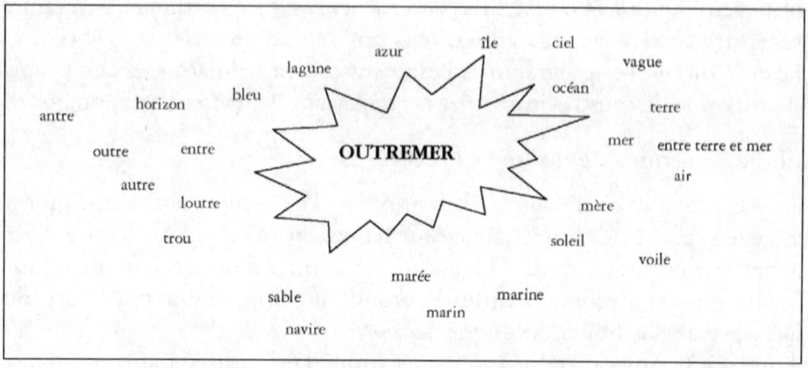

Avec ces jeux d'écriture, la visée n'est évidemment pas la normalisation orthographique, mais la production réglée d'un texte. Le garant n'est pas le (seul) professeur, c'est le jeu, les autres. Mais les essais, les recherches, les tâtonnements, les discussions, les réécritures, portent bien sur les formes graphiques. Pour éveiller le gout des mots – forme et sens mêlés –, on peut aussi proposer aux élèves, après la lecture de certains textes, d'écrire dans un carnet les mots ou les phrases qu'ils ont aimés, d'en faire une sorte de collection. Se crée une attention à la lettre qui va souvent bien au-delà : c'est une autre fonction du langage qui se déploie par l'écriture, non pas seulement dire le réel ou l'inventer, ou se dire soi, mais dire le langage.

Que peut y gagner l'orthographe, dans ces écritures hors contrôle orthographique ? Beaucoup. D'abord, dans le cadre des pratiques du 3e type, l'orthographe se travaille aussi, mais par détour. Ensuite, les élèves ne souffrent pas de leur « mauvaise orthographe », puisqu'elle reste justement à l'abri des regards ou qu'elle fait l'objet du jeu. Un rapport à l'écriture plus positif, souvent plus serein, peut alors se construire, rapport essentiel s'il en est. L'enjeu poursuivi est donc très clair : aider chacun à devenir d'abord un sujet écrivant reconnu. La qualité et la diversité des expériences d'écriture est déterminante. C'est, en tout cas, une condition nécessaire pour qu'un autre rapport à l'orthographe se construise également.

Ainsi, l'exigence de la norme orthographique se module selon les situations d'écriture, toutes n'appellent pas le même travail de révision. Elle se module aussi bien sûr en fonction du niveau de classe. Une période de neuf ans s'étend du cours préparatoire à la fin du collège ; la vigilance orthographique a le temps de croitre : c'est la nécessité qui la fait naitre, l'activité d'écriture qui la développe, l'exercice de la révision qui la renforce en la structurant. Reste alors à organiser dans sa classe la gestion de l'orthographe en production écrite et l'enseignement de ce savoir-faire que constitue la révision orthographique des écrits.

3. MODE D'EMPLOI

Il est nécessaire, la plupart du temps, d'instituer une phase de révision « à visée orthographique ». C'est en situation plus que par un discours déclaratif que la compétence de révision se construit et se développe.

3.1. Les outils

Les outils sont des dispositifs matériels qui permettent aux élèves d'avoir prise sur la dimension orthographique de leur texte. Ils concernent aussi bien l'orthographe grammaticale que lexicale, et se répartissent en deux catégories : ceux qui sont propres à la classe et ceux qu'on trouve sur le marché de l'édition. Les programmes indiquent clairement parmi les compétences à acquérir à l'école l'utilisation de tous les instruments permettant de réviser l'orthographe d'un texte.

Le brouillon, les marques de doute et les ratures

À la fois contenu et contenant, le brouillon est la première ébauche d'un écrit que l'on va remanier, et le support de cette ébauche sur lequel on va corriger, réécrire, ou reformuler : c'est donc le premier outil de travail. Si la rature est la trace d'une activité métalinguistique, il faut lui offrir un espace, et donc instituer le brouillon comme le premier outil de travail du texte en général, et de l'orthographe en particulier.

Quel que soit le support, cahier ou papier libre, il est indispensable de laisser de la place pour la réécriture. On peut, bien sûr, imposer sa méthode à sa classe, mais on peut aussi inciter les élèves à trouver la leur, par exemple, en prévoyant un double, voire un triple interligne, en n'écrivant qu'une page sur deux ou en séparant sa page en deux colonnes.

Pour permettre au scripteur de ne pas interrompre sa production d'écrit, il lui est proposé d'indiquer par une marque quelconque l'endroit où il a un doute. Un trait ondulé en forme de vague convient parfaitement. Encourager la pratique du signalement rapide en cours d'écriture va dans le sens d'une meilleure compétence : à l'inverse des scripteurs les plus inexpérimentés ou les plus faibles qui modifient immédiatement ce qu'ils écrivent, un scripteur plus avancé attend plutôt la fin d'une première version pour procéder à des modifications. Le trait ondulé garantit au scripteur-futur relecteur qu'il garde la trace de son hésitation et qu'il sera en mesure d'y revenir. En début d'année, généralement, le mot est entièrement souligné. Puis, au fur et à mesure de l'année scolaire, le repérage se précise, l'élève ne souligne plus que la lettre ou le groupe de lettres qui lui pose un problème : la compétence orthographique s'affirme et s'affine. Petit à petit, certains élèves ont de moins en moins recours au trait ondulé, ils font davantage d'essais en marge : ils montrent ainsi une plus grande assurance face à leurs connaissances.

Du côté de l'enseignant, le dispositif présente un avantage considérable : les brouillons, les différentes versions d'un texte, parlent. Il voit ainsi ses élèves engagés dans une réflexion métalinguistique qu'il peut quasiment suivre du doigt, travail qu'il ne soupçonne habituellement pas, tant le critère de la norme aveugle. Il peut tirer des renseignements des signes de doute, des ratures, des erreurs répétitives qui appellent un travail spécifique ; ou encore des corrections faites entre le brouillon et la copie qui montrent que la capacité de révision est en bonne voie. C'est cet examen attentif qui lui permet d'organiser des séances d'orthographe en rapport avec la production, comme avec l'étude des marques de la première personne au présent pour *Yaaba* ou de celles des troisièmes personnes au passé simple pour un projet de *Contes en recueil* dans une classe de sixième.

Les œuvres littéraires, les corrigés de devoir, les manuels, auxquels les élèves sont confrontés en tant que lecteurs, ne portent jamais les traces du travail de pensée et d'écriture.

Leur donner à voir des manuscrits d'écrivains avant le lycée où « le travail de l'écriture » est au programme est certainement un moyen intéressant. On peut aussi profiter de partenariats avec des écrivains dans le cadre des pratiques artistiques ou des projets d'école pour aborder la question avec eux, pièces à l'appui ; ou faire appel aux arts plastiques qui disposent facilement des carnets de croquis, des ébauches des peintres, des sculpteurs, des architectes. Bref, saisir toutes les occasions de montrer l'œuvre qui s'élabore – *work in progress*.

Il est nécessaire de mettre en scène à plusieurs reprises l'activité de travail du texte : on saisit alors quelques occasions d'écriture collective pour rédiger, non pas au tableau, mais sur de grandes affiches où on ne peut pas effacer. On trace alors à grands renforts de commentaires les flèches et les biffures, les marques d'insertion, les numérotations de paragraphes ou les étoiles pour ajouter et faire des renvois, supprimer, déplacer ou remplacer, opérations fondamentales de la révision du texte. De temps à autre, on peut même organiser la confrontation des façons de faire, ce qui donne des idées à chacun.

L'hésitation, le doute, le revirement, conquièrent ainsi une légitimité. Il faut savoir, en effet, que cet aspect du travail d'écriture heurte parfois les représentations que les élèves s'en font. Pour eux, le brouillon, c'est sale, c'est la marque d'un raté. Certains adolescents répugnent à le retravailler puisque, à leurs yeux, il est le signe de leur échec. Pour d'autres, c'est un écrit intime qu'ils ne veulent pas laisser voir. Il convient alors de respecter leur choix, qui peut d'ailleurs évoluer, quand ils se sentent assurés que le regard sur leurs brouillons sera, justement, respectueux. Pour les écoliers, la question ne se pose en général pas encore.

Quoi qu'il en soit, le brouillon doit rester un espace de liberté, et pas seulement un instrument de travail. On citera donc pour en finir avec le brouillon, à côté d'un manuscrit de Balzac, ce texte de Jacques Perret retrouvé dans un ancien cahier d'élève. Il avait été donné comme dictée…

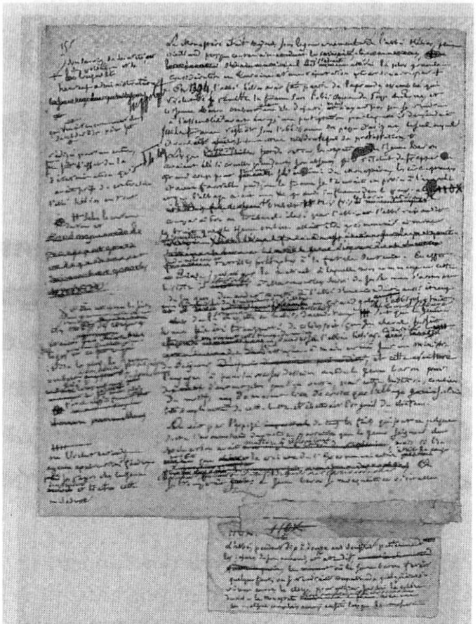

Manuscrit original de Balzac.

© DR.

L'Excommunié, manuscrit original de Balzac

LE CAHIER DE BROUILLON

C'est le plus gros, le plus confidentiel, le plus affectueusement mal tenu. Bien sûr, il n'a pas pour officielle et unique mission d'être mal tenu, mais en fait le plus sage écolier éprouve une joie saine et réparatrice à maltraiter son cahier de brouillon, tout au moins à y écrire d'une main sans scrupule. En fin d'année, ce cahier fera volontiers figure de loque sublime, de témoin glorieux et perclus des campagnes scolaires. L'ennui est qu'il faut l'acheter neuf et qu'il ne révélera qu'à la longue son caractère brouillon. On admet très bien l'état neuf pour le cahier de textes par exemple, et l'élève le plus dissipé, le plus gâcheur, sera tout naturellement intimidé par les feuillets virginaux qu'il abordera d'une plume respectueuse, au moins pendant les premières pages.
Mais la première page d'un cahier de brouillon, c'est une autre épreuve : il faut vaincre cette fausse candeur d'un papier blanc qui ne rêve en réalité que noirceurs innommables et pires outrages. On croit bien faire en l'attaquant d'emblée, avec trois pâtés, une douzaine de rayures, un dessin baroque, et, si ça se trouve, une tache de chocolat ressuyée d'un revers de manche. Quel que soit votre talent, vous n'aurez obtenu là qu'une page de faux brouillon qui sentira le convenu, le truqué, le contrefait… Il faut compter environ un trimestre avant que le cahier de brouillon puisse témoigner de votre personne.

Jacques Perret

Les ouvrages spécialisés

À l'école, les classes disposent en général de dictionnaires, de manuels de conjugaison, d'orthographe, de grammaire, mémos divers. Au collège, ces *usuels* se trouvent au CDI. On les désigne parfois par le terme d'*outils sociaux*, qui dit bien ce qu'il veut dire : en s'en servant, les élèves accèdent à l'usage social des outils langagiers, forgés par la culture lettrée au cours des siècles, en vigueur dans notre société.

Ces ouvrages sont très utiles, mais très complexes. Il peut être long et décourageant de chercher un mot dans le dictionnaire lorsqu'on ne maitrise pas encore bien l'ordre alphabétique sur des combinaisons de lettres, ou lorsqu'on s'obstine à rechercher un mot à une entrée où il ne figure pas, par exemple, le mot *hauteur* à *auteur*. De même, les manuels d'orthographe et de conjugaison nécessitent un savoir-faire certain pour y trouver la réponse à un problème. Comment se repérer dans les si nombreuses tables de conjugaison ? Où chercher la réponse à une interrogation sur un accord, sur la graphie d'un homophone grammatical ? Savoir nommer le problème, c'est d'ailleurs déjà l'avoir presque résolu.

En règle générale, on se contente d'une initiation superficielle alors que l'entrainement à l'utilisation de ces outils fait encore partie des objectifs à poursuivre au collège, notamment dans les groupes de soutien. Il est donc nécessaire d'apprendre aux élèves à les utiliser, ce qui ne va pas sans mal, car leur maitrise implique souvent des savoirs non encore acquis chez les plus jeunes ou encore peu opératoires chez les plus âgés. On fera donc appel à ces ouvrages avec discernement, et sans s'offusquer de trop maigres résultats. Outils indispensables donc, mais qu'il est nécessaire de compléter par d'autres plus directement accessibles, ceux que la classe crée au fur et à mesure de ses apprentissages.

Le cahier de phrases, les affiches, les répertoires

Dans la plupart des classes, on constitue un outil du type cahier, classeur ou répertoire, peu importe son nom. Ce *cahier de phrases* se construit avec les élèves tout au long de l'année comme un outil d'aide à l'écriture : il fournit une réponse rapide à une question dont l'élève se rappelle qu'elle a déjà été abordée.

Il existe plusieurs façons d'envisager la constitution de cette mémoire de la classe. On en retiendra deux, selon qu'il s'agit de garder la trace d'un travail, ou d'anticiper sur un futur travail. Mais le principe est le même : chaque fait orthographique retenu donne lieu à l'inscription d'une ou plusieurs phrases dans lesquelles ce fait est pertinent. Par exemple, dans une classe de CM2, la confusion classique entre *se* et *ce* a été repérée dans des brouillons. Après une séquence spécifique d'orthographe, les phrases suivantes, en partie extraites des rédactions, ont été notées au tableau et recopiées dans le cahier (toujours visé par l'enseignant) :

SE – S'EST	
Il se roule par terre. Elles se retournent. Je me demande si je passerai en 6ᵉ. On se ronge les ongles quand on est inquiet. Nous nous inquiétons. Il s'est perdu.	Julie et Mona s'étaient promenées. Je me suis bien amusé. Tu te trompes. Les enfants se couchent souvent trop tard. Vous vous retrouverez à l'endroit d'où vous êtes parties.

Souvent, l'enseignant propose des phrases qui situent le problème dans un fonctionnement plus large, comme ici, pour montrer la relation entre *se* et les autres pronoms personnels, réfléchis ou non, et, secondairement, *s'est* et l'auxiliaire *être*. On cherche ainsi à créer une chaine associative qui situe *se* dans sa classe d'appartenance. La liste constitue ainsi un corpus de référence. La règle n'est pas du tout notée, le principe de ces phrases étant de fonctionner par *analogie*. L'élève qui veut écrire *Il se leva tôt*, par exemple, pourra s'appuyer sur cette liste qu'il retrouvera dans son cahier de phrases sous le titre *SE - S'EST*. L'analogie est en effet le principe commun de toutes ces listes. Elles prennent le contrepied du rangement des notions dans les manuels et ouvrages spécialisés, qui généralement tendent à opposer, mais donc à rapprocher, ce que les élèves confondent, comme *ce* et *se* ou *on* et *ont*[1]. L'origine de ce qui se trouve dans le cahier des phrases est diverse, mais l'objectif est toujours le même : servir de répertoire de formes pour une prochaine production.

Enfin, le cahier peut également recevoir une liste de phrases, toujours constituée sur l'analogie, et qui vise à donner un point de repère aux élèves, avant toute étude. En effet, les jeunes scripteurs manipulent des formes linguistiques complexes qu'ils ne savent pas orthographier. Les explications seraient d'un niveau tel qu'il est impensable de les donner. Il s'agit alors de leur permettre de trouver par intuition la réponse à la question « Comment ça s'écrit… ? » Ce n'est que plus tard, parfois au collège, qu'une étude sera entreprise. Par exemple, dans une classe de CE1 où l'on ne parle pas encore de participe passé avec l'auxiliaire *être* ou de conjugaison au passif, une affiche est fabriquée par le maitre :

n° 5				
Il est petit.	Il	est	petit.	
La lettre a été écrite hier.	La lettre	a été	écrite	hier.
Elle est sortie.	Elle	est	sortie.	
L'exercice est fini.	L'exercice	est	fini.	
Les sapins devront être terminés demain.	Les sapins	devront être	terminés	demain.
Les fourmis sont fatiguées.	Les foumis	sont	fatiguées.	

Voici encore une affiche très simple, que ces mêmes élèves de CE1 ont utilisée à la fin du CP, réaffichée au début du CE1, et retirée des murs à Noël :

Georges	se mit	à chanter	
		à danser.	
Il	commença	à voir	des étoiles.

Les murs sont ainsi la mémoire du travail de la classe. Comme ils ne sont jamais assez grands, comme les outils de toute façon sont provisoires et évoluent, il arrive un moment où l'on doit faire de la place. Décider que l'on peut se passer de tel outil et le retirer du mur est un moment réjouissant – hautement symbolique. Les outils subsistent cependant plus longtemps sous forme individuelle, et il est important que les élèves puissent les conserver d'une classe à l'autre.

Conçus comme une aide à l'écriture et à la révision orthographique, ils doivent aussi, pour en être vraiment une, faire l'objet de fréquents rappels dans les débuts de leur mise en place : « De quoi disposons-nous pour relire nos textes ? », « De quoi peut-on se servir pour trouver la réponse à cette question ? », « Est-ce que quelqu'un sait où on peut trouver cette information ? » Par la suite, on constate que les élèves, surtout quand ils travaillent à plusieurs, y ont recours plus spontanément, parfois pour arbitrer un conflit.

À ces outils tournés vers l'orthographe grammaticale et les homophones s'ajoute la catégorie des outils qui concernent l'orthographe lexicale. Généralement, lors de la discussion des premières versions d'une production, un lexique particulier est employé, comme on l'a vu dans la séquence *Yaaba*. Une affiche est alors rapidement constituée par l'enseignant : elle sert à la fois

1. La notion d'« outils de référence analogique » et le principe ont été élaborés par l'équipe RESO. Voir Rosine Lartigue et Suzanne Djebbour, « Répondre aux besoins orthographiques des enfants en situation d'écriture : Les Outils de référence analogique », *Repères*, n° 75, 1988, pp. 47-54.

de réservoir de mots, d'idées, d'expressions, mais aussi de formes orthographiques. Cette affiche passe ensuite dans le cahier des phrases ou le répertoire. À l'école, toutes les disciplines concourent à nourrir le répertoire. Cette pratique se poursuit au collège et concerne aussi bien le lexique des textes (les champs lexicaux) que le vocabulaire des disciplines, y compris celui de français.

Quels que soient le contenu et les modalités de constitution de ces outils, leur finalité est la même : offrir des repères aux élèves qui, en écrivant, doivent affronter une quantité de problèmes graphiques. Points d'ancrage dans l'avancée des savoirs de l'élève construits dans la classe, donc. C'est pourquoi ils ne sauraient se confondre avec ce qui apparaitrait comme les « mêmes » listes ou les « mêmes » tableaux donnés tout faits aux élèves.

Les grilles de relecture

La grille de relecture recense des contraintes liées au texte à produire. En orientant la relecture de l'élève sur ces contraintes, elle a pour but de l'aider à évaluer s'il les a respectées ou non. Mais, pour qu'une grille ait quelque intérêt, il faut qu'elle porte sur certains points précis, particulièrement travaillés dans la période de production. Les grilles toutes faites ou générales ont peu d'influence et l'on peut s'interroger sur des questions du type : « Ai-je écrit une histoire intéressante ? Ai-je fait attention à l'orthographe ? » L'aspect le plus important, en effet, est le travail qui conduit à leur élaboration : elles sont alors la synthèse de ce travail et jouent leur rôle de guide dans la relecture, par exemple, pour vérifier si les personnages dans *Yaaba* prennent bien le temps de se saluer.

Une grille est donc un outil éphémère, établi en fonction des écrits à produire. Elle est construite au fur et à mesure, et utilisée à des moments variables. Toutefois, les grilles de relecture pour l'orthographe sont plutôt utilisées à la fin. Par exemple, dans cette classe de CM2 qui a comparé des contes d'origine à des écrits scientifiques sur les mêmes thèmes, puis a écrit des contes et des résumés en sciences, une double grille a été établie pour soutenir la relecture. Cette grille pourra servir une prochaine fois, après avoir été elle-même relue et éventuellement modifiée ou complétée :

LE RÉSUMÉ	LE CONTE
1. Je vérifie que les verbes qui disent comment c'est sont au présent. 2. Je vérifie leur terminaison : 1er groupe : *e* ou *ent* 2e groupe : *it* ou *issent* 3e groupe : *t* ou *ent*	1. Je vérifie que les verbes qui racontent sont au passé simple. 2. Je vérifie leur terminaison : *a* ou *èrent* *it* ou *irent* *it*, *ut*, *int* ou *irent*, *urent*, *inrent*

Les « balles d'accord »

Les balles d'accord sont ciblées sur les relations morphosyntaxiques à l'intérieur du groupe nominal ou entre le verbe et son sujet (ou l'attribut), les marques grammaticales se déposant sous les différents mots comme sous l'impact d'une balle qui rebondit. Ces relations sont en effet la source d'erreurs très fréquentes.

Avec les balles d'accord, les élèves ne sont plus dans une relecture qui glisse à la surface du texte, ni en situation de raisonnement mental. Avec ses ronds pleins ou vides, ses cadres et ses flèches, cet outil les aide, au contraire, à entrer dans le texte. Le scripteur progresse phrase après phrase. Ainsi son attention et ses savoirs antérieurs sont mobilisés et soutenus par le geste de la main qui trace. Cette matérialisation lui évite de rester dans du pur « calcul mental », à un moment où ces savoirs orthographiques sont peu solides. Par exemple, cet élève de CM1 qui parvient à repérer que le second verbe a gardé le même sujet que le premier et rajoute la marque verbale manquante :

sautent
Les antilopes voient la lionne avec son lionceau et ~~saute~~ sur l'autre rive.

L'identification des catégories s'appuie sur l'intuition plus que sur la mise en œuvre, difficile à ce stade ou à ce moment, de critères linguistiques explicites. C'est bien d'ailleurs le principe sur lequel repose l'efficacité de l'outil : elle permet à des élèves, qui ne disposent pas encore des connaissances nécessaires, de résoudre autrement que par une analyse formelle et l'emploi d'une terminologie grammaticale lourde les problèmes qu'ils ont à résoudre. Le codage est avant tout une visualisation des phénomènes morphosyntaxiques, à l'instar des schémas qui font apparaitre les relations entre les éléments dégagés par l'analyse. Il prépare ainsi à l'intériorisation de la procédure morphosyntaxique qui fait dépendre la graphie d'une cible (adjectif, verbe, participe passé) des valeurs morphologiques d'une source (nom, sujet) : il s'agit donc dans un premier temps de *matérialiser* cette relation, afin que les élèves repèrent eux-mêmes le plus grand nombre possible de chaines et de marques d'accord.

L'outil est ainsi à mi-chemin entre l'injonction magistrale « N'oubliez pas les accords » et l'automatisation de ces accords chez les scripteurs expérimentés (pour qui d'ailleurs les déterminants fonctionnent peut-être aussi comme des signaux d'action). En utilisant la balle d'accord, c'est à lui-même que l'élève donne l'instruction d'accorder. Mais il ne faut pas l'oublier : toute schématisation reste une abstraction, c'est-à-dire la trace d'une activité complexe, et l'emploi des balles n'est pas facile. Il est nécessaire, dans un premier temps, de travailler sur la chaine des balles d'accord lors de séances d'orthographe collectives, avant que les élèves puissent s'en servir seuls comme outil d'aide à la correction orthographique. La mise en place de cet outil doit être progressive et précise (➤ un exemple en est donné dans le chapitre suivant).

Certains élèves, souvent forts en orthographe, commencent à refuser l'outil dès le CM2 : ils ont suffisamment intériorisé la procédure morphosyntaxique pour s'en passer. Il serait alors néfaste de le leur imposer. Un outil efficace est destiné à s'auto-détruire en fin de service. En revanche, un élève faible en orthographe a tout à y gagner. Il ne s'y trompe d'ailleurs pas et l'utilise volontiers, parfois avec enthousiasme. Il semble reconnaitre là ce qui lui manquait. Grâce à cette schématisation qui donne des résultats tangibles, il perçoit que son erreur se situe dans son analyse de certains éléments de la phrase et non dans une méconnaissance totale du code (il le connait, le pluriel !), dans une démarche à deux temps :

1 – Je ne l'avais pas vu (il prend conscience de l'intérêt de développer une vigilance orthographique).

2 – J'ai compris ! (il approfondit la construction de son savoir sur la langue).

Les balles d'accord modifient ainsi la perception de l'erreur. Elle n'est plus vécue comme le symptôme d'un manque de savoir ou de travail, ce qui le rassure. Mais il ne faut cependant pas se cacher que la balle d'accord n'a pas l'efficacité d'un couteau suisse. Une phrase complexe peut mettre les élèves en déroute (et la complexité commence très vite). Tel Benjamin (CE2) qui trace consciencieusement ses balles d'accord :

Les morceaus de verre [*coupe*] *la peau*

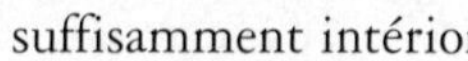

Il commente : « Ben, c'est le verre qui coupe ! Alors j'ai mis que le verre, c'était un deuxième mot signal ». Argument irréfutable. C'est pourquoi il est préférable d'abord de faire encadrer le groupe nominal à l'intérieur duquel s'organisent les accords. La flèche qui va du groupe nominal sujet au verbe n'est tracée qu'ensuite :

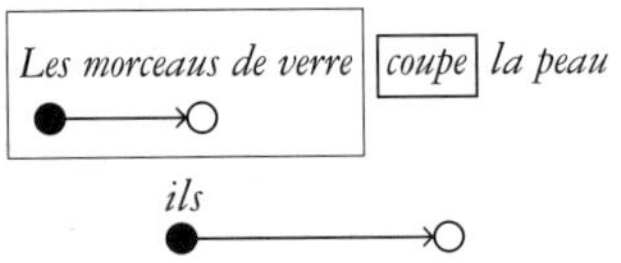

La balle d'accord occupe ainsi une place à part dans cette liste d'outils : elle sollicite fortement l'élève, qui reste en permanence maitre de l'activité ; par son caractère d'outil concret et abstrait à la fois, elle est un puissant outil d'investigation et de régulation.

Le classement des erreurs, les codes de correction

Tout enseignant connait bien la sensation que l'on éprouve, en lisant les textes des élèves, à rencontrer toujours et encore les mêmes types d'erreurs. L'idée d'employer un code de correction est donc répandue. Par ce moyen, l'enseignant indique aux élèves les erreurs qu'ils peuvent corriger, pour peu qu'on leur indique soit où chercher, soit quel est le type d'erreur commise. Voici, à titre d'exemple, l'extrait d'un code utilisé dans une classe de CM2 (il ne concerne pas que la seule orthographe) :

Code de correction

M	placé sous une lettre, indique qu'il manque une majuscule
~~M~~	indique, sous les deux groupes de graphèmes d'un même mot, situés en fin, puis en début de ligne, que le mot est mal coupé
D	sous un mot, demande de vérifier ce mot dans le dictionnaire
CP	utiliser le cahier de phrases
●	devant une phrase, signale la nécessité d'employer la chaine des balles d'accord
V	entre deux mots ou entre deux lettres, indique un mot ou une lettre manquante
X	ponctuation manquante
//	phrase à couper à cet endroit-là

Le code de correction sert souvent dans les cas où l'enseignant ne met une note définitive à un devoir qu'après un dernier travail de correction de la part de l'élève, ou quand il vérifie lui-même l'orthographe du dernier jet avant que le texte soit recopié. On peut faire travailler les élèves par binômes : chacun codifie le texte de l'autre, l'enseignant examinant ensuite l'ensemble.

Mais l'introduction des codes de correction dans les classes n'a pas donné les résultats escomptés. On comprend mieux aujourd'hui pourquoi. C'est un outil paradoxal : sommaire afin d'être pratique, il ne fait que rappeler la règle qui doit être connue évidemment, sinon il ne servirait à rien. Or les élèves ont des problèmes, non pas avec les cas limpides, mais avec les structures opaques pour lesquelles il se révèle insuffisant (d'autant que la compréhension et la mémorisation de ce genre de code demandent un effort important). Il est limité, en effet, par les « savoirs actuels », comme dans l'exemple de cet élève qui écrit *les morceaux de verre coupe la peau* : un signalement A (pour faute d'accord) ne l'aiderait en rien s'il pense que « c'est le verre qui coupe » et pas *les morceaux* qui gouverne l'accord de *coupent* : il a déjà appliqué cette règle…

Là où le code de correction peut devenir intéressant, c'est quand il est fabriqué par la classe. Il devient alors un outil d'apprentissage, et pas seulement un moyen de communication commode entre l'enseignant et ses élèves. Pour le fabriquer, il faut en effet classer les erreurs. C'est ce classement qui est en lui-même un instrument de structuration intellectuelle, car il oblige à repérer des invariants pour établir des catégories.

Faire classer leurs erreurs aux élèves a pour second intérêt d'amener les élèves à prendre conscience de leurs erreurs récurrentes. Au lieu de « compter » dix fautes, on découvre que cinq d'entre elles sont des fautes d'accord de participe passé, par exemple, ce qui ouvre d'autres perspectives.

Le travail d'élaboration de la grille s'effectue assez tôt dans l'année, après quelques productions écrites. L'enseignant procède à un relevé des cas qui lui semblent pertinents. Les élèves, en petits groupes, reçoivent une liste d'erreurs avec leur corrigé et sont invités à les classer. Une phase de discussion sur les différentes rubriques et dénominations choisies par les groupes s'ensuit pour mettre au point la grille de classement collective (d'où sera éventuellement tiré un code de correction). Le but n'est évidemment pas d'imposer une classification *a priori*, mais de susciter chez les élèves une réflexion métalinguistique approfondie sur le fonctionnement de l'orthographe. Cette classification est remodelée à deux ou trois reprises dans l'année selon le même principe : les élèves se rendent alors compte que leurs critères sont plus précis ; des rubriques éclatent ou se regroupent, et la classification évolue, autre grand moment d'appropriation du fonctionnement de l'orthographe. La comparaison des deux ou trois classements est aussi une activité de récapitulation très fructueuse. ➢ Une grille typologique des erreurs est proposée en annexe du chapitre comme outil d'analyse à l'usage de l'enseignant.

Dans le prolongement du travail collectif, on propose aux élèves de classer leurs propres erreurs. Ils développent ainsi un regard plus aigu sur leurs productions graphiques. Si un élève repère une catégorie particulièrement chargée, il lui est plus facile de concentrer son attention sur cette catégorie.

Ainsi, les outils d'aide à la révision sont assez divers. Leur intérêt varie selon l'avancée des élèves dans la maitrise de l'orthographe. Mais ils ne sont que des outils, et des outils souvent complexes, à la mesure de notre orthographe. S'ils ne peuvent pas tout résoudre, ils servent en tout cas de point d'appui au mouvement qui fait passer du contrôle externe par autrui au contrôle interne par soi-même. Reste à organiser la révision orthographique des écrits.

3.2. L'organisation de la révision

Jusqu'à ce que les élèves aient intégré la nécessité de la révision orthographique et aient acquis des modes de travail efficaces, il est nécessaire de prévoir cette phase du travail d'écriture en classe. Selon l'âge des élèves, la façon d'organiser la révision diffère, avec ou sans guidage de l'enseignant, dans l'autonomie ou la coopération.

La relecture différée

Pour aider les élèves à passer de la posture de scripteur à celle de lecteur dont on a dit toute la difficulté, le meilleur moyen est de laisser passer du temps. On évite donc de lancer les élèves dans une relecture immédiate dès qu'ils ont terminé de rédiger leur premier jet. Ce n'est que le lendemain, voire deux ou trois jours plus tard, qu'ils vont reprendre leurs textes afin d'en faire une *relecture critique*, selon les termes des programmes du cycle 3. Ils ont eu le temps de prendre le recul nécessaire pour envisager d'un œil neuf ce qu'ils ont écrit.

La relecture différée constitue donc la première étape du travail de révision. Mais, chaque fois que c'est possible, elle est d'abord une relecture « libre », elle n'est pas orientée vers quelque chose de prédéfini. Il est important qu'elle joue son véritable rôle, celui d'être, justement, une lecture : c'est au cours de cette phase que l'élève prend véritablement conscience de ce qu'il a écrit, comme d'un texte quelque peu étranger. Il peut ou non toucher à son texte, il peut ou non toucher à l'orthographe. Il est d'ailleurs fréquent qu'il le fasse, en particulier sur les zones de doute signalées par des traits ondulés, si la réponse lui saute aux yeux.

La révision orthographique est, elle, comme son nom l'indique, entièrement dédiée à l'amélioration de l'orthographe. C'est un travail au même titre qu'un autre, il ne s'agit pas d'en effacer les traces, comme s'il s'agissait d'un échec, mais d'affirmer, au contraire, ce travail. On demandera donc aux élèves, au moins jusqu'au début du collège, d'utiliser pour leurs modifications un stylo d'une couleur différente de celle utilisée lors du premier jet. Cela permet à l'enseignant de visualiser tout le travail de correction effectué pas ses élèves, de repérer où se situent leurs hésitations, et aussi, ce qu'ils n'ont pas vu du tout. La révision orthographique est une activité fondamentale. C'est pourquoi, même au collège, il est important de l'instituer en classe jusqu'à ce qu'elle devienne une habitude. Elle s'effectue généralement au cours d'une séance particulière à la fin du parcours d'écriture.

Le guidage de l'enseignant

Même avec les meilleurs outils du monde, la révision reste une tâche difficile. Elle est nécessairement longue, dès lors qu'il ne s'agit plus d'une vague lecture, mais d'une intervention sur l'écrit. On a d'ailleurs noté depuis longtemps l'ambigüité de la consigne habituelle de *relire*, pour demander tout sauf une lecture au sens habituel du terme. En plus, la longueur du texte pénalise, puisque plus on écrit, plus on fait de fautes, plus on doit corriger ! Un guidage de l'enseignant est donc souvent nécessaire. Il consiste à définir le travail de l'élève, par exemple en sélectionnant un type d'erreurs à rectifier ou en modulant la quantité de texte à réviser. En effet, comme la quantité fait peur, l'enseignant peut choisir de ne faire travailler qu'une portion du texte, s'il y a beaucoup de modifications à effectuer. Chez les plus jeunes et les plus faibles, ce peut être une phrase, quelques lignes, un paragraphe ou deux ; chez les plus avancés, une page ou tout le texte. Le principe est de graduer, le but étant que, à la fin du collège, les élèves puissent réviser la totalité de leurs écrits.

Si l'on parvient à donner aux élèves les clés d'un travail méthodique dont les résultats se voient – du temps, des outils, des raisons d'écrire –, alors ils prendront plus facilement en charge et de plus en plus l'orthographe de leurs écrits. Rendre un élève responsable de son travail passe peut-être par la négociation d'un contrat, où il dit ce qu'il estime pouvoir faire à un professeur qui ne demande pas tout.

Le travail autonome

Les élèves commencent souvent par revenir sur les zones marquées par un signe de doute, mais aucun ordre n'est évidemment imposé. Dans certains cas, l'enseignant a précisé sur quels points ils devront porter leur attention, suggéré des outils ou donné des conseils, souvent sur une fiche-conseils à part, pour ne pas surcharger les brouillons.

> Par exemple, dans une fiche de fabrication de masques, un élève de CE2 mélange impératif et infinitif. L'enseignant indique *faites ceci*, *faites cela* sur le premier jet. Cette seule indication amène l'élève à unifier à l'impératif toutes les instructions, et à modifier ensuite les graphies *er* en *ez* avec l'aide partielle du maitre (d'après le groupe EVA de l'INRP).

Mais l'examen préalable des textes n'est pas toujours nécessaire, notamment en fin de cycle 3 ou au collège, car les élèves ont développé des compétences métalinguistiques leur permettant de revenir seuls sur leur écrit pour le modifier ; il se fait alors après la première révision orthographique. Quel que soit le cas, les élèves ne sont cependant pas sans aide face à la tâche. Tous ont à leur disposition les outils habituels, les dictionnaires, les ouvrages spécialisés ou les outils propres à la classe. À l'école, les affichages qui récapitulent les recherches jouent un rôle important en raison des liens entre le fonctionnement de la mémoire et l'espace ; ils aident les élèves à retrouver ce qu'ils cherchent.

Justement, savoir où chercher et comment s'y prendre fait partie de la compétence orthographique. Il est donc important d'amener les élèves à réfléchir et discuter des outils qu'ils peuvent utiliser :

1 – soit il s'agit d'un problème d'orthographe lexicale, et le recours au dictionnaire semble tout indiqué ;

2 – soit il s'agit d'un problème lié aux formes verbales, et le recours à un manuel de conjugaison, à la grille de relecture (qui contient souvent des indications sur l'emploi des temps) et aux fiches sur les marques verbales, semble la réponse la plus adaptée ;

3 – soit il s'agit d'un problème d'accord au sein du groupe nominal ou entre le sujet et le verbe, et l'utilisation de la chaine des balles d'accord semble la plus appropriée.

Cette manière de procéder permet à l'élève de gagner en autonomie face à ses écrits. Il ne se met plus en position d'attendre l'intervention et la sanction de l'enseignant.

Le travail coopératif

On peut aussi rendre plus efficace la révision, sans la dénaturer, en jouant sur des dispositifs qui ne laissent pas l'élève livré à lui-même. Le partage allège la tâche, puisqu'on détecte plus facilement les erreurs dans le texte d'autrui que dans le sien. Et, à deux, les risques d'erreurs dans le tracé des balles d'accord diminuent ; en cas de désaccord, les élèves font appel à l'enseignant, alors que seul devant sa feuille, un élève peut entériner un tracé inexact sans s'en rendre compte. Partant de là, plusieurs cas de figure sont envisageables.

Par exemple, deux élèves peuvent relire ensemble un même texte. Ou bien chacun travaille d'abord sur le sien, ou, au contraire, sur celui de l'autre, avant de procéder à un échange ou à un examen en commun. Si l'on constitue un groupe plus large, les textes circulent de relecteur en relecteur, chacun notant sur une feuille à part ses remarques.

Pour un projet d'envergure, un groupe de « correcteurs professionnels » peut être constitué en atelier de relecture. C'est l'occasion de trouver un emploi aux quelques élèves doués d'une orthographe à toute épreuve et qui ont toujours terminé les premiers. Ils se voient confier la supervision des écrits de leurs camarades au fur et à mesure que ceux-ci achèvent leur propre révision. Ils peuvent aussi être chargés d'aider des élèves plus faibles, mais sans faire le travail à leur place. Évidemment, dans le courant de l'année, tous les élèves de la classe devront participer à tour de rôle à l'atelier de correction.

S'il s'agit d'une production collective, on peut encore confier la première révision à un groupe d'élèves faibles, puis le texte est revu par un groupe d'élèves plus moyens. Les « forts en orthographe » sont chargés d'éliminer les erreurs restantes. Ainsi, chacun aura corrigé quelque chose. Dans le même ordre d'idées, à l'école, on peut mettre en coopération deux classes de niveaux différents, un CE1 et un CM1, un CE2 et un CM2.

Enfin, on n'oubliera pas les correcteurs informatiques. Ils présentent l'avantage d'être une aide réelle pour un scripteur, et l'inconvénient de ne pas être totalement fiables. Ce qui devient un avantage pour l'apprentissage : le défi est alors de battre le correcteur sur son propre terrain ! Généralement les élèves travaillent en binôme, ce qui développe les échanges et les argumentations. Si on met en place une telle pratique, il est intéressant de prévoir un bilan du travail fait par le correcteur informatique.

Ainsi, contrairement à ce qui se passe généralement dans l'enseignement de l'orthographe, échanger sa feuille avec son voisin, lui demander un renseignement ou discuter d'une graphie, solliciter des élèves plus avancés ou aller donner un coup de main, consulter ses documents, un dictionnaire ou une fiche de synthèse, et même aller se faire corriger son texte par l'ordinateur, sont des pratiques recommandées et recommandables. Les échanges que ces pratiques suscitent, la réflexion qu'elles amènent chez chacun, sont sources d'apprentissage, comme on le verra plus précisément dans un prochain chapitre.

Le travail avec l'enseignant

Si l'enseignant s'abstient de corriger les premiers jets de ses élèves, il se trouve alors libéré pour travailler avec quelques-uns, pendant que le reste de la classe travaille individuellement ou en équipes, selon ce qu'autorise le contexte. Dans les classes qui le permettent, il rassemble un petit groupe de trois ou quatre à une table de travail collectif au fond de la salle. Cet « atelier de révision orthographique » s'adresse surtout aux élèves qui ont besoin de lui et qui vont discuter devant lui de leurs graphies. Les élèves y viennent à tour de rôle ; en général, on évite de mettre les plus faibles tous ensemble.

Selon les cas, on peut simplement observer leur manière de travailler, ou au contraire intervenir. On peut accompagner le repérage des erreurs de trois ou quatre élèves à la fois, les encourager, répondre à une question, les avertir : « Tu ne crois pas que dans cette phrase... ? » On peut montrer comment s'organiser (certains élèves comprennent mieux comment faire une fois qu'ils ont vu faire). On peut encore travailler en dictée à l'adulte avec un élève dont le texte de départ rend difficile toute réécriture. On peut aussi commenter quelques graphies d'un élève, en expliquant ce qu'on se dirait si on était l'auteur du texte : « Là, il y a *les*, donc je regarde si ce qui suit est un nom et si j'ai pensé à mettre le pluriel ; il y a peut-être aussi un adjectif ? Et maintenant, je regarde si j'ai mis le verbe au pluriel, *etc.* ». Pendant ce temps, les autres qui travaillent sur leur propre texte écoutent souvent d'une oreille. Bref, ce peut être un moment privilégié qui combine les avantages de la leçon particulière et du travail de groupe. Pour les élèves, la présence proche de l'enseignant est un bon catalyseur de connaissances et les échanges les stimulent. Pour l'enseignant, la situation lui permet de percevoir les procédures utilisées ; il peut ensuite prévoir au mieux des activités qui conduiront à transformer les raisonnements inadéquats.

> Dans un atelier d'écriture à effectif réduit qui a pour objectif de s'exercer à écrire toutes sortes de textes, le groupe choisit à chaque séance une consigne parmi un éventail proposé. Quand ils le souhaitent, et s'ils le souhaitent, les participants viennent montrer à l'enseignant ce qu'ils ont écrit. Celui-ci commente comme un lecteur ce qu'il lit : il donne son point de vue, fait des suggestions, demande des explications, y compris sur l'orthographe. L'intérêt du mode de travail tient à l'intervention immédiate, à l'interaction privilégiée, et, même si elle n'est pas le seul objectif, à la prise en compte de l'orthographe au fil de l'écriture. Cette démarche qui sépare moins la production de la révision convient aussi bien à des écoliers qu'à des collégiens en groupe de soutien.

Ainsi, savoir écrire/orthographier, c'est bien un ensemble qui se construit. Avoir les moyens de progresser et voir qu'on y parvient sont de puissants incitateurs. L'effervescence qui se crée parfois autour de la révision orthographique est à même de changer l'image ordinairement attachée aux corrections d'orthographe. Elle montre qu'on peut en faire au minimum une activité comme une autre, et peut-être bien une activité appréciée.

4. UN CHANGEMENT EN PROFONDEUR

Écrire est un acte de la vie sociale, qui nécessite un apprentissage explicite et entraine une transformation psychologique radicale. L'anthropologie, la psychologie l'ont montré, avec l'invention de l'écriture, *le monde sur le papier*, selon la formule de David Olson, les hommes, l'enfant, changent de mode de penser, de connaitre[1].

1. Sur cette dimension de transformation, voir bibliographie *Au-delà de l'orthographe* : Jack Goody, *La Raison graphique* et David Olson, *L'Univers de l'écrit. Comment la culture écritre donne forme à la pensée* (l'expression « monde sur le papier » est la traduction du titre original).

En effet, dans l'écriture, le langage s'exerce de façon consciente et délibérée. C'est la grande différence entre la parole vive et l'écriture. En parlant, nous utilisons des formes et des règles, mais nous n'avons pas besoin de les connaitre explicitement. En écrivant, nous sommes aux prises avec ces formes et ces règles. L'apprentissage de l'écrit fait passer l'enfant d'un usage non conscient du langage à un usage conscient. C'est en ce sens qu'on a pu dire que l'écriture est par définition une activité métalinguistique. La parole qui s'inscrit sous la plume de l'élève fait retour, elle devient, jusqu'à ses aspects orthographiques, un objet de réflexion. En produisant un écrit, il est amené à réfléchir sur les caractéristiques formelles des énoncés, ce qui n'est généralement pas le cas dans les échanges quotidiens oraux. Le rapport à son propre discours se transforme donc par la médiation de l'écrit. Au cours de ce processus, l'enfant construit, dit Vygotski, « une nouvelle fonction psychique » par le contrôle conscient de son activité mentale.

La vigilance orthographique (contrôle de second niveau) se développe en même temps que l'écriture (contrôle de premier niveau) tout au long de la scolarité. C'est une attitude complexe, on l'a vu, autant psychologique que cognitive. Elle dépend de la motivation, des représentations de l'écriture : la composante subjective est très forte.

Écrire pour penser, écrire pour apprendre, écrire pour soi-même, se connaitre, écrire pour le plaisir. La classe peut être ce lieu de l'écriture, un atelier où l'on apprend par l'expérience partagée et la réflexion qui l'accompagne. Cet apprentissage exige celui d'une nouvelle *posture* : ce sont, en effet, de nouveaux rapports qui s'instaurent – à l'écriture (« J'ai conscience de ce que je fais »), à ses textes et à autrui (« J'attache de l'importance à la qualité de ce que j'écris pour qu'un autre soit intéressé par ce que je lui dis »), à soi-même (« Je suis capable dire quelque chose »), et bien sûr à l'orthographe (« Je peux m'en charger »).

Le processus de transformation est facilité ou au contraire entravé par les représentations déjà formées par les usages de l'écrit dans le groupe culturel d'origine. Mais, si les habitudes culturelles sont pour beaucoup dans les représentations préalables de l'écriture, l'école a un rôle essentiel à jouer pour les transformer : faire vivre des expériences d'écriture intéressantes. C'est la raison pour laquelle ce premier chapitre a d'abord rattaché l'apprentissage de l'orthographe à celui de la production écrite. Dans ce cadre, ce qui apparait souvent à nos yeux comme de tout petits pas constitue en fait pour les élèves de vraies conquêtes.

L'exemple de Jessie (CM2) permet de suivre un travail selon des modalités respectueuses de l'élève et de l'écriture. Dans une séquence de littérature consacrée au *Faucon déniché* de Jean-Côme Noguès, les élèves ont d'abord étudié le caractère pictural des tout premiers paragraphes et réfléchi à la notion de point de vue. La description initiale du roman a ensuite été rapprochée du *Repas de paysans* de Le Nain ; les élèves ont eu alors à raconter cette scène du point de vue d'un des personnages du tableau. Jessie s'est proposée comme précurseur. L'enseignante a porté en marge du texte les conseils issus de la discussion collective et a, en outre, fourni quelques indications d'ordre lexical ou orthographique. Elle a en particulier tracé une balle d'accord pour pointer une chaine morphologique erronée. Sur la copie, on distingue les retouches et ratures de Jessie lors de la rédaction primitive, ainsi que les annotations de l'enseignante. Jessie a ensuite réécrit. Un trait ondulé sous un mot indique qu'elle exerce sa vigilance orthographique, alors que l'essentiel de son effort porte sur l'expansion du texte, comme cela lui a été suggéré. L'enseignante revoit ce deuxième jet, note avec chaleur l'amélioration, corrige l'orthographe, sauf pour les accords que l'élève peut traiter elle-même et qu'elle signale toujours avec la balle d'accord. Jessie retravaille l'orthographe de son texte avant de le recopier.
➢ Les documents qui figurent en annexe du chapitre portent ainsi les traces des interventions successives et conjointes de l'élève et de son enseignante.

Que des pratiques régulières d'écriture soient utiles à l'orthographe, ce n'est pas seulement l'opinion subjective d'enseignants convaincus parce qu'ils voient leurs élèves écrire avec plaisir et améliorer effectivement la qualité textuelle et l'orthographe de leurs écrits. Ces constats sont corroborés de façon expérimentale[1]. En effet, il ressort d'une recherche américaine concernant des élèves de 10-12 ans qu'une approche orientée vers la production écrite (contrairement aux approches centrées sur les exercices et les normes linguistiques) favorise la qualité des textes sans diminuer le niveau d'orthographe et des autres normes linguistiques (syntaxe, ponctuation) évalué par des tests standardisés. La baisse du nombre d'exercices n'entraine pas une baisse de niveau en orthographe ; en revanche, les idées et l'organisation des textes sont de meilleure qualité. Cependant, si les élèves sont évalués par des questionnaires à choix multiples, on n'observe pas de différence. Ce résultat favorable s'observe aussi chez des élèves « d'origines ethniques différentes ». Sur notre continent, une recherche genevoise concernant des élèves de 2e Primaire (CE1) et de 6e Primaire (équivalent de la 6e du collège) montre les mêmes effets positifs d'un apprentissage intégré de l'orthographe, mais ces effets ne sont constatés que chez les élèves plus âgés. Il faut sans doute que les élèves aient une plus longue pratique d'écriture et d'orthographe pour en tirer bénéfice. Mêmes modestes, ces résultats ne peuvent que rassurer : l'approche intégrée orthographe/écriture favorise les apprentissages tant sur le plan de la production que sur le plan de l'orthographe.

Pour finir, on rappellera les cinq principes qui peuvent guider un projet d'écriture intégrée :

1. Faire écrire par étapes.
2. Introduire une phase d'étude de notions textuelles ou linguistiques – dont certaines sont orthographiques – parmi ces étapes.
3. Abuser du brouillon et des ratures.
4. Placer la révision orthographique plutôt à la fin du parcours d'écriture.
5. N'exiger la correction orthographique qu'en cas de publication du texte, ou s'il doit servir d'aide-mémoire pour d'autres activités.

Ces principes vont de pair avec trois attitudes :

1. Exclure tout jugement de valeur négatif initial par rapport à l'orthographe produite.
2. Attacher moins d'importance au produit fini qu'aux processus en jeu.
3. Préserver le sens de l'acte d'écrire.

Le changement de cadre didactique de la production écrite apparaît ainsi comme une chance à saisir pour renouveler les pratiques d'enseignement de l'orthographe. Toutefois, la création de nouveaux liens entre l'orthographe et l'écriture n'est qu'une première réponse à la nécessaire rénovation de l'enseignement de l'orthographe. La matière elle-même – au double sens des contenus et des modalités de sa transmission – constitue la deuxième pièce du changement nécessaire.

1. Bibliographie *Orthographe* : Linda Allal, « Acquisition de l'orthographe en situation de classe », *in* L. Rieben, M. Fayol, C. Perfetti, dir., *Des orthographes et leur acquisition*, pp. 194-195 ; Madelon Saada, « Didactique de l'orthographe : apprentissage d'un système intégré ou d'algorithmes juxtaposés ? », *Le Français Aujourd'hui*, n° 122, pp. 79-89.

Annexes

LE TRAVAIL ORTHOGRAPHIQUE DANS LE PROJET *YAABA* (CE2)

	ÉLÈVES	MAITRE	
Phases	TRAVAIL ORTHOGRAPHIQUE		
Élaboration du texte	Les élèves signalent par un trait ondulé leurs hésitations orthographiques.		J'examine les brouillons et note ce qui leur pose problème (ratures, signes de doute) pour une éventuelle étude orthographique.
Révision textuelle	Ils corrigent spontanément quelques graphies quand ils retravaillent certains passages.	Je m'abstiens de souligner les erreurs d'orthographe.	Mes éventuelles annotations sur les brouillons ne concernent que les aspects textuels.
Avant la révision orthographique		Je m'abstiens toujours de signaler les erreurs d'orthographe. Je délimite dans chaque texte, en fonction des capacités des élèves, la section qui devra être révisée par l'auteur du texte et son partenaire. J'organise les binômes. Je prévois, selon la longueur des textes écrits, une ou deux séances de révision orthographique. Éventuellement, je tape le texte d'un ou deux élèves en ne leur laissant que les quelques erreurs qu'ils vont pouvoir corriger.	
Pendant la révision orthographique	Les élèves, par binôme, vérifient leurs textes. Ils disposent d'outils de relecture spécifiques : chaine de balles d'accord, dictionnaire, affiches récapitulatives des recherches orthographiques, différentes rubriques du répertoire (« Vocabulaire pour écrire nos histoires »).	Durant ces séances, je suis à la disposition des binômes pour une aide ponctuelle et individuelle. J'aide les élèves en grande difficulté, y compris sous la forme de « la dictée à l'adulte ».	
Après la remise de la version révisée		Je signale les erreurs restantes pour les meilleurs. Je corrige celles des autres.	
Recopie au propre	Les élèves recopient.		
Évaluation		J'évalue l'ensemble de la production.	

Une séquence intégrée écriture/orthographe

1er TEMPS : PRIORITÉ AUX CONTRAINTES TEXTUELLES

Analyse par l'enseignant	paramètres de la situation définition de ce qu'il faut écrire consigne	conception du projet	
Première phase : appropriation de la tâche d'écriture	*1re séance :* faire écrire les « précurseurs »	écriture	
	2e séance : mener une discussion avec l'ensemble de la classe	confrontations entre pairs	affiche-conseils
Deuxième phase : écriture/réécriture	*3e séance :* faire écrire à tous une 1re version	écriture	version 1
	4e séance : organiser une relecture critique	confrontations – entre pairs – avec des écrits redéfinition de ce qu'on peut écrire	fiche-conseils
	5e séance : faire réécrire l'ensemble de la classe	écriture	version 2
Troisième phase : activités réflexives	*6e séance :* répondre à un problème soulevé	observation et analyse de corpus construction d'outils	outils
réécriture	*7e séance :* réécrire	réécriture/relecture à l'aide des outils	version 3…

2e TEMPS : INTÉGRATION DE L'ORTHOGRAPHE

Quatrième phase : activités réflexives élaboration de notions orthographiques	*1re séance :* amener les élèves à repérer ce qui leur pose problème	observation et analyse de corpus construction d'outils	outils
	2e séance : analyser les données et en tirer une « règle de fonctionnement »		
Cinquième phase : révision orthographique	*3e séance :* amener les élèves à un maximum de corrections orthographiques	relectures/corrections orthographiques	version révisée

3e TEMPS : ABOUTISSEMENT DU PROJET

Fabrication de l'objet final : version définitive (manuscrite ou traitement de texte)

Publication : livre, brochure, journal, affiche, exposition, site, cédérom (finitions matérielles : couverture, illustrations, etc.)

Confrontation éventuelle avec des lecteurs-destinataires : rencontres, lettres, courriels

Bilan du projet d'écriture/bilan du projet d'apprentissage

4e TEMPS : STRUCTURATION

Apprentissage systématique : exercices

Approfondissements : recherches à partir de nouveaux corpus → nouveaux outils de référence

Certaines séances peuvent se dédoubler.

QUESTIONS D'ORTHOGRAPHE EN PRODUCTION ÉCRITE

	EXEMPLES	FAITS ORTHOGRAPHIQUES
ÉCRITS LITTÉRAIRES	**♦ écrits narratifs, écrits descriptifs, dialogues :**	
	• contes et récits	– marques liées aux formes verbales (3e personnes du singulier et du pluriel) : passé simple, imparfait, passé composé ; présent – connecteurs temporels (*aussitôt*, *pendant*, *avant*)
	• récits autobiographiques, récits d'apprentissage	– marques liées aux formes verbales (1re personnes du singulier et du pluriel) : passé simple, imparfait, conditionnel (*j'aimai/j'aimais/j'aimerais*) – connecteurs temporels
	• récits policiers, faits divers	– marques liées à l'emploi du conditionnel – marques liées à l'emploi du passif (3e personnes du singulier et du pluriel ; accord du participe passé) – emploi des déterminants et pronoms possessifs de la 3e personne (morphogramme *s*) – modalisateurs (*sans doute*, *peut-être*)
	• fables	– emploi du pronom *on* à valeur générale – négation
	• portraits, descriptions	– accord de l'adjectif ou du participe passé dans le groupe nominal, sans ou avec complément – accord de l'adjectif ou du participe passé en apposition
	• dialogues	– marques liées aux formes verbales (1re personnes du singulier et du pluriel) : présent, passé composé ; impératif – ponctuation du dialogue – formes lexicales (*quel*, *est-ce que*...) et ponctuation marquant l'interrogation – champ lexical de *dire*
	♦ écrits poétiques ou à contraintes formelles :	
	• poèmes	– genre et rimes masculines et féminines
	• jeux d'écriture	– inventaires à la Prévert : chaines d'accord dans les groupes nominaux avec complément du nom ou relatives

	EXEMPLES	FAITS ORTHOGRAPHIQUES
ÉCRITS D'INTERACTION SOCIALE	**♦ écrits informatifs, explicatifs et argumentatifs :**	
	• lettres, interviews	– marques liées à l'emploi du présent, du futur, du passé composé (1re et 2e personnes du singulier et du pluriel ; accord du participe passé) – formes verbales au conditionnel (*j'aimerais*, *je voudrais*) – formes lexicales et ponctuation marquant l'interrogation – accord sujet/verbe dans les phrases interrogatives emploi du pronom *on* à valeur personnelle et accord du participe passé – connecteurs de temps et de lieu (*demain*, *aujourd'hui*, *ici*) – jours de la semaine ; mois ; nombres
	• comptes rendus, articles, notices documentaires	– marques liées à l'emploi du présent, du futur, du passé composé (3e personnes du singulier et du pluriel ; accord du participe passé) – marques liées à l'emploi du passif (3e personnes du singulier et du pluriel ; accord du participe passé ; accord du participe passé) – marques liées à l'emploi du conditionnel – marques verbales liées à l'emploi de verbes modaux (*il pourrait chercher*) – emploi du pronom *on* à valeur générale et accord du participe passé – connecteurs argumentatifs et explicatifs (*c'est pourquoi*, *néanmoins*) – modalisateurs (*sans doute*, *peut-être*) – organisateurs textuels (*d'abord*, *ensuite*, *en dernier lieu*) – suffixes et nominalisations (*-ment*, *-té*, *-tion*) – emploi des déterminants et pronoms démonstratifs (morphogramme *c*)
	• titres	– accord dans le groupe nominal – suffixes des noms abstraits et nominalisations (*-ment*, *-té* ; *-tion*, *-rie*)
	• affiches de propositions • cahier de doléances	– formes verbales au conditionnel (*je voudrais*, *on aurait*, *j'aimerais*, *on pourrait*, *il faudrait*) – liaison et négation (*on n'a pas*, *personne n'a fait*)
	• procès-verbal de conseil d'élèves ou de classe	– marques en liaison avec l'emploi de formes verbales au passif impersonnel (*il a été décidé*) – marques en liaison avec l'emploi du subjonctif (*il faut qu'on revoie*)
	• fiche de renseignements	– adjectifs de nationalité et morphogrammes lexicaux

	EXEMPLES	FAITS ORTHOGRAPHIQUES
ÉCRITS D'INTERACTION SOCIALE (suite)	♦ **écrits prescriptifs :**	
	• modes d'emploi, notices de fabrication, fiches techniques • règles du jeu • recettes	– marques liées aux formes verbales : impératif (singulier ou pluriel) infinitif (présent et passé) présent avec emploi du pronom *on* ; marques liées à l'emploi du passif (3e personnes du singulier et du pluriel ; accord du participe passé) – organisateurs textuels (*d'abord, ensuite, en dernier lieu*)

	EXEMPLES	FAITS ORTHOGRAPHIQUES
ÉCRITS OUTILS	• définitions	– accord dans le groupe nominal comportant une relative
	• résumé, cahier d'expériences	– marques liées à l'emploi du présent, du passé composé (3e personnes du singulier et du pluriel ; accord du participe passé) – mots appartenant au champ lexical du texte à résumer
	• énoncés de problème	– accord dans le groupe verbal quand le sujet est inversé (questions) – mots interrogatifs
	• prise de notes	– accord dans le groupe nominal – transformation des phrases nominales en phrases verbales

Journal de bord n° 1 (CM2)

Écrits	Questions de langue	Faits orthographiques
• dialogues	1 – la ponctuation du dialogue 2 – les pronoms personnels	1 – mise en place d'un travail d'observation et d'analyse du système de ponctuation employé dans le dialogue, et réinvestissement en production écrite 2 – travail en grammaire sur les pronoms personnels sujets et compléments d'objets, et analyse d'homophones comme *la*, *l'a*
• lettres aux correspondants	1 – présent 2 – 1re personne du singulier 3 – organisation du texte en paragraphes correspondant chacun à une étape différente de la lettre	terminaisons des verbes des 3 groupes au présent, à la première personne du singulier
• conte	adverbes de temps	liste de connecteurs de temps à apprendre dans le répertoire
• procès-verbal de conseils de classes ou d'élèves	forme passive	graphie du type : *il a été décidé que...* dans le cahier de phrases
• compte rendu d'expérience scientifique	1re personne du pluriel au passé composé	réinvestissement : accord du participe passé
• fable	1 – la négation, ses différentes formes : *Il ne faut jamais... Il n'est pas nécessaire...* 2 – le pronom *on* à valeur générale : *on a toujours besoin...* 3 – le déterminant défini et indéfini 4 – écriture d'un texte en vers, notion de rimes	1 – différenciation entre liaison *n* + voyelle : *on a*, et forme négative *on n'a...* (type d'erreur fréquemment constatée dans les productions écrites) 2 – différenciation entre *des/dès, la/l'a*, réinvestissements du travail effectué sur les accents 3 – aperçu sur le rôle du *e*
• résumé	conjugaison : présent 3e personnes du singulier et du pluriel	réinvestissement des morphogrammes des terminaisons du présent aux 3e personnes : *e*, *t*, *d*, *nt*
• cahier de doléances	1 – conditionnel 1re personne : *je voudrais, j'aimerais* 2 – emploi du subjonctif	1 – morphogramme *s* à la 1re personne 2 – élaboration de phrases-outils écrites dans le cahier de phrases
• dénouement d'un récit policier	1 – conjugaison : passé composé 2 – qui parle et reconstitue ce qui s'est passé ? 3 – accord des participes passés	règles d'accord des participes passés selon qu'ils sont employés avec *être*, *avoir*, ou sous une forme d'adjectif
• prise de notes	1 – la phrase nominale 2 – sa transformation en phrase verbale	1 – accord au sein du groupe nominal (réinvestissement) 2 – accord sujet/verbe (réinvestissement)

JOURNAL DE BORD N° 2 (CM2)

Dominantes : O (orthographe) ; G (grammaire) ; C (conjugaison)

1re quinzaine de septembre	2e quinzaine de septembre	1re quinzaine d'octobre
Projet d'écriture n° 1 : la fiche de renseignements	**Projet d'écriture n° 2 : fiction « Le vaillant Thésée »**	
O1 : Noms et adjectifs de nationalité • Hésitations repérées dans les brouillons : *Je suis p/Portugais.* *Je parle c/Chinois.* *Ma grand-mère H/hongroise habite à B/budapest.* • Formulation du problème : quand faut-il une majuscule ? – pour le nom d'un pays ou d'une ville : oui – pour l'origine, la nationalité ou la langue, on hésite. • Objectif : repérer les 3 positions : *être* + Majuscule *parler* + minuscule à l'intérieur du GN : minuscule	**O3 : Recherche sur la lettre *S*** • Hésitations repérées dans les brouillons : *nous retournon/les compagnon/je vai le combattre/aprè* • 1re séance à partir d'un texte d'H. Bosco : relever tous les mots contenant des *S* et les classer • Objectif : dégager *S* ou *SS* phonogrammes/*S* muet • 2e séance : opérer un nouveau classement à l'intérieur du *S* muet • Objectif : dégager les morphogrammes – marque du pluriel dans le GN – marque de 1re pers. sur le verbe Voir chantier complémentaire n° 7	**C1 : Terminaison du passé simple aux 3e pers. sg et pl.** • Hésitations repérées dans les brouillons : *il disa/il prena/ils jetairent/*etc. • 1re séance : trier des formes verbales (au sg. et pl.) dans un corpus • Objectif : différencier la marque de pers. *ils… nt* et la voyelle du passé simple *è/u/i/in* • 2e séance : trier des formes verbales au singulier • Objectifs : 1 – vérifier la constance des voyelles du PS *u/i/in*, mais le changement *a* en *è* 2 – repérer la présence de la marque de pers. *il… t*, sauf avec *a* Voir chantier complémentaire n° 4
O2 : la valeur lexicale d'une lettre « lettre de famille » *D-T-S* • Hésitations repérées dans les brouillons : *Je suis Portugai/ais.* *Mon père est Norman/and.* *Je parle auvergna/at.* • Formulation du problème : on ne sait pas qu'elle est la lettre finale quand c'est au masculin • Objectif : travailler immédiatement *allemanD/allemanDe* *NormanD/NormanDie* *chinoiS/chinoiSerie* *portugaiS/portugaiSe* *auvergnaT/auvergnaTe* Voir chantier complémentaire n° 2		
G1 : groupe nominal/groupe verbal (rappels)		

Grille typologique des erreurs d'orthographe

Types d'erreurs	*Exemples*	*Commentaires*
Pôle lexical		
Erreur phonétique	*arbe*, *criffer*, *maitenant*, *le lévier*, au lieu d'*arbre*, *griffer*, *maintenant*, *l'évier* *enrevoir* ou *en revoir* au lieu de *au revoir* *je serai faire* au lieu de *je saurai faire*	← transcription qui correspond à une prononciation erronée (ce n'est pas une question d'orthographe) ← mauvaise analyse de la chaine phonologique dans l'enfance ou lors de l'acquisition de la langue française pour des élèves étrangers (parfois sur quelques phonèmes spécifiques) → travailler à la discrimination phonique, en s'appuyant sur l'écrit
Erreur de segmentation	*l'olympide*, *une naire* au lieu de *l'eau limpide*, *une aire*	→ travailler sur le sens des mots en contexte → faire observer et apprendre le mot (séquence de lettres et signification)
Erreur de phonogramme		
• choix d'un phonogramme	*mézon* au lieu de *maison* *dousse* au lieu de *douce*	← choix d'un phonogramme plausible, mais chaque mot a les siens → faire observer et apprendre
• lois de position	*ogrèse* au lieu de *ogresse* *guomme* au lieu de *gomme* *gommète*, *il achete* au lieu de *gommette*, *il achète*	← prononciation correcte (pour l'élève, *s* a sa valeur phonique de base) → travailler sur les différentes valeurs des lettres concernées en fonction du contexte
• choix d'un phonogramme/ morphogramme lexical	*matain*, *cler* au lieu de *matin*, *clair*	→ travailler sur les familles de mots : *matinée-matinal* ; *clair-clarté*
• choix d'un morphogramme lexical	*gran*, *galot* au lieu de *grand*, *galop*	→ travailler sur les familles de mots : *grand-grande* ; *galop-galoper*
• choix d'un phonogramme/ série lexicale	*byciclette*, *construcsion* au lieu de *bicyclette*, *construction*	→ travailler sur la construction des mots (les différents préfixes et suffixes) et sur les familles de mots (*bi-cycle-ette*)
• certaines doubles consonnes	*atendre*, *ariver* au lieu d'*attendre*, *arriver*	→ travailler sur la construction des mots (jonction préfixe/radical)
Erreur d'homophone	*conter*, *tante*, *pin*, au lieu de *compter*, *tente*, *pain*	→ travailler sur les familles de mots → faire observer et apprendre le mot (séquence de lettres et signification)

Types d'erreurs	*Exemples*	*Commentaires*
	Pôle grammatical	
Erreur de segmentation	*ils savaient* pour *ils avaient* *ils v'ont, ils s'ont, on na pas* au lieu de *ils vont, ils sont, on n'a pas*	→ travailler sur la liaison → travailler sur le statut des différents mots
Erreur de marque nominale • marque de genre et accord • marque de nombre et accord	*les dents pointu*	→ travailler sur la délimitation du GN et l'indication des marques de genre et de nombre
Erreur de marque verbale • marque de nombre • marques de temps, de personne, de mode • participe passé	*les robots s'allume, les chiens le voit* *ils aimais, je veus, je voudrai venir, il chantat, ils arriver* *ils sont arrivé, elle a chantée, ils sont partient*	← travailler sur la relation sujet/verbe et sur l'identification du sujet → travailler la relation lettres/signification → travailler sur la reconnaissance des temps composés (actifs et passifs) et sur l'opposition *être/avoir* → travailler sur la relation lettres/signification
Erreur d'homophone	*ont est arrivés, il apprend a nager, c'est lui qui la vu* *elle oublie c'est livre*	→ travailler sur l'identification des mots par substitution → faire observer et apprendre le mot (séquence de lettres et signification)
	Pôle complémentaire	
Erreur de calligraphie • ordre des lettres • omission de lettre • tracé	*avoin, majsucule* au lieu d'*avion, majuscule* *majscule* *natin* au lieu de *matin*	← téléscopage (pas d'erreur dans le prononciation) → travailler sur le contrôle orthographique lors de la révision
Erreur de signe auxiliaire : apostrophe, trait d'union, cédille	*l école, l après midi, il commenca* au lieu de *l'école, l'après-midi, il commença*	→ travailler sur le rôle des signes auxiliaires
Erreur de majuscule ou de ponctuation	*j'ai pas le droit dit il à pierre*, au lieu de *J'ai pas le droit, dit-il à Pierre.*	→ travailler sur le rôle de la ponctuation et des majuscules

ÉCRITURE ET RÉÉCRITURE À PARTIR DU *REPAS DE PAYSANS* DE LE NAIN (CM2)

1er jet :

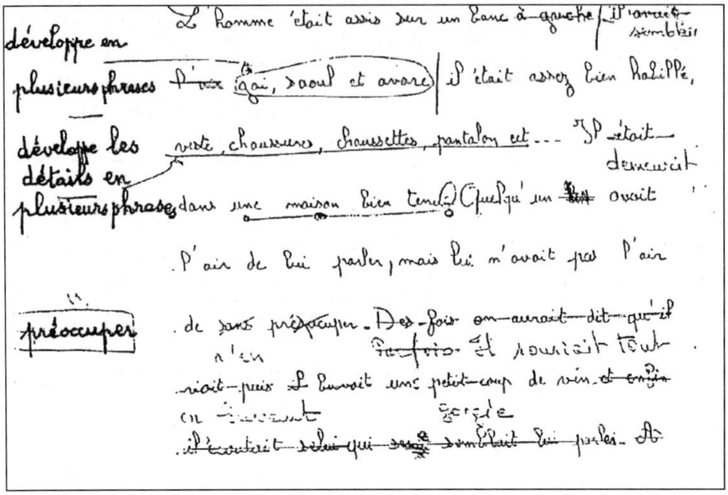

2e jet :

Chapitre II
Faire découvrir le système orthographique

L'acquisition de l'orthographe est une vaste entreprise. Parallèlement aux occasions fournies par les séquences d'écriture, il est nécessaire d'instituer des séances qui ont pour finalité la connaissance du système graphique, des « leçons d'orthographe » en quelque sorte.

Dans un esprit bien différent, cependant, les *chantiers d'orthographe* mettent avant tout l'accent sur l'activité de découverte du fonctionnement de l'orthographe par les élèves : il s'agit de les accompagner dans ce travail, et non d'accumuler pour eux des règles et pseudo-règles qu'ils devront ensuite appliquer et répéter dans des exercices chaque année, comme la leçon *On/Ont* examinée dans la première partie. Pour aider l'élève dans la construction des savoirs orthographiques, il est indispensable de l'amener à observer, à faire des liens, à se poser des questions, pour comprendre comment ce système fonctionne.

Les chantiers sont des séquences spécifiques comportant un certain nombre de séances s'étendant sur une certaine durée. Chaque chantier vise à faire découvrir un pan du système ou à mettre de l'ordre dans les connaissances relatives à un domaine, et, souvent, un peu les deux. Il a généralement pour point de départ un problème rencontré par les élèves ou une question soulevée par l'enseignant. Mais, à la différence de la séquence intégrée, il ne vise plus à répondre à l'urgence de la situation d'écriture, il vise à appréhender le système plus largement. Il correspond à ce que certains appellent des *situations de résolution décrochées* par opposition à celles qui s'inscrivent dans le temps du projet d'écriture. Cependant, la démarche reste similaire, puisque, dans tous les cas, les élèves sont placés en position de recherche.

Ces démarches sont préconisées depuis plusieurs décennies, par exemple par les Compléments aux programmes et instructions de 1985, et bien sûr, par les programmes actuels de l'école primaire et du collège, en continuité :

> **Cycle 3 de l'école primaire :** L'observation réfléchie de la langue française doit être un moment de découverte visant à développer la curiosité des élèves et leur maitrise du langage, et non une série d'exercices répétitifs mettant en place des savoirs approximatifs et l'usage prématuré d'une terminologie inutilement complexe [...] Pour faciliter cette observation, quelques techniques d'exploration du langage doivent être régulièrement utilisées :
> – classer des textes, des phrases, des mots, des graphies en justifiant les classements réalisés par des indices précis ;
> – manipuler des unités linguistiques (mots, phrases, textes), c'est-à-dire savoir effectuer certaines opérations de déplacement, remplacement, expansion, réduction, d'où apparaitront des ressemblances et différences entre les objets étudiés. (*BO*, p. 14)
>
> **Cycle central du collège (5e/4e) :** Plutôt que d'énoncer des règles – dites d'orthographe – pour ensuite donner des exemples, il parait préférable, afin de proposer aux élèves une réflexion véritable dans le domaine orthographique, d'avoir recours à une démarche résolument inductive, partant de l'observation de corpus judicieusement constitué, appelant une phase d'analyse, et aboutissant à la formulation d'une ou plusieurs règles. De la sorte, les élèves sont amenés à observer, à étudier, à comparer, à mettre en relation, à décomposer certaines formes, à opérer diverses substitutions. Ils construisent donc progressivement leurs savoirs et se les approprient plus aisément. (*Accompagnement des programmes 5e/4e*, p. 41)

Cependant, même s'ils souscrivent à cet objectif, beaucoup d'enseignants s'interrogent sur la mise en œuvre d'une démarche active et doutent souvent de leurs possibilités de faire mieux qu'un manuel, généralement gage de savoirs linguistiques et de savoir-faire pédagogique. Ils hésitent à abandonner des séances qu'ils maitrisent pour des séances qui apparaissent comme dépourvues de cadre et d'organisation, où la part d'improvisation est nécessairement importante, puisque leur déroulement dépend en partie de ce que feront les élèves. Les craintes sont nombreuses et normales – nous les avons tous éprouvées en nous lançant. Comment prévoir en effet un déroulement qui, par définition, est aléatoire ? Comment commencer ? Comment réagir ? Comment se préparer à faire face à l'imprévu ? En bref, comment organiser une séquence d'orthographe à partir de l'activité des élèves ?

Pour répondre à ces questions, nous avons choisi de relater le déroulement de deux chantiers d'orthographe de façon détaillée. Comme pour la séquence d'orthographe intégrée à l'écriture, c'est, nous semble-t-il, par le récit commenté, à la fois observation de la vie d'une classe et analyse, qu'il est possible de se représenter comment se construisent et se gèrent pas à pas les différentes étapes d'une tel projet. On verra alors qu'une préparation est possible et nécessaire : elle réside dans la trame de la démarche – marche vers un but selon certains principes et à l'aide de quelques repères. Ces chantiers concernent des thèmes et des niveaux de classe différents, chacun transposable à des classes ou des thèmes autres.

Ce chapitre consacré à la découverte et à la structuration du système orthographique a pour objectif :
1 – d'exposer ce mode de travail à partir de deux exemples détaillés (section 1) ;
2 – de proposer un mode d'emploi pour organiser un chantier (section 2).

1. DES CHANTIERS D'ORTHOGRAPHE

Les deux chantiers[1] concernent une classe de CE1 en zone d'éducation prioritaire (ZEP) et une classe de CM2 dans un quartier plutôt favorisé. Le premier est mené par un professeur-stagiaire lors d'un stage en responsabilité de quatre semaines, qui a reçu l'aide d'une formatrice pour analyser les séances et organiser la suite du travail ; le second par un maitre-formateur chevronné, mais qui expérimente pour la première fois cette démarche en orthographe. Les élèves de CE1 ont cherché à comprendre le pluriel du verbe et ceux de CM2 le rôle de l'accent en français.

1.1. Pourquoi ne peut-on pas écrire *les enfants jouents* ? (CE1)

Constat, analyse, choix didactique

Parmi les 21 élèves, un grand nombre écrit encore de façon « phonétique » au mois de mai[2]. Pour traiter les marques du pluriel du nom et du verbe, comme il m'a été demandé pendant mon stage, j'ai suivi la leçon du manuel de la classe. J'ai conservé la partie *je vois, je n'entends pas* pro-

1. L'expression fait écho au *chantier d'écriture* du Groupe d'Écouen, *Former des enfants producteurs de textes* (bibliographie *Écritures*).

2. Compte rendu du professeur-stagiaire avec l'aide d'Anne-Marie Bézian.

posée pour faire prendre conscience des «lettres muettes» du pluriel, mais j'ai réduit la partie *je comprends* en éliminant les noms se terminant par *x* au pluriel, car ce serait bien assez avec l'opposition *s/nt*. Pour conclure la séance, j'ai constitué un résumé sous forme de texte à trous, avec une phrase donnée en dictée à la classe à la place de l'exemple du manuel:

> En général, au ...., les *noms* et les *adjectifs* se terminent par un ....; les *verbes* par ....
> *Exemple:*
> Le petit enfant joue à la balle.
> Les petits enfants jouent à la balle.
> Le plus souvent, on n'.............. pas les marques du pluriel.

Mais, au moment de compléter individuellement ce résumé, la plupart des élèves ne comprenaient pas les termes de *nom, adjectif, verbe*. Certains m'ont demandé alors: «Pourquoi est-ce qu'on n'écrit pas *jouent* avec un *s*?», *Les enfants joues* ou *jouents à la balle*. La leçon semblait donc avoir manqué son but. Plusieurs points ressortent de l'analyse de la question des élèves:

– ils ont déjà une idée du pluriel et connaissent la marque *s*;

– s'ils veulent l'appliquer à tous les mots, c'est que, malgré les leçons de janvier sur le nom et le verbe, et celle qui vient d'être faite sur le pluriel, ils ne discernent pas l'opposition entre ces deux classes grammaticales, ce que confirme leur incompréhension de la terminologie; l'opposition des marques *s/nt* n'a donc aucun sens pour eux;

– la succession de lettres *e-n-t-s* associée à l'idée de pluriel existe: *les serpents, chers parents*; de même que la finale *e-s* dans *les joues, tu joues*;

– enfin, la séquence *e-n-t* dans *ils collent* pose encore problème à un grand nombre d'élèves qui l'oralisent /kolɑ̃/.

Tenant compte de ces considérations, j'ai décidé de reprendre complètement cette leçon à partir de la question des élèves. Pour les aider à différencier progressivement les catégories de nom et de verbe et à identifier les marques de pluriel appropriées, j'ai constitué un corpus de mots qui tenait compte des différents obstacles cognitifs repérés: des GN au pluriel (*des serpents, des élèves contents*...); les mêmes GN au singulier; des verbes au pluriel (*ils fabriquaient, elles se cachent*...). En manipulant ces groupes par tris successifs, les élèves devraient faire appel à différents registres de savoirs et de compétences: lire /ɑ̃/ ou pas, repérer la présence d'un pronom ou d'un déterminant devant les mots à classer. Ils pourraient ainsi élaborer progressivement les notions de nom, verbe, pluriel du nom, pluriel du verbe, en même temps que la connaissance des marques respectives.

Première séance: tri du corpus à partir de la différence graphique

J'accroche l'affiche sur laquelle avait été notée la question des élèves au moment de sa formulation; elle y restera tout au long du chantier pour rappeler le problème posé:

> Pourquoi n'écrit-on pas «Les enfants ~~jouents~~.»?

Puis je distribue à chacun une feuille A3 sur laquelle figure un corpus constitué uniquement de phrases extraites de contes et autres textes lus à ce moment-là en classe. Ainsi les faibles lecteurs peuvent aussi travailler, bien que le corpus soit long et difficile. Pour éviter les erreurs de recopie, la consigne est de souligner en vert les mots qui se terminent par *e-n-t* et en rouge ceux qui se terminent par *e-n-t-s*. À ce stade, seule la discrimination visuelle est réellement sollicitée.

1. Il était une fois, en Afrique, il y a très longtemps un serpent python.
2. Les Bamilékés avaient trouvé une solution : ils fabriquaient des lances et ils se défendaient avec ces lances.
3. Le danger restait présent et tout le monde se moquait des Bamilékés qui faisaient la sieste d'une curieuse façon.
4. Poko n'avaient ni parents, ni famille, ni personne.
5. La rivière était remplie de serpents et de crocodiles.
6. Les gens avaient peur d'y aller.
7. Poko avait mortellement peur.
8. Un crocodile lui tendit un nouveau maillet, tout propre et incrusté d'or et d'argent.
9. Les larmes coulaient tant de ses yeux.
10. Il était une fois un tout petit chat tigré qui n'était pas content d'être aussi petit.
11. « J'aimerais bien qu'ils lèvent la tête vers moi de temps en temps », pensait-il.
12. Autrefois les animaux vivaient ensemble : le lapin avec le renard, la grenouille avec le cochon... et le chat avec la souris.
13. Les danseurs en étaient très contents.
14. Mais ils savaient que la cigale ne pouvait pas s'arrêter.
15. Depuis cette nuit-là, les souris, quand elles voient le chat, se cachent dans un trou de souris...
16. Des habits qui grattent, qui piquent, qui collent, qui dépassent.
17. Un petit chat blanc qui faisait semblant d'avoir mal aux dents.
18. Les bons sentiments ont un inconvénient d'amener souvent de graves ennuis aux petits enfants.
19. Mathieu habite dans un appartement.
20. Ses parents sont souvent absents et Mathieu s'ennuie tout seul à la maison.
21. L'Afrique est un continent.
22. Comment faire une tarte ?
23. Liste des ingrédients.
24. Ces documents racontent-ils une histoire ?
25. Quel est le titre de ce document ?
26. Pour tous les renseignements nécessaires, contactez-nous.
27. Combien de temps la jument garde-t-elle son petit dans son ventre ?
28. Il y a 99 appartements dans cet immeuble.
29. L'Afrique et l'Europe sont des continents.

Lors de ce repérage, les élèves ont souligné soit le mot en entier, soit la fin des mots *e-n-t* ou *e-n-t-s*. À la fin de la séance, je récupère les feuilles de travail pour préparer la séance suivante.

Deuxième séance : tri du corpus à partir de la relation graphie-phonie

J'ai constitué deux affiches qui reprenaient l'ensemble des réponses des élèves en introduisant des déterminants et des pronoms, et en gardant le même code de couleurs, ce qui les aide à se repérer. Ces deux affiches sont placées au tableau au début de cette nouvelle séance :

Affiche n° 1 je vois *e-n-t*	
un	serpent
les gens (=ils)	avaient
ils	fabriquaient
ils se	défendaient
le danger	présent
des Bamilékés qui (=ils)	faisaient
	mortellement
l'	argent
les larmes (=elles)	coulaient
un enfant	content
ils	lèvent
les animaux (=ils)	vivaient
les danseurs (=ils)	étaient
ils	savaient
elles	voient
elles se	cachent
des habits qui (=ils)	grattent
des habits qui (=ils)	piquent
des habits qui (=ils)	collent
des habits qui (=ils)	dépassent
l'	inconvénient
un	appartement
	souvent
un	appartement
un	continent
	comment
ils	racontent
ce	document
la	jument

Affiche n° 2 je vois *e-n-t-s*	
ses	parents absents
des	serpents
les enfants	contents
les	sentiments
des	ingrédients
ces	documents
les	renseignements
quatre-vingt-dix-neuf	appartements
des	continents
aux	dents

Au début de la séance, je demande à quelques élèves de rappeler les raisons du chantier en cours et les activités précédentes. Puis je lis les deux affiches à haute voix. Un premier constat est fait :

– les mots de l'affiche n° 1 « Je vois *e-n-t* » se terminent par différents sons.

– les mots de l'affiche n° 2 « Je vois *e-n-t-s* » se terminent tous par /ɑ̃/ ;

Ce constat relance ainsi l'activité de classement pour les mots de l'affiche n° 1. Chaque élève reçoit une enveloppe contenant 29 étiquettes correspondant aux 29 mots de cette affiche avec leur contexte (pour les verbes, les groupes nominaux sont remplacés par un pronom) et je leur demande de trier ces mots selon ce critère, qui pose encore problème en CE1 : j'entends /ɑ̃/ ou je n'entends pas /ɑ̃/. À la fin de cette deuxième séance, je ramasse les feuilles pour analyser les classements : la majorité des élèves a réussi ce nouveau tri.

Troisième séance : amélioration du classement

Pour lancer la confrontation, je mets au tableau deux nouvelles affiches qui reprennent le classement des élèves.

Affiche n° 3 je n'entends pas /ɑ̃/	
ils	avaient
ils	faisaient
ils	défendaient
ils	fabriquaient
elles	coulaient
ils	grattent
elles	voient
ils	vivaient
ils se	défendaient
ils	dépassent
elles se	cachent
ils	piquent
ils	savaient
ils	étaient
ils	lèvent
un	serpent

Affiche n° 4 j'entends /ɑ̃/	
l'	argent
un danger	présent
l'	inconvénient
	mortellement
un chat	content
un	appartement
	comment
ce	document
la	jument
	souvent
un	continent
ils	collent

J'ai conservé les deux seules erreurs repérées dans certains classements : *un serpent* et *ils collent*. La classe les repère vite. Je permute alors ostensiblement les deux groupes de mots que j'avais écrits séparément sur des bandes de papier fixées sur l'affiche par de la pâte adhésive : le geste du transfert exécuté devant les élèves permet aux plus faibles de visualiser la correction et de mieux comprendre l'erreur et, à tous, de conforter l'opposition entre /ɑ̃/ et non /ɑ̃/ qui va servir de point d'appui à l'opposition verbe/nom.

Dans un second temps, nous nous attardons sur l'erreur *ils collent*, lu /ɑ̃/ par certains. Un entrainement aide à consolider la discrimination en fonction du contexte. Sur leur ardoise, les élèves doivent noter par une oreille ou par une oreille barrée les mots que je montre du type *un collant/ils collent, un habitant/ils habitent*. À la suite de cet exercice, les élèves n'ont plus la capacité d'attention nécessaire pour approfondir l'analyse des affiches. Je la reporte à l'après-midi.

Quatrième séance : observation du classement (les verbes)

Je remets au tableau les affiches n° 3 et n° 4, ainsi que deux remarques d'élèves en marge de leur travail. Même s'il ne s'agit pas d'une véritable explication, elles mettent en relation deux phénomènes dans la chaine syntaxique :

Devant les mots où on n'entend pas /ɑ̃/, j'ai remarqué qu'il y a « ils » ou « elles » devant.
Explication : il y a « un », « ce » et « la » devant les mots se terminant par le son /ɑ̃/.

La classe réagit aussitôt. Il est malheureusement impossible de restituer les échanges entre les élèves qui ont conduit progressivement au remaniement des affiches. Au fur et à mesure de la discussion, j'ai entouré les pronoms *ils* ou *elles* et la finale *ent* des verbes, et je les ai raccordés par une flèche pour valider la remarque de certains sur la présence des pronoms et la terminaison des verbes. La synthèse finale de la séance qui a duré trente minutes a donné la trace écrite suivante :

> Dans un verbe, on ne trouve pas *e-n-t-s* quand il y en a plusieurs.
> Pour un verbe, le pluriel s'écrit *e-n-t*.

Pour permettre aux élèves de mémoriser la règle du pluriel des verbes, j'introduis immédiatement des exercices d'entrainement pendant une douzaine de minutes, par exemple, l'exercice classique de transformation du singulier au pluriel d'un verbe au présent ou à l'imparfait à la troisième personne.

Cinquième séance : suite de l'observation du classement (les noms)

Au début de la séance, des élèves demandent : « Si les verbes s'écrivent *e-n-t* au pluriel, alors quand est-ce qu'on écrit *e-n-t-s* ? » Pour pouvoir répondre à cette question, il est nécessaire de récapituler toutes les étapes du chantier. Je guide cette récapitulation en montrant les affiches dans l'ordre chronologique et en demandant pour chaque affiche ce que nous avions classé et pourquoi. Voici la récapitulation formulée par les élèves avec mon aide :

1. Nous nous sommes demandé :
« Pourquoi ne peut-on pas écrire : *les enfants ~~jouents~~* ? »

2. Nous avons relevé et classé des mots qui se terminaient soit par *e-n-t*, soit par *e-n-t-s* :
Affiche 1 : Je vois *e-n-t* *Affiche 2 :* Je vois *e-n-t-s*

3. Nous avons retrié les mots de l'affiche 1 :
Affiche 3 : Je n'entends pas /ɑ̃/ *Affiche 4 :* J'entends /ɑ̃/.
Trace écrite (affiche murale) : Dans un verbe, on ne trouve pas *e-n-t-s*. Pour un verbe, le pluriel s'écrit *e-n-t*.
Nous n'avons pas travaillé les affiches 2 et 4.

4. Nous nous sommes entraînés en transformant des verbes (au présent et à l'imparfait) de la troisième personne du singulier à la troisième personne du pluriel.

5. Et maintenant, nous nous demandons :
« Si les verbes s'écrivent *e-n-t* au pluriel, alors quand est-ce qu'on écrit *e-n-t-s* ? »

Cette récapitulation permet de relancer l'exploitation des affiches n° 2 (« Je vois *e-n-t-s* ») et 4 (« J'entends /ɑ̃/ ») laissées en attente. Nous fabriquons une nouvelle affiche qui en fait la synthèse : « Les noms au singulier et au pluriel » (les adjectifs sont provisoirement écartés). Comme précédemment, c'est en entourant les déterminants et en reliant ceux qui sont au pluriel à la marque *s* que cette affiche n° 5 se constitue progressivement :

Affiche n° 5
Les noms au singulier et au pluriel

ce	document	ces	documents
la	jument	les	juments
un	continent	des	continents
le	renseignement	les	renseignements
un	serpent	des	serpents
le	sentiment	les	sentiments
un	appartement	quatre-vingt-dix-neuf	appartements
à la	dent	aux	dents

La séance s'est achevée par l'élaboration de la trace écrite suivante :

> On écrit *e-n-t-s* quand il y a « des » ou « ces » avant le mot.
>
> Quand il y en a plusieurs, pour des noms on écrit *e-n-t-s*. C'est le pluriel.

Mais la formulation des élèves pose problème, car ils semblent étendre la formation du pluriel en *e-n-t-s* à tous les noms, ce qui pourrait aboutir à *les glacents au chocolat*. Le travail doit donc se poursuivre.

Sixième séance : affinement de la règle du pluriel des noms

Pour remettre en question leur formulation ambigüe, j'ai demandé aux élèves d'écrire le pluriel des noms suivants : *un chat* et *un chien*. J'ai pris volontairement deux mots très familiers dont la forme au pluriel pouvait être produite implicitement. Je savais toutefois que la graphie de *chien*, proche des mots sur lesquels nous avions travaillé, allait entrainer l'erreur *les chients*. Trois types de réponse apparaissent : correcte, *des chiens* ; sans marque, *des chien* ; avec la confusion attendue, *des chients*.

La comparaison de ces différentes graphies entre elles, puis avec la règle établie à la fin de la séance précédente, montre que cette règle n'est pas valable pour tous les noms. Nous redéfinissons alors le critère de classement de l'affiche n° 5, appelée dorénavant « Des noms au singulier et des noms au pluriel », afin de marquer les limites de la règle.

Pour renforcer la coupure entre *ent* et *s*, je soumets aux élèves un nouveau corpus de noms à classer selon le critère singulier ou pluriel. Ce corpus comporte des noms se terminant par /ɑ̃/ ou pas, au singulier ou au pluriel, toujours tirés du vocabulaire en cours dans la classe à ce moment-là, sur des étiquettes découpées et en désordre : *un parent, des habits, des dangers, un déguisement, un habit, un danger, des parents*, etc.

En procédant à ce tri qui leur demande une grande concentration, certains élèves ajoutent d'eux-mêmes la forme *les singes* qui ne figurait pas parmi les étiquettes, prouvant ainsi leur vigilance. À la fin de la séance, l'ensemble de la classe est parvenu à trier toutes les formes. Il reste à faire la synthèse de la séquence.

Septième séance : établissement de la règle du pluriel du verbe et des noms

J'ai préparé pour la mise en commun une nouvelle affiche qui rend compte du classement de la séance précédente.

Affiche n° 6 Les noms au singulier et au pluriel	
Noms au singulier **(un seul)**	**Noms au pluriel** **(plusieurs)**
une étoile	des étoiles
la fourmi	les fourmis
une fille	des filles
l'inconvénient	les inconvénients
un léopard	des léopards
un parent	des parents
un danger	des dangers
une dent	des dents
un enfant	des enfants
un déguisement	des déguisements
le singe	les singes
un habit	des habits
ce garçon	ces garçons
le vent	les vents

Pour comprendre vraiment comment fonctionne le nombre des noms d'un point de vue global, c'est-à-dire quelles transformations affectent conjointement les deux éléments du groupe nominal quand on passe du singulier au pluriel, nous menons tout un travail d'observation sur le déterminant et le nom. Les élèves doivent chercher et entourer ce qui change d'une colonne à l'autre, entre le singulier et le pluriel.

Un élève va plus loin: il relie les déterminants et les *s* avec une flèche, comme je l'avais fait avec les verbes. Lors de la mise en commun, je l'invite à reproduire sur l'affiche du tableau devant toute la classe ce qu'il a fait sur sa feuille. Les autres doivent alors expliquer pourquoi il a procédé ainsi: «C'est à cause du *des* qu'on met un *s* à la fin du mot».

À la suite de cette première remarque, d'autres suivent et aboutissent à deux autres repérages. Le premier concerne la formation du pluriel des déterminants, sans qu'il soit nécessaire à cette étape d'introduire la terminologie:

le	ou	la	se transforme en	les
un	ou	une		des
ce		cette		ces

Le second isole les mots invariables après un retour sur l'affiche n° 4:

> Devant les mots *mortellement*, *souvent* et *comment* il n'y a ni *un*, ni *ils*, ni *des*.

La classe se focalise alors sur les noms et les verbes et élabore collectivement la synthèse finale, notée dans le cahier de leçons:

> **Le pluriel des verbes et des noms**
>
> • Au pluriel (plusieurs), un <u>verbe</u> avec *ils* ou *elles* s'écrit *e-n-t* à la fin.
> Exemple: elle joue/**elles jouent**
> • Au pluriel quand il y a *des*, *les* ou *ces* devant un <u>nom</u>, on met un *s* à la fin du nom.
> Exemples: une fourmi/**des fourmis**; ce chien/**ces chiens**; le serpent/**les serpents**

Pour permettre aux élèves de mémoriser cette règle qui fait la synthèse de l'ensemble du travail sur le pluriel, j'organise comme précédemment un entrainement rapide immédiat. Les exercices en partie puisés dans le manuel de la classe sont de difficulté croissante:

1 – transformation d'un groupe nominal du singulier au pluriel;
2 – alternance de transformation du singulier au pluriel tantôt d'un groupe nominal, tantôt d'un verbe précédé de *il* ou *elle*;
3 – alternance de transformation portant sur le groupe nominal ou sur le verbe du singulier au pluriel et réciproquement;
4 – transformation de phrases simples telles que *l'enfant joue* du singulier au pluriel;
5 – transformation de phrases simples en alternance d'une catégorie à l'autre.

Je demande alors si on peut maintenant répondre à nos deux questions.

• *Question 1*
Pourquoi est-ce qu'on n'écrit pas *jouent* avec un *s* dans *les enfants jouent à la balle*?
– Parce que *jouent* est un verbe et qu'on ne met pas de *s*, mais *ent* quand c'est un verbe. C'est le verbe *jouer*, *ils jouent*, on n'entend pas /ɑ̃/.

• *Question 2*
Si les verbes s'écrivent *e-n-t* au pluriel, alors quand est-ce qu'on écrit *e-n-t-s*?
– Quand c'est un *serpent* au pluriel, quand c'est un nom qui est au pluriel et qu'on entend un /ɑ̃/, s'il s'écrit *e-n-t*, on met un *s* quand il y en a plusieurs.

La séquence d'orthographe se termine par une dernière récapitulation du travail effectué depuis le début. Elle vient compléter celle de la cinquième séance.

Bilan

Il aura fallu sept séances pour que les élèves sortent de la confusion totale dans laquelle ils étaient et parviennent à dégager la règle du pluriel des noms et des verbes qu'un manuel propose au terme d'une leçon. Cette confusion s'est révélée à la faveur d'une toute petite question : « Pourquoi est-ce qu'on n'écrit pas *ils jouents* ? » L'enseignante a accepté d'entendre que ses élèves n'ont pas compris la leçon qu'elle venait de faire. En utilisant cette question comme une évaluation de son travail, mais aussi comme un levier, elle a choisi une nouvelle approche au lieu de répéter la leçon ou de compter sur celle de « l'année prochaine ».

Les élèves ont pourtant bien appris une chose : que le verbe, comme le nom, se met au pluriel. Mais ils n'ont pas pu en apprendre une autre : que la marque du verbe est différente de celle du nom. Il leur parait au contraire naturel de faire appel à *s*, cette *proto-marque du pluriel* qu'il convient d'ajouter dès que le contexte est celui de la pluralité. La sélection de *(e)nt* comme marque du pluriel verbal implique d'avoir déjà une certaine idée de l'opposition fondamentale entre verbe et nom. Cette opposition qui structure syntaxiquement la phrase, rappelons-le, est l'essentiel du programme du cycle 3.

Pour de jeunes élèves qui n'ont qu'un an d'apprentissage systématique de la lecture/écriture, un obstacle supplémentaire réside dans la polyvalence de la suite de lettres *ent* : elle correspond tantôt au phonogramme *en* suivi d'un *t* et se prononce ; tantôt à un morphogramme *nt* précédé ou non d'un *e* diacritique (*jouent*, *étaient*/*ont*) et ne se prononce pas. C'est pourquoi ils ont d'abord dû commencer par s'occuper de cette différence. Or cette différence repose sur la connaissance explicite de l'opposition entre nom et verbe qui n'est encore connue qu'implicitement, même après une leçon faite au trimestre précédent… On saisit mieux maintenant combien il était difficile aux élèves de comprendre la règle du pluriel du verbe après une seule séance.

À l'occasion de ce chantier sur le pluriel, on constate en fait que, grâce à la différence graphique, ce sont aussi les classes (nom/verbe, déterminant/pronom) et les relations (déterminant/nom, pronom/verbe) que les élèves ont travaillées en même temps que la catégorie du nombre (singulier/pluriel). De plus, ils en sont arrivés à repérer que les mots *souvent*, *comment*, *mortellement*, appartiennent à une classe qui n'est ni le nom, ni le verbe ; cette piste devra être ultérieurement exploitée, car les graphies *les enfants courent vites* ou *vitent* sont fréquentes. Enfin, la mise en relation constante entre noms et déterminants d'une part, entre verbes et pronoms d'autre part, contribue à les guider vers des procédures morphosyntaxiques (la définition du pluriel en CE1 fait difficilement l'économie de l'équivalent « plusieurs »).

C'est pourquoi la question de la durée du chantier ne se pose pas vraiment, étant donné l'ampleur du travail. Sept séances de trente minutes, parfois un peu plus, étalées sur trois semaines environ (soit une moyenne d'une heure dix ou quinze par semaine), valent sans doute mieux qu'une séance unique dont il ne reste rien par la suite. En outre, si l'on considère que plusieurs questions de langue habituellement distribuées entre grammaire, orthographe, conjugaison, ont été travaillées ici de façon décloisonnée, cette durée n'a rien d'excessif.

Et les élèves ? S'ils montrent une certaine dispersion lors des premières séances, leur intérêt va grandissant quand le travail se met en place à partir des questions qu'ils posent. Le fait qu'ils relancent eux-mêmes la recherche par une nouvelle question (« Mais alors quand est-ce qu'on écrit *e-n-t-s* ? ») en est une preuve. Cette implication n'est pas immédiate, mais elle est nette, si l'on compare avec leur attitude lors du premier tri où personne ne fait remarquer que la séquence *e-n-t* ne se prononce pas toujours. Ceux qui avaient peur de se tromper, parce qu'ils n'avaient pas l'habitude de travailler comme cela, ont eu besoin d'un temps d'adaptation pour entrer vraiment dans une démarche de questionnement. Peu à peu, la confiance est venue : sortis d'une phase où ils exécutent des consignes et copient un résumé dans leur cahier, ils manifestent qu'ils veulent vraiment comprendre.

Une élève de cette classe, lors d'une séance de lecture, demande ainsi pourquoi le mot *pays* s'écrit avec un *s*, alors qu'il est au singulier. C'est encore une question qui pourra être reprise pour les conduire vers le repérage du morphogramme lexical (*pays*, *tapis*, *tas*), mais aussi du *s* des mots invariables (*après*, *mais*, *puis*, *sous*), que des élèves de CM2 ou de 6e finissent par prendre par une marque de pluriel : « On parle de deux choses quand on dit *puis*, donc *s* », disent-ils. On voit ainsi que tout au long de ce chantier, des pistes pour la suite se sont ouvertes naturellement, parce que le questionnement des élèves ne s'arrête pas, leurs remarques s'enclenchent les unes aux autres : en d'autres termes, *l'écrit suscite le questionnement* quand la curiosité des élèves est éveillée.

Ce qui compte, en effet, c'est l'activité réelle de chacun, pas la durée. Au cours de ces sept séances, les élèves ont questionné, observé, manipulé, formulé, bref, ils ont participé activement à la découverte d'un des fonctionnements linguistiques fondamentaux du français écrit. Toutefois, rien n'est achevé, rien n'est définitivement acquis. Ce serait une erreur de croire qu'*ils ont fait le pluriel* et que, par conséquent, *ils doivent maintenant le savoir et ne plus faire de faute*. Le processus d'appropriation devra se poursuivre sous d'autres formes, telles que celles présentées dans le chapitre suivant.

Cette séquence sur le pluriel des noms et des verbes a suivi un chemin original qui tient, non aux contenus linguistiques, mais à la manière dont les réactions des élèves ont été entendues et reprises par un professeur-stagiaire et au rôle tenu par les noms en *ent* comme nœud d'un problème cognitif. C'est ce qui la différencie d'une leçon de manuel sur le même thème : au lieu d'un exposé sur le pluriel selon une logique savante, une entrée par une question-problème spécifique à la classe, et à laquelle il va falloir trouver une réponse. La logique privilégiée est alors celle du questionnement, car c'est elle qui guide la main de celui qui écrit. Un autre exemple va illustrer la démarche.

1.2. À quoi servent les accents en français ? (CM2)

Constat, analyse, choix didactique

Depuis le début de l'année, je constate que, dans leurs productions écrites, les 25 élèves de ma classe omettent très souvent l'accent grave sur *à*, *dès*, *là*, *où*, etc[1]. Confondent-ils sémantiquement ces mots ? Ou n'ont-ils pas conscience que l'écrit distingue les homophones *ou/où*, *a/à*, *des/dès*, *la/là* ? Pourtant, il est certain qu'ils ne sont pas démunis de toute connaissance sur ce sujet, la plupart réussirait un exercice à trous, avec une consigne du type : « Complète par *a* ou *à* ». Ils sont aussi capables de réciter les règles de substitution (remplacer *a* par *avait*, *ou* par *ou bien*) censées conduire à la bonne graphie. Mais, lorsqu'ils écrivent, ils manifestent d'évidentes difficultés à réinvestir ce type de connaissances, même au moment de la relecture de leurs textes.

Mon hypothèse est que mes élèves ne sont pas vraiment sensibles à la fonction distinctive de l'accent grave. D'une part, comme tous les jeunes scripteurs, ils ont encore du mal à percevoir la norme comme une convention facilitant la vie du lecteur. D'autre part, ils ne perçoivent sans doute pas encore l'importance de l'homophonie en français, et ne saisissent pas le rôle des divers éléments graphiques, signes ou lettres, qui viennent la limiter.

1. Compte rendu du Corinne Lambin. Les rectifications orthographiques n'ont pas été mises en œuvre dans ce chantier.

Il me semble donc inutile de faire une leçon sur les paires homophoniques, puisqu'ils en ont eu chaque année depuis le CE1 ou le CE2. Une leçon de plus risque fort d'avoir le même effet et nous ferait perdre notre temps. Je décide de reprendre cette question autrement. Si nous replaçons l'accent distinctif dans le cadre plus large de l'accentuation, mes élèves auront une vue d'ensemble sur un aspect de l'orthographe peu travaillé à l'école et seront en mesure d'améliorer les connaissances qu'ils ont déjà. J'espère aussi éveiller leur intérêt par un nouvel angle d'approche.

Première séance : évaluation diagnostique

Pour faire un état des lieux plus précis et rendre les élèves sensibles à la question des accents, je commence par dicter un extrait de *Vendredi ou la vie sauvage* de Michel Tournier trouvé dans un manuel d'orthographe de CM. Les différentes fonctions des accents y sont représentées et il est assez long pour que l'attention des élèves ne soit pas plus focalisée que d'habitude sur les accents. Les résultats confirment le problème constaté dans les productions écrites. J'explique donc aux élèves qu'il est important de travailler sur le rôle des accents.

Je ne corrige pas la dictée en classe : instrument d'évaluation diagnostique, elle sera refaite à trois reprises dans l'année, ce qui permettra de mesurer le réinvestissement global du travail d'orthographe. Je ne communique aux élèves que le pourcentage de mots correctement écrits.

Deuxième séance : repérage des mots accentués

Travail individuel

Je distribue un corpus de vingt phrases : certaines sont tirées de leurs productions ; j'ai créé les autres pour que chaque fonction de l'accent soit représentée. La consigne est de surligner tous les mots comportant des accents. C'est un travail individuel pour permettre à chacun de faire le point sur ses propres connaissances. C'est pourquoi je réponds à une élève qui demande si le point est une marque d'accent de surligner là où elle pense qu'il y a un accent.

Mise en commun

Les mots repérés par les élèves sont ensuite notés au tableau, sans discussion dans un premier temps, mais, déjà, des réactions de désaccord se font entendre. Toutes les propositions sont cependant acceptées : figure donc au tableau tout ce qui a été relevé par un élève au moins.

Corpus	Liste des mots relevés
1. Mathieu trouva les papiers entassés en désordre.	entassés – désordre
2. Il découvrit son père dans l'entrée.	découvrit – père – entrée – l'entrée
3. Elle était trop sombre pour être explorée ce jour-là.	était – être – explorée – jour-là
4. La marée montait, la mer entourait de tous côtés le rocher où il se tenait.	marée – côtés – où
5. Le gâteau était prêt.	gâteau – était – prêt
6. Il était sur une île déserte.	était – île – déserte
7. C'est une tarte à la crème.	c'est – à – crème
8. C'est bientôt Noël.	c'est – bientôt – Noël
9. Voilà, elle n'est pas là, elle doit être rentrée à l'hôtel à la tombée de la nuit.	voilà – n'est – là – être – rentrée – à – l'hôtel – à – tombée
10. Stéphane répare le vase qu'il a cassé.	Stéphane – répare – qu'il - cassé
11. Il s'expliqua ainsi l'immobilité du bouc qu'il avait assommé.	s'expliqua – l'immobilité – qu'il – assommé
12. Dès qu'il sera là, nous l'emmènerons à l'hôpital.	dès – qu'il – là – l'emmènerons – à – l'hôpital

Corpus (suite)	Liste des mots relevés
13. Voici la maison où je suis née.	où – née
14. Il y a une bête dans la forêt.	bête – forêt
15. Julie est déjà allée jusqu'à cette maison-là.	déjà – allée – jusqu'à – là
16. Dès lors, ils décidèrent d'organiser une belle fête.	dès – décidèrent – d'organiser – fête
17. Le jour où vous êtes venus, cette table était près de la cheminée.	où – êtes – était – près – cheminée
18. Par la fenêtre, on voit un champ de maïs.	fenêtre – maïs
19. Je préfère les étagères en chêne.	préfère – étagères – chêne
20. Lorène enlève ses lunettes.	Lorène – enlève

Si les mots relevés dans la première phrase recueillent l'assentiment de tous, la contestation s'enclenche dès l'examen de la deuxième phrase :

Léïla : *L'entrée*, on ne peut pas garder *l'*. Ce n'est pas un accent.
Maliha : Oui, mais à *l'entrée*, il faut le *l'*.
Léonard : Moi, je suis d'accord avec Léïla, parce qu'on n'entend pas *é*.
Laurence : Oui, mais dans la phrase 9, on a *à*, et on n'entend pas *é*.
Jennifer : Je suis d'accord avec Léïla, car les accents sont toujours au-dessus d'une lettre et pas à côté !
Régis : C'est vrai, les accents sont toujours sur une voyelle.
… Silence.

La discussion aurait pu s'arrêter après le rappel que l'apostrophe (non nommée) ne fait pas partie de la liste des accents. Mais ce rappel ne fait pas autorité, car, justement, ce savoir n'est pas celui de tous. Le premier tour semble s'achever sur une impasse. Pourtant, plusieurs propriétés ont été mentionnées : le caractère impératif des accents (tout comme celui de l'apostrophe *l'*), le rôle phonographique de l'accent sur le *e*, son rôle non phonographique sur *à*, la position de l'accent par rapport à la lettre, plus spécifiquement son lien avec les voyelles. Je relance la discussion :

Enseignante : Alors, que décide-t-on ?
Mick : L'apostrophe est un accent, car il est en l'air [situé au-dessus de la ligne graphique].
Kelia : On dit *accent aigu*, *grave*, *circonflexe*, mais pas *accent apostrophe* !
Matthias : Le rôle de l'apostrophe, c'est de séparer deux mots !
Abdel : Non ! De relier deux mots !
Clarence : Ça sert à faire la liaison entre deux mots.
Jennifer : Quand deux voyelles se touchent.
Enseignante : Que veux-tu dire ?
Jennifer : Il y a une apostrophe dans *l'entrée*, car on ne peut pas dire *la entrée*. *La* se termine par une voyelle, et *entrée* commence par une voyelle.

L'examen des autres mots du corpus confirme le phénomène de l'élision. Cette première phase de la mise en commun a donc débouché sur l'élimination de l'apostrophe, désormais distinguée de l'accent. Nous n'avons pas supprimé *jusqu'à*, les élèves ne l'ayant pas proposé, ce qui signifie qu'ils considèrent cette unité comme un mot à part entière. Nous aurons l'occasion d'y revenir.

Un travail similaire, facilité par le premier, recommence avec la phrase 3. La classe met hors jeu le trait d'union de *jusque-là*, et retrouve par tâtonnements (*mots unis*, *mots doubles*, *mots réunis*, *mots d'union*) le terme qui convient : « Je sais, dit Liana, ce sont des *mots composés*. Un mot composé de deux mots ». Les élèves approuvent, et décident de ne garder que *là*.

Avec la phrase 8, c'est au tour du tréma d'être mis en examen. Le rôle qu'il joue dans *Noël* est souligné, puisqu'en son absence, la prononciation serait /nœl/. Cependant, quelque chose intrigue un élève: «Je ne comprends pas pourquoi on n'a pas un accent grave». Sans apporter de réponse à cette dernière question, la discussion permet de rappeler la fonction du tréma qui oblige à prononcer séparément deux voyelles. Ce n'est donc pas un accent, ce à quoi une élève s'oppose: «L'accent a deux fonctions, la première, de changer le sens du mot, comme dans *où* ou *à*; la deuxième, de modifier le son d'une lettre, d'une voyelle. Donc, le tréma est un accent». Comme les élèves n'arrivent pas à décider, nous notons les deux avis pour y revenir plus tard. Reste le cas de la virgule de la phrase 17, vite réglé: elle est resituée dans son rôle de ponctuation. La séance s'achève sur une question: «Pourquoi les accents sont-ils toujours au-dessus d'une voyelle?» Elle montre que les élèves n'ont pas perdu le fil. J'annonce que ce sera l'objet de la séance suivante. Les questions restées en suspens sont répertoriées sur une affiche.

Cette première séance a permis de faire émerger certaines confusions et de les traiter, ce qui n'aurait pas été le cas si j'avais moi-même signalé les mots comportant des accents. Les désaccords font prendre conscience aux élèves de la nécessité d'un travail et les poussent à remettre de l'ordre dans ce qu'ils savent confusément. Ils sont d'ailleurs parvenus, par rectifications successives, à retrouver les éléments qui différencient les accents des autres signes diacritiques ou des signes de ponctuation. Ce faisant, ils mettent à l'épreuve et renforcent leurs connaissances.

Les tris successifs (apostrophe, tréma, trait d'union, virgule) ont pris deux heures, mais, à aucun moment, les élèves n'ont montré de signes de lassitude. Certes, une élève a déjà énoncé la double fonction des accents, phonogrammique et distinctive. Mais, dans la mesure où personne n'a relevé ce qu'elle a dit, il est clair que le chantier doit continuer: la classe en est à s'interroger sur le lien entre les accents et les voyelles, comme le montre la question qui sert de conclusion à la séance.

Troisième séance: classement des mots accentués

La semaine suivante, je répartis les élèves en groupe de trois, avec la consigne de classer les mots accentués: il s'agit de montrer à quoi sert l'accent. Durant cette séance, je suis à l'écoute de ce qui se dit au sein de chaque groupe, car les enfants sont obligés d'argumenter et de contre-argumenter pour justifier leur proposition de classement. J'y trouve des informations pour comprendre où ils en sont et commencer à réfléchir à la mise en commun qui suivra. En général, je renvoie leur question à ceux qui me sollicitent, mais j'aide ceux qui sont vraiment bloqués; dans tous les cas, j'encourage les groupes en leur signalant qu'ils sont sur une bonne piste. En fait, la plupart du temps, c'est être là qui compte.

La séance s'arrête lorsque chaque groupe a effectué son classement sur une affiche. Il a fallu près d'une heure et demie de grande effervescence, pour que tout le monde ait fini, ce qui interdit de procéder à une confrontation immédiate. Mais le report de la mise en commun est aussi un choix délibéré. Je tiens, en effet, à examiner soigneusement leur travail au préalable et à ne pas laisser la présentation des classements à la classe au hasard. Ces classements sont très variés, et même si beaucoup sont très proches, ils sont tous différents. En m'appuyant sur ces différences, je décide d'un ordre de passage destiné à favoriser la progression de la réflexion.

Quatrième séance: observation des classements effectués

J'ai choisi de commencer par le classement qui répartit les mots en quatre groupes selon le type de signe (le tréma a été conservé puisque la classe n'a pas réussi à trancher). Cette affiche n'apporte pas grand-chose, mais elle est le fruit du travail de trois élèves. Le fait qu'ils aient proposé ce classement indique qu'ils en sont à un stade descriptif où ils ne relient pas une forme à une fonction.

Affiche n° 1

Accent aigu	Accent grave	Accent circonflexe	Tréma
entassés désordre découvrit …	père là où …	être côtés gâteau …	Noël maïs …

À la question de savoir ce que nous apprend ce classement, les élèves répondent qu'il y a plusieurs types d'accents et qu'ils peuvent être sur plusieurs lettres. L'attention de la classe se porte d'abord sur l'accent circonflexe, et, le mot *bûche* ayant été ajouté, les élèves établissent que cet accent peut se trouver sur *a, e, i, o* et *u*, et pas *y*. J'inscris cette remarque à côté du tableau, sur un panneau d'affichage destiné à recueillir les observations des élèves. Ceux-ci s'intéressent ensuite à la première colonne : il y a plus de mots avec des accents aigus, et toujours sur le *e*. Pour l'accent grave, ils observent qu'il ne figure pas sur *i, o, y*. Quant au tréma, il n'y en a pas sur *u, a, o*, et *y*. Ces remarques sont également inscrites sur le panneau d'affichage. Si la fonction de l'accent n'a pas pu être abordée, la discussion a permis cependant d'améliorer la description, en précisant la distribution différenciée des accents. C'est une précision qui n'est pas inutile, puisque le rôle diacritique ou distinctif ne concerne pas toutes les voyelles. Comme les enfants ne trouvent plus rien à dire sur ce premier classement, j'introduis la deuxième affiche.

Affiche n° 2

é	è	ê, ô, î, â	ë, ï	Les accents qu'on n'entend pas
entassés désordre découvrit …	père crème dès …	être côtés gâteau …	Noël maïs …	mots comportant un accent grave sur *a* et *u* voilà où …

Les élèves remarquent aussitôt la présence dans une colonne supplémentaire des *accents que l'on n'entend pas* et que ces accents sont des accents graves. Mais ce critère semble s'appliquer également à certains accents circonflexes : on ne les entend pas dans *gâteau, hôtel*, etc. Un élève fait remarquer que dans *forêt* aussi, parce que, même en l'absence d'accent, on dirait /fɔʀɛ/. Il ajoute que ce mot existe et explique ce qu'est le *foret* que son père utilise. Un élève conclut alors : « Donc, l'accent circonflexe sur le *e* peut changer le sens du mot ». D'autres remarques suivent, notées au besoin sur le panneau réservé aux observations :

> **Élève** : Quand un *e* est devant une consonne double, on entend /ɛ/, et pourtant, il n'y a pas d'accent.
>
> **Élève** : Dans la colonne *les accents que l'on n'entend pas*, l'accent grave permet de changer le sens du mot, exemple *ou* et *où*.
>
> **Élève** : Il y a un autre mot où l'accent change le sens du mot, c'est *dès*, et pourtant, il est dans la colonne *è*.
>
> **Élève** : Il faut peut-être classer autrement !

Nous décidons de faire passer *dès* dans la dernière colonne des *accents que l'on n'entend pas*. Nous y plaçons aussi tous les mots comportant des accents circonflexes sur *a, o*, et ceux dans lesquels l'accent circonflexe sur le *e* ne modifie pas la prononciation : *forêt, prêt*, etc.

Je décide alors de mettre fin à cette deuxième séance. Des remarques importantes ont été faites. Le rôle non phonogrammique de l'accent en sort renforcé, la voie est largement ouverte à la fonction distinctive. Il me paraît nécessaire de laisser aux élèves le temps de murir tout cela avant de continuer.

Cinquième séance : analyse spécifique du rôle de l'accent sur *a*, *o*, *u*

J'ai reporté toutes les remarques de la séance précédente sur un panneau fixé au tableau :

1. Seules les voyelles *a*, *e*, *i*, *o*, *u* peuvent être accentuées.
2. L'accent aigu n'existe que sur le *e*.
3. Il n'y a pas d'accent grave sur *i*, *o*, *y*.
4. Il n'y a pas de trémas sur *u*, *a*, *o*, *y*, et les trémas sont toujours placés au-dessus d'un groupe de deux voyelles, sur la 2e.
5. On n'entend pas l'accent grave s'il est placé sur une autre voyelle que le *e*.
6. *E*, placé devant une consonne double se prononce /ɛ/, alors qu'il n'y a pas d'accent.
7. L'accent grave modifie le sens du mot dans l'homophonie.
8. Lorsque l'accent circonflexe ne modifie pas la prononciation, quelle est sa fonction ?

Aussitôt, des élèves réagissent. Ils ont en effet remarqué certaines choses durant la semaine. Kelia demande pourquoi dans *excellent*, il n'y a pas d'accent sur le *e* devant le *x*. Jennifer confirme : « Le *e* se prononce /e/ ou /ɛ/ s'il est suivi de deux consonnes, ou d'une seule s'il est en fin de mot ». Elle sort une feuille sur laquelle elle a noté une série de mots pour soutenir ce qu'elle avance : *vers*, *ferme*, *est*, *Emmanuel*, *merveilleux*, etc., ainsi que tous les verbes du premier groupe. Les élèves sont d'accord avec sa description. J'acquiesce, mais ne développe pas cette piste. Elle sera exploitée ultérieurement. Un nouveau classement est alors soumis à l'analyse :

Affiche n° 3

ê	é	è	ë	Les accents que l'on n'entend pas
être prêt fête	entassés désordre découvrit ...	père crème dès ...	Noël	là côtés où ...

Les réactions ne se font pas attendre : c'est presque le même classement que le précédent, mais les *e* accentués sont classés séparément. Pour l'accent grave, on le trouve sur *e*, *a*, *u*, ce qui, selon un élève, semble confirmé par les touches *è*, *à*, et *ù* du clavier de l'ordinateur, alors qu'il n'y en a pas pour *i* et *o*. Un élève s'interroge à nouveau sur l'absence d'accent sur *y*. Aucune réponse n'étant proposée, j'apporte quelques éléments d'informations sur cette lettre d'origine grecque et qui est parfois une semi-consonne, ce qui les surprend.

Pour accélérer l'analyse, j'affiche alors deux panneaux en même temps, les deux classements proposés étant très proches l'un de l'autre, ainsi que du précédent (l'affiche n° 5 ne diffère de l'affiche n° 3 que par l'ordre des colonnes) :

Affiche n° 4

Les accents sur le *e*				Les accents sur d'autres voyelles			
é	è	ê	ë	à - ù	Accent aigu	â - ô - î -	ï
entassés désordre découvrit ...	père dès décidèrent ...	être prêt fête	Noël	là voilà où ...		gâteau hôpital hôtel ...	maïs

Les élèves les observent, puis l'un d'entre eux explique : « La différence, c'est que dans l'affiche n° 4, on a d'une part les accents sur le *e*, et d'autre part, les accents sur les autres voyelles, et dans l'affiche n° 5, on a tous les accents qu'on n'entend pas, quelle que soit la forme de l'accent ». D'autres remarques viennent compléter la première :

Élève : Sur le premier panneau, on peut voir que dans la colonne *accent aigu sur autre voyelle*, il n'y a rien.
Élève : Ça confirme ce qu'on avait déjà dit : l'accent aigu est seulement employé sur le *e*.
Élève : Dans le premier, les *accents qu'on n'entend pas* équivaut à *accents sur d'autres voyelles*, car on ne les entend pas.
Élève : Oui, sauf le *ï* de *maïs*.
Élève : Mais on ne sait toujours pas si le tréma est ou non un accent !

Ces dernières remarques permettent de commencer à différencier le tréma de l'accent. Nous décidons de ne pas le prendre en compte pour le moment (je cache la colonne en repliant l'affiche). L'observation se poursuit alors et se centre sur l'accent distinctif :

Élève : Et sur *prêt*, l'accent circonflexe ne change rien.
Élève : C'est ce que l'on disait, l'accent grave peut modifier le sens du mot. Exemples *ou* et *où*.
Élève : L'accent circonflexe, lui, ne change pas le sens du mot.
Élève : L'accent grave change le sens du mot lorsqu'il est sur une autre voyelle, que le *e*.
Enseignante : Et pour *dès* ?
Élève : Là aussi, il change le sens du mot. On peut le mettre dans la colonne *accents que l'on n'entend pas*.
Élève : On ne trouve que des mots-outils dans cette colonne. Exemples : *là*, *où*, *voilà*, *à*, *dès*, *déjà*.

À cette étape, j'estime qu'une première synthèse est nécessaire. Nous récapitulons d'abord ce qui concerne les accents sur d'autres voyelles que *e*. Les élèves élaborent oralement cette synthèse que j'écris au tableau sous leur dictée ; ils reprennent spontanément des termes utilisés par certains élèves ou par moi-même, tels que *mots-outils* ou *homophonie* :

L'ACCENT SUR LES AUTRES VOYELLES QUE LE *e*
• Il n'y a jamais d'accent sur *y*. • L'accent aigu n'existe que sur *e*, pas sur les autres voyelles. • L'accent grave n'existe que sur *a* et *u*. • Il modifie le sens du mot dans les cas d'homophonie. Ce sont des mots-outils : *à*, *où*, *là*, *dès*. • On observe aussi : *déjà*, *voilà*. • Sur les voyelles autres que *e*, les accents graves et circonflexes ne modifient pas la prononciation.

La séance se termine par la copie de la synthèse dans le cahier de français.

Sixième séance : analyse spécifique du rôle de l'accent sur *e*

Pour cette séance, je propose l'affiche n° 5 déjà présentée lors de la séance précédente, mais en ne conservant que ce qui concerne la lettre *e* :

Affiche n° 5

é	è	ê	ë
entassés – désordre – découvrit – entrée – était – explorée – marée – côtés – déserte – rentrée – …	père – crème – dès – emmènerons – décidèrent – près – préfère – étagères – Lorène – …	être – prêt – bête – forêt – fête – êtes – fenêtre – chêne	Noël

Les élèves ont pour consigne d'observer l'affiche et de formuler ce qu'elle leur apprend, ou ce qu'ils retrouvent des remarques faites lors des séances précédentes. Nous procédons colonne par colonne. Chaque remarque est notée au tableau et servira pour compléter la première synthèse ou pour être éventuellement utilisée lors d'un autre chantier.

• L'accent aigu

Constatant tout d'abord que la colonne des *é* est beaucoup plus fournie que les autres, les élèves arrivent à la conclusion que l'accent aigu est plus fréquent sur le *e* que les autres accents. Ils remarquent aussi que cet accent modifie systématiquement la prononciation de la lettre *e*, mais ne disent rien de la position du *é* en finale de nombreux mots. Un élève remarque toutefois que, sur certains verbes, si on enlève l'accent, on a l'impératif : *cassé/casse, assommé/assomme*. Cette remarque est très intéressante et sera reprise ultérieurement pour différencier le *é* phonogramme du *é* morphonogramme. J'ai gardé en effet en réserve l'affiche d'un des groupes sur laquelle sont notées les fonctions des mots répertoriés et je projette un travail sur le participe passé des verbes du premier groupe.

• L'accent grave

Tout d'abord, les élèves notent que l'accent grave modifie, comme l'accent aigu, la prononciation de la lettre *e*, mais qu'il existe d'autres graphies de ce son : *ai, ait*, etc. Ils sont un peu déroutés par cette constatation, et ne comprennent pas bien pourquoi à un même phonème correspondent plusieurs graphies possibles. Ils expriment ainsi une de leurs difficultés majeures en orthographe. Mais personne n'évoque l'imparfait et je n'aborde pas ce point pour le moment.

Ensuite, la classe constate que l'accent grave est souvent situé en fin de mot comme dans *Lorène*. Je les aide alors à repérer qu'il s'agit de l'avant-dernier phonème à l'oral (nous sommes passés par l'écriture phonétique pour arriver à cette conclusion) ; à l'écrit, la consonne qui suit est elle-même suivie d'un «*e* muet». Ce point pourra être approfondi avec l'observation de certaines alternances masculin/féminin : *fermier/fermière, épicier/épicière*.

L'examen de *décidèrent*, vite rapproché d'*étagères*, suscite une objection : aucun des deux ne comporte la suite *è* + consonne + *e* muet. La classe me demande de noter ces deux mots phonétiquement et constate que l'accent grave est bien toujours situé sur l'avant-dernier phonème. Un élève avance alors une explication : les marques du pluriel, comme *s* ou *nt* sur les verbes du premier groupe, ne s'entendent pas, tout comme le *e* muet : «Ça ne change rien». À sa manière encore très implicite, il fait la part entre ce qui relève du système phonogrammique et ce qui relève du système morphogrammique : les marques du pluriel ne modifient pas la position de l'accent grave dans le mot, elles sont en quelque sorte «en plus».

Enfin, les élèves remarquent que si le *e* est placé avant une consonne double ou devant deux consonnes appartenant à deux syllabes différentes, il n'y a pas d'accent : *excellent, exceptionnel, belle*, etc. Il en va de même si le mot se termine par une consonne oralisée : *ver, cet, bel*, etc. L'ensemble de la classe retrouve là ce que quelques élèves avaient déjà mentionné après une recherche autonome.

Je reviens alors sur les précédentes conclusions concernant la position de l'accent et leur demande d'examiner le mot *emmènerons*. Ils commencent par dire que l'accent grave n'est pas sur l'avant-dernière voyelle, puis parviennent avec mon aide à détacher la terminaison du radical, ce qui ramène au cas général. Cette observation pourra être exploitée ultérieurement en conjugaison.

• L'accent circonflexe

Dans le cas de l'accent circonflexe, les élèves éprouvent une réelle difficulté à trouver sa raison d'être. Pour les aider, je leur propose les mots *défenestrer, bestial, festivité* ; et aussi *hospi-*

talier, hostel qui figure sur une enseigne de la rue. Après un temps d'observation, ils constatent que ces mots sont de la même famille qu'un des mots du corpus sans avoir l'accent circonflexe, et qu'ils ont tous un *s*. Je leur explique alors l'origine historique de l'accent circonflexe et la relation avec *s* dans ces familles de mots. Les élèves en concluent que l'accent circonflexe joue le même rôle, qu'il soit sur le *e* ou sur une autre voyelle.

• Le tréma

Le tréma, un temps exclu, retrouve droit de cité. Nous reprenons les remarques précédentes et en précisons la place et le rôle. Le tréma modifie donc la prononciation et les élèves sont fortement tentés de le classer parmi les accents, si ce n'est que l'on ne dit pas « accent tréma » ! Devant leur perplexité, il me semble plus clair d'introduire la notion de *diacritique*. Les élèves comprennent très rapidement, certains disent qu'il existe donc l'alphabet et les signes diacritiques : accents et tréma. L'un d'entre eux ayant demandé s'il en existe d'autres, un élève trouve la cédille, ce que je confirme.

• Récapitulations

Nous rédigeons alors au tableau la récapitulation suivante :

Les accents ont deux fonctions :
1. Ils modifient la prononciation du *e*. 2. Ils modifient le sens de certains mots dans les cas d'homonymie. Ils permettent de ne pas les confondre. Exemples : *ou/où*, *a/à*, *la/là*, *des/dès*, etc.

Comme précédemment, cette récapitulation est copiée dans le cahier de français. Enfin, un tableau de synthèse concernant tous les accents est établi avec les élèves. Il restera affiché dans la classe :

LA FONCTION DE L'ACCENT			
Types d'accent	**Modifie la prononciation**	**Marque la disparition d'un *s* ou d'une voyelle longue**	**Modifie le sens d'un mot**
Aigu	Uniquement sur *e*	*****************	*****************
Grave	• Lorsqu'il est placé sur *e* • Situé le plus souvent sur l'avant-dernier phonème	*****************	• Souvent situé sur des mots-outils : *voilà*, *au-delà*… • Permet la distinction entre des paires homophoniques, et, dans ce cas, il ne modifie pas la prononciation, même sur *e* : *près*, *dès*, *à*, *où*, *là*…
Circonflexe	Sur *e*	Sur tous les mots sur lesquels il est employé	*****************
NB : Il n'y a pas d'accent devant des consonnes doubles, et les mots se terminant par *er*, *ers*, *et*…			

Pour terminer, je rappelle la question sur laquelle s'était achevée la première séance du chantier : « Pourquoi les accents sont-ils toujours situés au-dessus des voyelles ? » et je demande à chaque élève de la classe de rédiger une réponse. Même si les formulations ne sont pas totalement canoniques, leurs réponses montrent qu'ils ont bien compris. Voici, par exemple, ce qu'a écrit Matthias : « Les accents sont toujours placés au-dessus des voyelles car une de leurs fonctions est de modifier la prononciation, et comme ce sont les voyelles qui forment les sons, ils modifient ce son ».

Septième séance : entrainement

Afin de ménager aux élèves un temps en classe pour commencer à intérioriser ce qu'ils ont découvert, j'organise une séance spécifique. Je leur distribue quelques exercices tirés de manuels en leur donnant pour tâche d'abord de les critiquer, puis d'en créer par eux-mêmes. Le résultat est varié. Certains choix sont classiques, avec des consignes du type : « Replace les accents sur les mots où ils ont été oubliés ». Mais d'autres font plus directement appel à ce que nous avons établi. Par exemple :

> Classe les mots sur lesquels il y a des accents selon :
> - que l'accent modifie la prononciation ;
> - qu'il marque la disparition de certaines lettres ;
> - qu'il permet de différencier deux homonymes ou de signaler un mot-outil.

Cette modalité de travail s'est révélée particulièrement mobilisatrice, autant dans la phase de fabrication des exercices que dans les échanges qui s'en sont suivis entre groupes « professeur » et groupes « élèves », chacun occupant tour à tour les deux positions.

Bilan

Le chantier sur le rôle des accents en français a duré un mois et demi, à raison d'une à deux heures par semaine, ce qui représente le temps moyen devant être consacré à l'observation de la langue au cycle 3. Cependant, on peut se demander s'il fallait consacrer autant de temps à une notion qui n'apparait pas dans les programmes.

Les choix de l'enseignante de cette classe sont clairs : les accents ont été choisis dans une *stratégie du détour* ; l'objectif premier était de traiter l'homophonie des mots outils, à partir de l'hypothèse que les élèves négligent les accents sur ces mots parce qu'ils n'en voient pas l'utilité ni l'organisation générale. Il faut donc les aider à mettre de l'ordre dans leurs connaissances.

En effet, contrairement aux élèves de CE1 qui découvrent totalement le pluriel des noms et des verbes, les élèves de CM2 lisent et mettent des accents depuis longtemps, et ont une familiarité certaine avec les homophones. Mais leurs connaissances ne sont ni stables ni sûres, parce qu'elles ne sont pas suffisamment situées les unes par rapport aux autres. De l'hypothèse découle la réponse : il s'agit de leur *faire découvrir qu'ils ont affaire à un système*, ou plutôt à un ensemble de systèmes interreliés. De fait, avec les accents, on touche aux différents systèmes de l'orthographe : c'est pourquoi ils peuvent servir en retour pour faire prendre conscience aux élèves que l'orthographe est structurée.

Par ailleurs, ce chantier a levé des confusions insoupçonnées entre les accents et d'autres signes et les élèves ont pu comprendre les raisons de leurs confusions : raisons formelles (ressemblance entre l'accent aigu, l'apostrophe, la virgule ; place par rapport aux lettres et aux lignes), raisons fonctionnelles (accents, trémas, et cédilles modifient la prononciation d'une lettre, tout comme le trait d'union modifie le rapport des parties au tout). Ils ont ainsi découvert des microsystèmes en opposition ou en complément. C'est pourquoi le terme de *signes diacritiques* s'est imposé naturellement, non comme un mot métalinguistique de plus à apprendre, mais comme un outil langagier facilitant la conceptualisation : il a servi à désigner un ensemble d'éléments dont les élèves avaient bien perçu qu'ils avaient quelque chose en commun. Ainsi, en prenant pour objet d'étude les accents, cette classe de CM2 a en réalité couvert un vaste domaine linguistique. ➢ Un tableau rappelle en annexe du chapitre les différentes fonctions des accents (il a été en partie élaboré dans une classe de quatrième).

Après un tel chantier, plusieurs directions sont possibles. On peut poursuivre la découverte de l'homophonie, lexicale ou grammaticale, et étudier les moyens graphiques de différenciation (*verre/vers*, *versification* ; *des voiles noirs/des voiles noires* ; *qu'il a vu/qui l'a vu*), notamment au collège. On peut revenir sur des lois de position (*c*, *g*, *s*) étudiées depuis longtemps et montrer la *fonction diacritique* de certaines lettres à l'instar des accents. Il est intéressant de donner à cette occasion quelques informations historiques pour éclairer la situation actuelle, résultat de décisions de nature différente au cours des siècles. Ces informations éveillent la curiosité des élèves, mais leur permettent aussi de donner du sens à ce qui n'en a pas beaucoup si on ne le rapporte pas à un ensemble plus vaste de questions. C'est ainsi qu'on aide les élèves à s'inscrire dans une culture, tout en ne leur cachant pas cette part d'incohérence dont nous avons hérité, ni les tentatives pour mettre un peu d'ordre : on évoquera en CM2, et *a fortiori* au collège, les rectifications orthographiques mises en œuvre depuis 1990.

Au niveau grammatical, la voie a été ouverte à une prise de conscience globale des marques verbales dont l'extrême complexité tient à la part considérable d'homophonie. C'est cette piste, apparue pendant l'analyse du système des accents, que l'enseignante a choisi d'exploiter : elle a tiré partie de la sensibilisation de sa classe aux accents pour lancer, quelques semaines plus tard, un chantier sur la marque des participes passés des verbes du premier groupe et l'opposition *é/er*.

Et les élèves ? Ils se sont impliqués tout au long de cette étude, comme le montrent leur attention aux phénomènes examinés, la finesse de leurs observations, la constance de leur questionnement et leur niveau de réflexion. Il fallait même parfois les obliger à interrompre leur travail pour aller en récréation ou rentrer chez eux. Le professeur d'anglais a dit être impressionné par leur faculté d'analyse de la langue, et par l'intérêt qu'ils y portent. Ce réflexe d'analyser la langue, de se poser des questions, semble s'ancrer fortement chez certains enfants qui ont décidé seuls de faire des recherches afin de vérifier tel ou tel point : c'est ce qu'ils appellent « partir à la chasse aux mots ».

Enfin, le nouvel intérêt des élèves pour les accents n'en est pas resté au stade de la sensibilisation et de la réflexion : le chantier a effectivement permis une amélioration de leurs résultats dans ce domaine précis. Quelques semaines plus tard, en effet, la dictée initiale a été proposée à nouveau à la classe. Des erreurs persistent, mais les élèves ont fait bien plus attention aux accents qu'auparavant, notamment sur *à*, *dès*, *là*, *où*, objectif central de ce chantier – mais non explicité à la classe : le nombre d'accents corrects a fortement augmenté. Ce constat sera de nouveau confirmé à la fin de l'année, la dictée n'ayant, répétons-le, jamais été corrigée, ni même rendue aux élèves.

Ainsi, ce chantier présente de fortes convergences avec le précédent. Ils sont tous deux nés d'un problème repéré par l'enseignant : confusion des marques de pluriel au CE1, confusion d'homophones au CM2. Il existe, bien sûr, dans la conduite des séquences des différences qui tiennent à l'âge des élèves et à l'expérience des enseignants : en CE1, le travail apparait comme très dirigé par des consignes étroites (de l'objet du repérage à la couleur pour souligner); en CM2, une plus grande latitude est laissée aux élèves dans les repérages et dans les interactions verbales. Mais, dans les deux cas, l'émergence du problème est favorisée par un climat de confiance et l'on retrouve les mêmes deux temps forts : la classe, après avoir travaillé sur des classements, aboutit à une trace écrite parce qu'elle a déjà su dégager quelque chose de stable (*les verbes au pluriel*, *l'accent sur les autres lettres que le* e); ensuite, en s'appuyant sur d'autres classements, les élèves vont aller plus loin, ce qui les amène à compléter la première trace écrite (*les noms au singulier et au pluriel*, *les accents sur le* e), et, souvent, à faire une autre synthèse (*le pluriel des noms et des verbes*, *la fonction de l'accent*). Dans les deux classes, l'apprentissage s'est fait au travers des activités de classement de plusieurs corpus. Les exercices sont venus conforter les découvertes seulement après de nombreuses manipulations et un retour réflexif sur le travail effectué.

➢ Un tableau récapitule en annexe du chapitre les étapes de chacun des deux chantiers.

2. MODE D'EMPLOI

Le but d'un chantier est d'amener les élèves à découvrir le fonctionnement du système graphique pour pouvoir en maitriser l'usage. Il s'agit de passer d'observations ponctuelles à une description organisée, voire à une explication au sens où l'on met en évidence des constantes et des relations, où l'on rattache des phénomènes à un fonctionnement plus général. La mise au jour de régularités débouche sur la formulation d'une synthèse qui sert ensuite d'outil pour écrire et réviser les textes. Chaque chantier suit un chemin original, mais le déroulement comporte un certain nombre d'étapes identifiées. La trame de la démarche peut ainsi constituer un fil conducteur, une sorte de fiche de préparation « ouverte ».

2.1. Organisation

1. Sélectionner un thème d'étude pertinent

Point de départ

Le point de départ d'un chantier est varié :

– une question posée par des élèves (« Pourquoi on n'écrit pas *ils jouents ?* ») ;
– une remarque lors de la lecture d'un texte (« C'est écrit *le pays*, et il y a un *s* à *pays* ») ;
– une notion au programme (l'accord du participe passé) ;
– des ratures, des erreurs récurrentes dans de nombreuses productions écrites (omission de l'accord du verbe avec un sujet inversé) ;
– un obstacle rencontré lors d'une activité d'observation de la langue (« Quand on entend /tu/, ça s'écrit toujours *t-o-u-s* ») ;
– un classement d'erreurs (dictée, exercice, production écrite).

Une réelle écoute est donc nécessaire pour que les élèves osent exprimer ce qu'ils ne comprennent pas ou ce sur quoi ils s'interrogent. Que ce soit par des signes de doute, des ratures, des erreurs, des formulations inadéquates ou des remarques bizarres, tous ces éléments sont à traiter comme des sources de renseignement au lieu d'être écartés comme inopportuns : l'élève a (presque) toujours *une raison* qu'il s'agit de décrypter autant que faire se peut. La logique conduit souvent à sélectionner une question d'orthographe dans la continuité d'un travail précédent. Mais certains chantiers ont parfois pour origine la volonté de l'enseignant de traiter une notion (les élèves doivent aussi apprendre à s'intéresser à des sujets imposés).

Analyse linguistique et choix didactiques

Il est la plupart du temps nécessaire d'analyser la question souvent étroite au départ d'un chantier pour identifier le problème linguistique sous-jacent. Par exemple : rattacher la confusion entre *se* et *ce* (*il ce lève, s'est lui*) à l'opposition plus large des morphogrammes *s*/*c* dans les séries des termes personnels et des termes démonstratifs (*se, sa* / *ce, cette*). Il s'agit aussi de cerner la logique d'une question ou d'une erreur par rapport à ce qu'on sait des conceptions des élèves et donc de rattacher cette question ou cette erreur à une famille de problèmes, comme l'affirmation que « Tous les mots féminins se terminent par *e* » : quels savoirs manifestent-ils ? quels obstacles rencontrent-ils ? Cela permet :

1 – de sélectionner une question comme importante dans l'apprentissage de l'orthographe (en rapport avec le programme et le niveau de la classe), par exemple, les marques du passé simple au CM2 et en 6e ;

2 – de délimiter l'aire d'étude, par exemple, ne traiter que le pluriel nominal en *s* et pas en *x* ;

3 – de choisir l'angle d'attaque pour le travail en classe : par exemple, traiter les homophones *a/à*, *des/dès*, *la/là*, *ou/où* à partir des différentes fonctions des accents ; faire étudier la graphie *se* par rapport à la série des déterminants et pronoms personnels (*mon – ma – mes – me – son – sa – ses – se*, etc.), et non en opposition à *ce* ;

Formulation du problème à résoudre

Pour pouvoir créer une dynamique d'apprentissage, il est nécessaire que les élèves soient eux-mêmes partants, qu'ils aient la certitude que le travail qu'ils vont mener les aidera par la suite. C'est donc aussi une affaire de confiance qui se crée au fil du temps. Elle nait parce qu'ils sont à même de constater que les questions qu'ils posent, les réflexions qu'ils font, leurs recherches personnelles, sont entendues et prises en considération.

L'enseignant indique qu'il y a une étude à faire et pourquoi. Par exemple : « Vous n'avez pas réussi à vous mettre d'accord sur… Il faut donc qu'on creuse un peu cette question » ; ou « J'ai constaté de nombreuses erreurs sur tel point, il faut savoir pourquoi pour ne plus en faire ». Le moteur peut être bien sûr aussi la curiosité, celle qui s'exprime dans la question d'un élève et qui est répercutée à la classe ; ou bien un défi lancé : « Vous croyez que… En êtes-vous bien sûrs ? » ; ou encore : « Aujourd'hui, on va commencer l'étude d'une nouvelle question ». C'est à ce problème formulé au début du travail que la classe reviendra, à la phase finale, pour prendre la mesure de l'apprentissage qu'elle vient de faire. Il doit donc être formulé clairement, mais toujours dans les termes des élèves.

2. Constituer un corpus

Origine

Une fois le problème linguistique bien cerné, il faut constituer un corpus qui permette aux élèves d'avancer dans la connaissance d'une question orthographique précise. Le contenu du corpus dépend donc de ce qui est visé et, bien sûr, des capacités des élèves et de leurs connaissances antérieures. C'est pourquoi un corpus est rarement transférable d'une classe à une autre, mais on peut s'en inspirer et l'adapter à sa classe.

Pour que le sens du travail soit bien présent dans l'esprit des élèves, alors même que le sens des unités traitées passe au second plan, il faut veiller à ce que les élèves perçoivent bien, d'une part le lien entre le problème à résoudre et le matériau qu'ils analysent, d'autre part le lien entre le langage qu'ils utilisent ordinairement, comme lecteurs ou scripteurs, et ce même matériau. La familiarité avec des phrases tirées des textes lus ou produits en classe peut créer ce lien. Ce choix peut même aider les élèves à mettre progressivement à distance le sens, à détacher ces énoncés de leur ancrage pragmatique et sémantique habituel, et donc à privilégier la dimension formelle, en raison des manipulations qu'ils vont subir. Peu importe alors que Poko soit seul au monde, quand on travaille en grammaire ou en orthographe sur *Poko n'avaient ni parents, ni famille, ni personne*. On peut ainsi concevoir le travail sur corpus comme une plongée progressive dans la décontextualisation propre au travail métalinguistique.

Mots, phrases ou texte

On peut prélever les mots, phrases ou extraits de texte nécessaires pour fabriquer le corpus dans les productions écrites des élèves, dans les textes lus à ce moment-là dans la classe, mais aussi dans les manuels, notamment les exercices, sans hésiter à modifier le matériau initial pour les besoins de la cause.

Pour l'orthographe traitant de lettres, une liste de mots pourrait constituer un choix approprié. C'est possible, par exemple, pour étudier le rôle de l'accent, les lois de position concernant *s* ou *ss*, *on* ou *om*. Dans certains cas, une chasse aux mots est d'ailleurs un moyen intéressant pour commencer à constituer un corpus, celui-ci étant complété si nécessaire par l'enseignant. Par exemple : pour vérifier si tous les noms au féminin se terminent par un *e*.

Pour autant, dès que l'on sort du système phonographique, l'orthographe devient « relationnelle », il faut donc un contexte plus large. La phrase habitue les élèves à appréhender un fait orthographique dans une structure linguistique et à mesurer l'impact du contexte immédiat. Il est obligatoire de partir d'un texte chaque fois que le thème d'étude concerne des aspects discursifs ou les relations entre phrases. Par exemple : des phrases pour étudier les formes de féminin des adjectifs ; un texte pour étudier la portée des accords dans des chaines avec anaphores. Quel que soit le point de départ, on peut ensuite opérer une réduction, et passer d'un texte ou d'une liste de phrases à une liste de groupes de mots ou de mots, comme dans le chantier sur le pluriel des verbes, où le corpus composé de phrases relativement longues et riches sur le plan lexical devient ensuite une liste de verbes précédés de *il* ou *ils*. Si l'on doit partir d'un texte, on peut choisir un extrait d'une œuvre étudiée à ce moment-là. C'est bien ce qui semble encouragé avec le décloisonnement institué dans les IO depuis 1995 au collège. Il faut toutefois rester prudent, car on risque facilement de transformer la littérature en un réservoir des formes linguistiques à étudier.

Bien sûr, des textes, qui, comme le poème d'Obaldia, jouent déjà précisément sur le langage, s'offrent à des considérations métalinguistiques, à la condition d'avoir d'abord pris le temps de les faire gouter pour eux-mêmes. Cette condition n'est pas toujours respectée, quand, par exemple, au lieu de proposer « Les Hiboux » de Desnos à des élèves pour qu'ils éprouvent le plaisir de reconnaitre un jeu de langage fondé sur le pluriel des mots en *ou*, on le leur donne à apprendre par cœur afin de leur faire apprendre ce pluriel et ses exceptions. Pour ne pas « épuiser » les textes littéraires, il vaut mieux se tourner vers des textes tirés des autres disciplines : prendre le prétexte d'un fabliau pour étudier l'accord du participe passé présente plus de risques (pour la lecture littéraire) que d'avantages (pour l'apprentissage de l'orthographe). En revanche, si une caractéristique importante d'un texte est d'ordre orthographique, alors il faut l'étudier de près. Par exemple : les marques de genre dans les dialogues d'un début de roman pour identifier les personnages.

Étendue

C'est par l'observation de ressemblances et de différences, de régularités, que les élèves vont pouvoir percevoir un phénomène orthographique. Le corpus doit donc être constitué d'échantillons représentatifs du phénomène et offrir une diversité suffisante, mais en même temps rester limité pour ne pas être une charge trop lourde en mémoire. Autant dire qu'il n'y a pas de mesure prédéfinie : le nombre de paramètres en jeu détermine la quantité, et donc la longueur du corpus. On retiendra simplement qu'il faut plusieurs exemplaires de chaque cas pour pouvoir faire des comparaisons. Par exemple : pour faire élaborer les finales du passé simple à la troisième personne du singulier et du pluriel, deux ou trois verbes pour chacune des finales existantes (/a/ – /i/ – /y/ – /ɛ/), soit un corpus de plus d'une vingtaine d'items.

D'une manière générale et contrairement aux leçons habituelles qui soumettent aux élèves seulement deux ou trois phrases d'observation, le corpus est assez long et n'est pas édulcoré : lexique et longueur de phrases conservent la plupart du temps le degré de difficulté réel auquel se confrontent ces élèves de CE, de CM ou de collège en tant que scripteurs. Il est d'ailleurs parfois intéressant de joindre au corpus quelques intrus incitant à une différenciation plus poussée, comme, par exemple, des noms en *ent* ou des adverbes en *ment* pour étudier le pluriel des verbes.

Dynamique

Il existe en gros deux types de dynamiques pour faire découvrir un fonctionnement : soit on suit une ligne de complexité croissante, soit la complexité est d'emblée présente.

Dans le premier cas, le corpus initial est ciblé sur un phénomène qu'un deuxième corpus (ou un deuxième chantier) amènera à réorganiser, dans un mouvement de déséquilibre/rééquilibre. Par exemple : pour les noms, le pluriel en *s* ; les pluriels en *x* et, encore plus tard, l'absence de marque (*des gaz*) seront étudiés ultérieurement comme des microsystèmes ; en effet, en même temps que l'étude de la marque *s*, c'est aussi la notion de pluriel graphique qui doit s'élaborer. Dans le second cas, le corpus tend à être exhaustif pour permettre aux élèves d'appréhender l'ensemble du phénomène, quitte, si les différentes composantes sont trop nombreuses, à segmenter ensuite le corpus, comme dans le chantier sur le rôle des accents. Une troisième possibilité existe : c'est un mélange des deux premières. Par exemple : traiter ensemble le pluriel des noms et des verbes, mais en limitant le pluriel des noms à la marque *s*. En cours de chantier, il est d'ailleurs souvent nécessaire de constituer un nouveau corpus pour obliger les élèves à vérifier la validité de leurs premières conclusions (une conclusion n'est souvent qu'une nouvelle hypothèse). Par exemple : pour faire apparaitre que les noms au pluriel ne se terminent pas tous par *-e-n-t-s*.

En résumé, deux écueils sont à éviter : une trop grande masse de données qui entrainerait une trop grande charge cognitive et découragerait les élèves, ou, au contraire, les simplifications excessives de l'enseignement traditionnel de l'orthographe qui n'aident pas à faire les liens (similitudes ou oppositions).

3. Faire classer

Point de départ

La première étape consiste, bien souvent, à se mettre d'accord sur ce sur quoi on travaille. On fait donc repérer (souligner, surligner) ou relever (recopier) des mots ou des groupes de mots aux élèves. À la fin, on dispose de la liste d'unités qui constitue le corpus que les élèves vont manipuler par tris successifs durant le chantier. Si nécessaire, on distribue un nouveau document aux élèves, ne comportant, cette fois, que le résultat de la « négociation ».

Cette première étape permet aussi de cerner les zones d'incertitude autour de ce qui va être étudié et de lever des confusions : à ce stade, toute erreur est particulièrement intéressante. C'est pourquoi il est souvent préférable de ne pas désigner soi-même ce qu'il y a à observer et de laisser les élèves faire un premier relevé. Par exemple, faire souligner les mots comportant un *s* permet de repérer des confusions entre la lettre *s* et le son /s/ (certains élèves relèvent des mots comme *citron* et pas *les* ou *temps*). Le chantier, de ce fait, offre souvent la possibilité de faire des révisions, des apprentissages « incidents » (le tréma) ou d'ouvrir des pistes pour de nouveaux chantiers.

Consigne

Une fois le corpus constitué, la consigne est généralement très ouverte, voire floue : « Classez selon les critères de votre choix » ou « Mettez ensemble ce qui va ensemble ». Avec l'avancée du travail, les consignes se font plus précises. En réalité, la consigne de classement implique en elle-même une véritable contrainte et non des moindres, celle de la conceptualisation qui est l'objectif du chantier : pour classer, il faut déterminer des critères de classement. En triant et en comparant des données, les élèves dégagent peu à peu les propriétés qui fondent catégories et règles. Ils doivent alors noter par écrit le critère qui justifie chaque groupement ou sous-groupement. Même si la tâche semble difficile, la formulation écrite d'un critère de classement est un mouvement d'explicitation.

L'enjeu n'est pas de trouver « le bon classement ». Il s'agit d'amener les élèves à :

– traiter les mots comme des objets observables et les appréhender comme membres de classes généralement soumis à des contraintes dans leurs relations avec d'autres mots pour en comprendre les caractéristiques orthographiques ;

– définir des critères, c'est-à-dire des propriétés, en retenir certains, et réfléchir au lien entre les critères retenus ;

– s'interroger sur le mode de classement et sur sa pertinence par rapport à la question de départ;

– se poser de nouvelles questions.

Certains classements semblent parfois très éloignés du but. Fréquents chez les plus jeunes, ce sont notamment les classements par ordre alphabétique, nombre de lettres ou de mots, regroupements sémantiques. Faire prendre conscience de l'intérêt et des limites des critères qu'on choisit est donc bien un objectif cognitif. En leur faisant retrouver la question à l'origine de la recherche, on amène les élèves à se rendre compte que ces classements ne permettent généralement pas d'aboutir; ils sont alors mieux à même d'en proposer d'autres.

En général, on donne peu de consignes matérielles, car celles-ci anticiperaient sur l'organisation cognitive qu'on cherche à faire découvrir. Les élèves se retrouveraient vite en position de remplisseur de cases. Mais l'enseignant adapte bien sûr ses consignes aux capacités de ses élèves, à l'objectif qu'il poursuit, au déroulement du travail. Par exemple, le code de couleurs qui permet de différencier les mots qui se terminent par *e-n-t* et ceux qui se terminent par *e-n-t-s* est une aide, parce que la ligne directrice de la recherche est rappelée constamment; de même, faire surligner ou souligner permet d'éviter des erreurs de recopie inutiles.

Travail en groupe

L'activité de recherche se fait en groupe pour les raisons suivantes:

– le travail de groupe favorise la confrontation des points de vue: trier, classer ensemble, oblige à argumenter, contre-argumenter pour pouvoir arrêter un mode de classement; les élèves sont obligés d'exprimer tour à tour ce qu'ils pensent avoir compris de la notion étudiée et, donc, de dépasser le stade d'une approche implicite;

– il favorise la prise de conscience de la multiplicité des critères grâce à la multiplicité des points de vue, ce qui incite à réfléchir à leur plus ou moins grande pertinence: les élèves commencent à appréhender un objet linguistique selon plusieurs facettes et pas uniquement selon la première qui s'est présentée à leur esprit.

Mais le travail de groupe gagne à être précédé d'un temps de travail individuel: la mobilisation de chacun est plus forte ensuite pour présenter et défendre un point de vue qui a eu le temps d'être ébauché; la parole a plus de chances de circuler et de ne plus être dévolue aux seuls bons élèves ou aux grands parleurs. En outre, on peut agir sur la dynamique interne d'un groupe en cherchant la meilleure composition possible (groupes relativement hétérogènes, répartition fine des élèves susceptibles d'entrainer un groupe).

Attitude de l'enseignant

Pendant le travail de groupe, l'enseignant reste actif. Il est important, en effet, de circuler pour prélever les informations afin d'organiser la phase suivante, mais aussi pour soutenir, suggérer, réfuter, ou même prendre en charge une tâche fastidieuse. Son attitude varie, bien sûr, en fonction des groupes. Il faut parfois aider un élève à formuler quelque chose ou une équipe à aller plus loin, voire animer un groupe qui en a besoin: la seule condition est de ne pas intervenir à la place des élèves. C'est, en tout cas, un moment rare où un enseignant peut voir travailler ses élèves de près.

4. Préparer la mise en commun

Souvent, après un temps de travail en groupe, on demande quelle est l'équipe qui veut bien commencer à présenter son travail et on enchaine les présentations au gré des bonnes volontés; les élèves donnent progressivement leur avis (« Moi, je trouve que c'est bien… que ça va pas… »); après quoi, on échafaude une synthèse. Il semble au contraire plus efficace de différer systématiquement la phase collective et de faire une pause. En effet, la mise en commun ne consiste pas à simplement valider ou invalider les tentatives de classement faites par chaque groupe. Elle a pour but d'*élaborer*, grâce à la mise en convergence des différentes recherches, *de nouveaux savoirs*, de faire faire un pas de plus à la classe, et cette élaboration s'accommode mal du hasard ou de l'improvisation. En différant l'exploitation des classements à l'après-midi, au lendemain ou au cours suivant, on peut :

– répertorier tous les critères et tous les modes de classements proposés ;
– relever les nouvelles questions que les élèves se sont posées au moment du tri ;
– faire des vérifications en cas de besoin ;
– anticiper sur des obstacles et prévoir une stratégie de repli ou de contournement, éventuellement un nouveau corpus ;
– estimer le nombre de séances qui seront nécessaires pour exploiter tous les aspects de la question (ou ceux que l'on retient) et programmer en partie le contenu des différentes séances, notamment celle de la mise en commun.

Dans une classe, tous n'en sont pas au même point : si chaque classement propose en général des éléments appropriés, certains vont plus loin et sont globalement plus pertinents que d'autres dont l'analyse peut paraitre superficielle. Le travail en groupe ne fait que refléter l'hétérogénéité habituelle des élèves.

Mais les élèves, les groupes, qui n'ont vu qu'un seul aspect ou que des aspects mineurs ne font que signaler par là le niveau de conceptualisation qui est le leur. Le chantier passerait donc à côté de son but s'il s'appuyait seulement sur les meilleures propositions – meilleurs élèves, meilleurs groupes – pour valider « la bonne réponse », ce qui laisserait les autres en arrière (autant faire alors une leçon classique). Pour amener chacun le plus loin possible, on peut tirer parti des décalages entre groupes et créer une dynamique dans cette construction commune en faisant faire à la classe le trajet du simple au complexe, le simple et le complexe étant bien, dans ce cas, celui des enfants et pas celui des savants. Pour créer cette dynamique, il faut l'organiser en décidant de l'ordre de passage des groupes. On procède en trois étapes :

1 – on regroupe les classements selon leurs similitudes : mêmes critères, présentations proches ;

2 – on ordonne les différents regroupements en allant des travaux les moins élaborés vers les plus élaborés, c'est-à-dire de ceux qui proposent des critères très généraux et opèrent une partition élémentaire vers ceux qui ont discerné plusieurs critères et les agencent plus ou moins habilement ;

3 – on ordonne les classements à l'intérieur de chaque regroupement en allant des présentations les moins claires aux plus claires (liens plus ou moins apparents entre les critères), de celles qui juxtaposent simplement à celles qui hiérarchisent les différentes catégories trouvées.

On ménage ainsi une place à tous les élèves, même à ceux qui, à première vue, apportent peu. L'expérience montre qu'on a tout à gagner en procédant ainsi :

– on n'est pas obligé d'interrompre le travail de ceux qui n'ont pas fini pour commencer la mise en commun avant la fin de l'heure (les plus rapides font un autre travail) ;

– on évite les mises en commun longues et fastidieuses, où domine l'impression de piétinement et où l'on finit par se perdre (en estimant que, tous comptes faits, suivre un manuel fait gagner du temps) ;

– on peut se préparer sur les contenus linguistiques : en effet, il arrive qu'on repère dans le classement d'un groupe un élément auquel on n'avait pas pensé et qu'on écarterait peut-être s'il fallait réagir immédiatement ; de même, on peut percer à jour certaines annotations en marge que l'on ne comprend pas au départ et qui mettent parfois sur la piste d'un élément intéressant ;

– on peut constituer tranquillement à partir des travaux des groupes le matériau qui sera soumis à l'analyse de la classe ; on peut alors prendre la décision, dans certains cas, d'apporter des compléments de façon à fournir des indices supplémentaires aux élèves ;

– on peut se préparer pour la conduite de la séance : quand on soumet le classement d'un groupe aux commentaires de la classe, on a préalablement déterminé les éléments dont on veut tirer parti, quitte à laisser de côté certains aspects qu'on reprendra ultérieurement à partir du classement d'autres élèves.

Ainsi, on ne travaille pas sans filet ; on se sent plus libre en classe d'accueillir l'imprévu (en partie prévu), de suivre telle ou telle piste, parce qu'on a une idée plus claire du but, des impasses éventuelles. En somme, on gagne du temps et de la clarté pour les apprentissages.

5. Mener l'analyse collective des propositions

Examen dynamique des classements

Cette phase collective prend souvent plus d'une séance. Au départ de la mise en commun, la question directrice de la recherche est rappelée pour deux raisons :

1 – inscrire la phase collective et l'effort nouveau qu'elle exige dans la logique du travail de la classe ;

2 – poser que les différentes propositions sont à examiner au regard des réponses qu'elles permettent d'apporter à cette question.

L'ordre de passage retenu joue comme un révélateur : il fait apparaitre progressivement les propriétés les moins évidentes, les plus subtiles, de la notion étudiée. Le premier classement, en effet, s'en tient souvent à une opposition majeure, une grande propriété que les classements suivants précisent ou complètent.

Ce sont rarement les élèves qui ont effectué le classement affiché au tableau qui l'expliquent au reste de la classe, mais, au contraire, les autres qui vont devoir le lire et le décrypter. Les auteurs sont là pour confirmer ou rectifier, préciser, répondre aux questions ou objections qui surgissent. Cette façon de procéder a un effet très mobilisateur sur l'ensemble de la classe, surtout si l'on prend soin de laisser quelques instants de réflexion en silence avant toute discussion. Pour ceux qui découvrent avec curiosité le travail de leurs pairs, il s'agit d'exercer leur sagacité pour comprendre ce qu'ont fait d'autres semblables attelés à la même tâche. La lecture des affiches ne se fait pas d'une façon uniforme, mais dans une accélération progressive :

1 – on démarre en ne soumettant qu'un seul classement à la classe ;

2 – à partir de la troisième étape, il est généralement possible de soumettre à la réflexion des élèves deux ou trois travaux simultanément pour leur demander de vérifier qu'ils contiennent bien les critères qu'on vient de retenir, ou de définir en quoi ils se différencient (nouveau critère, agencement différent...) ; de cette façon, on ne dévalorise pas les groupes qui ont fait la même chose ;

3 – certains critères que peu d'élèves avaient nommés pendant leur propre recherche deviennent évidents et sont repris largement dans les commentaires collectifs, ce qui accélère considérablement le travail d'élaboration ;

4 – quand les élèves ont déjà mené un premier chantier au cours de l'année, les mises en commun ultérieures sont plus efficaces.

Mais il faut rester prudent : on cherche à impulser une dynamique dans la conduite de la séance, pas à bruler les étapes. En effet, certains élèves comprennent vite et interviennent en proposant une classification qui fait la synthèse de tous les critères, mais, quand le reste de la classe ne la reprend pas, c'est que le saut conceptuel est trop grand. Imposer la vision de ces quelques élèves prématurément risquerait de perdre en route la grande majorité. Certaines affiches nettement plus élaborées, ou qui attirent l'attention sur un point adjacent, peuvent être gardées pour une relance ultérieure (en le signalant aux intéressés). Pour calmer l'ardeur des plus savants, il faut prendre acte de leur proposition, mais comme une hypothèse à vérifier.

Construire un classement synthétique en dégageant et en hiérarchisant progressivement les critères pertinents donne à tous une vision claire et organisée, et, surtout, le temps de se l'approprier. Ainsi, à la fin du chantier, aucun élève n'est laissé sur le bord du chemin, chacun parvient à appréhender la notion étudiée au niveau le plus complexe qu'on a atteint ensemble.

Mise en scène du travail conceptuel

Au fur et à mesure de la discussion et de la comparaison des travaux de groupe, en fonction d'un nouveau critère plus pertinent, on peut être amené à revenir sur un classement antérieur. Toutes les affiches sont là, en effet, pour contribuer à établir les éléments déterminants des notions travaillées. C'est pourquoi elles peuvent subir des modifications : certains éléments peuvent être encadrés, reliés à d'autres par une flèche ; la colonne d'une affiche est repliée si elle gêne ou découpée pour venir en compléter une autre ; des subdivisions sont introduites. Les affiches sont avant tout un matériau de travail, au sens profond du terme : les manipulations visent à opérer une transformation chez les élèves. Il est clair pour tous que la classe construit ainsi ensemble le classement qui sera retenu à l'issue de la séance.

De fait, c'est en manipulant les affiches devant les élèves ou en les leur faisant manipuler que l'enseignant cherche à développer chez eux des modes de classement plus pertinents : il leur montre, dans cette forme spectaculaire de brouillon que sont les affiches, qu'un classement se travaille, qu'il n'est pas figé, mais que son agencement dépend de ce que l'on cherche et trouve. Réorganiser un classement permet de manipuler aussi concrètement que possible des critères abstraits et d'opérer un remaniement conceptuel.

Par exemple, dans un chantier récapitulant les différentes fonctions du graphème *s*, le premier classement présenté oppose « les *s* qu'on entend » et « les *s* qu'on n'entend pas », ce qui fait apparaitre le rôle non phonogrammique de la lettre ; un deuxième précise le double rôle phonogrammique, tandis qu'un troisième entame l'analyse du *s* sans correspondance phonique :

1er classement	2e classement	3e classement
• les *s* qu'on entend	les *s* qu'on entend /s/ les *s* qu'on entend /z/	
• les *s* qu'on n'entend pas		pluriel mots : *puis*, *alors*, *longtemps*

Par la répétition tout au long de l'année de ces manipulations, les élèves apprennent à présenter leurs classements de façon de plus en plus élaborée : de la juxtaposition de colonnes ou d'ensembles-patates à une hiérarchisation en groupe et sous-groupes, en arbre ou en tableau à double entrée. À ce propos, on oublie souvent qu'un tableau à double entrée donne à voir plusieurs dimensions d'un objet simultanément : il est par là même un outil d'une grande abstraction qui requiert des capacités cognitives élevées. À l'école, rares sont les élèves qui parviennent à croiser leurs critères ; la plupart tracent simplement des colonnes les unes à côté des autres au fur et à mesure qu'ils découvrent dans le corpus un nouvel élément : dans un domaine de recherche nouveau, l'appréhension de plus d'un élément à la fois est souvent difficile. Une seconde phase est d'ailleurs généralement nécessaire pour organiser des résultats, c'est-à-dire représenter des propriétés multiples et hiérarchisées, une fois qu'on les a mises au jour.

L'évolution matérielle d'une affiche correspondant à une évolution conceptuelle, la création d'un tableau à double entrée constitue donc un moment d'élaboration important. C'est pourquoi, si les élèves doivent remplir les cases d'un tableau préparé par l'adulte avec les propriétés pertinentes, au lieu de gagner du temps, ils en perdent, car ils se voient privés de ce moment capital pour l'apprentissage. Faire en sorte que les élèves apprennent à structurer progressivement leurs connaissances doit donc être considéré par l'enseignant comme un objectif à part entière : ce qu'ils apprennent collectivement, ils pourront le réinvestir seuls ultérieurement. Il ne faut donc pas lésiner sur le temps pour organiser et réorganiser des classements au cours d'une exploitation collective.

Attitude de l'enseignant

La tâche de classement du corpus demandée aux élèves les conduit à percevoir des propriétés de la notion étudiée. Leurs critères de classement révèlent ces propriétés. Il s'agit dans la phase collective :

1 – d'éliminer les erreurs, qui, loin d'être une gêne, fournissent des occasions supplémentaires de renforcer les aspects pertinents ;

2 – de valider les éléments repérés par les différents groupes, tout en écartant les éléments inappropriés ;

3 – d'organiser ces éléments de façon pertinente dans une synthèse.

Tout au long de la mise en commun, l'enseignant poursuit ainsi deux objectifs différents. L'un a trait à l'élaboration de la notion étudiée et donc aux contenus orthographiques, l'autre à l'amélioration des modes de classement. Ces objectifs, notionnels et méthodologiques, ne sont pas véritablement séparés dans la conduite de la séance. Soutenir les élèves dans leur recherche, faciliter la prise de parole, faire avancer la classe, apporter des connaissances au moment opportun, tels sont les principes qui guident l'attitude de l'enseignant. Plus particulièrement :

1 – il prend acte du travail des auteurs d'une proposition en situant avec précision les éléments qu'ils ont su dégager et apporter à la réflexion collective ;

2 – il aide les élèves à s'expliquer, à reformuler, à défendre un point de vue, à soutenir leur choix, à réfuter une objection, ou, au contraire, à reconnaitre une erreur ;

3 – il fait avancer le groupe classe dans l'élaboration de la notion étudiée en repérant les arguments qu'il sait pertinents, même s'ils sont maladroitement exprimés (ce qui est le cas le plus fréquent) et en attirant l'attention de la classe sur ce qu'ils signifient ; ou, au contraire, il signale un écueil, une zone d'incertitude, et relance éventuellement une recherche ;

4 – il verbalise ses actions quand il réorganise les classements au tableau, afin que les élèves perçoivent la raison de ces réorganisations et puissent s'approprier des modes de classement plus élaborés ; il les aide ainsi à comprendre que les idées ne sortent pas toutes faites, mais sont le résultat d'un travail de la pensée et que celle-ci a besoin d'appuis matériels ;

5 – à certains moments décisifs, il valide une réponse et fait prendre conscience aux élèves de l'étape franchie ; il reformule leurs propos en termes métalinguistiques, pointe un élément non perçu, apporte un complément d'information, ou renvoie un aspect de la question aux apprentissages ultérieurs, dans l'année ou dans une classe supérieure ;

6 – il aide à récapituler le trajet fait par la classe et à construire la synthèse finale.

Loin de rester en retrait, l'enseignant joue donc un rôle de premier plan lors de la mise en commun des recherches. Ce qu'il dit vient répondre à des interrogations si la classe a travaillé véritablement une question, et constitue alors un apport de connaissance ou de méthode indispensable. Il ne faut donc pas hésiter à intervenir sur les propositions des élèves, comme hésitent à le faire de nombreux débutants au nom d'un « cela doit venir des élèves » mal compris. La vraie difficulté pour l'enseignant est de trouver le bon *tempo* : ni trop tôt, ni trop tard ; et le bon niveau de réflexion : un peu en avant des élèves, pas trop. Comme d'habitude, ce sont souvent les réactions des élèves qui servent d'indicateur.

6. Organiser les écrits de travail

Au cours d'un chantier, le recours à l'écrit est constant : affichages généralement fabriqués par l'enseignant, traces individuelles dans les cahiers ou classeurs, exercices. Ces écrits ont des fonctions différentes.

Les questions de recherche

La question posée au départ d'un chantier figure en général sur un bandeau bien visible de tous : elle facilite l'entrée dans une entreprise qui va durer un certain temps et couter pas mal d'efforts. Affichée jusqu'à la phase finale, elle rappelle la ligne directrice de la recherche et le sens du travail mené. Elle aide ainsi à « enrôler dans la tâche », comme le dit Bruner, maintient les énergies tendues vers l'obtention d'une réponse et soutient un effort prolongé dans une recherche complexe.

Il y est fait appel à chaque récapitulation, ou lorsque les commentaires partent dans tous les sens ou qu'il faut évaluer un classement un peu décalé. Il arrive que la question initiale soit reformulée ou démultipliée en raison de l'avancée du travail de la classe. À la fin du chantier, elle sert à formuler les réponses et à faire le bilan final.

Les notes de travail ou le carnet de bord

Pendant un travail de groupe, il est important d'inciter les élèves à écrire leurs réflexions, même modestes. Plus il y a de divergences entre les élèves, plus il y a de chances que de nouvelles questions émergent au sein du groupe. On encourage donc les élèves à noter sur la feuille de tri en marge de leur classement toutes les questions qui restent sans réponse : elles sont une source de renseignements pour l'enseignant qui ne peut pas entendre tout ce qui se dit, mais qui examine ultérieurement ces notes de travail. On peut aussi instituer un véritable carnet de bord.

Les remarques et questions témoignent de l'activité intellectuelle des élèves. Elles peuvent, bien sûr, être à l'origine d'une recherche, et sont alors reportées sur une affiche afin de marquer leur statut de nouvelles questions de recherche. Le passage à l'écrit pour définir une propriété, formuler une remarque, noter une petite conclusion, constitue des temps de réflexion individuelle, essentiels dans la classe où l'oral prédomine généralement, et il ne faut pas craindre d'en abuser.

Les affiches des groupes

L'affiche est un outil de travail pour le classement d'un corpus, une proposition de formulation d'une question ou en vue d'une synthèse. On ne cherche donc pas à faire une belle affiche propre. Ce sont avant tout des critères de lisibilité qui comptent.

Pour qu'elle soit un outil efficace, il ne suffit pas de savoir tracer des lignes et des colonnes, il faut aussi comprendre le principe d'organisation hiérarchique et connaitre quelques moyens graphiques et visuels. Organiser une affiche en adéquation avec sa finalité s'apprend et s'enseigne. Il est donc nécessaire de la travailler comme n'importe quel autre type d'écrits dans une situation fonctionnelle. Le chantier d'orthographe en offre l'occasion, au moment de la mise en commun (par des remarques ponctuelles sur l'efficacité de certaines affiches) et du bilan du chantier (par un retour sur l'organisation des affiches). Quand la classe aura découvert qu'écrire trop petit sur une affiche ne permet pas à celle-ci de jouer son rôle, on pourra garder trace de cette contrainte et la rappeler ou la faire rappeler avant le début d'un nouveau travail. Il ne s'agit cependant pas de quelque chose de systématique dans le chantier.

Les affichages intermédiaires

Ce sont les traces de la progression du travail collectif de la classe. En effet, pendant la durée d'un chantier, des affiches murales rendent compte des étapes de la construction de la notion étudiée. Elles permettent aux élèves, séance après séance, de visualiser leur progression, et de donner de la cohérence aux diverses activités proposées. Il y est fait appel pour récapituler le trajet déjà effectué et situer la nouvelle phase de travail qui va commencer.

Sont ainsi affichés les classements qui résultent de l'élaboration collective à partir des travaux des groupes ; les remarques annexes ou les questions périphériques qui surgissent au cours d'une argumentation, et qui sont notées à part pour une reprise ultérieure ; les trouvailles des élèves dans le cas où une chasse aux mots a été ouverte pour constituer un corpus d'étude ; parfois, des classements directement proposés par des groupes.

D'une manière générale, ce que disent les élèves est noté au tableau ou sur un panneau, pas seulement pour favoriser les échanges, mais parce que leurs remarques et la trace de ces remarques sont nécessaires pour avancer dans la construction des connaissances. La fonction des affichages intermédiaires est donc d'indiquer l'état de la réflexion d'une classe : ils en reflètent le cheminement.

Les affiches murales semblent souvent préférables à des traces écrites dans le cahier de leçons ou le classeur, celles-ci pouvant être mal comprises par une personne extérieure à la classe. Si, néanmoins, les élèves gardent une trace individuelle de ces étapes intermédiaires, il faut sensibiliser les familles à cette démarche encore inhabituelle, c'est-à-dire les avertir, lors d'une réunion de parents d'élèves, que les contenus de ces notes de travail évoluent au fur et à mesure et ne constituent pas le résumé à apprendre.

Les synthèses collectives

Marquant une étape clé ou le point d'arrivée dans l'étude d'une notion, les synthèses sont une mise en forme des découvertes des élèves et sont destinées à être mémorisées : ce sont des résumés, des règles, des exemples types, qu'il faut apprendre, et que le travail mené en classe suffit d'ailleurs bien souvent à mémoriser. Il est cependant nécessaire de rappeler aux élèves ces synthèses et de les inciter à s'en servir aux moments utiles, notamment dans la révision des textes.

La synthèse se distingue d'un simple passage à l'écrit : c'est la formalisation d'un nouveau savoir. Mais, la plupart du temps, les synthèses sont à considérer comme provisoires ; elles seront complétées par des recherches ultérieures conduisant généralement à une formulation plus élaborée. C'est pourquoi il n'est pas nécessaire d'attendre la fin d'un chantier : si des découvertes concernent une partie de la notion étudiée ont été faites, elles peuvent être formalisées en cours d'étude. L'idéal est que les synthèses soient de véritables outils de travail qui suivent les élèves d'une classe à l'autre tant qu'ils en ont besoin.

Il arrive que des conclusions auxquelles on s'arrête puissent paraitre inexactes. Mais il est important qu'elles reflètent le niveau commun de conceptualisation. Il ne s'agit pas de forcer les choses en cherchant une pseudo exhaustivité ou de transformer soudain les résumés en un jargon incompréhensible pour une partie de la classe. C'est de la responsabilité de l'enseignant de décider ce qu'il peut considérer comme une avancée dans la connaissance, comme, par exemple : « Au pluriel quand il y a *des*, *les* ou *ces* devant un nom, on met un *s* à la fin du nom ». L'important est que la formulation soit bien le résultat de l'élaboration conceptuelle de la classe. Elle se fabrique souvent collectivement à partir des propositions des groupes présentées au tableau sur de grandes affiches et validées par une argumentation. On peut aussi demander aux élèves de rédiger d'abord individuellement une proposition de synthèse, puis de se mettre d'accord en binôme sur une formulation ; le résumé collectif est ensuite construit sous la direction de l'enseignant. On peut aussi avoir sélectionné préalablement deux ou trois résumés de groupes et les distribuer aux élèves pour faciliter la synthèse collective.

Bien sûr, tous ces moments de rédaction, qui sont aussi des moments de réflexion intense, prennent du temps et l'on peut choisir des raccourcis. Mais il n'est pas inutile de rappeler que, si l'on veut que les élèves parviennent à un langage écrit de type réflexif au terme de la scolarité obligatoire, il faut bien qu'ils aient des occasions de le pratiquer en situation, et ce pendant des années.

Les synthèses figurent dans un cahier ou dans une partie du classeur. L'enseignant peut les faire copier à partir du tableau ou distribuer un document. Il peut d'ailleurs avoir chargé deux élèves de le mettre en forme au traitement de texte et le vérifier ensuite. Ces synthèses peuvent aussi être affichées sur les murs de la classe et remplacer les affichages intermédiaires. C'est alors le signe qu'un chantier s'achève.

Les exercices

Des séries d'exercices sont proposées au cours ou à la fin d'un chantier. Elles permettent :

– aux élèves d'ajuster leur compréhension des règles et de vérifier que ce qu'ils font correspond bien à ce qui vient d'être élaboré ;

– aux enseignants d'avoir une indication du degré de compréhension immédiate de la classe, et de lever quelques malentendus éventuels ou de débusquer quelques obscurités.

En aucun cas, ces exercices ne servent à évaluer en profondeur une acquisition : selon certains psychologues, il faut une période de plusieurs mois pour consolider de nouveaux savoirs. Il s'agit donc de laisser du temps aux élèves et, surtout, de travailler à cette consolidation dans d'autres situations : inutile alors de se précipiter, au risque de faire apparaitre des « manques » créés de toutes pièces par une évaluation prématurée et un travail de renforcement insuffisant. Se présentant explicitement comme l'application de la règle qui vient d'être étudiée, les exercices sont généralement réussis, ce qui donne aux élèves un premier repère. Les exercices s'opposent cependant par bien des points à la situation d'écriture dans laquelle on évalue réellement le niveau orthographique des élèves :

– ils font appel à la mémoire à court terme, mais par la suite, c'est la mémoire conceptuelle qui sera sollicitée ;

– ils sont focalisés sur une question particulière alors que, lors d'une production écrite, non seulement les élèves ont à gérer la totalité de l'activité d'écriture, mais ils doivent identifier les problèmes orthographiques à résoudre, mobiliser les règles qui conviennent et les mettre en œuvre ;

– ils sont décontextualisés, souvent limités à des phrases, alors que la mise en œuvre réelle des savoirs a lieu dans des situations complexes et non épurées, où le discours est assumé par un sujet qui doit prendre en charge les paramètres de la situation, ce qui provoque toutes sortes de brouillage, comme on l'a vu dans la deuxième partie.

Les exercices ne sont donc pas suffisants pour permettre aux élèves de résoudre les mêmes cas lorsqu'ils écrivent. Leurs atouts – mémoire immédiate, focalisation, décontextualisation – sont aussi leurs limites : on ne peut leur demander plus que ce qu'ils peuvent offrir. Simples moments de fixation, d'enregistrement instantané, ils constituent cependant un des premiers moments d'apprentissage, au sens où l'élève commence par lui-même à appliquer des savoirs nouveaux.

Une petite typologie permet de varier les exercices et de les graduer selon que les réponses sont fermées et prédéterminées (juste/faux) ou bien ouvertes, c'est-à-dire dont les solutions sont à discuter ; que l'éventail des réponses possibles est limité ou non ; qu'une justification est ou non attendue, et que le traitement concerne des mots, des phrases, des textes. Un exercice ouvert peut d'ailleurs servir à lancer un chantier.

application — création

Types	Tâches	Consignes ou remarques
Reconnaissance	• identification • étiquetage • exercices à trous • appariement • choix multiple • repérage d'intrus • classement	encadrer, souligner, surligner, relier par une flèche nommer à l'école, peuvent se faire sur l'ardoise, avec une vérification et correction immédiate flécher cocher, entourer, rayer variation du nombre d'intrus avec ou sans dénomination préalable des critères
Transformation	• ajout – suppression • déplacement – substitution	mise en œuvre d'un ou de plusieurs paramètres qui entrainent des modifications (par exemple, dans la chaine d'accord) choix en cascade, incombant à l'élève
Production	• invention d'exercice • écriture avec contraintes	imposé ou libre phrase et surtout texte nombre croissant de contraintes

7. Aménager des retours réflexifs sur le travail mené

Parce qu'il ne peut y avoir de véritables acquis à la fin d'un chantier, il n'y a généralement pas d'évaluation immédiate. En revanche, il est intéressant d'organiser des bilans d'apprentissage avec les élèves. De nombreux courants de recherche insistent, en effet, sur cette phase capitale pour les apprentissages que constitue le retour sur le travail. Ces phases dites de *métacognition*, qui vise à l'analyse par le sujet de son propre fonctionnement intellectuel, interviennent à certaines étapes clés du travail et, bien sûr, à la fin pour faire le point sur ce qui a été appris. Ces retours ont plusieurs fonctions.

1 – Les retours réflexifs, par définition, mettent au premier plan les savoirs et l'activité cognitive. Or on sait que certains élèves vivent leur scolarité comme le mode de vie obligatoire entre l'enfance et l'âge adulte sans relier fortement leur présence à l'école à l'acquisition de savoirs. Ces prises de distance les aident à saisir que leur activité n'est pas seulement une participation à la vie de la classe, mais s'inscrit dans une perspective d'apprentissage de connaissances. Ils apprennent ainsi à prêter attention à leurs actions et aux résultats de leurs actions dans un domaine d'apprentissage parfois assez éloigné de leurs intérêts familiers et de leurs pratiques culturelles.

2 – Les récapitulations plus ou moins systématiques à chaque début de séance (en fonction de l'âge et de la distance séparant deux séances) et les bilans soutiennent l'effort intellectuel qui accompagne tout apprentissage en donnant des repères collectifs : ce qu'on cherche, ce qu'on a trouvé, ce qui reste à trouver. C'est pourquoi les affichages, en général, sont d'une telle importance. En participant à ces bilans, chaque élève peut percevoir et évaluer ce trajet d'apprentissage pour le groupe-classe et pour lui-même, ainsi que le rôle qu'il joue dans l'élaboration des connaissances.

La question de base du bilan est celle-ci : « Qu'avez-vous appris que vous ne saviez pas ou pas très bien ? » Il peut prendre une forme écrite individuelle, très brève, avant une discussion collective. Si les élèves se cantonnent aux contenus, on peut les aiguiller vers une réflexion sur les méthodes de travail. Il peut arriver qu'un problème de fond surgisse pour lequel une brève mise au point ne suffise pas. Ce n'est évidemment pas le moment de tout reprendre : ces éléments qu'on prend soin de noter serviront pour organiser ultérieurement un nouveau cycle de travail. Les bilans individuels, examinés plus tard, sont également des sources d'informations utiles pour la suite.

3 – Les bilans intermédiaires ou de fin de chantier concourent à la structuration des connaissances, car ils sont des occasions de reprises, de reformulations des notions, des propriétés, des structures. Ce sont des moments de synthèse qui permettent de ressaisir mentalement l'objet de travail dans son ensemble et dans ses composants. Une récapitulation très structurée est ainsi le pendant des phases de recherche tâtonnante ou de restitution difficile, au cours desquelles on se perd souvent. Les élèves y gagnent une vision large, « par au-dessus », et non plus « en tunnel ». Les bilans aident ainsi à la conceptualisation.

Par exemple, en récapitulant les étapes du chantier sur le pluriel des noms et des verbes, les élèves refont le parcours qui les a conduits à prendre progressivement conscience de la différence entre noms et verbes : ils peuvent alors situer la règle qui veut qu'on mette un *s* après *les* et *nt* après *ils* comme ce qui marque la différence graphique entre les deux classes syntaxiques (même s'ils le font en d'autres termes).

Tout savoir est à la fois individuel et socialisé. Les moments de bilan institutionnalisent, en les partageant, les nouveaux savoirs : validés avec une touche de solennité par l'enseignant comme partie prenante des savoirs sociaux, ils font désormais partie des références de la classe.

En résumé

Le tableau suivant rappelle les trois principaux temps d'une recherche et les tâches dominantes qu'elles impliquent pour l'enseignant (certaines de ces tâches interviennent à plusieurs reprises) :

1. Repérage du problème	1. Sélectionner un thème d'étude pertinent 2. Constituer un corpus
2. Résolution du problème	3. Faire classer 4. Préparer la mise en commun 5. Mener l'exploitation collective des propositions des élèves
3. Formulation des nouveaux savoirs	6. Organiser les écrits collectifs 7. Aménager des retours réflexifs

2.2. Des programmes officiels aux chantiers

Progression ou programmation des apprentissages

Tout enseignant a besoin de savoir où il en est dans son enseignement. À l'école, il est même demandé d'afficher les « progressions » dans toutes les disciplines en début d'année, ce qui pose problème : la progression est le fait de l'élève, et, dans ce sens, on ne peut pas véritablement décider de la progression des apprentissages, tout au plus de l'ordre des questions traitées. De plus, si certaines disciplines peuvent afficher l'ordre à suivre parce que des éléments du savoir doivent être construits avant d'autres, en orthographe, ce n'est pas le cas. Certes, il est plus judicieux, voire nécessaire de travailler certains points avant d'autres, mais une « progression » établie en début d'année est tout à fait illusoire. Enfin, même s'il répond à une demande institutionnelle, cet affichage entre en contradiction avec les principes affirmés des instructions officielles d'organiser l'observation réfléchie comme une découverte à partir des productions écrites et de tenir compte des besoins des élèves, ce qui ne peut se fixer une fois pour toutes au mois de septembre. Par ailleurs, aucune notion ne peut être considérée comme acquise, même après un chantier qui a donné toute satisfaction, pour deux raisons : d'une part, une notion nouvelle peut venir déstabiliser des connaissances déjà présentes ; d'autre part, une notion doit être mise en œuvre dans des structures complexes très différentes qui rendent opaque sa reconnaissance.

Il faut donc organiser une programmation de façon différente. Si on ne peut indiquer avec précision ce qu'il convient de faire à tel ou tel niveau de classe, on peut s'appuyer sur un cadre général. Sans tracer de frontières étanches, on retiendra trois grandes phases du développement des apprentissages orthographiques de l'école au collège :

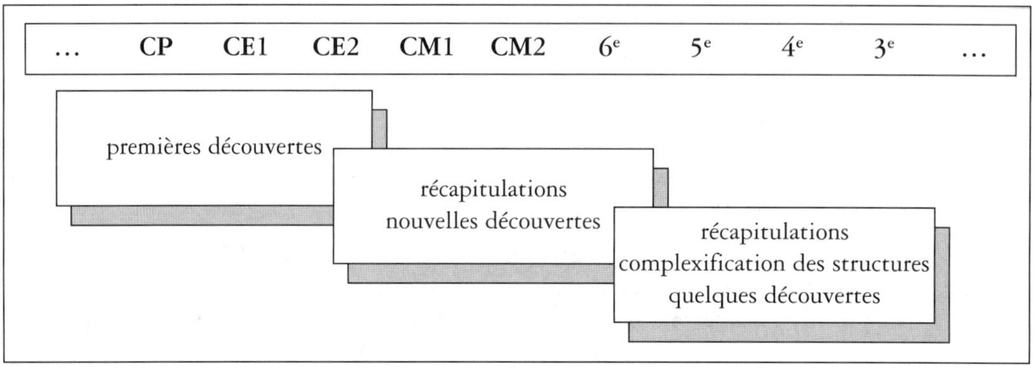

Évolution des caractéristiques de l'apprentissage

Ce schéma rappelle qu'un apprentissage se développe sur la durée et que l'enseignement doit prendre le temps qu'il faut pour que les têtes soient à la fois bien pleines et bien faites : découvertes, récapitulations pour pouvoir assimiler ce qui a été découvert ou démêler ce qui s'est s'emmêlé, approfondissements et complexifications quand l'expérience langagière elle-même s'enrichit.

L'intérêt des chantiers est bien de renouveler à chaque fois l'approche en classe de notions presque toujours « déjà vues », grâce à des entrées nouvelles (questions et corpus) et à l'activité propre des élèves qui mène la classe sur des chemins en partie nouveaux.

Thèmes de chantier et listes de contrôle

Proposer des chantiers d'orthographe adaptés aux besoins de ses élèves est conforme aux principes, démarches et notions fixés par les programmes de l'école et au collège. De nombreux thèmes peuvent se traiter dans ce cadre. Par exemple :

- lois de position des lettres *c*, *g*, *s* ou *an/en* devant *m*, *b*, *p*, en CE1-CE2 ;
- adverbes en *ment*, à partir du CM2 ;
- imparfait, à partir du CE2 ;
- fonctions des lettres polyvalentes *e*, *s*, *t*, *x*, à partir du CE2 ;
- ponctuation du dialogue, à partir du CE2 ou CM1 ;
- mots d'une seule lettre, à partir du CM2 ;
- formes conjuguées ou participe passé, à partir du CM2 ;
- marques de 1re et 2e personnes du singulier du verbe, à partir du CE1.

Pour contrôler ce qu'on fait dans un cadre où l'ordre des chantiers ne se décide pas à l'avance, on peut utiliser une *liste de contrôle*. Généralement, une programmation s'établit à partir de la liste des items du programme d'une année ou d'un cycle. Dans la mesure où l'orthographe se découpe mal par niveaux scolaires, ce sont les composantes du système graphique lui-même qui peuvent servir d'entrée, dans une organisation proche des habitudes, mais avec des contours et des thèmes élargis :

1 – *le pôle lexical* réunit ce qui a trait aux phonogrammes, aux morphogrammes lexicaux, aux mots, aux éléments de construction des mots (radicaux, préfixes, suffixes), à certains homophones ;

2 – *le pôle grammatical* regroupe ce qui touche aux accords, aux différentes marques et à d'autres homophones ;

3 – *un pôle complémentaire* rassemble ce qui relève du transversal, comme la fonction de certains graphèmes ou les accents ; ou ce qui est périphérique, comme les majuscules.

Il suffit ensuite de cocher la liste pour savoir où on en est à tout moment de l'année. On voit ainsi ce qui a été fait et ce qui serait à faire. On peut évidemment affiner les rubriques ou en ajouter. Cet outil qui peut servir tout au long d'un cycle pourrait être aussi utilisé dans les liaisons école/collège. ➢ À titre d'exemple, on trouvera en annexe du chapitre la liste récapitulative d'une classe de CM2 au mois de novembre.

➢ En complément de ceux présentés au début du chapitre, sept comptes rendus de chantier sont proposés à la fin de l'ouvrage. Ces chantiers ont été menés dans des niveaux de classe variés, par des débutants aussi bien que par des enseignants expérimentés :

– pôle lexical : ➢ chantiers complémentaires 1 et 2 ;
– pôle grammatical : ➢ chantiers complémentaires 3, 4, 5 et 6 ;
– pôle complémentaire : ➢ chantier complémentaire 7.

2.3. Pour débuter

La crainte, quand on commence, est de ne pas savoir mener un chantier. Le premier chantier rapporté a été mené par une stagiaire et est, à cet égard, intéressant : on peut en effet se demander si le travail des élèves n'a pas été trop cadré, entrainant une certaine passivité de la classe, au moins au début. Mais l'écoute, l'accueil des questions et remarques, ont rapidement transformé la situation et les élèves se sont fortement investis. En somme, la conduite d'un chantier *s'apprend aussi dans l'action* tant du côté des élèves que du côté de l'enseignant. Il reste qu'on touche là à une difficulté inhérente à ce type de démarche d'enseignement, que l'on retrouve dans les autres disciplines : laisser suffisamment d'espace aux élèves pour penser et néanmoins faire avancer la classe dans la progression des connaissances. Il n'est facile pour personne de ne pas vouloir tout maitriser…

Pour se donner le temps de s'approprier la démarche, on peut commencer par introduire des changements dans sa façon de travailler, tout en s'appuyant sur un manuel. On peut notamment :

– adopter un ordre plus approprié aux besoins de la classe : la table des matières sert alors de liste de vérification ;
– cibler à l'intérieur d'une notion présentée dans une leçon ce qui est véritablement important ;
– prendre plus de temps pour chaque leçon, par exemple la faire en deux ou trois fois ;
– enrichir le point de départ d'une leçon par d'autres exemples (il y en a souvent très peu), pris dans les exercices, puis en complétant avec des phrases tirées des productions des élèves, et les faire classer ;
– introduire des plages où les élèves ont le temps de s'expliquer ;
– sélectionner, si l'on fait classer un corpus en travail de groupe, seulement trois ou quatre classements qui paraissent les plus pertinents et qui permettront d'arriver au but d'une manière plus rapide et plus prévisible.

Il est ainsi possible de modifier progressivement sa façon d'enseigner le fonctionnement de l'orthographe à partir de ces quelques principes, avant d'adopter la démarche du chantier dans toute sa dynamique.

Annexes

Fonctions des accents

Le système actuel des accents en français est complexe, car il est le résultat de facteurs très divers, notamment historiques. De plus, si les accents sont relativement codifiés à l'écrit, certains d'entre eux correspondent à des prononciations variées, sans qu'on en ait toujours bien conscience. Par exemple, l'opposition entre /e/ et /ɛ/ tenue pour incontestable par beaucoup d'enseignants n'existe pas dans certaines régions ; chez certains locuteurs, elle varie selon le contexte. Il s'ensuit des variations graphiques importantes à l'écrit. Des études ont montré que les scripteurs cultivés n'attachent pas une grande importance aux accents dans leurs écrits personnels. Les accents constituent d'ailleurs un des points des rectifications orthographiques de 1990 pour réduire l'écart entre l'oral et l'écrit : on peut désormais écrire *je préfèrais* ou *évènement*.

Fonctions			Exemples	Positions syllabiques	Remarques
phonogrammique	é	/e/	*étendue* *préféra* *immobilité*	en toutes positions	• le signe diacritique pallie l'absence de lettres de l'alphabet pour noter ces phonèmes
	è	/ɛ/	*cèdre* *après*	jamais à l'initiale (sauf *ère/aire*) en finale, toujours suivi d'une lettre	• rappel : *évènement*
	ê	/ɛ/	*être*	jamais à l'initiale (sauf *être*) jamais en finale	
morphogrammique	é	/e/	*explorée*	en finale	marque du participe passé (*é/er/ai*)
distinctive	à ù û ê ô		*à – là* *où* *dû* *prêt* *côte*		• autres oppositions, plus rares dans les écrits des élèves : *il croit/il croît – jeune/jeûne* • la distinction peut reposer sur un élément graphique : *côte/cote* deux éléments graphiques : *prêt/près*
Accents non fonctionnels	î â ô		*île* *théâtre* *ôter*		• traces de l'histoire • en particulier d'un ancien *s*, qu'on peut retrouver dans des mots formés sur le même radical et plus ou moins encore perçus comme de même la même famille : *île/insulaire* (*ôter/obstacle ?*) • zone prioritaire pour les rectifications orthographiques • Rectifications orthographiques (1990) : *ile – maitre – parait – buche*

RÉCAPITULATION DU CHANTIER N° 1 : LE PLURIEL DES NOMS ET DES VERBES (CE1)

	Phases	Séances	Supports	Activités	Traces écrites
Repérage du problème	**Phase 1 :** Formulation de ce qui pose problème	n° 1	***Question de recherche n° 1*** Pourquoi n'écrit-on pas « Les enfants ~~jouents~~. » ?	– Tri du corpus à partir de la seule différence graphique *e-n-t/e-n-t-s*	
Recherche	**Phase 2 :** Observation et tri	n° 2	***Affiche n° 1*** je vois *e-n-t* ***Affiche n° 2*** je vois *e-n-t-s*	– Constat : • affiche n° 2 : je vois *e-n-t-s* et j'entends /ɑ̃/ • affiche n° 1 : je vois *e-n-t* et j'entends /ɑ̃/ ou pas – Tri de l'affiche n° 1 (qui comporte les deux cas de figure) à partir de la relation graphie-phonie : /ɑ̃/ ou non /ɑ̃/	
	Phase 3 : Confrontation des classements pour dégager une règle sur le fonctionnement du *verbe* au pluriel	n° 3	***Affiche n° 3*** je n'entends pas /ɑ̃/ [verbes] ***Affiche n° 4*** j'entends /ɑ̃/ [noms ou adverbes]	– Rectification d'une erreur de classement (l'opposition des classes reste implicite, mais deux élèves ont fait une remarque explicite concernant le contexte sur leur fiche personnelle) – Entrainement portant sur l'opposition phonique (sans repérage des classes) : *un collant/ils collent*	
		n° 4	***Remarques des élèves affichées*** (1) Devant les mots où on n'entend pas /ɑ̃/), j'ai remarqué qu'il y a *ils* ou *elles* devant. (2) Explication : il y a *un*, *ce* et *la* devant les mots se terminant par le son /ɑ̃/. ***Affiche n° 3*** je n'entends pas /ɑ̃/ [verbes] ***Affiche n° 4*** j'entends /ɑ̃/ [noms ou adverbes]	Observation des affiches n° 3 et n° 4 – Discussion sur la pertinence des remarques faites par deux élèves – Observation de l'affiche n° 3 qui devient l'affiche des verbes au pluriel (avec une oreille barrée) : → mise en évidence de la relation entre la finale du verbe et l'absence du son /ɑ̃/ → mise en évidence de la relation entre verbe et pronom → exclusion de la graphie *e-n-t-s* pour le verbe – Formulation d'une règle à partir de l'affiche n° 3 [Les affiches n° 2 et n° 4 sont en attente] – Entrainement : transformation de formes verbales singulier → pluriel (au présent et à l'imparfait de la troisième personne)	***Affiche murale :*** Dans un verbe, on ne trouve pas *e-n-t-s*. Pour un verbe, le pluriel s'écrit *e-n-t*.

	Phases	Séances	Supports	Activités	Traces écrites
	Phase 4: Confrontation des classements pour dégager une règle sur le fonctionnement du *nom* au pluriel	n° 5	***Question de recherche n° 2*** Si les verbes s'écrivent *e-n-t* au pluriel, alors quand est-ce qu'on écrit *e-n-t-s*? ***Affiche n° 2*** je vois *e-n-t-s* [noms] ***Affiche n° 4*** j'entends /ɑ̃/ [noms ou adverbes] ***Affiche n° 5*** Les noms au singulier et au pluriel	Nouvelle question (quand *ents*?) → relance – Récapitulation des étapes du chantier – Observation des affiches n° 2 et n° 4 – Intégration des mots qui figurent dans les deux affiches dans une seule affiche – Tri selon le critère du nombre [les adverbes sont provisoirement écartés] – Formulation d'une règle	***Affiche murale:*** On écrit *e-n-t-s* quand il y a *des*, *ces* devant le nom. Quand il y en a plusieurs, pour les noms on écrit *e-n-t-s*. C'est le pluriel.
	Phase 5: Vérification de la validité de la règle du pluriel des noms	n° 6		– Mise en cause de la formulation initiale par la production du pluriel de deux noms familiers – Affinement de la règle du pluriel des noms pour réduire la généralisation de la formulation – Renforcement par un tri selon le critère du nombre d'une série d'étiquettes de noms singulier et pluriel se terminant par /ɑ̃/ ou non	***Affiche n° 5 bis:*** Des noms au singulier et des noms au pluriel
Réponses	**Phase 6:** Synthèse	n° 7	***Affiche n° 6:*** Noms au singulier/Noms au pluriel	– Observation de l'affiche n° 6: → mise en relation de la transformation au pluriel du déterminant et de la présence du *s* → règle de transformation des déterminants – Remarque sur le comportement syntaxique des adverbes – Formulation de la règle du pluriel du verbe et du nom – Entrainement par des exercices de transformation de complexité croissante d'un nombre à l'autre (verbes, noms, phrases) – Réponse aux deux questions (initiale et relance)	***Affiche murale:*** *le* ou *la* se transforme en *les*. Devant *mortellement*, *comment*, *souvent* il n'y a ni *un*, ni *les*, ni *ils*. Résumé dans le cahier des leçons.

RÉCAPITULATION DU CHANTIER N° 2 : LE RÔLE DES ACCENTS (CM2)

	Phases	Séances	Supports	Activités	Traces écrites
Repérage du problème	**Phase 1 :** Sensibilisation à ce qui pose problème	n° 1	Extrait de *Vendredi ou la vie sauvage* de M. Tournier	– Évaluation diagnostique : dictée	
Recherche	**Phase 2 :** Observation et tri	n° 2	Corpus de 20 phrases	– Repérage des mots accentués sur un corpus – Tri des signes qui ne sont pas des accents	
		n° 3		– Classement des mots accentués selon leur fonction (par groupe)	
	Phase 3 : Confrontation des classements	n° 4	Affiches des différents groupes	– Observation des classements effectués	
		n° 5	Affiches des différents groupes	– Observation du panneau des remarques – Analyse spécifique du rôle de l'accent sur *a*, *o*, *u* – Observation d'un nouveau classement – Synthèse sur le rôle de l'accent sur *a*, *o*, *u*	Panneau des remarques Récapitulation dans les cahiers de français : *l'accent sur les autres voyelles que* e
		n° 6	Affiches des différents groupes	– Analyse spécifique du rôle de l'accent sur *e* – Remarques au tableau concernant chaque accent – Récapitulation collective au tableau	Récapitulation dans les cahiers de français : *les accents ont deux fonctions*
Réponses	**Phase 4 :** Synthèse			– Rédaction collective d'une synthèse	Affiche collective de synthèse : *la fonction de l'accent*
	Phase 5 : Entrainement	n° 7	Exercices tirés de manuels	– Fabrication d'exercices	

État de la liste de vérification d'une classe de CM2 au mois de novembre

			1er trimestre
Pôle lexical	• *unités non significatives*	phonogrammes	
		lois de position des phonogrammes	*manger – mangeoire – mangeons*
	• *unités significatives*	mots, familles, morphogrammes lexicaux	*s-t-d*
		mots et éléments de construction des mots (préfixes, suffixes)	
		homophones lexicaux	
		apprentissage des mots	noms et adjectifs de nationalité vocabulaire des sensations
Pôle grammatical		marques de nombre nominal et accords	
		marques de genre et accords	
		marques verbales	passé simple : 3e personnes du singulier et du pluriel personnes et marque *s* et *t*
		traitement du participe passé	
		homophones grammaticaux et discursifs	*on*
Pôle complémentaire		fonctions des graphèmes accents	la lettre *s*
		majuscules ponctuation	noms et adjectifs de nationalité

Chapitre III

Faire évoluer les conceptions orthographiques

Découvrir le système orthographique est une chose, l'intérioriser – et l'intérioriser correctement – en est une autre. Même s'ils sont motivés par des pratiques d'écriture véritables et une circulation effective des écrits, qu'ils observent le fonctionnement de l'orthographe de façon active et pertinente comme dans les chantiers, les élèves ont encore un long trajet à parcourir avant de pouvoir produire des graphies normées. Ils doivent en effet s'approprier les contenus enseignés tels qu'ils sont et non tels qu'ils les comprennent. En d'autres termes, leurs conceptions orthographiques doivent évoluer.

En travaillant avec eux la manière dont ils interprètent ce qui leur est enseigné, en les entrainant à mobiliser leurs connaissances, on permet aux élèves – à tous les élèves – d'évoluer dans leurs représentations et, ainsi, de progresser peu à peu vers la norme. Ils auront alors une chance d'écrire, sinon sans faute, du moins avec un minimum d'erreurs, de façon à pouvoir utiliser l'écrit dans toutes sortes de situations, et notamment pour apprendre.

L'enjeu est d'accompagner les élèves dans leur appropriation de l'orthographe. Pour cela, il faut poursuivre l'enseignement bien au-delà de la limite où il s'arrête traditionnellement.

C'est pourquoi *la phrase du jour* est un mode de travail proposé en classe de façon systématique. Ce dispositif didactique, qui comporte plusieurs variantes, permet de poser aux élèves des problèmes d'orthographe à partir de leurs propres productions et de les amener à réfléchir collectivement à la façon de résoudre ces problèmes. Ils ont alors la possibilité de mettre concrètement à l'épreuve des faits leurs constructions mentales, leurs raisonnements, leurs procédures.

Tant par l'esprit et les objectifs que par les contenus qu'elle fait manipuler, *la phrase du jour*, au même titre que le *chantier d'orthographe*, s'inscrit ainsi directement dans les orientations actuelles de l'étude la langue, du cycle 2 où on la commence au collège où elle s'approfondit dans la perspective d'une maitrise des discours :

> Il est tout aussi important que [l'élève] se pose des « problèmes d'orthographe » et qu'il réfléchisse à haute voix sur la manière dont on peut orthographier un mot. (*Programmes de l'école primaire, BO,* p. 47)
>
> Les réalisations écrites des élèves (qu'il s'agisse de leurs propres textes ou de textes d'autrui) donnent lieu à observation, interrogation sur les causes d'erreur, et mise en place de remédiation. (*Programmes de 5e/4e,* p. 18)

Ce chapitre consacré au travail sur les représentations et les procédures orthographiques a pour objectif :
1 – de présenter les dispositifs didactiques qui permettent ce travail de fond sur les conceptions orthographiques des élèves à partir de quatre exemples détaillés (section 1) ;
2 – de proposer un mode d'emploi pour organiser ces activités (section 2) ;
3 – d'analyser les mécanismes qui facilitent l'évolution des conceptions orthographiques dans le cadre de ces dispositifs (section 3).

1. LA PHRASE DU JOUR

Pour faire évoluer les conceptions des élèves, il faut tout d'abord les faire émerger, puis les mettre en travail, comme on le dit d'un matériau qui travaille. L'activité se décline en deux modalités : la phrase *dictée* du jour et la phrase *donnée* du jour. La différence entre ces intitulés donne une première indication : dans le premier cas, on part des graphies des élèves, dans le second, de la norme. Mais, à chaque fois, il s'agit de mener avec les élèves un travail de réflexion sur la façon dont ils comprennent l'orthographe d'une phrase.

1.1. La phrase dictée du jour

Le principe de base est simple : il consiste à dicter une phrase aux élèves, puis à leur demander d'expliciter leurs choix graphiques et à les laisser débattre entre eux des arguments fournis par les uns ou les autres pour pouvoir déterminer la graphie qui leur semble la plus pertinente. Pour donner une idée précise de l'activité, deux exemples, l'un d'une classe de CM2, l'autre d'un groupe de soutien en CE2, sont présentés par chacune des enseignantes.

Exemple 1 : *On a acheté son livre hier matin et on est allé au marché* (CM2)

Constat/analyse

Au mois de mars, mes élèves de CM2 sont encore nombreux à avoir besoin de travailler la graphie du pronom personnel *on*, souvent orthographié *ont* dans les productions écrites[1]. Par ailleurs, je souhaite les amener à réinvestir le travail fait sur le passé composé quelque temps auparavant, ce qui fournira une nouvelle occasion de travailler les formes verbales en /E/, acquisition toujours en cours à la fin de l'école primaire. J'ai donc choisi la phrase *On a acheté son livre hier matin et on est allé au marché.*

Pour pouvoir guider au mieux l'activité en classe, je fais généralement la liste des graphies et des raisonnements auxquels je peux m'attendre, ce qui me permet de réfléchir aux modes de résolution possibles et aux stratégies qui pourraient les aider à avancer. Bien sûr, je n'impose pas ces stratégies aux élèves, mais les avoir imaginées me donne une plus grande disponibilité pendant la séance, autant pour écouter que pour aider à débloquer une situation. ➢ Ce travail de préparation figure en annexe du chapitre, les mots étant classés en fonction des problèmes que j'ai envisagés.

Dictée et recueil des graphies

Je procède comme pour une dictée ordinaire : je lis la phrase, je m'assure qu'elle est comprise ; je la dicte et la relis ; les élèves relisent pendant un temps assez bref, puis ils rangent leurs affaires en ne gardant sur la table que le cahier de brouillon sur lequel ils ont écrit. Ensuite, je recopie au tableau la phrase écrite par un élève :

On a acheter son livre hier matin et on est aller au marcher.

Enfin, pour chaque mot, je recueille une à une les graphies produites par les autres élèves qui lèvent le doigt pour signaler qu'ils ont une proposition encore différente. Voici le résultat :

On	*a*	*acheter*	*son*	*livre*	*hier*	*matin*	*et*	*on*	*est*	*aller*	*au*	*marcher.*
On'a		*acheté*						*ont*	*et*	*allé*		*marché*
Ont	*a*	*achetait*								*allés*		*marchée.*
										allées		

1. Compte rendu de Corinne Lambin.

Certaines erreurs n'avaient pas été anticipées lors de la préparation, d'autres ne se sont pas produites, mais plus on pratique ce genre d'activité, plus on tombe juste ! Le travail de la classe consiste à examiner chacune des propositions.

Examen des mots

• *On : On – On'a – Ont*

Enseignante : Nous allons observer les mots un par un. Nous voyons là plusieurs propositions concernant le mot *on*. Qu'en pensez-vous ?
Louise : Je comprends pas la deuxième possibilité…
Enseignante : Mick, tu veux nous expliquer ton choix ?
Mick : Pour faire la liaison entre *on* et *a*.
Léïla : Il n'y a pas besoin de l'apostrophe pour faire la liaison.
Abdel : On dit pas *on*, puis *a*, il y a une liaison lorsqu'on a une consonne à la fin du premier mot, et une voyelle au début du deuxième mot.
Toute la classe semble approuver.
Enseignante : Qu'en penses-tu, Mick ?
Mick : C'est la deuxième fois que je me trompe. C'est vrai, il n'y a pas d'apostrophe ici. Il faut rayer.
Je raye alors la graphie *on'a*.

Nous voyons donc, comment, dès le début de l'échange, les élèves, qui étaient nombreux à demander la parole, pointent d'eux-mêmes un premier problème et parviennent à réfuter la graphie inadéquate en mobilisant leurs connaissances sur l'apostrophe (cette classe est celle du chantier sur le rôle des accents relaté dans le chapitre précédent). L'auteur de la proposition a été parfaitement capable d'expliquer la raison qui lui a fait choisir de placer une apostrophe entre *on* et *a*. On peut soupçonner ici, en plus, même s'il ne l'a pas évoquée, une contamination par la forme négative *on n'a*. Il sera de toute façon utile de dicter ultérieurement une phrase comportant cette forme négative. La discussion reprend sur les deux formes restantes :

Denis : On peut enlever *ont*, car *ont*, c'est avec *ils ont*.
Hakim : *Ont*, c'est le verbe *avoir*.
Abdel : Non, il faut garder *ont*, car c'est le verbe *avoir* ! On peut remplacer par *avait* ! *On avait acheté…*
Un silence s'installe dans la classe, témoignant d'un certain trouble.
Enseignante : J'écris la phrase au tableau : *Ont avait acheté…*
Abdel : Ben… Ça marche !
Clara : Non ! tu as remplacé *a* par *avait*. Pas *on* !
Abdel : Ah ! J'ai compris ! *Ont*, c'est le verbe *avoir*, mais là, il faut mettre *on*, c'est pas lui le verbe.
Enseignante : Est-ce que tout le monde est d'accord pour rayer *ont* ?
La classe approuve, je retire *ont*.

Cette fois, la classe ne savait plus quoi répondre à l'élève qui dit qu'*on* s'écrit *ont*. Il m'a donc fallu tenter de débloquer la situation sans pour autant donner la solution du problème. Le moyen trouvé ici a été de matérialiser au tableau le résultat du raisonnement de l'élève, ce qui a suffi à repérer la confusion. Nous pouvons alors retenir *on* : « Oui, c'est le pronom, il s'écrit comme ça ». Toute la classe approuve cette dernière précision.

• *Acheté : acheter – acheté – achetait*

Laurence : Ce n'est pas *acheter*, parce qu'on ne peut pas remplacer par *prendre*.
Martin : Oui, mais il y a deux verbes qui se suivent, donc le deuxième est à l'infinitif.
Silence.
Enseignante : On peut essayer de mettre la phrase au présent.
On achète… Léger trouble dans la classe.
Liana : *a acheté*, c'est du passé composé.

Laurence: Donc, c'est pas *er*.
Mick: Et *achetait*?
Évelyne: C'est de l'imparfait, et là, *acheter* est au passé composé.
Marie-Alice: On ne met jamais un imparfait avec un auxiliaire. Il faut rayer *acheter* et *achetait*.

Une fois de plus, devant la force implacable des «deux verbes qui se suivent» qui réduit la classe au silence et l'entraine vers la faute, j'ai dû intervenir pour suggérer une manipulation. Celle-ci leur permet de tirer les bonnes conclusions eux-mêmes: *acheter* et *achetait* ont été rayés.

• *On: on – ont; est: est – et*
Nous réglons vite le cas de ce second pronom *on* grâce à la réflexion menée sur le premier: «C'est comme *on a acheté*». Deux interventions seulement conduisent ensuite à la suppression de *et*, ce qui montre la disponibilité de la procédure de substitution (remplacement de *et* par *et puis*; de *est* par *était*), qui n'a besoin que d'un petit coup de pouce pour être mobilisée. La suite pose un problème plus ardu.

• *Allé: aller – allé – allés – allées*
Natacha: C'est comme *a acheté, est allé*, c'est un seul verbe.
Léïla: C'est *aller* au passé composé avec l'auxiliaire *être*.
Matthias: Donc, on peut déjà enlever *aller*.
Abdel: *On est allés, on,* on ne sait pas si c'est plusieurs personnes.
Régis: Si, sinon, on dirait *je*!
Juliette: Donc, comme il y a *est*, il y a accord, il faut un *s*.
Claire: Les personnes, c'est des filles ou des garçons?
Léïla: Quand on sait pas, on met le masculin. Là, c'est masculin pluriel, on met *és*.
Kelia: Oui, *ées*, on peut pas le garder.
Abdel: Pourquoi écrit-on *on a acheté*, et *on est allés*?
Matthias: On ne savait pas encore s'ils étaient plusieurs.
Laurence: On l'avait pas proposé, *achetés*.
Natacha: Non, avec l'auxiliaire *avoir*, on n'accorde pas.
Enseignante: Qu'en pensez-vous? Que décide-t-on?

Alors que le consensus semble acquis avec la réfutation du féminin, un silence s'installe dans la classe devant l'inégalité de traitement des participes passés. J'interviens parce que je sens les élèves à court d'arguments et que je sais qu'il faudra reprendre la question autrement, à partir d'un corpus. Je valide donc l'argument selon lequel le participe passé *acheté* s'écrit *é* à la fin parce qu'il est conjugué avec l'auxiliaire *avoir*. Je précise ensuite qu'effectivement, on peut écrire *allé* ou *allés*, exactement pour les raisons dont ils ont eu l'intuition: on est bien un pronom personnel troisième personne du *singulier*, mais, comme il peut désigner plusieurs personnes et qu'on entend souvent dire, par exemple, /kɑ̃tɔ̃netɛptit/, on admet aujourd'hui les deux orthographes.

• *Marché: marcher – marché – marchée*
Juliette: C'est pas le verbe, donc ça ne peut pas être *er*.
Laurence: Pourquoi pas? Il y a des noms qui se terminent en *er*: *diner, déjeuner*!
J'explique que ces deux mots sont à l'origine des verbes employés ensuite comme des noms.
Malik: Et *marchée*?
Laurence: Il y a pas de *e*, car c'est *un marché*.
Martin: Oui, les mots masculins se terminant par une voyelle ne prennent pas de *e*.
Enseignante: Tout le monde est d'accord?
L'ensemble de la classe semble approuver. Mais deux élèves proposent *lycée* et *musée*. Je les écris au tableau.
Claire: Oui, il y a des *e* au masculin, même si le mot se termine par une voyelle.
Kelia: Alors, comment écrit-on *marché*?
Un élève propose de vérifier dans le dictionnaire, ce qui est fait immédiatement: *m-a-r-c-h-é*.

Les élèves inscrivent alors *un marché, aller au marché*, dans la liste de mots à savoir. La séance s'achève avec l'écriture de la phrase du jour dans le cahier des phrases-outils. En raison des thèmes discutés, elle a été classée à deux endroits: avec les phrases qui comportent le pronom personnel *on* et avec celles dans lesquelles un participe passé est conjugué avec l'auxiliaire *avoir*. Lors d'une séance de vocabulaire, nous avons eu l'occasion de revenir sur les mots *marché* et *marcher*, pour préciser leur différence sémantique et étymologique: le recours à l'étymologie est un moyen que j'utilise de temps à autre pour susciter la curiosité des élèves (ou y répondre), et qui facilite aussi la mémorisation. Nous avons aussi cherché s'il existe d'autres noms masculins se terminant par *é* et nous avons trouvé: *un bébé – un exposé – un fossé – le passé*. J'ai donc préparé une affiche pour une «chasse aux mots» que les élèves remplissent au fur et à mesure de leurs trouvailles.

Bilan

Au terme de l'activité qui a duré environ une heure, quel bilan peut-on tirer ? Tout d'abord, la plupart des élèves ont pris la parole et ont fait preuve d'une grande concentration tout au long de cette observation de leurs productions. Ensuite, en termes d'apprentissage, les notions visées ont été effectivement travaillées : l'opposition *on/ont* ; les formes verbales au passé composé ; la différence de fonctionnement du participe passé selon l'auxiliaire avec lequel il est employé.

Au cours de l'activité, les conceptions qui provoquent des erreurs ont pu être formulées et en partie ou momentanément combattues :

– la conception si répandue que le pronom *on* s'écrit avec le *nt* du pluriel parce qu'il renvoie à un signifié pluriel (*nous*) ;

– l'assimilation de l'auxiliaire à un verbe comme un autre : c'est pourquoi les élèves proposent régulièrement d'écrire le participe passé en /e/ *er* au nom de la règle des « deux verbes qui se suivent » ; c'est toute la difficulté pour les élèves d'appréhender le verbe, dans son unicité, alors qu'il se manifeste tantôt comme forme simple, tantôt comme forme composée, et d'attribuer son statut à l'auxiliaire (dont la dénomination est bien obscure) ;

Mais la réflexion a également amené les élèves à mobiliser dans le fil de l'argumentation d'autres éléments, parfois inattendus :

– la fonction de l'apostrophe ;

– les valeurs grammaticales du *e* et du *s* ;

– la neutralisation des genres au masculin ;

– la procédure de substitution par *prendre*, *était*, *et puis*.

Enfin, l'activité a manifestement aidé deux élèves en particulier à prendre conscience, l'un d'une erreur récurrente (« C'est la deuxième fois que je me trompe ! »), l'autre de sa mauvaise interprétation d'une stratégie de résolution (« Ah, j'ai compris ! » sur un ton de véritable révélation). Dans ce dernier cas, l'élève avait bien retenu que la substitution permet de décider entre deux graphies et il pensait de bonne foi s'acquitter de son travail : si je peux remplacer quelque chose par *avait*, alors le mot /ɔ̃/ s'écrit *ont* ! Grâce à l'échange, il a compris qu'il ne l'appliquait pas sur le bon mot (*ont*), mais sur le mot d'à côté (*a*) qui peut toujours, bien sûr, se remplacer par *avait* !

L'intérêt du dispositif de la phrase dictée du jour est clair : en début d'année de CM2, Mick écrivait systématiquement *on n'a* pour *on a* ; en février, une lecture attentive de ses productions montre que *on n'a*, *on a*, et *on'a* se côtoient, ce qui indique l'émergence de la distinction entre la forme affirmative et la forme négative ; en avril, seules les formes *on'a*, et *on a* sont présentes dans ses textes ; en juin, la forme *on'a* a totalement disparu. L'occasion donnée à cet élève d'expliquer son raisonnement lui a donc permis de débusquer un réel problème qui, sinon, aurait certainement persisté beaucoup plus longtemps.

Exemple 2 : *Les sports et les jeux violents sont interdits à l'école* (CE2)

Constat/analyse

Dans l'école, l'équipe du cycle 3 a organisé à partir de janvier des activités différenciées par période de six semaines environ[1]. Un groupe de six élèves de CE2 participe à une activité de soutien en orthographe. Pour la troisième séance, je choisis de travailler la question des lettres finales muettes, encore très confuse pour des élèves de ce niveau. La phrase *Les sports et les jeux violents sont interdits à l'école* est tirée du règlement discuté à ce moment-là dans les classes. Seul ce qui concerne *interdits* est rapporté ici.

Dictée et recueil des graphies

Les élèves écrivent la phrase au brouillon sous la dictée, puis je reporte les différentes graphies au tableau : *son interdi – sont interdis – sont interdient – sont interdit*. Aucun élève n'a produit la réponse normée. La diversité des propositions montre à tous qu'il y a un problème à résoudre. Les différentes graphies sont observées un instant en silence. Puis je lance le travail qui va se dérouler en deux phases.

Examen des mots

- 1re phase : le verbe de la phrase

Enseignante : Où se trouve le verbe conjugué dans cette phrase ?
Jérôme : C'est *interdit* parce que je peux dire *j'interdis*, *tu interdis*…
Hubert : Oui, mais le verbe c'est aussi *sont* parce que je peux dire *étaient*.
Lucile : Ah oui, c'est du passé composé, alors il faut encadrer *sont interdits*.

Les autres élèves approuvent. À ce stade de la discussion, je n'interviens pas sur leur raisonnement, en particulier, il me parait inutile de leur dire que ce qu'ils ont pris pour un passé composé est en réalité un présent passif. Je matérialise simplement ce qui a été dit en encadrant le verbe comme nous le faisons depuis la première fois. J'ajoute une phrase qui rappellera le lien entre la forme composée (passive) et la forme simple (active) :

	Les sports et les jeux violents		*à l'école.*
Kemil – Jérôme		*son interdi*	
Lucile – Ania		*sont interdis*	
Marielle		*sont interdient*	
Hubert		*sont interdit*	
		le directeur interdit les jeux violents	

La discussion reprend :

Enseignante : Puisque vous pensez que ce verbe est en deux parties, commençons par nous occuper de *sont*.
Jérôme : Je me suis trompé, il faut mettre *sont*.
Enseignante : Pourquoi ?
Jérôme : Parce que c'est un verbe, il y a plusieurs sports qui sont interdits.
Enseignante : Qu'en pensez-vous ?
Les autres : C'est vrai.

J'efface *son*, puis j'ajoute *ils* sous le groupe nominal sujet et matérialise la chaine d'accord entre *ils* et *sont*, là encore, selon l'habitude que j'ai commencé à installer :

1. Compte rendu d'Anne-Marie Bézian.

Les sports et les jeux violents ... à l'école.

Kemil – Jérôme		*interdi*
Lucile – Ania	*sont*	*interdis*
Marielle	*sont*	*interdient*
Hubert	*sont*	*interdit*

ils

le directeur interdit les jeux violents

• 2e phase : les lettres finales d'*interdits*

Enseignante : Bien, maintenant, nous devons résoudre la question d'*interdits*. Ania ou Lucile, pouvez-vous nous expliquer pourquoi vous avez écrit *i-n-t-e-r-d-i- s* ?
Ania : Parce qu'il y en a plusieurs qui sont interdits, c'est comme *les sports*, alors il faut mettre un *s*.
Marielle : Non, moi, je ne suis pas d'accord : c'est un verbe, alors il faut écrire *ent* pour le pluriel.

Ania et Lucile sont déstabilisées par cette intervention : effectivement, *interdire* est un verbe, on vient de le rappeler, et des élèves de CE2 en savent déjà assez pour être obligés de reconnaitre qu'un verbe au pluriel s'écrit *ent*. Je relance le débat :

Enseignante : Et toi, Hubert, pourquoi tu as eu envie d'écrire *i-n-t-e-r-d-i-t* ?
Hubert : J'ai pensé à *interdite*.
Kemil : Ah oui, c'est comme *sport*.
Enseignante : Pardon ?
Kemil : On peut dire *sport/sportif*, eh ben, on peut dire *interdit/interdite*.
Enseignante : Ah, tu veux dire qu'il faut cette lettre muette pour faire d'autres mots de la famille. Donc on est sûr qu'à la fin d'*interdit*, il faut un *t*. Donc on peut barrer la proposition de Kemil et Jérôme.

Dans un coin du tableau, je note, tout en la reformulant, la remarque concernant le rôle du *t* dans *sport* que je rapproche de celui de *petit*. Un premier pas vient d'être fait : la valeur lexicale du *t* a été établie. Mais tout va être remis en cause :

Enseignante : Que faisons-nous des trois autres propositions ?
Ania : C'est Marielle qui a raison [*interdient*]. Elle a mis un *t* à la fin et elle a mis du pluriel *e-n-t*.
Marielle : Si on peut dire *interdite*, ça va pas…
Enseignante : Tu peux préciser, on ne comprend pas ce que tu veux dire.
Marielle : On a dit qu'on peut dire *interdite*.
Enseignante : Oui… ?
Marielle : Oui, mais ça ne va pas, on peut pas écrire *i-n-t-e-r-d-i-e-n-t-e*.

Ce que Marielle a perçu tout de suite, sans réussir à le dire clairement, c'est la confusion d'Ania qui voit dans le *t* de *ent* le *t* dont *interdit* a besoin pour « préparer » *interdite*. Je matérialise alors la réfutation qui vient d'être faite : *elle est interdiente*. Puis je barre : ~~*interdiente*~~.

Enseignante : Et maintenant, qu'est-ce qu'on fait ?
Marielle : Ah, j'ai compris, on doit l'écrire comme Hubert *interdit* pour pouvoir dire *interdite*.
Enseignante : Oui, mais c'est au pluriel, *ils sont interdits*, alors qu'est-ce que je peux mettre comme marque de pluriel sur *interdit* ?
Marielle et Hubert : Un *s* ? !

Je valide la réponse et je complète la liste amorcée dans un coin du tableau :

sport	→ sportif
petit	→ petite
Ils sont sportifs	→ Elles sont sportives
Ils sont petits	→ Elles sont petites
Ils sont interdits	→ Elles sont interdites

J'invite alors les élèves à reformuler ce qui vient d'être trouvé en répondant à la question : à quoi servent le *t* et le *s* ? Le groupe parvient à dire que le *t* sert pour *interdite* et le *s* pour le pluriel, parce que c'est *ils sont interdits*. Nous nous occupons ensuite des autres mots. Leur traitement est assez rapide, car les oublis de marques de pluriel sont identifiés sur-le-champ et le *t* de *violent* vite rapproché du féminin *violente*. La séance se termine par une nouvelle dictée de la phrase, avec possibilité de jeter un œil au tableau en cas de besoin.

Bilan

Dans cet échange aux allures modestes, où les six élèves se sont montrés très actifs, que s'est-il joué ? Le travail a porté sur un domaine essentiel du fonctionnement de l'orthographe du français, mais encore bien neuf pour des élèves de CE2, à savoir l'existence de lettres muettes, leur fonction, leur combinaison. Par la mise en commun de leurs savoirs, ils ont pu résoudre le problème qui se posait à eux, brique après brique, et avancer chacun dans leur appréhension de la morphographie.

• Collectivement

1 – D'abord, Jérôme, Hubert et Lucile contribuent à identifier *sont interdits* comme verbe de la phrase et verbe au pluriel (avec rétroaction sur la graphie de *sont*).

2 – Ensuite, Ania et Marielle établissent que le caractère pluriel s'étend à *interdits*.

3 – Un premier conflit surgit alors : pour Ania, il faut un *s*, sans doute parce que c'est cette marque qui représente pour elle le pluriel ; mais, pour Marielle, dont la graphie initiale *interdient* montrait qu'elle avait déjà identifié l'unité comme une forme verbale au pluriel, il faut *ent* ;

4 – Un second conflit se produit à ce moment-là, quand Hubert, rejoint par Kemil, démontre qu'il faut un *t* à cause de la relation lexicale *interdit*/*interdite*. Trois propositions sont alors en lice : *s*, *ent*, *t*.

5 – Ania tente de débloquer la situation en défendant la proposition *interdient* qui répond aux deux caractéristiques exigées : marquer le pluriel et se terminer par *t*.

6 – En écartant cette solution qui lui donnait pourtant le beau rôle, Marielle montre que cette finale (*en*)*t* donnerait un féminin *interdiente* qui n'existe pas en français.

7 – Le bien-fondé du choix d'Hubert est alors confirmé par Marielle elle-même, qui perçoit le morphogramme lexical comme intrinsèquement lié à l'unité (« la marque de famille »), alors que la marque de pluriel est contextuelle.

8 – Enfin, en réponse à la maitresse qui rappelle la nécessité de ne pas oublier le pluriel et de trouver une autre marque que *ent*, Hubert et Marielle optent immédiatement pour *s*.

Il a donc fallu huit étapes pour construire la forme normée, là où, en général, on énonce la bonne réponse en rappelant la règle qui la fonde d'une seule traite, avant de passer à une autre correction. Ici, chacune des étapes a servi de tremplin à la suivante : une nouvelle proposition doit être compatible avec ce que le groupe vient d'établir.

• Individuellement

Face à la réussite indubitable du groupe, il est tout aussi important de s'interroger sur ce que ce travail a apporté à chacun. Essayons de reconstituer le trajet individuel des élèves, à titre d'hypothèse. Les propositions initiales témoignent que tous n'en étaient pas au même point au départ. Elles sont, en effet, le résultat de procédures différentes :

– seulement phonographique	*interdi*	**Kemil – Jérôme**
– déjà morphographique		
• grammaticale :		
pluriel avec *s*	*interdis*	**Lucile – Ania**
pluriel avec *ent*	*interdient*	**Marielle**
• lexicale	*interdit*	**Hubert**

1 – Partis de la simple transcription des phonèmes, Jérôme et Kemil ont dépassé leur procédure phonographique: Jérôme a utilisé une procédure de reconnaissance du verbe, a repéré seul son erreur sur *son*, a su non seulement retrouver la bonne graphie *sont*, mais la justifier; Kemil a compris la présence du morphogramme lexical *t*, puisque c'est lui qui a rattaché spontanément le cas présent au cas général par un exemple analogique (*interdit*/*interdite*, comme *sport*/*sportif*).

2 – De Lucile, qui n'a qu'une seule intervention, on ne peut pas dire grand-chose, sinon qu'elle a déjà une procédure morphologique, puisqu'elle a mis un *s*, et qu'en disant qu'il s'agit du passé composé, elle a su appréhender comme un tout la suite auxiliaire + participe passé.

3 – Ania, partie de la même procédure morphologique avec un pluriel en *s*, reconsidère son point de vue pour prendre en compte le caractère verbal d'*interdits* et la nécessaire présence d'un *t* lexical.

4 – Marielle, qui avait déjà analysé *sont interdits* comme forme verbale au pluriel et disposait déjà de la marque de pluriel verbal, accepte de remettre en cause son choix au profit du morphogramme lexical *t*, puis réintègre le morphogramme grammatical du pluriel sous la forme du *s*. Inversement, Hubert, qui a su reconnaitre en *sont* un élément verbal et disposait déjà du morphogramme lexical *t*, intègre le morphogramme grammatical *s*.

Marielle et Hubert sont les seuls à proposer *s* à la fin, peut-être parce qu'ils ont été les plus rapides, ou, plus probablement, parce qu'ils avaient déjà presque la réponse, devenue évidente à leurs yeux: la vivacité de leur réaction pourrait indiquer que, pour eux, s'en tenir au morphogramme lexical n'était pas satisfaisant; même s'ils n'ont pas pu imaginer seuls l'enchainement de deux marques, ils n'ont eu qu'à s'emparer de la suggestion de l'enseignante de trouver une autre marque que *ent* d'autant plus aisément que le pluriel leur paraissait tout aussi irréfutable que le *t*. Tous deux sont donc probablement les seuls à être parvenus au bout du parcours. Ils n'avaient plus en effet qu'une ou deux étapes à franchir. Pour les autres, même si, à l'issue du travail, ils entrevoient eux aussi quelque chose de nouveau, le chemin était plus long et reste sans doute inachevé. La ligne d'arrivée n'est pas à la même distance pour tous, mais l'important est que la phrase dictée du jour permette à chacun de s'en approcher.

Prenons Ania, par exemple: elle a pensé à un *s* tout de suite, mais son choix d'*interdis* est récusé, et pourtant à la fin c'est bien un *s* qui est validé. Par ailleurs, quand il est établi qu'il faut non seulement le pluriel, mais aussi un *t*, elle se rallie à *interdient*, qui associe les deux, mais cela ne convient toujours pas, et pourtant à la fin on a un *t* et un pluriel. Son raisonnement semble en effet être celui-ci: avec *interdient*, je suis sûre de ne pas me tromper, car j'ai à la fois *ent* pour le verbe et le *t* qui va avec *interdite*! La solution d'Ania est bien caractéristique d'un niveau de conceptualisation où la lettre n'est pas encore véritablement fonctionnelle: un *t* en vaut un autre. Le chainon manquant porte sur la valeur de 3e personne que *t* conserve dans le groupement *ent* qui est un bloc rarement analysé: les élèves sont plus sensibles à la valeur pluriel de ce dernier qu'à sa valeur de 3e personne.

Ce qu'illustre ainsi cet exemple, c'est toute la difficulté pour les élèves d'appréhender le participe passé à la fois comme forme verbale et comme forme assujettie aux marques nominales, difficulté encore accrue par le double jeu des marques: mêmes lettres, mais valeurs différentes; valeurs identiques, lettres différentes – en un mot, la plurifonctionnalité des graphèmes. Pour écrire correctement, il faut donc d'une manière ou d'une autre savoir s'orienter dans le maquis des lettres et des formes:

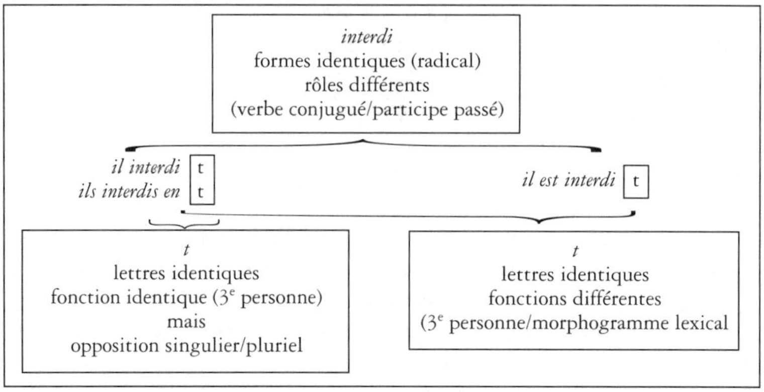

On peut imaginer la perplexité que peuvent ressentir des élèves de huit ans devant cette complexité ! Ils ont pourtant un certain nombre de connaissances sur des éléments pris un à un : ils savent déjà que *s* et *t* ne servent pas seulement à transcrire des phonèmes, ils savent aussi que *s* et *ent* sont des marques de pluriel, ils commencent à identifier le verbe et ils ont déjà rencontré *t* comme marque verbale de 3e personne, ou du moins l'ont remarqué à la fin des verbes. Ils connaissent aussi un certain nombre de tests linguistiques : conjuguer pour identifier un verbe, remplacer par *étaient* pour trouver *sont*, chercher un mot de la famille pour trouver la lettre finale muette. Mais ils ne parviennent encore que rarement à coordonner ces informations et à dépasser les traitements de surface. Le repérage de la fonction exacte des unités et des lettres dans une phrase est incertain. Quant à l'enchainement du *t* et du *s* dans *sports*, *violents*, *interdits*, c'est-à-dire d'une lettre lexicale et d'une marque grammaticale, il est encore loin de ce que peuvent concevoir les élèves. Plus proches du but, Marielle et Hubert ont néanmoins réussi à faire cette synthèse en prenant conscience qu'on peut combiner un morphogramme lexical et morphogramme grammatical, au lieu d'essayer de remplacer une marque par une autre jusqu'à trouver la bonne. La phrase dictée du jour ne peut que contribuer à aider les élèves à concevoir le difficilement concevable (*t* ≠ *t*, *interdit* ≠ *interdit*). Si rien ne peut se régler en une séance, quelque chose des conceptions initiales de chacun a tout de même bougé.

1.2. La phrase donnée du jour

Le principe de base est tout aussi simple que pour la phrase dictée du jour : il consiste à donner une phrase aux élèves et à leur demander d'expliquer toutes ou une partie des graphies de cette phrase, étant entendu que l'orthographe, donnée par l'enseignant, est correcte. En remontant aux causes, on travaille indirectement les conceptions des élèves par la confrontation directe aux régularités qui régissent la norme. Pour montrer la différence entre cette activité et la précédente, deux exemples vont être présentés, l'un d'une classe de CM2, l'autre d'une classe de CE2 : tous deux ont une composante méthodologique forte.

Exemple 1 : *Un polygone est une figure fermée qui a plusieurs côtés* (CM2)

Constat/analyse

Malgré les récentes leçons sur les groupes constituants de la phrase, beaucoup d'élèves de ma classe continuent à établir des accords entre des éléments qui ne sont pas liés syntaxiquement, si le sens s'y prête[1]. J'ai donc décidé d'insister sur les limites à l'intérieur desquelles s'effectuent

1. Entretien avec Sylvain Olivier.

les accords et de commencer à instituer une démarche d'observation précise. Pour ces raisons, la phrase donnée du jour me semble être un cadre plus propice que la phrase dictée du jour.

J'ai utilisé la série des trois définitions rédigées à l'issue d'une séquence de géométrie sur les figures planes, car ce sont des énoncés courts, facilement manipulables. De plus, l'attention portée tout au long de l'activité sur ces énoncés devrait faciliter leur mémorisation :

Un polygone est une figure fermée qui a plusieurs côtés.
Un rectangle est un polygone de quatre côtés qui a quatre angles droits.
Un carré est un rectangle qui a quatre côtés égaux.

Dans les brouillons préparatoires, j'ai repéré un certain nombre de problèmes :
– la marque de nombre omise sur *droits*, inappropriée sur *égaux*, ou superflue sur *quatre* ;
– la marque de genre, omise ou remplacée par *er* dans *figure fermée* ;
– l'orthographe lexicale de *polygone, rectangle, carré, côtés.*

Examen des mots

• Phase 1 : remarques spontanées

J'affiche la première définition au tableau ; un élève vient tracer les balles d'accord, puis je les invite tous à faire les remarques qu'ils souhaitent :

Ilyas : Il y a un *s* à *côtés* parce qu'il y en a plusieurs.
Antoine : Il y a un *s* à *plusieurs* parce qu'il y en a plusieurs.
Anne : Il y a un *e* à *fermée* parce qu'on dit *une figure.*
Julie : *Est*, c'est le verbe *être*, on peut dire *était.*
Enseignant : Vas-y, fais-le.
Julie : *Un polygone était une figure fermée qui avait plusieurs côtés.* Ah oui, et *a*, c'est le verbe *avoir*, il n'y a pas d'accent. Mais c'est bizarre, la phrase, avec *était.*

Selon nos habitudes, j'inscris au fur et à mesure sur le tableau les remarques des élèves. Ces premières remarques concernent des éléments perceptibles, déjà bien connus à ce niveau de classe. Comme personne n'ajoute quelque chose, je rappelle le principe du travail : dire tout ce qu'on sait pour expliquer la façon dont la phrase est orthographiée, en particulier quand ce n'est pas régulier ou, au contraire, quand il y a une règle derrière.

Lucile : *Polygone* et *figure*, le *g* se prononce /g/.
Laëtitia : Comme dans *rectangle* et *angle.*
Jean-François : Mais pas dans *ange.*
Rires. Je fais rappeler les règles que je note au tableau.
Jean-Luc : À *côtés*, il y a un accent.
Ilyas : Circonflexe.
Charles : Oui, c'est pour quand il y avait un *s.*
Ilyas : Comme *hôpital* et *hospitalier.*
Enseignant : Et là, vous pouvez en dire plus, pour *côtés* ?
Silence.
Enseignant : Vous pouvez penser à d'autres mots ?
Fatouma : *Côte ?*

J'explique alors le rapport entre *côte* et *côté*, et j'introduis le mot et l'expression *accoster* et *douleur intercostale* pour confirmer le rapprochement qui vient d'être fait entre l'accent circonflexe sur *o* et le *s* dérivatif. Et comme plus personne n'ajoute quelque chose, je souligne *polygone*. S'ensuit une discussion sur l'origine grecque, le rappel du sens du mot expliqué lors de la leçon de géométrie, un rapprochement avec *hexagone*, évoqué en *géographie* ; un élève souligne au passage que le mot *géographie* est un « mot intéressant », car il a « un *g* de chaque » !

Mathilde : Ça s'écrit pas comme *poli*.
Enseignant : Tu peux préciser ?
Antoine : *Tu pourrais être poli !*
Rires.
Mathilde : Ça s'écrit *p-o-l-i*.
Enseignant : Oui, le *y* sert à distinguer ces deux mots et à nous dire d'où ça vient.

Je précise alors que *plusieurs* et *poly* veulent dire la même chose, mais que le premier vient d'un mot latin et le second du grec et ne peut pas s'employer seul, que c'est souvent un préfixe : *polycopier, polyvalent, polygame*.

Au fur et à mesure, j'ai consigné les remarques au tableau. À l'issue de cette première phase informelle, voici à quoi il ressemble :

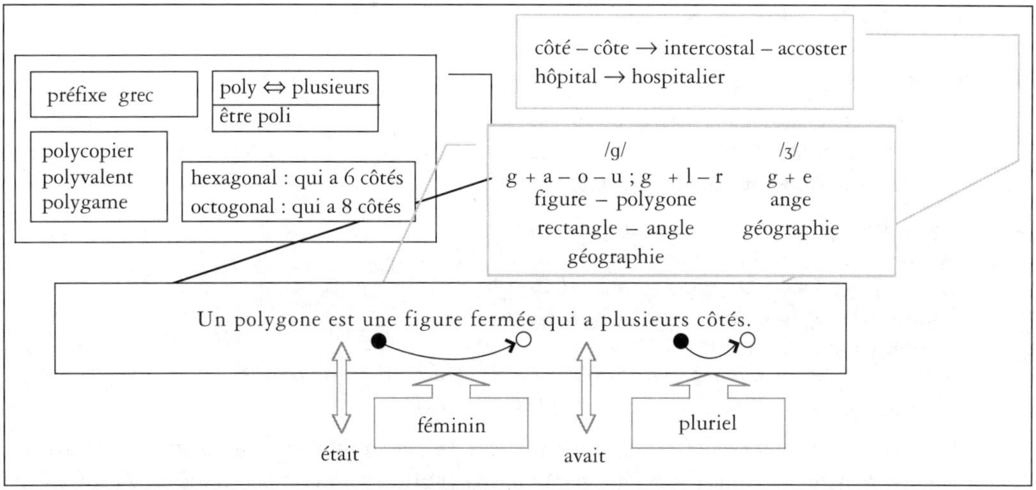

Jusqu'à présent, les séances consacrées à la phrase donnée du jour s'arrêtaient à cette étape, lorsque personne n'avait plus rien à ajouter.

• Phase 2 : observation guidée

La deuxième phase, beaucoup plus structurée, est orientée par l'objectif méthodologique que je me suis fixé pour cette séance. Pour lancer le travail, je commence par une question piège :

Enseignant : Anne a dit tout à l'heure que *fermée* s'écrit avec un *e*. Mais, dans certains cahiers de brouillon, j'avais trouvé la même phrase avec *fermé*, écrit *é*. Qui avait choisi *é* sur son brouillon ? Qui se souvient d'avoir écrit *une figure fermé, é* ? Ou d'avoir hésité ? José ?
José : Je me suis demandé si c'était obligé de faire avec *une figure, fermé*, ça pourrait être avec *un*, parce que c'est le polygone qui est fermé, aussi. On parle du polygone dans cette phrase.
Silence.
Enseignant : Que pensez-vous de ce que vient de dire José ? Est-ce que c'est forcément *ée*, ou est-ce que ça peut être *é* ?
Anne : C'est pas possible, *é*, parce que c'est *une figure* qui est fermée, il n'y a pas écrit *un polygone est fermé*.
Enseignant : Qu'en pensez-vous ?
Pierre-Yves : On peut mettre les deux. On peut pas savoir.
Enseignant : Qu'est-ce que tu veux dire ?
Pierre-Yves : Là, on sait que c'est *ée*, parce que c'est vous qui l'avez choisi, mais on peut pas savoir, parce que ça se dit pareil, *fermée* avec un *e*, ou *fermé* sans *e*.
Nouveau silence.

Manifestement, la question est sensible. José et Pierre-Yves viennent d'exprimer le raisonnement qu'on entend couramment au cours de la phrase dictée du jour, à savoir un accord fondé sur le sens en l'absence d'indice phonique. C'est la raison pour laquelle il me parait important d'y revenir régulièrement. J'annonce qu'on va essayer de trouver une méthode de travail pour savoir si c'est *ée* ou *é*, près du tiers de la classe garde en effet le point de vue que *é* pourrait aussi convenir.

Je distribue aux élèves une bande de papier comportant la définition du polygone. Par deux, ils doivent déterminer les différents groupes de la phrase en la découpant en morceaux. La majorité des équipes proposent de trois à cinq groupes, sauf un qui fait une objection : en grammaire, on a vu que la phrase était composée d'un groupe nominal sujet et d'un groupe verbal. Je propose de mettre de côté pour le moment cette solution.

Je demande alors à ceux qui ont trouvé cinq groupes d'expliquer ce qu'ils ont fait. Je découpe selon leurs indications une grande bande sur laquelle j'ai préparé la phrase et j'appose les groupes les uns à côté des autres au tableau à l'aide d'aimants. Puis j'invite un élève à venir tracer les balles d'accord là où c'est possible. Un élève signale que, dans la phase précédente, on avait oublié de tracer des balles d'accord sur *un*, *polygone* et *est*, ce que tout le monde reconnait, avec une certaine surprise devant un oubli aussi grossier. Personne ne faisant de remarques sur *qui a*, je décide de ne pas aborder ce point.

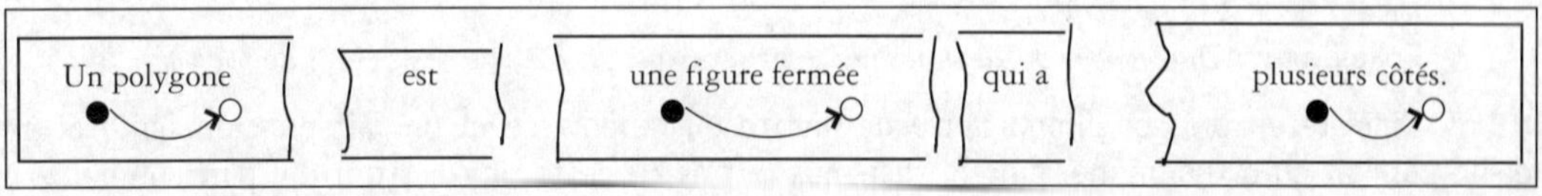

Des élèves viennent faire le même travail avec un découpage en quatre, puis trois groupes :

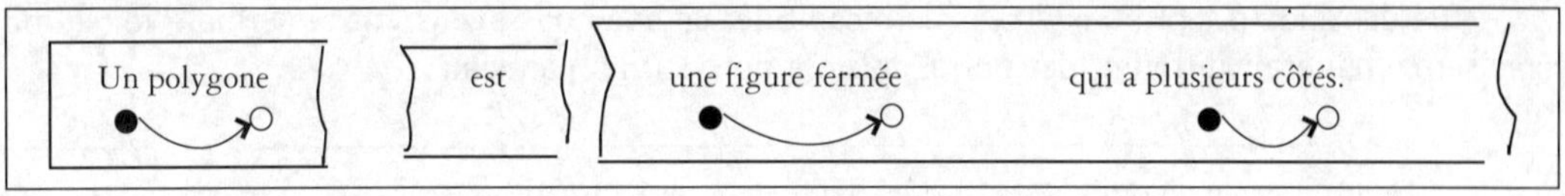

Enfin, c'est au tour de ceux qui avaient défendu d'emblée un découpage de la phrase en deux parties en référence à la leçon de grammaire d'exposer leur point de vue. Après quoi, je reconstitue la phrase en reprenant tout le processus d'inclusion des groupes :

plusieurs côtés
qui a plusieurs côtés
une figure fermée qui a plusieurs côtés
est une figure fermée qui a plusieurs côtés
un polygone est une figure fermée qui a plusieurs côtés

La discussion fait apparaitre qu'il manque les balles qui signalent avec quoi les verbes s'accordent. Oubli aussitôt réparé. Enfin, je trace les cadres qui rassemblent deux éléments qui forment ensemble un groupe et je signale qu'il faudra revenir sur *qui a*.

Pour terminer la séance, je demande alors aux élèves s'ils pensent qu'on a trouvé ce qu'on cherchait.

Élèves : Oui. C'est *ée*.
Enseignant : D'accord, vous pouvez préciser ?

Anne : Ben, même quand on bouge les groupes, on voit bien que ça change pas.
Enseignant : Oui…
Fatouma : Les balles d'accord, elles sont toujours au même endroit.
Enseignant : Oui, mais en quoi ça explique que *fermée* s'accorde avec *figure* et pas avec *polygone* ?
Sofian : Parce qu'ils sont pas dans le même groupe.
Enseignant : Eh oui ! Parce qu'ils ne sont pas dans le même groupe. Donc, les accords se font… ?
Sophie : Dans le groupe !
Enseignant : Oui, à l'intérieur du groupe… ?
Élèves : Nominal !
Ilyas : Non, c'est pas toujours un groupe nominal. Il y a le verbe.
Enseignant : Effectivement. On a aussi l'accord entre le groupe nominal sujet et le verbe. Vous commencez à mettre ensemble des choses que vous savez.

La réflexion rebondit une dernière fois :

Pierre-Yves : On peut faire l'inverse !
Enseignant : L'inverse ?
Pierre-Yves : Oui, on peut dire *Une figure fermée qui a quatre côtés est un polygone.*
Enseignant : Effectivement. Et comment on l'écrirait, *fermée* ?
Élèves : Pareil, *ée.*
Enseignant : Vous êtes sûrs ? Toi aussi, José ? Tu peux dire pourquoi ?
José : Ça va avec *figure*, pas avec *polygone.*
Enseignant : Oui, *fermée* est dans le même groupe que *figure*, pas dans celui de *polygone.*

J'insiste encore sur l'importance de mettre en rapport ce qu'on fait en grammaire et ce qu'on connait en orthographe, puis je suspends le travail, cette phase ayant été particulièrement intense, et remets la suite au surlendemain.

• Phase 3 : réinvestissement

Je demande d'abord aux élèves de récapituler ce que nous avons fait la dernière fois et de préciser ce qui était différent des autres fois. Je note sur un panneau :

> Dans un groupe nominal : accord en genre et accord en nombre.
> Entre le groupe nominal sujet et le groupe verbal : accord du verbe avec le sujet.

J'indique alors que, dorénavant, avant de tracer les balles d'accord, ils vont devoir trouver les groupes et les encadrer. Je distribue alors une bandelette pour deux élèves comportant la définition du rectangle. La consigne est de repérer les groupes. Les élèves parviennent assez vite à un résultat. La deuxième étape consiste à marquer les balles d'accord. Je précise qu'on va introduire un autre changement : dorénavant, on gardera la flèche pour marquer l'accord sujet/verbe. À l'intérieur d'un groupe nominal, les balles suffiront, pleines pour le mot signal, vides pour les marques.

C'est alors seulement que j'invite les élèves à faire toutes les remarques qu'ils souhaitent. La question de la graphie de *quatre* est immédiatement soulevée : les élèves constatent qu'il n'y a pas de *s* et se demandent pourquoi. Je leur précise qu'il n'y en a pas non plus sur les autres chiffres, même si on est tenté d'en mettre un : « C'est comme ça, faut le savoir », conclut un élève. J'ajoute un panneau en forme d'énigme qui évoque « Inventaires » : (nous lirons et écrirons plus tard à partir du poème de Prévert) ; puis un second, après un dernier rappel de la signification du mot *rectangle* et du rapport entre *rect-* et *droit*.

> quatre - cinq - onze
>
> Inventaire
> … quatre fossoyeurs…
> … un raton laveur…
> … mille et une nuits…

> droit
> rectangle - recto
> rectifier

Pour terminer, j'appose la dernière définition au tableau, celle du carré, et, devant la classe, je procède sans rien dire à la décomposition progressive de la phrase en groupes, à partir de cinq bandeaux préparés à l'avance. Après avoir demandé à un élève d'expliquer ce que j'ai fait, la séance s'achève là. ➢ Le résultat des différentes manipulations se trouve en annexe du chapitre.

• Phase 4 : récapitulation individuelle

Une semaine après, chaque élève reçoit une feuille sur laquelle trois définitions ont été reportées, avec, pour consigne, de repérer les groupes de la phrase, de matérialiser les accords par les balles, et de rappeler une ou plusieurs remarques importantes à ses yeux. Enfin, tous doivent faire une ou deux remarques personnelles sur la troisième phrase qui n'a pas été travaillée collectivement et noter les questions qu'ils se posent éventuellement. Voici un exemple de ce qui a été produit sur la définition du carré :

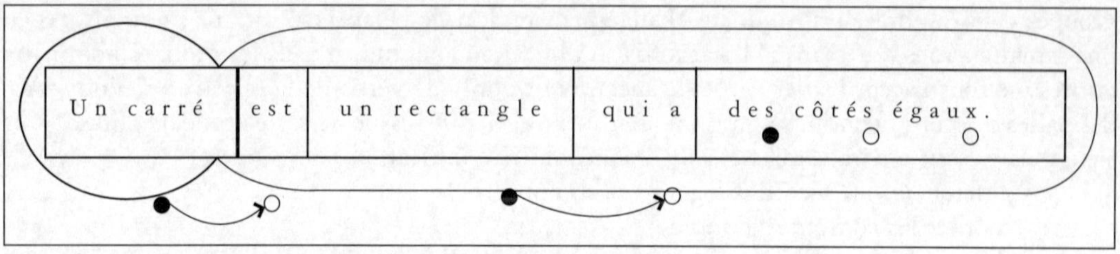

> Mes remarques :
> – il y a 2 R à carré comme barré, mais je sais pas pourquoi
> – pour égaux, il y a un X et pas un S
> cheval – chevaux
> Je retiens que quatre ne prend pas de S

• Phase 5 : récapitulation collective

Pour conclure ces trois séances de travail, je demande aux élèves de récapituler les étapes pour trouver les marques d'accord. Les élèves notent ensuite dans leur cahier le résumé suivant :

POUR TROUVER LES MARQUES D'ACCORD, IL FAUT :

1. Délimiter les groupes dans la phrase.
2. Appliquer l'accord sujet/verbe.
3. Appliquer les accords dans les groupes.

Je leur précise que les lignes qui délimitent les groupes sont une sorte de frontière invisible et que, progressivement, ils arriveront à penser aux accords dans la phrase sans avoir besoin de tracer les limites des groupes ni les balles d'accord.

Bilan

Au terme de cette activité qui s'est étendue sur une semaine, les élèves ont travaillé :
– les groupes dans la phrase ;
– les accords dans les groupes ;
– l'accord du verbe avec son sujet.

Il s'agit en effet de contrecarrer les procédures morphosémantiques des élèves au profit de procédures morphosyntaxiques, en les aidant à acquérir une démarche d'analyse pour faire des accords seulement entre les constituants régis par ces accords. Ce faisant, ils ont pu établir un lien entre les activités menées en grammaire et ce qu'ils apprennent en orthographe. Secondairement, les élèves ont approfondi la connaissance du lexique de leur langue dans une perspective culturelle, à savoir l'héritage gréco-latin et ses traces dans l'orthographe actuelle. À travers l'étude de l'orthographe lexicale, l'idée qu'on écrit dans toutes les disciplines et qu'il est impératif de connaitre l'orthographe des mots de géométrie ou de géographie a pu émerger. Les élèves ont également revu quelques valeurs de base des phonogrammes.

Toutefois, l'objectif principal était d'ordre méthodologique. C'est pourquoi l'accent a été mis sur la manipulation effective des groupes dans la phrase : découper, assembler, regrouper, tracer des limites, matérialise la structuration de la phrase en groupes. Les élèves ont ainsi le temps de réfléchir et de constater par eux-mêmes la plus ou moins grande solidarité des éléments entre eux : le rapport entre les mots à l'intérieur d'un groupe n'est pas modifié quand la place du groupe dans la phrase change (*une figure fermée*).

Dans le travail individuel, tous sont parvenus à délimiter quelques groupes dans les phrases ; aucun n'a produit un découpage aussi complet que collectivement ; certains ont encore tracé les balles d'accord avant de délimiter les groupes... Commencer par reconnaitre les groupes dans la phrase implique un changement radical de perspective qui ne s'obtient pas en une semaine. Tous ont marqué les accords au pluriel ou au féminin dans les groupes nominaux et presque tous l'accord sujet/verbe, beaucoup ont oublié le verbe de la relative ; peu ont tracé des balles d'accord quand il s'agit du masculin singulier. À l'issue de cette étude de phrase, plusieurs pistes sont envisageables et sont données à titre indicatif :

– différencier les accords en genre et en nombre ;
– aborder les consonnes doubles ;
– aborder le masculin et le singulier, formes non marquées, comme des accords (piste choisie).

Du côté de la lecture et de l'écriture littéraires, l'enseignant a proposé à sa classe un intermède poétique (ce qu'il propose régulièrement entre deux projets d'écriture longue). Les élèves ont lu « Inventaire » de Prévert et « Mathématiques » de Supervielle : ils ont dit les textes, et les ont appris ; ils ont à leur tour composé des *Inventaires*.

Avec des élèves plus jeunes, les objectifs notionnels sont plus limités, mais l'activité permet de mener avec les élèves un travail en profondeur. L'exemple qui va être développé à présent permettra de voir comment on peut mettre en place les balles d'accord que les élèves de fin de cycle manipulent avec aisance.

Exemple 2 : *Les enfants rentrent au village...* (CE2)

Constat/analyse

Préparer une auto-dictée revient souvent pour les élèves à apprendre un texte par cœur comme on apprend un poème, la différence étant que la récitation se fera par écrit et non à l'oral[1]. Ils ne perçoivent que très peu la finalité de l'exercice qui exige une grande attention aux formes et les résultats sont en général décevants. En janvier, je décide d'introduire cette activité dans la classe et de consacrer une ou deux séances à la mise en place des *balles d'accord*, outil tout à fait adapté au travail préparatoire. Pour cette première fois, je privilégie les marques de pluriel : les mots signaux *les* et *des* sont bien connus ; la marque nominale *s* et la marque verbale *nt*, bien repérables. La phrase est tirée de la production écrite en cours : *Les enfants rentrent au village et voient les villageois qui sont réunis, en silence, autour d'une maison qui brule.*

1. Compte rendu d'Anne-Marie Bézian.

Examen des mots

Je commence par rappeler aux élèves le véritable objectif de l'auto-dictée (ils en ont déjà fait au CE1) : apprendre des mots qui se trouvent ensemble dans une phrase après avoir remarqué ce qui se passe entre ces mots, de façon à connaitre plus de mots et à savoir écrire plus de phrases quand ils écrivent des textes. Je précise qu'ils vont apprendre une démarche et découvrir un outil (je réexplique le sens de ces mots que j'utilise couramment en classe) pour repérer les liens entre les mots et mettre les marques qui conviennent.

Chaque élève reçoit une bande de papier sur laquelle est inscrite la phrase. Deux élèves la relisent d'abord à haute voix. Puis j'entreprends de guider la classe dans la matérialisation des accords. Un élève fait le travail au tableau, étape par étape, les autres sur leur bande de papier, le résultat est discuté, puis validé après correction si nécessaire.

1 – Le verbe :

Je recherche et j'encadre les verbes conjugués, car ce sont les verbes qui changent le plus de forme dans une phrase ; ils sont donc des pièges pour nous. Pour reconnaitre le verbe, je peux conjuguer le verbe avec *je... tu... il... nous... vous... ils...* Exemples : *je rentre, tu rentres, il rentre, nous rentrons... ; nous sommes réunis, vous êtes réunis, ils sont réunis*.

2 – Le sujet :

Je recherche le sujet « celui qui fait l'action » (définition commode à ce niveau), je le souligne en le reliant au verbe au moyen d'une flèche :

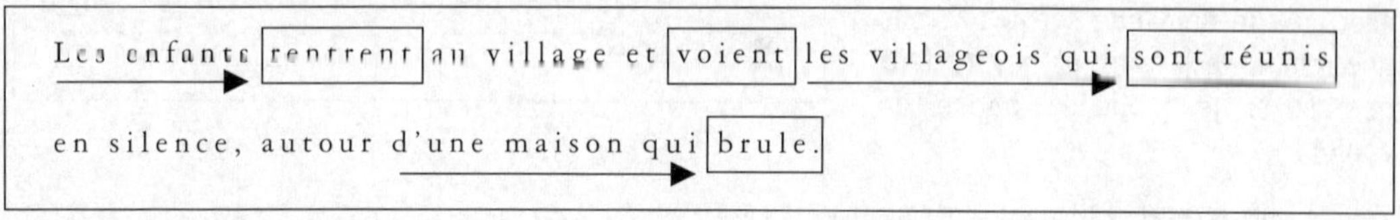

3 – Le mot signal :

Dans le groupe de mots soulignés, je recherche le *signal*, c'est-à-dire le mot qui m'indique que c'est du pluriel ou du singulier, du féminin ou du masculin, et qui commande la terminaison d'autres mots dans la phrase. Je repère le signal par un rond plein, et je fais la même chose avec tous les mots signaux :

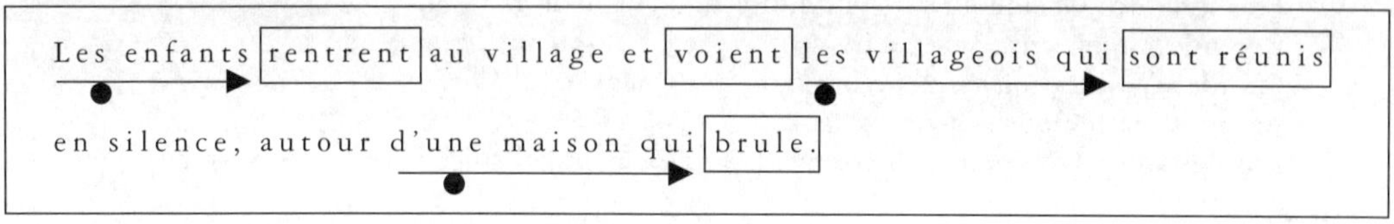

4 – Les balles d'accord :

Je repère alors les autres mots du groupe souligné qui vont avec le mot signal et je place un rond vide sous la terminaison de ces mots, puis je trace la chaine d'accords :

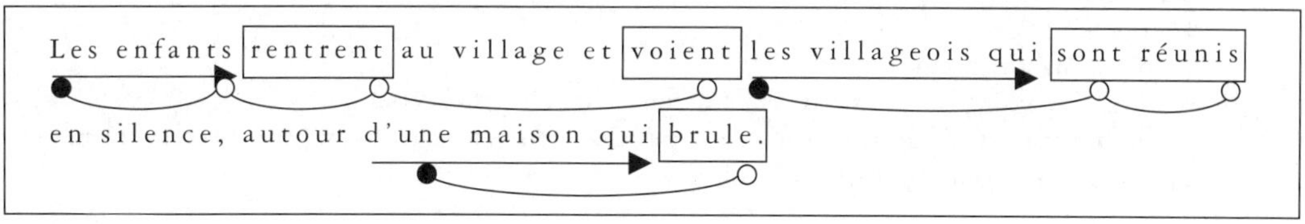

C'est seulement à ce moment-là que j'indique aux élèves le nom par lequel nous allons dorénavant désigner ce que nous venons de faire : nous avons tracé des *balles d'accord*. Je demande à la classe de dire pourquoi : « C'est comme une balle, quand ça rebondit, ça fait des traces », explique un élève.

5 – Remarques :

Le lendemain, nous reprenons la phrase et j'invite les élèves à faire toutes les remarques qu'ils veulent. Une discussion s'engage sur différents points.

• La différence entre la marque de nombre du nom et du verbe : « C'est facile de savoir, puisque les verbes conjugués, ce sont les mots encadrés, on sait que là, il faut pas mettre *s*, mais *nt* ». Le problème est bien sûr d'arriver à encadrer le verbe et seulement le verbe... Depuis le début de l'année, nous avons insisté sur la reconnaissance du verbe de la phrase, que nous avons pris l'habitude d'encadrer d'un trait plein, par opposition aux verbes à l'infinitif encadrés d'un trait pointillé.

• L'accord sujet/verbe à la troisième personne du singulier ou du pluriel : « C'est facile avec le signal : singulier, *brule*, c'est *e* ; pluriel, *rentrent* et *voient*, c'est *ent* ». Je résume ce qui vient d'être dit sur un panneau :

elle	brul	e	singulier
ils	rentr	ent	pluriel
	voi	ent	

• L'accord de deux verbes coordonnés avec un seul sujet exprimé : je demande s'ils n'ont pas une remarque à faire, et devant leur perplexité, je replie la bande de papier :

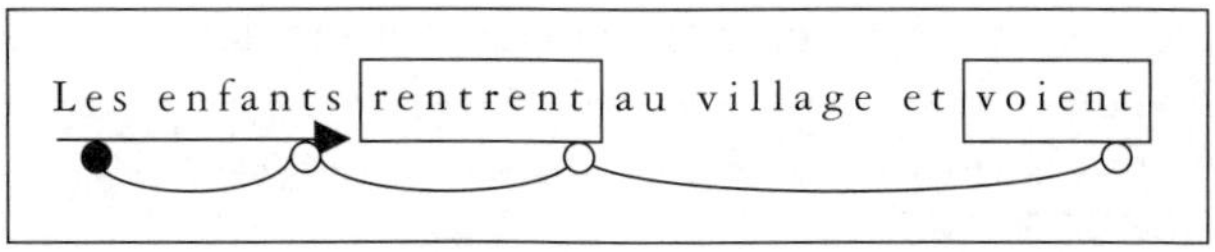

Enseignante : Et maintenant, qu'en pensez-vous ?
Loïc : Il n'y a pas de sujet.
Enseignante : Qu'est-ce que tu veux dire ?
Max : Il veut dire que *voient*, il manque une flèche devant.
Enseignante : Alors, si on l'a oubliée, on devrait peut-être en faire une. Comment va-t-on s'y prendre ?
Silence. Les élèves perçoivent que ce n'est sans doute pas un simple oubli.
Enseignante : Quelqu'un a une idée ? Rachid ? Viens au tableau.
Rachid : À mon avis, il y en a pas, parce que c'est toujours les enfants.
Camila : C'est les enfants qui rentrent et qui voient.
Jenny : C'est les *enfants* pour les deux.
Enseignante : *Les enfants*, c'est le même groupe nominal sujet pour les deux verbes. Vous êtes d'accord ?
Élèves : Oui !

La reformulation que je propose est à présent accessible aux élèves qui peuvent aller plus loin dans le repérage du rôle de la conjonction *et*.

Enseignante : Et est-ce qu'il y a quelque chose dans la phrase qui nous le dit ?
Wanda : Peut-être *et*.
Enseignante : Et pourquoi *et* ?
Wanda : Parce que ça dit que les enfants font deux choses.
Enseignante : Effectivement, *et* nous dit que les enfants font deux choses à la suite. Donc on a un seul groupe nominal sujet qui commande deux verbes.

Je fabrique rapidement un second panneau :

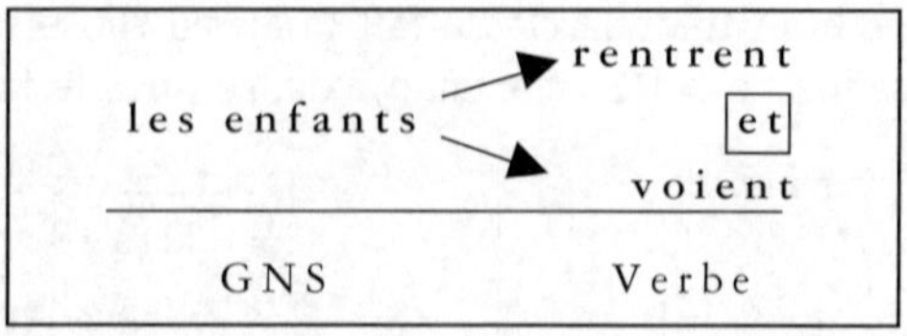

• Le cas du verbe *sont réunis* :

J'invite à présent les élèves à observer une autre partie de la phrase, et, comme précédemment, je facilite l'observation en repliant les parties inutiles :

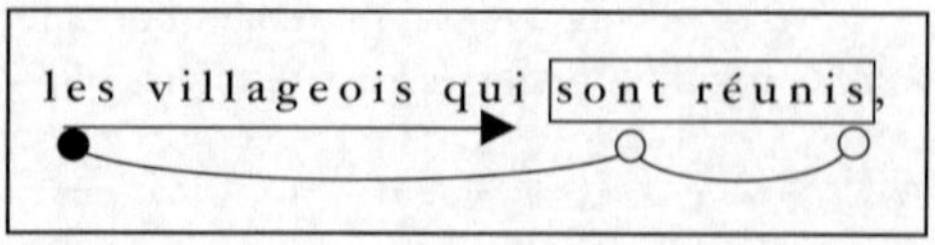

Max : C'est l'inverse.
Enseignante : L'inverse ?
Max : Tout à l'heure, il y avait deux verbes encadrés et là il y a qu'un seul verbe encadré.
Norbert : Oui, mais il y a deux ronds vides dessous.
Enseignante : C'est vrai. Et qu'est-ce que vous pouvez en dire, de ces deux ronds vides ?
Camila : C'est bizarre de mettre *s* pour la marque de pluriel sur le verbe !
Silence.
Enseignante : Camila nous dit qu'elle voit un *s* pour la marque de pluriel sur le verbe.
Max : Oui, mais il y a aussi un rond vide sous *sont*.
Rachid : Je sais, *sont*, il y a aussi *nt* à la fin.
Enseignante : Tu as raison, *sont* se termine par *nt*, donc on n'a pas besoin de répéter *nt*. Quand le verbe est en deux morceaux, comme ici, le deuxième ne prend jamais *nt*. Vous apprendrez tout ce qu'on peut mettre, mais jamais *nt* deux fois de suite.

Je fabrique alors un troisième panneau :

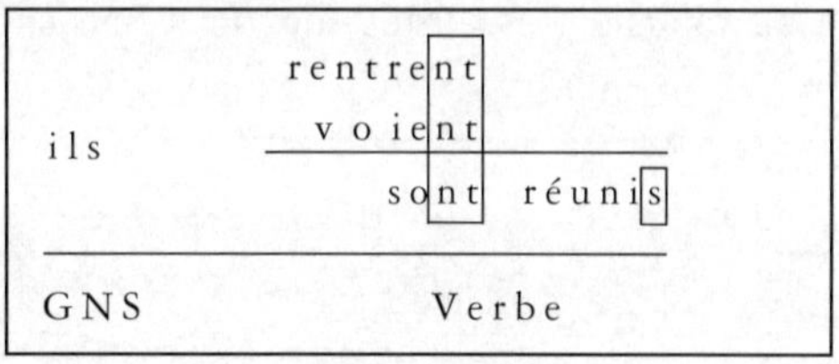

• L'orthographe lexicale :

Pour finir, je demande à la classe d'observer les mots de la phrase et plus ce qui se passe entre les mots et j'invite chaque élève à recopier les mots qu'il n'est pas encore sûr de savoir écrire. En passant dans les rangs, je constate, comme prévu, que *villageois* et *silence* en font partie. De l'avis de tous, ce sont des mots difficiles.

Enseignante : Qu'est-ce qui est difficile dans *villageois* ?
Yan : Le *e*.
Enseignante : Dans *villageois*, qu'est-ce que tu sais écrire ?
Yon : *Village*.
Audrey : Il y a *ville* dans *village*.
Emmanuel : Et *villa*.
Enseignante : Vous avez raison, je vous raconterai l'histoire de cette famille de mots un autre jour. Vous savez écrire *ville* ?
Élèves : Oui !
Enseignante : Alors, vous savez écrire *villageois*.

J'écris *à la ville* au tableau, puis des élèves viennent écrire à tour de rôle les autres mots que j'indique, pendant que le reste de la classe fait la même chose sur sa bande de papier. Enfin, deux élèves viennent encadrer ce qui est commun, comme nous le faisons régulièrement :

[à la vill]e [à la vill]a	au [village] les [village]ois

Des élèves ayant fait remarquer que le /ɑ̃/ de silence est comme le premier /ɑ̃/ du mot *enfant*, que le premier /s/ est le même que celui de *serpent*, et rien pour la fin, j'écris au tableau :

[S]ilence, les [s]erpents !	Sil[en]ce, les [en]fants !	Silen[ce], les lima[ce]s !

Tous ces mots sont recopiés au propre dans le cahier de mots.

Pour conclure la séance de travail, je demande aux élèves de récapituler les étapes de la démarche pour trouver les marques d'accord. Puis je félicite la classe pour sa clairvoyance : « Vous avez beaucoup travaillé, observé des choses très importantes. Bien sûr, il faudra revoir ces choses plusieurs fois. Mais, maintenant, quand vous avez une auto-dictée à préparer ou un texte à corriger, vous savez comment faire marcher votre tête, c'est ça la démarche, et vous savez quel outil utiliser, c'est les balles d'accord ».

Évaluation

Lors de l'auto-dictée, tous, sauf deux, ont restitué la phrase sans erreur. Mais c'est surtout dans la phrase dictée du jour de la semaine suivante que les effets ont été plus marquants. Voici le travail de David au tableau (les autres font la même chose en même temps sur leur cahier) :

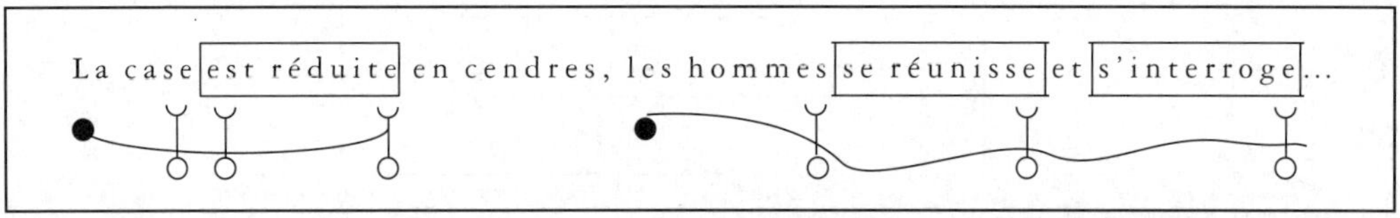

Il rajoute alors seul *nt* aux deux verbes. Puis il explicite la graphie de *réduite* : « C'est du féminin, parce qu'on voit le *e* de *réduite* ». Je reformule le propos : « Il y a un signal qui t'indique le féminin », et je note la remarque au-dessus de la phrase.

Quand la suite de la phrase est soumise à l'analyse, Laure signale que, dans le cas de *les*, on ne peut pas savoir si c'est du masculin ou du féminin. À l'appui, elle donne elle-même un exemple : *Les femmes se regroupent*, et conclut : « On n'entend pas la différence ». Comme précédemment, je consigne sa remarque au-dessus de la phrase.

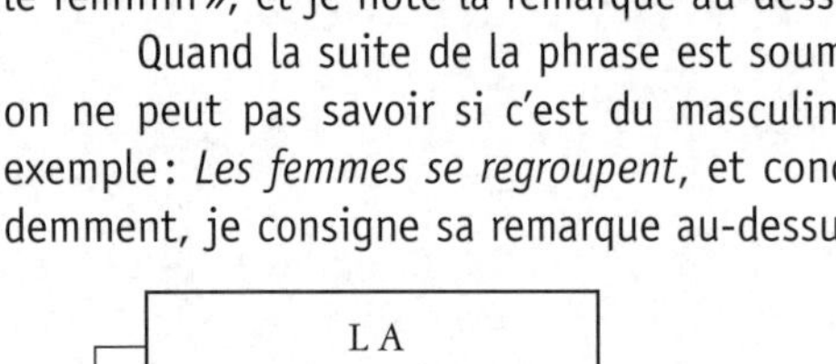

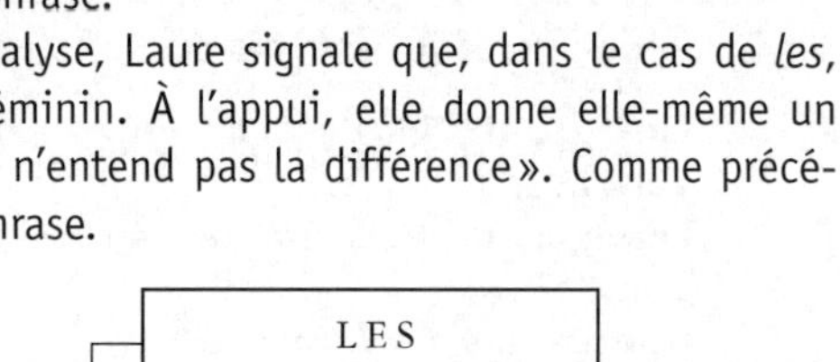

Cette dernière remarque pourra servir ultérieurement de point de départ à une nouvelle réflexion afin de matérialiser la différence entre le genre et le nombre. Après quelques séances de ce type, nous avons élaboré un mode d'emploi :

LES BALLES D'ACCORD

Il faut :
1. Repérer la phrase : majuscule, point, unité de sens.
2. Encadrer les mots qui changent le plus dans la phrase : les verbes conjugués.
3. Souligner ceux qui font ces actions (le groupe sujet).
4. Repérer le mot qui dans le groupe souligné indique l'idée de pluriel ou singulier, de féminin ou de masculin.
5. Tracer la chaine des balles d'accord.
6. Rajouter les marques qui manquent ou supprimer celles qui sont en trop.

Bilan

Au terme de deux longues séances, ces élèves, qui en sont au début du cycle 3, parviennent à matérialiser les accords dans une phrase. Sans avoir besoin d'utiliser une terminologie très élaborée, et en s'appuyant sur le sens pour identifier le verbe et le sujet, ils ont commencé à repérer que certains éléments sont liés dans une phrase. Mais l'accent mis sur la co-présence des éléments liés par l'accord grâce aux balles pleines ou vides leur permet de ne pas s'enfermer dans une vision purement sémantique et prépare la voie aux procédures morphosyntaxiques. La classe a ainsi travaillé la notion de chaine d'accord au pluriel : les marques du nom et du verbe, l'accord dans le groupe nominal à partir du repérage du déterminant, l'accord sujet/verbe. Elle a aussi affronté la complexité (dans des phrases toutes simples) : un sujet pour plusieurs verbes, le pluriel verbal quand il s'agit d'une forme simple ou composée. Des jalons ont été posés sur la différence entre le genre et le nombre.

L'évaluation formelle par l'auto-dictée, informelle dans l'activité de la phrase dictée du jour qui a suivi, a montré l'efficacité de la méthode qui conduit les élèves à repérer leurs erreurs et à aiguiser leur regard sur le fonctionnement du français. La plupart des élèves ont d'ailleurs manifesté une réelle satisfaction d'avoir pu rectifier seuls l'oubli de marques ; ils semblent également trouver rassurant de pouvoir différencier ce qui relève de l'orthographe lexicale et ce qui relève des relations morphosyntaxiques. Dans les semaines qui ont suivi, des groupes nominaux plus étoffés, des accords au féminin, singulier et pluriel, ont progressivement été proposés à la classe.

Ainsi, au-delà des différences liées à l'âge, à l'expérience scolaire et aux enseignants, au-delà des différences intrinsèques entre ces deux formes de travail – la phrase dictée et la phrase donnée –, les exemples rapportés montrent des similitudes profondes. Ces similitudes tiennent à une démarche qui privilégie, comme dans les chantiers, l'activité propre d'élèves en train d'apprendre en unissant leurs forces, et grâce à l'attitude de l'enseignant qui ne se place plus en tant que juge, mais en tant que guide dans le processus de réflexion collective.

Mais le parcours est particulièrement semé d'embuches. Ces embuches, nous les entrevoyons chaque fois que les élèves s'expliquent. C'est bien la raison pour laquelle ces deux activités que sont la phrase dictée du jour et la phrase donnée du jour, et leurs variantes, sont le complément indispensable des activités de découverte du système orthographique.

2. MODE D'EMPLOI

Le but de la phrase du jour, dictée ou donnée, est de faire évoluer les élèves dans leur compréhension de l'orthographe et de les aider ainsi à progresser dans sa maitrise. Ce dispositif didactique puise à plusieurs sources. Avant tout, il se situe dans la continuité des entretiens de recherche qui ont permis d'appréhender les modes de raisonnement et les procédures des élèves. À certains égards, il est aussi l'héritier lointain d'activités menées, du côté de la grammaire, sur la phrase et ses constituants, dans le cadre de ce qui s'appelait l'imitation de phrase ou la reconstitution de texte. Plus directement, il s'inspire de la *dictée dialoguée* et surtout de l'*atelier de négociation graphique*[1]. Chaque situation est unique, mais cette activité comporte, pour l'enseignant, trois étapes clés : le choix de la phrase, l'organisation de la séance et sa conduite. Ce sont elles qui constituent la trame de la démarche.

2.1. Choisir la phrase du jour

Phrase dictée, phrase donnée

Toute phrase en français recèle des problèmes orthographiques à résoudre, certains préalablement identifiés par l'enseignant, d'autres insoupçonnés. Le choix de la phrase mise au menu du jour dépend donc avant tout des objectifs qu'on se donne.

• La phrase dictée du jour ne s'intéresse pas aux erreurs en tant que telles, mais à ce qui en est la cause, c'est-à-dire aux idées plus ou moins pertinentes que les élèves se forgent relativement au fonctionnement de l'orthographe. Le progrès de l'élève repose en grande partie sur l'évolution de ses conceptions, de sa manière de traiter les problèmes d'orthographe. La phrase dictée du jour va lui permettre de valider ce qu'il sait ou l'aider à remettre en cause ce qu'il sait mal. Pour apprendre, l'élève a en effet besoin de réfléchir à ce qu'il apprend à partir de ce qu'il fait. On a vu que, pendant longtemps, ce qu'il sait ne peut être que partiellement juste, mais lui ne le sait pas, et il ne peut même pas concevoir qu'il ne sait pas.

Ce dispositif offre donc un espace à chacun pour mettre à l'épreuve l'ensemble de ses connaissances, qu'elles concernent des formes, des notions, des règles, des procédures de reconnaissance, des raisonnements. C'est l'occasion de vérifier, de clarifier, d'organiser, de généraliser, d'élaguer, à travers des rencontres multiples de problèmes similaires sous des manifestations différentes en surface. Parfois, il arrive que de véritables découvertes se produisent. Par exemple, en travaillant la phrase *Les sports et les jeux violents sont interdits à l'école*, des élèves de CE2 ont commencé à découvrir qu'un mot peut se terminer par *deux lettres muettes de fonctions différentes*, une lettre lexicale et une lettre grammaticale. La phrase dictée du jour permet ainsi d'aborder avec des élèves jeunes des éléments parfois complexes de façon intuitive. Certes, tout le monde apprend qu'un adjectif s'accorde en genre et en nombre au nom auquel il se rapporte. Mais, si l'on en juge par les erreurs de collégiens, il est certain qu'il y a là un obstacle que la connaissance de la règle ne suffit pas à franchir. La phrase dictée du jour permet, elle, d'y revenir aussi longtemps que nécessaire.

• La phrase donnée du jour est un dispositif complémentaire du premier : elle sert à un moment où le besoin se fait sentir de confronter l'élève non plus à ce qu'il croit, mais à ce qui est. L'incompatibilité entre ce qu'il dit et la réalité objective crée un hiatus dans sa façon de penser et fait bouger sa conception primitive. Mis en demeure de trouver une raison à la norme, il se trouve en effet en porte-à-faux avec une conception personnelle et doit trouver une issue.

1. Voir plus loin, *Variantes*. La phrase du jour a été travaillée avec les formateurs de « Maitrise de la langue : enseignement de l'orthographe à l'école et au collège » de l'IUFM de Paris (1999-2001).

Par exemple, *quatre*, *beaucoup de*, *plein de*, *la foule*, *l'équipe*, provoquent beaucoup d'erreurs, défendues avec l'accent de la légitimité : « Il y en a plusieurs, *s* ! » Pour saper cette conception, l'alternance phrase dictée/phrase donnée se révèle très efficace à travers des contre-exemples, tels que *Il y a beaucoup de livres et plein de jeux à la bibliothèque* ou *L'équipe a mal joué*.
Au début, les élèves concluent généralement qu'il s'agit d'« exceptions », mais devoir rendre compte de la norme les aide, à la longue, à introduire une distinction entre l'idée de pluralité (dans le référent) et les marques de pluriel (dans la langue).

Ce type de situation favorise les remaniements conceptuels. Mais un remaniement ne se produit que si l'élève est en mesure d'entendre, au sens de concevoir, la différence, c'est-à-dire si son système de référence du moment s'est déjà un peu fissuré sous l'effet d'expériences déstabilisatrices, lors de débats sur des graphies. Dans le cas inverse, les explications, même s'il dit qu'il a compris et qu'il est d'accord, glissent, et à la première occasion, c'est la conception primitive qui réapparait.

La phrase donnée du jour sert aussi à débusquer des conceptions erronées qui ne se voient pas. Voici, par exemple, une réflexion entendue en CM2 à propos de la phrase *Le cheval ailé s'est envolé* : « Il n'y a pas de *e* à *cheval,* car c'est *un cheval* ». Sa façon d'orthographier étant irréprochable, il n'y aurait pas eu lieu de s'inquiéter. Seule une situation d'explicitation permet l'expression d'une conception erronée, qui sera un jour ou l'autre la cause d'une erreur, cette fois bien visible (« *un dinosaur*, pas de *e*, masculin ; *une fourmie*, *e*, féminin »). L'exercice est donc particulièrement utile pour les formes non marquées, nominales (masculin singulier) ou verbales (présent), qu'il faut justifier tout autant que les autres.

Dans un cas comme celui-là, à défaut de lancer un chantier sur le genre, on peut se limiter à un travail plus circonscrit et faire commenter, par exemple, tous les mots qui se terminent par *e* dans *Au musée, il y a un tableau qui représente un homme sur une jetée déglinguée qui regarde vers le large un navire qui s'éloigne en pleine mer.* Au cours de l'observation, l'élève est amené à relativiser et à élargir sa conception du *e* (en même temps qu'à réfléchir sur l'emboitement possiblement infini des relatives).

À certains égards, la phrase donnée du jour se rapproche du travail de découverte qui s'effectue au cours d'un chantier. Elle peut parfois s'y substituer de façon plus économique. Les élèves trouvent souvent là une réponse à une question soulevée au cours de l'activité de la phrase dictée.

La phrase donnée permet aussi d'intéresser les élèves aux aspects lexicaux : comme il n'y a pas à passer en revue une série de propositions graphiques parfois longue, on peut s'arrêter sur les liens entre mots d'une même famille que révèle l'orthographe, leur origine (*polygone*), les rapprochements amenés par le partage des mêmes préfixes (*poly*, *rect*).

Elle permet encore d'introduire des méthodes et des outils, comme dans les deux exemples présentés, ou simplement d'inciter les élèves à les utiliser, sans, toutefois, exercer une pression qui dénaturerait l'exercice. Elle renforce donc le travail qui s'effectue lors de la phrase dictée du jour, en venant ébranler une conviction par la « preuve » du réel (la norme) et confirmer des manipulations.

Origine des phrases

À l'école, la phrase du jour est en général une phrase simple. Au CM2 ou au collège, on proposera des phrases plus complexes. Mais, la notion de simplicité étant très relative, différente du point de vue de l'élève et de l'enseignant, même une phrase simple se révèle souvent, en cours de la séance, plus difficile que prévu. Il faut donc se garder d'accumuler les difficultés qui excéderaient les capacités de traitement des élèves et prendraient trop de temps. De toute façon, les surprises ne manquent jamais. Avec un peu d'expérience, on parvient à doser convenablement la quantité adéquate de difficultés prévisibles.

La phrase proposée aux élèves a deux origines : soit elle provient d'une de leurs productions écrites (les programmes de l'école comme ceux du collège incitent à travailler à partir des écrits des élèves) ; soit d'une lecture en cours, littéraire ou non. La plupart du temps, on les réaménage un peu. Parfois, on les fabrique pour revoir une question ou soulever une interrogation, aller plus loin par un contre-exemple. On peut ainsi choisir de faire surgir délibérément un problème orthographique, voire la découverte d'une notion : l'accord du participe passé avec l'objet antéposé est un bon exemple de ce qu'une phrase donnée du jour permet d'observer. L'observation de la phrase peut encore servir d'introduction à une étude approfondie au cours d'un chantier. Dans tous les cas, la phrase proposée sert à traiter ce qui pose problème aux élèves et qu'on repère dans leurs ratures et signes de doute. Elle doit donc appartenir à la sphère de ce qu'ils sont susceptibles de produire à l'écrit. Sauf cas d'espèce, on exclura *a priori* le registre soutenu et les thèmes improbables, ceux dont les dictées raffolent.

La limite de tout exercice d'orthographe – et la phrase du jour reste un exercice – est de proposer de faux énoncés, dans le sens où l'élève n'y est jamais le véritable énonciateur, alors qu'il l'est dans la moindre réponse à une question. Or on sait à quel point cette différence joue chez de jeunes scripteurs qui ont du mal à se glisser dans une énonciation qui n'est pas la leur. On atténue cette radicale coupure en proposant justement des phrases qui appartiennent à l'univers des productions écrites de la classe ou aux contenus thématiques du moment, toutes disciplines confondues : les élèves peuvent alors plus facilement se représenter la situation d'énonciation. Mais on peut aussi faire de cette coupure un défi en leur proposant des phrases ambigües qui les obligent à s'interroger sur la situation d'énonciation à partir des pronoms déictiques. Par exemple : *Je suis arrivé/arrivée en retard.* Ou, si l'on veut enrichir la discussion par quelques considérations extralinguistiques : *Plus tard, je serai pilote de ligne, j'en suis sûr/sûre...*

Si l'on préfère ne pas toujours en rester aux écrits des élèves, on peut penser aux proverbes, aux devinettes et énigmes : *La terre est ronde, mais celle-ci est carrée. Pourquoi ?* On peut aussi faire appel aux titres d'articles qui jouent souvent sur les mots, comme *En Vert et contre tous*, ou à des pastiches de titres de romans, énoncés courts par définition. On peut d'ailleurs proposer à des collégiens d'en inventer *à la manière de...* pour travailler l'homophonie, tels *Sang à l'heure sur l'A 7/Cent à l'heure sur la 7*. Les coquilles dans la presse peuvent être également soumises en tant que telles à la sagacité des élèves, en particulier des adolescents qui se verront moins seuls devant l'orthographe. Par exemple, à propos de la découverte de restes de soldats de l'armée napoléonienne en Lituanie : *Une fausse commune contenant des centaines de squelettes a été mise à jour* (relevé par *Le Canard enchaîné*, 24 avril 2002). En bref, humour et ambigüité sont des atouts pour accompagner le travail sur les conceptions orthographiques des élèves.

Contenus linguistiques

De l'orthographe lexicale à l'orthographe grammaticale, l'éventail des thèmes orthographiques travaillés dans le cadre de la phrase du jour est très large.

L'apprentissage du lexique n'est pas l'objectif premier, car la phrase ne contient que quelques mots, ce qui n'est pas suffisant pour mémoriser l'ensemble du vocabulaire dont un élève a besoin pour écrire. On peut néanmoins profiter de l'occasion pour revoir certains mots en relation avec ce qui est étudié en classe à ce moment-là (par exemple, les connecteurs temporels ancrés dans la situation d'énonciation *hier*, *aujourd'hui*, avec le récit d'expérience personnelle, ou le vocabulaire de géométrie). Normalement, l'orthographe lexicale ne relève pas d'une discussion : un mot est composé d'une suite de lettres qu'il faut connaitre. Mais la phrase du jour est utile pour tout ce qui se rattache à un principe plus général (règles phonogrammiques, radicaux, affixes). Pour les plus jeunes, il faut qu'ils puissent s'assurer de l'intégralité de la mise en correspondance graphème/phonème et vérifier qu'aucun segment ne manque (un phonogramme, une syllabe, une partie de groupe consonantique) ; chez les plus âgés, les lois de position méritent encore de l'attention (par exemple, décomposer le mot *cueille* en *cu-e-ille*). La phrase du jour permet aussi d'apprendre à réfléchir à la graphie des mots en relation avec leur sens, que ce soit celle d'homophones (par exemple, *s'été pas mois*) ou celle de mots construits, ramenés à des éléments mieux connus (par exemple, *assaisonnement*, reconstitué à partir de *saison*, du suffixe *ment*, du préfixe *a*, et de la loi de position de *s* entre deux voyelles). Ce travail sur la partie phono/logographique reste important au début du cycle 3, parfois plus tard.

Mais la raison d'être de la phrase du jour, ce sont les conceptions à l'œuvre dans le champ, immense, de la variation linguistique et des marques morphographiques, en gros, le domaine de l'orthographe grammaticale. C'est là que les élèves s'efforcent de résoudre des problèmes qui les dépassent avec des procédures inadéquates, issues de leur compréhension trop limitée du fonctionnement de l'orthographe. On retrouve là la notion d'*objectifs-obstacles* développée par la didactique des sciences, tout aussi pertinente en orthographe. L'obstacle que constitue la conception devient alors un objectif, en ce sens que l'enseignant fait de son franchissement l'objectif du travail qu'il met en place. Il s'agit donc de fabriquer un matériau de travail pour sa classe en fonction des conceptions qu'on veut essayer de faire évoluer. ➢ Une liste indicative est proposée en annexe du chapitre, mais, bien sûr, c'est en écoutant ce que disent ses propres élèves qu'on repère les obstacles qu'ils ont à franchir et qu'on décide des directions à prendre.

Principe du rebond

Faut-il vraiment programmer les contenus linguistiques des phrases du jour ? Il existe deux approches. L'une tend à une programmation stricte des notions abordées, à la manière des « progressions » traditionnelles peu convaincantes. L'autre adopte une position plus souple, dans la mesure où n'importe quelle phrase ou presque met en jeu des conceptions à travailler. Il est donc inutile de trop prévoir, la logique d'une programmation à partir des seuls contenus linguistiques a bien peu de chances de répondre aux besoins des élèves. Leur progression est d'autant moins programmable que c'est souvent sous le choc de rencontres imprévues qu'ils révèlent ces raisonnements qu'il faut ensuite chercher à faire évoluer. Mais cette approche a pour inconvénient l'insécurité dans laquelle se sentent certains enseignants qui ont alors l'impression de ne pas savoir où ils vont. On peut donc choisir une voie moyenne, en ciblant un ou deux points que l'on veut faire travailler, le hasard faisant le reste.

En réalité, c'est un autre principe qui est le plus souvent adopté et qu'on peut appeler *le principe du rebond* : une phrase en appelle une autre. En effet, pour faire bouger une représentation non fondée, il faut l'attaquer à plusieurs reprises. Un problème rencontré dans une phrase dictée du jour conduit à y confronter à nouveau les élèves dans les semaines suivantes. On le fait, tantôt en conservant à l'identique le problème, tantôt en le camouflant sous une légère variation.

Par exemple, en sixième, *L'enfant les voit à travers la fenêtre* a encore provoqué de nombreuses graphies *vois* ou *voient* parce qu'il y a *les* devant le verbe. Une série de phrases du jour est alors consacrée à cette conception dans des structures similaires avec un rupteur, nom ou pronom, et des oppositions singulier/pluriel réparties entre le sujet et ce rupteur. Par exemple : [1] *Les douves du château protégeaient les habitants du monstre, car elles lui interdisaient le passage* et, dans une séance plus courte, [2] *Le fleuve les empêchait de s'échapper.* ➢ On trouvera en annexe du chapitre un outil de récapitulation pour travailler l'accord sujet/verbe perturbé par la présence d'un rupteur. S'y décline un ensemble de variations autour des deux invariants syntaxiques :

[1] Sujet [N_1 de N_2] + Verbe
[2] Sujet + Pronom + Verbe

En l'occurrence, c'est un arbre à choix multiples à partir des paramètres affectant le groupe sujet et le rupteur. Les cas de figure envisagés sont encore loin d'épuiser le réel, notamment parce qu'en touchant au temps du verbe, on multiplie les possibilités d'introduire de nouveaux effets.

D'une phrase du jour à l'autre, on décide ainsi soit de confirmer ce qui a été établi lors d'une séance précédente, soit, tout au contraire, de s'engager dans une autre direction. Il n'est sans doute pas bon de vouloir *tout traiter* et tout traiter *à la suite*. Il vaut probablement mieux interrompre une série pour y revenir plus tard : les évolutions sont rarement linéaires, une avancée peut se faire brusquement, englobant plusieurs éléments à la fois. Quoi qu'il en soit, rappelons que ne pas programmer ne signifie pas travailler à l'aveuglette : la liste de vérification préconisée dans les chapitres précédents permet également de contrôler quels sont les thèmes travaillés dans le cadre de la phrase du jour. Périodiquement, on fait le point et on décide comment continuer.

Analyse prévisionnelle

Une fois la phrase choisie, la phase de préparation n'est pas terminée. En effet, il est bon, surtout quand on manque encore d'expérience, de s'efforcer de prévoir les graphies des élèves pour chaque mot, et d'envisager les arguments et les procédures auxquels on risque d'être confronté. L'avantage, pour l'enseignant, est qu'il peut réfléchir à un type d'intervention possible face à tel ou tel scénario et qu'il se laissera moins surprendre sous les feux de l'action.

Cette préparation peut prendre la forme d'un tableau très structuré, tel celui présenté à la fin du chapitre, mais une prise de notes au fil des associations d'idées permet déjà de s'obliger à voir avec les yeux d'un élève. Cette phase donne aussi la possibilité de compléter ses propres informations linguistiques, par exemple pour éclairer l'orthographe d'un mot (son étymologie, son histoire). Cependant, le risque est alors de s'accrocher à la trame qu'on s'est donnée, et d'être moins attentif à ce qu'on n'a pas prévu.

En fait, les inquiétudes cèdent au bout de quelques séances de pratique. Cette activité, qui consiste à proposer patiemment des situations de résolution de problème destinées à clarifier les choses, a l'avantage de ne pas réclamer une préparation lourde. Encore une fois, il y a une certaine illusion à vouloir tracer une ligne logique : les commentaires des élèves nous ont appris que leurs conceptions sont multiformes, hétérogènes et labiles ; elles ne se laissent pas encadrer dans la pensée d'autrui. Leur logique n'est pas la nôtre. L'important est donc de ne pas perdre de vue l'essentiel : la phrase du jour est du côté du sujet en train d'apprendre – ce qu'il pense, ce qu'il croit, comment son savoir se construit. Et l'évolution de ses conceptions, le franchissement des obstacles qui le retiennent en arrière, la transformation de ses procédures, les ajustements et les changements cognitifs, restent hors du contrôle et de la programmation du maitre – mais non de son action.

2.2. Organiser la séance

Une séance de phrase du jour ressemble à une mini-pièce de théâtre, improvisée à partir d'un canevas imposé, avec son exposition, la dictée de la phrase et le recueil des graphies ; son action, le débat entre les acteurs ; son dénouement, la résolution de toutes les graphies et la copie de la phrase dans un cahier. Dans le cas d'une phrase donnée du jour, le premier acte est quasi instantané, il suffit d'afficher la phrase sur laquelle portera l'observation au tableau. Une partie des indications qui suivent concerne plutôt la phrase dictée du jour en situation collective ; les ajustements pour les autres situations se feront d'eux-mêmes.

Fréquence et durée

La durée et la fréquence, qui ont partie liée, dépendent de plusieurs facteurs, mais d'abord du temps imparti à l'étude de la langue par les instructions officielles et du temps qu'on lui attribue en fonction des autres activités en cours à ce moment-là.

La fréquence dépend de la durée de l'activité, qui peut elle-même varier de quarante minutes à une heure environ, selon la longueur de la phrase, ses difficultés et la diversité des graphies des élèves, leur capacité de concentration et d'écoute. Pour donner un ordre de grandeur, le traitement de la phrase *Ils avaient expliqué qu'ils n'avaient pas fait attention* a pris une heure en CM2.

À l'école, on a le choix entre conserver le rythme hebdomadaire de la dictée ou renouveler l'exercice plus souvent, deux fois par semaine par exemple, voire quotidiennement, ce qui est un sens possible de *la phrase du jour*. Des plages courtes ont l'avantage de ne pas lasser les élèves, dans une activité qui réclame une attention soutenue tout au long de la séance, et permettent le retour plus rapide des mêmes problèmes orthographiques. En dehors des périodes de chantier ou de révision orthographique qui remplissent alors la quasi-totalité du temps imparti à l'observation réfléchie de la langue, on peut donc renouveler souvent l'exercice, tout en introduisant suffisamment de variantes pour ne pas engendrer d'ennui. Au collège, où l'organisation en cours donne moins de souplesse, l'activité s'intègre aux séquences, soit au moment de la révision des écrits, soit au moment des apprentissages grammaticaux. Mais il faut aussi instituer un temps régulier hors séquence réservé à cette réflexion sur les graphies dans la mesure où l'on ne peut pas considérer l'apprentissage de l'orthographe comme achevé à ce niveau de la scolarité.

La phrase du jour n'est pas la seule activité d'orthographe. Mais pour que les élèves progressent, il est nécessaire qu'ils soient en mesure de réfléchir sur les graphies qu'ils produisent et sur des graphies normées de façon régulière et continue. On a donc tout intérêt à conserver à cette activité une fréquence significative, c'est-à-dire de l'ordre d'une ou deux fois par semaine à l'école. D'ailleurs, en travaillant l'orthographe, on travaille bien plus que l'orthographe, une stricte comptabilité horaire est donc peu pertinente.

Classe entière ou groupes à effectif réduit

La phrase du jour peut se mener aussi bien en classe entière qu'en petits groupes, avec des objectifs et un rapport avantages/inconvénients différents.

Le travail collectif permet à l'enseignant de garder la maitrise du déroulement de la séance et de faire émerger aux yeux de tous les représentations dans leur diversité. Un effectif plus réduit donne bien sûr à davantage d'élèves la possibilité d'exprimer leurs conceptions et d'argumenter. Le travail en petits effectifs nécessite une organisation particulière, souvent inspirée par la pédagogie Freinet ou la pédagogie institutionnelle, avec des « contrats de travail », mode de fonctionnement habituel dans les classes uniques ou à double niveau.

Comment choisir entre classe entière ou groupes à effectif réduit ? Pour se lancer dans cette activité, il est important de choisir le mode de travail dans lequel on se sent le mieux. Plus proche des habitudes, le travail en classe entière paraitra plus simple, ou le seul possible, à ceux qui n'ont pas l'habitude de gérer le travail en groupe ou qui estiment que leur classe ne le permet pas. Le travail collectif peut être aussi plus facile pour roder la phrase du jour et mettre en place un rituel commun à toute la classe. Mais le travail en effectif réduit s'impose quand l'hétérogénéité des élèves devient trop forte.

Travail différencié

À partir d'un certain niveau de connaissances, au collège et déjà parfois en CM2, certains font peu de fautes : ils n'ont plus besoin de la phrase du jour, mais seulement de développer leur vigilance orthographique en situation d'écriture. Peu nombreux dans une classe, ils ne bloquent pas nécessairement le débat en donnant la bonne réponse, ils l'alimentent même souvent en obligeant les autres à se confronter à leur point de vue.

Mais, quand ils sont nombreux dans une classe à argumenter avec des raisonnements métalinguistiques de type *déductif*, on observe que le débat tourne vite court. Que dire, en effet, après les six ou sept « bons en orthographe » qui expliquent avec assurance que *fut* est le passé simple du verbe *être* et *arrivé* un participe passé qui, comme tout participe passé employé avec l'auxiliaire *être*, s'accorde avec le sujet, et donc s'écrit *é* et pas *er*, et que d'ailleurs, il suffit de le remplacer par *vendu* ? On est alors dans une situation paradoxale : les élèves qui ont encore besoin de travailler leurs conceptions orthographiques ne peuvent plus le faire ; ceux qui n'en ont plus vraiment besoin, du moins en apparence, puisqu'ils n'apprennent plus rien, sont ceux qui travaillent. Pour éviter que les premiers paralysent les seconds et que tous perdent leur temps, il vaut mieux organiser un travail différencié. Plusieurs solutions sont envisageables :

– certains élèves, dispensés de l'activité, sont regroupés pour faire autre chose : une chasse aux mots, créer quelques exercices, trouver des exemples pour illustrer un cas qui vient d'être étudié, faire une recherche sur quelques mots à l'aide d'un dictionnaire spécialisé ;

– si c'est possible, ce travail a lieu en BCD ou au CDI, l'effectif en classe sera alors moins nombreux ;

– un seul groupe d'élèves fait l'activité avec l'enseignant, pendant que le reste de la classe est en travail autonome ; il faut alors renouveler plusieurs fois l'activité dans la semaine pour que tous les élèves en bénéficient ;

– la classe est divisée en groupes qui travaillent sur des phrases différentes, de difficulté (présumée) croissante, dictées par un élève qui animera ensuite le débat.

Dans ce dernier cas, l'enseignant peut suivre le travail d'un groupe en particulier et changer de groupe à chaque fois ; ou il « tourne » pour veiller à ce que les choses se passent bien et assister à un moment de discussion dans chacun des groupes ; mais le risque est alors plus grand de ne pas réellement percevoir les conceptions des élèves et leur évolution. À l'issue d'un travail en groupe autonome, les élèves présentent le résultat de leurs réflexions, soit au maitre seul, soit à la classe. Dans tous les cas, mais comme pour n'importe quel travail de ce type, on veillera à la composition des groupes. En effet, un peu d'hétérogénéité favorise le fonctionnement des groupes, tandis que le nombre et les relations affectives jouent sur le dynamisme.

Là encore, chacun doit trouver la meilleure façon d'organiser sa classe dans le cadre institutionnel qui est le sien : cette alchimie des groupes qui s'apprend avec l'expérience dépend des élèves réels qui composent chaque année une classe particulière. ➢ Un tableau présente quelques-unes des différentes possibilités en annexe du chapitre.

Dictée et recueil des graphies

La phrase du jour est d'abord lue et dictée. Les élèves ont un moment pour se relire et corriger, au besoin avec les balles d'accord et les signes de doute, mais surtout sans gomme, ni effaceur. De temps à autre, pour varier les séances, on peut leur laisser la possibilité d'utiliser leurs différentes fiches-outils, un dictionnaire ou un manuel de conjugaison. Puis, généralement, ils ne gardent sur leur table que leur cahier, et, éventuellement, un crayon, de façon à pouvoir chercher un exemple ou essayer une graphie à la volée.

L'enseignant choisit ensuite l'un des cahiers et recopie la phrase au tableau, ou demande à un élève d'épeler sa phrase ; un volontaire peut même avoir écrit directement au tableau pendant que les autres notent leur phrase sur leur cahier, la règle du jeu étant de ne pas regarder avant la fin. Le plus souvent, les élèves épèlent un mot à tour de rôle. Quelle que soit la méthode, pour chaque mot, il faut recueillir l'ensemble des graphies.

En classe entière, l'inscription au tableau de toutes les graphies prend du temps, ce qui peut se révéler délicat, au moins dans les premières séances. Ce temps n'est pas forcément du temps perdu : les élèves, en général attentifs et étonnés devant le nombre des propositions, commencent à s'interroger, même de façon non consciente. On peut d'ailleurs leur donner explicitement la consigne de réfléchir à ce qu'ils voient et de commencer à chercher des arguments pour récuser ou défendre une graphie. Pour accélérer cette phase, certains enseignants choisissent de relever eux-mêmes les principales graphies des élèves en passant dans les rangs pendant la dictée et la relecture, et de les recopier ensuite rapidement au tableau.

En travail de groupe, la dictée se fait d'abord sur le cahier de brouillon individuellement ; puis les élèves discutent de leurs différentes propositions et un secrétaire recopie au fur et à mesure la graphie qui recueille leur assentiment sur une feuille qui sera ensuite vue par l'enseignant, ou sur une affiche qui sera ensuite accrochée avec celle des autres groupes et commentée lors d'une phase collective.

Débat

Une fois toutes les graphies exposées au regard de toute la classe (ou du groupe), s'ouvre le moment essentiel de l'activité, celui du débat. Avant de commencer, il est nécessaire de rappeler le contrat de travail. Par exemple : *Il est interdit de se moquer, on laisse parler, on argumente en pour ou en contre pour dire ce qu'on pense qu'il faut écrire.* Plus que dans d'autres domaines, en effet, le travail sur les conceptions orthographiques exige que cet impératif soit respecté, sans quoi les élèves renouent vite avec le sentiment de honte attaché à la *faute* d'orthographe. Avec les collégiens, le risque est encore plus grand de les voir se renfermer dans le mutisme ou le « je sais pas ».

Après le rappel de la règle, l'enseignant invite l'élève qui a proposé une graphie à expliquer pourquoi il a pensé que le mot devait s'écrire de cette façon. Si un autre élève a choisi la même graphie, mais pour une autre raison, il est à son tour invité à expliquer les raisons de son choix. La classe écoute ainsi d'abord toutes les explications.

Ce n'est que dans un deuxième temps que la classe entreprend de débattre de toutes les graphies proposées pour déterminer la bonne. Chacun peut alors donner son point de vue en disant quelle proposition lui semble correcte et pourquoi. En réalité, en dehors des « bons en orthographe » qui indiquent rapidement la bonne graphie et la justifient convenablement, la plupart des élèves procèdent par élimination : du plus facile à réfuter au moins évident. Quand une partie des graphies a été éliminée, on y voit plus clair. La discussion se resserre alors sur le « noyau dur ».

Régulièrement, l'enseignant demande ce que la classe décide. On peut bien sûr penser que certains élèves donnent leur accord à une proposition pour se rallier à la majorité, sans trop comprendre pourquoi. C'est vrai en début d'année, mais, peu à peu, les élèves n'hésitent plus à exprimer leurs doutes ou leur désaccord : l'erreur orthographique n'est plus ressentie comme une « faute », mais comme un moment d'un apprentissage, et ils ont pu constater qu'ils font tous des erreurs, même les bons.

Au fur et à mesure que les arguments s'échangent et se renforcent, les graphies qui ne sont plus « défendables » sont supprimées. À la fin de l'examen d'un mot, il ne reste plus que la proposition qui fait l'objet du consensus de la classe. Certains enseignants préfèrent rayer, d'autres effacer : rayer permet de conserver la trace du cheminement, effacer matérialise l'avancée de la réflexion et rend plus lisible les choix restants, ce qui est un avantage. Le moment où il ne reste plus qu'une proposition est souvent un moment jubilatoire. On reviendra plus en détail sur le rôle de l'enseignant dans le débat et sur certains aspects plus particuliers, par exemple, si la classe ne se met pas d'accord sur une proposition ou opte pour une graphie non conforme à la norme.

Consignation de la phrase

Quand la graphie de tous les mots a été établie, les élèves recopient la phrase normée au propre, généralement dans un cahier-outil ou dans une section du classeur : ces phrases sont en effet destinées à servir de référence à des problèmes d'orthographe similaires, et les élèves sont incités à les consulter quand ils révisent leurs écrits. En outre, ils complètent leur répertoire personnel en y notant les mots à apprendre. Pour la consignation de la phrase, plusieurs cas de figure sont envisageables :

– les élèves recopient la phrase ;

– ils recopient la phrase sans regarder le tableau et vérifient ensuite ;

– ils recopient, en regardant ou non, et vérifient ensuite ; la phrase est redictée en fin de semaine ;

– ils recopient, en regardant ou non et vérifient ensuite ; la phrase est redictée avec une série d'autres phrases du jour lors d'un contrôle périodique (avec, parfois, des phrases où de minimes changements ont été introduits).

Quel que soit le mode choisi, et il peut varier dans l'année, il est impératif de vérifier qu'il n'y a pas d'erreurs, dans la mesure où les phrases du jour ou les répertoires deviennent des outils de référence. Il y a toujours deux ou trois élèves qui oublient un mot ou une majuscule, ou qui reviennent ici ou là à leur conception antérieure… C'est une vérification très rapide qui se fait en passant dans les rangs ou quand les élèves quittent la classe en tendant leur cahier. Le voisin, l'équipe, peuvent aussi être mis à contribution, dans un échange de bons procédés. Pour éviter tout risque, on peut préférer que le cahier-outil ne comporte que des phrases du jour issues d'un traitement de texte. On peut alors charger de cette tâche deux élèves à tour de rôle : ils saisissent la phrase et la vérifient à l'aide du correcteur ; puis l'enseignant donne l'indispensable BAT, le bon à tirer. Les phrases sont enregistrées soit dans l'ordre chronologique, soit dans un ordre logique. Dans ce dernier cas, discuter du classement des phrases fait partie de leur apprentissage et on peut s'y consacrer une ou deux fois par trimestre.

Récapitulation

Au moment de la consignation de la phrase, ou juste avant, un bilan se révèle des plus utiles : « Quels problèmes avons-nous rencontrés avec cette phrase ? Comment avons-nous fait ? », « Que retenez-vous aujourd'hui ? » Ou encore, plus indirectement : « Avons-nous déjà une phrase avec laquelle nous allons classer celle d'aujourd'hui ? » Ou bien : « Allons-nous faire une nouvelle catégorie ? » Ce retour métacognitif s'apparente à celui proposé dans les chantiers, mais en beaucoup plus bref.

Par exemple, à la question « Qu'est-ce que nous avons dit, aujourd'hui ? » à propos de la phrase du jour *Les escargots ne sont pas sauvages, ils se promènent sur la salade frisée et la grignotent*, un élève (CM1) répond : « En premier, si on changeait de verbe, on devait changer toute la phrase ». L'enseignante reformule alors : « Si on changeait le verbe *être*… Effectivement, parce que la phrase était au pluriel, on a essayé de mettre le sujet *les escargots* au singulier, pour voir ce qui changeait dans le reste de la phrase ».

Quant aux petites notations au tableau qui accompagnent souvent l'activité (mots, phrases-exemples, règles), on peut les faire recopier également dans le cahier-outil. Ainsi, des élèves de cette classe ayant confondu la suite de lettres *s-c* dans *escargots* avec un *x*, il a fallu chercher des mots avec *x* (/gz/ ou /ks/)/ et en recopier la liste : *xylophone, texte, hexagone, saxophone, exemple, sexe, complexe, préfixe*. Progressivement, on peut inciter les élèves à décider de ce qu'ils jugent utile de noter (une substitution, un fléchage, des mots évoqués, une règle) ➢ Un extrait de cahier d'élève de CM2 figure en annexe du chapitre.

Souvent, le temps manque à la fin d'une séance qui est de toute façon déjà lourde. Dans ce cas, on y revient l'après-midi ou quelques jours après, ce qui permet de revoir et de consolider les éléments travaillés. De temps à autre, il est intéressant de faire faire cette récapitulation d'abord individuellement par écrit, loin de la précipitation de la réponse orale, qui, une fois donnée par un ou deux élèves, met fin à la réflexion. C'est aussi une occasion supplémentaire de développer une dimension du langage, en rupture avec les usages quotidiens, que beaucoup d'élèves ne pratiquent pas.

Une fois la phrase du jour enregistrée et vérifiée, la séance est terminée. Le sentiment qui prévaut pour la classe ou le groupe, enseignant compris, est alors souvent celui d'avoir bien joué son rôle dans une pièce dont le texte n'était pas écrit d'avance et dont la fin est restée incertaine jusqu'au bout. Dans cette partie, la position de l'enseignant se révèle essentielle.

2.3. Mener la séance

Position de l'enseignant

L'évolution des conceptions orthographiques passe par leur libre expression et le débat entre élèves. L'enseignant reste donc en retrait au cours des échanges. Cependant, ce retrait est relatif. Certes, il ne fournit pas la bonne réponse, comme c'est le cas d'habitude en orthographe, mais c'est bien lui qui garde la main sur le déroulement de la séance. D'abord, il donne le ton en respectant le premier cette règle qui s'impose à tous, et qu'il fait respecter : on ne se moque pas quand il y a une erreur, ni par un propos désobligeant, ni même par un geste ou une intonation. Ensuite, comme dans toute activité scolaire, l'enseignant est à la fois l'organisateur de la situation d'apprentissage, son metteur en scène et son animateur.

La réussite d'une séance de phrase du jour, et de la phrase dictée plus particulièrement, se joue sur un fil : d'un côté, l'activité tient la gageüre de faire travailler véritablement les conceptions des élèves ; de l'autre, elle retombe dans la correction de fautes d'orthographe où l'on troque une graphie fautive contre une graphie juste, avec, quand c'est nécessaire et possible, le rappel d'une règle. La différence est donc à la fois ténue (de fait, on rappelle les règles, on cherche la norme) et décisive : elle tient à un état d'esprit au moins autant qu'à des façons de faire qui en sont la concrétisation.

C'est donc bien l'enseignant qui détient la clé pour amener ses élèves à s'engager dans l'activité, en ne faisant pas de la norme et du rappel des règles des arguments d'autorité, dont l'invocation suffit à clore la discussion, mais, au contraire en permettant au débat de s'instaurer autour des conceptions orthographiques de chacun. S'il n'intervient pas directement, ou peu, dans la discussion sur le fond, il intervient en permanence en tant qu'animateur des débats, soit par des interventions directes pour susciter, organiser et structurer les échanges, soit par les multiples micro-décisions qu'il doit prendre pour conduire et accompagner les élèves dans leur travail de réflexion. C'est de cette manière qu'il exerce son rôle d'enseignant. Comme souvent, ce rôle se manifeste par une façon d'intervenir et par une façon de diriger la séance, la première étant plus apparente, la seconde plus souterraine.

Façons de parler

Pour que les élèves s'expriment et confrontent leurs points de vue, il est nécessaire de situer clairement les échanges au plan des idées et non des fautes : cela passe par un effort pour éviter non seulement le terme de *faute* avec ses connotations inopportunes, mais aussi celui d'*erreur*. Ces termes présupposent un manquement à un savoir qui serait déjà constitué, ce qui n'est pas le cas : la phrase du jour est précisément au service de l'appropriation du savoir expert qu'est la norme orthographique. C'est pour la même raison que le travail sur un mot n'est pas présenté comme un travail de *correction*, ce qui sous-entend toujours l'idée d'erreur.

On utilise plus volontiers les termes de *proposition*, de *choix* ou de *graphie* pour désigner ce que les élèves écrivent ; de même, le but du débat est présenté comme la recherche d'un *accord sur les raisons* que l'on a de retenir une proposition et pas une autre. Les mots de l'enseignant ne sont pas neutres : ils se répercutent sur la manière dont les élèves situent leur activité mentale et métalinguistique ; ils contribuent, dans une certaine mesure, à modifier leur propre regard sur leur travail et sur l'orthographe.

Néanmoins, il ne s'agit pas d'être obnubilé par la crainte de laisser échapper l'un ou l'autre de ces mots ! En fait, ils disparaissent d'eux-mêmes quand, à force d'entendre les élèves expliquer leurs choix, on est convaincu qu'ils ne sont pas en train de commettre des fautes, mais d'apprendre... En outre, quand un élève emploie lui-même une de ces expressions, sa reprise apparait naturelle, par exemple : « J'ai fait une petite faute. – Tu peux dire où tu penses avoir fait une petite faute ? » Par ce terme, l'élève, qui est seul à pouvoir le faire en toute connaissance de cause, signale qu'il n'a pas mobilisé un savoir disponible ; par la reprise de *faute*, on se situe au même niveau que lui.

Quant aux termes métalinguistiques, en règle générale, on se contente de reprendre en écho les mots des élèves, sans reformuler outre mesure, surtout au début de l'examen d'un mot. Par exemple, si un élève dit « J'ai mis *s* » ou « J'ai mis *a-i-t* », on utilise la même expression *mettre s*, *mettre a-i-t* ; en revanche, s'il dit « J'ai accordé au pluriel », ou « J'ai conjugué à l'imparfait », on reprend ces termes qui sont des indicateurs d'un niveau de conceptualisation supérieur. En réalité, il arrive fréquemment qu'en quelques tours de parole, certains termes apparaissent dans la bouche d'un élève avancé et soient repris peu à peu par d'autres : les formulations plus canoniques se diffusent alors, et ce d'autant que l'enseignant lui-même laisse passer ces formulations qui sont tout naturellement les siennes... L'important est qu'elles ne soient pas considérées comme des préalables, ni exigées à tout bout de champ avec le risque de couper court aux échanges, mais des moyens d'apprentissage indirect.

Modes de questionnement

Le débat entre élèves ne s'instaure pas magiquement. Il n'a lieu que si l'enseignant le met en place et crée les conditions d'un déroulement favorable. Si, en groupe, les élèves se débrouillent seuls pour discuter et se mettre d'accord sur une graphie, en collectif ou s'il travaille avec quelques élèves, c'est l'enseignant qui régule le débat. Mais, alors, comment intervenir de façon équilibrée ? Comment faire pour ne pas induire les réponses ? Quelles sont les questions les plus intéressantes pour atteindre l'objectif que l'on se fixe ?

Dans la phrase du jour, l'enseignant pose en effet des questions. Ces questions, directes ou indirectes, ont plusieurs fonctions et prennent des formes différentes selon la fonction visée. Parfois, ces fonctions se combinent ; par commodité, elles sont ici présentées séparément.

• ***Les questions d'incitation*** ont pour fonction de lancer ou de relancer le débat, et d'encourager les élèves à oser s'exprimer. Certaines sont destinées à celui qui a fait une proposition, d'autres au reste de la classe pour qu'elle réagisse à la proposition ou à l'argument qui la sous-tend.

• ***Les questions d'élucidation*** permettent de mieux comprendre ce que les élèves veulent dire en les poussant à expliciter davantage.

• ***Les questions de régulation*** visent à organiser la discussion, scander l'examen des graphies, faire le point, prendre une décision, vérifier le degré de consensus, faire synthétiser.

• ***Les questions critiques*** cherchent à remettre en cause des propos tenus pour évidents, en soulevant un point non envisagé, en pointant une conséquence problématique, une contradiction avec un propos antérieur ou un savoir bien établi ; elles permettent à l'auteur d'un argument ou à la classe de repérer un problème et de chercher une solution qui va faire évoluer une conception. Autrement dit, elles ont une fonction de provocation, dont l'usage est délicat : pour éviter d'arrêter le travail en bloquant les élèves, elles s'emploient rarement au début de la séance ou de l'examen d'une graphie, et seulement quand l'activité est bien rodée : il s'agit alors de plaider le faux pour susciter le vrai, bref, de bousculer en poussant les élèves dans leurs derniers retranchements.

Cette variété de questions dont l'expérience a montré l'impact positif constitue une différence majeure avec l'enseignement traditionnel de l'orthographe dont la question dominante est « Pourquoi tu as oublié un *s* ? », question à laquelle l'élève a bien du mal à répondre par une raison valable et qui est forcément ressentie comme un reproche. Pour éviter de piéger les élèves par une question qui éveille un sentiment de culpabilité (ou de déni) et qui inhibe souvent la réflexion au profit de la devinette, on préfère des questions en « Comment tu as fait pour… ? » ou en « Qu'est-ce qui t'a fait penser à… ? » ➢ Pour donner une idée concrète des modes de questionnement, une fiche rassemble quelques exemples de formulation en annexe du chapitre. À travers la question qu'on pose, il s'agit donc toujours de situer l'élève comme un être qui dispose d'une rationalité. Quand l'activité tourne à plein régime, et que le débat respecte les propos de chacun, alors l'emploi des questions en « Pourquoi… ? » devient secondaire ; ce qui compte, c'est l'intonation qui l'accompagne et le climat général de la classe. D'ailleurs, dans les classes qui pratiquent la phrase du jour depuis quelque temps, il est frappant de voir les élèves enchainer leurs propos sans repasser systématiquement par l'enseignant qui se contente alors de désigner l'élève qui a la parole.

Distribution de la parole

Le but de l'activité de la phrase du jour est d'offrir à un maximum d'élèves la possibilité d'expliquer leurs représentations pour qu'elles évoluent. Il ne s'agit donc pas de chercher à régler rapidement les problèmes soulevés par les graphies, mais, au contraire, de rechercher un consensus qui soit bien le point d'aboutissement d'un réel échange d'arguments. Pour cela, il est important que la classe ne soit pas orientée trop vite vers la bonne réponse. Or les élèves les plus avancés s'y précipitent, enclins à imposer leur point de vue avec leur réputation d'élèves forts en orthographe.

Deux moments sont particulièrement critiques : le recueil des propositions et la première prise de parole sur un mot. Il vaut mieux en effet éviter d'avoir systématiquement en tête de colonnes des graphies normées : elles ont tendance à rallier trop vite les suffrages sans que le travail se fasse en profondeur. On s'arrange donc pour n'en avoir qu'une ou deux, selon la longueur de la phrase, ou pas du tout. Par exemple : *Léa à décidée de travaillée ce matin*. De même, pour que le rappel d'une règle ou d'une procédure ne bloque pas l'expression des raisons qui ont poussé les autres élèves à écrire comme ils l'ont fait, on s'arrange là encore pour que règles et procédures exactes ne soient pas énoncées systématiquement en premier. Par exemple, en donnant la parole à Liana qui dira qu'on écrit *travaillée* « avec un *e*, parce que Léa, c'est une fille », plutôt qu'à Yvon, réputé pour la sûreté de ses connaissances orthographiques, qui expliquera d'emblée que « derrière la préposition *de*, le verbe est à l'infinitif, donc *travailler*, *er* ».

Dans les deux cas, ce qui permet d'influer sur le cours des débats, au moins dans une certaine mesure, c'est l'ordre dans lequel l'enseignant donne la parole. Pour que les élèves puissent vraiment expliciter leurs choix, il vaut mieux commencer par une ou deux graphies problématiques. On ne suit donc pas nécessairement l'ordre dans lequel les propositions sont affichées au tableau. Mais, parce que des élèves ont vite fait de percer à jour cette stratégie, on évite de l'utiliser de façon systématique.

Bien évidemment, il ne s'agit pas d'interdire de parole les bons élèves ! Mais en faisant appel à eux au moment opportun, l'enseignant dispose d'un moyen de régulation du déroulement de la séance, tantôt pour confirmer un argument, tantôt pour mettre la classe sur une piste, tantôt pour accélérer la réflexion, tantôt encore pour une reformulation en termes métalinguistiques. Quant aux élèves les plus faibles, il est important de leur accorder une place, par exemple, en leur donnant l'occasion de faire valoir une connaissance de base, c'est-à-dire souvent en leur donnant la parole dans les premiers, ou sur des points qu'on sait à leur portée. Dans le même ordre d'idées, tout élève qui a commis ce qui lui apparait être une erreur doit pouvoir, en la rectifiant lui-même d'emblée, « sauver la face ». Il va sans dire que, comme toujours, on s'efforce de distribuer la parole le plus largement possible, en n'interrogeant pas toujours les mêmes, et surtout en invitant nominalement ceux qui ne s'expriment pas spontanément à donner leur point de vue. Cela suffit souvent à les inciter à le faire.

Modulation de la tâche

En principe, les mots sont examinés un par un du début à la fin, en conservant la logique de la mise en mots linéaire de la phrase. Mais ce principe doit rester souple. En effet, au fur et à mesure que l'enseignant découvre les différentes graphies des élèves, il peut être amené à prendre d'autres décisions concernant l'ordre de traitement et le choix des mots à examiner.

En dehors des problèmes de segmentation (*sil voit*), qui, de fait, obligent à s'occuper de deux mots à la fois, dans certaines phrases, il faut parfois mettre en relation deux unités distantes pour déterminer une orthographe, par exemple une chaine avec des anaphores. On peut alors régler du même coup le sort de deux unités. C'est d'ailleurs souvent une remarque d'élèves qui vient rompre l'examen linéaire de la phrase (« C'est pareil avec... »): il vaut mieux alors suivre la piste et traiter ce qui vient d'être pointé. L'enseignant peut lui-même choisir de commencer par un mot ou un groupe de mots qui joue un rôle clé ou qui présente un éventail de graphies intéressant. Par exemple, lorsque la maitresse fait d'abord repérer et traiter le verbe dans *Les sports et les jeux violents sont interdits à l'école*, ce qui permet ensuite d'aborder *interdits* de façon plus efficace.

> De même, pour la phrase du jour *Les histoires que je préférais lorsque j'étais petite étaient celles où les loups parlaient le langage des hommes*, l'enseignante a choisi de commencer par le mot *préférais*, dont le nombre de variantes a surpris les élèves eux-mêmes: *préférais – praiféré – préfèrais – préférais – préféré – préferais – préfairé – préfèrai – préférait – préferai – préferai – préfèrait – preffairait* !
> Parfois, avec des élèves plus âgés et déjà capables de faire des rapprochements, on peut demander à la classe, une fois un problème résolu, si elle pense que le même problème se pose ailleurs. Par exemple, l'omission du *s* dans *les loup* et *des homme* a été réglée en parallèle, l'enseignante estimant qu'il s'agissait d'un problème élémentaire en CM2. Il convient cependant de rester prudent: l'objectif de la phrase du jour est d'amener les élèves à repérer des *classes de problèmes orthographiques* là où ils ne voient que des graphies liées à un mot ou à une signification isolés. Ce type de suggestion, où le repérage n'est plus le fait des élèves, risque toujours d'aller à l'encontre du but de l'activité.

Quand les problèmes qui se posent sont trop nombreux pour le temps imparti ou quand des signes de lassitude apparaissent, l'enseignant peut décider de ne pas tout traiter. Il peut aussi choisir de passer plus vite sur certaines graphies de moindre intérêt ou finalement trop difficiles pour la classe. Dans ce cas, l'enseignant indique lui-même quelle est la bonne proposition parmi celles qui ont été proposées, ou la donne si elle n'a été trouvée par personne, en la justifiant rapidement, au besoin d'un expéditif « On le verra plus tard ». Rien n'oblige en effet à traiter tous les mots. Dans une phrase d'une certaine longueur ou d'une certaine complexité, on peut décider à l'avance de ne travailler que sur quatre ou cinq mots: soit on décide préalablement lesquels, soit on les sélectionne en fonction de la situation, par exemple en passant dans les rangs. L'avantage est d'écourter considérablement le recueil des graphies, ce qui permet de consacrer tout le temps nécessaire au débat.

Par exemple, dans un CE2, les propositions des élèves n'ont été relevées et travaillées que pour les mots suivants:

La	*maitresse*	*était*	*contente*	*et*	*a*	*félicité*	*la*	*classe*	*qui*	*a*	*bien*	*travaillé*	*toute*	*la*	*journée.*
		étai			à					à		travallé	toutes		
		aitée										travaillée	tout		
		aitais										traivalé	t'oute		
		étais										travailler			
												travaillier			

C'est de cette manière qu'on peut raccourcir la durée de l'activité, et, éventuellement, augmenter sa fréquence, tout en conservant aux phrases dictées des structures suffisamment élaborées pour poser des problèmes véritables, sans pour autant alourdir le travail. La variation possible entre fréquence, durée, nombre de mots examinés, laisse ainsi beaucoup de jeu à l'activité.

Hiérarchisation des problèmes

Tous les mots ne réclament pas le même type de discussion, toutes les propositions des élèves non plus. En effet, tout dépend de la zone ou des zones du système, car il y en a souvent plus d'une, qui se trouvent impliquées, et du niveau de classe. Inutile de s'appesantir sur une erreur banale, signalée par son auteur, qui ne relève pas d'un débat conceptuel, comme l'oubli du *s* dans *les personnage* en CM2 ou en 6e.

L'enseignant doit donc décider s'il laisse ou non les élèves continuer un échange en fonction de la nature lexicale, morphosyntaxique ou homophonique des problèmes soulevés, et donc de la possibilité de s'appuyer sur des repères connus. Voici, par exemple, des graphies recueillies en CM2 pour une phrase dont on a vu que le verbe pose encore problème en 3e :

Ils	ont	expliqués	qu'	il	n'avaient	pas	fais	attentions
	sont	expliqué	qu'	ils	n'avait	pa	fait	attention
	on	écspliquer	quil		navais			atantion
		exlices			n'avai			
		espliqués						
		explicéent						
		espliquaient						
		ecspliquer						
		espliquer						
		esspliquers						

La variante *atantion* n'appelle pas de débat. L'enseignante interpelle directement l'auteur de la graphie : « C'est toi, Florent ? Donc c'est pareil, ça sera à mettre dans ta liste de mots ». En revanche, *attentions*, avec une finale en *s*, mérite un arrêt. S'il s'agit, pour l'élève, d'un *s* non fonctionnel, comme dans *souris, corps, palais*, ou d'une association qu'il considère comme absolue (« C'est souvent qu'on met *ons* à la fin »), il lui faudra simplement consigner *attention* dans la liste des mots à apprendre ; mais il peut s'agir aussi de la marque d'une conception à travailler. C'est effectivement ce que montre l'argument de type morphosémantique justifiant aux yeux de Samir (5e) la marque de pluriel : « Moi, j'ai mis plutôt *attention* avec un *s*, parce qu'imaginons qu'ils n'avaient pas fait attention de faire une faute, peut-être qu'ils en ont fait plusieurs ».

D'une manière générale, on ne discute guère d'orthographe lexicale, sauf quand la suite des lettres ne correspond pas aux phonèmes qui composent ce mot, comme dans une partie des propositions concernant *expliqué* [1]. La discussion permet dans ce cas de faire le tri entre les pho-

1. Dans l'échelle Dubois-Buyse, le verbe *expliquer* figure au 21e échelon (75 % de réussite à 10-11 ans), c'est-à-dire précisément celui qui correspond à l'année de CM2.

nogrammes. En dehors des cas où l'on peut retrouver la raison de la présence des graphèmes, il faut clore assez vite la discussion. Elles sont rarement probantes, les élèves avançant comme arguments : « Moi, je l'ai toujours vu écrit comme ça » ou « Moi, ma mère (mon grand-père, mon frère, la maitresse l'année dernière)... », « On nous l'a toujours appris comme ça ». Si les élèves ne retrouvent pas rapidement l'orthographe d'un mot, l'enseignant la leur fournit ou charge un élève de chercher le mot dans le dictionnaire. Le dictionnaire, ou le correcteur informatique, est fait pour cela : il est bon d'ailleurs que les élèves apprennent aussi ce qu'ils peuvent attendre de ces deux outils. Toutefois, il faut se garder de trancher trop vite sur la nécessité ou l'intérêt d'une discussion sur un phonogramme : on n'est pas à l'abri de surprises, par exemple, quand Djamel (CM1) explique qu'il écrit *an silance* « Parce qu'avec un *e*, c'est pour les filles »...

La connaissance des principales procédures des élèves selon les domaines de l'orthographe permet en général d'anticiper sur leurs raisonnements, dans la préparation de la séance ou sur le vif. On apprend ainsi à concentrer les efforts de la classe sur les problèmes qui méritent débat, c'est-à-dire tout ce qui relève des chaines d'accord, des marques verbales, de l'homophonie. En dernier ressort, c'est avec l'habitude d'écouter les élèves qu'on évite d'aller trop vite et qu'on apprend à hiérarchiser les problèmes.

Segmentation des problèmes

Très souvent, non seulement les élèves proposent plusieurs variantes pour un mot, mais ces variantes se situent à plusieurs endroits du mot. Il est alors nécessaire de procéder à l'examen de *toutes les zones problématiques*. C'est la raison pour laquelle on peut passer dix ou quinze minutes, voire plus, sur un seul mot. Tout dépend, en effet, de la nature des raisonnements que les variantes des différentes zones suscitent. Les verbes, évidemment, font plus particulièrement l'objet de ces traitements multiples. Dans le cours du débat, l'enseignant aide à sérier les problèmes en les segmentant, car les élèves n'ont pas une conscience claire de la structure des mots et des différents niveaux d'organisation de l'orthographe en jeu : ils tendent à glisser d'une zone à l'autre sans aller au bout. Dans l'exemple de *préférais*, les élèves enchainaient une remarque sur la finale avec une autre sur la graphie *prai* et encore une autre sur la présence des deux *f*.

La complexité de la zone phonogrammique peut obscurcir l'analyse morphographique, celle qui bouscule le plus les conceptions. On a donc intérêt le plus souvent à régler d'abord la question des phonogrammes de façon à rendre plus lisible la zone la plus problématique, généralement la finale : les choix à faire et l'argumentation à développer sont alors plus clairs. Cette décision dépend avant tout de la nature et de la quantité des propositions qui augmentent la confusion. Par exemple, dans le cas de *préférais*, un élève a expliqué : « Je sais qu'il y a *ai* dans le mot, mais je ne sais pas où ». L'enseignante a donc choisi de mettre un peu d'ordre et fait traiter séparément :

– le début du mot, c'est-à-dire le préfixe *pré*, comme *prévenir*, et non *ai* ou *e* suivi du doublement de la consonne *f* ;

– le radical avec la voyelle *é*, et non pas *ai* ;

– la désinence.

Pour *expliqué*, la classe s'est d'abord occupée du /k/ de la dernière syllabe, puis de la transcription du *ex* initial, avant de s'attaquer à la terminaison.

Dans les cas vraiment lourds, certains enseignants aident les élèves à mieux voir tout ce qu'ils ont à traiter avant de lancer la discussion sur un mot, en matérialisant les lieux problématiques.

expliqués
expliqué
écspliquer
espliqués
explicéent
espliquaient
cespliquer
espliquer
esspliquers

Si l'on traite les unes dernières les autres les graphies d'une même zone, il faut veiller à conserver la partie du mot qui n'a pas encore été examinée, notamment les finales. Par exemple, quand les élèves récusent la graphie *es*, *écs* ou *ess*, pour transcrire /ɛks/, ils sont prêts à éliminer le mot entier, parce qu'ils perçoivent encore mal l'existence d'un second problème situé ailleurs : or *ers* ou *aient* correspondent à des conceptions caractéristiques tout aussi importantes à discuter.

Dans ce cas touffu, l'enseignante a choisi de remplacer au fur et à mesure les segments qui ne convenaient pas par les bons (*qu* et *ex*), puis d'éliminer les doublons de façon à rendre plus lisibles les différentes finales à examiner :

écspliquer	→	expliquer	→	expliquer
esspliquers	→	expliquers	→	expliquers
espliquer	→	expliquer		

De cette façon, les élèves voient un premier résultat de leur travail et ce qui reste à faire : en l'occurrence, il n'y a avait plus que six variantes en finale à examiner…

En focalisant d'abord le travail de la classe sur la partie phono/logogrammique, c'est-à dire sur la partie stable du mot, les élèves perçoivent ainsi progressivement qu'un mot comporte souvent une partie fixe, soumise aux lois de la phonographie et qu'il faut connaitre par cœur ou vérifier dans le dictionnaire, et une partie variable qui dépend d'autres lois. La différenciation des fonctionnements linguistiques à l'intérieur du mot constitue alors un apprentissage incident.

Usages du tableau

Au cours de l'examen de la phrase, le tableau est largement utilisé. Sa première fonction est bien sûr de rendre visible aux yeux de tous l'ensemble des graphies proposées par la classe et, au bout du trajet, de faire apparaitre la phrase normée, dégagée de toutes les graphies inappropriées. Il est donc le révélateur de l'existence d'un problème à résoudre et de sa résolution victorieuse.

Mais le tableau a une autre fonction. C'est le lieu du tâtonnement, des essais, des exemples apportés par les uns et des contre-exemples apportés par les autres, élèves ou enseignant. Il sert en effet à noter certaines suggestions qui apparaissent au cours de la discussion : un mot qu'un élève rapproche d'un mot de la phrase, une terminaison différente si on introduit une modification à un endroit donné, ou encore toute graphie qui serait la conséquence d'un raisonnement échafaudé par un élève. Les élèves peuvent d'ailleurs venir eux-mêmes écrire ce qu'ils évoquent verbalement. Plutôt que de laisser en l'air une idée, il est souvent préférable de la matérialiser : la classe est mieux à même d'argumenter.

Enfin, le tableau peut rassembler de brèves synthèses, directement ou sur panneaux : listes de mots présentant la même particularité graphique, familles de mots, formalisation de règles. Construire ces synthèses au fur et à mesure de la discussion est certainement un outil d'aide des plus efficaces dans un groupe de soutien à effectif réduit. Si c'est possible, il vaut mieux réserver systématiquement une partie du tableau aux essais et une partie aux synthèses.

À la fin de l'activité, le tableau comporte donc un certain nombre d'ajouts, parfois un peu désordonnés, et il n'est pas toujours très lisible aux yeux de qui entrerait à ce moment-là dans la salle. En général, on recommande d'avoir un tableau bien ordonné, pour que les élèves s'y retrouvent. Il est vrai qu'il y a souvent pour eux une difficulté qu'on méconnait : le tableau suit un ordonnancement qui correspond souvent à la seule pensée de l'enseignant. Mais, en l'occurrence, il ne s'agit pas d'entrer dans l'organisation de quelqu'un d'autre, puisque ce qui se déploie sur le tableau à la fin d'une séance de phrase du jour reflète l'activité réflexive de la classe et le travail de recherche qui vient de s'effectuer, comme sur un cahier de brouillon. On ne demande pas à un cahier de brouillon d'avoir la lisibilité d'un manuel, même si une voie moyenne est sans doute à trouver entre le tiré au cordeau et l'illisible. Quoi qu'il en soit, en travaillant de la sorte devant et avec les élèves, on leur enseigne l'usage de l'écrit réflexif.

Stratégies d'intervention

Au cours d'une séance de phrase du jour, l'enseignant peut avoir à intervenir de façon ouverte, soit sur une procédure, soit sur le contenu, soit sur l'activité cognitive elle-même.

Lors des premières séances, notamment, on peut suggérer aux élèves, un peu déroutés par la tâche et la diversité des graphies, d'essayer d'abord d'éliminer les propositions dont ils sont sûrs qu'elles ne conviennent pas. Ou bien, quand les élèves sont à court d'argument et semblent être dans une impasse, on peut souligner une différence dans les arguments ou suggérer une manipulation. Avec une phrase donnée, demander explicitement aux élèves de rappeler et d'utiliser certaines procédures travaillées collectivement est une stratégie qui fait partie de l'activité. Il faut toutefois garder à l'esprit qu'imposer trop tôt une façon de faire risque toujours de ne pas laisser émerger quelque chose d'intéressant à travailler ou de masquer d'autres problèmes. Les interventions les plus efficaces tiennent d'ailleurs souvent moins à leur contenu qu'à leur pouvoir catalyseur en tombant au bon moment. Par exemple : « Il n'y a pas quelque chose que vous pourriez essayer de changer ? » peut dénouer une situation, tout en étant une suggestion volontairement imprécise. De même, donner à voir au tableau sans aucun commentaire ce que les élèves disent de manière confuse peut suffire à éclairer le propos et à régler une question, comme avec *Ont avait acheté* inscrit sous *On a acheté* : en visualisant ce qu'il fait, l'élève comprend qu'il ne se sert pas de la règle de substitution de la bonne façon.

De temps à autre, l'intervention magistrale a pour but de provoquer l'approfondissement de la réflexion, soit par une prise en compte d'un élément non perçu, soit par un réajustement de la formulation. Par exemple, dans la phrase du jour avec *préférais*, l'examen de *lorsque* a conduit les élèves à réfuter *l'orsque*, « Parce que le mot *orsque* n'existe pas », puis à tenter de formuler une règle de fonctionnement de l'élision de l'article. Mais cette formulation n'a pas satisfait l'enseignante :

> **William :** Quand il y a une voyelle, après *l*, on met une apostrophe.
> **Enseignante :** Si je t'ai bien compris, William, on écrit *lime*, *lavabo* avec une apostrophe ?
> Elle écrit au tableau *l'ime*, *l'avabo*.
> **William :** Non, devant un mot qui commence par une voyelle, on ne met pas *le* ou *la*, on met *l* apostrophe.

Dans certains cas, et évidemment plus dans celui de la phrase donnée du jour, l'enseignant apporte des informations. Ces informations se font souvent à la volée, toujours en relation avec le questionnement des élèves.

> Par exemple, à l'issue de l'élucidation du mot *gymnase*, le maitre précise : « Oui, il y a bien un *y*, *gymnase* est un mot d'origine grecque, comme *lycée*, la lettre *y* rappelle leur étymologie ». Et d'évoquer le lien avec le lycée allemand, *das Gymnasium*. Mais ces informations restent rapides et limitées.

Dans d'autres cas, le commentaire sert à pointer un problème difficile sur lequel l'enseignant ne veut pas s'arrêter. Par exemple, dans une classe de CM1, les élèves travaillent sur la phrase *Spectateurs, clowns, jongleurs, musiciens, dompteurs, tout le monde regardait les acrobates avec angoisse*; les échanges montrent que la plupart des élèves pensent que *tout* est au pluriel (*tous* ou *touts*) « Parce que ça fait beaucoup de monde qui regarde », les autres n'arrivant pas à défendre leur point de vue. Très vite, l'enseignant, qui repère la difficulté pour ce niveau de classe de considérer que *tout* est au singulier, décide de mettre fin à la discussion : « Vous avez du mal avec *tout le monde*, c'est ce qu'on appelle un nom collectif ; il est au singulier et s'écrit *t-o-u-t*, mais il évoque le pluriel. Vous le mettrez dans votre liste de mots. Vous y retravaillerez l'année prochaine ».

Parfois, en revanche, le commentaire a pour but de rappeler la nécessité d'apprendre pour savoir et d'exercer sa vigilance de façon autonome. Sans les culpabiliser, même si on leur rappelle leur travail d'élève, on peut insister au CM2 ou au collège sur le fait que, s'il arrive à tout le monde d'oublier un *s*, chacun se doit de rectifier ce genre d'erreur au moment de la relecture, et qu'on ne peut plus passer de temps sur une question de base. Si de tels « oublis » se répètent, il faudrait d'ailleurs sans doute reprendre un travail sur les procédures de relecture, en classe entière ou en groupe de soutien. Là encore, c'est à l'enseignant d'apprécier le trajet des élèves, tout en stimulant et en soutenant leur effort. N'oublions jamais l'extrême difficulté de l'apprentissage de l'orthographe, même quand cela nous parait facile.

Validation

La question sans doute la plus délicate est celle de la validation des arguments des élèves et de la solution à laquelle ils parviennent. Quand et comment valider ? C'est là que le rôle de l'enseignant est certainement le plus déterminant. D'une manière générale, celui-ci s'efforce de ne pas donner d'indication sur la validité ou non des propositions et des arguments. Les « d'accord » éventuels qui ponctuent son discours signifient seulement que l'élève qui vient de s'exprimer a été entendu et non pas que ce qu'il a dit est juste. Ensuite, le maitre s'efface le plus possible du débat.

En fait, on apprécie en continu la teneur, l'orientation, et l'intérêt de la discussion pour l'apprentissage. Il faut en effet décider si les échanges doivent se poursuivre ou non. Oui, quand on a le sentiment que les élèves peuvent aller plus loin, que trop peu ont exprimé un point de vue ; non, quand tout semble avoir été dit. Inutile de laisser s'enliser le débat et retarder certaines confirmations. La question de la validation se pose donc différemment selon qu'un problème de conceptualisation existe ou non, ou que le débat peut encore apporter quelque chose de nouveau. La difficulté consiste d'abord dans cette appréciation, ensuite à repérer le bon moment pour inciter la classe à conclure. C'est un savant équilibre, car l'expérience montre que des éléments importants surviennent au moment où l'on décide de clore.

En pratique, la validation se fait d'elle-même, au fur et à mesure que les propositions erronées sont réfutées : à la fin, il n'en reste qu'une. Si la bonne réponse ne figure pas dans les propositions de départ, elle émerge la plupart du temps de la discussion (ou alors la phrase présente une difficulté mal évaluée au départ). En acceptant de supprimer les propositions du tableau et d'entériner celle qui reste, l'enseignant fait savoir aux élèves que les arguments énoncés en faveur de cette dernière sont justes, qu'ils ont trouvé la solution et qu'ils peuvent conclure. Il valide ainsi le travail de réflexion de la classe.

Solution différée

Avec la phrase du jour, il arrive que la classe se heurte à un obstacle cognitif important et qu'elle ne parvienne pas à se mettre d'accord sur une graphie. Les connaissances impliquées se révèlent hors de la portée des élèves ou d'une trop grande partie de la classe. Le cadre n'offre en tout cas pas les moyens de trouver les moyens d'aboutir. L'enseignant doit alors prendre la décision de donner la réponse lui-même, ou de différer la solution pour pouvoir mettre en place une autre situation d'apprentissage. Tel a été le choix pour *Ils ont expliqué*. Après avoir résolu tous les problèmes, les élèves butent sur le participe passé ; il reste deux propositions, ardemment défendues par chacun des deux camps :

[1] *expliqué* : avec *avoir*, le participe passé ne s'accorde jamais ;
[2] *expliqués* : c'est *ils*, pluriel.

L'argument du pluriel apparait si irréfutable que ceux qui détiennent la « vérité », même s'ils ne se laissent pas déstabiliser, ne parviennent pas à l'emporter. L'enseignante met fin au débat en pointant le désaccord, matérialisé au tableau par un encadré et un point d'interrogation, et elle annonce qu'il faudra « creuser la question » :

Ils ont qu'ils n'avaient pas fait attention

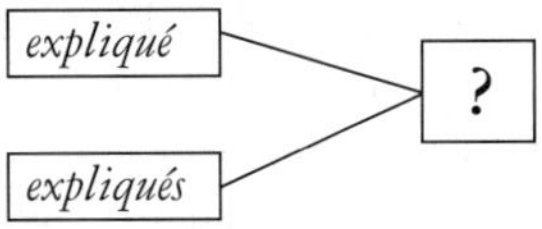

Cette décision est le résultat d'une évaluation rapide de la situation :

– on a affaire à une conception très répandue : les élèves ont tendance à accorder en genre et en nombre tout ce qui est « accordable » à leurs yeux ;

– les élèves ayant déjà eu des leçons sur le sujet, sans compter les innombrables rappels à l'occasion des corrections de dictées, un discours de plus aurait sans doute le même effet ;

– le dispositif de la phrase dictée du jour ne permet pas d'aller plus loin, mais la classe semble mûre, puisque certains ont déjà franchi le pas : il est temps d'attaquer l'idée que tout s'accorde, et de faire évoluer la notion d'accord.

Quelques jours après, la classe reçoit un corpus de participes passés employés avec *être* et *avoir*, sans aucune complication, puisque l'objectif est que les élèves *voient* qu'un sujet au pluriel n'entraine pas automatiquement un participe passé au pluriel. Les élèves doivent justifier l'orthographe des participes passés :

1.	ils	ont	expliqué	leurs idées
2.	elles	sont	expliquées	plus loin
3.	la maitresse	a	expliqué	la réponse
4.	vos différents points de vue	seront	présentés	demain
5.	elles	ont	présenté	leurs projets hier
6.	la directrice	a	demandé	deux élèves par classe
7.	cette chanson	est	demandée	à chaque concert
8.	ce guitariste	est	demandé	dans tous les festivals
9.	ce projet	a	demandé	beaucoup de travail

L'utilisation des balles d'accord a permis de mettre bien en évidence le phénomène :

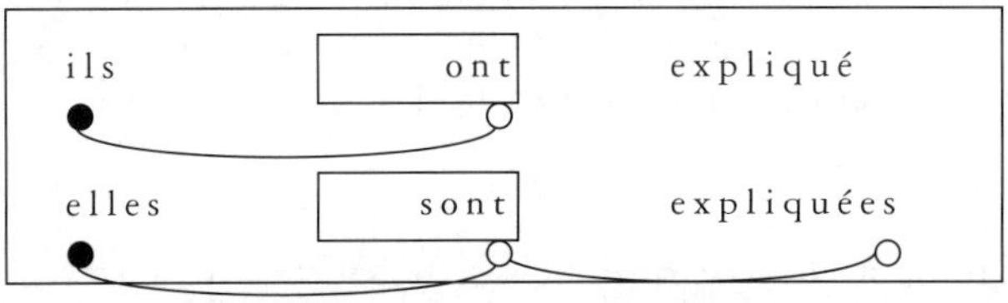

La classe a aussi travaillé la notion de double accord avec *expliquées* et a commencé à structurer l'idée de *double marque zéro* au masculin singulier, bien amorcée par le traçage des balles d'accord, certains élèves ayant d'abord classé *est demandé* comme une exception à l'accord avec *être*.

Dans cet exemple, le travail a largement bénéficié de celui qui a précédé. En effet, ceux qui avaient pour conception que le pronom *ils* entraine toujours une marque de pluriel verbale étaient déjà ébranlés par l'assurance de ceux qui avaient exposé la règle de l'invariabilité du participe passé en présence d'*avoir*, et ce d'autant plus que la maitresse avait laissé le problème en suspens. Placés en situation d'observation d'un corpus, par définition impossible à contester, il leur a fallu relativiser la règle d'accord du participe passé avec le sujet, c'est-à-dire *accommoder* leur conception antérieure et la faire évoluer.

L'enseignant doit donc décider, en cas de blocage, de la sortie la plus intéressante en fonction de paramètres internes (liés aux élèves et à l'apprentissage de l'orthographe) et externes (liés au déroulement des enseignements à ce moment-là), en d'autres termes, si le moment est venu de faire d'un obstacle cognitif un objectif-obstacle pour la classe. Il vaut mieux dans ce cas ne pas trop différer le travail d'élucidation et profiter d'une situation particulièrement propice : les élèves ont bien en mémoire le problème orthographique posé et sont désireux d'avoir une réponse ; les termes de l'alternative sont clairs, ce qui va faciliter la résolution du problème et l'appropriation du nouveau savoir. Les laisser trop longtemps dans le doute irait à l'encontre du but recherché.

Ainsi, tout au long de l'activité, l'enseignant doit prendre une série de décisions en fonction du déroulement effectif de la séance : choisir qui parle en premier ou en dernier, se contenter de reprendre en écho les mots d'un élève, même inexacts, faire écrire une proposition au tableau pour soutenir la réflexion ou rendre plus clair le propos, laisser s'exprimer ceux qui ont une conception erronée, continuer à solliciter la classe alors que la bonne réponse a déjà été donnée, introduire un contre-argument, proposer un contre-exemple, donner la parole à celui qui sait ou la retarder, demander à la classe ce qu'elle décide, énoncer l'impossibilité de conclure et reporter la solution à un travail ultérieur ou finir par donner la solution. Ce sont autant de façons indirectes de mener une séance de phrase du jour pour permettre aux élèves d'évoluer dans leur compréhension de l'orthographe.

Auto-formation

L'intervention de l'enseignant est donc constante, mais discrète sur le fond, puisqu'il ne corrige pas les fautes, ni ne délivre à proprement parler le savoir orthographique. Cette position va à l'encontre de nos habitudes profondément ancrées, surtout dans le domaine de l'orthographe. Le risque existe donc en animant la séance, sous couvert de la nécessité d'arriver au bout de la phrase du jour, de réoccuper tout l'espace, de presser les élèves, de chercher avant tout la bonne graphie et finalement de ne pas laisser se faire le travail cognitif autour des conceptions orthographiques.

C'est pourquoi l'activité de la phrase du jour nécessite un temps d'adaptation, d'élaboration du cadre ou du « format », pour reprendre le terme de Bruner, dans lequel l'échange s'inscrit, aussi bien pour les élèves que pour l'enseignant. Pour les élèves, il y a le temps de la découverte, de la ritualisation, du rodage : c'est le jeu réglé des échanges qui les aide à appréhender cette situation comme une nouvelle situation d'apprentissage. Pour l'enseignant, la maitrise de l'activité dépend de son expérience dans le métier. Celui qui n'en est plus à faire ses premières classes connait bien le jeu de la distribution de la parole, par exemple. De même, si on met déjà l'accent en sciences sur les représentations initiales ou si on a mis en place des conseils d'élèves, on a déjà fait une bonne partie de ce travail d'adaptation. Néanmoins, chacun devra élaborer avec sa classe sa propre façon de mener la phrase du jour. La période d'auto-formation n'est d'ailleurs pas forcément longue, même pour un débutant. Pour le montrer, on comparera la position de la maitresse, professeur-stagiaire dans une classe de CM2, lors des deuxième et troisième séances d'une activité également nouvelle pour tous :

Marc sursauta : il les avait vus derrière son lit : sursotta – sûr sauta – sursauta – sursota – sursotat – sur ce tas
Elle les voit tous les jours à la gare avant d'aller chercher son frère : voi – voie – voient – voit

Dans les deux cas, le nombre de propositions concernant le verbe de la phrase est élevé, un peu plus pour la première phrase que pour la seconde. Comparons à présent les échanges :

Phrase dictée du jour n° 2	Phrase dictée du jour n° 3
1a. **Enseignante** : On regarde ce premier mot. 2a. **Laurie** : Moi, j'ai écrit le quatrième. 3a. **Enseignante** : Pourquoi ? 4a. **Aleth** : *Sur ce tas*, en trois mots cela ne va pas, j'avais mal entendu. 5a. **Enseignante** : Qu'est-ce qu'on regarde pour savoir si c'est ça ou un autre ? 6a. **Jean** : Il y a le mot *sauter* à l'intérieur. 7a. **Enseignante** : C'est quoi le mot *sursauter* ? 8a. **Colin** : C'est un verbe. 9a. **Enseignante** : Est-ce que celui-là, c'est un verbe ? [*sur ce tas*] 10a. **Éloi** : Non. 11a. **Enseignante** : Donc, celui-là, on l'enlève.	1b. **Jeanne** : Je ne suis pas d'accord avec la dernière, car *v-o-i-e*, c'est *la voie du train*, la *voie ferrée*. 2b. **Enseignante** : Donc c'est quoi ? 3b. **Éloi** : C'est un nom. 4b. **Enseignante** : Comment on sait que, dans la phrase, *voit*, c'est un verbe ? 5b. **Alban** : C'est elle qui les voit. 6b. **Tristan** : *Elle*, quand c'est au féminin, ça prend un *e*. 7b. **Simon** : Mais c'est pas des filles ! *e-n-t*, c'est un verbe. 8b. **Enseignante** : On a éliminé *v-o-i-e*, car vous m'avez dit que c'était un nom et pas un verbe, alors comment prouver que dans la phrase vous avez un verbe et pas un nom ? Comment savoir si c'est le nom ou le verbe, /vwa/ ? 9b. **Éva** : On regarde les mots avant ou après. 10b. **Annie** : /vwa/, qui est-ce qui les voit ? C'est elle, donc cela ne peut pas être *e-n-t*. 11b. **Thibault** : *Voie*, il y a *un* ou *une*, ou *les*, mais là il y a *elle les voit*. 12b. **Ishaq** : *Les*, c'est un pronom COD. 13b. **Enseignante** : Cela ne prouve pas que c'est un verbe, on peut aussi avoir *les* devant un nom. […]

Le changement se remarque tout de suite. Sur le plan quantitatif, les échanges sont plus longs ; l'examen des graphies n'est plus mené au pas de charge, puisque, à la treizième prise de parole, le débat se poursuit encore. Mais c'est sur le plan qualitatif que la différence est encore plus nette. D'une part, les questions sont des questions ouvertes : à la deuxième séance, la question *pourquoi* [3a] reste sans réponse, la question *est-ce que* n'amène que la réponse négative attendue [9a-10a]. Mais à la troisième séance, les questions en *comment* poussent les élèves à développer leurs arguments ; il y a d'ailleurs des enchainements élève/élève, ce qui signifie que le cours du débat est moins sous l'emprise directe de la maitresse. Celle-ci tire davantage parti des propos des uns et des autres, contrairement à la deuxième séance où elle n'avait pas repris la remarque de Jean [6a-7a]. D'autre part, elle relance le débat à plusieurs reprises [4b, 8b, 13b], elle n'accepte pas facilement les arguments de ses élèves, elle exige qu'ils aillent plus loin [8b] et n'hésite pas à donner un contre-argument pour les y pousser [13b]. En somme, ses attentes se sont déplacées. On voit alors le résultat : parce que le mode d'intervention ne vise plus à obtenir rapidement la bonne graphie, les élèves sont conduits à mobiliser et à mettre à l'épreuve toute une série de savoirs sur la phrase, notionnels [7b], terminologiques [12b] et procéduraux [10b]. Il aurait été très facile, en effet, après la réponse d'Alban [5b], de procéder comme dans [11a] à l'élimination immédiate de *voie*. En laissant le débat se poursuivre, une conception erronée des plus classiques, le verbe au féminin, a pu être énoncée par un élève [6b], puis partiellement réfutée par un autre [7b].

Les effets de l'auto-formation se font ainsi sentir dès la troisième séance tant pour l'enseignante que pour ses élèves. Celle-ci les a fait entrer dans une activité où ils réfléchissent vraiment sur l'orthographe et où leur réflexion d'élèves est prise en compte. Bien sûr, avec plus d'expérience, certains propos auraient mérité d'être poursuivis. On peut imaginer, par exemple, qu'on redonnerait la parole à Thibault par un « Tu peux expliquer davantage ce que tu veux dire ? », et à la classe par « Que pensez-vous de ce qu'a expliqué Thibault et de ce qu'a répondu

Simon ? » Il y a là en germe un conflit cognitif qu'il est peut-être dommage de laisser s'éteindre. Toutefois, il faut se rappeler qu'un enseignant, même chevronné, ne perçoit jamais tout de ce qui se passe dans sa classe, mais que ce n'est pas très grave, car les conceptions des élèves, surtout, s'il s'agit d'une de ces conceptions tenaces, resurgissent un jour ou l'autre.

Toute la difficulté des décisions à prendre dans l'activité de la phrase du jour provient donc de l'incertitude dans laquelle on est pour évaluer la difficulté réelle des problèmes en jeu pour des élèves précis, et donc de la réponse à apporter, au sens large, c'est-à-dire choisir entre écho, relance, validation, provocation. C'est dans le niveau de connaissance qu'on a des procédures des élèves que se joue une partie de la suite. En l'occurrence, cette enseignante connaissait la perturbation posée par la présence d'un pronom devant le verbe et la tendance des élèves à vouloir accorder un verbe conjugué au féminin ; elle avait donc pu anticiper sur les raisonnements susceptibles d'être proposés. L'anticipation est bien une façon de se préparer à l'improvisation, l'expérience aide aussi, évidemment.

La maitrise de la conduite de l'activité est donc progressive chez l'enseignant. Elle repose sur le développement de trois capacités conjointes :

– la capacité à faire des hypothèses sur les procédures orthographiques des élèves pendant l'activité, autrement dit, à passer de savoirs mobilisables (connaissances linguistiques, psycholinguistiques, didactiques) à des repérages effectifs dans le feu de l'action ;

– la capacité à faire interagir les élèves dans le but de faire évoluer leurs conceptions orthographiques et de leur faire acquérir des connaissances, autrement dit à animer des débats sans perdre de vue l'objectif ;

– la capacité à ajuster son intervention en fonction de la situation, autrement dit à analyser cette situation en temps réel pour garantir un étayage efficace.

Parallèlement se développe une attitude d'ouverture et de curiosité envers l'activité métalinguistique des élèves. En effet, avec la phrase du jour, nous pénétrons un peu à l'intérieur de la « boite noire », c'est-à-dire dans ce qui se passe dans la tête d'un élève qui essaie de s'approprier l'univers de l'écrit. S'ils sont seuls à pouvoir faire le chemin, nous sommes aussi les seuls à chercher les moyens appropriés pour les aider à le faire.

Variantes

Nous présentons brièvement d'autres situations qui font travailler les conceptions orthographiques et qui sont intéressantes à proposer, que ce soit en raison du niveau de la classe ou pour éviter toute routine. Certaines ont inspiré le dispositif de la phrase du jour ou en sont très proches[1]. Elles n'épuisent pas toutes les possibilités…

La dictée dialoguée

Selon son « inventeur », la dictée dialoguée est destinée au second degré, où elle constitue un moyen pour accompagner les élèves dans la rédaction d'un texte raisonnablement bien orthographié. Déjà ancienne, elle a été expérimentée par une équipe de recherche en milieu défavorisé. Un texte, de cinq à dix lignes, est d'abord lu aux élèves de façon expressive, cette lecture leur permettant de comprendre immédiatement les relations syntaxiques et énonciatives. Puis le texte est dicté phrase par phrase, chacune répétée préalablement par plusieurs élèves faibles. La ponctuation n'est pas indiquée, car elle doit se déduire de la compréhension.

1. Successivement d'après : M. Arabyan, « La "dictée dialoguée" », *École des lettres*, n° spécial 12, 1989-1990 ; G. Haas, « Les ateliers de négociation graphique : un cadre de développement des compétences métalinguistiques pour des élèves de cycle 3 », *Repères*, n° 20, 1999, pp. 127-142 ; A. Angoujard, *Savoir orthographier*, *op. cit.*, pp. 77-82 ; A. Mauffrey, *Activités d'orthographe, CE2-5ᵉ*, Atelier d'édition d'Auteuil, Document de travail, IUFM de Paris ; C. Oriol-Boyer, « Écrire en atelier », TEM *Texte en main*, n° 1, 1984, pp. 5-18.

Entre chaque phrase intervient une phase où les élèves discutent de tout ce qui leur pose problème. Ils obtiennent des réponses de la part de leurs camarades ou du professeur, à condition de respecter la règle, c'est-à-dire l'interdiction de mentionner les lettres de l'alphabet. Cette règle simple se révèle efficace pour amener les élèves à réfléchir au fonctionnement de la langue et trouver une manière de nommer ses éléments et son fonctionnement. Par exemple, au lieu de « Est-ce qu'il y a un *ent* à la fin d'*applaudit* (*On nous applaudit*) ? », l'élève devra passer par « Est-ce qu'*applaudit* est au pluriel ? », ce qui amènera à rappeler que *on* n'est pas le verbe, mais le pronom sujet et qu'il est au singulier. Pour l'orthographe d'usage, les élèves doivent s'appuyer sur les différentes parties du mot pour poser leur question, avant de pouvoir recourir au dictionnaire ; ce vocabulaire est ensuite recopié dans le carnet de vocabulaire. À la suite de l'échange, chaque élève corrige comme il l'entend, sans gomme ni effaceur. Chacun est ainsi amené à anticiper sur les types d'erreurs qu'il risque de commettre, et tire parti des informations qui s'échangent. La dictée est notée en partant de zéro : chaque séquence correcte donne des points. En tout, l'activité dure de trente à quarante-cinq minutes, pas plus. La dictée est ensuite corrigée lors de la séance suivante.

L'atelier de négociation graphique

L'atelier de négociation graphique se distingue de la dictée dialoguée, car ses objectifs ne sont pas ceux d'une dictée ; ce n'est pas non plus un exercice d'application, et il n'y a évidemment aucune notation. Comme la phrase dictée du jour, c'est avant tout une situation d'apprentissage fondée sur les échanges pour s'approprier des connaissances et des stratégies. L'atelier se distingue néanmoins de cette dernière par quatre caractéristiques :

1 – il se mène exclusivement en groupe animé par l'enseignant ; il accueille par roulement cinq ou six élèves qui écrivent sur de grandes affiches les phrases dictées, puis discutent de leurs productions affichées en gros au tableau, en cherchant des arguments en faveur de telle ou telle graphie ; le reste de la classe est en travail autonome, si possible dans une autre salle ; tous les groupes se verront dicter les mêmes phrases (il faut donc respecter un « pacte de confidentialité » sur plusieurs semaines) ;

2 – il a une fréquence bien moindre, deux fois environ par trimestre ;

3 – il s'arrête au bout des quarante minutes imparties ; l'enseignant ne tranche pas, mais fait la synthèse des problèmes rencontrés, résolus ou non ; puis il écrit la phrase correcte au tableau et les élèves peuvent confronter leurs propositions et hypothèses à la solution ;

4 – une séance collective fait la synthèse du travail des groupes : tous les problèmes rencontrés et les solutions, bonnes ou mauvaises, sont à nouveau confrontés ; l'enseignant fait le point des problèmes résolus ou non.

La dictée sans faute

La dictée est conçue comme une *tâche-problème*, proposée de façon régulière, non à des fins d'évaluation sommative, mais d'apprentissage. Ses partisans se refusent à en faire l'équivalent hebdomadaire de la dictée traditionnelle : c'est pourquoi elle n'est proposée que toutes les trois semaines environ, en général en classe entière. Dans un premier temps, les élèves écrivent seuls et soulignent ce dont ils ne sont pas sûrs ; dans un second temps, ils cherchent collectivement des solutions aux problèmes qu'ils ont rencontrés et qu'ils doivent formuler dans une discussion organisée par le maitre. Puis chaque phrase est à nouveau dictée, au verso de la feuille.

La phrase cachée

C'est un jeu bien connu que de reconstituer une figure cachée à l'intérieur d'une autre figure. Sans prétendre à en faire un jeu (on confond aujourd'hui trop souvent exercices et jeux), la phrase cachée s'en inspire. Le principe est simple : il s'agit de choisir parmi des colonnes de mots ceux qui permettent de reconstituer une phrase, en prenant un mot par colonne. L'exercice est difficile en raison du nombre de choix à faire (nombre qu'il faudra ajuster en fonction de la classe). En voici deux exemples pour des moments différents de la scolarité :

• début de CE2 :

Cet	lionne	attaquait	les	singe.
Deux	lion	chasses	l'	girafe.
La	lionnes	chassent	ces	antilope.

• fin de CM2 ou collège :

Ce	ancien	flutistes		lui	avaient	apprit	a	joué	étais	née	
Cette	anciennes		qui		avez			jouer	était	nées	au Rwanda.
Ces	ancienne	flutiste		leur	avait	appris	à	jouée	été	nés	

Ce qui est alors important dans cet exercice n'est pas de corriger hâtivement les erreurs, mais bien d'en faire, comme avec la phrase dictée du jour, le support d'une réflexion sur les choix orthographiques et méthodologiques (pourquoi on a pu penser à ce mot, ce qu'on est obligé d'éliminer tout de suite ou plus tard). On peut d'ailleurs demander aux élèves de souligner le mot qui explique leur choix graphique.

La phrase en pièces détachées

À l'origine, c'est un jeu d'écriture. Ce puzzle peut être assez difficile : tous les mots d'une phrase sont rangés par ordre alphabétique. Il faut alors reconstituer la phrase en usant de tous les moyens linguistiques disponibles (sémantiques, morphologiques, syntaxiques, progression thématique, connecteurs, *etc.*). Bien sûr, il s'agit là encore d'argumenter et de justifier ses choix en montrant la cohérence sémantique et la compatibilité de cette cohérence avec les marques morphosyntaxiques. Voici par exemple deux phrases extraites d'un article sur la pollution de la planète (on peut faciliter ou non le travail en donnant le thème et la majuscule de début de phrase) :

[1] *à – an – avance – certaines – certains – d' – de – en – endroits – Europe – la – « mangées » – Même – mer – mètre – par – par – plages – plus – qui – sont – un*
[2] *âgées – attraper – comme – des enfants – facilement – fragiles – jeunes – Les – les – les – maladies – ou – personnes – personnes – plus – pourraient* (*Journal des enfants*, 5 septembre 2002)

Ou encore, celle-ci de Simenon, plus complexe, et dans laquelle le titre du fait divers relaté a été glissé :

[3] *a – a – à – à – affaire – Arsène – boulevard – cambriolage – cambriolage – commis – d'autant – d'un – date – derrière – déterminer – est – et – été – eu – faits – Haussmann – hauts – il – jours – l' – la – laisse – laquelle – les – lieu – loin – lui – Lupin – même – mystérieux – ne – pas – peut – plus – près – qu'on – qui – quinze – troublante – Un – Un* (Simenon, *Les 13 mystères*, Presses Pocket, p. 23, 1978)

Le point commun de toutes ces variantes, c'est donc, à des degrés différents, l'accent mis sur les procédures, les raisonnements, la réflexion sur les graphies, au travers des échanges collectifs, et non la chasse aux fautes et à la bonne réponse (la dictée dialoguée, plus ancienne, fait partiellement exception sur ce point).

3. ÉVOLUTION DES CONCEPTIONS ORTHOGRAPHIQUES

D'une leçon d'orthographe les élèves retiennent toujours quelque chose, mais la représentation qu'ils se construisent peut aussi souvent devenir un obstacle, comme dans l'exemple *les enfants jouents*. Qu'est-ce qui, dans la phrase dictée du jour, permet alors de faire évoluer ces conceptions-obstacles ? Ce sont les prises de conscience qui se produisent grâce à deux composantes essentielles du dispositif : la résolution de problème et les échanges dans la classe. Elles entrainent, en effet, les élèves dans un réel parcours cognitif.

3.1. Résolution de problèmes

Le travail cognitif qui se fait lors de la phrase du jour a peu de chose à voir avec ce qui se passe pendant la correction de dictée : celle-ci est un mouvement rétrograde, tourné vers le passé, visant une réparation toujours teintée de culpabilité, quoi qu'on en dise, puisqu'elle rectifie la faute par ce qui aurait dû être su. La phrase du jour, au contraire, malgré certaines ressemblances superficielles, a une fonction heuristique : en discutant de l'orthographe telle qu'ils ont su la produire, les élèves vont de l'avant : ils comprennent peu à peu ce qu'ils n'avaient pas encore compris et découvrent des aspects qu'ils n'avaient pas encore découverts.

Et c'est bien ce qui fait toute la différence : généralement, l'élève n'est vu que comme un exécutant. Or ce qu'il pense pèse à son insu (et à l'insu de l'enseignant) sur le cours de ses acquisitions. La marge d'action qui lui est alors laissée est à la fois trop faible (exercices d'application) et inadaptée (corrections). Dans les exercices, l'élève met en application la règle indiquée dans la consigne, tandis que, avec les corrections, il lui est répété ce qui lui a déjà été dit sans qu'il puisse clairement prendre conscience de l'écart entre ce qu'il croit et ce qui est : ses conceptions restent presque toujours intactes, parfois même confortées par la répétition de ce qu'il croit à tort. Quant à la préparation de dictée, qui passe pour avoir une fonction d'apprentissage, elle part du principe que l'élève pourrait oublier la règle, et non du fait qu'il pourrait l'interpréter autrement ou qu'il ne connait pas certaines notions en jeu. Dans tous les cas, on se situe dans la perspective de la restitution du savoir supposé être là, pas de sa construction. Rien à voir, donc, avec la nécessité pour l'élève d'avoir une activité mentale autonome pour pouvoir s'approprier les contenus d'enseignement, c'est-à-dire franchir la distance qui sépare un contenu reçu (enseigné) d'un contenu assimilé (appris). Or l'école est bien mandatée pour faire apprendre. Faire répéter la règle à chaque correction de faute par un élève qui la connait à l'adresse de celui qui ne l'a pas appliquée ne peut plus aujourd'hui être considéré comme une prise en charge du processus d'apprentissage. Laisser les élèves se débrouiller seuls de leurs conceptions ou dévoluer cette tâche aux familles avec ce que cela suppose d'inégalités n'est pas non plus une solution satisfaisante.

À l'opposé, la phrase du jour et les autres dispositifs similaires mettent l'accent sur le processus d'apprentissage plus que sur le produit immédiat ; ils offrent un espace pour penser et agir avec une aide appropriée. L'élève peut ainsi mettre à l'épreuve ses connaissances orthographiques, les rectifier, les approfondir, découvrir parfois un peu d'inconnu, et s'entrainer à mobiliser savoir et savoir-faire. En résolvant des problèmes d'orthographe, il est en situation de saisir par l'esprit ce qu'il doit connaitre – il apprend. Ce n'est d'ailleurs pas un hasard si de nombreuses disciplines ont fait de la résolution de problème une composante didactique fondamentale.

La phrase dictée du jour comporte effectivement plusieurs des caractéristiques des situations de résolution de problème[1].

1 – L'*existence d'un problème* est nécessairement reconnue par les élèves du fait même que plusieurs graphies sont proposées pour un même mot et qu'ils savent qu'une seule est valable, sans pour autant pouvoir la sélectionner. Ils peuvent se représenter assez facilement la tâche dont le but à atteindre se lit de lui-même. Mais, derrière cet objectif évident, se cache l'objec-

1. Voir Michel Fabre, *Situations-problèmes et savoir scolaire*, PUF, 1999.

tif d'apprentissage que l'enseignant ne dit pas : il s'agit pour les élèves de développer des conduites pertinentes, des opérations mentales peut-être nouvelles et de transformer ainsi leurs conceptions.

2 – Un problème n'existe cependant que s'il a *une certaine consistance*, c'est-à-dire s'il présente une certaine résistance, si les élèves doivent tâtonner pour arriver à la solution. La plupart des exercices de manuels en sont dépourvus, alors que les débats en attestent.

3 – *Le moyen est au service du but* : la résolution du problème repose sur la connaissance qu'on cherche à faire assimiler. C'est parce qu'ils doivent trancher entre *ils ont expliqué* et *ils ont expliqués* que les élèves élaborent une représentation plus pertinente des phénomènes d'accord du participe passé.

4 – Il n'y a *pas de mode de résolution immédiatement disponible* au problème posé par la diversité des graphies ; les élèves doivent inventer une façon de résoudre adaptée aux propositions rassemblées au tableau. Pour ce faire, ils vont mobiliser toutes leurs connaissances pour trouver laquelle est la bonne, ou, pour ceux qui le savent, trouver une bonne explication.

Les élèves doivent donc eux-mêmes « construire le problème » à partir de leurs connaissances actuelles, car rien ne vient leur indiquer de l'extérieur de quoi il s'agit (aucune indication à tirer d'une consigne), sinon parfois l'aide que procure indirectement l'enseignant par sa direction souterraine. Ils savent cependant qu'une solution existe, et qu'ils pourront la trouver ou du moins s'en approcher considérablement. À l'échelle de la classe ou d'un groupe, le cheminement n'est donc pas donné d'avance. Il n'y a d'ailleurs pas de temps imparti à l'avance au traitement d'un mot. L'activité de recherche se poursuit tant qu'une solution satisfaisante n'est pas trouvée.

5 – Chaque phrase du jour présente une *composition nouvelle* de questions orthographiques à traiter ; même si théoriquement le nombre des problèmes d'orthographe possible n'est pas infini, les élèves (qui l'ignorent) ne savent pas à l'avance quels ingrédients linguistiques sont au menu du jour et comment ils sont accommodés.

6 – Pour les élèves, le *degré d'incertitude* est important : nombre et nature des problèmes rencontrés, modes de résolution pertinents, obtention de la solution, tout cela renforce le caractère ouvert du travail de résolution de problème proposé par ce dispositif. Le rapport connu/inconnu reste indéterminé pour chaque phrase du jour dictée ou donnée.

Pour l'enseignant aussi, l'incertitude existe : au fur et à mesure du travail, divers aspects du fonctionnement de la langue sont examinés, mais, si l'on peut raisonnablement anticiper sur un grand nombre de conceptions, il y a aussi des chemins de traverse imprévus qui ouvrent sur d'autres pistes, tout aussi imprévues ; la classe ne parvient d'ailleurs pas toujours à trouver une solution.

7 – La phrase dictée du jour conserve une bonne part de la *complexité* de ce qui se rencontre en situation d'écriture. Les questions à se poser et les problèmes d'orthographe à résoudre sont les mêmes : il s'agit de mettre aux normes un texte. Le lien avec l'activité qui constitue la raison d'être de l'apprentissage reste donc toujours lisible.

8 – Mais la tâche est considérablement *allégée* : les élèves n'ont pas à élaborer les contenus d'un texte ni à le mettre en mots, le nombre de problèmes orthographiques à résoudre est réduit, ce qui facilite le travail.

9 – Il n'y a néanmoins *aucune dénaturation de la tâche* par une décomposition préalable ou la simplification excessive d'un guidage pas à pas.

10 – La phrase du jour lance d'emblée *un défi* aux élèves, ressort psychologique d'autant plus propice aux apprentissages que les élèves se prennent au jeu et le relèvent. C'est à eux qu'incombe la responsabilité d'élaborer une suite d'actions, en l'occurrence verbales, pour atteindre le but ; ce sont eux, même s'il revient à l'enseignant de valider, qui prennent la décision d'éliminer les graphies les unes après les autres pour n'en retenir qu'une. Le point d'arri-

vée dépend clairement de leur activité conjointe. La dimension d'énigme à résoudre est donc forte, surtout quand le tableau affiche une kyrielle de graphies, ou quand la classe est proche du but, mais que deux graphies se révèlent plus coriaces que d'autres. On observe d'ailleurs souvent une mobilisation croissante des élèves au cours de la séance ; il n'est pas rare de les voir continuer à discuter à la fin de l'heure, quand l'enseignant refuse d'entériner une solution qui n'a pas convaincu une partie des élèves et qu'il choisit de laisser le problème en suspens pour une reprise ultérieure.

Cependant, pour aller plus loin et comprendre comment la phrase du jour permet de faire évoluer les conceptions et d'aboutir à des acquisitions orthographiques, il faut s'intéresser au rôle du langage dans ce dispositif et à la dimension collective de l'activité.

3.2. Verbalisations/interactions

Le langage est le second élément clé de l'évolution des conceptions, sous un double aspect : celui des *verbalisations* par le sujet qui explicite une graphie et celui des *interactions* qui ont cours dans l'échange qui s'ensuit. En effet, la classe, qu'elle soit en formation complète ou subdivisée en groupes, est naturellement une situation interactive dynamique : tout banalement, les êtres humains se parlent. Et leur parole produit des effets de tous ordres, sociaux, affectifs, et, au premier rang à l'école, cognitifs : c'est même ainsi que bien des connaissances se transmettent au sein d'une culture, à commencer par le langage. Si personne ne doute que la parole magistrale est porteuse de savoirs, l'idée que des paroles d'enfants ou d'adolescents puissent conduire à des connaissances est encore peu admise : en France, on cherche surtout à obtenir que les élèves se taisent et écoutent le maitre ou un élève à qui est confiée provisoirement la parole magistrale. Or, en parlant, on peut apprendre.

Mise à distance

Dans son principe, l'examen des graphies repose sur un double mouvement :

– l'auteur d'une proposition s'efforce de convaincre ses camarades de la justesse de sa proposition ; il est entendu que, doué de raison, il peut rendre compte d'un acte fondé sur un jugement (on a des raisons d'écrire comme on écrit) ; mais, tout en formulant pour les autres, l'élève formule pour lui-même ce qu'il a fait, met en mots la procédure qu'il a utilisée ou qu'il pense avoir utilisée : il transforme ainsi une action en un énoncé, et le contenu de cet énoncé existe alors pour les autres autant que pour lui-même ;

– ce propos initial déclenche un mouvement d'adhésion ou de contestation totale ou partielle, et constitue le point de départ de réactions en chaine et de négociations dans l'échange qui s'instaure alors ; le même processus de verbalisation/réaction se poursuit donc : chaque auteur d'une prise de parole doit indiquer ce qu'il retient ou réfute de ce qui a été dit.

En réalité, un autre principe, fondamental, intervient également dans ce mode de travail :

– c'est sous la pression du groupe, comme dans certaines conversations, que les points de vue s'élaborent en partie, car ces points de vue sont loin d'être toujours constitués préalablement à l'interaction ; ce que les élèves font ou pensent leur reste plutôt obscur tant qu'une mise en mots n'a pas eu lieu ; c'est pourquoi les propos initiaux sont souvent laborieux : on peut y entendre un travail de dévoilement pour le locuteur lui-même.

Comme le souligne Vygotski, « la pensée subit de nombreux changements quand elle se transforme en langage. Elle ne trouve pas simplement dans le langage une expression, elle y trouve sa forme et sa réalité[1] ». Par le langage, les élèves rendent compte d'un moment passé,

1. Cité par Élisabeth Bautier, *Pratiques langagières, pratiques sociales. De la sociolinguistique à la sociologie du langage*, L'Harmattan, 1995, p. 214.

celui de la dictée de la phrase. On ne peut garantir que ce qui a poussé un scripteur à écrire comme il l'a fait et ce qu'il en dit après coup coïncident ; mais c'est ce qu'il en dit, ce qu'il en comprend et ce que les autres répondent dans le moment d'analyse collective qui constituent l'objet du travail actuel de la classe. En d'autres termes, ce qui importe, ce sont les énonciations qui ont cours pendant la discussion.

L'impact de la verbalisation est particulièrement visible quand un élève, avant même d'avoir achevé son propos, s'interrompt pour dire que « Non, c'est pas ça ». Tout se passe comme si le fait de dire ce qu'on a pensé débouchait sur la possibilité d'agir par la pensée sur ce qu'on a pensé et fait. Dire est une action qui permet d'*objectiver*, de donner corps à ce qui a été pensé et de prendre de la distance. Passant d'une pensée privée à un langage public, l'élève rend explicite ce qui était resté pour lui implicite ; en s'efforçant de restituer ce qu'il a fait, il se donne une représentation de la réalité, il peut observer ce qu'il a dit et qui est alors détaché de lui, comme s'il observait de l'extérieur ce qu'il pense et fait. C'est bien la raison pour laquelle, dans le rituel de la phrase du jour, la parole est d'abord donnée à celui qui a proposé une graphie pour qu'il explicite ses choix : si on laisse la classe s'attaquer tout de suite aux erreurs, ceux qui les ont produites perdent leur chance d'accéder à la compréhension de ce qu'ils ont fait ; on retombe vite dans une correction de dictée, qui ne parvient pas à atteindre les conceptions sous-jacentes, parce qu'on s'en tient à un discours stéréotypé, celui du savoir constitué qui ne connait pas d'errements.

Cette confrontation aux autres oblige ainsi chacun à sortir d'un vécu immédiat, d'une expérience intime centrée sur elle-même et à se décentrer, à sortir de son unique point de vue : les autres ont aussi un point de vue, différent, ce qui en retour amène à considérer le sien avec moins de certitude. Le doute et l'ouverture à d'autres hypothèses sont alors possibles, tandis que des points de vue s'échafaudent chez ceux qui n'en avaient pas encore. La confrontation pousse donc à s'engager dans une réflexion nécessairement moins subjective, puisqu'elle interagit avec la réflexion des autres et avec un corps de connaissances linguistiques de référence revendiqué par les autres.

Discours commun

Le débat nait quand des élèves sont en désaccord et sont capables de formuler ce qui ne va pas selon eux. Ces désaccords engendrent une série d'interventions qui visent à remettre en question ce qui vient d'être dit, ou, au contraire, à défendre un propos précédent en le renforçant ou en le complétant. Mais avant qu'un accord puisse se faire, il faut savoir de quoi on parle, il faut s'entendre sur les mots. C'est pourquoi les intervenants doivent souvent s'expliquer sur le sens de ce dont ils parlent et sur les présupposés de leurs assertions. On assiste à un enchainement de reprises sur des énoncés antécédents, les éléments en question se précisant au fur et à mesure des tours de parole. L'interaction soumet ainsi les arguments à un impitoyable crible : collectivement, les élèves laissent rarement passer une contradiction entre leurs connaissances antérieures et les arguments avancés. Celui qui entend quelque chose qu'il estime inexact se sent obligé d'intervenir, même après plusieurs tours de parole. Les élèves ne lâchent pas facilement, animés d'une obstination à comprendre, à trouver, à faire prévaloir la raison, à convaincre. Le débat pousse donc les locuteurs à être les plus clairs, précis et pertinents possible par rapport au contexte et aux savoirs de la classe. Les approximations, les failles dans les raisonnements, les contre-exemples, parfois donnés par l'enseignant, font réagir. Le moteur naturel du débat est la présence de différentes graphies proposées pour un seul mot : y en a-t-il une de bonne parmi elles, si oui, laquelle et pourquoi ?

Néanmoins, la sagacité des élèves ne peut s'exercer que dans les limites de leurs connaissances ou de leurs intuitions, et de leurs habiletés verbales. Même s'ils l'emportent, certains raisonnements ne sont pas toujours des plus justes. Ce travail d'observation et d'analyse des graphies est un travail à long terme, et si un mode de résolution semble approximatif un jour, il l'est moins la fois suivante, car il bénéficie des débats précédents.

Ainsi, en débattant, chacun reformule, précise, affine, mobilise des savoirs, pointe des relations, avance de nouveaux éléments, chaque parole s'ajoutant à celle des autres. Chacun entend d'autres propos sur ces mêmes éléments, et chaque énonciation apporte des éléments qu'on ne peut plus ignorer, et qu'il faut réfuter, ou confirmer. D'intervention en intervention, les points de vue partiels convergent, se remodèlent en un énoncé global. C'est donc un *discours commun* qui s'élabore peu à peu par négociations, par reformulations, par ajouts ou retranchements, par synthèses, en suivant différents fils thématiques. Cet accord n'est pas le résultat d'un choix parmi plusieurs opinions dont l'une serait meilleure que les autres (dans les débuts, il arrive qu'un élève suggère de voter) : c'est un consensus reposant sur des savoirs, validé par l'enseignant.

3.3. Structurations orthographiques

Parcours cognitif

Dans ce type d'interaction, tout est soumis à discussion. Un élève pose un contenu, ce contenu est repris par un autre pour être confirmé, renforcé, amélioré, ou mis en pièces. Quelle que soit sa position dans l'échange – proposant initial d'une graphie, premier débatteur ou débatteur ultérieur –, en défendant son point de vue, chaque locuteur désigne des lettres, des mots ou des segments de mots ; il met en rapport, il délimite, il attribue un rôle, en exclut un autre ; il définit, dénomme, rapproche des mots, fait référence à des règles ; il expose ses critères de reconnaissance, sa compréhension des catégories, sa façon de raisonner, et soumet sa façon d'appréhender le fonctionnement de l'orthographe aux autres élèves qui, pour réfuter ou confirmer, font de même. Ce qui sous-tend l'activité, c'est bien un principe de coopération intellectuelle. En participant à ces activités d'explicitation argumentée, les élèves discutent ainsi de tout ce qui constitue la langue et son analyse : ce qui fait l'objet du discours des élèves constitue précisément les objets à connaitre en orthographe, à savoir la fonction des graphèmes, la graphie des mots et leur distinction, les marques, les catégories, les propriétés, les classes et les relations, les règles d'accord, les termes métalinguistiques. Langage et cognition sont ainsi pratiquement indissociables. Cette intrication est d'ailleurs renforcée par le fait que les objets du savoir orthographique sont aussi de nature linguistique.

L'élément déterminant, c'est que chaque élève s'engage dans un processus de verbalisation et d'interprétation de ce que dit l'autre. Le langage, qui vise la rationalité, touche du même coup le niveau des représentations. Bruner le souligne : « Le langage est un moyen de mettre en ordre ce que nous pensons des choses »[1]. La négociation sur le sens et la valeur des objets linguistiques provoque des mouvements de pensée, des déplacements notionnels, à la source de nouvelles appropriations. Ce passage par la coopération langagière ouvre ainsi la voie à un travail de structuration en amenant les élèves à déconstruire et reconstruire leurs conceptions orthographiques jusqu'à ce qu'elles soient élaborées sur des bases justes.

Là où un élève, dans la solitude de sa réflexion, voit un aspect d'un fonctionnement et ne va pas plus loin (quitte à voir autre chose une autre fois), le *locuteur collectif* qu'est l'ensemble des intervenants poursuit ce travail de tissage entre langage et connaissances pour résoudre le problème posé, et l'omission entrainant l'inexactitude, s'efforce de dire *rien que la vérité, mais toute la vérité* mobilisable, par une modulation du propos initial, comme dans l'exemple *Elle les voit tous les jours à la gare* :

1. *Culture et modes de pensée, l'esprit humain dans ses œuvres*, Retz, 2000, cité par P. Mayen, « Apprendre des autres », *Éducation permanente*, 2002, n° 151, p. 88.

... *il faut pas mettre de* e *à* voit...
... *c'est pas* elle, *c'est* lui...
... *ça existe des* e *même quand c'est pas du féminin...*
... un capitaine, un téléphone...
... *on met des* e *même avec* il...
... il danse...
... e *est aussi pour les verbes...*
... *au présent...*
... *il y a des verbes au présent, ils ont pas de* e, *mais* t...
... il finit, il croit...
... il est...
... e, *c'est pour le féminin et aussi pour des verbes au présent avec* il...

Tout au long de la chaine des reprises et reformulations s'opère une élucidation progressive des notions convoquées dans les propos des uns ou des autres. Réciproquement, l'élucidation entraine les changements de formulation. Partis de l'idée que *voie* est faux *à cause du* pronom *il*, la classe dépasse le cas particulier de *voir* dans cette phrase-là et parvient à un certain degré de clarification: même si une forme verbale se termine par un *e*, ce n'est pas une marque de genre. La possibilité d'un autre statut pour la lettre *e* commence à poindre. Une conviction individuelle débouche ainsi sur un savoir socialement reconnu, ce dont témoigne la validation par l'enseignant.

L'interaction fait donc émerger les constituants du savoir orthographique pour en retenir les aspects pertinents et éliminer les autres : c'est en ce sens que les verbalisations sont structurantes. En ayant l'initiative des contenus introduits dans la discussion, d'une réponse à une reprise, les élèves déploient les ramifications de leurs réseaux conceptuels, non pas celui de la logique scientifique transposée dans les manuels ou dans les chantiers, mais tels qu'ils sont, avec leurs parties faibles, leurs parties problématiques, leurs objets « monstrueux » comme, par exemple, l'accord en genre du verbe, ou l'accord du verbe avec le pronom *lui* antécédent. La logique d'une conception-obstacle, d'un raisonnement unilatéral figé, peut être remise en cause sous le feu croisé des réfutations. La discussion collective redouble ainsi les effets de la verbalisation individuelle.

L'espace interlocutif se présente ainsi comme un espace de réflexion collective : il joue ici le même rôle qu'un brouillon, où l'on avance pas à pas, par appuis et rebonds, par associations d'idées, par rectifications successives. C'est pourquoi, pendant l'examen d'une graphie, il est important que les différentes propositions, tout comme les traces des raisonnements et des opérations formelles, restent sous les yeux des élèves qui en ont besoin pour formuler leur propos.

Quand un élève reprend une parole antérieure, il ajoute presque toujours un plus à la formulation précédente, en délimitant l'aire de validité de la règle avancée, ou en l'illustrant par un autre exemple, ce qui amorce un mouvement vers une généralisation. Ces modifications, même minimes, introduisent des réorganisations et conduisent à des significations nouvelles : les élèves voient se dessiner un objet plus complexe, mais mieux structuré, et, finalement, plus clair et donc constitutif d'un savoir opératoire.

Ce travail d'élucidation en commun des contenus d'ordre linguistique débouche sur un niveau de formulation supérieur articulée à une compréhension supplémentaire. Cette formulation, qui est une synthèse, garde encore, ne serait-ce qu'en mémoire, un peu des traces de sa genèse laborieuse, de ce qui a pu faire difficulté : « *e*, c'est pour le féminin *et aussi* pour des verbes au présent avec *il* ». En participant à son élaboration, les élèves manipulent eux-mêmes les constituants qui feront l'objet de la synthèse finale, au lieu de se trouver face à une explication déjà constituée, souvent de ce fait hors de leur portée, inopérante. On peut d'ailleurs observer, quand il s'agit d'un point délicat, qu'une bonne réponse, bien argumentée, fournie dès le début par un bon élève, est rarement entendue à ce moment-là par les autres : il faut qu'elle se reconstruise, morceau par morceau, en passant et repassant de bouche en bouche, a-t-on envie de dire, avant qu'elle soit reprise par la classe. Cette action partagée est d'autant plus nécessaire que l'orthographe du français est trop complexe pour être apprise par observation directe, par pensée spontanée ou par imitation. Même si certains enfants ont précocement une orthographe normée, sans qu'on puisse aujourd'hui expliquer par quels processus, la grande majorité des élèves n'y parvient qu'au prix d'un labeur colossal, qui nécessite un étayage de longue durée et où la médiation langagière joue un rôle décisif.

Le retour des mêmes problèmes d'orthographe dans de nouvelles phrases du jour renforce ce travail d'appropriation. Mais, au fur et à mesure, les élèves avancent dans ce parcours cognitif et passent à un autre niveau de formulation en intégrant et en structurant d'autres éléments. C'est bien ce qui fait de la phrase du jour une activité *spécifique* d'apprentissage de l'orthographe. Non seulement, les interactions jouent un rôle d'étayage dans l'élucidation commune du problème posé par l'éventail des graphies, mais elles induisent aussi une évolution.

Changements conceptuels

Sur le plan cognitif, le moteur des changements conceptuels est la confrontation. En effet, tant qu'ils ne sont pas confrontés aux autres, les élèves estiment qu'ils ont toutes les raisons de penser qu'ils ne se trompent pas. Mais, face à d'autres points de vue qui sont aussi d'autres facettes des objets linguistiques, la situation s'avère toute différente. On assiste ainsi à des changements qui tantôt semblent se faire sans heurt, par adhésion à une autre façon de voir, tantôt passent par des conflits plus ou moins spectaculaires.

Prises de conscience

Pendant l'activité de la phrase du jour, la rapidité des échanges, leur contenu parfois obscur et surtout le caractère privé des modifications ne permettent pas de dire avec précision si des conceptions bougent ce jour-là, ni comment. On repère des évolutions à des ententes plus faciles, à des reconnaissances spontanées d'erreurs ou à des niveaux de formulation plus élaborés. Parfois on devine un cheminement quand un élève revient de manière très décalée sur un propos antérieur: un travail souterrain s'est produit, et il en cherche confirmation. Toutes les conceptions ne se manifestent pas au grand jour et les changements ne se font pas sur un modèle unique. En général, c'est parce que les élèves produisent des textes de plus en plus normés qu'on sait que l'appropriation de l'orthographe s'effectue. On ne sait donc pas à l'avance combien de temps sera nécessaire pour faire évoluer des représentations, ni s'il faut une chiquenaude, un marteau-piqueur ou un bulldozer pour renverser celles qui se sont constituées en véritables obstacles cognitifs. De très nombreuses variables interviennent, qui tiennent pour une part aux individus, pour une autre à la nature des problèmes linguistiques.

Dans un certain nombre de cas, la discussion entraine une adhésion naturelle parce qu'elle rappelle aux élèves ce qu'ils ont appris et n'ont pas mobilisé, ou n'ont mobilisé que partiellement. Dans d'autres, la discussion amorce une prise de conscience, parce qu'on comprend souvent mieux sous la pression des autres: les certitudes initiales se lézardent, un changement s'enclenche. On en mesure l'effet quand tel élève qui soutenait qu'il avait toujours vu écrit *comme ça* une graphie impensable ou tel autre qui défendait une règle inconnue commence à dire: «Je ne suis pas sûr», puis «Je croyais que c'était bon, mais maintenant je pense que c'est pas ça» ; ou encore quand tel autre qui sélectionnait une graphie avec beaucoup d'hésitation à présent assure: «Je crois que c'est ça», puis «C'est ça, parce que… ». Une partie des ralliements se fait ainsi discrètement.

Entendre un élève réfuter l'argument d'un autre, mais qui se trouvait aussi être le sien, suffit à générer un conflit interne et sa résolution: ayant perçu l'écart, le participant silencieux tire la conclusion seul. Quelques-uns ont néanmoins besoin de verbaliser eux-mêmes leur position et d'échanger des arguments pour percevoir l'écart entre ce qu'ils pensent et ce qu'il faut prendre en compte : ce sont souvent ces élèves qui redisent ce qui vient d'être dit, au risque d'agacer...

L'évolution consiste :

– dans la prise en compte de dimensions jusque-là laissées de côté et que les propos des autres ont mises en évidence ;

– dans la prise de conscience de contradictions ou d'impossibilités jusque-là non perçues et qui obligent à s'orienter dans une nouvelle direction ;

– dans la clarification et la structuration des connaissances qui font accéder à des raisonnements plus pertinents, à une appréhension plus formelle et généralisée du fonctionnement de l'orthographe ;

– et parfois dans la découverte de nouveaux fonctionnements linguistiques dont certains élèves disposent déjà et que le néophyte appréhende au travers des dires de ses camarades.

Mais, même si les élèves adhèrent à un autre point de vue, il ne s'agit pas toujours d'un changement en profondeur ; ils peuvent être simplement convaincus dans l'instant, et il leur faudra revenir à plusieurs reprises sur les mêmes questions orthographiques pour évoluer, car ils n'ont pas encore fini d'élaborer les connaissances qui leur permettraient de faire appel à d'autres procédures. Ils ont simplement, mais c'est déjà beaucoup, gagné en clarté cognitive. Cependant, quand un élève participe activement à l'élaboration du discours commun de la classe et parvient à bien assumer une nouvelle formulation, c'est l'indication de probables remaniements cognitifs.

Conflit public

La discussion sur un mot ne se résout pas toujours par l'adhésion au discours commun, la confrontation peut révéler un obstacle majeur et déboucher sur un conflit sociocognitif. En effet, quand des élèves ne sont pas convaincus, la classe peut s'affronter parfois sans trouver un nouvel angle qui la mettrait d'accord. Cela arrive quand des élèves sont pris dans le piège des procédures morphosémantiques et sont confrontés à des arguments d'ordre morphosyntaxique. Leurs raisonnements sont soumis à une avalanche d'objections, mais rien n'y fait : le nœud est trop serré pour se défaire grâce à une parole. Certains changements conceptuels doivent emprunter les voies d'une vraie rupture avant qu'une reconstruction s'opère. La vivacité des résistances ne présage en rien de la suite. Souvent, la déconstruction/reconstruction se fait quand les passions sont retombées. Quelques semaines plus tard, on constate que le discours s'est modifié : les objections ont bel et bien créé des fissures dans la position initiale, les conceptions ont été malgré tout entamées.

Quoi qu'il en soit, quand les échanges aboutissent à une impasse lors d'une séance, cela ne veut pas dire que le travail de réflexion collective a été vain. Au contraire, les arguments, qui se sont durcis, se sont aussi épurés : les positions antagonistes sont fortement mises en contraste, un dilemme apparait en toute clarté, ce qui prépare la voie à une prochaine évolution : il ne reste qu'un pas à franchir. C'est pourquoi, quand le conflit ne se résout pas de lui-même, il faut suspendre un débat qui piétine et mettre en place une autre situation didactique pour créer un choc et faciliter l'émergence d'une autre façon de voir. Quand les esprits sont mûrs, les prises de conscience peuvent aller très vite.

Si le dépassement du conflit est bien l'objectif, il n'y a pas d'urgence : la modification des conceptions est un processus interne au sujet et ne se programme pas. On peut simplement programmer de nouvelles séances sur le même thème. C'est à l'enseignant de juger si la situation est favorable ou non pour organiser un nouveau travail ou s'il vaut mieux attendre.

Résolution de conflit : l'exemple du déterminant* leur *(CM2)

Quand un obstacle se révèle insurmontable avec les moyens du bord, c'est-à-dire avec les connaissances de la classe réunies, il ne sert à rien d'user de l'argument d'autorité. L'observation raisonnée de la norme dans une phrase donnée du jour ou un mini-corpus (*ils avaient expliqué*) est un moyen bien plus efficace pour provoquer un changement conceptuel, s'il est employé opportunément. Par exemple, dans une classe de CM2 au mois de janvier, plus du tiers des élèves défend que *leur* s'écrit avec un *s* et *chambre* sans *s* dans *les sept nains découvrirent une jeune fille endormie dans leur chambre*. Tous estiment appliquer la règle du pluriel qu'on leur a enseignée. Le conflit ne peut se résoudre, car les deux camps s'appuient sur un repère de la réalité différent : le nombre de chambre ou le nombre de nains. Pour les tenants du pluriel *leurs*, il est impossible de céder pour la raison même qui, avant les vacances de Noël, les avait obligés à accepter le singulier *leur maison* : « Les trois petits cochons, ils étaient chacun dans une seule maison, mais là, il faut un *s* à *leur*, car c'est une seule chambre pour tous ». La combinaison *leurs* (pluriel) *chambre* (singulier) reflète donc parfaitement l'idée du « plusieurs » et du « un ». En fait, ils sont tous enfermés dans une interprétation sémantico-référentielle : ils ne « comptent » simplement pas la même chose, ce qui permet aux uns de produire une graphie qui semble conforme à la norme, et pas aux autres.

La discussion est très vive : elle permet de parvenir à l'énoncé radicalisé des deux positions. Devant l'impossibilité d'un accord, l'enseignante décide de suspendre le débat qui tourne en rond pour reprendre la question autrement. Les deux graphies litigieuses sont encadrées avec un gros point d'interrogation. Ce n'est qu'à ce moment-là qu'un élève exprime un point de vue morphosyntaxique : « Si c'est *chambre* au singulier, il n'y a pas de raison de mettre *leur* au pluriel » ; mais l'examen du mot suivant a déjà commencé. Deux jours plus tard, les élèves reformulent les deux arguments qui sont inscrits au tableau pour rappeler l'objet de la recherche. Puis ils se voient proposer un corpus de neuf phrases : ils doivent rendre compte de la graphie du déterminant. Ils sont alors obligés de constater qu'il y a toujours une concordance entre celui-ci et le nom (*leur lettre*/*leurs chaussures*). Le conflit est résolu. L'analyse s'élargit et débouche sur la notion d'objet et de possesseur (*notre livre*, *le livre qui est à nous*), ce qui permet de situer l'erreur initiale. Ensuite la classe élabore un tableau de synthèse des plus classiques, avec toutes les personnes et toutes les variations en genre et en nombre du déterminant possessif ; collé dans le cahier des phrases du jour, il servira d'outil de référence.

Rien d'un dispositif très compliqué, donc. Et les effets sont rapidement sensibles. Lors de la séance suivante, si plusieurs élèves n'ont toujours pas écrit de façon normée, il n'y en a plus qu'une qui soutient encore à la fin du débat *leurs dure journée*. Dès la première prise de parole, d'ailleurs, l'incohérence a été pointée : « Il y a un truc bizarre, un *s* à *leur*, ça veut dire qu'il faut un *s* à *dure* et à *journée*, et pourtant, Roland, il a pas mis de *s* à *dure* et à *journée* ». Quand ce dernier rétorque : « Ils sont sept, les nains, *leurs*, c'est à eux », son argument est accueilli par un remue-ménage accusateur : l'élève n'a pas tenu compte de la leçon ! Dans la discussion animée qui s'ensuit, les intervenants s'appuient sur le précédent travail pour réfuter les arguments des quelques élèves encore pris dans le conflit de la double comptabilité référentielle, et qui y renoncent peu à peu. Parallèlement, les plus avancés parviennent à construire ensemble un énoncé en termes morphosyntaxiques pour fonder la nécessaire concordance en nombre : « Le groupe nominal, c'est *leur dure journée* ». Ils retrouvent ainsi pour leur propre compte et celui des autres la règle d'accord du déterminant et du nom. C'est au terme du parcours cognitif et langagier que la règle sous-jacente, alors reconnue par tous, est « activée ».

Cette séquence d'enseignement illustre combien le conflit est un puissant moteur d'évolution des procédures. À travers les reformulations laborieuses et redondantes des différents débatteurs, il s'opère des prises de conscience en chaine de cette chose inouïe : *leur* qui évoque indiscutablement le pluriel peut s'écrire au singulier. Les interactions premières ont en effet permis de déblayer le terrain, et, tout en clarifiant les positions, ont créé une tension proche du point de rupture. En même temps, la réceptivité de la classe a été décuplée. Chacun a envie de savoir. Les élèves en résistance, qui ont pu aller jusqu'au bout de leur pensée, sont prêts à appréhender ce qu'ils n'avaient pas encore perçu ; comme avec le problème de l'accord du participe passé passé *expliqué*, il leur reste un petit pas à franchir. L'observation de la norme et l'analyse grammaticale ont conduit à remanier la conception antérieure du pluriel jusque-là confondu avec l'idée de quantité dans le référent. Des élèves ont commencé à accéder à l'idée d'un autre fonctionnement ; ceux qui l'avaient déjà acceptée ont eu l'occasion d'affermir leur position en la formalisant dans une expression métalinguistique (*groupe nominal*) et ont pu s'exercer dans les conduites d'explication et d'argumentation.

Dans cette séquence à quatre temps (deux phrases dictées du jour/une observation de corpus/une phrase du jour), la première séance a amorcé le problème, mais encore confusément ; à la faveur d'un conflit, la deuxième l'a fait exister aux yeux de tous ceux qui écrivaient *leurs chambre* et qui n'en avaient pas vraiment conscience ; la troisième séance a permis de trouver une voie de résolution ; la quatrième a renforcé la prise de conscience. Une nouvelle compréhension de l'articulation entre sémantique et syntaxe s'est amorcée, qu'il reste à consolider par la répétition, puis l'introduction d'autres configurations syntaxiques. Le savoir construit collectivement devient opératoire pour chacun ; l'application, ensuite, est une affaire de gestion et de motivation.

Mais d'autres moments moins spectaculaires produisent des effets similaires, parce que, dans des séquences d'apprentissage de ce type, le travail sur les conceptions se mène réellement en profondeur. Ce parcours en plusieurs séances, articulant réflexion sur les graphies produites et observation de la norme, donne aux élèves la possibilité de saisir l'invariant structurel sous une variété d'agencements de surface : ils apprennent ainsi à construire des classes de structures syntaxiques, moins liées aux particularités lexicales et aux significations spécifiques des énoncés. La durée globale de la séquence est donc tout à fait raisonnable : deux heures environ réparties sur quatre séances pour obtenir un changement conceptuel, là où des collégiens continuent à écrire *leur château sont en pierres* (« Ils ont qu'un seul *château* »), ou *leur rollers* (« *leur*, c'est le pluriel »).

Cet exemple montre une fois encore que les « erreurs » ne tiennent pas au vide dans la tête des élèves, mais au *trop-plein*, comme le dit Jean-Pierre Astolfi. C'est bien pourquoi la formule d'André Giordan et de Gérard de Vecchi à propos des conceptions en sciences – *faire avec pour aller contre* – sonne si juste pour l'orthographe. Si l'on n'amène pas les élèves à pouvoir travailler sur leurs conceptions, alors celles-ci s'enkystent et engendrent des fautes persistantes, en dépit d'incessantes corrections de la part des professeurs qui se succèdent d'une année à l'autre. Parfois, un déclic se produit tardivement, comme chez cette élève de troisième, déclarant un jour en classe, sans qu'on sache bien pourquoi : « J'ai compris, les adjectifs s'accordent » ! Mais parfois, il ne se produit pas, comme chez ce futur enseignant qui continuait à écrire *il a finit*, « avec un *t*, parce que c'est à la 3e personne » et ne voulait pas en démordre… Les raisons d'un obstacle, une fois qu'il est dépassé, tombent généralement dans l'oubli, parce qu'une recomposition du savoir à un niveau supérieur s'est opérée. C'est sans doute le cas chez les anciens élèves devenus professeurs…

Pour sortir d'une impasse, la meilleure solution consiste souvent à introduire une médiation. Pour l'orthographe, la médiation naturelle est la norme, dans un corpus élaboré à dessein par l'enseignant : face à la logique imparable de certaines conceptions, il faut des situations tout aussi imparables. C'est la force de ce mode d'enseignement qui allie interaction libre sur ce qui est *compris* du fonctionnement de l'orthographe et observation du fonctionnement *réel*. Mais encore faut-il que la confrontation ne soit pas truquée, qu'on laisse aux élèves la possibilité d'avoir de véritables prises de conscience et qu'on ne cherche pas à leur imposer une vision toute faite, en accélérant le *tempo* au point de dénaturer le processus. Malgré notre impatience, la lenteur est une condition de l'apprentissage de l'orthographe : la remise en cause des conceptions et l'assimilation de nouveaux savoirs ne sont jamais rapides. En revenant avec le dispositif de la phrase du jour aussi souvent que nécessaire sur ce qui pose problème aux élèves, on ne passe sans doute pas plus de temps qu'on ne le fait dans l'enseignement traditionnel de l'orthographe, si on additionne les leçons répétées chaque année et les corrections répétées à longueur d'année. En revanche, on crée la possibilité d'un transfert au-delà des énoncés dictés grâce à l'étayage du processus d'abstraction que constituent les verbalisations et les interactions.

L'assimilation de l'orthographe reposant sur la mise en tension des conceptions cognitives, l'implication des élèves dans une *activité sur* leurs propres conceptions constitue un impératif absolu. Pour ce travail spécifique, qui doit être mené de manière systématique, la phrase du jour dispose de nombreux atouts :

– la légèreté du dispositif (tableau, papier, crayon), sa grande flexibilité en termes de fréquence, de durée, de groupement des élèves, de préparation/correction ;

– la clarté immédiate de ses objectifs, une ritualisation qui permet notamment aux élèves faibles de s'y retrouver rapidement et donc facilite leur investissement (après tout, il ne s'agit de trouver que l'orthographe d'une phrase), la visibilité des progrès ;

– la possibilité de faire travailler tout le monde sur les mêmes données linguistiques, contrairement aux productions écrites où le lexique et les structures syntaxiques diffèrent d'un élève à l'autre ;

– la grande souplesse de la programmation des contenus, qui s'adapte rapidement et facilement aux besoins repérés dans le cadre du français ou d'une autre discipline ;

– la focalisation sur quelques problèmes d'orthographe seulement, ce qui soulage la mémoire à court terme, vite saturée quand il s'agit de produire ou de réviser un texte, et facilite l'apprentissage (on retrouve là la réduction de la tâche, caractéristique de l'étayage selon Bruner) ;

– le décrochage de la dimension énonciative/sémantique en jeu dans l'écriture et bien souvent envahissante, tout en gardant un lien avec l'activité sociale motivant cet apprentissage, puisque les élèves perçoivent le rapport entre les phrases proposées et ce qu'ils écrivent dans leurs productions.

Ainsi, ces activités destinées à aider les élèves à franchir le mur invisible sur lequel butent leurs représentations constituent la clé de voute d'un *enseignement combiné* de l'orthographe qui entrecroise plusieurs approches toutes indispensables. Elles viennent prendre place entre le chantier qui vise à découvrir le fonctionnement de l'orthographe et à en assurer une première appréhension, et la pratique de l'écriture qui, dans sa dimension orthographique, suscite des questions, révèle des besoins, et fournit de multiples occasions pour la mise en œuvre des connaissances.

On peut résumer ainsi les différents temps de l'apprentissage de l'orthographe :

Domaines	Origine	Exemples	Indices verbaux	Autres cas fréquents (non exhaustifs)	Travail à mener	
1 Domaine du connu	automatisation incomplète vigilance partielle	*les petits bol*	J'ai oublié un *s*, je n'ai pas fait attention	marques nominales désinences verbales distinction d'homophones	systématisation de la relecture différée poursuite des entrainements	Mettre en œuvre
2 Domaine de l'inconnu	ignorance des notions…	*les maisons ont été démoli*	Pas de *s*, il y a le verbe *avoir*	formes verbales composées voix passive voix pronominale COD antéposé	découverte de nouvelles notions	Découvrir
	… ou des structures	*j'y suis arrivé*	C'est avec *être*, mais je sais pas s'il faut un *e* quand il y a un *y*	tout ce qui peut s'intercaler entre un terme source d'un accord et un terme cible	élargissement des références	
3 Domaine du partiellement connu	dimension unique privilégiée	*je veux vous donnez* *les sorcières bossue*	Quand il y a *vous*, on met *ez* Les sorcières, c'est des filles, alors on doit mettre un *e*	marques verbales accord (genre et nombre)	émergence d'autres dimensions prise en compte d'autres facteurs mise en ordre	Assimiler
	conviction solidement ancrée et constituant un obstacle	*leurs chambre* *j'ai appuyée*	Il n'y a qu'une seule chambre, mais ils sont plusieurs dedans Je suis une fille	tout ce qui donne prise à des procédures morphosémantiques (*on*, *lui*) et aux accords de proximité	mise en question des conceptions prise en compte de la dimension morpho-syntaxique	

Annexes

Exemple de préparation d'une phrase dictée du jour (CM2)

• Problèmes d'orthographe lexicale

Mots	Graphies et arguments probables	Stratégies à envisager Modes de résolution possibles
acheté	*achetté*	Analyse phonétique : /e/ fermé suivi d'un seul *t* Mise en évidence de l'alternance : *achète/acheté* Travail ultérieur sur les verbes en *eter* et *eler* (voir Rectifications orthographiques de 1990)
hier	*hièr* → on entend /ɛ/, donc on met un accent grave	Aucune finale en *èr* en français Mot à mémoriser
matin	*matain* erreur de graphème peu probable	Recherche de sa famille lexicale : *matinée*, *matinal* Mot à mémoriser

• Problèmes de distinction d'homophones

on	*ont* : en apparence, confusion entre le pronom personnel et le verbe *avoir* → *on*, équivalent de *nous* ; renvoie à plusieurs personnes, d'où la forme du pluriel *ont*	Substitution par un autre pronom personnel de la 3e personne du singulier : *il* ou *elle* Étymologiquement : *hominem*, *homme*
a	*à* : confusion entre le verbe *avoir* et la préposition → le verbe est *acheté* : non-reconnaissance de *a* comme auxiliaire	Remplacement de *a* par *avait*, ce qui permet de l'identifier comme verbe Repérage du verbe : *a acheté* Repérage du temps : passé composé Rappel de la structure du passé composé
son	*sont* : confusion entre déterminant possessif masculin, 3e personne du singulier, et verbe *être* à la 3e personne du pluriel → forme tirée des formes stockées en mémoire sans contrôle du sens	Peut-on appliquer les critères habituels de reconnaissance du verbe à *son* ? Procédure de remplacement : par un autre déterminant *le*, *un* pour situer *son* dans sa classe grammaticale Remplacement par *étaient* impossible, donc ce n'est pas le verbe *être*
et/est	*est/et* : confusion entre la conjonction de coordination et le verbe *être*, 3e personne du singulier au présent → forme tirée des formes stockées en mémoire sans contrôle du sens	Peut-on appliquer les critères de reconnaissance du verbe à *est* ? Remplacement par *était* possible ou impossible Remplacement par *et puis* possible ou impossible

- **Problèmes de marques de pluriel nominal**

livre	*livres*	Probable correction immédiate en CM2 Repérage du déterminant *son* et de sa valeur de singulier (*son/ses*) Tracé avec une balle d'accord
au	*aux* → forme tirée des formes stockées en mémoire sans contrôle du sens	Confrontation avec le signifié pluriel Remplacement de *marché* par *école* et d'*aller* par *revenir* pour faire apparaitre les différents éléments (morphèmes) constituant *au* : préposition *à* + article singulier

- **Problèmes de marques verbales**

acheté allé	*acheter / aller* : → lorsque deux verbes se suivent, le deuxième est à l'infinitif... mot reconnu comme appartenant à la classe des verbes (acquis à considérer comme une étape intermédiaire) n'a pas été identifié comme participe passé, associé à l'auxiliaire *avoir* ou *être*	Repérage du verbe : *a acheté / est allé* Repérage de l'auxiliaire *avoir / être* Repérage du temps : passé composé Remplacement par un temps simple
	homophonie des finales en *ai* ou *ez*	Rattacher ces finales à des exemples déjà rencontrés en fonction des explications
	achetés : → *on* désigne plusieurs personnes, donc on met un *s* à *acheté* ou à *allé*	Remplacement du participe passé *acheté* par un verbe du 3ᵉ groupe : *on a pris* Insister sur le fait que, le plus souvent, le participe ne s'accorde pas avec l'auxiliaire *avoir*
	allés : → *on* désigne plusieurs personnes → auxiliaire *être*, donc le participe passé s'accorde avec le sujet	Tolérance orthographique (Arrêté du 28 décembre 1976) Usage fréquent
marché	*marcher* : → confusion possible avec le verbe *marcher* liée à une procédure sémantique : dans un marché, on marche → possibilité de transcrire /e/ en finale : *léger – le boulanger – le diner – un métier*	Resituer ce mot dans la classe des noms communs : *aller à l'école – à la maison – au marché – au travail – à la piscine* Rôle du *r* : marque lexicale (*léger – boulanger*) marque d'infinitif (*diner*) ; lettre étymologique (*ministerium*) Étymologie différente *marché/marcher*

- **Problèmes de majuscule**

On	*on* : oubli de la majuscule → vigilance insuffisante	Probable correction immédiate en CM2

Trois étapes d'une phrase donnée du jour (CM2)

Phase 1

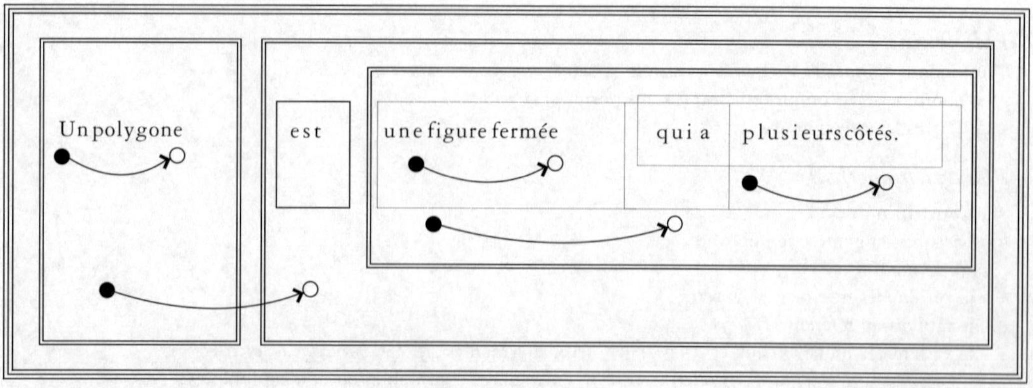

Phase 2

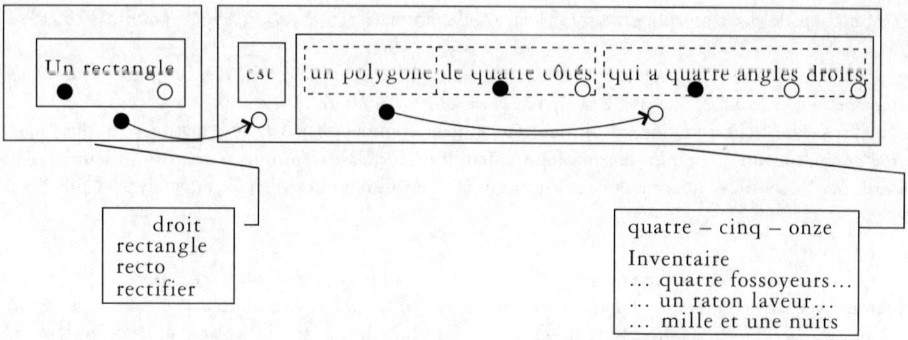

Phase 3

Un carré est un rectangle qui a des côtés égaux.

| Un carré | est un rectangle qui a des côtés égaux. |

| Un carré | est | un rectangle qui a des côtés égaux. |

| Un carré | est | un rectangle | qui a des côtés égaux. |

| Un carré | est | un rectangle | qui a | des côtés égaux. |

QUELQUES PISTES POUR TRAVAILLER LES CONCEPTIONS-OBSTACLES

Certaines concernent les élèves les plus jeunes, d'autres plutôt ceux de CM2 ou de collège.

Pôle lexical

– les phonogrammes et les lois de position : *g* dans *gare*, *gué* ou *mangeoire* ;
– les combinaisons complexes comme dans *cueillette*, *exercice* ;
– les lettres lexicales : *un sport violent*.

Pôle grammatical

• **autour du nom :**
– les accords en genre et en nombre ;
pour le nombre :
- la variété des marques : *s*, *x*, zéro ;
- le rapport au référent : *l'équipe* ;
- la variété des mots signaux et les mots signaux eux-mêmes : *les*, *ces*, *beaucoup de*, *quatre* ;
- les expressions avec *leur/leurs* ou l'opposition entre noms comptables ou non comptables : *il y a beaucoup d'eau/il y a beaucoup d'eaux minérales*.
pour le genre :
- la variété des modes de variation en comparant l'oral et l'écrit : Var/Var (*une petite poupée*), Inv/Var (*une jolie poupée*), et même Inv/Inv (*une histoire drôle*) qui peut entrainer une réduction au masculin (*un conte drôl*) ;
- le rôle du *e* qui ne correspond pas nécessairement à une marque de genre (*il joue bien, un exercice facile*) ;
- le masculin qui n'a pas de marque spécifique (comme le singulier).
– la combinaison de deux morphogrammes, lexical et grammatical : *les jeux interdits* ; grammaticaux : *les herbes mouillées* ;
– l'extension de la chaine d'accord sur une certaine distance et le degré d'opacité des « rupteurs » : *les devoirs écrits faits à la maison sont interdits* ; *les herbes mouillées ne pourront pas être brulées*.

De ce fait, si l'on tient à graduer les difficultés, on peut commencer par les cas marqués simples, masculin pluriel et féminin singulier, puis la combinaison féminin pluriel, les féminins portant sur des unités Var/Var d'abord, Inv/Var ensuite ; quant au masculin singulier, il est important de le faire apparaitre à l'aide des balles d'accord.

• **autour du verbe :**
– la marque de pluriel verbal différente de celle du pluriel nominal : *ils dansent*, *ils dansaient* ;
– les marques verbales en présence d'un pronom à forte contrainte : *à vous écouter* ; *ils nous donneront un coup de main* ;
– les formes verbales en /E/ et succession de formes verbales en /E/ : *je viendrais peut-être* ; *il avait appelé* ; *il devait donner sa réponse* ;
– le traitement du participe passé : *ils sont allés au marché et ont acheté son livre* ;
– l'accord de deux verbes coordonnés avec un seul sujet : *Les enfants rentrent au village et voient…* ;
– le sujet inversé : *c'est la nuit que lui revenaient tous ses souvenirs ; ce que montrent ces illustrations* ;
– les marques d'énonciation liées à la présence de *je/tu* dans l'énoncé : *vous êtes déjà allée au Mexique à la nage* (hors contexte, des phrases contentant *je* ou *tu*, *nous* ou vous, obligent justement à se poser la question de l'énonciation).

• **autour de l'homophonie et de la segmentation :**
– la série des personnels et des démonstratifs : *sa roue s'est cassée* ; *ça lui est égal* ;

Outil pour faire travailler les conceptions relatives à l'accord sujet/verbe

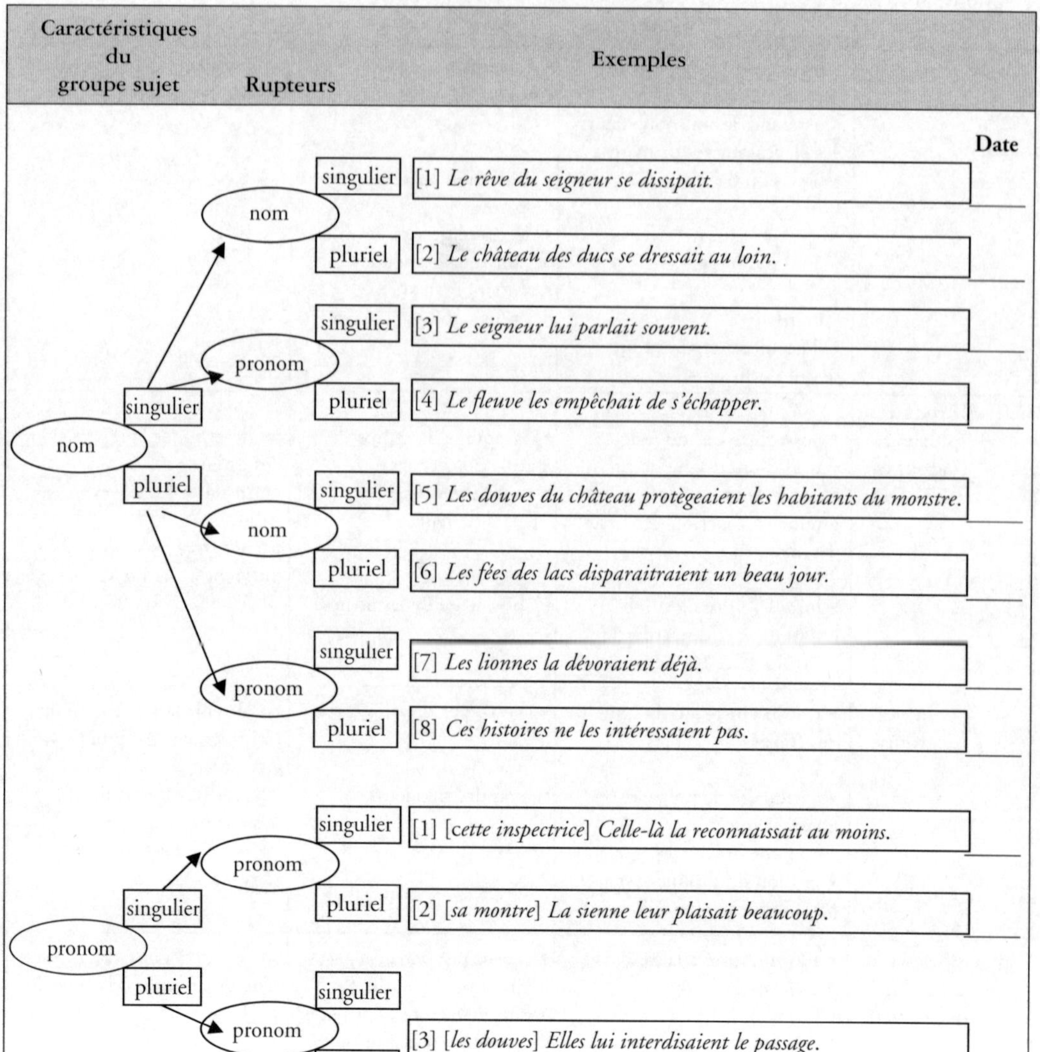

Le *rupteur* interrompt la chaine d'accord entre l'élément qui gouverne le verbe et celui-ci.

Modes de groupement des élèves

Modes de groupement	Quelques avantages et inconvénients possibles pour le maitre	pour les élèves	Quelques implications
Classe entière	• maitrise du groupe et du déroulement de la séance • repérage des raisonnements des élèves qui s'expriment • prévision de la suite à donner ♦ • lourdeur • difficulté à repérer tout ce qui se dit ou se pense	• dynamisme • apport des plus forts ♦ • limitation du temps de parole • nécessité de « se dévoiler » devant tout le monde • réduction au silence des plus faibles	⇒ établir un contrat clair et le faire respecter
Effectif réduit: plusieurs groupes	• possibilité de suivre le travail d'un groupe de près • choix de travailler avec un groupe en fonction des besoins des élèves ♦ • impossibilité de suivre tous les groupes et de garder le contrôle de ce qui se passe	• davantage de temps de parole pour chacun • facilitation pour les « petits parleurs » ♦ • absence de dynamisme	⇒ déterminer la répartition des groupes ⇒ installer les élèves en groupes ⇒ se consacrer à un groupe différent à chaque séance
un seul groupe	• travail ajusté aux besoins des élèves ♦ • davantage de préparation pour organiser le travail autonome des autres • gestion du groupe-classe possiblement plus délicate	• travail personnalisé avec le maitre ♦ • moindre fréquence	⇒ obtenir la possibilité de travailler avec un groupe sans être dérangé ⇒ préparer le travail des autres ⇒ réitérer l'activité très souvent
en demi-classe ou en groupe de soutien	• travail ajusté aux besoins des élèves ♦ • organisation du travail des autres élèves • manque de dynamisme	• travail personnalisé avec le maitre • plus de facilité pour parler de ses conceptions et de ses erreurs	⇒ se battre pour obtenir une telle organisation de travail

Une page d'un cahier des phrases dictées du jour (CM2)

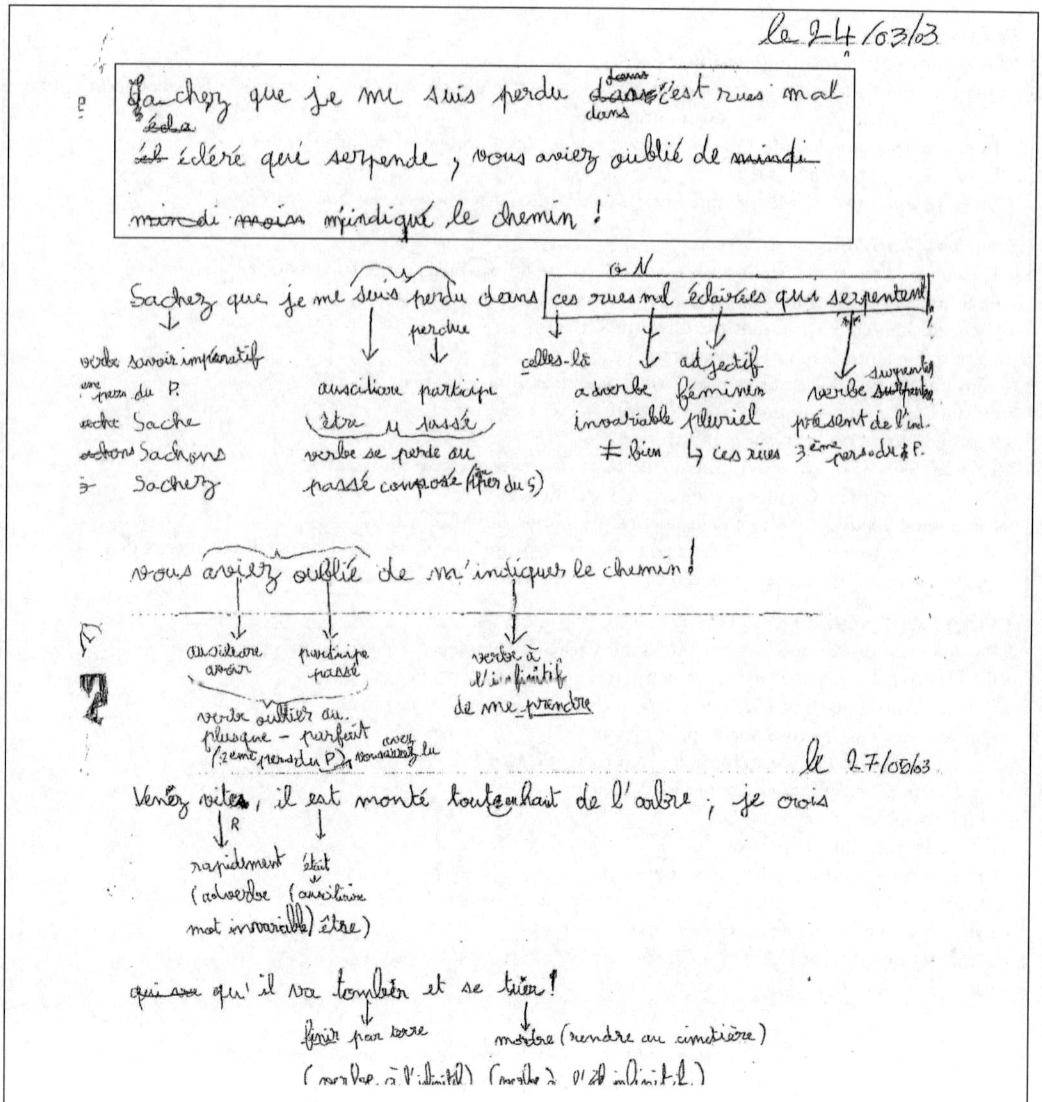
le 24/03/03

Sachez que je me suis perdu dans c'est rues mal éclairées qui serpende, vous aviez oublié de mindi mindi moin m'indiqué le chemin !

Sachez que je me suis perdu dans ces rues mal éclairées qui serpentent

verbe savoir impératif 2ème pers du P.
Sache
Sachons
Sachez

auxiliaire être
participe passé
verbe se perdre au passé composé

celles-là
adverbe invariable ≠ bien
adjectif féminin pluriel ↳ ces rues
verbe serpenter présent de l'ind. 3ème pers du P.

vous aviez oublié de m'indiquer le chemin !

auxiliaire avoir
participe passé
verbe oublier au plusque-parfait (2ème pers du P.)
verbe à l'infinitif de me prendre

le 27/05/03

Venez vite, il est monté tout en haut de l'arbre, je crois

rapidement (adverbe mot invariable)
était (auxiliaire être)

qu'il va tomber et se tuer !

finir par terre (verbe à l'infinitif)
mourir (rendre au cimetière) (verbe à l'infinitif)

Quelques exemples de formulation de questions

Fonction d'incitation :
« Olivier, tu veux nous expliquer ton choix ? »
« Qu'est-ce qui t'a fait choisir cette graphie ? », « Qu'est-ce qui t'a fait penser à un *s* ? », « Tu sais pourquoi tu as pensé à *ait* ? », « Tu penses que c'est un imparfait ? »
« Tu te souviens de ce que tu t'es dit à propos de ce mot, à propos du début du mot ? »
« Tu penses qu'il y a une règle ? »
« Qu'en pensez-vous ? », « Est-ce que quelqu'un a pensé autre chose, a une autre idée ? »

Fonction d'élucidation :
« Tu peux préciser, parce que je crois qu'on ne comprend pas bien ce que tu veux dire ? »
« Et comment on l'écrirait, *fermée* ? », « Et pourquoi *et* ? »
« Vas-y, fais-le, remplace le mot par un autre. »
« Viens écrire au tableau ta proposition. »
« Vous pouvez penser à d'autres mots ? vous pouvez en dire plus, pour *côtés* ? »
« De quel mot parles-tu quand tu dis *le verbe* ? »
« Pourquoi dis-tu qu'*arrivé* s'accorde avec *vous* ? »
« Tu peux préciser ce qui te fait dire que *la police est arrivée*, c'est au pluriel ? »
« Tu dis, ça s'accorde. Qu'est-ce qui s'accorde avec quoi ? »
« Est-ce qu'il y a quelque chose dans la phrase qui te le dit ? »
« Tu peux redire en expliquant mieux pourquoi tu as pensé que, *il continu*, il ne fallait pas mettre de *e* ? »
« Quel renseignement penses-tu obtenir en remplaçant par *il* ? »

Fonction de régulation :
« Puisque vous pensez que ce verbe est en deux parties, commençons par nous occuper de *sont*. »
« Et si on commençait par enlever ce dont on est sûr que ce n'est pas ça ? »
« Qu'est-ce qu'on pourrait faire pour… ? »
« Que faisons-nous des trois autres propositions ? »
« Est-ce que quelqu'un peut reformuler ce qui vient d'être dit ? »
« Quelqu'un peut-il résumer ce qui vient d'être dit ? »
« Qui a encore une idée ? »
« Et maintenant, qu'est-ce qu'on fait ? »
« Et maintenant, qu'en pensez-vous ? On peut effacer (ou rayer) ? »
« Qu'est-ce j'efface (ou raye) ? », « Alors, qu'est-ce que je peux enlever ? »
« Est-ce que tout le monde est d'accord pour rayer *ont* ? »
« Vous êtes tous d'accord ? Qu'est-ce qu'on fait avec cette proposition ? »
« Est-ce que c'est un problème nouveau ou qu'on a déjà rencontré ? »

Fonction critique :
« Ce que tu dis, en quoi ça explique que *fermée* s'accorde avec *figure* et pas avec *polygone* ? »
« Pourquoi veux-tu remplacer par *prendre* ? Tu penses que ça va t'apporter un renseignement ? »
« Puisque vous dites que derrière vous, c'est toujours *ez*, je peux donc dire et écrire *Je vais vous prenez en photo* ? »

Chapitre IV
Au-delà de l'orthographe

Au fur et à mesure que l'école a vu les domaines des savoirs scolaires s'élargir et ses missions sociales et culturelles se multiplier, la place de l'orthographe a diminué et son statut a changé. De discipline reine, elle est devenue une composante de l'enseignement du français parmi d'autres. Mais, à la différence de la grammaire, qui a toujours bénéficié de l'aura des disciplines universitaires, et en dépit de son inscription dans le champ de la linguistique, son enseignement reste une obligation peu valorisée. Ne parlait-on pas de la « science des ânes », selon l'expression méprisante à l'égard de ceux qui s'arrêtaient au certificat d'études ?

Pourtant, par ses connexions avec le système de la langue, l'apprentissage de l'orthographe noue avec celui de la grammaire des liens fructueux pour ce dernier. Par ailleurs, l'orthographe et son apprentissage concourent, au même titre que les autres domaines du savoir, à la formation intellectuelle et sociale des enfants et des adolescents, que ce soit en français ou dans des domaines non disciplinaires. Cette dernière raison peut d'ailleurs surprendre, tant on n'a pas l'habitude de voir les choses sous cet angle. C'est alors, une fois tous les fils réunis, qu'on pourra s'interroger valablement sur l'évaluation.

Ce chapitre consacré aux effets de notre approche de l'orthographe sur le développement des élèves a pour objectif :
1 – de montrer ce qu'un apprentissage ainsi conçu apporte à l'étude de la langue (section 1) et à la maitrise du langage oral (section 2) ;
2 – de dégager ce qu'il a de formateur pour les élèves à la fois sur le plan intellectuel (section 3) et dans leur rapport aux apprentissages scolaires et à autrui (section 4) ;
3 – de poser différemment la question de l'évaluation (section 5).

1. OBSERVATION RÉFLÉCHIE DE LA LANGUE

1.1. Un outil pour l'apprentissage de la grammaire

La maitrise du langage et de la langue française constitue un des enjeux prioritaires de l'enseignement, et, dans cette perspective, l'*observation réfléchie de la langue* occupe une place significative à partir du cycle 3 de l'école primaire. L'ambition de ce cycle est grande :

> Les enseignants disposent de trois années pour permettre à chaque élève, sans exception, d'acquérir des savoir-faire intellectuels, l'appétit de savoir et des attitudes à l'égard d'autrui sans lesquels il ne pourra bénéficier de l'enseignement qui lui sera proposé au collège. (*BO*, p. 64)

Mais comment faire accéder les élèves à des savoirs formels à un âge où la capacité d'abstraction est en pleine formation, et, pour les plus jeunes, encore souvent dans les limbes ?

Comment procéder avec des élèves plus âgés qui ont du mal à y parvenir, alors que ces savoirs sont censés être disponibles au collège comme outils au service des discours ? Les programmes de l'école pointent effectivement la difficulté et esquissent une piste :

> La pédagogie du cycle 3 ne doit pas se replier sur une conception abstraite et formelle de l'accès aux connaissances. Elle reste appuyée sur l'expérience concrète. (*BO*, p. 64)

Cette expérience concrète, l'orthographe la fournit. Ou plutôt, elle fournit une expérience sensible d'un rapport formel au langage à travers la manipulation consciente des unités de la langue. C'est le cas chaque fois qu'il s'agit d'écrire, puis de réviser l'orthographe d'un texte. En effet, tout système d'écriture est en prise avec la langue qu'il symbolise. En s'interrogeant sur les lettres qu'il doit tracer, l'enfant s'interroge aussi sur les constituants et l'organisation de la langue qu'il écrit. Il rejoint ainsi la grande chaine des grammairiens et linguistes qui, depuis l'invention de l'écriture il y a plus de 5 000 ans, s'efforcent de décrire la langue au mieux. C'est donc au sens fort d'instrument psychologique selon Vygotski que l'orthographe peut être considérée comme un outil conceptuel d'investigation de la langue.

L'enfant d'aujourd'hui ne refait cependant pas le même trajet que ses prédécesseurs grammairiens et linguistes : d'une part, il ne se pose pas les mêmes questions, ni dans les mêmes termes ; d'autre part, le système d'écriture et le savoir sur la langue lui sont transmis, il n'a pas à les inventer au sens propre, mais à les faire siens. C'est par la *grammaire scolaire*, véritable trait d'identité de l'école en France, que l'élève rencontre quelques-unes des réponses élaborées sur la langue au fil des siècles. Les liens sont d'ailleurs si forts entre orthographe et grammaire que les territoires de l'une sont souvent confondues avec les territoires de l'autre. Si l'on demande de citer une règle de *grammaire*, on obtient presque toujours une règle d'orthographe plutôt qu'une règle de syntaxe. Quant au terme de grammaire, il tend à prendre une valeur générique dans les nouveaux programmes de l'école, en intégrant syntaxe, morphosyntaxe, morphologie, conjugaison, orthographe, vocabulaire, comme un retour aux origines...

> *Grammaire* et *orthographe* ont en partie la même étymologie : *graphê* « écriture » ; *gramma*, *atos* « caractère d'écriture, lettre » d'où *grammatikê tekhnê* « science, art de l'écriture », « grammaire ». Selon les historiens, la grammaire nait dans les sociétés qui disposent déjà de l'écriture et n'apparait qu'après la rhétorique et la logique. La pratique langagière écrite précède donc la constitution de théories formalisées et d'outils tels que les dictionnaires et les grammaires, ce qu'on appelle aujourd'hui la *grammatisation*.

En raison de leurs liens, la prise en compte des représentations orthographiques est non seulement la clé d'une progression des élèves en orthographe, mais aussi une chance pour les acquisitions grammaticales. En effet, ce qu'on constate, notamment avec la phrase du jour *a priori* destinée à l'orthographe, c'est que les élèves développent aussi leurs connaissances grammaticales. Benveniste définit très simplement la *faculté métalinguistique* comme « la possibilité que nous avons de nous élever au-dessus de la langue, de nous en abstraire, de la contempler, tout en l'utilisant dans nos raisonnements et nos observations »[1]. En discutant de leurs graphies, c'est bien ce que font les élèves : ils s'élèvent au-dessus de la langue et l'observent à travers ses manifestations graphiques. Ils accèdent ainsi à un certain niveau de connaissance de son fonctionnement. Ils accèdent aussi au métalangage et construisent des procédures nouvelles, et plus généralement des attitudes intellectuelles nécessaires à l'apprentissage, comme on le verra plus loin. Le développement de leurs capacités métalinguistiques tient en effet à un dispositif didactique qui combine trois niveaux de réflexion :

1. Émile Benveniste, « La forme et le sens dans le langage », *Problèmes de linguistique générale II*, Gallimard, 1974, pp. 228-229.

– un premier niveau quand les élèves écrivent sous la dictée, puisque l'écriture, à la différence de la parole spontanée, est une activité qui contraint à s'interroger de manière consciente et délibérée sur ce qu'on inscrit sur la page ou sur l'écran ;

– un deuxième niveau quand les élèves discutent du choix des graphies, ce qui les oblige à revenir sur ce qu'ils font ou sur ce qu'ils pensent ;

– un troisième niveau quand les élèves reviennent sur ce qu'ils ont dit et fait en expliquant ce qu'ils ont fait et pensé au niveau précédent.

Dans cet espace où se travaillent en continu savoirs et conduites métalinguistiques, plusieurs niveaux d'analyse de la langue bénéficient des activités d'orthographe à des degrés divers.

• Au niveau lexical :

Quelques mots sont examinés à chaque séance, ce qui permet de rectifier certains mots analysés phonétiquement de façon erronée (*arbe*, *brodouille*). Mais l'intérêt réside surtout dans le fait de pouvoir ancrer la notion de *famille* de mots (*enfant*, *enfantin*, *enfance*) et celle de *mot construit* (racines, affixes) dans la matérialité du signe (*illisible*, *immobile*, *irrespectueux* ; *main*, *maintenir*, *manuel*, *manier*, *maniement*, *manche*, etc.). C'est exactement ce que préconisent les programmes du cycle 3 et du collège. Les élèves prennent l'habitude de rapprocher les mots qu'ils connaissent, de travailler sur les dérivations pour chercher les lettres muettes finales, les morphogrammes lexicaux ou de réfléchir à l'homophonie. Ils peuvent ainsi élargir et structurer leurs connaissances lexicales avec l'orthographe comme outil d'investigation.

C'est aussi l'occasion de fournir quelques aperçus d'étymologie. Par exemple, *sursauta* qui a donné lieu à pas moins de six propositions différentes mérite bien un apport d'informations :

1. *Marc* *sursauta*…
2. sursotta
3. sûr sauta
4. sursauta
5. sursota
6. sursotat
7. sur ce tas

sursauter
sauter
saut
sauteur
sautiller
sauterelle

alternance *au*/*al* :
saltimbanque
salto arrière

homophone : *sot*
sotte – *sottise*

Mais la véritable surprise est de découvrir la diversité de la famille à laquelle appartient ce mot, dont le champ lexical peut faire l'objet d'une exploration et d'une réflexion. On en donnera un aperçu simplement à partir des différentes entrées :

SAILLIR
saillir – *assaillir* – *tressaillir*
sauter
insulter – *exulter* – *résulter*
résilier
salace
haltère

La ressemblance graphique entre *sursauter* et *saut* tient à ce que le premier a pour radical le second. Rien d'étonnant, donc. Rien d'étonnant non plus à ce qu'il s'oppose à *sot*, qui veut dire autre chose et qui, lui, est en rapport avec *sotte* et *sottise*. Mais ce principe n'est pas encore clair en CM2. Ou, pour le dire autrement, les élèves n'interrogent pas encore spontanément les signifiants graphiques à la lumière des signifiés. Certains élèves ont récusé *sur ce tas* parce que « ce n'est pas un verbe », et *sursota*, parce que « le son du /o/ n'est pas pareil » ! Mais le sens des mots *tas* et *sot* n'a pas été mis en relation avec *sursauta*. On retrouve dans cet exemple la procédure du rébus (séquence de signifiants privés de leur signifié) ou de type phonographique (séquence de graphèmes avec le plus fréquent pour /o/).

Amener les élèves à comprendre qu'ils manipulent des signes, c'est-à-dire à repérer le lien entre un signifiant graphique et un signifié, leur permet d'appréhender mieux les rapports entre orthographe et lexique, et, plus largement, de prendre conscience du rôle de l'orthographe dans l'écriture. Dans une perspective culturelle, on peut faire des comparaisons avec les langues romanes ou régionales, ce qui établit des ponts avec l'histoire de l'Europe actuelle, la diversité de ses langues, les différentes influences linguistiques, lointaines ou plus récentes, dans notre langue et les traces laissées dans notre orthographe[1].

• En relation avec les textes :

La phrase du jour, comme son nom l'indique, fait travailler les relations morphosyntaxiques à l'intérieur de la phrase et ne traite pas du texte. Cependant, on a vu qu'il est intéressant de proposer aux élèves des phrases qui vont les obliger à se poser des questions sur le contexte pour résoudre le problème posé au niveau de la phrase, comme dans *il/ils l'attendait/attendaient*. On peut ainsi déclencher une interrogation sur la source des pronoms substituts (ou sur l'interprétation d'un pronom déictique dans un discours rapporté), en jouant sur l'ambigüité à l'oral des formes concernées.

> Une fois que l'impossibilité de trancher sans un apport d'information a été mise en évidence, les élèves ont, par exemple, à inventer une phrase qui, placée avant ou après, permet de résoudre le problème, et à préciser ce qui lève l'ambigüité, telle cette proposition de deux élèves de cinquième : *Ils l'attendaient sur leur moto* (« *Leur*, on sait qu'ils sont plusieurs »).

Ce travail sur une phrase fait voir que le contexte est souvent une donnée essentielle et contrecarre la tendance à ne tenir compte que de l'environnement immédiat. C'est une interrogation similaire qui est d'ailleurs requise dans la lecture, quand il faut construire l'identité des personnages romanesques à partir d'indices orthographiques ou repérer qui parle dans des articles de presse.

• Au niveau grammatical :

Le niveau grammatical est celui qui tire le plus grand parti de la phrase du jour. Les problèmes que les élèves ont à résoudre portent pour l'essentiel sur la partie variable des unités lexicales, souvent située en finale : ces marques, qui ne peuvent souvent pas être induites de l'oral, doivent être établies en fonction des relations syntaxiques. Les élèves travaillent alors sur la syntaxe de la phrase, en mettant au premier plan l'opposition entre noms et verbes et leurs différentes propriétés, ce qui correspond à l'axe directeur du programme en langue à l'école :

> Dans la phrase française comme dans la plupart des langues, le verbe et le nom sont les points d'articulation des principaux phénomènes syntaxiques. Leur identification permet d'entrer dans la construction de la phrase ou du texte et de comprendre qu'elle n'est pas une succession de mots. Leur manipulation met en évidence les liens qu'ils entretiennent avec tous les autres composants de l'énoncé. (*BO*, p. 75)

On trouve d'ailleurs une confirmation de cette convergence entre ce qui se travaille à travers *la phrase du jour* et l'*observation réfléchie de la langue française* dans la liste des compétences devant être acquises en fin de cycle, et notamment :

> *Être capable de :*
> – identifier les verbes dans une phrase ;
> – identifier les noms dans une phrase ;
> – manipuler les différentes déterminations du nom (articles, déterminants possessifs, démonstratifs, indéfinis) ;
> – manipuler les différentes expansions du nom (adjectifs qualificatifs, relatives, compléments du nom) ;

1. Voir les ouvrages de Claude Hagège, d'Henriette Walter et de Marina Yaguello (bibliographie *Outils de travail*).

> – trouver le présent, le passé composé, l'imparfait, le passé simple, le futur, le conditionnel présent et le présent du subjonctif des verbes réguliers (à partir des règles d'engendrement);
> – marquer l'accord sujet/verbe (situations régulières);
> – repérer et réaliser les chaines d'accords dans le groupe nominal.
> *Avoir compris et retenu :*
> – que les constituants d'une phrase ne sont pas seulement juxtaposés mais sont liés par de nombreuses relations (avec le verbe, autour du nom);
> – qu'il existe des régularités dans l'orthographe lexicale et que l'on peut les mobiliser pour écrire. (*BO*, p. 76)

Les morphogrammes confèrent, on l'a dit, une matérialité à certaines entités grammaticales : au groupe nominal avec les marques de genre et de nombre identiques sur chacun de ses constituants (déterminant, nom, adjectif) ; à l'opposition verbo-nominale avec ses marques de nombre différentes (*s* ou *x*/*nt*) ; aux personnes et aux temps verbaux en raison de la spécificité de leurs marques. De nombreux exemples ont montré comment les élèves, au cours des discussions portant sur leurs différentes graphies, ont travaillé la plupart de ces points. Trouver s'il faut écrire *Apprenez à vous écoutez* ou *à vous écouter*, c'est chercher quel est le statut de *vous*, et donc apprendre à distinguer sujets et compléments, verbe noyau de la phrase et verbe ayant un statut nominal (infinitif), place des compléments nominaux et des compléments pronominaux ; se demander si on peut écrire *leurs chambre*, c'est caractériser le groupe nominal comme un tout aux éléments solidaires.

En cherchant la raison des graphèmes, les élèves travaillent donc en même temps sur les classes et les structures grammaticales, et, ce faisant, apprennent à les repérer, les identifier, les distinguer, les caractériser, les manipuler, les définir, les nommer, ce qui leur permettra d'accéder à des raisonnements déductifs plus ou moins rapidement. Ils passent ainsi d'un usage non conscient des formes linguistiques à une observation réfléchie de la langue. C'est d'ailleurs pour signifier cette différence qu'on oppose connaissance *épilinguistique* et connaissance *métalinguistique*, grammaire *implicite* et grammaire *explicite*. C'est bien là une part essentielle du travail demandé en grammaire. Tout en restant au plus près des énoncés des élèves, la phrase du jour permet donc de faire travailler un grand nombre de faits de langue, et, parfois, de s'aventurer dans l'inconnu.

> Par exemple, dans une classe de CE2, ce sont les premiers aspects orthographiques liés au verbe qui ont été abordés au premier trimestre grâce aux phrases dictées du jour :
> – le repérage du verbe : verbe simple/verbe composé ; verbe conjugué/infinitif ;
> – la relation groupe nominal sujet/verbe ;
> – le lien entre noms et déterminants par opposition au lien entre pronoms et verbes ;
> – l'opposition singulier/pluriel à la troisième personne au présent et au passé composé, temps requis par les productions écrites du moment.

1.2. Approche de notions grammaticales : l'exemple du plus-que-parfait (CM2)

Les élèves produisent des phrases sans nécessairement en connaitre explicitement les composants. Le débat orthographique peut alors être la source de nouvelles découvertes, comme dans cette classe de CM2.

Déroulement de la séance

Les graphies suivantes ont été recueillies (la graphie *détournés* a été rajoutée au cours de la discussion) :

			détournés			
Les vents	les	avez	détourné	de	leur	routes
		avait	détourner		leur	route
		avaient	détournées		leurs	routes

La recherche a duré environ trois quarts d'heure. Voici les moments clés qui ont permis d'aboutir à la découverte du plus-que-parfait.

• 1re phase : le verbe est au passé composé

D'entrée de jeu, Cloé annonce : « C'est au passé composé ». Invitée à dire comment elle a trouvé, elle explique : « Il y a deux verbes, et je peux mettre *hier* » ; puis, toujours en réponse à l'enseignante, elle précise que le verbe est *détourner* et mentionne la présence du pronom. Ludivine conteste *avez* : « On peut remplacer *les vents* par *ils*, et pas par *vous* ».

• 2e phase : le verbe est précédé d'un pronom complément

L'enseignante revient alors sur le propos précédent :

Enseignante : Cloé, qu'est-ce que tu as raconté pour le pronom ?
Cloé : Ça va mettre la chose que ça remplace.
Enseignante : Tu penses que c'est ça. Donc, dans ce texte, tu as les moyens de remplacer. Par quoi ?
Cloé : On peut le remplacer par un GN, ici c'est *les robustes rameurs*.

Elle va écrire *Les vents avez détourné les robustes rameurs de leurs routes* au tableau. L'enseignante, toujours sans s'occuper de *avez*, maintient le cap sur l'objet de la réflexion :

Enseignante : Pourquoi tu nous fais ça ?
Cloé : Pour montrer que *les* est un pronom personnel.
Enseignante : Un pronom personnel... ?
Cloé : ... complément.

L'enseignante sollicite alors la réflexion de tous :

Enseignante : Qu'est-ce qu'on a fait ?
Élève : On a changé *les robustes rameurs* pour montrer que c'est pas *vous*.

Cette réponse transforme le savoir sur le pronom en savoir opératoire pour traiter une graphie inadéquate : *avez* peut être éliminé, puisqu'il ne dépend pas de *vous* établi comme sujet.

• 3e phase : le participe passé s'accorde

Une discussion s'enclenche entre plusieurs élèves sur le statut de *avaient*. S'agit-il du verbe ou de l'auxiliaire ? Mais alors, qu'en est-il du participe passé ?

Luce : *avaient*, c'est le verbe *avoir*, l'auxiliaire *avoir*.
Moune : Ce serait pas l'auxiliaire *avoir*, il y aurait l'accord.
Élève : ... Avec l'auxiliaire *avoir*, il y a pas d'accord.

Le débat s'enlisant, la maitresse propose à ses élèves d'essayer de les aider, en leur demandant quelle est l'action. « Le verbe *détourner* à l'infinitif », répond Liselotte. L'enseignante commence à réécrire la phrase au tableau, mais Lou l'interrompt pour contester la règle d'accord énoncée précédemment, car elle vient de se rappeler une leçon toute fraiche :

Lou : À *détournés*, je mets un *s*, car quand il y a le COD avant, c'est-à-dire *les robustes rameurs*, on accorde.
Élève : Et *avaient*, c'est *les vents*, c'est le pluriel.
Enseignante : Et la fonction de *les vents* ?
Élève : Le sujet.
Enseignante : La fonction de *les robustes rameurs* ?
Élève : COD. *Détourner quelque chose.*

Le guidage de l'enseignante est important à ce moment-là ; il pousse les élèves à utiliser les termes métalinguistiques qu'ils connaissent. Puis une élève réexplique l'effet du pronom complément sur le participe passé, tandis que Luce confirme le statut d'auxiliaire d'*avaient* : « S'il est placé avant le verbe, c'est qu'il y a l'auxiliaire ».

• 4e phase : le verbe n'est pas au passé composé

L'enseignante relance alors la question du temps du verbe qui n'a pas encore été discuté :

Enseignante : C'est l'idée de Lou, le passé composé.
Elsa : Mais je ne crois pas, ce serait *les vents les ont détournés*.

La maitresse écrit au tableau : *les vents les ont détournés*. Elsa complète son propos : « *Avaient*, c'est à l'imparfait, et au passé composé, les auxiliaires sont conjugués comme au présent ». En réponse à l'enseignante, Yves précise que l'imparfait du verbe *détourner* est *détournaient*. La classe s'interroge alors sur le statut de *détournés*. Un élève propose d'en faire un adjectif verbal, mais comme *détournés* ne peut commuter avec *beaux*, la proposition est rejetée. Ce n'est pas non plus un infinitif puisqu'il ne peut commuter avec *prendre*. Un élève conclut que *détournés* ne peut être qu'un participe passé.

• 5e phase : le verbe est au plus-que-parfait

À cette étape, la nécessité de récapituler ce qui a été trouvé sur le temps du verbe s'impose :

Enseignante : Je sais que ce n'est pas le passé composé, mais ça a l'air de fonctionner comme un passé composé ; de l'ordre du temps passé, puisqu'il peut aller avec *hier* ; un verbe construit de deux verbes, c'est un auxiliaire ; ça a à voir avec l'imparfait.

Cette récapitulation déclenche une nouvelle idée :

Élève : C'est peut-être un temps qu'on ne connait pas…

Pour clarifier à nouveau les choses après une intervention qui révèle une confusion sur l'accord du participe passé, l'enseignante propose de rajouter *les robustes rameurs* au dessus du pronom *les*. Trois prises de parole s'enchainent alors jusqu'à la dénomination de l'inconnu, dernier pas qui revient nécessairement à l'enseignante :

Élève : Et donc le COD est devant le verbe.
Élève : C'est la même règle qu'au passé composé, mais ce n'est pas le passé composé.
Élève : Il y a qu'à l'appeler *imparfait composé*.
Enseignante : Oui. Au niveau du sens, c'est avant, avant avant. On appelle cela le *plus-que-parfait*.

Ainsi, la classe a bel et bien *inventé*, au sens des découvreurs de trésor, un nouveau temps.

Élaboration progressive

Le trajet qui a mené la classe jusqu'au plus-que-parfait a emprunté une voie originale et plutôt sinueuse. Sans chercher à rectifier l'erreur initiale par la moindre inflexion de voix (alors qu'elle utilise ce moyen pour obtenir certaines expressions métalinguistiques complètes), l'enseignante laisse le temps aux élèves de prendre conscience de la différence entre passé composé et plus-que-parfait, indistincts au départ. Les traits linguistiques sur lesquels la première intervenante fonde son assertion, à savoir temps du passé et temps composé, sont exacts. Le trait discriminant, c'est-à-dire le temps de l'auxiliaire, lui, n'est pas repéré. Mais, à partir du moment où il l'est, les élèves sont obligés de différencier les deux temps et d'envisager qu'il s'agit de quelque chose qu'ils ne connaissent pas encore.

Un aspect des plus inattendus est le rôle joué par le pronom objet antéposé : la règle a déjà fait l'objet d'une première initiation et la phrase proposée ce jour-là fournit l'occasion d'y revenir. Par l'inscription au tableau de *les vents les ont détournés* proposé par une élève au-dessus de *les vents les avaient détournés*, l'enseignante facilite la comparaison entre les deux formes verbales : la graphie du participe passé sert alors d'outil pour rapprocher, puis distinguer le passé composé et ce qui se révèle être le plus-que-parfait : « C'est la même règle qu'au passé composé, mais ce n'est pas le passé composé ». Étrange destin pour ce qui passe pour le summum de la complication de notre orthographe que de permettre la découverte d'un nouveau temps ! La construction de la notion de plus-que-parfait a donc suivi un trajet dont on peut rendre compte par la figure suivante :

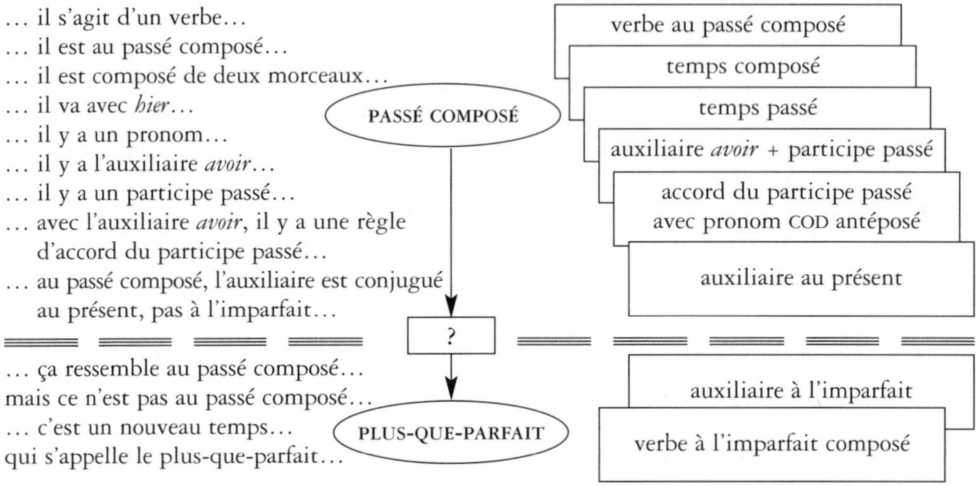

Les verbalisations successives ont pointé des *propriétés sémantiques*, *morphologiques* et *syntaxiques* du passé composé, puis, par différenciation, du plus-que-parfait. Ce parcours s'est accompli par enchainement et rupture, et aboutit à une *carte conceptuelle* qui réorganise le savoir et l'enrichit, puisque les élèves élaborent en parallèle et par contraste les caractéristiques formelles des deux temps, tout en consolidant leur connaissance du passé composé :

passé composé	**plus-que-parfait**
temps composé temps passé auxiliaire *avoir* + participe passé accord du pronom COD antéposé avec le participe passé	
auxiliaire au présent	**auxiliaire à l'imparfait**

Tout au long de la discussion, l'enseignante a été fortement présente : elle a questionné les élèves, leur a demandé de reformuler ou d'expliciter pour les autres, les a aidés à y voir plus clair en écrivant au tableau et a proposé des synthèses verbales et écrites. Mais, alors qu'elle avait bien pour objectif la découverte du plus-que-parfait, elle n'a pas orienté vers l'idée d'un autre temps, encore jamais étudié. Elle a, au contraire, pris acte de ce qui se disait et laissé venir. En revanche, elle a renforcé l'argument qui contredisait le passé composé, d'une part en relançant le thème du temps de *détourner*, d'autre part en synthétisant ce qui pouvait faire penser à un passé composé et ce qui en différait. Enfin, elle a apporté le dernier élément, celui que les élèves ne peuvent pas trouver, à savoir la terminologie retenue par la tradition – *plus-que-parfait* et non *imparfait composé* (comme le suggère pourtant un linguiste).

Le débat a toutefois mis au jour un nouveau problème, à savoir le flou cognitif qui entoure l'accord du participe passé, point laissé de côté ce jour-là. Ce qui a guidé les décisions dans cette séance, c'est le cheminement des élèves vers la possible découverte du plus-que-parfait.

> Beaucoup d'élèves n'ont pas réellement saisi les tenants et les aboutissants de cette nouvelle règle. Quand Cloé veut s'opposer à *détournées*, elle explique : « On ne peut pas avoir *détournées*, parce que *les vents*, c'est pas féminin pluriel ». Pour rendre son argument plus convaincant, elle insiste : « De toute façon, ça ne peut pas être *détournées*, c'est forcément masculin pluriel », signifiant qu'il n'y

a pas lieu de s'inquiéter, *les vents* et *les robustes rameurs* ayant même genre et nombre, on ne risque pas de se tromper en choisissant *détournés*. Ses propos n'ont fait l'objet d'aucune contestation… Les élèves réduisent généralement la règle avec *avoir* à une plus simple : le participe passé employé avec *avoir* ne s'accorde pas, en escamotant l'élément *sujet*. Et quand une élève plus avancée rappelle la règle complète, elle ne désigne pas vraiment le « COD » comme gouverneur de l'accord, elle dit juste que le participe passé s'accorde « quand il y a le COD avant ». L'accord du participe passé est inscrit pour longtemps à l'ordre du jour. Même au collège, de nombreux élèves ont encore du mal à identifier les temps composés, sans même parler du passif, ce qui entrave l'application de la règle. On peut supposer qu'ils ont manqué du temps de tâtonnement nécessaire à une élaboration conceptuelle : il faut alors tout recommencer !

La compréhension de la règle du participe passé n'est donc qu'à peine amorcée, mais c'est bien dans le cadre d'un travail d'orthographe que les élèves ont progressé dans leur connaissance des temps verbaux du français.

1.3. Appropriation de la terminologie grammaticale

À la fin de leur scolarité primaire, et même au collège, peu d'élèves utilisent spontanément dans les débats orthographiques la terminologie qui leur est enseignée pourtant depuis des années. Il y a là un paradoxe : la grammaire scolaire a toujours eu comme objectif majeur de servir l'orthographe, mais les élèves ne s'en servent pas. Comment expliquer cet état de fait et en quoi la phrase du jour est-elle bénéfique sur ce point ?

Une langue étrangère

Pour parler du monde, nous employons des mots qui renvoient à des choses très différentes. Nous disons ainsi *bateau* au terme d'un processus d'abstraction qui nous fait ranger des embarcations de taille, de forme, de poids, de matière, d'origine, de couleur, de composition, d'utilisation, de contenu, extrêmement variés sous la même dénomination : ce qui est commun l'emporte. C'est la même chose avec la terminologie grammaticale, à une différence près : pour décrire et analyser le langage, on se sert aussi du langage. Alors que le mot *bateau* désigne un objet du monde ou, plutôt, une classe d'objets du monde, le mot *verbe* désigne un mot, ou, plutôt, une classe de mots. La formule connue « Le mot *chien* n'aboie pas » résume cette différence. Ce phénomène est unique parmi toutes les disciplines d'enseignement, puisque, si toutes utilisent le langage, c'est au service d'autre chose que le langage.

C'est cette propriété de *réflexivité* qui rend complexe le travail conceptuel des élèves. Il ne s'agit plus de nommer des objets extérieurs à soi, mais des « objets » internes à la langue, fondus dans cette langue qu'ils parlent sans y penser. Qu'y a-t-il de commun entre *petit*, *grand*, *pauvre*, *malpoli*, *injuste*, nous demande avec insistance Claire ? Comment savoir qu'il s'agit d'adjectifs si je ne le sais pas déjà ? Dans le domaine de la langue, il n'existe pas l'équivalent de l'acide chlorhydrique pour identifier une roche calcaire. Ou, plutôt, les manipulations qui permettent de dire qu'une unité est un adjectif (et pas autre chose) sont assez compliquées pour un écolier ou un collégien. Il n'y a d'ailleurs pas là de différence avec le langage ordinaire : un enfant utilise un mot pour désigner un objet (concret, abstrait, réel ou non) quand il est capable de voir dans cet objet un élément de la classe des objets, souvent très différents, que l'on désigne par ce mot dans sa culture. Sinon, il le pointe du doigt ou le désigne par *ça*.

Si les élèves n'emploient pas les termes grammaticaux, c'est en réalité que ces mots n'ont pas beaucoup de sens pour eux, cette *métalangue* n'est pas encore la leur. Tant qu'ils n'ont pas une conscience forte de l'appartenance des mots d'une phrase à une classe syntaxique, ils ne peuvent pas les désigner par leur étiquette métalinguistique de *groupe nominal* ou *présent de l'indicatif* : soit ces termes sont pour eux des enveloppes vides, soit leur contenu est encore trop vague et ils n'en voient pas l'utilité. Les catégories linguistiques sont d'ailleurs dénommées dans un langage particulièrement opaque qui ne facilite pas leur emploi. Si l'on prend un peu de recul en oubliant tout savoir terminologique, que peuvent bien vouloir dire *passé composé*, *imparfait*, *subjonctif*, *troisième personne du pluriel*, *pronom relatif* ? Il n'est donc pas étonnant que les élèves aient du mal à dénommer un mot par le nom de sa classe – *nom*, *adjectif*, *verbe* – ou qu'ils ne sachent pas très bien ce que l'enseignant veut dire quand il emploie le lexique spécifique qui sert à parler de la langue. Quand ils parlent de ce qu'ils ont écrit, les élèves pointent du doigt, si l'on peut dire, les mots concernés avec la formule *comme ça* ou bien ils les désignent en les citant. Ce procédé qu'on appelle *autonymie*, où les formes mentionnées ne renvoient plus à un référent, mais à elles-mêmes, est le plus fréquent : « J'ai mis un *e* à *noire* parce qu'on dit *une fourmi* ». Pour utiliser la terminologie grammaticale, il faut, en effet, *avoir déjà rattaché* une unité à sa classe, c'est-à-dire avoir effectué une analyse linguistique préalable à la prise de parole. La plupart du temps, ce n'est pas le cas.

> Par exemple, lors d'un échange de douze minutes sur la graphie de *long* dans *de longs travaux* dans un CM2 de bon niveau, personne n'emploie les termes *adjectif* ou *nom* ; seuls *masculin* (une fois), *féminin*, *singulier*, et surtout *pluriel*, sont utilisés, par quelques élèves, comme le fait Roland : « *De longs travaux*, c'est au pluriel, alors *longs*, c'est avec un *s* ». Et quand ils discutent de la terminaison du verbe *donnent*, seuls trois élèves emploient le terme de *sujet*. De même, dans cet autre CM2, quand Annie commente *Elle les voit* « /vwa/, qui est-ce qui les voit ? C'est elle, donc cela ne peut pas être *e-n-t* », elle n'utilise ni *verbe* ni *sujet*.

C'est pourquoi le présupposé de l'enseignement traditionnel de l'orthographe grammaticale ne tient pas : en effet, celui-ci est un enseignement de règles, et l'application de règles présuppose que les classes syntaxiques soient *préalablement construites*. Or elles ne le sont pas. Les mots d'un énoncé sont pour les élèves des mots particuliers, et non des occurrences d'une classe grammaticale. On n'a guère prêté attention jusqu'à présent à cet état de fait, ou, plutôt, on n'est pas allé au bout de toutes ses implications dans le domaine de l'apprentissage de l'orthographe ou de la grammaire.

Le grand malentendu

Cette situation tient aussi au fait qu'on traite habituellement les mots grammaticaux à l'instar des mots ordinaires, comme une simple affaire de sélection de termes : les élèves ont eu des leçons et doivent connaitre la dénomination grammaticale ; s'ils ne l'utilisent pas, c'est qu'ils ont un moment d'oubli ; la preuve, ils peuvent la retrouver si on insiste. Ce point de vue est conforté parce qu'un questionnement pressant, surtout à partir du cours moyen, provoque souvent l'emploi des mots grammaticaux adéquats :

> **Enseignant :** Le sujet de *les avait vus*, c'est quoi ?
> **Élève :** C'est *il*.
> **Enseignant :** Et *il* est au pluriel ou au singulier ?
> **Élève :** Au singulier.
> **Autre élève :** *Les*, c'est pour remplacer.
> **Enseignant :** Les mots qui servent à remplacer, c'est quoi ?
> **Élève :** Des pronoms.

En traitant la terminologie comme une fin en soi, on a tendance à ne distinguer dans les réponses des élèves que celles qui sont justes et à prendre pour une confusion passagère un propos erroné vite rectifié, ou à ignorer le mutisme de la majorité de la classe. Or toutes les inexactitudes, toutes les approximations, tous les silences, sont autant de signes que les notions font en réalité défaut, comme dans ce dialogue on ne peut plus classique, en forme de jeu de devinette guidé par le ton magistral :

Enseignant : Et ça, c'est quoi ?
Élève : Un déterminant.
Enseignant : Un déterminant ?
Élève : Non, euh... un pronom.

La rectification exigée et obtenue sur le champ ne peut bien sûr pas régler pour l'ensemble des élèves cette confusion cognitive entre *les* déterminant et *les* pronom répandue jusqu'à l'université.

Si la méconnaissance des notions se camoufle aussi bien, c'est qu'elle emprunte les voies de la connaissance. L'ampleur des décalages entre connaissances manifestes et connaissances réelles est en grande partie masquée par le fait que maitres et élèves utilisent les mêmes mots : ils croient alors parler de la même chose. Les théories de Vygotski sur le développement humain se révèlent ici très éclairantes. Dans le chapitre intitulé « Développement des concepts » de *Pensée et langage* qui peut se lire en pensant à l'enseignement de la grammaire et de l'orthographe, il pointe la différence entre les concepts spontanés des enfants et les concepts scientifiques. Les mots qu'un enfant emploie, explique-t-il, correspondent à ce qu'il appelle des *pseudo-concepts*, ce qui n'est pas sans conséquence :

> On peut donc dire que les mots de l'enfant et ceux de l'adulte sont synonymes en ce sens qu'ils indiquent le même objet. Ils désignent les mêmes choses, ils coïncident dans leur fonction dénominative mais les opérations de la pensée sur lesquelles ils reposent sont différentes. Le procédé par lequel l'enfant et l'adulte arrivent à cette dénomination, l'opération qui leur permet de penser l'objet et la signification du mot qui est l'équivalent de cette opération s'avèrent dans les deux cas extrêmement différents. (p. 244)

Ce qui rend possible le leurre sur les connaissances grammaticales des élèves, c'est donc bien la possibilité de se référer aux mêmes objets avec les mêmes mots, alors que ces mots ne recouvrent pas la même chose chez l'élève et chez l'adulte. Pour s'en rendre compte, il faut que la distorsion soit flagrante.

> Carla, par exemple, s'explique sur *jolie bébé* : « C'est au masculin, mais on met quand même un *e*, c'est un mot invariable ». Ses mots sont le reflet d'élaborations en cours particulièrement difficiles à décrypter et seulement par recoupements : *invariable* veut dire que *jolie* n'a qu'une seule forme (elle ignore encore tout de *joli* et de la variation purement graphique) ; *masculin* signifie que ce n'est pas féminin en dépit de la présence de la lettre *e*, puisqu'on n'entend pas de consonne finale à l'oral, comme dans *petite* ou *grise*.

Ce n'est donc pas parce que les élèves disent *sujet*, *féminin*, *verbe*, que la signification de ces mots est celle du linguiste ou de l'enseignant, comme on l'a vu dans la première partie avec des définitions d'élèves de cinquième. La deuxième partie de cet ouvrage fourmille d'exemples de ces écarts, que ce soit *féminin* assimilé à *fille*, *pluriel* confondu avec *plusieurs*, ou *verbe* vu sous le seul angle de la catégorie morphologique et non perçu dans son rôle syntaxique (ce qui lui vaut d'être écrit *er* au lieu de *ait* par exemple dans *il chanter*). Il existe ainsi ce qu'on peut appeler *un grand malentendu sur les connaissances* des élèves.

Cette différence entre concepts enfantins et concepts scientifiques masquée par l'emploi d'un terme métalinguistique incite à rester vigilant : pendant longtemps, on ne peut pas tenir un terme grammatical pour acquis chez un élève qui l'emploie, et encore moins chez les autres qui l'écoutent. Et c'est bien là que commence le malentendu quand on infère de l'usage d'un mot un savoir achevé, alors qu'il ne s'agit que des prémices d'une conceptualisation.

Le malentendu est aussi ressenti du côté des élèves. Les « juste » ou « faux » tombent sur eux d'une manière qui leur est incompréhensible, leur donnant l'impression qu'ils n'ont prise sur rien : « Le maitre corrigera », finissent-ils par dire, un peu découragés, quand ils ne se mettent pas à protester à partir du CM2 : « C'est ce que j'ai dit, et j'ai faux ! » Dialogue de sourds, méprises, et si le climat s'envenime, blocages. Le malentendu peut durer longtemps si l'on oublie cette différence fondamentale qui fait qu'un enfant n'est pas un adulte, que l'élève n'est pas le savant.

Un point d'aboutissement

Se focaliser sur la restitution du vocabulaire grammatical, c'est souvent se tromper de cible en escamotant le processus de construction des notions, c'est-à-dire le processus d'apprentissage. On aboutit à deux effets bien connus : d'une part, on pense qu'un rappel des termes suffira à rafraichir la mémoire de tous et rien ne se construit, il faut tout reprendre l'année suivante, dans l'éternel recommencement qui caractérise les enseignements grammaticaux ; d'autre part, on creuse l'écart entre les élèves au lieu de travailler à le réduire, car on règle le pas de la classe sur ceux qui naviguent déjà dans la métalangue, en laissant s'échouer les plus faibles qui n'ont d'autre lieu que la classe pour apprendre.

En réalité, un terme grammatical est la partie émergée d'une notion. En effet, il renvoie à une catégorie définie par des propriétés et recouvrant une infinité de cas particuliers ; et il renvoie par différenciation à d'autres catégories définies chacune par des propriétés et recouvrant des infinités de cas particuliers : la maitrise d'un terme grammatical dépend donc de la connaissance de tous les autres qui s'y opposent dans la même sphère, c'est-à-dire de toutes les notions liées. On comprend alors qu'apprendre la terminologie grammaticale consiste à s'approprier un vaste pan des concepts scientifiques en se frayant un chemin difficile et certainement pas linéaire dans la jungle des mots qui parlent des mots.

Bien évidemment, les élèves ne peuvent pas inventer la métalangue, celle-ci appartient à la culture écrite que l'école a pour mission de transmettre. C'est dans le cadre des leçons de grammaire ou des chantiers d'orthographe que s'établissent les premiers contacts avec la terminologie et que s'ouvre la voie de son acquisition. Vygotski le souligne, cette phase est primordiale, quoique insuffisante :

> Le langage de l'entourage avec ses significations stables, constantes, prédétermine les voies que suit le développement des généralisations chez l'enfant. Il lie l'activité propre de l'enfant, la canalisant dans un sens déterminé, rigoureusement défini. Mais, tout en suivant cette voie déterminée, préétablie, l'enfant pense selon le mode propre à son stade de développement intellectuel. Les adultes, dans la relation orale avec lui, peuvent déterminer le cours du développement des généralisations et son terme, c'est-à-dire la généralisation qui en résulte. Mais ils ne peuvent lui transmettre leur mode de pensée. (p. 227)

Pour les élèves, l'élaboration conceptuelle se poursuit ainsi bien au-delà de ces premiers contacts avec la terminologie. Ce n'est donc pas parce que les « concepts spontanés » des élèves ne sont pas « justes » qu'il faudrait ne pas nommer les catégories ou ne jamais demander le réemploi des termes. Au contraire, la dénomination grammaticale est un guide pour percevoir l'identité d'un phénomène sous ses multiples avatars, c'est-à-dire l'invariant syntaxique sous la variation lexicale et énonciative.

Mais, pour que l'appropriation se fasse en profondeur, il faut des situations ouvertes où, au cours de nombreuses séances, les élèves puissent examiner, manipuler, nommer des unités lexicales : ils pourront alors rattacher d'eux-mêmes les propriétés qu'ils repèrent à une catégorie syntaxique pourvue d'une dénomination grammaticale. Quand Claire n'arrive pas à catégoriser *injuste* et *malpolie* à l'aide des propriétés de l'adjectif dont elle dispose, c'est qu'elle doit combiner les propriétés qu'elle connait déjà avec d'autres encore inconnues. Son concept d'adjectif actuel n'est pas encore le « concept scientifique », mais elle en a besoin pour y accéder.

À voir peiner les élèves pour retrouver la dénomination des notions tenues pour les plus simples, on se rend compte que les mots grammaticaux sont bien le point d'aboutissement de tout un parcours cognitif, et pas seulement leur point de départ, quand l'enseignant désigne les catégories par leur nom au cours d'une leçon. Dans le cas de *leur dure journée* présenté dans le chapitre précédent, il a fallu attendre neuf minutes d'échanges d'arguments pour que le terme de *groupe nominal* émerge, alors que les groupes dans la phrase avaient déjà été étudiés dans cette classe de CM2 (et dans les classes antérieures). C'est d'ailleurs au moment où, se complétant l'un l'autre, trois élèves parviennent à nommer l'unité syntaxique *groupe nominal* que le débat se clôt. Le terme grammatical constitue, en effet, un outil de résolution de problème efficace, car il contient en puissance toute la règle.

Les élèves commencent à sortir du brouillard lorsque les mots écrits pour produire un sens dans une situation d'énonciation spécifique deviennent aussi des membres d'une classe syntaxique (noms, adjectifs), dotés de propriétés partagées, et donc susceptibles d'obéir aux règles de leur classe en fonction de leur rôle dans la phrase (épithète, attribut, apposition). Par exemple, Clémence (CM2) explique *grande*: « C'est un adjectif qualificatif. Donc il s'accorde avec *surprise*, avec le sujet… enfin, avec le nom auquel il se rapporte ». De la catégorie linguistique *se déduisent* les marques.

De fait, quand les élèves ont construit une notion, ils ne peuvent plus revenir en arrière. Les mots sont devenus des exemplaires de leur classe, et la métalangue une seconde langue : un nom est un nom, un adjectif un adjectif, le pluriel n'est plus plusieurs, et la règle se dévide et s'impose. Dans le débat orthographique, on voit ces élèves désigner très vite les éléments de la phrase par des catégories syntaxiques et argumenter à l'aide de règles. Ils ont dépassé une vision singulière au profit d'une vision générique et sont en mesure d'appliquer véritablement une règle, au lieu d'orthographier au « coup par coup ». L'usage spontané de la terminologie grammaticale est donc un résultat du processus de conceptualisation des classes et des relations syntaxiques identifiées par des propriétés. C'est un effet du travail cognitif de l'élève tout autant qu'un indice de ce travail.

C'est parce que les élèves ont la possibilité d'essayer les mots pour explorer leur sens que la phrase du jour se révèle avoir un effet positif sur cet aspect de l'apprentissage de la grammaire. Dans ce cadre, ils peuvent penser par eux-mêmes, construire des liens, établir des similitudes, des oppositions, faire des généralisations, en bref tâtonner sans crainte ni contrainte, comme lors de l'acquisition du langage : les contenus qu'ils y mettent se modifient, s'ajustent et viennent peu à peu coïncider avec le contenu linguistique. En adoptant à certains moments une position de retrait sur la terminologie, on amène les élèves à l'élaborer davantage que quand ils ne font que répondre par devinette à des questions directes et fermées. L'initiative des arguments et des contenus est ici essentielle. En réalité, ce n'est pas une utilisation totalement libre, puisque le groupe réagit en faisant jouer les différents niveaux de connaissance, comme dans cet exemple banal où l'on observe de proche en proche la propagation de la terminologie au travers de quatre interventions :

[1] **Jean :** *v-u-s*, parce qu'il a vu plusieurs personnes.	énoncé qui ouvre l'échange sans métalangue ;
[2] **Timothée :** Non, c'est le verbe *avoir*, ça ne s'accorde pas.	rectification qui passe du particulier au général en s'appuyant sur deux termes grammaticaux, *verbe* et *accord* ;
[3] **Éloi :** C'est le participe passé et le participe passé ne s'accorde jamais avec l'auxiliaire *avoir*.	reformulation en règle intermédiaire (une partie de la règle seulement est connue) ;
[4] **Salomé :** C'est le verbe *avoir*, non c'est l'auxiliaire *avoir*, cela ne s'accorde pas avec le participe passé.	confirmation et reformulation qui clôt l'échange.

Le chemin qui conduit l'élève aux savoirs orthographiques amène à revenir aux fondements de l'apprentissage conçu comme l'application de règles sur des objets. D'où viennent ces règles ? D'un travail réflexif sur le langage et son fonctionnement qui a débuté il y a plus de deux millénaires. Ce processus a débouché sur un corps de connaissances et de méthodes, avec ses règles et sa terminologie, que la tradition scolaire a sélectionné pour être enseigné, rendant invisible tout ce travail de « grammatisation » qui s'est déroulé au cours d'une longue période historique.

Certes, l'intérêt d'un enseignement est de ne pas donner à refaire la totalité du parcours : l'enseignement, dit encore Vygotski, « tire » le développement, le précède et lui fraie la voie. C'est parce que l'enseignement structuré et systématique anticipe sur ce que peut faire un élève seul que celui-ci progresse. Effectivement, on perçoit bien dans la dynamique des séances de phrase du jour ou des chantiers que les élèves ne partent jamais de rien. Mais, en ne communiquant aux élèves que la dernière partie du processus d'abstraction – tels objets, telles règles –, on les met directement face aux résultats de l'élaboration conceptuelle, c'est-à-dire à sa partie la plus condensée, la plus abstraite, la plus formalisée, à mille lieux de leur structure cognitive du moment. Avec les trois situations conjointes – écriture, chantiers, phrases du jour –, les élèves ont la possibilité d'aller et venir tout au long du processus aussi longtemps que nécessaire, au lieu de les soumettre à la présentation rapide des conclusions synthétiques d'une réflexion savante. Le facteur temps est essentiel dans les processus de conceptualisation. Pouvoir refaire en partie le parcours qui va de l'observation de la langue, guidée par l'enseignant, à sa conceptualisation, interne au sujet, facilite de toute évidence l'élaboration des notions et l'appropriation de la terminologie grammaticale :

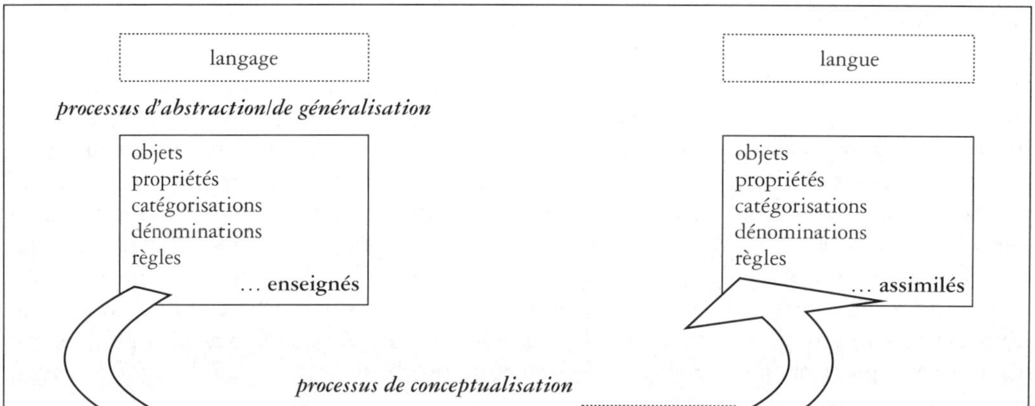

On a alors plus de chance d'atteindre l'objectif d'amener les élèves à utiliser les termes grammaticaux à l'instar des autres mots, pour leur commodité dans la communication et, surtout, comme éléments de connaissance dans un domaine du savoir que la société estime nécessaire à la formation de ses membres.

1.4. Une conception de l'étude de la langue plus adéquate

Rôle positif de l'erreur dans la construction des connaissances

Dans ce processus continu d'investigation et d'appropriation des connaissances linguistiques, l'erreur est bien sûr constante. Reprenons l'exemple du plus-que-parfait. Ce qui est le plus remarquable dans cette séance, c'est que la découverte de cette notion encore inconnue débute par une assertion péremptoire dont le contenu est totalement faux, que cette assertion n'est pas corrigée par l'enseignante et qu'elle va courir tout au long de la séance. Autrement dit, l'erreur n'empêche pas d'arriver au but.

Or ce point fait souvent problème. En formation initiale ou continue, beaucoup font part de leur étonnement, voire de leurs réticences, quand ils constatent qu'un enseignant ne rectifie pas immédiatement les erreurs de dénomination ou de raisonnement. Ce qui sous-tend les réticences à l'idée de faire interagir les élèves sans s'interposer, c'est la crainte de voir le faux s'enraciner. Autrement dit, toujours la même vieille idée qu'il faudrait empêcher l'erreur à tout prix et que la connaissance s'acquerrait au simple contact du savoir constitué, ce qui rendrait possible sa transmission immédiate par le discours magistral. Effectivement, dans une autre classe, on aurait sans doute assisté à un échange de ce type :

Élève : C'est au passé composé.
Enseignant : Au passé composé, tu en es sûr ?
Élève : Euh…
Enseignant (appuyant sur le premier mot) : *Avaient détournés*, c'est le passé composé ?
Élève : Euh non…
Enseignant : Comment est l'auxiliaire *avoir* au passé composé ?
Autre élève : Au présent.
Enseignant : Et là ?
Autre élève : À l'imparfait.
Enseignant : Donc ?
Autre élève : C'est pas le passé composé.
Enseignant : C'est exact, c'est le plus-que-parfait, vous ne l'avez pas encore appris, c'est un nouveau temps.

Ce dialogue, que nous avons tous mené un jour ou l'autre, n'a rien de caricatural : il témoigne du triple souci d'apporter des connaissances aux élèves, d'être rigoureux sur les savoirs et d'amener les élèves à percevoir leur erreur. Mais, dans cette situation, les élèves qui prennent la parole entrent simplement dans le jeu des réponses attendues par l'enseignant sur la base d'indices intonatifs et d'enchainements logiques. Ils s'appuient sur leur compétence de communication, à leur expérience du dialogue maitre/élève, plus qu'à leur capacité de réflexion métalinguistique. Dès la première intervention magistrale, tous les élèves sont capables de dire qu'il ne s'agit pas d'un passé composé en raison de l'intonation qui oriente résolument l'interlocuteur vers une réponse négative.

Le vrai problème, c'est que ce genre de dialogue ne laisse pas le temps d'un travail d'ordre cognitif. Les élèves n'ont pas la possibilité de se poser la question de l'exactitude de la catégorisation *passé composé*. C'est l'enseignant qui donne l'alerte (« Tu en es sûr ? ») et indique la solution en soulignant toujours par l'intonation l'endroit où situer l'erreur (*avaient*). Toutes les réponses sont validées ou invalidées immédiatement. Dans ce cadre, il n'y a pas de véritable prise de conscience de la différence entre les deux temps ; elle est énoncée verbalement par le professeur. Cette méthode exige beaucoup de l'élève : qu'il soit capable de saisir et de traiter sur le plan cognitif le discours de l'enseignant à la vitesse où ce discours est proféré par celui qui dispose de la maitrise de la langue et qui n'a pas besoin de réfléchir à ce que veulent dire *présent*, *imparfait*, *auxiliaire*, et qui, surtout, sait déjà qu'il s'agit du plus-que-parfait. Le *tempo* est celui de l'expert, pas le *tempo* de celui qui apprend. On arrive alors à un paradoxe dont les conséquences sont à l'opposé du but recherché, puisque c'est non seulement la dimension temporelle de l'apprentissage qui est minimisée, mais le travail proprement cognitif de l'élève qui passe à la trappe. L'intolérance à l'erreur qui serait un risque pour les savoirs est un risque certain pour l'apprentissage.

Ne sait-on pas depuis Bachelard, c'est-à-dire depuis longtemps, que « toute vérité vient d'erreurs rectifiées » ? D'une part, l'erreur n'est pas qu'une ignorance, *l'erreur est une connaissance* : c'est l'*état actuel du savoir* de l'élève. Dans l'exemple du plus-que-parfait, l'assimilation d'*avaient détournés* à un passé composé n'est pas une simple erreur de dénomination, mais l'indice que les formes composées sont encore indistinctes. L'erreur correspond donc à l'état de connaissance antérieur à celui qui est en devenir ; malléable, elle est donc naturellement destinée à évoluer, surtout si l'enseignement joue son rôle pour l'empêcher de se figer en une conception-obstacle. D'autre part, on ne change pas de connaissance par l'écoute d'un discours qui présente le savoir achevé (à moins d'avoir déjà atteint un haut degré de connaissance, proche du savoir de celui qui professe) ; une action du sujet sur l'objet à partir de ses connaissances est indispensable. L'erreur n'est alors qu'un point de passage, inéluctable et souvent nécessaire : elle est un tremplin vers l'avant. Penser, apprendre, c'est prendre le risque de l'erreur, il vaut donc mieux apprendre à prendre des risques et à peser les conséquences. L'enseignant est là pour parer à l'enlisement, pas pour empêcher les prises de risque.

Jean-Pierre Astolfi qui fait des enseignants des « professionnels du traitement de l'erreur » parle, avec bien d'autres, d'*erreurs créatrices*. C'est pourquoi il est si important de cesser de penser l'apprentissage des questions linguistiques en termes d'erreurs, mais de *savoir en progrès*, de *savoir en construction*, de *savoir amélioré par rapport au moment précédent* : nous n'avons que des périphrases en français pour le dire. Bien des exemples présentés dans cet ouvrage sont des illustrations de ce mouvement de développement progressif et non linéaire des connaissances. Dans cette perspective, l'erreur est un *outil didactique* : c'est bien ce qu'a montré l'exemple du plus-que-parfait. On voit ainsi comment le savoir s'élabore sur le terreau des connaissances telles qu'elles sont, plus ou moins justes, plus ou moins erronées. L'erreur n'est donc pas la butée sur laquelle le développement des connaissances vient s'échouer. D'ailleurs, si les élèves n'avaient pas remis en cause d'eux-mêmes la catégorisation proposée, les solutions didactiques ne manquaient pas :

1 – demander à un ou deux élèves de vérifier dans un manuel de conjugaison ;

2 – demander à un élève, après un laps de temps suffisant pour brouiller les pistes, de venir conjuguer au tableau le verbe *chanter* au passé composé, et prendre acte des réactions des élèves (au besoin, en rappelant ce qui a été dit d'*avaient détournés*) ;

3 – écrire au tableau sans commentaire :
ils les avaient détournés
ils les ont détournés

4 – organiser des rappels de la conjugaison de quelques verbes au présent et passé composé, et écrire à nouveau au tableau :
ils les avaient détournés → passé composé ?

5 – en rester là ce jour-là et relancer la réflexion dans une séance ultérieure, par exemple par un tri de formes verbales, les unes au passé composé, les autres au plus-que-parfait.

Quoi qu'il en soit, il est important que l'enseignant repère les erreurs et les analyses pour décider de la suite. Au lieu de s'en méfier, il faut apprendre à travailler avec elles pour en tirer le meilleur parti, comme le font depuis longtemps d'autres disciplines. Quant aux élèves, ils doivent pouvoir travailler avec ces connaissances transitoires que sont les erreurs, sans se sentir paralysés par la crainte d'en commettre. L'important est de veiller à ce qu'elles restent transitoires. Il n'y a d'ailleurs pas sur ce point de grandes différences entre l'enseignement de l'orthographe et celui de la grammaire, dont les rapports aussi sont conduits à évoluer.

Des rapports plus féconds entre grammaire et orthographe

Pour l'enseignement traditionnel, la grammaire est ce qui permet à l'élève d'orthographier correctement. L'élève apprend d'abord la morphologie de l'adjectif (formation du genre et du nombre), puis la syntaxe (expansion facultative du groupe nominal, de même genre et nombre que le nom noyau du groupe). On interprète ensuite la présence d'un *s* ou d'un *e* dans leurs écrits comme le résultat d'un apprentissage de la grammaire. Pourtant, les commentaires des élèves sur leurs graphies ont révélé à quel point les soubassements grammaticaux font défaut, y compris sur les notions enseignées régulièrement à partir du CP ou du CE1. Bien des élèves « accordent » sans vraiment avoir compris ce qu'est un adjectif, ni ce que veut dire accorder, ce que révèlent des contextes plus complexes. Par exemple, pour *de longs travaux*, l'absence d'un déterminant tel que *les* ou *des* perturbait une partie de la classe : certains pensaient que, dans ce cas, *longs* n'était pas au pluriel, même si *travaux* l'était ! C'est le travail d'observation des marques orthographiques dans un corpus de quelques phrases (*un long voyage/de longs discours*), mené lors de la séance suivante, qui a permis aux élèves de « remonter » jusqu'à la notion de *groupe nominal* comme constituant lié par des marques identiques, en plus de la découverte que *de* est aussi un déterminant. L'expérience montre ainsi que les rapports entre l'apprentissage de la grammaire et celui de l'orthographe sont moins unidirectionnels et plus complexes. Dès l'entrée dans l'écrit, ce travail d'observation porte d'ailleurs ses fruits.

> Dans une classe de CP au mois d'avril, c'est la différence de marques repérées à l'occasion des premières phrases dictées du jour (*La nuit, un grand rat dévore les chatons qui sortent*) qui, à la cinquième séance, permet à Raffi de dire à Sacha qu'il ne faut pas mettre *nt* à *girafe*, mais *s*, parce que « c'est pas un verbe ! » Bien sûr, ce commencement d'élaboration d'une classe syntaxique a été préparé depuis le mois de septembre par tout le travail de lecture d'albums et de production écrite, et, depuis quelques mois, par une recherche de mots ou groupes de mots et leur classement systématique dans un tableau, chaque fois qu'un nouveau phonogramme est étudié (ce qui vit, ce qu'on fait, comment on est, *etc.*). Quatre séances collectives, où *nom* et *verbe* étaient systématiquement utilisés pour opposer les marques du pluriel *s/nt*, ont donc suffi pour que le terme de *verbe* soit repris par un élève dans son groupe de travail comme un argument indiscutable (les élèves devaient se mettre d'accord sur la graphie à proposer à toute la classe).

Il est la plupart du temps impossible de dire dans quel ordre se font les acquisitions. En effet, pour un élève de CM2 ou de 6e, le véritable point de départ reste obscur, puisque sa confrontation à la langue date déjà de plusieurs années. Tout ce qu'on on peut dire, c'est que la découverte des lettres précède celles des unités grammaticales, tout comme la découverte des principaux phonogrammes précède généralement celle des premiers morphogrammes. Mais il est sans intérêt de chercher qui a l'antériorité, de l'orthographe ou de la grammaire. En réalité, le mouvement évoquerait plutôt celui d'une chaine ininterrompue :

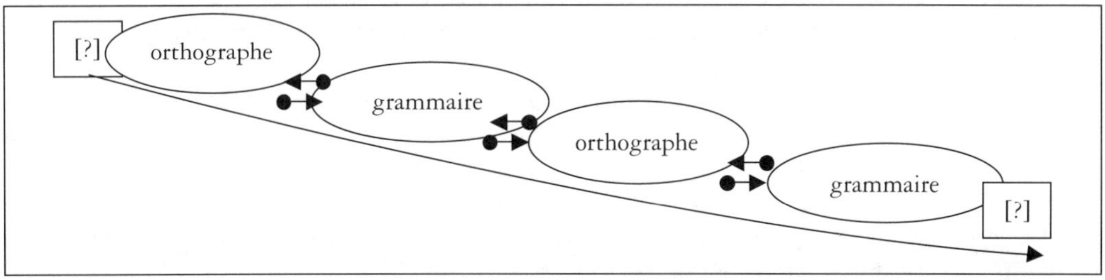

Les récents programmes de l'école ont en partie aboli les frontières traditionnellement étanches entre grammaire, orthographe, vocabulaire et conjugaison, au profit d'une approche plus globale des phénomènes linguistiques, plus ou moins ancrée dans une pratique du langage, ce qui correspond davantage à la manière dont le jeune locuteur/scripteur appréhende la langue :

> L'observation réfléchie de la langue française conduit les élèves à examiner des productions écrites comme des objets qu'on peut décrire, et dont on peut définir les caractéristiques. Ils comparent des éléments linguistiques divers (textes, phrases, mots, sons, graphies...) pour en dégager de façon précise les ressemblances et les différences. (*BO*, p. 74)

C'est pourquoi, en combinaison avec d'autres, une activité telle que la phrase dictée du jour occupe une place incomparable dans l'observation réfléchie de la langue. Son avantage, c'est qu'elle ne présuppose pas de connaissances grammaticales achevées, mais qu'elle en accompagne l'élaboration dans un processus d'approfondissement continu. La phrase donnée du jour aussi, on l'a vu avec *Un polygone est une figure fermée...*, se prête bien à une réflexion sur les groupes syntaxiques, étape nécessaire dans la construction d'une représentation de la phrase.

Une fois qu'un problème a été soulevé sous l'angle de l'orthographe, on peut alors lancer des activités d'approfondissement grammatical, selon des modalités qui ont vu le jour dès les années 1970 dans les recherches de l'INRP (1er et 2nd degrés), et dont nos chantiers s'inspirent. En ne respectant plus la séparation originelle ni l'ordre canonique de la grammaire pour l'orthographe, les enseignements linguistiques, moins rigides, s'enrichissent d'apports mutuels.

La séquence d'apprentissage en langue

De fait, l'alternance entre ces deux types d'activités que sont la phrase dictée du jour et l'observation de corpus (parfois une phrase donnée), c'est-à-dire une combinaison d'approches, « orthographique » et « grammaticale », se révèle d'une grande efficacité pour étudier une notion et faire travailler les élèves sur les classes d'unités et les classes de structures syntaxiques. Elle constitue une des modalités possibles de ce qu'on peut appeler la *séquence d'apprentissage en langue*, en plusieurs temps et plusieurs séances :

1 – ***orthographe*** : mise au jour d'un problème dans le débat (l'adjectif ou le sujet ne sont pas identifiés, faute de critères pertinents, par exemple) ;
2 – ***grammaire*** : observation d'un corpus constitué de façon à faire découvrir ou clarifier la notion grammaticale sous-jacente ; conclusions et formulation écrite d'un résumé ;
3 – ***orthographe*** : nouvelles observations dans quelques autres phrases du jour.

En donnant corps à des notions abstraites, l'orthographe se révèle être un puissant outil d'investigation du fonctionnement grammatical. Elle peut même constituer le fil d'Ariane qui conduit à la découverte d'une notion, comme on l'a vu avec le plus-que-parfait. Elle permet surtout de clarifier et de consolider des connaissances grammaticales de base encore bien floues, notamment celles qui sont repérables à des marques ou des variations graphiques comme le sujet, l'adjectif ou le verbe. ➤ Un tableau synthétique des étapes de deux séquences de langue qui partent de phrases du jour pour traiter l'adjectif en passant par un corpus d'observation est proposé en annexe du chapitre. ➤ Il est accompagné d'un outil de suivi du travail d'observation réfléchie de la langue à partir des différentes activités pratiquées au cycle 3 et en 5e/4e.

Ainsi, les interactions multiples entre orthographe et grammaire, orthographe et vocabulaire, disciplines autrefois cloisonnées, d'une part, et le va-et-vient entre différentes modalités d'apprentissage créent les conditions d'un développement métalinguistique plus fécond pour les élèves. C'est en ces termes, par exemple, qu'une classe de CM2 fait état d'un changement de représentation des rapports entre langue et écriture au troisième trimestre : « Les règles de grammaire, c'est pour nous permettre d'écrire ! »

Les programmes de l'école et du collège, ainsi que les divers textes à caractère institutionnel, insistent tous sur deux orientations prioritaires : la maitrise du langage (et pas seulement de la langue) et la formation du futur citoyen. Par leurs effets dans différents domaines, les démarches de travail préconisées pour l'orthographe concourent, avec d'autres disciplines et activités scolaires, à former les compétences et attitudes que la société veut voir se développer chez les enfants et les adolescents.

2. DÉVELOPPEMENT DU LANGAGE ORAL

Savoir parler et écouter est aujourd'hui considéré comme une composante essentielle de la formation d'un individu, mais l'enseignement de « l'oral » suscite encore beaucoup d'interrogations. On soulignera simplement ici que les activités d'orthographe fournissent de multiples occasions aux élèves d'une pratique véritable de l'oral.

2.1. Le « cours dialogué »

De la conversation à table entre amis au débat télévisé en période électorale, d'une discussion sur un film à une épreuve d'examen, de la joute verbale au discours amoureux, les genres de l'oral sont nombreux et s'organisent selon les règles en vigueur dans la culture des divers groupes sociaux auxquels chacun appartient. Tout locuteur doit ainsi découvrir et assimiler les modalités qui régissent, le plus souvent implicitement, les différents types d'échanges auxquels il est amené à participer. Dans toutes les situations d'oral, parler, c'est élaborer en tant que sujet un énoncé dans une situation donnée à l'intention d'autrui, dans le but d'agir sur lui d'une manière ou d'une autre. Il y a donc toujours un enjeu, plus ou moins conscient. Actuellement, on estime d'ailleurs qu'un énoncé se *co-construit* dans l'interaction, c'est-à-dire que l'interlocuteur est partie prenante de l'énonciation : parler suppose que les interlocuteurs se reconnaissent comme tels dans l'interaction.

Pour développer des capacités langagières orales, il faut ainsi apprendre à sélectionner les formes de discours qui semblent les plus adéquates et à faire des choix à différents niveaux : thématique, lexical, syntaxique, stratégique (même si le thème général et les formes de l'échange sont imposés). Il s'agit donc, selon les cas, de demander la parole et d'attendre son tour en gardant en mémoire ce qu'on veut dire ou, au contraire, de se jeter dans la parole qui circule en luttant pour la garder ou la reprendre ; de s'inscrire dans la continuité des tours de parole précédents, d'introduire de nouveaux thèmes avec pertinence ou de recontextualiser son propos ; de passer son tour pour laisser se finir un échange ou de renoncer à parler parce que ce qu'on voulait dire a été dit. Tous ces choix, bien sûr, ne sont pas à entendre comme le résultat d'une délibération systématique avant l'action, mais comme l'expression d'une compétence sous la pression de la situation. L'école a pour tâche de contribuer à construire cette compétence multiforme.

Avec le « cours dialogué », le plus courant à l'école et au collège, on est loin du compte. Des recherches ont montré que l'oral domine en classe, certes, mais sous la forme de ce qu'on appelle des *pseudo-dialogues* caractérisés par :

– la primauté écrasante du discours du maitre (de l'ordre de 70 % du temps) ;

– la participation d'un nombre limité d'élèves, « toujours les mêmes », à des leçons ou à des corrections d'exercices (qui occuperaient 75 % du temps de classe) ;

– la domination des interactions du type : *<Question ou requête de l'enseignant/Réponse de l'élève/Évaluation de l'enseignant>* ;

– la fréquence des questions visant à obtenir, rappeler ou vérifier l'énoncé de connaissances, d'un état de savoir, dans le déroulement d'une leçon ou d'une correction ;

– la fréquence des réponses elliptiques, qui se réduisent souvent à un placement dans les « trous » du discours du maitre qui s'en sert pour élaborer le « texte du savoir », en apportant les compléments essentiels.

C'est pourquoi on a pu dire que, contrairement à ce qu'on pourrait penser, la classe de français, où déjà on écrit trop peu, ne permet pas non plus d'apprendre à parler. Parler en effet, ce n'est pas seulement répondre à des questions pour montrer que l'on sait ou ce que l'on sait. Cette forme d'interaction est certes légitime, mais singulièrement étroite du point de vue de l'exercice de la parole : elle ne permet pas aux élèves de travailler la diversité des genres de l'oral.

En fait, le langage des élèves, qui est souvent dénoncé comme pauvre du point de vue du vocabulaire et de la syntaxe, est à l'image du type d'interaction dominant dans la classe, puisque c'est l'enseignant qui décide de l'orientation, du contenu, de l'enjeu des échanges, et qui en garde généralement le contrôle total. Le paradoxe n'est donc pas mince : les enseignants indiquent comme objectif prioritaire de « faire des phrases complètes », dans une représentation du langage oral calqué sur l'écrit ; mais la plupart des échanges non labellisés « apprentissage du langage oral » ou « moments de langage », conduisent les élèves à n'utiliser que quelques mots et presque toujours en réponse aux questions magistrales...

Ce à quoi les élèves s'entrainent en revanche, c'est à saisir l'intention latente, celle qui se manifeste par de nombreux signes souvent non verbaux, où l'intonation peut engendrer, derrière les mots, des interprétations très différentes en fonction de la situation. Ils poursuivent là ce que le jeune enfant découvre très tôt à propos de la communication humaine. Selon les circonstances, la question, par exemple, « Quand est-ce qu'on met un *e* ? » s'entend différemment : « Je ne sais pas quand on met un *e*, dis-le moi », « Je veux savoir tout ce que tu sais sur cette question », « Il fallait mettre un *e*, tu aurais dû le savoir ! » ou encore « C'est le moment de rajouter le *e* que tu as oublié... » Nos élèves, rompus aux actes de parole directs et indirects qui ont cours dans l'univers scolaire, vont, selon toute vraisemblance, éliminer la première interprétation au profit d'une des autres, souvent de la dernière. Ils auront alors peu appris, que ce soit en matière d'orthographe ou de pratiques d'oral.

Si l'on veut véritablement que les élèves développent des compétences langagières à l'oral en dehors des prises de parole déplacées et des bavardages, il leur faut pouvoir entrer dans des interactions qui se déroulent selon d'autres logiques que celles prévues par l'enseignant et qui ne leur laissent que des interstices pour des bribes de langage.

2.2. L'oral dans les activités d'orthographe

Qui écoute « une classe d'orthographe », entend immédiatement ce qui la différencie des cours dialogués habituels. En effet, que ce soit pour l'élucidation des graphies dans une phrase dictée ou pour l'élaboration d'une notion dans un chantier, et, à un moindre degré, pour la révision d'un écrit, les élèves participent à de nombreux échanges variés, à deux, en petits groupes ou en collectif, et peuvent ainsi développer des compétences d'oral.

Participation effective

D'une part, en raison de la mise en retrait délibérée de l'enseignant à certains moments, les élèves ont plus d'espace pour prendre la parole et sont nombreux à le faire. D'autre part, les échanges du type <*Question/Réponse/Évaluation*> sont beaucoup moins fréquents : la durée des prises de parole des élèves est automatiquement plus longue et les énoncés sont plus élaborés.

Par exemple, dans une séance d'une heure en CM2, 24 élèves sur 28 sont intervenus. Plus précisément, dans les six minutes environ consacrées à déterminer s'il faut écrire *donne* ou *donnent*, 15 élèves au moins ont pris la parole pour défendre leur point de vue, certains jusqu'à six fois ; les prises de parole des élèves ont été plus nombreuses que celles de l'enseignante (respectivement, 45 et 40). Ce sont les élèves qui ont lancé les 25 micro-séquences thématiques et ils n'ont eu à répondre à des questions que pour préciser ce qu'ils disaient ou confirmer ce que l'enseignante avait reformulé. Celle-ci n'est intervenue que trois fois pour autre chose que donner la parole ou reprendre un propos en écho : pour inciter un élève, après une série de prises de parole, à se situer par rapport aux arguments précédents ; pour inciter toute la classe à rechercher de meilleurs arguments, deux élèves n'ayant pas été convaincues ; pour valider la démonstration finale d'une élève. Ses interventions n'ont jamais porté directement sur le fond, mais, à chaque fois, elles ont été décisives pour amener les élèves à aller plus loin, jusqu'à ce qu'un argument morphosyntaxique soit produit. En limitant le nombre d'interventions magistrales pour laisser les élèves construire un discours suivi et en adoptant une position de « retrait cognitif », on ne perd donc pas en efficacité, ni sur le plan des contenus, ni sur le plan du langage oral, bien au contraire.

Pratiques réelles

L'intérêt ne se situe pas seulement sur le plan quantitatif, mais aussi sur le plan qualitatif. En effet, les élèves pratiquent des formes de discours et des actes de langage variés : dans les multiples situations rencontrées pour apprendre l'orthographe, il faut rapporter, exposer, définir, décrire, commenter, donner des exemples, justifier, conseiller, questionner, décrypter les présupposés et les implicites, débrouiller les implications, et pas seulement raconter ou répondre. Deux formes de discours sont particulièrement sollicitées, celles qui feront l'objet au collège d'une étude spécifique, à savoir l'argumentation et l'explication, requises ensuite au lycée, notamment dans les dissertations de diverses disciplines ou en sciences avec l'exigence de démonstration. Dans une certaine mesure, les débats sur les questions d'orthographe sont bien une préparation à la confrontation des idées, ainsi qu'à la démonstration.

Certes, le débat orthographique tient de la confrontation d'opinions au sens où l'élève dit ce qu'il croit et essaie de persuader l'autre pour aboutir à une décision. Mais il tend au débat scientifique, car il est clair qu'il ne porte pas sur des valeurs ou des principes éthiques, mais sur le savoir. Il s'agit non de dire ce qui est préférable, mais de fournir des « preuves ». Face à la norme, il ne peut y avoir de compromis : ceux qui proposent de voter sont rares et la proposition n'est généralement faite qu'une seule fois. Les élèves ont à organiser leur raisonnement et étayer leurs arguments pour emporter une adhésion qui repose avant tout sur la présentation solide de connaissances linguistiques. Il ne suffit donc pas d'affirmer ou de répéter avec conviction, comme le font souvent les plus jeunes qui attribuent à l'affirmation ou à la répétition une force de vérité qu'elles n'ont pas. Pour transformer l'auditoire, il faut sans cesse sélectionner des éléments plus appropriés et établir des relations plus pertinentes entre ces éléments.

Dans le cadre de certains chantiers, les élèves présentent le travail de leur groupe au reste de la classe dans une situation plutôt formelle : le porte-parole, seul face aux autres, doit justifier et expliquer les choix de son groupe, son point de départ, sa démarche et ses résultats. Il lui faut donc construire un discours suivi qui ne s'appuie plus autant sur l'intervention directe des autres, mais qui doit pourtant tenir compte de leur compréhension, ce qui contraint à évaluer soi-même « les savoirs partagés » et à parler autant que nécessaire, alors qu'en général, les élèves sont interrompus quand ils font des réponses hésitantes ou confuses.

Dans les discussions, la fréquence et la durée des interventions ne sont pas imposées, mais il faut tendre au maximum de précision, de clarté, et, surtout, se montrer réactif. Pour cela, les intervenants doivent nécessairement prendre en compte les propos antérieurs et coordonner leur point de vue aux précédents par des marqueurs linguistiques (« Je suis du même avis que… »), comparer et analyser les différences et les similitudes de contenus. Ils apprennent à enchainer ou à introduire un autre thème (« J'ai une autre raison… ») ; à indiquer qu'ils reviennent sur un point ou à demander un éclaircissement ; à faire référence à d'autres éléments qui n'ont pas été évoqués ou à indiquer l'origine d'un argument (« Ma mère, l'année dernière, la dernière fois… ») ; ou, plus difficile, à retourner un argument dans un raisonnement conditionnel

(« Si il y avait pas plusieurs nains, on dirait *sa dure journée* et pas *leur dure journée* »). Les élèves apprennent ainsi à préciser comment ils s'inscrivent dans l'échange, en accord ou en désaccord, en continuité ou en discontinuité, ou à attribuer une valeur à leur argumentation en situant leur propos comme certain ou incertain, probable ou improbable, nécessaire ou non nécessaire. Ils s'approprient peu à peu une diversité de conduites langagières et de rôles (celui qui explique ou contredit, propose ou récapitule).

Sur le plan énonciatif, ils recourent au conditionnel pour souligner le caractère hypothétique d'une assertion ou à des modalisations de natures diverses : *peut-être*, *à mon avis*, *je crois*, *on doit*. Sur le plan textuel, l'enchainement des tours de parole offre des plages naturelles d'entrainement à l'emploi d'expressions anaphoriques, de substituts divers et à la reformulation. Sur le plan syntaxique, on observe l'utilisation d'un grand nombre de propositions subordonnées et d'une variété de connecteurs structurant les raisonnements, avec les valeurs sémantico-logiques de causalité, de but, de comparaison, de condition, de concession, d'opposition : *parce que*, *comme*, *donc*, *mais*, *mais là*, *en fait*, *pourquoi*, *si... alors*, *parce que sinon*, *et pourtant*, *soit... soit*, etc. Plus spécifiquement, la nécessité de « faire des phrases complètes » n'en est plus une : ils en font, puisqu'ils ont la possibilité de développer un propos. Bien sûr, ils s'expriment dans les formes typiques de la langue parlée. Les normes formelles du langage écrit ne leur sont pas artificiellement imposées : les faux départs, les reprises, les inachèvements, tout ce qui participe d'une élaboration mentale est accepté comme normal : l'oral aussi a besoin du brouillon. Ils n'ont pas à subir d'interventions normatives intempestives dont l'effet est généralement de faire perdre le fil du discours. Sur le plan lexical, les demandes de précision sont liées à des propos véritablement allusifs, et ne prennent pas l'allure d'une mise en demeure. Les termes grammaticaux, le summum de la précision, ne sont pas exigés, mais viennent à leur heure, comme on l'a vu.

La maitrise de l'oral, dont l'école fait un objectif prioritaire, ne s'arrête pas aux niveaux de langue ou aux acquisitions lexicales et syntaxiques ; elle englobe les usages, les situations, les stratégies interlocutives, c'est-à-dire quand, de quoi et comment on peut parler ici et maintenant. Les différentes situations dans lesquelles la classe travaille l'orthographe sont ainsi des occasions d'une pratique de l'oral qui n'a rien à voir avec ces moments censés apprendre à parler, et qui sont souvent limités par une conception étroite de l'oral comme code, en dehors d'une relation d'interlocution et sans enjeu de communication. Comme en sciences[1], ce sont au contraire toutes les facettes de l'oral qui sont travaillées : communication et interaction (rôles dans l'échange, élaboration d'un discours à plusieurs, conduites discursives variées), aspects physiques (voix et intonation, postures du corps, regards), dimensions énonciative, textuelle, syntaxique, lexicale. Une séance d'orthographe pourrait d'ailleurs servir au collège de support pour examiner avec les élèves la nature des discours et les conditions d'efficacité d'un compte rendu ou d'un échange.

L'effort de formulation dans les échanges est soutenu par le fait que l'enjeu est véritable : présenter un travail, exposer un point de vue, défendre un savoir linguistique, et, au-delà, sa position d'élève capable de réflexion pour faire avancer la réflexion de la classe. La classe se construit ainsi comme une *société coutumière*, selon l'expression de Jean-Pierre Astolfi, ou comme ce que des linguistes désignent par *communauté discursive*. Elle génère ses propres règles sociolangagières, pas celles volontiers affichées sur un mur et généralement peu suivies, mais celles qui relèvent de ce que certains ont appelé les « règles de la conversation » et qui concernent aussi l'apprentissage : dire ce qu'on sait pour faire avancer, rester dans le sujet, être pertinent et précis, tenir compte de ce qui a été dit et de ce qui est tenu pour validé, suivre et ne pas revenir en arrière. Si on lui en laisse la latitude, la classe régule effectivement les échanges en

1. Claudine Garcia-Debanc, Danielle Laurent, « Gérer l'oral en sciences : la conduite d'une phase d'émergence des représentations par un enseignant débutant », *Aster*, n° 37, 2003, pp. 109-137.

fonction de ce qu'elle interprète de la situation, sans que le sens de ce qui se passe lui soit imposé de l'extérieur (l'enseignant peut bien sûr l'éclairer, mais il n'a nul besoin de le faire systématiquement).

Par exemple, un élève peut se voir vivement repris par les autres quand il demande la parole pour dire que « *l'orsque*, ce n'est pas possible, car il n'y a pas de mot *orsque* » par un « On l'a déjà dit ! » ; mais sept élèves peuvent sans problème répéter presque à l'identique, à propos de *leur dure journée*, « *leur*, ça ne prend pas de *s*, car il n'y a qu'une seule journée ». Dans le premier cas, la classe traite la prise de parole comme une répétition à l'identique et donc une infraction aux règles implicites de l'échange : l'élève ne fait pas avancer le débat, puisque le problème a déjà été réglé (alors que, lui, semble éprouver le besoin de redire) ; dans le second, les reprises concernant l'étrange singulier de *leur* ne sont pas senties comme des répétitions, mais plutôt à la mesure de la contradiction ressentie entre sens (pluralité) et syntaxe (singulier). De même, un élève qui veut expliquer pourquoi *leurs chambre* est impossible, alors que la discussion vient d'être mise en suspens pour un travail ultérieur, s'attire un « Le débat est clos » ; un autre s'entend dire sèchement « On l'a déjà vu, faut apprendre », la leçon datant effectivement de quelques jours ; mais une élève qui annonce qu'elle voudrait revenir sur un mot déjà effacé peut le faire sans s'attirer les foudres de ses camarades parce qu'elle sait situer son propos comme présentant un intérêt malgré sa défaillance de réaction au moment opportun. Quant à l'habileté verbale, elle est reconnue par les pairs qui la saluent souvent de petits rires : l'emporter par la parole plus le savoir, ce n'est pas rien !

Ainsi, les diverses activités d'apprentissage de l'orthographe placent les élèves en situation de locuteurs au plein sens du terme : les formes de langage et les rôles langagiers ne sont pas imposés directement par l'enseignant, mais par les situations d'apprentissage qu'il met en place. La classe d'orthographe est alors le lieu d'une parole vivante, ancrée sur ce qui est en jeu, ici le savoir orthographique, et sur la situation d'interlocution par la possibilité d'agir sur l'autre, de le convaincre de la vérité de ce qui est dit. Aux côtés des autres disciplines, l'apprentissage de l'orthographe contribue donc, de manière un peu inattendue, au développement de la maitrise du langage oral.

3. DÉVELOPPEMENT DE MÉTHODES ET D'ATTITUDES INTELLECTUELLES

L'objectif de l'apprentissage de l'orthographe, c'est d'abord la connaissance de l'orthographe. Mais en s'y adonnant, ce sont aussi des méthodes de travail et des attitudes intellectuelles plus générales que les élèves acquièrent. En effet, dans les différentes situations mises en place, toutes sortes d'opérations cognitives sont impliquées : trier, repérer des indices, sérier, classer, relier, distinguer, comparer. Au travers des manipulations, les élèves construisent progressivement des conduites psychocognitives fondamentales, nécessaires à l'acquisition des savoirs, telles que se poser des questions, douter, analyser, intégrer d'autres points de vue, chercher et utiliser des informations, consulter des ressources pertinentes, synthétiser, suspendre pour vérifier, contrôler, *etc*. Leurs actions, qui s'exercent sur des données orthographiques, mais qui ont trait plus généralement au fonctionnement de la langue, ont ainsi une double face, à la fois matérielle et mentale, spécifique et générale.

Les *Compléments aux programmes et instructions du 15 mai 1985* avaient déjà fort clairement présenté cette démarche d'appropriation des connaissances. Les récents programmes de l'école pour le cycle 3 (2000) reformulent les principes qui y figuraient et insistent à leur tour sur les « techniques d'exploration du langage », telles que le classement et la manipulation :

À cet égard, l'observation réfléchie de la langue française doit être un moment de découverte visant à développer la curiosité des élèves et leur maitrise du langage, et non une série d'exercices

> répétitifs mettant en place des savoirs approximatifs et l'usage prématuré d'une terminologie inutilement complexe. [...]
> Pour faciliter cette observation, quelques techniques d'exploration du langage doivent être régulièrement utilisées :
> – classer (des textes, des phrases, des mots, des graphies) en justifiant les classements réalisés par des indices précis ;
> – manipuler des unités linguistiques (mots, phrases, textes), c'est-à-dire savoir effectuer certaines opérations de déplacement, remplacement, expansion, réduction, d'où apparaitront des ressemblances et différences entre les objets étudiés. (*BO*, p. 75)

> Le Plan de rénovation de l'enseignement des sciences et de la technologie à l'école et *La main à la pâte* cherchent aussi à promouvoir des démarches réflexives. Le rapprochement est ici stimulant à une époque où les résultats dans les évaluations internationales montrent que les jeunes Français, par peur de se tromper, manquent d'autonomie et d'initiative, et réinvestissent mal leurs connaissances, et où les étudiants se détournent des disciplines scientifiques et de la recherche.

Si les démarches d'appropriation préconisées pour la grammaire en 1985 ont semblé difficiles à mettre en place, c'est peut-être parce qu'elles concernaient justement la grammaire et pas l'orthographe où les graphies sont plus accessibles aux manipulations. C'est peut-être aussi parce qu'on a toujours eu l'habitude, dans l'apprentissage de la langue, de privilégier des tâches d'exécution, répétitives, surtout dans les petites classes. Ces instructions proposaient donc bien une sorte de révolution...

Mais, dans les matières de type réflexif, quel sens y a-t-il à circonscrire l'activité mentale à des conduites de type stimulus/réponse ? L'intelligence, l'initiative, interviennent, et on ne peut que tabler sur l'activité psychocognitive. Les dispositifs présentés tout au long de cet ouvrage placent naturellement les élèves en position non d'exécutants, mais d'acteurs : l'accent y est mis sur le *comment* et pas seulement sur le *quoi* ; les méthodes de travail, les attitudes de curiosité, d'observation et de réflexion sont considérées comme aussi importantes que les contenus : l'objectif est de construire des savoirs et des savoir-faire en même temps.

C'est le cas avec l'utilisation d'un outil comme la balle d'accord ; ou dans les chantiers, quand c'est à la classe d'interpréter le mode de classement choisi par le groupe dont les propositions sont examinées ; ou encore, dans ces pauses et retours qui ponctuent périodiquement les travaux d'orthographe (ce que la classe cherche et pourquoi, ce qui a été fait, ce qu'il faut encore faire, ce qui a finalement été trouvé). Mais c'est surtout la phrase du jour qui joue un rôle crucial, puisqu'elle travaille directement sur les façons de faire des élèves, qui sont confrontées à d'autres attitudes plus pertinentes. La conformité à la norme ou son absence est toujours vue comme l'effet d'une procédure sur laquelle il convient de s'interroger, en démontant et remontant les mécanismes de production des graphies. L'analyse critique des implications des arguments et des solutions proposées, la réflexion sur les critères de classement – l'importance accordée à la dimension métacognitive dans les activités d'apprentissage – sont bien sûr essentielles pour l'acquisition de méthodes et d'attitudes intellectuelles.

Le point décisif de ce mode de travail est que les procédures sont mises sur la place publique, là où la face cachée du travail intellectuel reste ordinairement privée. Les élèves vont donc, aussi longtemps que nécessaire, s'exercer ensemble à les mettre en œuvre : ils vont s'expliquer comment ils s'y prennent, ils vont progressivement sélectionner et s'approprier les procédures les plus adéquates. La prise en charge du *comment* est ainsi répartie sur toute la classe, et non laissée à chaque élève isolé. Chacun apprend avec les autres ce qu'il devra faire plus tard seul. Pour Vygotski ou Bruner, la médiation sociale est bien à la source du développement. Comme le formule le premier :

> Chaque fonction psychique supérieure apparait deux fois au cours du développement de l'enfant : d'abord comme activité collective, sociale et donc comme fonction interpsychique, puis la deuxième

fois comme activité individuelle, comme propriété intérieure de la pensée de l'enfant, comme fonction intrapsychique. Le développement du langage sert de paradigme à ce type de problème. Le langage apparait tout d'abord comme moyen de communication de l'enfant avec ceux qui l'entourent. C'est seulement dans un deuxième temps, en se transformant en langage intérieur qu'il devient un mode de pensée fondamental de l'enfant lui-même[1].

Le développement va donc de l'interpsychique à l'intrapsychique, du social vers l'individuel, de l'extérieur vers l'intérieur. Pour la psychologie, une des fonctions primordiales chez l'homme concerne la régulation, c'est-à-dire la capacité à revenir sur ses actions pour vérifier l'adéquation entre le résultat et le but visé. Fonction de haut niveau, le contrôle « interne » résulte du transfert du contrôle externe exercé par autrui : c'est donc l'intériorisation d'une contrainte, qui s'exerce ensuite de façon quasi automatique ou à faible cout cognitif. L'enfant reconstruit ainsi en lui ce qui va réguler ses actions, notamment grâce au langage, outil privilégié de la régulation des activités humaines. Dans la plupart des cas, ce transfert du contrôle par autrui au contrôle que l'on exerce soi-même exige un très long temps.

En raison des caractéristiques du système graphique du français, le contrôle fait nécessairement partie des compétences orthographiques à acquérir. C'est pourquoi la première condition est de ne pas corriger soi-même les écrits des élèves, mais cela ne suffit pas. Pour que cette conduite cognitive soit un jour automatique et peu couteuse, il faut qu'ils développent aussi une représentation du contrôle détachée de sa fonction utilitaire directe. Une des finalités de la phrase du jour est bien d'offrir un espace de travail à l'élaboration de cette représentation. Cette construction, d'abord sociale, s'exerce du simple fait que, la classe s'interrogeant sur la diversité des graphies pour déterminer celle qui convient, chacun peut revenir sur ce qu'il a fait et s'interroger à son tour sur la façon dont il s'y est pris. Quand Mick murmure « Ça fait deux fois que je me laisse prendre », il est clair que le processus d'auto-contrôle est enclenché ; par la suite, ce même processus se jouera sur la scène intérieure et deviendra complètement mental et plus ou moins automatique.

On renouvelle, notamment chez les collégiens, l'intérêt de l'apprentissage de l'orthographe par des échanges sur les méthodes personnelles de résolution et de contrôle. À l'adolescence, ils se montrent souvent intéressés par ce qui les éclaire sur eux-mêmes. En témoigne cette classe de troisième qui découvre avec enthousiasme la réflexion sur les graphies et les causes d'erreurs, interpellant dès le cours suivant son professeur de français par un « Madame, quand est-ce qu'on fait une dictée ? »

Ainsi, au travers de la révision orthographique d'un écrit, des chantiers, des phrases dictées ou données du jour, de l'activité de mémorisation du lexique, les élèves expérimentent ce que le travail linguistique partage avec d'autres disciplines. De fait, certains élèves restent à l'affut de tout ce qui peut confirmer ou infirmer des conclusions émises à la suite de discussions, rapportant en classe le fruit de leurs trouvailles. Ils transfèrent souvent d'ailleurs cette attitude de recherche, d'interrogation dans d'autres matières. Des méthodes, des conduites psychocognitives fondamentales, des attitudes réflexives, se développent peu à peu dans cette *communauté scolaire* au sein de laquelle se transmettent et s'élaborent de la connaissance et des modes d'apprentissage, qui garde la mémoire de ce qu'elle construit collectivement. En outre, ce travail d'objectivation des savoirs et la socialisation des méthodes sont porteurs d'autres effets.

1. « Le problème de l'enseignement et du développement mental à l'âge scolaire, 1933/1934 », *in* Bernard Schneuwly et Jean-Paul Bronckart, dir., *Vygotski aujourd'hui*, Delachaux et Niestlé, 1985, p. 111.

4. DÉVELOPPEMENT D'UN RAPPORT DIFFÉRENT AU SAVOIR ET AUX AUTRES

Apprendre, c'est se transformer, c'est transformer son rapport au monde. Comme toutes les disciplines, l'étude de l'orthographe, de la langue plus généralement, et les formes que prennent les activités d'enseignement/apprentissage, peuvent contribuer à ces transformations.

4.1. Approches de l'école différenciées

Différences socioculturelles

En allant à l'école, tous les enfants font l'expérience du changement, mais les transformations apportées par la scolarisation diffèrent non seulement selon les individus, mais selon les groupes sociaux. Pour expliquer la faible réussite scolaire des élèves de milieux populaires, on invoque fréquemment des déficits, déficits d'intérêt pour l'école et les apprentissages, déficits dans la maitrise de la langue, et ce encore plus souvent quand il s'agit d'élèves issus de l'immigration.

Aujourd'hui, on juge cette façon de voir réductrice. Loin de reléguer les différences sociales et culturelles au rang des accessoires, mais en sortant du cadre trop global de la « reproduction » et du « langage dominant », des chercheurs ont précisé l'impact des différences sociologiques dans les parcours scolaires des élèves et étudié ce qui différencie l'expérience scolaire elle-même.

> En France, les travaux d'Élisabeth Bautier, Michel Brossard, Bernard Charlot, Bernard Lahire, Jean-Yves Rochex, notamment, ont ainsi des approches plus fines des inégalités scolaires à l'intérieur de la classe et dans les activités d'apprentissage. Leur intérêt est de se situer sur le terrain même de la maitrise du langage et de la langue française (comprendre une leçon de grammaire, interpréter les tâches de langage ou de langue prescrites en fonction du sens donné aux disciplines scolaires et à sa représentation du « métier d'élève »).

Ce ne sont pas tant les formes linguistiques et l'intérêt pour l'école qui seraient présents chez les uns et absents chez les autres, car les enfants de tous milieux parlent et la plupart des familles placent de grands espoirs dans l'école ; ce sont plutôt les pratiques langagières, ainsi que la nature des attentes par rapport à l'école, la signification donnée aux activités scolaires, les processus d'apprentissage, qui sont socialement différenciées.

Les uns attendent de l'école qu'elle les mène à un « bon métier », sans appréhender nécessairement le rapport entre les activités scolaires, le travail personnel d'appropriation du savoir dispensé, et leurs aspirations. Ils rejettent souvent ce qui n'a pas de finalité immédiate. « Ça sert à rien » est le maitre mot qui hiérarchise les disciplines scolaires et mesure leur investissement. Les autres voient dans l'école le lieu de la transmission, de l'acquisition de connaissances et de méthodes, acquisition sanctionnée par un diplôme donnant accès à des choix professionnels. Ils trouvent de l'intérêt à des disciplines qui n'ont pas d'utilité directe : les connaissances sont davantage valorisées pour elles-mêmes. C'est donc le sens même de l'école et du travail scolaire qui se révèle construit différemment selon les groupes sociaux.

Or, même si les catégories sociales présentent de grandes diversités et s'il n'y a à l'échelle individuelle aucun destin tracé d'avance, les pratiques cognitives et langagières qui ont cours à l'école sont proches de celles que vivent dans leur famille les enfants des milieux socioprofessionnels aisés et des élites intellectuelles, et, *a contrario*, souvent éloignées de celles que vivent les enfants des milieux populaires, et encore plus ceux des milieux précarisés concentrés dans les zones dites « sensibles ». Pour les premiers, l'école se trouve en continuité culturelle avec les pratiques familiales, pour les seconds en rupture forte. Les conséquences sont brutales : tendance à la réussite scolaire d'un côté, tendance à des réussites limitées ou à des échecs de l'autre[1]. La dimension cognitive des apprentissages est ainsi au cœur de la question des inégalités sociales de réussite scolaire.

Les malentendus et les conflits de représentations autour du travail scolaire ne sont pas rares. Par exemple, lors de la récitation de poèmes, une querelle éclate dans une classe de CE2-CM1 d'un quartier très défavorisé, à forte population issue de l'immigration : « Pourquoi elle le corrige, lui ? Elle a pas le droit de le corriger ! » Très vite, il apparait que le clivage se situe entre élèves d'origine ethnique et de sexes différents : une fille « black » n'a pas à faire de remarque à un garçon « beur ». Cependant, au-delà du plus visible, c'est le sens du travail lui-même qui semble aussi poser problème. Le but de l'activité avait pourtant été clairement expliqué : les remarques devraient aider le récitant à améliorer sa diction. Les élèves avaient eux-mêmes énoncé les quelques critères habituels : parler fort, pas trop vite, ne pas s'arrêter. Mais le constat, mesuré et objectif de la première (« Il n'a pas parlé assez fort »), déchaine la fureur du second. Pour que la réaction soit aussi aigüe, il faut que la remarque ait été sentie comme une agression, pas comme une aide à une amélioration future dont l'intérêt échappait. Une « enquête lexicale » dans la classe sur le sens et les emplois du mot *corriger* a montré que, pour beaucoup d'élèves, il est associé à *cogner* et appartient au domaine des parents, des ainés ou des instances d'autorité sociale, et pas au domaine du travail scolaire ! Le mot n'avait pas été employé par le professeur, mais c'est avec lui que les élèves de cette classe avaient interprété la situation. On peut alors s'interroger sur le sens qui se tisse chez eux entre les corrections des fautes d'orthographe et les autres…

La réaction violente de ces écoliers est à rapprocher de celle de jeunes plus âgés dans le cadre d'un stage « 16-18 »[2], réfractaires à toute activité métalinguistique et à toute idée de correction de productions écrites : pourquoi refaire, « puisqu'on l'a déjà fait une fois » ? Élisabeth Bautier avance plusieurs explications : une représentation du stage où l'on est quitte en faisant ce qui a été demandé et où l'on n'a pas à travailler au-delà des horaires de présence ; mais aussi le sentiment d'être incapable de trouver une solution différente. Pour corriger, précise-t-elle, il faut avoir la capacité de modifier les seuls repères cognitifs qu'on a déjà et admettre que l'apprentissage est fait de tâtonnements, qu'il s'appuie sur un travail de recherche et d'analyse, toutes attitudes peu fréquentes chez ces stagiaires passés par les filières de relégation scolaire, chez qui s'accumulent les mauvais souvenirs d'école. Bernard Lahire, de son côté, a rapporté de nombreuses scènes de classe d'école primaire qui montrent comment les élèves des milieux populaires tentent de satisfaire aux exigences scolaires : répondre par association d'idées ou par imitation intuitive d'une réponse déjà donnée ; répondre n'importe quoi ou se taire jusqu'à ce que l'attention se déplace sur quelqu'un d'autre[3]. Dans le domaine de la langue, la marge de manœuvre de ces élèves est presque inexistante. Selon lui, la « logique de la compréhension » qui a remplacé, en français comme dans les autres disciplines, la « logique de la restitution » est beaucoup plus exigeante et contribue à creuser les écarts scolaires.

La ligne de partage passerait donc entre les élèves qui voient dans les consignes du maitre plutôt des consignes à exécuter et ceux qui y voient plutôt une injonction à apprendre. Les premiers identifient l'apprentissage à la tâche demandée ; les seconds à une activité de la pensée, en vue d'une appropriation de connaissances, d'une transformation de soi, qui nécessite

1. Sur les élèves de 6e de 1989, ont obtenu un baccalauréat d'enseignement général 72 % d'enfants de cadres contre 23 % d'enfants d'ouvriers (respectivement 55 % et 11 % en 1962). Voir bibliographie *Au-delà de l'orthographe* : Jean-Pierre Terrail, *De l'inégalité scolaire*, p. 11.

2. Élisabeth Bautier, *Pratiques langagières, pratiques sociales. De la sociolinguistique à la sociologie du langage*, *op. cit.*, pp. 111-119.

3. Voir bibliographie *Au-delà de l'orthographe* : Bernard Lahire, *Culture écrite et inégalités scolaires…*

une mobilisation intellectuelle, la tâche imposée étant l'occasion de cette mobilisation et de cette transformation. Souvent, les premiers ont du mal à accepter le jugement scolaire : ils ne comprennent pas pourquoi, par exemple, alors qu'ils ont fait ce qui a été demandé, une rédaction ou une série d'exercices de grammaire, ils n'ont pas la moyenne : que les contenus entrent en ligne de compte leur semble relever de l'injustice et la négociation de la note apparait alors comme une réponse normale.

Dans le domaine de la langue, la situation est particulièrement critique : aux évaluations nationales de sixième où les scores les plus bas sont régulièrement ceux qui concernent la maitrise des outils de la langue pour écrire, en 2002, par exemple, les 10 % les plus faibles obtiennent un score de 23,9 % là où les 10 % les plus forts atteignent 85 % ; autre chiffre significatif qui concerne la maitrise des outils de la langue pour lire et pour écrire cette fois, l'écart entre les garçons ZEP et les filles hors ZEP est de près de 20 %[1].

Les élèves des milieux populaires sont donc ceux qui sont à la fois les plus faibles et ceux qu'une certaine conception utilitaire éloigne des activités d'apprentissage véritables. Au bout du compte, ces élèves n'apprennent pas et rejettent tout ce qui concerne l'étude de la langue ou de l'orthographe. Les recherches sur le rapport au savoir sont donc d'un grand secours non seulement pour éclairer les résultats des évaluations nationales, mais pour tenter de résoudre ce qu'il est possible de résoudre sur le terrain des processus d'apprentissage. On cessera peut-être alors de renvoyer les élèves des milieux populaires à ce qui sera finalement bien un destin.

Toutes les disciplines sont concernées par cet effort, mais particulièrement le français, tout entier consacré à l'étude de la littérature, des discours et de la langue, c'est-à-dire à des questions où la culture, le langage, l'identité, sont cruciales.

Poids de l'orthographe

Qu'on le veuille ou non, dans l'opinion et les médias, l'orthographe est souvent la marque de la réussite ou de l'échec de l'école : on mythifie d'ailleurs jusqu'à l'absurde l'époque de Jules Ferry (XIXe siècle) ou du *Bled* des années 1950 en évoquant une prétendue réussite de tous les élèves à la dictée du certificat d'études (seuls ceux qui devaient le réussir étaient présentés). Pour les professeurs, elle est plutôt le signe de la réussite ou de l'échec de l'élève lui-même, parce qu'elle est ce qui se perçoit en premier dans ses écrits. Pour bien des élèves, elle constitue un de leurs plus grands tourments. Même si le passage dans le second degré n'est plus sous le couperet des « cinq fautes zéro » à une dictée d'entrée en sixième, l'orthographe reste un moyen de sélection indirect, en tout cas redoutable pour les élèves qui n'atteignent pas un certain niveau à la fin de l'école ou au début du collège. Les collégiens de milieux défavorisés, scolarisés dans les établissements des « cités », sont d'ailleurs lucides quant à leur niveau en orthographe et au poids qu'elle représente dans leurs difficultés scolaires[2], tandis que beaucoup de personnes établissent spontanément un lien entre leur manque d'intérêt pour les études et leur bas niveau d'orthographe (« zéro en dictée »). L'orthographe intervient ainsi fortement chez les élèves, dans leur propre façon d'appréhender le langage écrit et son apprentissage, et, bien évidemment, dans les jugements qu'on porte sur eux.

> Dans des recherches d'évaluation comparée, on a pu constater, comme dans les expériences bien connues sur « l'effet Pygmalion », que les professeurs donnent toujours des notes supérieures aux copies d'élèves d'origine favorisée, alors que chaque copie s'est vu attribuer une « origine sociale » de façon aléatoire. Pour des copies de français de sixième, c'est l'orthographe, et non le contenu, qui pèse le plus de façon négative si l'élève est présumé d'origine sociale défavorisée[3].

1. DPD, « L'évaluation des compétences des élèves de sixième en septembre 2002 », *Note d'information* 03-20, 2003.
2. Bibliographie *Au-delà de l'orthographe* : Danièle Manesse (coord.), *Le français en classes difficiles…*
3. Bibliographie *Au-delà de l'orthographe* : Jean-Pierre Terrail, *De l'inégalité scolaire*, pp. 79-80.

Il existe néanmoins un lien objectif entre niveau d'orthographe et réussite scolaire, mais il n'est pas direct : la réussite en orthographe en CM2 se révèle être un indicateur de réussite future au collège. Comment l'expliquer ? On peut penser que les professeurs sont mieux disposés à l'égard d'élèves qui rendent des copies qui ne sont pas truffées de fautes, et c'est sans doute le cas. On peut aussi penser que les élèves, moins accaparés par l'orthographe, peuvent diriger leur attention vers l'acquisition des savoirs et se montrent ainsi meilleurs dans les apprentissages disciplinaires, et c'est aussi probablement le cas. Mais il s'agit sans doute de quelque chose de plus fondamental et qui a été mis en évidence tout au long de cet ouvrage : un élève bon en orthographe à onze ans est un élève qui est non seulement déjà entré dans l'abstraction, mais dans un rapport au savoir pertinent pour l'acquisition des connaissances. Il a donc déjà fait une bonne partie du chemin : il est davantage prêt à suivre un enseignement où il s'agit d'apprendre des notions plus complexes à partir d'un discours magistral dispensé selon un rythme rapide et sur le mode oral.

L'orthographe, jusqu'à présent, est donc doublement déterminante : d'une part, elle pèse de façon non négligeable dans les évaluations disciplinaires et les jugements globaux ; d'autre part, par les formes traditionnelles de son enseignement, elle va dans le sens des représentations des élèves pour qui apprendre revient à écouter le maitre, faire ou répéter ce qu'il dit, remplacer un singulier par un pluriel, écrire les verbes au temps et personne indiqués entre parenthèses, corriger ce qui est faux. L'importance des exercices de bas niveau conceptuel est d'autant plus grave que ces élèves ont tendance à s'estimer quittes du travail scolaire en s'en tenant aux signes extérieurs de la tâche à accomplir (faire l'exercice, dire la règle, recopier) sans saisir que le travail scolaire est au service du savoir (apprendre quelque chose).

Les faibles lecteurs ont souvent des difficultés à saisir le système des relations qui unissent les personnages d'un roman, ou les relations entre ces personnages et leurs actions, voire à repérer les personnages eux-mêmes à travers leurs caractéristiques : ils disent ne pas aimer lire (et ne lisent pas). Les faibles orthographieurs, et ce sont souvent les mêmes, ont du mal à appréhender la langue comme un système dont on peut repérer les régularités : ils renoncent à se préoccuper d'orthographe. Les tâches d'exécution parcellaire les éloignent donc d'une activité d'appropriation des connaissances et du travail intellectuel autonome ; et, comme ils progressent peu, la frustration augmente, quand ils ne tombent pas dans la spirale infernale fautes/échec/perturbation.

Il serait naïf de croire qu'un enseignement de l'orthographe plus attentif aux causes des inégalités scolaires pourrait résorber les inégalités sociales. Mais enseigner selon des modalités différentes peut amener des élèves à construire un autre rapport à l'orthographe et, étant donné le poids de celle-ci dans la représentation de l'écrit et dans la représentation de soi, avoir des effets qui dépassent le cadre de l'orthographe chez ceux qui sont les plus éloignés des formes pertinentes de scolarisation.

4.2. Construction d'autres représentations

De la fatalité à la causalité

Dans tous les domaines linguistiques, les élèves des milieux populaires partent ordinairement perdants. C'est moins le cas à partir du moment où le niveau de connaissance orthographique n'est plus confondu avec le nombre de fautes dans une dictée ou dans une rédaction ; où les graphies et les modes de raisonnement sont interprétés comme des savoirs et savoir-faire en devenir à un moment du développement ; où les contenus enseignés sont à portée cognitive des élèves, c'est-à-dire se situent dans ce que Vygotski a appelé la zone proximale de développement.

Vygotski a défini la *zone proximale de développement* par l'écart entre le niveau actuel de l'enfant et le niveau qu'il va prochainement atteindre ; elle est déterminée par les problèmes qu'il ne peut résoudre seul, mais qu'il parvient à résoudre avec l'aide d'un adulte ou d'un pair plus avancé.

> C'est donc la zone où l'enseignement se révèle efficace. Au-delà ou en deçà, l'élève n'apprend rien et perd son temps. L'apprentissage scolaire dispose là d'une ressource commode... En effet, l'enseignant qui se trouve à l'autre bout de la chaine des savoirs a souvent oublié le chemin qui l'y a conduit; sa structure cognitive est très éloignée de celle de ses élèves. En revanche, en s'appuyant sur le jeu interactif, on fait progresser toute la classe sans ralentir les plus forts qui ne perdent pas leur temps à répéter des morceaux de discours qu'ils connaissent par cœur, mais peuvent perfectionner leurs modes de raisonnements et la formulation de leurs connaissances.

Le fait de ne pas être mal jugé en raison de ses fautes d'orthographe donne d'emblée une autre place à l'élève. C'est pourquoi d'ailleurs il est important d'éviter de susciter des réflexes défensifs avec les questions du type « Pourquoi tu n'as pas mis de *s* ? » Le travail hors de tout jugement négatif est la condition liminaire du changement. En effet, que ce soit dans les chantiers ou dans les débats orthographiques, les élèves faibles ne sont pas disqualifiés dès qu'un bon élève a parlé; au contraire, ils ont, comme les autres, à proposer leurs classements, à expliciter leurs procédures, et leurs commentaires sont attendus et pris au sérieux, même s'ils ne sont pas « conformes ». Ce qu'ils disent sert à construire les connaissances communes tout autant que ce que disent les forts en orthographe.

Mais, avec le travail mené au cours de la phrase dictée du jour, les élèves faibles de milieux populaires sont en situation de lever des obstacles d'ordre plus général. En effet, il n'est pas rare de voir ces élèves, dès neuf ou dix ans, convaincus d'une division implacable et définitive entre bons et mauvais en orthographe : « On n'y peut rien, de toute façon, eux, ils savent toujours, c'est normal, ils sont bons », disent-ils. Ils ne parviennent pas à comprendre d'où vient la réussite des bons élèves, qu'ils attribuent au hasard, à la chance, au favoritisme ou à l'origine sociale.

Effectivement, il leur est difficile de voir autre chose que la fatalité quand, séance de correction après séance de correction, ils sont à même de constater que les autres s'en tirent toujours mieux, par exemple, dans cet échange banal après une dictée où Kevin a écrit *ils avaient donner* :

Enseignant : *Ils avaient donné.* Qui veut corriger *donné* ? Clara ?
Clara : *é*.
Enseignant : Pourquoi ?
Clara : On peut pas le remplacer par *prendre*, il faut dire *ils avaient pris*.
Enseignant : Et donc... ? Saïd ?
Saïd : On ne peut mettre *er*, on doit mettre *é*.
Enseignant : Très bien, Saïd. Kevin, tu as compris maintenant ? Tu peux redire ce que Clara a dit ?
Kevin : On peut dire *ils avaient pris*.
Enseignant : Oui, c'est le verbe *donner* au plus-que-parfait.

Comment Kevin peut-il comprendre son erreur, lui qui a écrit *donner* justement parce qu'il a repéré que c'est un verbe ? C'est ce type de dialogue correctif qui conforte les « élèves en difficulté » dans leur image du savoir comme quelque chose qu'on a ou qu'on n'a pas, définitivement et indépendamment de ce qu'on fait. On doit donc se fixer pour objectif d'aider ces élèves à transformer leurs représentations de leurs difficultés. Une intervention en trois temps, de type métacognitif, dont la modalité devrait être tenue pour un principe pédagogique de base, semble la plus appropriée :

> 1 – prendre acte de ce que l'élève a eu une réflexion orthographique et mobilisé un savoir : « Tu as cherché comment écrire *donner* » ;
> 2 – confirmer son savoir en lui proposant une explication de ce qu'il a fait : « Et tu as sélectionné *er* pour indiquer que c'est un verbe, et tu as raison, *donner* est bien un verbe » ;
> 3 – rendre intelligible l'écart, c'est-à-dire montrer la limite de ce savoir en faisant ressortir la différence entre sa manière de penser et ce que la norme implique : « Mais ici, on écrit *é*, parce

que la forme verbale, c'est *avaient donné*; le mot qui porte la marque verbale, c'est l'auxiliaire *avaient*, et on met *é* à *donné*, pour indiquer que c'est le participe passé qui va avec l'auxiliaire. On met *er* seulement quand le verbe est à l'infinitif et là, il ne l'est pas »[1].

Ainsi, le commentaire de l'enseignant n'annihile pas le travail des élèves faibles au nom du résultat de ce travail. Tout en pointant clairement l'erreur, il explique à ceux qui se sont trompés comment ils ont cheminé pour en arriver là et quel autre chemin suivre pour éviter l'erreur. En même temps, il rassure sur l'entreprise, en garantissant son aide. Son commentaire n'a évidemment pas pour but de régler une question définitivement, mais d'apporter un peu de clarté cognitive, de souligner simplement qu'un chemin existe et qu'il est possible d'apprendre.

Cette façon de se pencher minutieusement et de façon bienveillante sur la procédure d'un élève peut paraitre difficile dans une classe chargée de collège. Si on ne peut pas l'adopter comme mode d'enseignement régulier, on peut l'utiliser comme une « botte secrète » pour infléchir le trajet d'un élève qui se pense incapable de penser, uniquement parce qu'il a toujours faux et qu'il n'arrive pas à percevoir la différence entre ce qu'il croit devoir faire et ce qu'il faut faire (après tout, un verbe, ça prend aussi *er*) : c'est, en quelque sorte, une procédure de réhabilitation, de restauration de la confiance en soi, dans ses possibilités de comprendre et d'apprendre.

Le dispositif de la phrase du jour combine ce que Jean-Pierre Astolfi considère comme les trois leviers de l'apprentissage : le conflit sociocognitif qui favorise la construction conceptuelle dans les interactions ; la métacognition qui aide à comprendre ce qui ne va pas dans ses propres raisonnements ; le travail en zone proximale de développement qui vise ce qui est en germe et s'appuie sur la proximité des connaissances entre élèves plus avancés et élèves moins avancés. Il peut alors être aussi un levier puissant pour faire voler en éclats cette représentation d'un destin fixé à jamais :

1 – d'abord parce que ces élèves voient que les « bons » ne sont pas tous si bons que cela, ils se trompent aussi et leurs arguments ne sont pas toujours recevables ;

2 – ensuite, parce que le lien entre opérations mentales et graphies se trouve mis en pleine lumière, par les verbalisations et les échanges : les élèves faibles découvrent peu à peu que le secret des élèves forts est dans une façon de travailler, tandis que la part obscure du travail mental prend un peu de consistance à leurs yeux ;

3 – enfin, parce que le débat, qui passe en revue les conceptions erronées, leur donne du temps pour comprendre comment fonctionne l'orthographe et comment mobiliser des connaissances, revoir des choses oubliées ou rectifier des choses comprises de travers : la possibilité d'une transformation de leurs représentations cognitives leur est ainsi donnée, c'est-à-dire justement ce dont ils sont privés quand la bonne réponse immédiate fait passer la classe à la suite.

Le grand avantage de la phrase du jour pour ces élèves est donc bien d'afficher, séance après séance, la causalité graphique, qu'elle soit d'ordre phonographique, morphologique, morphosyntaxique ou distinctif, et de mettre patiemment l'accent sur la dimension de système de l'orthographe. C'est pourquoi on peut voir des élèves très faibles changer d'attitude dès qu'ils saisissent un peu les règles du jeu.

Quand Ouran, élève de CM2, lors des trois premières séances où la classe fait une dictée (d'une seule phrase), répond systématiquement « J'ai pas pensé à l'orthographe », la distance qui le sépare d'un univers où la réflexion est constante semble infranchissable. Mais, quand à la quatrième séance, il commence à dire « Là, j'ai pas mis de *s*, mais je pense qu'il en faut un… parce que… », même sans parvenir à formuler une raison, cette fois-là, on mesure que quelque chose d'important s'est modifié : l'orthographe n'est plus totalement ce monde opaque, chaotique, dont

1. Cette attitude a été formalisée par une équipe de recherche sur l'apprentissage progressif de l'écrit à l'école maternelle sous le vocable VIP, valoriser-interpréter-poser un écart. Voir Mireille Brigaudiot, dir., *Apprentissages progressifs de l'écrit à l'école maternelle*, Hachette, 2000.

on ne peut rien dire, qui ne se pense pas et où on tombe juste par chance. Par la suite, comme un certain nombre de ses camarades, il s'est mis à intervenir de plus en plus pour défendre une graphie.

On peut supposer que, quand des élèves faibles se lancent, c'est qu'ils sont alors rassurés par un rituel très lisible, qu'ils sont convaincus qu'ils ne s'attireront pas de moqueries et, surtout, qu'ils commencent à saisir quelque chose de l'orthographe. Ils s'emparent alors des moyens par lesquels on a prise sur l'orthographe. Ce n'est sans doute pas un hasard si leurs « J'ai écrit comme ça » tendent à diminuer ou s'ils tiennent à la balle d'accord, quand les élèves forts rechignent à l'utiliser.

De l'exécution de tâches au travail de la pensée

N'importe quel élève peut se trouver en difficulté de concevoir l'orthographe comme un système de régularités qu'il pourra maitriser un jour. Mais le travail de fond que sont la phrase du jour ou l'étude de corpus peut amener des élèves qui n'en ont pas l'habitude à une réflexion métalinguistique. En effet, quand il n'existe pas de gouffre entre ceux qui savent comment apprendre et ceux qui ne le savent pas, certains d'entre eux commencent peu à peu à oser s'aventurer sur le terrain même du savoir orthographique et à faire preuve de la même finesse d'analyse que les autres.

Par exemple, Kassim en CM2, dans un chantier sur les finales du passé simple à la troisième personne, explique lors de la synthèse finale : « Pour *il vint*, c'est pareil que *il vit* ou *il aperçut* : *in*, c'est comme une voyelle, mais il n'existe pas une seule lettre dans l'alphabet pour faire le son /ɛ̃/, on met deux lettres ». En somme, il vient d'élaborer la notion de phonogramme digrammique (solution trouvée par l'histoire de l'orthographe pour toutes les voyelles nasales sans correspondants dans l'alphabet latin) ! Une analyse pareille, dont l'enseignante n'a pas manqué de souligner la pertinence, a contribué à donner à cet élève une autre image de ce qu'il était capable de faire dans l'ordre de la connaissance orthographique, alors même qu'il commettait habituellement beaucoup d'erreurs.

À l'école primaire, il suffit souvent de quelques réussites pour que s'enclenche chez un élève faible un nouvel intérêt pour l'orthographe. Au collège, l'effet d'accumulation des jugements dévalorisants oblige à un travail de réparation souvent délicat. Dans la mesure où, à ce niveau de la scolarité, l'hétérogénéité est telle qu'un nombre non négligeable d'élèves n'en a plus besoin, la phrase du jour sera plus efficace en demi-classe ou dans des groupes à effectif réduit. Ce travail permet d'introduire un travail différencié, au plus près des procédures de chacun. C'est presque un impératif avec des adolescents qui ont conscience de leur retard et qui en éprouvent de la honte (« Toute façon, je suis nul »). Les autres ne leur font généralement pas de cadeau et ils auraient bien du mal à leur faire face pour s'expliquer sur leurs conceptions : un contrat de confiance se juge sur pièce. Les élèves considérés *en difficulté* ont besoin, plus que les autres, de tranquillité d'esprit pour se confronter aux difficultés d'ordre intellectuel : ce label d'*élèves en difficulté* les enferme par trop dans une catégorie qui fait de la difficulté une caractéristique intrinsèque de leur être, au lieu de poser l'objet et les méthodes comme intrinsèquement difficiles. Ils ont d'ailleurs parfois juste besoin d'être rassurés sur leurs capacités orthographiques, eux qui sont justement identifiés par leurs manques.

Par exemple, des élèves de sixième expliquent au professeur de français responsable du soutien qu'ils sont mauvais en orthographe ; ils lui demandent de leur apprendre les règles. Mais celui-ci leur répond que leurs instituteurs les leur ont très bien enseignées et qu'ils les connaissent. Après discussion, ils identifient le problème : effectivement, ils connaissent les règles, mais n'y pensent pas quand ils écrivent. Une stratégie de vigilance orthographique est alors mise au point : ils s'engagent à faire systématiquement attention à l'orthographe quand ils écriront, quel que soit le cours, mais en veillant à une seule chose à la fois, toujours la même pendant deux semaines :

l'accord de l'adjectif, du verbe ou du participe passé, les homophones, les majuscules, les points, ce qu'ils veulent, le plus urgent. Toutes les deux semaines, ils font le point avec « le professeur de soutien » et décident s'ils gardent le même objectif d'orthographe ou s'ils passent à un autre. Au conseil de classe suivant, les progrès ont été suffisants pour que des professeurs en fassent la remarque. En d'autres termes, ces élèves n'ont pas eu besoin de remédiation, au sens habituel de refaire plus de ce qui a déjà été inefficace, mais simplement de pouvoir s'appuyer sur leurs savoirs et savoir-faire actuels pour développer leurs compétences. En trouvant ou retrouvant ainsi confiance dans leurs capacités à penser et à maitriser des savoirs, ils ont pu progresser.

Dans des activités où ils ne sont pas stigmatisés, les élèves faibles en orthographe et particulièrement ceux de milieux populaires semblent ainsi découvrir la part du travail de réflexion dans l'apprentissage ; ils découvrent aussi parfois un peu du plaisir de chercher et de concevoir. De plus, la distance entre ce travail réflexif et un résultat positif (même partiel) étant relativement courte, ils sont encouragés à poursuivre leurs efforts, car ils sont à même de percevoir ce travail réflexif comme la cause de leur amélioration en orthographe. Les collégiens ne maitrisant pas la langue et qu'on dit réfractaires à l'abstraction auraient peut-être des parcours différents si l'enseignement prenait véritablement en charge le trajet vers l'abstraction, vers le travail de la pensée : là commence ou finit l'égalité des chances.

Du langage dans l'action au langage pour apprendre

À l'école, le langage n'a pas qu'une fonction d'action immédiate sur autrui, de régulation du quotidien ou d'expression du vécu. Sa fonction dominante concerne la présentation des savoirs, l'acquisition, la structuration et la vérification des connaissances. Les pratiques du langage qui portent sur les connaissances contribuent ainsi à l'objectivation des savoirs et à leur manipulation par la pensée.

Malheureusement, les tâches limitées et les interactions verbales de type <*Question/Réponse/Évaluation*> n'ouvrent pas suffisamment la voie à des pratiques culturelles où le langage sert à la construction des connaissances, où l'écrit réflexif occupe une place prépondérante. Ces usages du langage constituent donc une des ruptures les plus fortes – mais des plus nécessaires – chez les élèves des milieux populaires, car ils n'y sont pas préparés et soutenus par les habitudes culturelles familiales plutôt tournées vers des usages pratiques et oraux du langage. Cette rupture est d'autant plus forte que les pratiques essentiellement réflexives du langage sont articulées sur les savoirs de haut niveau. Il est donc indispensable d'y travailler en classe avec tous les élèves.

Les dispositifs d'apprentissage de l'orthographe fournissent des occasions de s'exercer à ces pratiques cognitivo-langagières, à l'oral surtout, mais aussi parfois à l'écrit, quand il s'agit de commenter ce que l'on sait ou fait, commenter ce qui est dit, définir, expliciter, reformuler, résumer les points forts d'une recherche ou en reconstituer les étapes, expliquer des causes, les procédures, les classements, des résultats, donner des critères, formuler un conseil motivé ou des éléments de synthèse, évaluer, commenter l'évaluation. De par leur importance et leur régularité, les moments d'explicitations verbales, les débats, les présentations de travaux, engagent incontestablement dans ces pratiques fondamentales ceux qui n'en bénéficient pas en héritage. L'orthographe devient ainsi pour eux un terrain supplémentaire où ils peuvent découvrir que le langage sert aussi à apprendre.

Du langage en situation à l'objet langue

Prendre la langue comme objet d'étude constitue une autre rupture radicale par rapport aux habitudes culturelles des élèves des milieux populaires. Ils peuvent être de redoutables débatteurs ou d'excellents conteurs, ils peuvent faire preuve de créativité lexicale et syntaxique et se délecter des joutes verbales, mais, même quand ils manipulent des tiges et des poids en essayant d'expliquer comment mettre une tige en équilibre sur un axe à l'aide d'éléments de masse différente, cela tient encore du langage en situation.

Or, dans les activités visant la maitrise de la langue, et l'orthographe en particulier, les propos ont pour référent non le monde physique et social, mais les objets de la langue, qui peuvent être transformés par le langage lui-même, non par une action physique. Cet usage du langage ne va pas de soi, et c'est ce qui explique bien des échecs, tels ceux recensés par Bernard Lahire. On peut mentionner l'exemple de cette élève de CE2 déroutée par la consigne de « mettre *le jardin* au pluriel ». Ce qui la bloque, ce n'est évidemment pas le pluriel, elle saura comme tout le monde dire qu'elle a vu *des jardins avec des arbres* si elle doit raconter la sortie de sa classe ; mais *mettre au pluriel* est une pratique qui implique de sortir du langage finalisé par une interaction pour une pratique décontextualisée. C'est pourquoi l'exercice n'a pas de sens pour elle, alors que l'on croit trop souvent que les élèves ne comprennent pas le sens littéral des consignes.

Acquérir la capacité de traiter la langue comme un objet est un élément fort dans la construction des capacités d'abstraction : on a vu que c'est un des points socialement les plus différenciateurs. On ne peut donc se satisfaire de ce constat et ne proposer aux élèves faibles que des tâches en prise sur le vécu, des exercices simplifiés à outrance, des activités orales, avec la louable intention de leur faciliter les choses. Si la pédagogie du projet a permis de faire un grand pas en avant en rendant l'activité d'écriture et les contraintes qu'elle impose intelligibles, par contraste, elle a aussi permis de repérer ce point de difficulté : certains élèves, notamment ceux qui n'ont pas acquis l'habitude, grâce aux échanges familiaux, de porter une attention particulière aux formes langagières, ont tendance à appréhender ce qu'ils font plutôt comme des actes de communication orale ou écrite que comme des actes d'apprentissage. C'est pourquoi il est important qu'ils se situent aussi sur ce terrain : s'ils écrivent une critique de film, c'est pour apprendre à écrire et pour connaitre le fonctionnement des discours et de la langue, et pas seulement pour donner leur opinion. Leur vision plutôt instrumentale de l'école les mettant en difficulté, c'est donc à l'école de les aider à sortir des usages spontanés du langage et à entrer dans des apprentissages formels, avec un étayage approprié. Il faut pour cela leur proposer aussi des situations fondamentales pour l'acquisition des connaissances que sont les situations d'objectivation et de conceptualisation dans la logique des savoirs savants.

> Ce travail commence à l'école maternelle avec les activités de repérage des composants sonores d'un énoncé qui contribuent aux prémices de la *conscience phonologique* et peut se poursuivre au cours préparatoire avec la phrase du jour, tout à fait apte, comme on l'a vu, à prendre le relai pour instituer une réflexion continue sur le matériau linguistique écrit.

L'étude de la langue instaure de fait une position distanciée par rapport aux pratiques de communication. C'est aussi celle du scripteur devant son propre texte et celle qu'un élève doit adopter bien sûr dans les disciplines scientifiques avec la démonstration, mais aussi en littérature, en histoire ou en philosophie, quand il doit commenter des textes de façon critique et pas seulement donner son opinion. L'orthographe peut y aider. En effet, la plupart des élèves reconnaissent son rôle dans la communication écrite (même s'ils soutiennent que les fautes ne les empêchent pas de se comprendre ou que les messages électroniques s'en passent bien). Elle conserve une finalité pratique évidente. Mais elle révèle aussi un peu du fonctionnement de la langue. Elle se situe donc à l'interface entre une pratique finalisée par l'action – communiquer par écrit – et une pratique coupée de l'action – connaitre certains aspects du langage écrit et acquérir une *posture métalinguistique*, nécessaire à la maitrise de l'écrit. C'est pourquoi elle peut constituer, pour des élèves, une transition, sans doute et paradoxalement plus accessible que l'enseignement de la grammaire, vers ce qu'il est convenu d'appeler la langue-objet. Elle peut en tout cas servir d'entrée à une réflexion sur la langue. Mais en touchant au savoir, au langage et à la langue, on touche aussi à une dimension plus personnelle des apprentissages.

Image de soi, image des autres

Blessures d'orthographe

Tout apprentissage comporte une dimension relationnelle et affective, et celui de l'orthographe n'est pas en reste. Il est en effet toujours frappant de voir à quel point son évocation suscite d'affects chez les anciens élèves que sont les adultes d'aujourd'hui : le contexte de l'apprentissage d'autrefois avec le poids de la faute y est sans doute pour quelque chose. En effet, si certains se souviennent avec bonheur de l'heure de la dictée et de leur apprentissage de l'orthographe, d'autres en gardent des souvenirs cuisants, amers, douloureux, régulièrement évoqués dans les ateliers d'écriture comme une blessure du passé toujours vive. Certains, parfois, en témoignent publiquement des années après :

« J'avais fait des fautes et je m'étais fait sévèrement gronder avec punition, la règle sur les doigts… Faire des lignes, recopier le mot plusieurs fois, cent fois écrire le même mot… Ah oui, j'avais été malheureuse parce qu'en fait, parce qu'en fait, je n'étais pas habituée à me faire gronder comme ça, et puis voilà, quoi. »
« Une grande partie de ma vie, quand même, je dirai personnelle, quotidienne, familiale, universitaire, est organisée autour de ce, je dirai, de ce problème d'orthographe et de stratégies pour éviter que ça se sache, que ça se voie. Et je dirai que j'en ai, j'en ai, je m'y suis adapté mais il m'a fallu beaucoup d'années. […] Je dirai que j'ai été d'abord dépassé par ça pendant… jusqu'à l'âge de 17 ans. À 17 ans j'ai arrêté complètement d'écrire d'ailleurs pendant… enfin bon j'ai quitté l'école en échec scolaire en grande partie d'ailleurs à cause de ce problème d'orthographe. […] Enfin, donc j'ai… Voilà. J'ai arrêté d'écrire… moi, j'ai arrêté d'écrire. »

Bernard Traimond, *Une cause nationale : l'orthographe française*, PUF.

Ortografe
Voilà je me lance, depuis le temps que j'ai envie de vous écrire. Je n'ai jamais osé car je suis victime d'une dictature qui m'empêche de prendre ma plume et je ne suis pas seule dans cette situation. C'est une dictature sournoise qui paralyse ma main dès que je dois prendre un stylo. Je connais des victimes de cette dictature qui ne prennent même pas le risque d'écrire une carte postale pour donner de leurs nouvelles, condamnées à rester sans trace écrite de leur vie. Toujours soumis au regard scrutateur de ses généraux qui nous rappellent à l'ordre à la moindre faute… d'orthographe. Avec ses règles compliquées, ses cas particuliers, elle fait de nous des victimes quotidiennes, car, quand on ne sait pas écrire sans faute d'orthographe, on n'écrit plus, jusqu'à en perdre l'usage du stylo. Je vous demande d'être solidaire et de nous laisser, nous aussi, nous exprimer par écrit, même si nous ne respectons pas toutes les règles.

Christine, *Télérama*, juin 2001.

Il faut d'ailleurs un certain culot et un ancrage socioprofessionnel qui le permette pour oser déclarer publiquement ses difficultés orthographiques actuelles :

« J'ai toujours eu moins soixante en orthographe. Je vais parler de ces enfants car j'en ai été un et je ne vais pas employer l'imparfait : c'est toujours pareil. Et je suis spécialiste de la graphie du français et on me reconnait une certaine compétence sur le sujet. Si je suis en situation d'insécurité sociale, j'ai à nouveau moins soixante, instantanément. Alors que je suis capable de décrire l'ensemble des règles qui régissent les graphies que je ne sais pas mettre. »
Marceline Laparra, universitaire et membre du collectif de la revue de didactique du français *Pratiques*, en ouverture à un colloque consacré à l'orthographe (bibliographie *Orthographe*, Groupe Maîtrise de la langue, *Je vous écris sans fautes*).

Mais il faudrait surtout écouter ce qu'ont à dire les écrivains publics de ceux qui font appel à eux, les exclus de l'écriture, et souvent de la société.

L'enseignement autoritaire d'autrefois en matière d'orthographe a à peu près disparu, mais il reste que de mauvais résultats en orthographe n'ont rien à voir avec de mauvais résultats en géographie, en EPS ou en technologie. Le retentissement prend un caractère autre, comme tout ce qui touche au langage et à la langue. Rien d'étonnant alors à ce que les effets d'un apprentissage difficile en orthographe se propagent jusqu'au plus profond : à la minute où ils commencent à écrire, les élèves faibles en orthographe sont pris en faute dans leur capacité d'*êtres de langage*, selon la formule de Françoise Dolto. Quand la capacité à dire et à se dire se trouve piégée par le décompte inexorable de fautes qui ne peuvent être dérobées au regard d'autrui, c'est l'image de soi et le rapport aux autres qui sont souvent atteints. C'est bien cette résonance qu'on peut encore entendre dans les témoignages cités, ou dans ceux qui ressemblent à s'y méprendre à des dénégations : « Oh, moi j'ai toujours fait plein de fautes, mais, de toute façon, je n'aime pas écrire ». Les émotions et la raison ne sont pas des entités séparées, et l'échec aide rarement à apprendre.

On peut éviter ces effets ravageurs des premiers étiquetages de « difficultés scolaires », dont parlent les sociologues de l'école, à un moment où les seules fautes d'orthographe ne justifient pas de tels jugements : si l'apprentissage de l'orthographe devient un apprentissage comme un autre, si l'obsession des erreurs disparait parce que les graphies non conformes à la norme sont vues comme des savoirs provisoires, et donc comme des graphies de transition, si le carcan dans lequel la faute enferme, et parfois inhibe, se desserre, c'est bien la source du sentiment d'insécurité orthographique qui peut se tarir, ou, du moins, s'atténuer. Les élèves faibles ont alors la possibilité de prendre une autre place que celle qui leur est déjà assignée.

Une autre expérience scolaire

En premier lieu, les élèves faibles se voient reconnaitre une parole pleine et entière, puisque, quand ils écrivent, il est d'abord question de ce qu'ils disent et de l'effet qu'ils veulent produire sur le lecteur, pas de leurs défaillances orthographiques : c'est ce qui est leur signifié symboliquement quand, contrairement à ce à quoi ils s'attendent, le premier jet de leur texte leur est retourné sans l'habituel signalement des fautes d'orthographe.

Leur parole est également reconnue dans les débats et les chantiers, puisque aucun raisonnement n'est discrédité pour non-conformité, que les graphies ne sont pas stigmatisées et que les railleries sont réellement interdites, interdiction qu'ils sont d'ailleurs prêts à prendre en charge eux-mêmes vigoureusement. Bien plus, ce qu'il y a d'intéressant dans leurs propos est généralement souligné, non par une bienveillance compassionnelle malvenue, qui les leurrerait sur leurs connaissances, mais parce que leurs raisonnements ont une validité à un âge donné. La classe d'orthographe favorise une prise de parole autonome qui porte non pas sur le vécu, mais sur le savoir, et cette différence est essentielle dans la construction de l'image de soi. Le rapport au langage et au savoir peut s'en trouver déplacé.

Les élèves des milieux populaires ne sont ainsi plus fatalement exclus du jeu scolaire en raison de leurs difficultés en français (combien d'élèves faibles en orthographe refusent d'écrire un texte à cause de l'orthographe ?) Ce n'est plus la conformité à une prétendue unique bonne manière de parler ou d'écrire qui prime : autrement dit, ils n'ont pas d'abord à faire la preuve qu'ils savent parler dans les formes orales ou écrites que l'école juge acceptables pour avoir la possibilité de dire quelque chose. Le droit à la parole sur le terrain des connaissances cesse donc d'être l'apanage des seuls bons en orthographe, c'est-à-dire généralement des bons élèves : eux aussi découvrent, en pratique, que le langage oral et écrit sert à se représenter le réel et à le comprendre.

C'est ainsi qu'on peut expliquer que des élèves, fortement en retrait jusque-là, se mettent à parler au cours de l'activité de la phrase du jour. Par exemple, Martin, raconte son enseignante, n'avait absolument jamais parlé en classe ; pendant quelques mois, lorsqu'il était interrogé, il mettait sa main devant sa bouche et murmurait si bas que personne ne pouvait l'entendre. Comme beaucoup de ses camarades, il avait de grosses difficultés avec l'orthographe et donnait l'impression de subir son rôle d'élève : il n'était absolument pas actif dans ses apprentissages, se contentant d'exécuter ce qu'on lui demandait, et, lorsqu'il ne comprenait pas quelque chose, il ne posait pas de questions. Mais, après les premières séances de phrases du jour commencées quelques mois après la rentrée, il s'est mis à donner son avis, deux ou trois mots au départ, puis à apporter des réponses aux questions que se posaient ses camarades ; et, enfin, il a commencé à argumenter pour défendre son point de vue. Peu à peu, il a pris la parole dans d'autres disciplines.

Par ailleurs, certains élèves très inhibés, souvent de milieux précarisés ou d'origine étrangère, ont du mal à se situer comme sujet dans leurs énoncés : ils produisent peu de marques d'énonciation, peu de modalisations. Effacés dans la classe, ils sont aussi comme effacés de leur discours, caractéristiques que l'on retrouve chez de jeunes adultes ayant un faible niveau d'étude. Mais en se laissant prendre dans le débat orthographique, eux aussi commencent à investir leur discours et à se situer par rapport aux autres : « Je ne suis pas sûr que… », « À mon avis… », « Je suis d'accord avec… ».

On considère généralement que les activités intellectuelles mettent en échec les élèves faibles. N'est-ce pas plutôt parce qu'ils ne travaillent pas intellectuellement qu'ils sont en échec ? En effet, pour faire trois exercices d'application après une leçon, déjà peu stimulants, ils tergiversent en cherchant longuement un stylo en état de marche, en copiant lentement la date ou la consigne de l'exercice qu'ils n'ont plus le temps de suivre, puis en écoutant vaguement la correction : en faisant ainsi leur métier d'élève, ils deviennent les champions de la passivité mentale et de l'évitement cognitif. Mais, quand ils révisent en binôme l'orthographe de leurs textes, quand ils classent en groupe les données d'un corpus en vue d'une présentation à la classe, quand ils raisonnent collectivement sur une graphie, puis sur les raisonnements produits sur cette graphie, quand ils formulent par écrit une proposition de synthèse, ils apprennent à travailler intellectuellement, sur une durée longue.

Chez des élèves faibles en orthographe, des répercussions positives sur leur attitude face au travail sont ainsi possibles à moyen ou à long terme. En réussissant à entrer dans un débat orthographique, ils se découvrent capables de penser, d'échanger et d'apprendre, et ils découvrent aussi que le regard des autres peut également changer. La pression du dispositif leur joue en fait un tour paradoxal. En effet, comme ils produisent des graphies originales non conformes à la norme en grand nombre, ils ont souvent la parole pour les expliciter. Mais il leur faut aussi sauver la face, comme dans toute interaction : soutenir pendant des semaines d'affilée « Je n'ai pas pensé… », « Je ne sais pas… », ou même « Je l'ai toujours vu comme ça ! », est certainement plus inconfortable que de commencer à chercher des raisons aux graphies, d'autant que ces raisons, ils commencent à les appréhender grâce aux échanges collectifs.

Leur représentation du travail scolaire se modifie, puisqu'ils ne peuvent plus l'identifier à l'exécution de tâches ponctuelles. Ils font, au contraire, l'expérience *en classe* de méthodes et conduites délibérées et rationnelles, du contrôle et du retour sur l'action, de la réélaboration nécessaire des savoirs : questionner avec curiosité et esprit critique, se questionner, chercher des solutions et vérifier – les bases, en somme, d'un travail intellectuel structurant.

Civilité

Les élèves qui vivent dans des quartiers où se concentrent des populations en grande difficulté sociale, souvent migrantes, ayant peu de contacts avec d'autres groupes sociaux acculturés à l'école française depuis des décennies, sont souvent stigmatisés pour leur comportement. Il est vrai que les modes de relations sociales qu'ils importent dans la classe ont peu à voir avec l'image des élèves d'autrefois qu'ont les classes moyennes ou aisées. Mais le comportement des élèves dans les quartiers plus favorisés en surprendrait cependant plus d'un parmi ceux qui continuent à penser qu'il suffit de décréter vouloir restaurer l'autorité du maitre pour que l'orthographe soit enfin sue.

Les comportements « a-scolaires » sont usants, voire désespérants, car on sait bien aussi qu'ils empêchent d'apprendre et se retournent contre leurs auteurs. Toutefois, le comportement des élèves n'est pas totalement indépendant des conditions dans lesquelles il se déploie. L'orthographe est le terrain par excellence où s'affiche aux yeux de tous la division entre les bons et les mauvais, où les meilleurs sont souvent sollicités pour aider quelqu'un qui ne sait pas, se trompe ou a du mal à expliquer. Face à des situations insupportables, on dispose ordinairement de trois stratégies : la fuite, le retrait, l'affrontement. Les situations de classe où ce sont toujours les mêmes qui sont valorisés par leurs réponses, parce que la conception de l'apprentissage dominante est binaire, tout ou rien, engendre des phénomènes de rejet bruyant de l'école : aujourd'hui, ceux qui sont en difficulté scolaire, les « nuls », se manifestent et n'hésitent pas à perturber la classe, à s'en prendre aux « bouffons ». L'illustration en reviendra à une scène romanesque :

> – Sortez une feuille, dit Jean-Hugues, totalement démotivé. On fait une dictée.
> – Oh non, m'sieur, pitié, pitié ! supplièrent Nouria et Aïcha, les mains jointes.
> – J'ai toujours moins quarante avec vos dictées ! beugla Mamadou. C'est même pas la peine que j'écris ! Tu me mets la note tout de suite.
> – Mamadou, ça suffit ! s'emporta Jean-Hugues. Donnez-moi votre carnet.
> – Mais je vous ai déjà dit que je l'ai perdu, répondit le grand Black sur un ton indigné. PER-DU ! Comprendo ?
> Jean-Hugues eut la sensation de toucher le fond.
> – Bon, on la fait, cette dictée ? le soutint Majid.
> Caliméro lui adressa un bref signe de tête complice et, la seconde suivante, Majid se prit une tape sur le sommet du crâne. C'était Zeinul, son voisin de derrière.
> – T'aimes ça, les dictées, gros bouffon ?
> Voilà. C'était exactement ce que Majid redoutait. Se faire traiter comme Sébastien, le seul bon élève de 5^{e}6.

Elvire, Lorris et Marie-Aude Murail, *Le Maitre de Golem*, t. 1 : *Magic Berber*, Pocket Jeunesse

À cette scène qu'on dirait saisie sur le vif, on opposera cette autre, bien réelle. Dans une classe de CM2 plutôt agitée d'un quartier défavorisé, les élèves travaillent la phrase dictée du jour en groupes autonomes. Et ils travaillent effectivement. Les discussions sur les graphies vont bon train, suivies de loin par l'enseignante qui a introduit cette activité lors de son stage en responsabilité. Soudain, pour appuyer son argument dans un échange, disons, plutôt tonique, l'un d'entre eux plonge dans son casier pour en ressortir triomphalement la fiche de synthèse établie précédemment en classe entière : « C'est ça qu'elle a dit, l'autre jour, on l'a écrit, tu vois bien que j'ai raison ! » Dans cette classe, l'orthographe était au premier rang de ce qui marchait le mieux…

L'écoute est souvent posée comme une condition première des apprentissages en classe. Mais elle ne l'est que si ce qui a été écouté l'a été vraiment. On croit s'en assurer en faisant répéter (et, quand ils ne peuvent pas le faire, on se plaint qu'ils ne savent pas s'écouter). Or ce qui compte pour apprendre, c'est moins la capacité à répéter ce qui a été dit que la réflexion sur cette parole écoutée. Généralement, il n'y a pas de temps pour un dialogue intérieur, la classe passe à autre chose. Avec le débat d'orthographe, comme avec toute situation présentant un véritable enjeu, des capacités d'écoute se développent chez les élèves. C'est même souvent ce qui frappe des observateurs, y compris dans les « classes difficiles ».

La pratique du débat orthographique oblige en effet à tenir compte d'autrui sans se situer sur le terrain des opinions, propice aux affrontements. Que l'on complète ou que l'on conteste le propos de l'autre, il faut d'abord y réfléchir ; pour répondre, il faut faire référence à l'autre et intégrer sa parole à la sienne propre (présupposés, phénomènes de reprise). Ainsi, en intervenant, l'élève s'individualise et s'affirme ; en s'insérant dans la chaine des débatteurs, il se socialise.

C'est en ce sens aussi que le débat d'orthographe est une préparation à la controverse des disciplines scientifiques. En sciences où elle est fondamentale, on dit qu'une *controverse* s'éteint quand la communauté scientifique parvient à un consensus sur une nouvelle théorie ou sur un nouveau point d'une théorie. Dans la classe d'orthographe aussi, toutes proportions gardées, il s'agit d'établir un consensus sur la validité des arguments avancés en faveur d'une graphie.
La *dispute* évoque ordinairement, selon le *Petit Robert*, un « échange violent de paroles », une violente polémique verbale. On peut réfléchir avec sa classe sur les rapports entre *débat* (dont l'étymologie est également intéressante) et *dispute* à partir du sens que ce dernier mot avait au XVIIe siècle (même famille que *compter*, *conter*, *imputer*, *supputer*, *député*) et dont le sens ancien est défini par *Le Littré* en ces termes : « discussion entre deux ou plusieurs personnes sur un point de théologie, de philosophie ou de science », et plus précisément d'« actes ou discussions publiques, qui se faisaient dans les écoles sur des questions de théologie ou de philosophie ». Le débat orthographique n'est-il pas justement une dispute où l'on ne se dispute pas ? C'est ce que suggère le terme d'atelier de *négociation* graphique choisi pour une activité similaire et qui évoque aussi la nécessité de s'accorder sur le sens des objets dans une interaction, tout en rappelant que la négociation, c'est du travail (en latin, *negotium* s'oppose grâce au préfixe négatif *neg* à *otium*, « loisir »...)

L'apprentissage de l'orthographe peut ainsi concourir – modestement – à la formation du citoyen, cet objectif majeur de l'école : sans sortir du cercle du savoir, les élèves développent une intelligence des relations humaines et apprennent un peu de civilité au cours des activités scolaires elles-mêmes et pas seulement dans les conseils d'élèves, au sein de la classe ou de l'école.

Avec les débats d'orthographe, certains apprennent à sortir de leur réserve et à oser prendre la parole en public ; d'autres, au contraire, à attendre leur tour et à réprimer l'impulsion à dire immédiatement ce qui leur traverse l'esprit. Beaucoup apprennent à se poser face aux bons élèves ou aux perturbateurs patentés. Ces derniers découvrent d'ailleurs qu'il ne suffit pas de *savoir l'ouvrir*, que ce qui prime, ce sont les arguments fondés sur la connaissance. Quant aux forts en orthographe, ils découvrent comment éviter de tomber dans le piège du rôle du « bouffon », en apprenant à établir avec les autres des relations telles que leurs connaissances n'apparaissent pas comme une menace. Dans certains débats orthographiques, on peut d'ailleurs voir comment les rapports de force existent, mais se travaillent.

Par exemple, dans une classe de CM2, un bon élève voit ses arguments irréfutables néanmoins rejetés : par le ton qu'il adopte, il souligne en permanence le peu de cas qu'il fait des autres qui le lui rendent bien. Phrase du jour après phrase du jour, il a appris peu à peu à présenter ses arguments dans des formes recevables et ses relations avec les autres se sont largement améliorées.

À partir du moment où leurs fautes ne les stigmatisent plus aussi lourdement et où leur réflexion a une valeur reconnue, les élèves faibles se sentent exister dans un domaine qui leur est ordinairement interdit. Les conflits d'ordre relationnel peuvent alors se déplacer sur le terrain cognitif. Ce déplacement est capital, car il est la base de la formation civique inscrite dans les programmes. Les élèves doivent apprendre à débattre, à contredire ou à faire une objection sans agresser, à émettre une critique sans blesser, à donner un conseil qui puisse être reçu, à exprimer un désaccord total sans insulter, à entendre une remarque sans se sentir insulté. Ce n'est pas un apprentissage facile étant donné le degré d'agressivité qui prédomine dans les rapports sociaux.

Quand les élèves faibles ont droit de cité, ils n'ont plus en permanence le besoin de sauver la face dans l'affrontement verbal ou physique, faute de mieux. Les démarches proposées pour l'apprentissage de l'orthographe peuvent agir en effet sur les déclencheurs classiques de perturbation de la classe que sont l'ennui, la frustration de ne pas savoir, le sentiment d'infériorité et d'échec par rapport aux autres, tout ce que les recherches sur la violence à l'école ont mis en évidence. Le climat de la classe est susceptible de se modifier quelque peu.

Rien de miraculeux, cependant. Aucune baguette magique ne permet d'« enrôler » facilement, pour reprendre encore l'expression de Bruner, des élèves en échec scolaire depuis longtemps, qui vivent dans des conditions difficiles, pris dans des conflits familiaux, mal logés, parfois dans des taudis. La relégation scolaire dans certains quartiers ghettos, l'absence de perspectives professionnelles dans certaines villes, n'inclinent pas les élèves à se représenter l'orthographe comme une acquisition nécessaire et l'étude de la langue comme une source de satisfaction. Quand on pénètre dans certaines classes, on mesure qu'avant que les élèves puissent éprouver de l'intérêt pour l'accord dans le groupe nominal, il faudra du temps et beaucoup d'énergie de la part de l'enseignant et de la leur. Ils y arrivent pourtant. La partie n'est donc pas perdue d'avance. Elle est juste infiniment plus difficile. C'est pourquoi gagner sur le terrain de l'orthographe où l'on perd si facilement l'estime de soi – mais où l'on peut la regagner – s'avère si important.

Identités

L'apprentissage met toujours en jeu une dimension identitaire. Face aux exigences de l'école, les élèves des milieux populaires ont une conscience plus ou moins forte qu'ils ont à rompre avec une part de leur culture d'origine, pour passer dans un monde différent, avec son langage, ses façons de faire, sa représentation du monde, sa valorisation du savoir pour lui-même, son rapport à la langue, à l'écrit et à la réflexivité. Cette rupture risque d'être aussi un non-retour, ce qu'ils pressentent parfois, en s'y opposant : « Si je m'exprime comme ça, ça sera plus moi », explique un élève de seconde à qui son professeur reproche sa façon de s'exprimer dans un devoir. Le refus se durcit d'ailleurs dès les dernières années du collège quand les élèves ne comprennent pas l'exigence d'adopter le langage du savoir. Changer de langage, c'est changer d'affiliation, et en soutenir la preuve et la nécessité. Des écrivains ont su donner à entendre cette violence symbolique aux effets très réels. Bien des enfants de migrants sont pris dans ce même mouvement de déculturation-acculturation. Des recherches et des témoignages permettent de dépasser le simple constat de comportements « a-scolaires » chez certains d'entre eux en donnant une vision plus complexe de la réalité qu'ils vivent[1].

Dans le domaine de la langue et de l'orthographe, c'est aussi un certain rapport à la loi qui est en jeu, avec tout le retentissement qu'on peut supposer sur le plan psychique pour tout un chacun. Mais les élèves de milieux populaires ont aussi à surmonter l'idée que les lois orthographiques sont faites par et pour les groupes sociaux qui les dominent, et ce, dans un contexte social général où le rapport à la loi et aux figures d'autorité est en question. Respecter l'orthographe, pour certains, peut être ressenti comme une rupture de plus avec son milieu familial et social.

Entrer dans les apprentissages scolaires, c'est encore accepter des attitudes dévalorisées dans certains groupes sociaux, accepter le tâtonnement, la confrontation à l'incertitude, au doute, au non familier, à l'incompréhension provisoire, à ses limites – savoir qu'on ne sait pas, qu'on s'est trompé, accepter de corriger. C'est ainsi que l'on peut comprendre que des élèves, à l'issue du simple examen d'une graphie, préfèrent s'en tenir à leur procédure initiale, même invalidée par la classe entière.

Certes, l'apprentissage est sans doute toujours un processus d'arrachement à soi-même. Mais le trajet à faire n'a certainement pas le même cout psychique pour tous les élèves, l'enseignement ne saurait l'ignorer. Au-delà de la reconnaissance d'une règle d'orthographe, il s'agit bien aussi d'abandonner ses repères, de renoncer à quelque chose de soi, d'adopter une

1. Bibliographie *Au-delà de l'orthographe* : Zerdalia Dahoun, *Les Couleurs du silence...* Et auparavant, Richard Hoggart, *La Culture du pauvre*, 1957, Éditions de Minuit, 1970 ; Pierre Bourdieu, *La Misère du monde*, Le Seuil, 1993.

autre posture dans son rapport au langage et au savoir, de s'ouvrir à ce qui est extérieur au groupe d'appartenance, c'est-à-dire à une culture qui vous préexiste, de réviser des valeurs qui vous ont construit.

Il faut donc aux élèves un peu de temps pour se situer et accepter des changements qui aboutissent à des remaniements identitaires, plus difficiles quand personne avant vous n'a préparé la voie. De l'extérieur, ces transformations paraissent toujours aller de soi, mais leurs résonances intimes échappent au regard. Si ce parcours est inéluctable, on peut veiller à ce qu'il soit fait dans des conditions psychologiques favorables. Alors naitra peut-être du gout pour le métalinguistique et le métalangagier. Pour peu que ces élèves accèdent à un certain plaisir de la connaissance et de la réflexion, les transformations peuvent être profondes. Le meilleur viatique qu'on puisse donner aux élèves – à tous les élèves –, c'est bien une autre considération de leur activité mentale, une autre image d'eux-mêmes et d'autrui. La conception chez les enseignants de l'apprentissage comme un processus de transformation au long cours est un facteur essentiel.

C'est à cette condition que les enfants et les adolescents de milieux populaires pourront élaborer pour eux-mêmes démarches et motivations, et se construire comme élèves dans l'acte même d'apprendre et de penser. Parce que c'est plus facile avec des enfants jeunes, il est important que l'école s'engage au plus vite dans ce nouveau contrat didactique, et justement sur le terrain symbolique qu'est l'orthographe.

5. ET L'ÉVALUATION ?

Tout enseignement s'évalue. Tout apprentissage a besoin d'être évalué. L'évaluation a une fonction sociale et une fonction didactique. Les parents la réclament, l'institution l'exige : elle répond prioritairement au besoin pour l'élève et pour l'enseignant d'avoir un retour sur leur travail. Elle permet à la fois de situer les élèves les uns par rapport aux autres, et l'élève par rapport à lui-même à des moments différents de son apprentissage. Orthographe et évaluation entretiennent d'ailleurs des rapports si étroits que l'évocation de la première entraine rapidement celle de la seconde, un nombre de fautes, celles qu'on a commises ou celles qu'*ils* commettent. De prime abord, la nécessité d'évaluer ne soulève donc pas beaucoup de discussion : on sait pourquoi on évalue. Les interrogations commencent ensuite.

5.1. Des questions épineuses

Qu'évaluer ?

Toute évaluation apprécie la réussite en référence à un ensemble de connaissances déterminé par ce que doit savoir un élève qui a reçu l'enseignement fixé par les programmes pour chaque niveau de classe (ou cycle). C'est donc une comparaison entre un résultat obtenu et un résultat attendu.

Mais, comment faire la comparaison entre la production orthographique d'un élève et ce qui est attendu quand, par exemple, les programmes fixent l'accord sujet/verbe comme compétence de fin de cycle 2, alors qu'à la fin du cycle 3, les élèves ne sont encore que 45,7 % à accorder le verbe dans *les roses jaunes parfument le salon*[1] ? Force est d'admettre que les échelles de référence qui fondent l'évaluation sont inadaptées.

1. MEN-DPD, « Évaluations CE2-6ᵉ. Repères nationaux septembre 1998 », *Les dossiers*, n° 111, 1999, pp. 55-57.

Quels savoirs évaluer si on ne connait pas l'ordre des acquisitions, si on ignore le temps qu'il faut pour que les savoirs enseignés soient assimilés, si on ne sait pas dire à quel âge un niveau est atteint par la plupart des élèves, si on ne sait pas déterminer la difficulté objective d'une notion ? La difficulté de la distinction *chanté/chanter/chantait* est-elle de l'ordre de celle d'une addition, d'une division, d'un calcul de la quatrième proportionnelle ?

Que peut-on évaluer dans un domaine où le perceptible à un instant donné n'est pas toujours le plus significatif (les fausses bonnes réponses et les fausses erreurs) ; où des régressions sont parfois le point de départ de nouvelles avancées ? Par exemple, quand les élèves au CP cessent de copier les mots et se lancent dans l'aventure alphabétique, ils font plus de fautes, et pourtant c'est un passage obligé !

Le problème est que nos ignorances sont plus grandes que nos certitudes, comme le voyage à travers les conceptions des élèves l'a montré. Ce que nous pouvons affirmer sans trop de risque de nous tromper, c'est que l'orthographe d'un élève de CM2 est meilleure que celle qu'il avait en CE2 et moins bonne que celle qu'il aura en 5e... Mais poser que telle ou telle notion doit être acquise à la fin de tel cycle, par exemple, décréter que l'élève de CE2 *doit* distinguer *a* de *à*, c'est de l'illusion. Illusion répandue, illusion institutionnelle aussi, bien curieuse dans un pays qui se revendique souvent de la logique cartésienne. Les choix des programmes procèdent en fait des mêmes deux principes au fondement de la conception traditionnelle de l'apprentissage : le simple est ce qui s'énonce facilement ; ce qui est enseigné n'a plus qu'à être su et peut donc être évalué.

Ce qu'on sait aujourd'hui de l'acquisition de l'orthographe appelle au contraire un autre principe d'évaluation. Il faudrait pouvoir évaluer des déplacements : cet élève a-t-il fait un pas de plus ? L'évaluation devrait être en effet personnelle et qualitative. Pour chaque élève, il faudrait non pas se référer à la norme orthographique, mais à la zone de son prochain développement : maintenant qu'il reconnait les verbes, commence-t-il à différencier les finales verbales ? maintenant qu'il a compris que les participes passés s'accordent en genre et en nombre avec le sujet, parvient-il à ne les accorder que si l'auxiliaire est *être* ? maintenant qu'il accorde l'adjectif, l'accorde-t-il quand il y a des rupteurs pouvant induire en erreur (*la maison de mes voisins dévastée par un incendie criminel*) ? *Etc.* Tâche titanesque, donc impossible, et sans doute tout aussi illusoire. Mais la question des moyens, elle, est encore plus redoutable.

Comment évaluer ?

La dictée est l'instrument d'évaluation privilégié de l'enseignement traditionnel de l'orthographe : c'est par elle qu'on apprend en France son métier d'élève... Tout a été dit sur son compte depuis des décennies, sinon depuis ses origines[1]. Cette avalanche de critiques, toujours actuelles, aurait dû depuis longtemps la reléguer dans les oubliettes de l'histoire pédagogique. Pourtant, il s'en trouve toujours pour prôner son retour, comme si elle avait jamais été vraiment abandonnée ! Rappelons quelques-unes des principales critiques.

1 – La dictée traditionnelle prend d'emblée comme référence la norme, alors que les élèves en sont encore très éloignés : on ne sait pas évaluer par rapport à des états d'orthographe « intermédiaires » qui constitueraient des références successives, celui qu'on peut attendre d'un élève de CE2, puis d'un élève de CM2, puis d'un élève de 5e, puis enfin le savoir achevé.

De plus, dans un texte, l'éventail des notions exigées, pas toutes enseignées et encore moins suffisamment travaillées, est toujours important. C'est d'ailleurs pourquoi des exercices

1. « L'exercice de dictée ne peut être tenu pour un véritable instrument d'acquisition ; tout au plus peut-on le considérer comme un instrument de contrôle dont il est inutile d'abuser », *Plan de Rénovation du français à l'école élémentaire*, dit plan Rouchette (1969), *Recherches pédagogiques*, n° 47, 1971, p. 43 (propos non repris dans les IO de 1972, il est vrai).

à trous ou des QCM la remplacent parfois, mais, comme les exercices sont généralement réussis, ces résultats laissent à juste titre l'impression qu'ils ne reflètent pas le niveau réel d'orthographe. Même quand la dictée prétend n'évaluer que ce qui a été enseigné, on retombe sur l'impossible détermination du temps nécessaire à l'apprentissage d'une notion. Ce temps, fixé *a priori*, ne peut qu'être arbitraire : ce qui est enseigné n'est pas encore compris et le sera bien plus tard, après plusieurs réorganisations cognitives.

2 – On établit s'il y a progrès ou non sur la différence du nombre de fautes d'une dictée à l'autre. Or, chaque fois qu'on donne une nouvelle dictée, on change l'instrument de mesure. De plus, la part de hasard concernant les connaissances préalables du lexique et des structures syntaxiques présents dans une dictée est grande. Un autre échantillon de langue aurait donné d'autres résultats. Comme on ne sait pas établir la difficulté d'une dictée, les comparaisons sont approximatives : conclure d'un élève qui a eu 12 puis 8 qu'il a baissé en orthographe manque pour le moins de rigueur.

3 – La dictée prétend apprécier un acquis et elle évalue des manques en retirant des points par rapport à une norme de référence dont on sait qu'elle est hors de portée des élèves. De plus, en notant sur 10 ou sur 20, on décrète qu'un écart de 10 ou 20 points sépare les connaissances d'un élève de huit ou treize ans de celles de son professeur. Même si l'institution récuse l'évaluation négative, celle-ci persiste, car on ne sait pas évaluer positivement les résultats d'une dictée. Ce mode de notation n'est donc pas sérieusement remis en question.

4 – La dictée évalue un résultat à un instant T, alors que l'apprentissage de l'orthographe est un processus continu à long terme, dans un trajet aussi sinueux que peu lisible. Si on sait repérer qu'une structure suscite moins d'erreurs qu'auparavant, on ne sait pas toujours dire ce que représente cette réussite dans le processus d'acquisition.

Prenons l'exemple du participe passé dans *ils ont cherché* : d'abord graphié avec le phonogramme *é*, puis *er* quand les élèves comprennent qu'ils ont affaire à un verbe, puis de nouveau *é*, car ils distinguent désormais le participe passé de l'infinitif, puis *és* quand la pression de l'accord les amène à tout accorder, puis de nouveau *é* quand ils font la différence entre *être* et *avoir* et qu'ils inhibent la pulsion d'accord, avant, peut-être, d'arriver de nouveau à *és* (*ils les ont cherchés*). La dictée est donc trop peu informative : une « non-faute » n'est pas forcément la manifestation d'une maitrise. Quel sens donner alors à l'évaluation, puisque, selon le moment de la dictée au cours du développement, l'élève sera gratifié d'une réussite ou non, sans que ce résultat soit significatif du point de vue de l'apprentissage ?

5 – La dictée ne permet pas de mesurer l'apprentissage des élèves faibles, toujours abonnés à un zéro humiliant (les témoignages d'adultes l'attestent), si ce n'est à – 60 ou –30. Quand ils passent d'ailleurs de – 60 à –30, ils font plus de progrès que celui qui atteint la moyenne en partant de 7. Pourtant, c'est toujours l'éternel zéro qui sanctionne leurs efforts ! Il n'est donc pas surprenant que la dictée déclenche de l'angoisse, parfois accrue par l'anticipation des réactions familiales. À la longue, les élèves faibles se défendent par des réactions de retrait ou de rejet plus ou moins violent.

6 – Enfin, la dictée reste un exercice. Mais la véritable évaluation de la maitrise de l'orthographe, celle qui fait la différence pour la scolarité, c'est la qualité orthographique des écrits, en français et dans les autres disciplines : au bout du compte, c'est elle qui dessinera l'image d'un élève bon ou mauvais orthographieur, et souvent bon ou mauvais élève. Or on sait que le transfert des connaissances évaluées positivement dans les exercices, exercices ponctuels ou dictées, se fait mal, et encore plus dès que l'on quitte la discipline du français.

L'évaluation de l'orthographe en production écrite est autrement plus ardue, puisque les productions langagières sont toutes différentes et qu'on ne peut comparer les élèves. Cependant, dans un domaine de si haute complexité, où les compétences d'écriture et d'orthographe sont liées, où les paramètres sont si nombreux, morceler des savoirs simplement pour être en mesure d'évaluer ne peut que donner des distorsions entre les résultats en dictée et la compétence réelle d'orthographe. Même si on le sait, par glissements progressifs, on ne s'interdit pas d'en tirer une valeur absolue du niveau des élèves.

Une note n'a pas de valeur en soi, mais traduit de façon codée un jugement, sans qu'on puisse toujours échapper aux désaccords sur la façon de juger, le sens des résultats et la façon de coder. Or la note de dictée a acquis un pouvoir exorbitant qu'elle tire des nombres et de la « naturalité » des fautes : la faute se lit d'elle-même, la faute se compte, le nombre de fautes se compare, n'importe qui ou presque peut le faire. Cette possibilité confère aux jugements d'orthographe une objectivité incomparable et à la dictée une autorité qui semble indestructible...

Récusée depuis longtemps comme moyen d'apprentissage, la dictée n'aurait jamais dû occuper la place de moyen hégémonique qu'elle occupe dans l'évaluation. Si elle résiste à toutes les critiques, ce n'est sans doute pas qu'une question d'attachement au passé ou de crédulité pour sa capacité à faire jadis de tous les petits Français les bons orthographieurs qu'ils ne sont plus aujourd'hui. Sa force de résistance réside sans doute ailleurs, dans son extrême commodité, dans un rapport qualité/cout extraordinairement avantageux : à un moment donné dans une classe, elle transforme des élèves peu attentifs, voire agités, en élèves silencieux, qui écoutent et font tous la même chose ; elle rend au maitre son pouvoir de maitre tout-puissant, sans qu'il ait eu autre chose à faire qu'à choisir un texte ni lui donner un travail de correction lourd (corriger une dictée est assez rapide) ; elle produit une notation chiffrée qui peut rentrer dans des moyennes ; elle satisfait à la demande sociale qui confond but et moyen.

Pour toutes ces raisons, il semble donc inutile de dépenser trop d'énergie sur le terrain de l'évaluation. La priorité est d'abord celle d'un enseignement différent, qui s'efforce de faire évoluer les conceptions des élèves et qui ne les humilie pas dans leur image d'eux-mêmes. Faire ou ne pas faire de dictées ? Celui qui refuse la dictée se met parfois au ban de la « communauté éducative ». À chacun d'opter pour le meilleur compromis en fonction de la situation (collègues, parents, inspection). Quand l'enseignement aura évolué, sans doute d'autres formes d'évaluation se mettront naturellement en place. En attendant, il est des voies qu'il est néanmoins possible d'explorer pour répondre à la nécessité d'évaluer.

5.2. Quelques pistes

La question est de savoir quels sont les éléments significatifs qu'il faudrait retenir pour apprécier l'apprentissage de l'orthographe. Il est clair que ce ne peut être la conformité à la norme, mais un ensemble de paramètres qui montre toute l'étendue de la question. On peut citer :

– l'intégration d'un plus grand nombre de traits linguistiques concomitants (marques de pluriel *et* de féminin ; marque d'imparfait *et* de personne) ;

– le franchissement régulier d'obstacles repérés, la diminution des procédures de type morphosémantique, l'émergence de procédures morphosyntaxiques ;

– le recours aux tests linguistiques pour argumenter ;

– la capacité à revenir sur un écrit pour en contrôler spontanément l'orthographe à l'aide d'outils ;

– la qualité orthographique générale dans les écrits qui reflète connaissances et motivation (dans des proportions difficiles à déterminer).

Comment faire, puisque ces éléments sont certes significatifs, mais pratiquement impossibles à quantifier ? En classe, de toute façon, on ne peut vraiment évaluer que ce qui est visible et facile à évaluer. L'écart est alors énorme entre le souhaitable et le possible. Puisque l'évaluation souhaitable ne peut être mise en place, ce n'est donc pas de ce côté-là qu'il faut chercher, mais, finalement, du côté du quantifiable. Ce qui nous ramène... à la dictée ! L'esprit, bien sûr, n'est pas tout à fait le même.

La dictée diagnostique

Nous avons opté pour quelque chose de très simple, la dictée diagnostique. C'est elle que nous utilisons en priorité, avec l'avantage qu'elle rassure les parents et les élèves. Concrètement, le même texte est dicté à deux ou trois reprises dans l'année (octobre, janvier et mai par exemple). Elle n'est pas « corrigée » : les erreurs ne sont pas rectifiées, ni même évoquées, les graphies justes ne sont pas confirmées ; les élèves à qui l'enjeu de cette forme d'évaluation est expliqué ne revoient jamais leur copie. Cette dictée sert à établir un niveau 1 à un temps T1 et à mesurer le trajet fait par l'élève en établissant un niveau 2 à un temps T2. C'est le pourcentage de mots correctement orthographiés qui sert d'indicateur de niveau.

> Tous les mots comptent (*l'arbre* compte pour deux mots). Le calcul est assez simple, et encore plus simple si on utilise un tableur : en lui indiquant le nombre de mots au total et le nombre de mots comportant une faute, on peut lui faire produire le taux de réussite grâce à la recopie d'une formule.

La dictée diagnostique est certes un outil grossier par rapport à la complexité d'un développement non linéaire et global de l'orthographe, qui, en outre, ne porte que sur des erreurs apparentes. On n'accorde donc pas aux résultats une valeur définitive. Dans l'état actuel des choses, la dictée diagnostique est un bon compromis : elle suffit à s'assurer que les élèves progressent dans le cadre didactique que nous instaurons. En effet, dans la plupart des cas, les erreurs d'orthographe sont liées à un état de la structure cognitive. Or on ne change pas de structure cognitive aussi facilement que l'on grave un cédérom. Les évaluations à répétition que sont les dictées n'ont aucun sens : on ne peut s'attendre à ce que, chaque semaine, une révolution cognitive se produise. Il est donc inutile de surveiller d'aussi près la progression des élèves : on sait déjà que les mêmes fautes persistent ! Le temps gagné servira utilement à autre chose.

De fait, dans les classes qui ont mis en place ce mode d'évaluation, on a pu constater que le taux de réussite s'améliore chez beaucoup d'élèves, alors que les graphies n'ont *jamais* été corrigées : c'est donc bien ce qui a été à la source des erreurs qui a été remanié. On observe aussi bien sûr des stagnations ou des régressions, mais dont la signification est souvent difficile à établir : fausse réussite la fois précédente, moment de surcharge mentale, réorganisation cognitive en cours ? Ce mode d'évaluation laisse d'ailleurs aussi la possibilité d'une évaluation plus fine. On peut en effet, pour deux ou trois chaines d'accord, suivre l'évolution de chaque élève.

Quoi qu'il en soit, avec ce mode d'évaluation, ce sont des attitudes nouvelles qui apparaissent. L'évaluation n'est plus centrée sur la comparaison entre le résultat obtenu et le résultat à obtenir (la norme orthographique), mais entre le résultat obtenu (capacité actuelle) et le résultat précédent (capacité antérieure) : c'est la progression de l'élève, c'est-à-dire la différence d'une fois à l'autre qui est jugée intéressante plus que le nombre de fautes ou de réussites, qui dépend en partie du choix du texte et du niveau de départ de l'élève.

La dictée des phrases du jour

Le dispositif de la phrase du jour est un dispositif d'apprentissage. Mais, une fois que les phrases ont été travaillées et apprises, elles peuvent faire l'objet d'une évaluation. Soit on redicte les mêmes phrases à la fin du trimestre, par exemple ; soit, notamment à l'issue d'une séquence d'orthographe où une structure a été particulièrement étudiée, à la fois par le débat sur les graphies et l'étude d'un corpus (*leur chambre*, *de longs travaux*), on dicte aux élèves une phrase comportant la structure étudiée avec de légères modifications (autre nom, autre adjectif). Cette évaluation très ciblée donne une certaine idée de ce dont sont capables les élèves dans une situation similaire, sans plus.

L'orthographe en production écrite

Certains enseignants, notamment au collège, choisissent de prendre en compte l'orthographe dans les écrits. Là encore, il ne s'agit pas d'évaluer l'orthographe en retirant des points pour les fautes d'orthographe comme on le fait habituellement dans une dictée. Il s'agit de prendre acte de ce que peut faire l'élève dans une situation d'écriture et d'apprentissage pertinente, c'est-à-dire d'évaluer l'évolution de sa capacité à réviser l'orthographe de ses écrits après une ultime révision qui lui est entièrement consacrée. Les élèves sont incités à utiliser tous les outils de travail pertinents, qui sont bien sûr à leur disposition.

L'évaluation porte ensuite, par exemple, sur 100 mots à partir de la cinquième ligne. On peut bien sûr augmenter la taille de l'échantillon (100 mots en CM2, 120 en 6e, 150 en 5e). Le taux de réussite est ensuite apprécié comme dans la dictée diagnostique. Si on le souhaite, il est facile de transformer ce taux en une note. Mais il est primordial d'attendre la dernière version du texte.

Comme une étude des brouillons des élèves l'a montré, une graphie se transforme au fur et à mesure des réécritures successives: par exemple, *le feu passait au vert* devient au brouillon *le feu \été/ passait* par un ajout intercalé pour améliorer le temps du verbe, puis se normalise en *était passé* sur la copie. Malheureusement, les retouches, parfois nombreuses, n'aboutissent pas nécessairement à la norme, en dépit d'un travail qui peut être très soutenu. Il faut d'ailleurs savoir que le plus grand risque, pour les élèves faibles, est d'improviser un changement de formulation à la dernière minute, sans passer par le brouillon: ils accumulent alors les erreurs.

De façon plus qualitative, on peut évaluer le nombre de chaines d'accord correctes sur une partie ou sur la totalité de la dernière version révisée. Mais il faut distinguer entre chaines marquées (pluriel, féminin) ou à « marque zéro » (singulier, masculin), puisque, dans ce dernier cas, on ne peut pas toujours savoir si les graphies sont le résultat d'une maitrise de l'accord ou non. De la même manière, on peut s'intéresser à l'accord sujet/verbe, avec la même réserve concernant certaines formes au présent; au participe passé employé avec *être*, puis avec *avoir*; aux emplois de l'infinitif en *er*; à certains homophones.

Il est important d'impliquer les élèves dans le repérage de leur évolution (comptage du nombre de mots, calcul du taux de réussite, classement des erreurs). Dès que possible, ils constituent une fiche avec le graphique de leurs résultats (barres ou courbes), soit global, soit portant sur une catégorie d'erreurs, avec l'aide d'un tableur.

Ce même travail pourrait d'ailleurs être fait avec les dictées, si on tient à en faire. Certains collégiens ne regardent même pas leur feuille: « Ça ne sert à rien, disent-ils, puisque, pour moi, quand j'écris, c'est bon ». Un temps conséquent devrait être institué pour la révision, avec ou sans outils selon les cas; puis pour la correction, avec un classement des erreurs dans la grille typologique mise au point collectivement, comme on l'a vu avec la révision des écrits, et, si possible, un suivi individuel des erreurs avec discussion sur la recherche des causes. Là encore, chaque élève pourrait tenir une fiche de ses résultats (date, nombre d'erreurs, emplacement des erreurs dans la première ou seconde moitié du texte pour déceler des problèmes de baisse de vigilance, nature des erreurs).

Le *portfolio*

Un dernier outil d'évaluation, relativement facile à mettre en place, se révèle des plus précieux. Le *portfolio* est une collection de travaux significatifs qu'un élève conserve comme témoignage de ses apprentissages d'année en année. Il rend compte du cheminement propre de l'élève qu'il place d'emblée dans une perspective de progression. Il lui appartient donc, mais c'est aussi un outil de communication avec les parents.

Cette pratique, qui n'est pas encore très courante en France, se développe néanmoins (elle est soutenue par le Ministère de l'éducation du Québec). Diverses modalités existent; les critères de sélection des productions de toute nature sont généralement établis par l'enseignant et par l'élève. À l'échelle d'un établissement, l'introduction du *portfolio* dans les outils d'évaluation relève d'un accord en conseil de cycle ou de niveau ; mais rien n'empêche de l'introduire dans sa classe.

Le *portfolio* permet de retrouver le terrain de l'écriture, l'orthographe restant avant tout le moyen par lequel un contenu de pensée s'écrit et se communique. Le principe prend le contrepied des habitudes. L'évaluation des productions écrites et surtout de l'orthographe n'a en effet que trop tendance à se cantonner à une vision étroite, quantitative et instantanée du travail de l'élève au détriment d'une vision plus globale de son développement. Or les apprentissages s'évaluent mal quand on ne prend pas de recul. De plus, les habitudes françaises qui consistent à tout corriger faussent le regard sur les capacités réelles des élèves à un âge donné. Il s'agit donc au contraire de regarder les productions telles qu'elles sont, de façon positive, comme des traces d'un moment du développement de chacun et d'observer comment elles évoluent. Grâce à ces prises de vue au fil du temps, on verrait alors combien les élèves progressent dans leur écriture/orthographe d'un cycle à l'autre de l'école et du collège. La comparaison des écrits d'un élève dans le temps est, en effet, hautement significative. Si on prenait cette habitude, l'intolérance aux fautes cesserait d'aveugler et de peser autant sur les jugements.

➢ On trouvera en annexe du chapitre deux échantillons des écrits de Kamel. Le premier remonte au CE2 : à l'époque, on a pu craindre le pire tant sa production était loin de la norme ; le second date du CM2 : sa grande qualité surprend pour ce niveau de classe et donne son plein sens au mot *apprentissage*. Dans l'intervalle, cet élève a participé à des projets culturels qui lui ont fait rencontrer des œuvres littéraires et artistiques, il a eu une pratique d'écriture et de lecture continue, il a appris à réfléchir sur ses graphies sans être stigmatisé pour ses fautes d'orthographe, et, plus généralement, à entrer dans des questionnements sur la langue, l'écrit et le monde. C'est bien ce dont peut témoigner le *portfolio* tout au long de la scolarité.

L'inévaluable

Dans les classes qui s'efforcent d'instaurer un rapport à l'orthographe et à son apprentissage différent, des changements d'un autre ordre se produisent : capacités d'expression et d'argumentation qui augmentent, comportements et attitudes dans le travail et dans le domaine socio-affectif qui évoluent, curiosité intellectuelle et esprit critique qui s'étendent à d'autres disciplines, par exemple en histoire ou en sciences, où l'on voit aussi se pratiquer un questionnement pertinent. Dans le domaine du langage, l'intérêt pour l'observation de la langue, l'éveil aux langues vivantes, sont parfois remarqués par des personnes habituées à intervenir dans les classes, un professeur d'anglais, par exemple, ou un remplaçant. Des parents également témoignent d'attitudes nouvelles chez leur enfant. C'est aussi un climat de classe qui se modifie et un esprit de coopération qui s'installe.

Ainsi, le cours d'orthographe change de signification pour s'associer non plus à la dictée ou à la faute, mais à la recherche, l'analyse, la discussion, la découverte de sa langue, et même, chez certains, à un attrait pour l'écriture et au plaisir de la connaissance. Subjectifs, ces éléments qui échappent ordinairement aux évaluations n'en sont pas moins essentiels dans le développement d'un élève.

Annexes

Une double séquence d'observation réfléchie de la langue

L'adjectif

Choix didactique de l'enseignant	Problèmes repérés ou constitués à l'occasion – d'une production écrite (ratures, signes de doute, erreurs constatées) – d'une phrase dictée du jour – d'une remarque d'un élève – d'une notion du programme Question d'orthographe identifiée et constituée comme objectif de travail

Première phase : émergence du problème d'orthographe

CM1 (5 séances)	CM2 (3 séances)
Phrase dictée du jour n° 1 *Les escargots ne sont pas* ***sauvages***	**Phrase dictée du jour n° 1** *de* ***longs*** *travaux à faire*[1]
Bahiya : C'est les escargots qui sont plusieurs, donc *sauvage*, il n'y a pas de *s*.	Un certain nombre d'élèves pensent qu'on peut écrire *long travaux*. **Maria** : Parce que, si on dit *des longs travaux*, ben là on peut le garder [avec un *s*], mais si on dit *de longs… tra… vaux…* [on peut pas] La classe ne parvient pas à un accord.
Phrase dictée du jour n° 2 *Les homards vivent dans la mer* ***salée.*** **Hisham** : *salée*, faux parce qu'on ne peut pas dire *une salée*. **Majda** : On ne dit pas *une salée*, mais on peut dire parce que *la mer salée*, adjectif qualificatif au féminin. **Brenda** : *La mer*, c'est pas au féminin car il n'y a pas de *e*. Phrase consignée dans le cahier répertoire	
Phrase dictée du jour n° 3 *Il finit de digérer les poissons* ***fumés.*** **Gabrielle** : On ne met pas *ée* parce que ce n'est pas une fille. **Mayatta** : Est-ce qu'il y a des poissons filles ? **Élève** : Oui. **Mayatta** : Alors on ne peut pas savoir entre *fumé* et *fumée*. **Gabrielle** : *fumé*, il n'y a pas de *s*… C'est de la fumée… Il y a pas beaucoup de fumée. Ah ! Si, il y a beaucoup de poissons, donc beaucoup de fumée. Phrase consignée dans le cahier répertoire	
Phrase dictée du jour n° 4 *Les enfants attrapent des papillons* ***colorés.*** La classe ne parvient pas à déterminer la graphie de *colorés* : *colorés/coloré/colorer* ? Certains élèves accordent *colorés* avec *enfants*.	
Pas de résolution	

1. Cette séquence est relatée sous le titre « Une approche active de la morphographie : l'exemple d'une séquence sur l'accord de l'adjectif » dans *Lidil*, n° 30, 2004, pp. 73-86.

Deuxième phase : étude du fonctionnement de la langue

<table>
<tr><th colspan="2">Objectifs notionnels</th></tr>
<tr><td>• l'adjectif s'accorde en genre et en nombre avec le nom
• mais il ne s'accorde pas avec n'importe quel nom</td><td>• le groupe nominal peut comporter un adjectif
• l'accord dans le groupe nominal
• de est un déterminant équivalent à des</td></tr>
<tr><td colspan="2">• Rappel du problème rencontré
Les arguments opposés sont notés au tableau</td></tr>
<tr><td colspan="2">• Traitement du problème : observation de corpus</td></tr>
<tr><td>Corpus n° 1 (8 phrases)
1. La jument galope dans une prairie étendue.
2. Les enfants attrapent des papillons colorés.
3. Les baleines bleues nagent dans les mers bleues.
8. Le mouton est couvert de laine frisée.
La consigne est de justifier par une flèche la terminaison du mot souligné. Les 8 phrases du corpus comportent au moins un adjectif souligné et deux noms, ce qui oblige à faire un choix.
La première phrase est faite collectivement, ce qui donne :
1. La jument galope dans une prairie étendue.
Après 10 min de travail individuel, les propositions des élèves sont recueillies et leurs justifications sont notées au tableau. Pour presque toutes les phrases, comme prévu, il existe deux fléchages.
Afin de pouvoir trancher entre les deux hypothèses qui s'opposent, les élèves vont observer un deuxième corpus.
Corpus n° 2 (8 phrases correspondant aux premières)
La consigne est identique. Mais, cette fois, il est impossible de rattacher l'adjectif à un nom de façon erronée comme dans le corpus précédent sans être en contradiction avec les faits, c'est-à-dire avec les marques morphologiques.
Par exemple :
1. Les poulains galopent dans un pré fermé.
3. Les requins bleus nagent dans l'océan bleu.
Le travail est collectif : le nom dont dépend l'accord est cette fois correctement identifié. La classe revient alors sur les propositions du corpus n° 1 laissées en attente, non sans difficulté : les élèves ont du mal à éliminer l'hypothèse non valide, en fonction des résultats du second corpus.</td><td>Corpus (5 phrases)
1. Il a fait un long voyage.
2. Knock tient de longs discours.
3. Elles avaient des cheveux longs et bouclés.
4. Avec son vélo, il a parcouru de longues distances.
5. « Les sanglots longs des violons ».
La consigne est de justifier la terminaison du mot souligné ; puis de formuler une explication générale.
Résolution : longs est au pluriel dans de de longs travaux.</td></tr>
<tr><td colspan="2">• Synthèse</td></tr>
<tr><td>• Réduction de la tâche d'observation par l'enseignante qui écrit au tableau :
les baleines bleues
les requins bleus
l'océan bleu
la mer bleue</td><td>• Copie de la phrase dans le cahier répertoire :
de longs travaux à faire
(commentaires personnels des élèves)</td></tr>
<tr><td>• Formulation des élèves, suivie de la copie du résumé :
Quand un nom est au féminin, on doit mettre un e à son adjectif.
Quand un nom est au pluriel, on doit mettre un s à son adjectif.</td><td>• Copie du résumé :
Long est un adjectif.
Les adjectifs s'accordent en genre et en nombre avec le nom.</td></tr>
<tr><td>• Exercices (manuel)</td><td>• Exercices (manuel)</td></tr>
</table>

Troisième phase : réinvestissement

Phrase dictée du jour n° 5 *Le prince offre des fleurs parfumées*	**Phrase dictée du jour n° 2** *dans de profonds tunnels…*

Quatrième phase à prévoir : approfondissement

Phrases du même type avec délimitation des groupes dans la phrase.	Phrases comportant des adjectifs en relation complexe avec le nom (attribut, apposition, autres déterminants, rupteurs de types divers).

Grille de suivi du travail d'observation réfléchie de la langue selon les différents types d'activités

Activités	• phrase dictée du jour	Pdj
	• phrase donnée du jour	Pdo
	• observation de corpus	OC
	• chantier	Ch
	• révision d'une production écrite	Rév
	• classement d'erreurs	CE

• Les items retenus sont ceux des programmes de l'école et du collège. On peut bien sûr les remplacer par ceux proposés dans les chapitres précédents (pôle lexical, grammatical, complémentaire).
• Chaque item peut être abordé à plusieurs reprises par des activités différentes indiquées par une abréviation.

Compétences en fin de cycle 3	octobre	novembre	décembre	janvier
– participer à l'observation collective d'un texte ou d'un fragment de texte pour mieux comprendre la manière dont la langue française y fonctionne, justifier son point de vue				
– se servir d'un ouvrage simple de grammaire ou d'un répertoire pour chercher une information				
– identifier les verbes dans une phrase				
– marquer l'accord sujet/verbe (situations régulières)				
– identifier les noms dans une phrase				
– repérer et réaliser les chaines d'accord dans le groupe nominal				
– distinguer les principaux homophones grammaticaux				
– utiliser tous les instruments permettant de réviser l'orthographe d'un texte				
etc.				

Programmes de 5e et 4e	octobre	novembre	décembre	janvier
– familles de mots et particularités graphiques				
– différentes formes de dérivation				
– homophones et paronymes				
– marques du genre et du nombre				
– accords dans la phrase et dans le texte				
– marques de l'énonciation (*je suis venu/je suis venue*)				
– segmentation et homophonie (*sait/s'est/ses/ces/c'est*)				
– désinences verbales				

UN EXEMPLE DE *PORTFOLIO* (CE2-CM2)

Kamel Raconte une histoire à partir des
CE2 mots suivants :

une passante – un mur – une clé –
bleu – luisant – trouver – rencontrer

la clé ~~mur~~

un passant en marchen
il trouva une clé bleu.
La prant est demendi
à des 1 gens sa se cerier pas
à vous cété clé non répondis
1 des 4. albr l'homme

~~la l~~
la mais dans c'est
poche et parti chez
lui.

Kamel Le combat entre Thésée et le Minotaure

CM2

Je devenais fou. Je voulais de la chair fraîche. J'en souffrais. Tout d'un coup, j'entendis la porte claquer. Ça sentait la nourriture !
J'étais heureux : je courus pour aller la chercher. Je marchais longtemps puis je sentis à nouveau la nourriture.
Je vis un fil blanc et j'aperçus une sublime nourriture !
Celui là était musclé !
Je fonçais sur lui ! Mais il entendit mes pas et se refugia dans un tunnel, je lui criais :
« Sors de là, tu finiras qu'en même en squelette !
– Cours toujours ! » répondit-il.
Il m'a tellement énervé que je ~~les~~ le suivis jusque dans le tunnel.
Quand je le vis, je fonçais sur lui, mais il tourna et je tombai ~~sur~~ sur le sable. Il sauta sur moi.
Pour me défendre, je lui donnais un coup de pied, il tomba et se releva avec son épée.
Je voulais le mordre mais il m'étrangla, je retombai sur lui, il m'enfonça son épée. Quelques secondes plus tard je ne sentais plus mes mes bras. Je regardais sa tête remplie de poussière qui se rapprochait. Il me coupa la tête.

Un défi, une aventure

Longtemps, l'enseignement s'est pensé comme une simple transmission de savoir : le maitre sait, l'élève ne sait pas, mais il apprend ce que son maitre lui expose. La logique est celle de la matière. Dans ce cadre de pensée, les erreurs s'expliquent par l'imperfection de l'élève qu'il faut corriger, redresser, remettre dans le droit chemin. À cet égard, l'orthographe pourrait être considérée comme emblématique. Des mots, des règles, sont à apprendre, à appliquer, à répéter, à corriger, autant de fois que nécessaire. Les décalages entre le savoir enseigné et le savoir appris ne sont pas particulièrement du ressort de l'école.

Aujourd'hui, une page s'ouvre sur un défi inédit : accompagner chaque élève dans sa conquête du système graphique du français, dans sa compréhension progressive d'un fonctionnement hautement complexe, dans l'appropriation de productions culturelles enracinées dans un passé lointain et remaniées au cours des siècles – l'orthographe, la grammaire –, pour des usages variés qui touchent à la fois à l'intime et au social. Enseigner l'orthographe n'est plus cette tâche ingrate, « basse besogne » avant les « matières nobles » ; c'est, au contraire, un des premiers terrains où s'éveillent la réflexion et la curiosité de l'enfant pour les productions de l'esprit.

Enseigner l'orthographe participe alors un peu de l'aventure humaine : celle de l'enfant qui, ne sachant rien et ne disposant pas des instruments intellectuels du savoir, parvient à s'approprier une partie des connaissances forgées par les générations qui l'ont précédé, avec une ingéniosité réjouissante ; celle du maitre qui instruit et éduque la génération future, comme spécialiste des savoirs à transmettre *et* professionnel de l'apprentissage des élèves, où l'erreur n'est qu'un signe parmi d'autres d'une acquisition en cours, où l'orthographe est conçue comme l'aboutissement de chaines de conceptualisations multiples, où les jugements dévalorisants sur des écarts à la norme sont bannis de la classe.

Avec un peu d'illusion peut-être, nous n'en rabattons pas sur le dessein d'amener les élèves, quel que soit leur éloignement originel de la culture écrite scolaire, à découvrir, comprendre, assimiler suffisamment d'orthographe pour que, au moins, celle-ci ne soit pas un obstacle à leurs apprentissages ultérieurs ; au mieux, qu'elle contribue au développement d'un autre rapport à l'écrit et les incite à s'intéresser à la réflexion que le langage suscite chez les êtres humains.

De la « problématique de la faute » à celle de l'acquisition, comme dans les autres disciplines, le rôle de l'enseignant, plus que jamais fondamental, s'élargit et se transforme en profondeur. C'est aux enseignants et nouveaux enseignants qu'il incombe de mener à bien cette transformation.

Changer le regard de la société sur l'orthographe, son apprentissage, son enseignement, sur les élèves qui apprennent, lever les résistances, est une tâche d'envergure.

Que ce défi devienne aussi une aventure !

Chantiers complémentaires

C1. APPRENTISSAGE MÉTHODIQUE DE L'ORTHOGRAPHE LEXICALE

En français, pour savoir écrire un mot, il faut l'avoir appris par cœur, puisqu'une table de correspondance entre phonèmes et graphèmes ne suffit pas. Donner à tous les élèves des moyens d'*apprendre en classe* est un impératif, le travail à la maison ne devant être qu'un appoint éventuel, et non se substituer au travail à l'école. Apprendre les mots un par un représente un travail de mémorisation considérable.

Il ne s'agit donc pas de présenter un chantier à proprement parler, mais de proposer une façon de faire pour faciliter cet apprentissage. Fondée sur des principes linguistiques, psychologiques, pédagogiques (y compris les « vieux trucs »), la démarche proposée est empirique : tout ce qui marche est bon à prendre.

En fait, la tâche peut être allégée :

1 – les mots d'une même famille partagent généralement la graphie du radical : il suffit alors de connaitre les radicaux ;

2 – les mots construits sur des radicaux différents partagent avec d'autres mots les préfixes et les suffixes : il suffit alors de connaitre la graphie des préfixes et surtout des suffixes ;

3 – il n'est pas nécessaire de savoir écrire tous les mots du français (!), seule la partie réellement utilisée à l'écrit doit être apprise : il suffit de commencer par les mots dont on a vraiment besoin ;

4 – des outils existent, des dictionnaires de toutes sortes, généraux ou spécialisés, et les correcteurs informatiques : il est cependant nécessaire d'apprendre à s'en servir.

1. Choisir les mots à apprendre

• Mots courants écrits par les élèves dans leurs productions écrites

Par exemple : dans un CE2, à l'occasion de l'écriture d'un conte, les élèves constituent un réservoir de mots inscrits au tableau ; ces mots font ensuite l'objet d'un travail de mémorisation : affreux – château – couteau – crapaud – donjon – fête – fleuve – forêt – géant – magique – marier – potion – prince – princesse – reine – roi – rocher – sorcière – trésor – volcan.

• Mots clés d'un texte littéraire

Par exemple : dans un CM2, le champ lexical de la peur a été repéré dans un roman policier pour étudier la façon dont le lecteur est manipulé ; les moyens linguistiques ont été analysés sur le plan sémantique et syntaxique, puis le vocabulaire a été ensuite mémorisé sous l'angle orthographique.

• Mots qui servent à analyser les textes littéraires

Par exemple : en 5e, les élèves sont incités à une vigilance particulière sur certains mots : narrateur – narration – narratif/ve – personnage – schéma – description – fabliau.

• Mots motivés par les autres apprentissages (français transversal)

Par exemple : en CM1, après un travail en géographie sur la diversité des paysages et lecture de documents sur la forêt, une série de mots a été relevée : arbres – arbustes – bois – boisé – branche – brindilles – broussailles – buisson – coupe – écorce, etc.

Les listes de fréquence lexicale sont utiles quand on fabrique des exercices pour l'apprentissage ou l'évaluation[1]. Il est également intéressant d'impliquer les élèves dans le choix des mots dont ils ont besoin.

1. Bibliographie *Outils*.

2. Organiser l'apprentissage

L'orthographe lexicale fait appel à la mémoire, d'abord pour le stockage, ensuite pour le rappel au moment d'écrire (la qualité du rappel dépend de la qualité du stockage). Du fonctionnement psychologique de la mémoire, on peut retenir quelques principes pour aider les élèves à développer les mécanismes d'acquisition de nouvelles connaissances[1].

• Stockage

1 – On considère qu'un mot est enregistré sous plusieurs codes, auditif, articulatoire, lexical (unité morphologique), sémantique (sens abstrait) et, quand on sait lire et écrire, codes visuographique (unité orthographique) et moteur. On peut guider le processus de codage en incitant les élèves à manipuler le mot concrètement ou mentalement dans ces différents codes.

2 – Le stockage est d'autant plus efficace qu'il est organisé ; en d'autres termes, classer aide à mémoriser. Si, d'une manière générale, le classement sémantique se révèle des plus efficaces pour rappeler une liste de mots, il ne suffit pas pour l'orthographe qui fait appel aux unités non significatives que sont les graphèmes. Cependant, la mémorisation étant facilitée par l'activité propre du sujet, demander aux élèves de classer les mots à apprendre donne des résultats intéressants : d'une part, en manipulant les unités lexicales, ils commencent ce travail de la mémoire ; d'autre part, en choisissant eux-mêmes les modes de classement, ils fabriquent des indices de rappel qui leur serviront en situation d'écriture.

3 – La mémoire à court terme d'un adulte est estimée à 7 unités ; pour des enfants, il vaut donc mieux fractionner la quantité de mots à apprendre en une seule fois de façon à ne pas dépasser quatre ou cinq mots nouveaux.

En début d'année, on met en place la méthodologie. Par exemple, les élèves reçoivent une liste de mots à classer. Ce travail se fait par deux pour favoriser les explicitations sur les critères qu'ils présentent ensuite à la classe. Ensuite, les petits ensembles de mots sont appris par codages multiples : par exemple, dire à voix basse en faisant attention à la suite de phonèmes, voir le mot écrit ou le copier en fermant les yeux, répéter les opérations deux ou trois fois. En bref, il s'agit d'inventer des méthodes, de les mettre à l'épreuve et de les soumettre aux autres, c'est-à-dire de mobiliser la classe en faisant de la recherche des meilleures façons de mémoriser un moyen d'apprendre.

Au fil des semaines, les élèves se prennent au jeu du classement pertinent et se montrent de plus en plus sensibles à trouver celui qui leur permettra d'éviter les erreurs. En particulier ils abandonnent progressivement les regroupements par le son (*mousse*, *ronce*) qui ne leur permet pas de mémoriser s'il faut écrire *s* ou *c*. À l'occasion de cette activité, les élèves découvrent des liens entre des mots de même famille grâce à la permanence des graphèmes : par exemple, le mot *enfance* figurant dans le titre d'un document sur le travail des enfants au XIXe siècle pose problème aux élèves d'un CE2 ; après le travail sur les informations apportées par le texte, un élève rapproche *enfance* du mot connu *enfant* : « Ils s'écrivent presque pareils ». Mais certains rapprochements sont plus douteux, et les élèves sont alors amenés à vérifier leurs hypothèses, dont certaines ne manquent pas d'ingéniosité. Tout le travail qui s'effectue traditionnellement en vocabulaire peut favoriser l'apprentissage de l'orthographe lexicale, à condition de ne pas cloisonner ces « disciplines », mais d'inciter les élèves à mettre en relation le sens des mots, leur composition morphologique et orthographique.

Voici un exemple de classement par deux élèves de CM1, au mois de mai :

*arb*re	br*an*che	bois	souche	*h*umide	broussailles	écor*c*e	sève
*arb*uste	br*an*chage	sous-bois	sentier	*h*umus	buisson	ron*c*e	fougère
		boisé	sève		mousse	par*c*elle	
forêt	feuille	tapis					
forestier	feuillage	tapisser					
	br*in*						
	br*in*dille						
	même famille		première lettre		ss	ce	è
	1		3		2	5	4

1. Bibliographie *Au-delà de l'orthographe* : Alain Lieury, *La mémoire. Du cerveau à l'école.*

D'autres élèves ont préféré rassembler simplement tous les mots qui comportent la lettre s correspondant au son /z/, jugeant inutile de faire d'autres distinctions (« On sait bien quand il faut mettre deux *s* et pas un ! »).

• Rappel

Pour mobiliser les mots de façon presque automatique en production écrite (et pouvoir se concentrer sur l'essentiel), il faut aller plus loin. En effet, les traces de ce qu'on apprend s'effacent rapidement si on n'en ravive pas le souvenir. Il est donc nécessaire de consolider ces traces par des rappels, fréquents dans un premier temps, à intervalles croissants ensuite[1]. Ce travail de consolidation se mène de la façon suivante :
– chaque élève dispose d'une boite à mots fabriquée en collant trois boites d'allumettes l'une sur l'autre : le premier tiroir comporte les mots à apprendre, le deuxième les mots qui ont été orthographiés correctement une première fois, le troisième les mots qui ont été orthographiés correctement deux fois ;
– une planche contenant les mots à apprendre sur des étiquettes est distribuée aux élèves qui les découpent eux-mêmes ;
– les élèves travaillent par binôme : l'élève A dicte à l'élève B les mots du tiroir 1 ; s'ils sont corrects, ces mots sont placés dans le tiroir 2, sinon ils restent dans le premier ; ensuite, l'élève A dicte quelques mots du tiroir 2 qui passent dans le premier ; enfin, l'élève A dicte quelques mots du tiroir 3 avec les mêmes déplacements, les mots du troisième tiroir disparaissant quand ils sont corrects (mais les élèves préfèrent souvent les garder dans une enveloppe) ; puis les rôles s'inversent.

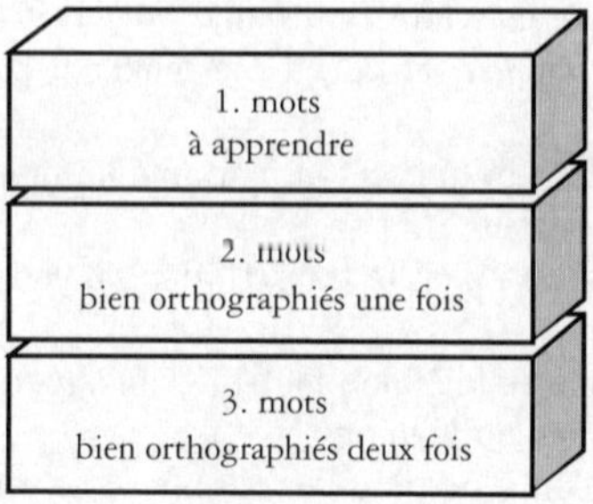

Au début, l'enseignant indique le nombre de mots à dicter par tiroir, nombre qui s'ajuste en fonction de la classe : par exemple, dans un CE2, cinq du tiroir 1, trois du tiroir 2, deux du tiroir 3. Par la suite, les élèves s'organisent eux-mêmes. Ce travail peut avoir lieu quand les élèves ont fini un travail ou faire partie des activités de travail personnel prévues dans l'emploi du temps de certaines classes (contrat de travail des classes Freinet, notamment). À certains moments, on peut décider de vider le tiroir 2 ou le tiroir 3. L'enseignant peut également augmenter encore les occasions de réemploi, et donc de mémorisation, en piochant dans les boites à mots pour fabriquer des exercices ou constituer des corpus.
Le montage des planches d'étiquettes peut être progressivement confié aux élèves si on dispose d'un ordinateur dans la classe, ce qui allège le travail du maitre et crée une nouvelle situation d'apprentissage pour les élèves. Inutile de préciser que les volontaires sont nombreux et qu'il faut organiser un roulement. On prépare alors une planche qui sert de matrice. Les deux élèves chargés du travail entrent les mots et les vérifient à l'aide du correcteur orthographique. Il est cependant indispensable de valider leur vérification.

Bilan

Cette façon de travailler donne des résultats. En effet, les élèves perçoivent vite qu'ils trouvent les moyens d'apprendre dans cette façon de travailler et ils se sentent davantage impliqués dans cet apprentissage. Comme toutes les approches méthodologiques, il est bon de conserver la démarche tout au long d'un cycle, en la faisant évoluer au fur et à mesure des besoins. Si ce n'est pas possible, on la propose généralement au début de l'année, sauf si on choisit, comme dans certaines classes, de restaurer d'abord une image de l'écriture par trop détériorée, en retardant les contraintes orthographiques.

1. Le dispositif pédagogique est une adaptation d'une proposition de Bernard Toresse dans *La Nouvelle pédagogie du français (méthodes, techniques et procédés)*, OCDL, 1977.

Bien sûr, proposer une méthode ne suffit pas pour faire acquérir l'orthographe lexicale. Au-delà d'une implication dans l'apprentissage, il faut toucher les élèves plus fondamentalement : c'est bien à donner le gout des mots que nous travaillons, ces mots dont nous sommes tissés. Aimer les mots, c'est alors aussi s'intéresser au matériau graphique dont ces mots sont faits. Toutes les activités centrées sur le langage, la poésie, l'attention à l'écriture dans les textes littéraires, l'histoire des mots, les jeux d'écriture, peuvent y contribuer. Inciter les élèves à faire, par exemple, des collections de mots, à tenir un carnet de citations, à se demander dans un texte littéraire quel passage ils aiment, à recopier une phrase d'un texte, une strophe ou un vers d'un poème, c'est créer le terreau de l'orthographe lexicale.

C2. LETTRES LEXICALES *s-t-d* : FAUT-IL METTRE UN *s* À *PÉKINOIS* ? (CM2)

Constat, analyse, choix didactique

En début d'année scolaire, des élèves de CM2 veulent créer une fiche individuelle de renseignements pour échanger leurs coordonnées et se connaitre[1]. La fiche se compose de trois rubriques : mon identité – ma scolarité – mes gouts. En prenant connaissance des brouillons, je remarque que les élèves orthographient difficilement les noms et les adjectifs de nationalité. Outre le problème de la majuscule, ils butent sur plusieurs points :

– l'orthographe de certaines formes au masculin : un grand nombre d'élèves écrit *anglai, portugai, hongroi* sans *s*, ainsi que *auvergna* sans *t* ou *norman* sans *d* ; ils ne semblent pas recourir spontanément à la substitution par le féminin ;

– la possibilité de transcrire le son /ɛ̃/ par *ain, in, en*, entraine un grand nombre d'erreurs ou d'hésitations, par exemple *toulousin, européin, marocaiène* ;

– la confusion sur la position de la lettre *i* dans la transcription du yod devant /ɛ̃/ : ils écrivent par exemple *tunisein* à la place de *tunisien* ;

– l'éventuel doublement de la consonne au féminin : faut-il écrire *marocaine* ou *marocainne, vendéene* ou *vendéenne, tunisiene* ou *tunisienne, bretone* ou *bretonne* ?

– l'incertitude quant à la présence d'un *e* derrière la consonne *l* en fin de mot : ils hésitent souvent, par exemple, entre *Je parle espagnol* ou *espagnole* ;

– l'alternance graphique à l'intérieur d'une même famille de mot : *Afrique* ou *Mexique*, mais *africain* ou *mexicain*, souvent orthographiés *afriquain* ou *mexiquain*.

Ce relevé d'erreurs renvoie à la complexité de l'orthographe lexicale dont certains aspects sont toujours source de difficultés pour des élèves de CM2 :

– les lettres muettes à valeur lexicale (les morphogrammes lexicaux) ;

– la réalisation d'un même phonème par plusieurs graphèmes ;

– la confusion de graphèmes proches ; le doublement éventuel de la consonne (voyelle ouverte/fermée) ;

– l'existence d'adjectifs tels que *total* (Inv/Var) et *ovale* (Inv/Inv) ;

– la variation à l'intérieur d'une même famille de mot (*Mexique/mexicain*).

On peut comprendre alors que réduire la difficulté de l'emploi des noms et adjectifs de nationalité au problème de la majuscule, comme c'est habituellement le cas dans les manuels de CM2, ne permet pas aux élèves de percevoir la complexité à laquelle ils sont confrontés quand ils écrivent ces mots. Cependant ces différents types d'erreurs ne peuvent pas être traités simultanément. Ce recensement peut servir de base, en revanche, pour prévoir les révisions d'orthographe lexicale du premier trimestre.

Sur la base de ces considérations, j'ai choisi de :

1 – régler la question de la majuscule en suivant la leçon du manuel de la classe ;

2 – faire repérer aux élèves les autres difficultés d'orthographe qui sont apparues avec l'emploi des adjectifs de nationalité et établir avec eux une programmation de révision d'orthographe lexicale ;

3 – débuter ce programme de révision par la notion de valeur lexicale de certaines lettres et leur fonction de cohésion dans les familles de mots : en effet, vu le nombre d'erreurs, ces élèves semblent ignorer ce principe essentiel de l'orthographe du français.

1. Compte rendu d'Anne-Marie Bézian.

Séance 1 : formulation du problème

Point de départ

Je dicte une phrase qu'un élève écrit au tableau, les autres écrivant sur leur cahier de brouillon :

Mon petit chien pékinois joue avec ma tortue brésilienne dans mon jardin provençal.

Cette phrase contient un grand nombre des difficultés recensées parmi les erreurs précédentes. Mais elle ne contient, volontairement, que des adjectifs : la question de la majuscule, déjà traitée, est provisoirement écartée. De plus, un mot très connu (*petit*) peut les aider à faire des rapprochements. Il s'agit :
1 – d'établir explicitement avec les élèves le lien entre les leçons d'orthographe et leur production écrite, et de leur faire recenser les difficultés qu'ils ont eues pour écrire certains adjectifs de nationalité ;
2 – d'évaluer la capacité de ces élèves à analyser et catégoriser les erreurs en types d'erreurs : vont-ils d'eux-mêmes rapprocher le *t* de *petit* et le *s* de *pékinois*, et parler de la présence de lettres muettes ? vont-ils dire que, dans le cas de *brésilien*, ils ont un problème de transcription de son au féminin ? vont-ils faire le rapprochement entre *chien/chienne* et *brésilien/brésilienne* ? vont-ils parler de la marque de féminin pour le cas de *provençal/ale* ?

Déroulement

Toutes les graphies produites sont notées au tableau :

mon	*petit*	*chien*	*pékinois*	*ma tortue*	*brésilienne*	*mon jardin*	*provençal*
	peti		*pékinoi*		*brésillène*		*provençale*
					brésiliène		
					brésiliene		

Les élèves sont alors invités à nommer les difficultés rencontrées. N'ayant pas l'habitude d'analyser leurs erreurs d'orthographe, ils se contentent de décrire l'effet de surface. Voici à titre d'exemple, quelques réponses obtenues :

– On ne sait pas si on doit mettre un *s* à *pékinois*.
– C'est pareil avec *provençal*, on ne sait pas s'il faut mettre un *e*.
– On n'est pas d'accord pour les adjectifs de nationalité.
– Le premier *brésillène*, ça fait pas le son *brésilienne*.
– Il y en a qui ont mis un accent circonflexe, euh non grave.

Un débat collectif s'engage afin de déterminer la bonne graphie pour chaque mot concerné. Je constate alors que les erreurs sont traitées au coup par coup. Ils opèrent un traitement similaire pour le *t* de *petit* et le *s* de *chinois* en proposant la substitution au féminin, mais n'effectuent pas de rapprochement en termes de fonctionnement linguistique.
À l'issue de ce débat, je leur repose la question initiale : « En résumé, quelles sont les difficultés que la classe a rencontrées pour écrire cette phrase ? » Les réponses sont un peu modifiées :

– Il y a des lettres qu'on n'entend pas, il faut penser au féminin pour *petit/petite* par exemple.
– Il faut mettre du masculin, mais il y en a qui mettent un *e* parce qu'on n'entend pas la différence entre *provençal* et *provençale*.

Pour habituer les élèves, à cette nouvelle démarche, je reformule leur réponse tout en resituant le contexte de la production écrite dans laquelle s'inscrit cette étude :

– Quand vous avez écrit des adjectifs ou des noms de nationalité sur vos fiches de renseignements, vous avez rencontré différentes difficultés : parfois il y a des lettres muettes comme le *t* de *petit* ou le *s* de *chinois* que vous oubliez ; parfois la présence de lettres comme le *l* vous donne envie d'écrire un *e* même si c'est au masculin ; enfin parfois vous avez des difficultés à transcrire des sons compliqués comme /jɛ̃n/.

J'annonce également que pour remédier à ces différentes difficultés, nous devrons faire plusieurs leçons.

Séance 2 : examen du corpus

Premier tri

Pour faire appréhender la notion de valeur lexicale de certaines lettres, j'ai constitué un corpus réunissant des unités lexicales de la même famille, à savoir noms, adjectifs au masculin et au féminin (*normand/normande/Normandie, chinois/chinoiserie*). Les élèves pourront les rapprocher et découvrir plus facilement que la présence de ces lettres muettes est le pivot pour former d'autres mots de la même famille. Pour qu'ils découvrent que ce phénomène ne touche pas que les seuls adjectifs de nationalité, j'ai pris soin de mettre d'autres adjectifs (*grand, petit*), un participe passé (*appris*), des noms (*un marchand, un chant*) ; le couple *mon ami/mon amie* permettra de discuter de la valeur de ce *e* par rapport à la valeur du *s*, *t* ou *d* :

1 – Ma grand-mère allemande boit du cidre normand.
2 – Mon amie hongroise m'offre un chapeau chinois.
3 – Ma tante portugaise connait un chant irlandais.
4 – Ce marchand vend du fromage auvergnat.
5 – Ma cousine normande vit en Normandie.
6 – Mon papa polonais achète une voiture japonaise.
7 – Mon ami luxembourgeois fait des chinoiseries.
8 – Cet homme qui porte un chapeau vert est un avocat.
9 – Natacha a appris ce petit poème en japonais.

La présence de verbes (*boit, fait, vend*) obligera à voir que ces lettres peuvent avoir d'autres fonctions (je décide d'admettre pour le moment que le *d* de *il vend* est une marque de personne et non un morphogramme lexical) :

	S	T	D
VALEUR LEXICALE	chinoi-s chinoi-s-e chinoi-s-erie	un avoca-t une avoca-t-e	un marchan-d une marchan-d-e une marchan-d-ise
MARQUE DE PERSONNE	je vend-s tu vend-s je fai-s	il boi-t il fai-t il vi-t	elle ven-d
MARQUE DE PLURIEL	chinoiserie-s		

Chaque élève reçoit le corpus de phrases. La consigne est de relever en les soulignant les mots qui se terminent par une lettre muette. Les élèves travaillent quinze minutes seuls, puis confrontent et approfondissent leur recherche à deux pendant quinze autres minutes.

Mise en commun

Je note au tableau toutes les propositions phrase par phrase (affiche 1). Mais les élèves entament une discussion, car certains ne veulent pas garder les verbes conjugués dans cette liste. Pour mettre tout le monde d'accord, je propose que nous gardions les formes verbales, en les isolant, car elles contiennent bien une lettre muette. Pour ne pas s'enliser dans le problème du participe passé soulevé par un élève et qui mérite à lui seul un chantier, je propose qu'on note la forme verbale en entier et qu'on rétablisse la personne de conjugaison correspondante (affiche 2).

La discussion est relancée pour l'autre partie du tableau, certains élèves veulent séparer les noms des adjectifs, j'accepte en restituant les déterminants. Ces distinctions ne sont pas directement utiles pour l'objectif du chantier, puisqu'il n'y a pas de différence entre le *s* d'*appris* et celui de *chinois*. Mais les élèves ne le savent pas, c'est ce qu'ils ont à découvrir à terme. La classification selon les classes est d'ailleurs un passage obligé quand on travaille avec des élèves de CM2 qui, même si beaucoup ne les identifient pas correctement, sont obnubilés par les classes grammaticales (on ne mélange pas des verbes et des noms). J'y vois donc là une occasion de les revoir en douceur. Ce qui donne finalement l'affiche 3 :

n°	Groupe nominal		Verbe conjugué
	nom	adjectif	
1	ma grand-mère	normand	elle boit
2	mon amie	chinois	
3	un chant	irlandais	elle connait
4	ce marchand	auvergnat	il vend
5			elle vit
6		polonais	
7		luxembourgeois	il fait
8	un avocat	vert	
9		petit – japonais	elle a appris

Pour recentrer l'attention des élèves sur le thème du chantier, je rappelle en fin de séance le point commun entre tous ces mots : la présence d'une lettre muette en fin de mot.

Séance 3 : classement du corpus

En début de séance, j'affiche au tableau le classement de la séance précédente et indique que nous reparlerons des verbes ultérieurement, car, dans cette nouvelle séance, nous allons travailler sur le corpus de mots du groupe nominal, noms ou adjectifs. Je justifie brièvement la présence d'*appris* par la forme *un poème appris par cœur*. Je distribue aux élèves groupés par deux le jeu d'étiquettes prédécoupées suivant :

grand-mère	normand	amie	chant	marchand	avocat	chinois	petit
luxembourgeois	auvergnat	polonais	irlandais	vert	appris	japonais	

Il faut trouver une nouvelle manière de classer ces mots et de noter le critère pour chaque groupement. Les élèves ne connaissant pas l'API, ils notent les sons à l'aide de lettres entre crochets :

Critère	Exemples
–on entend [a] / se termine par *at*	auvergnat – avocat
–on entend [i]	appris – petit
–on entend [i]	appris – petit – amie
–on entend [è]	polonais – japonais – irlandais
–on entend [oi]	chinois – luxembourgeois
–on entend [an]	grand – marchand – normand – chant
–des contraires	grand – petit
–des adjectifs	grand – petit – vert
–des adjectifs de nationalité	polonais – japonais – irlandais – chinois – luxembourgeois – auvergnat – normand
–des adjectifs de région	auvergnat – normand
–des métiers	avocat – marchand
–ordre alphabétique	amie – appris – auvergnat – avocat – chant – chinois…

On retrouve le mélange habituel de classements centrés sur le son final, les catégories sémantiques ou morphologiques, et même l'ordre alphabétique qui traduit souvent une grande perplexité. Mais rien sur les graphies qu'on cherche à élucider (sauf *at*).

Séance 4 : confrontation des classements

Après la pause qui m'a permis d'examiner les classements des groupes, j'affiche au tableau quatre propositions portant presque sur les mêmes mots, mais très différentes par la nature des critères :

des métiers	avocat – marchand
des adjectifs de région	auvergnat – normand
on entend [an]	grand – marchand – normand – chant
se termine par *at*	auvergnat – avocat

Les élèves perçoivent très vite que tous ces critères sont recevables, mais qu'ils ne sont pas de même nature. Après avoir rappelé à nouveau la raison initiale du chantier, je leur propose que nous reclassions ces mots en fonction de ce que nous cherchons à comprendre :

se termine par la lettre *t*	auvergnat – avocat – chant
se termine par la lettre *d*	grand – marchand – normand

La constitution de ce nouveau classement nécessite un certain temps, car beaucoup d'élèves montrent des réticences à regrouper *auvergnat - avocat - chant*. Ils s'appuient sur l'oral et l'opposition /a/ – /ɑ̃/ leur semble plus pertinente que la lettre muette *t* ou *d* qu'ils n'entendent pas ! Je relance l'activité de classement sur le reste du corpus. Les élèves travaillent par deux. La nouvelle mise en commun débouche sur le classement suivant :

se termine par *t*	se termine par *d*	se termine par *e*	se termine par *s*
auvergnat avocat	grand normand marchand	amie	chinois luxembourgeois
petit			polonais irlandais
vert			
chant			appris

La présence de sous-groupes montrent les résistances qui subsistent au sein de la classe : pour de nombreux élèves, il est encore difficile à cette époque d'accepter un regroupement qui ne s'appuie ni sur du sémantique, ni sur du morphologique, mais seulement sur quelque chose de plus insaisissable puisqu'ils ne l'entendent pas. Comme il est inutile de forcer davantage les choses, j'accepte momentanément ce mode de classement.

Séance 5 : mise en opposition de la valeur du e et des trois autres lettres s-t-d

Repérage

J'affiche le classement constitué lors de la séance précédente ; les élèves rappellent les étapes antérieures et résument le constat auquel nous sommes parvenus :

« À la fin des noms et adjectifs que nous avons classés, on trouve des lettres muettes : *t* - *d* - *e* ou *s* ».

J'annonce l'objectif de cette séance : comprendre la fonction de ces lettres muettes à la fin de ces mots, et en tout premier lieu expliquer la présence du *e* muet dans le seul mot dont nous disposons, à savoir *amie*. À l'unanimité, ils m'expliquent que cette lettre nous indique qu'il s'agit d'une amie fille. Pour approfondir les différentes fonctions du *e*, il faudra ouvrir ultérieurement un autre chantier. Ici, il ne sert qu'à sensibiliser les élèves à l'idée que les lettres muettes peuvent avoir des fonctions différentes. Connaitre ces fonctions aide à ne pas omettre ces lettres quand on rédige. Je reformule :

« Le *e* muet dans *amie* est la marque du féminin, il sert à indiquer le féminin ».

Puis je dirige leur attention sur les mots qui se terminent par *t* et leur demande de m'expliquer la fonction du *t* muet dans les mots : *auvergnat, avocat, petit, vert, chant*.
C'est le mot *chant* qui va faciliter l'émergence de la notion de lettre lexicale. En effet, pour les mots précédents, les élèves s'en tiennent à la variation en genre : le *t* sert à faire les féminins *auvergnate, avocate, petite, verte*. En revanche, cette explication ne convient pas pour le mot *chant*. Certains proposent bien pour le féminin de *chant*, *chanteuse*. Mais cette proposition est vite réfutée et la vérité rétablie : *chanteuse* est le féminin de *chanteur*.
Je note alors au tableau :

chan-t chan-t-eur chan-t-euse chan-t-er

Nous reprenons les autres mots en dissociant le *t* du *e* :

auvergna-t-e
avoca-t-e
peti-t-e
ver-t-e

Nous récapitulons, je note au tableau :

Le *e* muet dans *mon amie* sert à marquer le féminin. Le *t* muet dans *auvergnat*, *avocat*, *petit*, *vert*, *chant*, sert à former d'autres mots de la même famille.

Les élèves vérifient la fonction des deux autres lettres muettes *s* et *d* sur les mots du corpus en trouvant le maximum de mots de la famille. Le corpus initial apporte une aide, car peu d'élèves auraient trouvé *chinoiserie* ; il permet aussi de compléter par d'autres mots :

lettre lexicale D :	gran-d-e / gran-d-eur / gran-d-ir / agran-d-issement norman-d-e / Norman-d-ie marchan-d-e / marchan-d-ise / marchan-d-er alleman-d-e
lettre lexicale S :	chinoi-s-e / chinio-s-erie luxembourgeoi-s-e hongroi-s-e portugai-s-e japonai-s-e polonai-s-e irlandai-s-e appri-s-e

Résumé

La trace écrite suivante est élaborée et notée dans les cahiers de leçons:

Nous avons découvert que certains noms et adjectifs se terminent par des lettres muettes E, S, T ou D.
Le E muet dans *mon amie* sert à marquer le féminin.
Le S, le T et le D, eux, servent à former des mots de la même famille.
On les appelle des *lettres muettes de famille*.
Exemples :

la lettre muette T	la lettre muette D	la lettre muette S
auvergna-t-e avoca-t-e peti-t-e peti-t-esse chan-ter chan-t-eur chan-t-euse	gran-d-e gran-d-eur gran-d-ir agran-d-issement marchan-d-e marchan-d-ise marchan-d-er alleman-d-e	chinoi-s-e chinio-s-erie portugai-s-e appri-s-e

Entrainement

Un élève au tableau, les autres travaillant sur ardoise, cinq à dix minutes pour amorcer un automatisme de vigilance d'orthographe : je dicte un mot, les élèves doivent l'écrire, s'assurer de l'éventuelle présence d'une lettre muette en proposant, le cas échéant, des mots de la famille. Exemples :

pour le T	pour le D	pour le S
un gan-t / gan-t-er la mor-t / mor-t-elle le gou-t / gou-t-er étroi-t / étroi-t-e	un élève bavar-d / bavar-d-er le regar-d / regar-d-er	j'ai compri-s / compri-s-e le mépri-s / mépri-s-er un refu-s / refu-s-er troi-s / troi-s-ième

Au fur et à mesure, on peut complexifier l'entrainement avec des mots se terminant par le même son, pour prévenir une association hâtive entre une finale phonique et une lettre particulière :

le roi, *trois*, *étroit*, *la voix*, *une croix...*
le marchand, *le géant*, *un rang*, *un gant*, *le gland*, *un mendiant...*

Pour *x*, c'est une simple sensibilisation comme auparavant pour le *e* ; il faudra y revenir pour repérer ce qu'il devient dans les différentes familles. On complète alors la trace écrite dans les cahiers et sur l'affiche de la classe de façon à bien montrer que la présence d'un morphogramme lexical établit des relations entre des unités différentes et pas seulement entre le masculin et le féminin.

la lettre muette T	la lettre muette D	la lettre muette S	la lettre muette G	la lettre muette X
auvergna-t-e avoca-t-e peti-t-e peti-t-esse chan-t-er chan-t-eur chan-t-euse...	gran-d-e gran-d-eur gran-d-ir agran-d-issement marchan-d-e marchan-d-ise marchan-d-er le regar-d regar-d-er...	chinoi-s-e chinio-s-erie portugai-s-e appri-s-e... troi-s troi-s-ième	un ran-g une ran-g-ée	la voi-x vo-c-al le choi-x choi-s-ir la croi-x cru-c-ifier un rou-x une rou-ss-e la rou-ss-eur dou-x dou-c-e la dou-c-eur

Séance 6 : relance du questionnement sur la valeur de *t* et *d* dans les verbes conjugués

Cette relance permet d'introduire pour l'étude du domaine du verbe la notion des marques de personne. À partir des formes répertoriées dans un des premiers classements du chantier, les élèves parviennent facilement à formuler que, pour les verbes, le *t* et le *d* ne servent pas à former des mots de la famille, mais représentent la troisième personne du singulier. Nous avons ainsi clos provisoirement ce chantier en complétant le premier résumé de la façon suivante :

> Nous avons également découvert que certaines de ces lettres muettes T ou D se trouvent à la fin de verbes conjugués : elles indiquent la troisième personne du singulier (il, elle, on) sur le verbe.
> *Exemples* :
> il boi-t ; il connai-t ; il vi-t ; il fai-t
> elle ven-d

Plus tard dans l'année, nous sommes revenus à deux reprises sur les marques verbales :
1 – l'étude du présent : le chantier a permis de préciser le rôle du *e* pour les verbes du premier groupe (*il jou-e*) et a conduit les élèves à remettre en cause la lettre *d* comme marque de temps des verbes en *ondre, erdre, andre,* parce qu'il était devenu évident pour eux qu'elle appartenait au radical (preuve à l'appui : *il vend/vendeur*) ;
2 – dans les temps composés, pour mieux distinguer les lettres lexicales des marques de personne, car, pour les élèves, il est difficile de se repérer entre *il a vu / il a ri / il a compris / il a écrit / il a fait*, et ils écrivent souvent *il a finit / il a put* (➢ Chantier complémentaire n° 4).

Bilan

Au terme du chantier, la classe est parvenue à traiter les lettres finales muettes comme des éléments d'un système, au-delà du point de départ initial, les adjectifs de nationalité (*chinoi-s-e/appri-s-e*).
Progressivement, au cours de l'année, quand les élèves relisent leur production écrite ou leur dictée pour en corriger l'orthographe, j'ai pu constater qu'ils pensent à vérifier de plus en plus régulièrement la présence de lettres lexicales en notant au crayon à papier dans la marge ou au-dessus du mot concerné un ou deux mots de la famille, pratique vivement encouragée. Voici quelques exemples recueillis dans divers brouillons au troisième trimestre :

La décolonisation, c'est quand un pays…	paysage
Ils voulaient tous deux continuer à voir les secrets de cette grotte…	secrète
les cheveux encroutés de boue…	ce n'est pas comme : un bout/bout à bout/aboutir

De fait, les élèves ont au cours de l'année éliminé ce type d'erreurs, y compris les plus faibles.

Commentaires

Ce chantier présente les mêmes caractéristiques essentielles que ceux qui ont été présentés dans la IIe partie :
– un sujet d'étude suscité par les besoins réels des élèves, ici une première production écrite qui permet d'enclencher une programmation de notions orthographiques ;
– la mise au premier plan de l'activité de classement et la construction progressive des notions de marques lexicales et verbales, et des fonctions différentes d'une même lettre à partir de ces classements, ce qui se traduit notamment par l'évolution des affichages ;
– le regroupement d'éléments habituellement dispersés dans les manuels (adjectifs de nationalité, masculin/féminin, dérivation, marques verbales) autour d'un des systèmes fondamentaux de l'orthographe du français.
C'est bien toujours dans le sens de la généralisation qu'on fait travailler les élèves, dès qu'elle est possible. En effet, l'expérience montre que si l'on restreint une leçon à la consonne muette des adjectifs, sans l'étendre à celles des noms ou des verbes, ils restent au simple constat (rapide) que « c'est pour faire le féminin », ce qu'ils savent depuis le CE1 ou CE2. Ici, la présence de lettres muettes de types différents non seulement a complexifié le problème pour le présenter comme il se pose réellement dans l'écriture, mais elle a permis de le traiter d'un coup en mettant en relation des plans du système dont l'interface est constituée par les graphèmes polyvalents.
Le guidage de l'enseignante dans l'avancée du travail a été important : c'est elle qui a écarté les verbes dans un premier temps et imposé quasiment de privilégier le classement par la lettre finale après avoir rappelé l'objectif du chantier. Plus tard dans l'année, cette tâche incombe aux élèves qui prennent davantage en charge la sélection des critères pertinents en fonction de la question posée. Mais ce sont bien les élèves qui ont dû formuler quels problèmes se posaient à eux.
En effet, la démarche ne consiste pas à tout attendre des élèves, comme on l'entend souvent, mais à les aider à avancer en les devançant dans cette zone que Vygotski appelle « zone proximale de développement », entre ce qu'ils font spontanément et ce qui se rapproche du savoir pertinent. Du temps leur a été laissé pour manipuler, classer, expliciter, constater les limites de certains classements. Ce n'est que dans ces conditions que l'apport de l'enseignant peut être véritablement entendu – « ni trop, ni trop peu ».

C3. LES MARQUES DE FÉMININ DES ADJECTIFS (CM1)

Constat, analyse, choix didactique

Mes élèves de CM1 du Sud-Ouest correspondent avec une classe de CM2 parisienne[1]. À l'occasion de la première lettre individuelle en janvier et après étude de textes littéraires, chacun est invité à faire son portrait physique et moral. Ce portrait nécessite l'emploi de nombreux adjectifs. En prenant connaissance des premiers jets, je constate des erreurs sur la finale des adjectifs :
- omission des marques de nombre ;
- mais surtout omission des marques de genre : absence de *e* muet au féminin ;
- hésitation sur la consonne lexicale muette au masculin.

L'accord en genre n'est pas aussi simple qu'il y parait, la différence morphologique entre les adjectifs semble bien brouiller les pistes :

je suis petite	mais	*j'aime la bande dessiné*
j'ai une énorme tortue	mais	*j'aime lire des livre facil*

Même s'ils ont des connaissances sur les accords, les élèves semblent ne pas avoir encore pris conscience du rôle du *e* comme marque de féminin : seuls les adjectifs qui varient à l'oral sont correctement orthographiés ; pour les autres, j'observe une grande instabilité. Je décide d'amener mes élèves à découvrir les différents types d'adjectifs de façon à leur faire prendre conscience de la fonction du *e* à la finale des adjectifs, même quand la variation de l'adjectif ne s'entend pas.

Séance 1 : mise en évidence de l'accord en genre

Repérage

Je dicte trois courtes phrases, un élève au tableau, les autres sur leur cahier de brouillon :

On entendait couler une jolie cascade.
Le repas se termina par une crème glacée savoureuse.
La petite fille attendait la tarte, énorme et appétissante.

Je laisse un temps de relecture individuelle pour que les élèves vérifient les accords.

Mise en commun

Seules les graphies des adjectifs sont commentées. La première phrase présente peu d'erreurs : c'est une des phrases-références de la classe que la plupart des élèves connaissent bien. Ils précisent que *jolie* s'accorde avec le nom féminin *cascade*. La deuxième phrase comporte au contraire de nombreuses erreurs sur *glacée*, généralement sans marque : *glacé*. Les élèves reconnaissent cependant qu'il s'agit du même cas que dans la phrase précédente et corrigent. La troisième phrase totalise peu d'erreurs, car le premier accord s'entend, et le mot *énorme* est connu.

Les élèves concluent en disant que lorsque le nom est féminin, l'adjectif qui l'accompagne prend un *e* final. Je décide de ne pas remettre en cause immédiatement cet avis unanime qui ne tient pas compte de ce qui se passerait si la tarte avait été *un baba énorme*.

Séance 2 : vérification du rôle du *e*

Repérage

Je demande aux élèves de rappeler ce que la classe avait conclu à la fin de la séance précédente ; la plupart des élèves s'en souviennent. Je leur donne alors un texte avec la consigne suivante : « Vous encadrez tous les *e* qui vous semblent être une marque du féminin ». Le travail est individuel.

Mise en commun

Les élèves ont considéré comme marques de féminin tous les *e* en finale :
- des adjectifs : *jolie, glacée, savoureuse, appétissante*, mais aussi *énorme* ;
- des noms : *cascade, tarte* et *crème*, sauf *fille*.

1. Compte rendu de Paule Irion.

La question est alors de savoir s'il s'agit bien d'une marque de féminin. Certains avancent l'idée que ce *e* sert seulement à faire entendre la consonne qui précède : sans *e*, *tarte* se dirait /taʀ/. Mais l'argument ne convainc pas totalement, car, dans cette région, les consonnes finales, même si elles ne sont pas suivies d'un *e* diacritique, sont facilement prononcées.
Un élève se demande s'il existe des mots masculins qui se terminent par un *e*. J'invite donc la classe à chercher des noms qui se terminent par *e*. En quelques instants, nous disposons d'une petite liste inscrite au tableau :

fenêtre – porte – classe – table – règle – livre – gomme – problème – rectangle – cercle – fille – homme – femme – cousine – oncle – tante – maitresse – maitre – prince – princesse – sorcière – cuisinière…

J'interromps le relevé et demande aux élèves ce qu'ils peuvent en dire. Deux points ressortent :
1 – certains noms masculins se terminent par un *e* ;
2 – certains noms féminins n'ont pas de masculin, d'autres en ont un.
Je reviens alors à la question du *e* de *cascade*, *tarte* et *crème*. Les élèves pensent à présent que ce n'est pas un *e* de féminin :

« Le *e* des noms féminins n'est pas forcément une marque de féminin quand ces noms n'ont pas de masculin ».

Je décide d'arrêter provisoirement cette observation, encore trop superficielle, concernant les noms et je recentre le travail de la classe sur les adjectifs.

Nouveau repérage

Je leur donne comme consigne de relever les adjectifs des trois phrases et de trouver un mode de classement. Le travail s'effectue cette fois par groupe de quatre et dure une dizaine de minutes.

Séance 3 : classement des adjectifs

Après l'analyse des classements des groupes, je programme une présentation qui tient au nombre de critères et à leur nature.

Examen des classements

• Classement 1 (proposé par trois groupes) :
Ce premier critère fondamental fait apparaitre que tous les adjectifs ne disposent pas de deux formes différentes au masculin et au féminin.

les adjectifs qui ne se transforment pas	les adjectifs qui se transforment
énorme	tous les autres

• Classement 2 (proposé par un groupe) :

les adjectifs qui ne se changent pas	les adjectifs qui se transforment tout de suite	les adjectifs qui ne se transforment pas tout de suite
énorme	*jolie – petite*	*savoureux* → *savoureuse*

Invités à préciser ce qu'ils entendent par « se transforment tout de suite », les élèves expliquent que dans la deuxième colonne, on rajoute le *e* tout de suite, mais pas dans la troisième, car il faut changer la consonne muette du masculin. Ce critère plait beaucoup à la classe, mais il ne fait que décrire ce qui se passe à l'écrit.

• Classement 3 (proposé par un groupe) :

les adjectifs qui ne changent pas *énorme*	on entend le *e* du féminin *petite – savoureuse*
on n'entend pas le *e* *jolie –* ***glacée***	

Ce classement permet enfin aux élèves de faire le lien entre oral et écrit, c'est-à-dire d'appréhender ce qui leur pose problème quand ils écrivent.

• Classement 4 (proposé par un groupe) :
C'est le même que le précédent, avec une rubrique en plus. Les élèves ont en effet ajouté des adjectifs, tels que *beau* ou *nouveau*, qui ne figurent pas dans les phrases proposées et qui se transforment beaucoup.

Synthèse

Après discussion avec les élèves, le classement proposé par le dernier groupe est retenu et conservé comme trace écrite commune de cette recherche. Elle est notée dans leur cahier. La formulation « on entend le *e* » est conservée, car elle correspond à la prononciation méridionale.

		Attention !	
les adjectifs qui ne changent pas	on entend le *e* du féminin	on n'entend pas le *e*	les adjectifs qui se transforment beaucoup
énorme	*petite – savoureuse*	*jolie – glacée*	*beau → belle* *nouveau → nouvelle*

Mais un élève relance le débat en faisant remarquer que le nombre d'adjectifs est faible et qu'il y a peut-être « d'autres sortes qu'on ne connait pas ». J'en conviens et annonce que nous ferons une séance de vérification.

Application

La séance se termine par quelques exercices classiques d'application. Par exemple :

Accorde les adjectifs dans les phrases suivantes :
1 – Une gentil- fillette m'offre deux gaufres blond- et chocolaté-.
2 – J'ai cueilli une belle pomme mûr-, juteux- et sucré-.

Séance 4 : vérification

Je propose aux élèves un corpus d'adjectifs (étiquettes prédécoupées) qu'ils doivent classer dans les rubriques retenues par la classe, et, si nécessaire, proposer une nouvelle rubrique. Lors de la mise en commun, une discussion vive s'engage pour le classement d'adjectifs tels qu'*actif* ou *brun*, tantôt classés dans la deuxième colonne, tantôt dans la quatrième.
Pour sortir de l'impasse, je leur demande de chercher si un des classements que nous avons examinés précédemment n'offre pas une solution intéressante. Elle est trouvée dans le deuxième classement. Nous remanions alors notre tableau de la façon suivante, chacun étant libre de décider pour lui-même si la transformation est importante ou pas :

		les adjectifs qui se transforment		Attention !
les adjectifs qui ne changent pas	on entend le *e* du féminin	pas tout de suite	beaucoup	on n'entend pas le *e*
énorme	*petite – savoureuse*		*beau → belle* *nouveau → nouvelle*	*jolie – glacée*
calme – drôle – facile – inutile – mou – possible – – rapide – simple – terrible	*amusant – bas – blond – chaud – droit – lent – lourd – présent – rond – violet*	*actif – curieux – dangereux – joyeux – nombreux*	*brun – humain – mou – neuf – prochain*	*carré – cher – clair – infini – pointu – poli*

Les élèves font alors une remarque sur les « adjectifs qui ne se transforment pas tout de suite » et qui « se terminent souvent par *eux* ». En revanche, ils ne repèrent pas ce qui caractérise les adjectifs de la dernière colonne. Mais je décide d'arrêter là ce chantier.
Chacun dispose ensuite de deux semaines pour trouver pour chaque adjectif deux groupes nominaux, l'un au masculin, l'autre au féminin ; ce travail est fait sur ordinateur.

Bilan

En CM1, les élèves savent toujours quelque chose du *e* de féminin et de l'accord des adjectifs. Cependant, leurs connaissances sont floues d'une part, puisque, voyant dans tout *e* une marque de féminin, ils ne comprennent pas sa présence en finale de noms masculins, et insuffisantes d'autre part, puisqu'ils omettent la plupart du temps « le *e* qu'on n'entend pas » sur les adjectifs féminins. Au terme du chantier, la classe a pris conscience que tous les adjectifs n'ont pas le même fonctionnement morphologique.
Dans les semaines qui suivent, les accords en genre et en nombre font l'objet de nombreux rappels. Une première évaluation spécifique a lieu quatre mois plus tard, puis une seconde après une séance de révision ; elles montrent une nette progression des accords en genre. Dans la révision de leurs écrits, je constate également une meilleure prise en compte des marques de féminin, même quand la variation de l'adjectif ne s'entend pas.

Prolongements

Au troisième trimestre, un chantier concernant les noms a été entrepris dans la continuité du premier. Le point de départ a été la présence de la lettre *e* en finale. Pour vérifier le rôle de ce *e* et constituer un corpus d'étude, une chasse aux mots est ouverte dans des livres, magazines, affiches, pendant deux semaines. La consigne est de relever le nom et son déterminant et de les noter sur un panneau affiché sur un mur de la classe. En voici le début :

un livre	une porte	un centre	la fille
le dimanche	l'école	un homme	la dune
le problème	la table	l'oncle	une étoile
du sable	la fenêtre	un berger	une bergère
un prince	une chèvre	un rectangle	une femme
son mariage	une flamme		

C4. LES TEMPS DU PASSÉ (CM2 - 6e - 5e)

Ce chantier rapporté ici a été mené dans un CM2. Des chantiers similaires ont été menés en 6e et en 5e, ainsi qu'en formation d'adultes, pour une partie. À partir du moment où ils produisent des textes, les élèves hésitent souvent sur les terminaisons verbales, ce qu'indiquent de très nombreux signes de doute (les plus âgés ou les adultes savent d'emblée que c'est un de leurs points faibles). Les raisons d'entreprendre un chantier sur les finales verbales au programme de toutes les classes sont donc vite partagées par les élèves.

Constat, analyse, choix didactique

1 – Les erreurs sur les différentes désinences verbales sont extrêmement nombreuses et variées dans les productions écrites : *il sorti*, *il prena*, *ils ont finis*, *il a put*, etc. Elles sont peu ou mal corrigées lors de la révision.
2 – Les élèves utilisent confusément les termes de *passé*, *imparfait*, *passé composé* ; certains confondent *temps composés* et *passé composé* et presque tous les collégiens ignorent le passif.
3 – Les erreurs persistent sur toute la durée du collège, se résorbant très lentement.
Le domaine des désinences verbales souffre, plus que d'autres, de la traditionnelle partition entre grammaire, conjugaison, orthographe. L'amélioration des graphies des élèves passe par une clarification du système morphologique, la valeur et l'emploi des temps faisant eux aussi l'objet d'une exploration progressive en fonction du niveau de classe.

Au CM2, il s'agira prioritairement de :
– mettre l'accent sur la différence de marques entre l'auxiliaire et le participe passé pour les temps composés : *il a compris* / *il a ri* / *il a vu* / *il a écrit* / *il a fait* / *il est venu*, mais *elle est venue* ;
– limiter l'apprentissage des désinences du passé simple à la troisième personne du singulier, formes utilisées dans la création d'histoires ; comme celle de l'imparfait, sa morphologie constitue une pièce intéressante pour l'appréhension de l'ensemble de la morphologie verbale.
Au collège, il s'agira :
– d'étudier le passé simple dans son ensemble, et notamment l'opposition entre *je tombai* et *je tombais*, qui relève d'abord d'une appréhension des valeurs différentes de l'imparfait et du passé simple, telles qu'on les rencontre dans des récits autobiographiques ;
– d'approfondir l'accord du participe passé, employé avec l'auxiliaire *avoir*, bien sûr, mais aussi sans auxiliaire ou en relation avec un verbe modal (*ils peuvent les avoir déjà trouvées*) ;
– d'étudier les formes verbales au passif : la difficulté à percevoir les rapports entre auxiliaire et participe passé ne permet pas d'aller très loin dans ce domaine au CM2 (l'identification reste difficile chez les adultes).
Ce grand chantier a comporté trois phases, chacune constituant un chantier autonome, dont seuls certains aspects sont développés ici :
A/ Classification des temps du passé ;
B/ Désinences du passé simple ;
C/ Lettres du participe passé.
Les phases A et B ont eu lieu après la production d'un récit mythologique utilisant le passé simple, l'imparfait, le plus-que-parfait (récit « coupé de la situation d'énonciation »). La phase C est intervenue peu après, à l'occasion d'un travail en sciences où la plupart des élèves avaient rapporté leurs observations au passé composé (récit « ancré dans la situation d'énonciation »). L'ensemble a duré plusieurs semaines.

A/ Classification des temps du passé

Avant de s'intéresser aux désinences des différents temps du passé, il est nécessaire de faire différencier le plus possible les notions de passé et de temps du passé, puis celles de temps simples et de temps composés au passé. Je décide de commencer par un tri de formes verbales aux différents temps du passé : passé composé, passé simple, imparfait, plus-que-parfait[1].

Séance 1 : tri du corpus pour repérer les différentes formes des verbes

Consigne et modalité de travail

Les caractéristiques du corpus sont les suivantes :
- des formes verbales à la troisième personne du singulier (le pluriel interviendra dans la vérification ultérieure) ;
- une alternance de l'utilisation de *il/elle/on* ;
- tous les types de verbes sont représentés dans la classification traditionnelle des groupes ;
- chaque verbe apparait aux quatre temps : passé composé, plus-que-parfait, passé simple, imparfait.

Les élèves ont à classer un jeu d'étiquettes prédécoupées. Ils travaillent par groupes de trois et doivent noter les questions qu'ils se posent en marge de leur classement.

1. Compte rendu d'Anne-Marie Bézian (CM2).

il a vu	elle avait vu	on vit	il voyait
elle a cru	on avait cru	elle crut	il croyait
elle est venue	il était venu	il vint	on venait
il a dit	elle avait dit	on dit	elle disait
il a pris	elle avait pris	elle prit	elle prenait
on a fini	elle avait fini	il finit	il finissait
elle est partie	elle était partie	on partit	il partait
elle a mangé	il avait mangé	on mangea	elle mangeait
elle est tombée	elle était tombée	elle tomba	il tombait
elle est née	il était né	elle naquit	il naissait
il est allé	elle était allée	on alla	elle allait
il a découvert	elle avait découvert	on découvrit	il découvrait
il est tombé	il était tombé	il est parti	elle était partie
il est venu	elle était venue	elle a fait	il faisait
elle avait fait	elle a peint	il avait peint	on peignait
elle a créé	il avait créé	on créa	elle créait

Analyse des classements des élèves et de leurs questions

L'analyse révèle que ces élèves de CM2 :

• Concernant les temps simples :
- différencient les formes de l'imparfait et du passé simple ;
- identifient et nomment l'imparfait ;
- identifient, mais ne savent pas toujours nommer le passé simple :

Nous ne savons pas si le verbe naitre se dit : naissait ou naquit pour la 3e personne du singulier.
il vint : quel est ce temps ? – il crut : quel est ce temps ? – il tomba : quel est ce temps ?
il naquit : qu'est-ce que ça veut dire ?

- soulèvent la question de l'ambigüité de certaines formes hors contexte :

il finit : est-ce du passé simple ou du présent ?
on vit : vient de quel verbe, voir ou vivre ?

• Concernant les temps composés :
- presque tous regroupent les formes en fonction de l'auxiliaire sans tenir compte du temps de celui-ci, présent ou imparfait : ils ne trient pas les étiquettes en passé composé d'un côté et plus-que-parfait de l'autre ;
- ils ne savent pas nommer le plus-que-parfait :

elle avait fini ou elle était partie : quel est ce temps ?

- très peu d'élèves s'intéressent à la terminaison des participes passés :

il avait créé : pourquoi y a-t-il deux é ?

Séance 2 : mise en commun et synthèse

À l'issue de la mise en commun, nous aboutissons au classement suivant qui sert de trace écrite :

<table>
<tr><td colspan="5">Pour raconter un évènement qui a eu lieu dans le passé, nous disposons de :</td></tr>
<tr><td colspan="2">TEMPS SIMPLES
(sans auxiliaire)</td><td colspan="3">TEMPS COMPOSÉS
(avec un auxiliaire : avoir ou être)</td></tr>
<tr><td rowspan="2">imparfait

il mangeait
il courait
elle venait
elle partait</td><td rowspan="2">le passé simple

il tomba
il crut
elle partit
il vint</td><td>le passé composé
(aux. au présent)

elle a vu
il a raconté
il a fini</td><td>le plus-que-parfait
(aux. à l'imparfait)

elle avait couru
on avait grandi
il avait mangé</td><td>avoir</td></tr>
<tr><td>il est parti
elle est allée
elle est venue</td><td>il était sorti
elle était venue
elle était tombée</td><td>être</td></tr>
<tr><td colspan="2">Nous connaissons déjà :
<u>les marques</u> de <u>l'imparfait</u>
je : ai-s nous : i-ons
tu : ai-s vous : i-ez
il : ai-t
ils : ai-ent</td><td colspan="3"></td></tr>
</table>

Concernant les autres temps, il faudra :
- approfondir les désinences du passé simple sur lesquelles les élèves n'ont fait aucun commentaire ;
- préciser ce que signifie « accorder avec l'auxiliaire *être* » ;
- approfondir la terminaison du participe passé.

B/ Désinences du passé simple

Constat, analyse, choix didactique

Dans leurs récits, les élèves n'utilisent le passé simple qu'à la troisième personne ; il est donc inutile d'aborder à ce stade les autres personnes. Les erreurs fréquentes du type *il sorta*, *il voilla*, *il prenat*, *il retenat*, montrent deux choses :
– la prédominance de la forme *chanta* dans l'esprit des élèves ; il faut donc faire ressortir le rôle des voyelles /i/, /y/, /ɛ̃/, /a/, dites *voyelles thématiques*, soit quatre désinences là où l'imparfait n'en a que deux, pour qu'ils comprennent la spécificité du passé simple ;
– l'absence de repérage de la spécificité de *il chanta*, qui exige de suspendre ce qu'ils ont appris, à savoir *il… t*.

Il faut donc que, par l'observation progressive, ils identifient les quatre voyelles qui constituent la désinence du passé simple, et repèrent l'irrégularité des verbes du premier groupe, en dissociant la marque de personne *t* et la voyelle thématique :

Pronom 3e personne	Radical	Voyelle thématique	Marque de la personne
IL	FIN-	-I-	-T
ELLE	VÉC-	-U-	-T
ON	V-	-IN-	-T
ELLE	CHANT-	-A	

Séance 1 : tri du nouveau corpus

Les élèves reçoivent un jeu d'étiquettes prédécoupées comportant 24 formes verbales au passé simple, toutes à la 3e personne du singulier. La consigne est de les classer, le travail s'effectue toujours en groupe :

il marcha	elle partit	on crut	il rentra	il dut	elle mit
il vint	il leva	on alla	il finit	il obéit	il mordit
il courut	il plut	elle obtint	on rit	elle grandit	il souffla
il vit	on vécut	elle parla	il lut	il sortit	elle choisit

Analyse des classements des élèves et de leurs questions

Je remarque deux façons de classer.

1 – En fonction de la finale (phonique ? graphique ?) : *int – a – it – ut*, avec ajout de commentaires pour deux ou trois groupes d'élèves, comme :

INT	A	IT	UT
il vint	il marcha	il finit	il courut
elle obtint	il leva	elle partit	on vécut
	C'est tous des verbes en ER	*On croit que c'est du présent*	*C'est des verbes du 3e groupe*

Pour expliquer ces différences en finale, la plupart tentent de trouver une explication par l'infinitif et l'appartenance à un groupe (1er, 2e ou 3e). Voici, à titre d'exemples, quelques commentaires notés en marge des tableaux :

Les verbes en ER prennent A
ex. : chanter… il chanta

Les verbes du 2e groupe prennent …it
ex. : finir… il finit … partir… elle partit

Les verbes du 2e et du 3e groupe sont pareils :
ex. : finir… il finit … partir… elle partit

Les verbes du 3e groupe comme croire prennent …ut
ex. : croire… il crut

Certains verbes ont la même terminaison au passé simple mais pas le même infinitif :
ex. : il crut… croire … il courut… courir

Pour le 3e groupe, il y a 2 terminaisons possibles …int ou …ut
ex. : il obtint … il vécut

Tous les verbes du 3e groupe se terminent par …it ou …int

Si ces commentaires ne sont pas systématiques, ils sont cependant l'indice d'une recherche de généralisation.

2 – Un groupe propose un autre classement qui permet d'isoler la marque de personne *t*, car il oppose : IL …A *(il marcha*) / IL …T (*il vint, on crut, il sortit*). Pour la première catégorie, il est précisé : *c'est tous des verbes en ER.*

Comme dans la plupart des chantiers, un groupe apporte une clé pour aller plus loin : en l'occurrence, la mise en évidence de la différence entre les verbes du premier groupe et les autres, un des objectifs visés. Néanmoins, ce groupe est trop en avance sur les autres, puisqu'il est le seul à proposer ce classement : l'exploiter immédiatement empêcherait sans doute les autres de faire le lien avec ce qu'ils ont eux-mêmes trouvé ; de plus, établir la liste des voyelles thématiques reste une obligation. Il est donc nécessaire de construire avec tous cette différence entre marques du passé simple et marques de personne.

Séance 2 : confrontation des classements

Pour faire nommer les quatre désinences possibles du passé simple, j'affiche le premier classement et je note également au tableau quelques remarques relevées en marge des tableaux :

Les verbes du 2ᵉ groupe prennent ...it
ex. : finir... il finit ... partir... elle partit
Les verbes du 2ᵉ et du 3ᵉ groupe sont pareils.
ex. : finir... il finit ... partir... elle partit

INT	A	IT	UT
il vint	il marcha	il finit	il courut
elle obtint	il leva	elle partit	on vécut
	on alla	il vit	on crut
	elle parla	on rit	
	il rentra	il obéit	
	il souffla	elle grandit	
		il sortit	
		il mordit	
		elle mit	
		elle choisit	

Les verbes en ER prennent A

Les verbes du 3ᵉ groupe comme croire prennent ...ut
ex. : croire... il crut
Certains verbes ont la même terminaison au passé simple mais pas le même infinitif :
ex. : il crut... croire ... il courut... courir
Pour le 3ᵉ groupe , il y a 2 terminaisons possibles ...int ou ...ut
ex. : il obtint ... il vécut
Tous les verbes du 3ᵉ groupe se terminent par ...it ou ...int
etc...

Au cours de la discussion, les erreurs et les contradictions sont discutées et je note au tableau au fur et à mesure les points de consensus :
– connaitre l'appartenance d'un verbe à un groupe (1ᵉʳ, 2ᵉ ou 3ᵉ) n'aide pas forcément pour savoir comment il se conjugue au passé simple ;
– en revanche, on doit se souvenir que, pour conjuguer un verbe au passé simple, il y a quatre terminaisons possibles différentes que l'on entend : *a / it / ut / int* :
les verbes en ER : IL ...A
les verbes du 2ᵉ groupe comme *finir* et certains du 3ᵉ groupe comme *partir, sortir, prendre* : IL ...IT
d'autres verbes du 3ᵉ groupe : IL ...UT
d'autres verbes du 3ᵉ groupe : IL ...INT
J'introduis alors le deuxième type de classement :
La plupart des élèves expliquent la présence de la lettre *t* comme marque de personne : « C'est à cause de *il* ». Certains rapprochent ce *t* de celui qu'on trouve à l'imparfait et vont chercher dans les affiches de la séance précédente des exemples de justification : *il parlai-t / il courai-t / il mangeai-t.*

IL ...A	IL ...T
il marcha	il vin<u>t</u>
il leva	on cru<u>t</u>
on alla	il sorti<u>t</u>
elle parla	elle parti<u>t</u>
il rentra	
il souffla	
c'est tous des verbes en ER	

Je complète les notes du tableau :
– au passé simple, comme à l'imparfait, on trouve à la fin du verbe, avec la 3e personne du singulier, T sauf pour les verbes en ER ;
– pour conjuguer un verbe au passé simple, il existe quatre voyelles A - U - I - IN.
C'est Kassim, un élève faible, qui a expliqué à la classe : « *in*, c'est comme une voyelle, mais il n'existe pas une seule lettre dans l'alphabet pour faire le son /ɛ̃/, on met deux lettres » !

Séance 3 : confirmation

J'affiche un tableau de synthèse des découvertes de la séance précédente pour que les élèves repèrent la présence de la voyelle du passé simple à toutes les personnes :

IL …	IL …T		
il …a	**il …u + t**	**il …i + t**	**il …in + t**
il march a	il cr **u + t**	il fin **i + t**	elle v **in + t**
il lev a	elle l **u + t**	il part **i + t**	elle dev **in + t**
on all a	il véc **u + t**	il grand **i + t**	elle parv **in + t**
elle parl a	elle reç **u + t**	elle pr **i + t**	
il rentr a	elle b **u + t**	elle réuss **i + t**	il t **in + t**
il souffl a		il v **i + t**	il obt **in + t**
c'est tous des verbes en ER		il naqu **i + t**	il ret **in + t**

La lecture de ce tableau permet de compléter les remarques :
il …in + t : ce sont les verbes *venir* et *tenir* et des dérivés *devenir, parvenir / obtenir, retenir.*
Par deux, ils doivent choisir deux verbes dans chaque colonne du tableau et vérifier à l'aide du manuel de conjugaison si les autres personnes ont bien la voyelle du passé simple, ce qui les amène à découvrir l'irrégularité des verbes du premier groupe à la première personne du singulier et à la troisième du pluriel. Par exemple :

A		U		I			In	
je	march ***ai*** !!!	je	cr **u + s**	je	pr **i + s**	fin **i + s**	je	v **in + s**
tu	march **a + s**	tu	cr **u + s**	tu	pr **i + s**	fin **i + s**	tu	v **in + s**
il	march **a**	il	cr **u + t**	il	pr **i + t**	fin **i + t**	il	v **in + t**
nous	march **â + mes**	nous	cr **û + mes**	nous	pr **î + mes**	fin **î + mes**	nous	v **în + mes**
vous	march **â + tes**	vous	cr **û + tes**	vous	pr **î + tes**	fin **î + tes**	vous	v **în + tes**
ils	march ***è + rent*** !!!	ils	cr **u + rent**	ils	pr **i + rent**	fin **i + rent**	ils	v **in + rent**

Nous décidons de n'apprendre par cœur que les troisièmes personnes du singulier et du pluriel, car ce sont les formes que nous rencontrons le plus dans les récits. Nous décidons aussi d'apprendre ces formes verbales en fonction de la voyelle : « Les verbes dont nous avons besoin pour raconter des histoires qui font le passé simple avec *i* : *il prit, il vit, il sortit…* ». Pendant quelque temps, j'organise des récitations du passé simple, souvent à deux, à l'oral ou à l'écrit, comme pour l'orthographe lexicale.

C/ Les lettres lexicales du participe passé

Constat, analyse, choix didactique

Quand les élèves quittent l'école primaire, ils ont une certaine idée de l'accord du participe passé ; souvent même, ils ont eu une première approche de l'accord avec le pronom COD antéposé. Au collège, les erreurs sont encore très nombreuses. Un rappel de la confusion qui règne avec ces deux questionnements spontanés :
– dans le premier cas, ce sont des élèves de CE2 qui hésitent entre les trois graphies : *interdi*, *interdis*, *interdient* pour écrire la phrase : *Les sports et les jeux violents sont interdits à l'école* (➢ ***IIIe partie, chapitre II***).

– dans l'autre cas, c'est un élève de 5e, las qu'on lui signale toujours la même erreur qui interroge son professeur : « Pourquoi ne peut-on pas écrire *il a dormit*, *dormi* avec un *t*, puisque c'est la troisième personne du singulier ? »
Ces deux questions mettent en évidence la complexité du fonctionnement linguistique dans le cas de l'accord du participe passé. En effet, les élèves de CM2 appréhendent le participe passé comme une partie du verbe, et lui appliquent très souvent les marques verbales de personne qu'ils emploient le plus fréquemment :
– *t* pour la troisième personne du singulier ;
– *ent* pour la troisième personne du pluriel.
La présence de certaines formes telles qu'*il a écrit*, *il a découvert*, *il a peint*, renforce cette erreur de compréhension du fonctionnement de la langue, il apparait alors nécessaire de s'arrêter, dès le cycle 3, sur la question des lettres finales des participes passés.

Séance 1 : classer un corpus pour « découvrir ce qui se passe sur la terminaison du participe passé »

Caractéristiques du corpus (étiquettes prédécoupées) :
- formes verbales à la troisième personne du singulier (le pluriel augmenterait trop la charge cognitive) ;
- uniquement des temps composés ;
- alternance de *il, elle, on* ;
- toutes les terminaisons de participe passé sont représentées, certaines avec une marque de féminin : voyelles : *é – ée – u – ue – i – ie* ; consonnes : *s – t*.

il a vu	elle avait vu	elle a vu	il avait vu
elle a cru	on avait cru	il a cru	elle avait cru
elle est venue	il était venu	il est venu	elle était venue
il a dit	elle avait dit	elle a dit	on avait dit
il a pris	elle avait pris	elle a pris	il avait pris
on a fini	elle avait fini	elle a fini	il avait fini
elle est partie	elle était partie	il est parti	on était parti
elle a mangé	il avait mangé	il a mangé	elle avait mangé
elle est tombée	elle était tombée	il est tombé	on était tombé
elle est née	il était né	il est né	elle était née
il est allé	elle était allée	elle est allée	il était allé
il a découvert	elle avait découvert	elle a découvert	il avait découvert
elle avait fait	elle a fait	il a fait	il avait fait
elle a peint	il avait peint	il a peint	elle avait peint
elle a créé	il avait créé	elle avait créé	il a créé

Analyse des classements des élèves et de leurs questions

• Première stratégie de classement :
Les élèves ont séparé les formes selon les temps : passé composé/plus-que-parfait. Ils ont établi à l'intérieur de chacun des temps deux sous-ensembles en fonction de l'auxiliaire. Exemple avec l'auxiliaire *être* :

elle est tombée **elle** est venue **elle** est née **elle** est partie	**elle** était venue **elle** est partie **elle** était née **elle** était allée **elle** était tombée	*avec l'auxiliaire être* *elle s'accorde*

Ils ont établi une règle sur le fonctionnement du participe passé avec l'auxiliaire *être* qui est partiellement fausse dans la mesure où ils confondent absence de marque et absence d'accord. Ils n'ont rien dit sur les autres lettres finales.

il est allé il est tombé il est venu il est parti	il était né il était tombé il était venu il était partie	*avec l'auxiliaire être* *il ne s'accorde pas*

• Seconde stratégie :

Les élèves ont séparé les formes selon les temps : passé composé/plus-que-parfait. Puis ils ont classé en fonction de la nature de la lettre finale du participe passé : *e – é – u – i – s – t*. Exemple avec le plus-que-parfait, avec les questions en marge :

é	t	i	u	s	e
elle avait mangé il avait mangé elle avait créé il avait créé	elle avait peint il avait peint il avait fait il avait découvert elle avait découvert elle avait dit il avait dit	elle avait fini il avait fini il était parti	elle avait vu il avait vu elle avait cru on avait cru	elle avait pris il avait pris	**elle** était venue **elle** était partie [...]
				pourquoi le p. passé prend-il un s avec il et elle ?	*avec l'auxiliaire être : elle s'accorde*
avec l'auxiliaire avoir, la terminaison du p. passé avec il et elle est la même					

On peut supposer que ces élèves commettent la même erreur partielle à propos de l'accord avec l'auxiliaire *être*. Ils ne parviennent pas à expliquer la présence des autres lettres finales. La plupart cherchent en vain une explication du côté de l'infinitif, comme le montrent ces extraits des commentaires de Suzanne:

3) Je remarque que les verbes en ER ont à la fin é :
Il est tombé...tombER
elle a créé...créER
Il avait mangé...mangER

4) Les verbes en OIR se terminent en U :
Elle a crU...crOIRe
Il a vU ...vOIR
Mais il y a des verbes qui ne fonctionnent pas comme ça :
Il est venU...venIR

Séance 2 : rectifier l'erreur concernant l'accord avec l'auxiliaire *être*

Repérage

J'affiche un classement correspondant à la première stratégie (voir ci-dessus), ainsi que le commentaire suivant de Suzanne qui s'oppose aux autres :

J'ai découvert que quand on a l'auxiliaire être on accorde (elle a dessiné les balles d'accord) *:*

elle	*est*	*venue*
sujet féminin	auxiliaire être au présent	

elle	*était*	*venue*
féminin	auxiliaire être à l'imparfait	

C'est toujours le cas que ce soit au présent ou à l'imparfait. C'est aussi le cas au masculin même si cela ne se voit pas comme la marque du masculin est rien :

il	*est / était*	*né- -*
sujet masculin	auxiliaire être au présent	

Les élèves ne comprenant pas le point de vue de Suzanne, je lui demande d'expliquer ce qu'elle a écrit. Pour clarifier ses propos, elle ajoute sur le tableau un exemple au masculin pluriel :

il	*est*	*né--*
ils	sont	nés

Elle commente alors : « Si on n'accordait pas avec *il* au singulier, on n'accorderait pas non plus avec *ils* au pluriel ; on ne mettrait pas de *s* ». Son raisonnement fait intervenir un contre-exemple et généralise la notion de flexion : si l'on admet une marque pour l'un, il faut l'admettre pour l'ensemble. L'exemple et l'explication sont limpides, les autres ont compris.

Synthèse dans le cahier de leçons

Les temps composés : plus-que-parfait et passé composé Découvertes 1 !!!
1 – Quand on a **l'auxiliaire être,** qu'il soit au présent ou à l'imparfait, **on accorde** toujours ! **ça se voit**... • ***au féminin singulier*** Elle est venue Elle était venue • ***au féminin pluriel*** Elles sont venues Elles étaient venues • ***au masculin pluriel*** Ils sont venus Ils étaient venus *Au masculin singulier*, **on accorde aussi, ça ne se voit pas :** la marque du masculin, singulier, c'est le vide... Il est venu--- Il était venu---
2 – Quand on a **l'auxiliaire avoir,** qu'il soit au présent ou à l'imparfait, **on n'accorde pas** ! il a découvert elle a découvert ils avaient découvert elles avaient découvert

Séance 3 : découvrir les lettres lexicales de certains participes passés

Repérage

J'affiche au tableau un des classements correspondant à la seconde stratégie, avec une question notée en marge : « Pourquoi le participe passé prend-il un *s* avec *il* et *elle ?* » Je demande aux auteurs de la question de préciser leur interrogation. Ces élèves, comme beaucoup dans la classe, pensent que :
- soit le *s* de *pris* est une marque verbale : *tu fini-s / je fini-s ;*
- soit c'est une marque de pluriel : *ils sont sorti-s.*

La présence d'un sujet à la troisième personne du singulier les perturbe : *il a pris*. Avec le *t* de *elle avait découvert,* la classe produit le même raisonnement : *t*, c'est la marque verbale de *il* au singulier ! Je note alors au tableau :

elle avait	pris
il avait	pris
il est	petit
elle est	petite

Puis je leur demande de rappeler ce que nous avions découvert à propos du *t* muet à la finale de *petit* : l'ensemble de la classe se souvient de sa valeur de « lettre de famille ». On l'applique à ces participes passés :

elle avait pri-s	elle était pri-s-e
elle avait pein-t	elle était pein-t-e
elle avait découver-t	elle était découver-t-e
elle avait di-t	elle était di-t-e
elle avait fini	elle était fini-e
elle avait mangé	elle était mangé-e
elle avait vu	elle était vu-e

Synthèse

Nous notons dans les cahiers de leçons cette dernière découverte sur le fonctionnement des lettres *s* et *t* à la fin de certains participes passés.

Les temps composés : plus-que-parfait et passé composé Découvertes 2 !!!	
Le participe passé ne se comporte pas comme un verbe mais comme un mot du GN : La dernière lettre peut être une lettre muette T ou S, lettre de famille comme dans :	
	peti-t / peti-t-e
il a écri-t	écri-t / écri-t-e / écri-t-ure
elle a découver-t	découver-t / découver-t-e
on a pein-t	pein-t / pein-t-e / la pein-t-ure / un pein-t- re
	gri-s / gri-s-e
elle a compri-s	compri-s / compri-s-e
il a pri-s	pri-s / pri-s-e
Il n'y a pas toujours besoin d'une lettre muette de famille : il a… fini / elle est fini-e elle a mangé / elle est mangé-e il a vu / elle est vu-e	

Un élève a conclu : « La lettre du participe passé, ça appartient au verbe, mais ça fonctionne pas comme un verbe, mais comme un nom ou un adjectif ».
À l'issue du chantier qui aura duré huit séances, les élèves sont devenus plus vigilants et ont compris leurs erreurs ; il me suffisait de dire : « Mais, tu te souviens, cette partie-là du verbe ne fonctionne pas comme un verbe ».

Autre approche

Dans des classes de 6ᵉ et de 5ᵉ, ainsi qu'en formation d'adultes, le travail sur le participe passé s'est déroulé selon une autre approche, à partir de la question suivante : « Et pourquoi *il a dormit* ou *il a finit*, c'est faux, puisque c'est la troisième personne et qu'à la troisième personne, il faut un *t* ? » À l'évidence, tous analysent le *t* d'une forme verbale comme une marque de personne, et n'ont pas encore fait la différence entre le morphogramme grammatical d'une forme simple et le morphogramme lexical qui concerne certains participes passés, à l'instar des adjectifs.
Le corpus est donc constitué de façon à faire apparaitre à la fois la différence de valeur d'une lettre identique quand elle se situe à la fin d'une forme simple ou d'un participe passé, et la similitude du participe passé et de l'adjectif. Le corpus suivant, assez long, est celui qui a été proposé à de futurs enseignants du premier degré participant à un module de réactualisation des connaissances :

Il garantit elle garantit	il a garanti elle a garanti	il est garanti elle est garantie
il sourit elle sourit	il a souri elle a souri	
il dit elle dit	il a dit elle a dit	ce texte a déjà été dit cette chose a été dite
il finit	il a fini	il est fini
il court elle court	il a couru il a couru	
elle tient	elle a tenu	elle est tenue
il acquiert	il a acquis	il est acquis
il punit elle punit	il a puni elle a puni	il est puni elle est punie

il sort elle sort	il est sorti il a sorti le chien il a sorti la voiture elle est sortie elle a sorti le chien elle a sorti la voiture	 le chien a été sorti la voiture a été sortie
il assied / assoit elle assied / assoit il s'assoit elle s'assoit	il a assis le bébé elle a assis le bébé il s'est assis elle s'est assise	il est assis elle est assise
il hait elle hait	il a haï elle a haï	il est haï elle est haïe
il met elle met	il a mis elle a mis	il est bien mis elle est bien mise
il cuit elle cuit	il a cuit elle a cuit	il est cuit elle est cuite
il se tapit elle se tapit	il s'est tapi elle s'est tapie	il est tapi elle est tapie
		il est petit elle est petite
		il est décrépit elle est décrépite
		il est exquis elle est exquise
		il est précis elle est précise
		il est ami avec elle elle est amie avec lui

Pour répondre à la question de départ à propos de la séquence *il a finit*, la consigne est d'observer le corpus et de déterminer quel est le statut des lettres muettes *t - s - e*, puis d'énoncer une loi générale.
Dans un second temps, il s'agit de confirmer les conclusions tirées de la première observation à l'aide d'un nouveau corpus :

il surprend / il a surpris	il suit / il a suivi
il écrit / il a écrit	il dort / il a dormi
il meurt / il est mort	il souffre / il a souffert
il rit / il a ri	il permet / il a promis
il sent / il a senti	il lit / il a lu
il suffit / il a suffi	il décrit / il a décrit

Commentaires

À l'issue de ce travail où la confrontation a été vive, l'auteur de la question initiale a commencé à entrevoir une autre « vérité » : il a enfin admis que la graphie *il a finit* est une erreur. Sa résistance, son étonnement devant le résultat, confirment que les multiples corrections et explications fondées sur des règles répétées tout au long d'une scolarité (Bac+4) sont des moyens insuffisants pour élaborer les notions orthographiques sur des bases justes : certaines conceptions-obstacles ont effectivement une carapace à toute épreuve. Un réel travail d'observation de corpus, de formulation d'hypothèses et de vérifications se révèle indispensable. En l'occurrence, la nécessité de produire des explications cohérentes pour rendre compte de la présence des différentes finales dans le corpus a finalement débouché, non sans mal, sur un changement de point de vue et ouvert la voie à de futures graphies normées…
Le fait qu'il n'était pas le seul à penser de la même façon au départ souligne l'importance de travailler sur les conceptions dès le début de la scolarité.

C5. HOMOPHONIE *ce/se* (CE2)

Constat, analyse, choix didactique

En réponse à des confusions classiques observées dans les productions écrites, j'ai fait une leçon sur la différence entre *ce* et *se*[1]. À partir de l'observation d'un corpus de phrases, les élèves ont établi que *ce* figure dans le groupe nominal et *se* dans le groupe verbal, le premier devant le nom, le second devant le verbe. Belle symétrie rompue à la fin de la séance par la question d'une élève : « Pourquoi est-ce qu'on met *sa* devant un nom et pas *ça*, puisqu'on a dit qu'on écrit *se* devant un verbe et *ce* devant un nom ? »
Les élèves savent différencier le possessif du démonstratif : ils disent *ce livre* ou *son livre*, *celui-là* ou *le sien*, *ça craint* ou *il se sent mal*, de façon appropriée. Ce qu'ils ne maitrisent pas, en revanche, c'est la façon dont le système organise la différence graphiquement. Ce n'est pas faute pourtant de répéter chaque année des règles dont la rentabilité est bien faible. La question de l'élève indique qu'elle a repéré une régularité, qu'elle raisonne et que la conclusion à laquelle elle aboutit ne la satisfait pas, parce que cette conclusion est en contradiction avec ce qu'elle connait ou perçoit comme inacceptable :
(1) on doit écrire *ce* devant un nom et *se* devant un verbe ;
(2) j'en déduis que la lettre *c* va avec le nom et la lettre *s* avec le verbe ;
(3) donc, quand j'entends /sa/ devant un nom, je devrais l'écrire avec un *c*, c'est-à-dire *ça* (la cédille n'étant bien sûr là que parce qu'elle est obligatoire devant un *a*).
L'opposition *ce/se* se traite traditionnellement dans la série des homophones grammaticaux, parce qu'on s'y réfère à travers la terminologie grammaticale : on met *ce* quand il s'agit d'un adjectif (ou d'un pronom démonstratif), et *se* quand il s'agit du pronom personnel réfléchi. De son côté, la grammaire disperse ces éléments, puisqu'il ne relève pas des mêmes classes syntaxiques ou des mêmes structures (groupe nominal, déterminant ; groupe verbal, verbe pronominal).
Pourtant, la solution est tout autant du côté lexical et sémantique. Comme l'élève en a l'intuition, l'orthographe oppose en effet deux séries – les démonstratifs et les personnels – par un morphogramme lexical, *c* opposé à *s*, ce qui va bien au-delà du seul déterminant ou déterminant *ce* opposé au pronom *se* :

ce	se
ce	son
cette	sa
ces	ses

Mais aussi, à l'intérieur de la série des personnels, les lettres *m/t/s* dépendent des personnes. se comportent comme des morphogrammes en fonction des personnes :

me	te	se
mon	ton	son
moi	toi	soi

Une fois de plus, l'orthographe apparait comme un ensemble de systèmes interreliés. Partant de là, j'ai décidé de reprendre autrement la question :
1 – en séparant les deux séries : traiter ensemble des homophones aboutit souvent à entretenir la confusion, comme Miloud (CE2) déclarant qu'il a écrit *ces parents* « parce que c'est les siens »;
2 – en introduisant *se* dans sa série : montrer les liens de ce mot avec les autres mots personnels permet de rompre avec un émiettement qui donne peu de prises aux élèves et surcharge la mémoire.
De cette façon, les élèves pourront construire une vue d'ensemble du fonctionnement de ce secteur orthographique. Mon hypothèse est que, s'ils comprennent, ils retiendront d'autant mieux et pourront commencer à mettre en œuvre les régularités graphiques pertinentes (c'est bien parce que Sandra n'a pas compris qu'elle bloque).

1. Compte rendu d'Anne-Marie Bézian.

Séance 1 : observation du corpus

La question de la recherche est inscrite sur une affiche : « *Pourquoi écrit-on SE + VERBE mais SA + NOM ?* » J'annonce aux élèves que, pour résoudre l'énigme, il faut trouver le rapport entre le *s* de *se* et le *s* de *sa* à l'intérieur d'une même phrase. Pour cela, ils vont examiner les phrases suivantes et essayer de trouver des liens entre des mots.

Julie se balance sur sa chaise.
Mathieu se rase sa belle chevelure.
Le petit garçon se regarde dans son miroir.
Je me promène tous les matins dans ma forêt.
Tu te dépêches de faire tes devoirs.
Il se tourne tout le temps vers ses voisines.

Comme les élèves n'arrivent pas à mettre en relation les différents termes renvoyant aux personnes, je guide davantage l'observation en leur demandant de recopier les phrases en plaçant bien en dessous les uns des autres les groupes nominaux sujet, les verbes conjugués et les compléments du verbe. Ce qui donne, après plusieurs essais et quelques tractations :

Julie	**se**	balance	sur **sa** chaise	
Mathieu	**se**	rase	**sa** belle chevelure	
Le petit garçon	**se**	regarde	dans **son** miroir	
Je	**me**	promène	dans **ma** forêt	tous les matins
Tu	**te**	dépêches	de faire **tes** devoirs	
Il	**se**	tourne	vers **ses** voisines	tout le temps

Après un nouvel examen, les élèves établissent une équivalence entre les groupes nominaux des trois premières phrases et les pronoms *il* ou *elle*. La séance s'achève sur cette conclusion : « Quand il y a *se*, il y a *sa* ou *son* ou *ses*. C'est pareil pour les autres, c'est en rapport avec les personnes».

Séance 2 : vérification sur un autre corpus

Je propose à la classe de vérifier sur de nouvelles phrases si cette idée est juste :

Laure cherche ses lunettes.
Certains élèves se balancent sur leur chaise.
D'autres élèves s'échangent leurs billes.
Vous vous échangerez vos adresses pour les vacances.
En CE2 nous nous prêtons nos livres de bibliothèque personnels.

Les élèves effectuent la même opération que précédemment, ce qui conforte leur première conclusion, malgré la gêne introduite par *leur/leurs*, considérés comme « pas comme les autres ». Mais je ne retiens pas à ce stade ce propos. Nous rassemblons dans un tableau les premières découvertes :

1re personne du singulier	JE	ME	MON	à MOI	MA	
2e personne du singulier	TU	TE	TON	à TOI	TA	
3e personne du singulier	IL - ELLE	SE	SON	à SOI	SA	SES
1re personne du pluriel	NOUS	NOUS				NOS
2e personne du pluriel	VOUS	VOUS				VOS
3e personne du pluriel	IL - ELLE	SE	LEUR		LEUR	LEURS

Les élèves constatent que le tableau est incomplet et commencent à fournir les pièces des cases manquantes, mais j'arrête là la séance, jugeant intéressant d'y revenir : compléter et remanier un tableau sont des compétences à travailler. Je valide néanmoins l'idée.

Séance 3 : élaboration d'un tableau récapitulatif

Observation

La consigne est de compléter le tableau à l'aide du nouveau corpus :

La maitresse trouve son nouveau cartable très joli.
Et le tien, comment le trouves-tu ?
Laure cherche encore ses lunettes tandis que Yan a déjà les siennes sur le nez.
Et lui là-bas il se demande où sont les siennes
Dans sa nouvelle maison, Jenny aura sa chambre à elle.
C'est bien quand chacun a sa chambre à soi !
Et toi, as-tu aussi ta chambre à toi ?

Très vite, certains élèves disent qu'il faut rajouter des colonnes.

Élaboration du tableau récapitulatif

Une fois la première étape franchie, je demande aux élèves de réfléchir à une meilleure organisation du tableau « pour qu'on voie bien ce qui va ensemble ».
La construction d'un tableau à partir d'une première mouture fait partie de l'apprentissage : en effet, déchargés de la conception initiale, les élèves sont plus à même d'en voir les limites et les maladresses, et proposent des aménagements judicieux. De plus, cette nouvelle manipulation les aide à mémoriser. C'est pourquoi il est inutile de vouloir aller vite.
Je les aide alors à nommer les catégories grammaticales, ce que faisaient déjà certains élèves depuis le début, avec plus ou moins de justesse. J'intègre ces dénominations, sans plus, sauf pour les « pronoms de conjugaison » et les déterminants déjà bien connus :

PERSONNES		PRO	PRO	PRO	PRO	Dét + nom sg	Dét + nom sg	Dét + nom pl
singulier	1re	JE	ME	à MOI		MON	MA	
	2e	TU	TE	à TOI	le tien	TON	TA	
	3e	IL - ELLE	SE	à SOI à LUI à ELLE	les siennes	SON	SA	SES
pluriel	1re	NOUS	NOUS					NOS
	2e	VOUS	VOUS					VOS
	3e	IL - ELLE	SE	à EUX		LEUR	LEUR	LEURS

Récapitulation

La classe procède alors à la récapitulation habituelle.
Nous avions observé....
1 – que **devant le verbe** on trouvait **SE**, mais qu'**à l'intérieur du GN** on trouvait **CE**
2 – qu'**à l'intérieur du GN** on trouvait **SA**, mais qu'**en Sujet** on trouvait **ÇA**.
Nous avons alors pensé que si **Se et Sa commençaient tous les deux par S,** il devait exister une bonne raison...mais laquelle ?
Nous avons essayé de trouver quel rapport existait entre SE entre SA à l'intérieur de la phrase :

JULIA *elle*	SE BALANCE	SUR SA CHAISE *la chaise à Julie, à elle*

et si nous avions dit :

YAN *il*	SE BALANCE	SUR SA CHAISE *la chaise, à lui*

puis nous avons essayé avec d'autres personnes :

LES ENFANTS *ils*	**SE** BALANCENT	SUR **LEUR** CHAISE *la chaise, à eux*

JE	**ME** BALANCE	SUR **MA** CHAISE *la chaise, à moi*

TU	**TE** BALANCES	SUR **TA** CHAISE *la chaise, à toi*

Nous avons alors classé nos découvertes dans un tableau et nous avons vérifié avec d'autres exemples. Un résumé est élaboré et copié dans le cahier des leçons :

Le rapport entre le S de Se et Sa, c'est comme un petit radical qui est S : tous les petits mot qui parlent de la 3ᵉ personne du singulier (il, elle) commencent par S.
Tous les petits mots qui parlent de 1ʳᵉ personne du singulier (je) commencent par M.
Tous les petits mots qui parlent de 2ᵉ personne du singulier (tu) commencent par T.

Dans les semaines suivantes, le tableau est complété au fur et à mesure. Je remarque que les élèves sont plus vigilants quant à la distinction entre *se* et *ce*.

C6. HOMOPHONIE PRONOM/DÉTERMINANT *les* (CM2 ET 5ᵉ)

Constat, analyse, choix didactique

Après l'étude d'un album d'Olivier Douzou, *Des petits bonshommes sur le carreau*, illustré par Isabelle Simon (Éditions du Rouergue), ma classe parisienne de CM2 décide de participer à une action proposée par la RATP dans le journal *Le Métro* disponible dans toutes les stations[1]. Les lecteurs sont invités à rédiger une lettre ouverte pour donner leur opinion à propos de l'indifférence face à l'exclusion et à la violence. Les élèves ont choisi de rédiger individuellement une lettre ouverte pour prendre position sur ces phénomènes.

Après la dernière relecture effectuée par groupe de deux pour améliorer l'orthographe des textes, je remarque, sur de nombreux brouillons, deux types d'erreurs en présence du mot *les* :

1 – l'apparition d'erreurs au moment de la relecture : *on doit les aider* et *on les ignore* deviennent, après la relecture à l'aide de l'outil des balles d'accord, *on doit les aidés* et *on les ignores* ; en revanche, *on doit les accueillir* reste inchangé ;

2 – un raisonnement erroné pour justifier une graphie juste : *les associations les hébergent* ; c'est en effet le pronom antéposé *les* qui est donné comme responsable de la terminaison du verbe.

On peut faire deux remarques :

1 – ces élèves ont bien conscience qu'il faut effectuer des accords dans le cadre de la phrase ; la présence d'un mot comme *les* fonctionne comme un signal qui entraine à l'écrit l'ajout d'une ou plusieurs lettres pour marquer le pluriel sur les mots qui suivent ; la fonction de sujet se confond encore avec une position devant une forme verbale ;

2 – les erreurs d'identification et de raisonnement qui entrainent parfois des modifications mal fondées se produisent majoritairement au moment de la révision orthographique ; c'est donc l'activité réflexive sur le fonctionnement de la langue qui révèle que l'homophonie pose un problème dont les élèves n'ont pas conscience.

1. Compte rendu d'Anne-Marie Bézian.

L'accord avec le pronom antéposé considéré comme « donneur » de marques est d'autant plus naturel pour les élèves qu'ils ne semblent pas avoir encore pris conscience qu'il existe deux *les*. Si l'homophonie entre le déterminant et le pronom ne pose évidemment aucun problème d'orthographe, ce sont les conséquences de cette non-distinction qui en pose. On retrouve d'ailleurs ces problèmes avec l'opposition entre le déterminant *leur* et le pronom *leur*.

À partir de cette analyse, il m'a semblé nécessaire pour conduire mes élèves à découvrir ce phénomène d'homophonie de leur proposer une activité d'analyse de phrase et de substitution. Ils pourraient ainsi dégager un certain nombre de critères de ressemblances et d'oppositions catégorielles pour comprendre les différences entre ces deux homophones :

critères	*les* : **déterminant**	*les* : **pronom**
sémantique	renvoie à une quantité « plusieurs » (pluralité) reprise anaphorique	
	des → *les*	reprise d'un GN antécédent (qu'on peut toujours restituer)
morphologie	pluriel genre indéterminé (neutralisé)	
position	se situe dans un GN : devant un nom (ou adjectif antéposé au nom)	se situe devant un verbe conjugué ou à l'infinitif
syntaxe	dans le GN détermine le nom	dans le GV objet direct du verbe
« rôle »	signal qui enclenche un accord à l'intérieur du GN	

Séance 1 : formulation du problème

Point de départ

Un élève écrit au tableau, les autres sur leur cahier de brouillon, trois phrases tirées de leurs productions écrites :

1. *On doit tous secourir les exclus.* 2. *On doit les aider.* 3. *Les associations les défendent.*

Pendant le temps de relecture individuel, les élèves sont invités à opérer deux actions :

1 – analyser la phrase : encadrer le verbe conjugué, souligner le GNS, encadrer les autres GN compléments ;

2 – vérifier tous les accords en traçant la chaine des balles d'accord.

Mise en commun

Nous procédons phrase après phrase : toutes les graphies sont recueillies et notées au tableau, puis commentées par l'ensemble de la classe.

• Phrase 1 :

Cette phrase ne soulève pas de problème. D'une part, *secourir* et la famille de mots autour d'*exclu* (*exclusion, exclure, un exclu, une exclue, des exclus*) ont été mémorisés pendant l'élaboration de la lettre ouverte. D'autre part, tous ont bien repéré les deux chaines d'accord : *on doit* et *les exclus*.

• Phrases 2 et 3

En revanche, les autres phrases entrainent les graphies erronées attendues :

			aidés
On	*doit*	*les*	*aider*

Les	*associations*	*les*	*défendes*
			défendent

Très vite, certains élèves proposent pour trancher de remplacer *aider* par un verbe d'un autre groupe, par exemple *On doit les défendre*. Ils remportent aussitôt l'adhésion du groupe : « Ah oui, on entend que c'est un verbe à l'infinitif, donc on sait qu'*aider* s'écrit avec *er* ». Cette adhésion ne résout évidemment rien, puisqu'elle ne touche pas au fond du problème.

Pour relancer le débat, je demande aux élèves qui ont écrit *aidés* d'expliquer leur choix. Ils parlent de leur hésitation entre les deux graphies *e-r/é-s* et signalent que c'est la présence de *les* devant *aider* qui les a incités à choisir la graphie *és*. La classe est embarrassée : un grand nombre d'élèves est déstabilisé par l'irruption de *les* dans le raisonnement.

Je suggère alors que nous comparions les propositions de découpage grammatical de la phrase. Mais deux difficultés surgissent : la présence de deux verbes, dont un de modalité, rend difficile l'identification du sujet ; *les aider* constitue une unité, d'où la tentation, pour certains, de dire que *les* entraine un accord sur le mot suivant ou, pour d'autres, de dire que *les* est le sujet du verbe *aider*.
La discussion s'enlise jusqu'au moment où un élève fait la proposition suivante : « On pourrait dire : *on doit aider les exclus* ». Je note cette proposition au tableau :

			aidés	
On	*doit*	*les*	*aider*	
On	*doit*		*aider*	*les exclus*

La majorité de la classe formule alors la prise de conscience qui s'est faite en ces termes : « Ah, *les* remplace *les exclus* ». À partir de là, ces élèves sont capables de faire la bonne analyse grammaticale de la phrase et de percevoir que *les* et *aider* sont deux unités qui ne peuvent pas être liées par une chaine d'accord.

Formulation du problème

Je recentre l'attention des élèves sur le problème qu'engendre la présence de *les* quand ils vérifient l'orthographe des accords dans une phrase. Je leur demande de formuler ce qu'ils ont compris avec leurs propres mots que je note au tableau :

Quand on voit LES dans une phrase, on croit qu'il faut toujours accorder les mots qui suivent, mais il y existe deux LES.
Quand LES remplace un nom ou un groupe, c'est un pronom, il n'enclenche pas une chaine d'accord.

Mise à l'épreuve

Les élèves reprennent la phrase 3 ; ils travaillent par deux et doivent débattre des différentes graphies proposées. La mise en commun est très rapide, car il s'agit d'un réinvestissement immédiat :

les	*associations*	*les*	*défendes*	
			défendent	*les exclus*

Synthèse

Lors de cette mise en commun, on rédige la trace écrite dans le cahier de leçons :

> *Quand on voit LES dans une phrase, on croit qu'il s'agit d'un mot qui nous signale du pluriel (= déterminant) et qu'il faut accorder les mots qui suivent.*
> *Exemple :*
> *les associations*
> *les exclus*
> *Mais attention, il existe deux mots LES.*
> *Quand LES remplace un nom ou un groupe, c'est un pronom, il n'enclenche pas une chaine d'accord.*
> *Exemple :*
> *On doit les aider*
> *On doit aider les exclus*

Séance 2 : entrainement

Pour que les élèves consolident l'appréhension de la différence entre les deux homophones, j'organise une phase d'entrainement. Elle consiste à restituer, en présence d'un pronom COD, le GN antécédent. Les phrases, dictées, sont extraites de leurs productions écrites, ce qui fournit à tous des antécédents évidents à restituer :

1. *On les ignore*
2. *Il faut faire attention à ne pas les blesser*
3. *Les gens le traitent mal*
4. *On les rejette*
5. *Il faut les emmener à l'hôpital*
6. *On l'ignore*
7. *Je trouve méchant de les mépriser*
8. *Pourquoi les regarde-t-on comme cela ?*
9. *On va les soigner.*
10. *Il(s) la rejette(nt)*

Les phrases 3 – 6 – 10 élargissent le problème de l'homophonie grammaticale à d'autres mots tels *le* ou *la*, sans qu'il y ait besoin d'y consacrer un développement particulier. La juxtaposition de GNS singulier et pronom pluriel fait apparaitre plus facilement le « piège linguistique » dans lequel un grand nombre tombe encore.

Les élèves, un au tableau, les autres travaillant sur l'ardoise, écrivent leur phrase, puis opèrent la vérification par l'analyse et la chaine des balles d'accord. Les propositions de graphies sont comparées et commentées phrase après phrase. Cette correction immédiate aide les élèves les plus lents à s'approprier progressivement le problème linguistique sous-jacent et à s'exercer à l'analyse et à la substitution.

Séance 3 : extension au cas de vous

Objectif et modalités

L'objectif est de faire apparaitre un autre cas d'homophonie, à savoir le pronom sujet ou complément *vous* qui entraine des erreurs d'accord similaires en production d'écrit. Pour faire découvrir ce nouveau cas aux élèves, je prends soin de leur proposer une phrase de structure analogue aux précédentes : *Je vais vous raconter une histoire vraie.*

Les modalités de travail sont les mêmes que lors de la séance d'entrainement : chacun écrit la phrase sous la dictée et vérifie ses choix par l'analyse grammaticale et le tracé des chaines d'accord. Au moment de la relecture, je leur précise : « Cette phrase contient un piège ; grâce à ce que vous avez compris sur le piège que vous réservent les deux mots *les*, vous pouvez éviter le piège que contient cette phrase ».

Résultats

Le transfert n'a pas lieu spontanément : le taux d'erreurs non rectifiées est très important.

			racontez			
Je	*vais*	*vous*	*raconter*	*une*	*histoire*	*vraie*
			raconté			
			racontés			

Mais le débat entre les élèves débouche sur cette proposition finale :

Je vais vous raconter une histoire vraie (à vous, les enfants de la classe)

La conclusion de la discussion est notée au tableau :

Il y a deux pronoms VOUS : un pronom qui est sujet et commande l'accord avec le verbe, un pronom qui remplace un GN et ne commande pas d'accord.

Séance 4 : entrainement individuel

C'est un exercice à trous classique, avec vérification méthodologique imposée :

À l'aide de la leçon, complète les phrases suivantes. Elles sont toutes au présent. Vérifie tes choix en faisant l'analyse grammaticale, la substitution et la chaine des balles d'accord :

1. *Je vais vous le donn….*
2. *Tu nous les prêt……*
3. *Pourquoi leur demand….. elle cela ?*
4. *Ils la consol……*
5. *Elle les achèt……*
6. *On vous appell……. ce soir.*
7. *Je vais vous chant…… un air d'opéra !*
8. *Nous l'appel….. souvent.*
9. *Tu les rencontr…… parfois*
10. *Ils ne la connai….. pas.*

Séance 5 : extension à de nouveaux cas d'homophonie

Repérage

La complexité du système est source de bien des erreurs orthographiques, tantôt par les accords mal fondés qu'elles entrainent comme avec *les*, tantôt sur les unités elles-mêmes :

	Graphies alternatives	Exemples d'erreurs
/lə/	le	*ils le voit*
/la/	la/l'a/l'as	*ils la voit – ils l'a voit*
/ma/	ma/m'a/m'as	*elle m'as donnée – tu ma donné*
/mɔ̃/	mon/m'ont	*ils mon vu*
/ta/	ta/t'a/t'as	*etc.*
/tɔ̃/	ton/t'ont	*etc.*

Je décide donc de poursuivre l'exploration et demande aux élèves de formuler ce qu'ils ont découvert à propos de *les* : « Il en existe deux, un qui entraine un accord, l'autre non, car il sert à remplacer un nom ou un GN dans la phrase ».
Je note ce qu'ils disent au tableau et précise la terminologie grammaticale. Puis je leur demande s'ils connaissent d'autres mots en français comme *les*. Sans hésitation la classe indique *le* et *la*, et propose des exemples que j'ajoute au tableau :

les : déterminant	les : pronom
les exclus **les** associations	Qui est-ce que ? on doit les aider … **les exclus**
le jeune Athénien **la** fille du roi Minos	il **le** mange… **Thésée** il **la** mange… **Ariane**

Je propose alors à la classe de rechercher d'autres mots pour compléter ce tableau, c'est-à-dire des mots comme *les, le* ou *la* qui sont des pièges, car ce ne sont pas forcément des mots-signaux (= déterminant) qui enclenchent un accord.

Synthèse

Après la mise en commun, le tableau suivant sert de trace écrite :

Certains mots : LE, LA, LES… dans la phrase se ressemblent. Nous devons alors savoir s'il s'agit…	
d'un déterminant = mot-signal qui déclenche une chaine de balles d'accord	d'un pronom = mot qui remplace un nom ou un GN et qui est un complément du verbe
LES **les** jolies maisons…	LES Il **les** mange … **les jeunes Athéniens**
LE / LA **le** grand jardin **la** grande maison	LE / LA Il **le** mange … **Thésée** Il **la** mange … **Ariane**
MA / MON **ma** jolie maison **mon** petit ami	M' Il **m'**a joué un mauvais tour …**à moi** Ils **m'**ont joué un mauvais tour …**à moi** Elle **me** joue un mauvais tour …**à moi** Elle **m'**avait invité …**moi**
TA / TON **ta** jolie maison **ton** beau manteau	T' Il **t'**a joué un mauvais tour …**à toi** Ils **t'**ont joué un mauvais tour ….**à toi** Elle **te** cherche partout …**toi** Elle **t'**avait invité pour son anniversaire …**toi**

Au cours de cette recherche, les élèves ont bien entendu proposé le cas de /sɔ̃/. Mais, en raison du trop grand nombre d'erreurs dans les transcriptions, je l'ai écarté. Cette homophonie englobe d'autres catégories grammaticales. On trouve par exemple : 1. *Ils se s'ont marié* – 2. *Ils s'ont plusieurs a se battre* – 3. *Il s'ont choisi* – 4. *Il s'avait rien.*
À la concurrence déterminant/verbe s'ajoute la difficulté de segmentation due à l'opposition *s'/se*, ou à la liaison *ils ont/ils sont*. Il y a donc matière pour un autre chantier à traiter ultérieurement. C'est ce que j'indique aux élèves.
Je conclus la séance en précisant que ce que nous avons étudié concerne ce qu'on appelle l'*homophonie* (nous expliquons le terme, que certains connaissent ou devinent à partir du terme d'*homophones*), et je précise

encore que tous ces « petits mots », comme on les appelle au CP, sont des *homophones grammaticaux*, parce qu'ils sont différents d'homophones comme *quart/car, tante/tente*.

Séance 6 : approfondissement

Les jours suivants, certains élèves arrivent en classe avec d'autres exemples d'homophonie qui peuvent s'insérer dans notre tableau récapitulatif :

Certains mots : le, la, les…. dans la phrase se ressemblent. Nous devons alors savoir s'il s'agit…	
<u>d'un déterminant</u> = mot-signal qui déclenche une chaine de balle d'accord	<u>d'un pronom</u> = mot qui remplace un nom ou un GN et qui est un complément du verbe
LES Les jolies maisons…	L' Je l'ai grondé(e) …**Jules, Julie**
MES mes jolies lunettes	M' Je m'essuie les mains …**à moi** Je m'étonne …**moi-même**
TES tes parents	T' Je t'écris …**à toi** Je t'ai cherché(e) …**toi**

Séance 7 : nouvel entrainement

Un nouvel exercice à trous sert d'entrainement. Comme précédemment, les élèves ont pour consigne explicite de se relire en opérant l'analyse, une substitution et en traçant les balles d'accord.

		Mots à compléter
1.	*……… voisins ………… salué.*	mes m'ont
2.	*…..grand-père ……… raconté une belle histoire.*	mon m'a
3.	*Il ……. ……… raconte chaque fois que je suis triste.*	me la
4.	*………. petite voisine ………. agace.*	ma m'
5.	*…..meilleure amie ……. appelle tous les soirs.*	ma m'
6.	*…. meilleur ami …… attendu longtemps à l'arrêt de bus.*	mon m'a
7.	*……. maman ……. avertit d'un grand danger.*	la t'
8.	*……. amis ………. donné de bons conseils.*	tes t'ont
9.	*……… voisine ……. regardé avec méfiance.*	la l'a
10.	*Elles ne ……… appellent plus.*	l'

Résultats sur 27 élèves : 19 ont fait 0 faute ; 3 ont fait 3 fautes ; 4 ont fait 4 fautes ; 1 a fait 5 fautes. D'autres séries d'exercices sont proposées par la suite, inspirées des mots croisés.

Bilan

En quatre séances de recherche, suivies de trois ou quatre séances d'entrainement de trente minutes environ, le chantier a couvert une matière linguistique qui, ordinairement, est présentée fractionnée dans un grand nombre de leçons d'orthographe ou de grammaire, sans que les élèves puissent établir clairement un lien entre ces leçons et les difficultés qu'ils rencontrent en écrivant.

Le chantier a ainsi permis de :

1 – rassembler les manifestations graphiques d'un phénomène unique, qui embarrassent les élèves quand ils écrivent ;

2 – désigner ces manifestations graphiques par un même terme, celui d'*homophonie grammaticale*, ce qui fait de l'étiquette métalinguistique, par l'unification qu'elle apporte, un outil d'aide à la conceptualisation ;

3 – comprendre que se fier à ce qu'on entend, c'est précisément tomber dans le piège homophonique et que, pour éviter ce piège, une analyse est nécessaire.

En 5e

Dans cette classe comme dans bien d'autres, les erreurs d'accord dans le cas où un pronom est antéposé sont fréquentes. Les élèves ont du mal à comprendre le statut de ces mots ; l'homophonie obscurcit la question, ce qui provoque nombre de segmentations incorrectes. Le chantier est introduit par le professeur avec la question : « Les mots d'une seule lettre, est-ce que ça existe ? », selon la stratégie du détour exposée dans l'étude des accents. La démarche est similaire à celle des CM2. La seule différence est que le chantier a commencé par une chasse aux mots et que la classe a travaillé d'emblée avec l'ensemble des cas.

C7. LE GRAPHÈME *s* (CE1 - CM1 - 5e)

Constat, analyse, choix didactique

Représentatif du plurisystème de l'orthographe du français, le graphème *s* est probablement celui qui donne accès à la dimension non phonographique de l'orthographe. Il est étudié dès le cours préparatoire, et, dans ses fonctions grammaticales, au plus tard au CE1. À tous les niveaux de la scolarité, néanmoins, on peut constater des erreurs, et pas seulement des erreurs de gestion en situation d'écriture. Les élèves omettent souvent en effet les *s* en finale ou en ajoutent de façon intempestive.

en CE1 : *le sosison, les histoire drôle*
en CM1 : *nous retournon, jamai, je vai le combattre, les joueurs gagnes*
en 6e-5e : *parmis les autre camps, beaucoups de temp, quelques conte, il savaient peur*

Si l'on peut trouver normal qu'un élève qui vient tout juste d'apprendre à lire et à écrire hésite sur le graphème *s*, l'incertitude touche encore des élèves plus âgés. C'est le signe qu'un certain désordre cognitif existe. Comme on l'a vu, la lettre *s* (il est inutile de parler de graphème avec les élèves) est polyvalente et plurifonctionnelle, c'est-à-dire qu'elle se rencontre dans les différents systèmes et avec plusieurs valeurs. On peut penser que ces élèves n'ont pas suffisamment pris conscience de ce phénomène et des secteurs concernés : il arrive un moment où tout s'embrouille dans leur tête. Pour cette raison, le chantier fournit l'occasion d'une *grande récapitulation* sur le fonctionnement de l'orthographe. C'est un exemple type des synthèses qu'il est nécessaire de faire de temps à autre pour faciliter certaines prises de conscience et lever certains obstacles. Des chantiers sont ainsi régulièrement menés du CE1 à la 5e. Quelques aspects vont en être présentés[1].
Pour chacun des niveaux, le corpus d'étude est un texte, pris dans un manuel quelconque. Tout texte, a priori, comporte une grande variété de *s*. On trouvera des marques verbales de la 1re et 2e personnes du singulier et de la 1re personne du pluriel dans les dialogues ou les textes prescriptifs des magazines pour enfants. On veille simplement à la présence d'adverbes et de prépositions qui se terminent par un *s*. Toutefois, il n'est pas indispensable de tout couvrir : il peut même être intéressant d'en laisser pour une prochaine fois. Découvrir un nouveau cas oblige à remanier ce qu'on a déjà établi, ce qui permet d'approfondir ce qu'on a déjà vu et facilite la consolidation des notions.

Séance 1 : tri et classement du corpus

Formulation du problème, corpus et consigne

La raison du chantier est toujours rappelée : « L'autre jour, Stéphane nous a fait remarquer qu'il y a souvent des *s*, mais qu'il se trompe souvent et vous étiez d'accord » (CE1) ; « J'ai repéré dans vos textes que vous oubliez souvent de mettre des *s* à la fin des mots » (CM1) ; « Vous me demandez souvent s'il faut un *s* ou pas à certains mots qui ne sont pas au pluriel. Et l'autre jour, certains parmi vous ont dit qu'ils ne comprenaient pas pourquoi il ne faut pas de *s* à *beaucoup* alors que c'est un pluriel » (5e). Dans tous les cas, il s'agit d'aller y voir de plus près :

1. Ce qui a trait au CM1 a été rédigé à partir du compte rendu d'Anne-Marie Bézian.

en CE1 : les dix premiers vers du poème déjà connu de Prévert « Chansons des escargots qui vont à l'enterrement » ;
en CM1 : extrait d'Henri Bosco, *L'Enfant et la rivière* (Gallimard, 1953) ;
en 5e : extrait d'une scène de roman d'aventures.

La question de recherche est inscrite sur une affiche : « À quoi sert la lettre *s* dans tous les mots du texte ? » En CE1 et CM1, la consigne est de souligner tous les mots qui comportent un *s* et ensuite de les classer ; en 5e, elle est de classer tous les mots qui comportent un *s* selon la fonction du *s*.

Travail individuel/travail de groupe

Un bref temps de recherche individuelle précède le travail de groupe de façon à permettre (obliger ?) chaque élève à trouver quelque chose. Pour les groupes, la consigne est de se mettre d'accord et de présenter le résultat de leur recherche dans un tableau sur une affiche. Les consignes de lisibilité sont rappelées.
Voici par exemple le relevé d'un élève de CM1 :

Rencontre dans la clairière
Au milieu de cette clairière se dressait une hutte. Largement arrondie, elle montait en pain de sucre. Un sac pendait devant la porte. Sur la porte battue, on avait disposé trois pierres. Là, brûlait un peu de feu. La fumée qui s'en élevait léchait une grosse marmite, toute noire, sorte de créature étrange, avec deux petites oreilles et une panse rebondie. Une fillette accroupie devant le foyer attisait le feu avec un bâton. un chat noir sommeillait devant la hutte. Quelques poules picoraient. [...] Au-delà de la hutte, sous un arbre, on entrevoyait vaguement une énorme masse brune. Cette masse m'inquiéta. Je ne pus l'identifier, car elle se trouvait trop loin de moi ; elle demeurait immobile. Etait-ce un animal ? [...] La masse brune se souleva, grogna, se mit sur quatre grosses pattes et l'ours – car c'était là un ours – s'approcha du feu en se dandinant. Arrivé près de la marmite, il huma l'air, le museau levé dans ma direction. Je m'enfuis. Je courus d'une traite à la pointe de l'île, et j'y cherchai une bonne cachette.

Au cours de la discussion au sein du groupe, l'élève reconnait qu'il a relevé aussi des mots qui ne comportent pas la lettre *s*, mais le son /s/. Cette confusion sera brièvement évoquée avec la classe ultérieurement (il n'est pas le seul). L'examen des travaux montre que l'ensemble des groupes de la classe en est resté à un classement primitif : « On entend le *s* / on ne l'entend pas » formulé de façon plus ou moins explicite et claire. En revanche, en CE1, la plupart des groupes proposent davantage de critères de classement, celui-ci particulièrement :

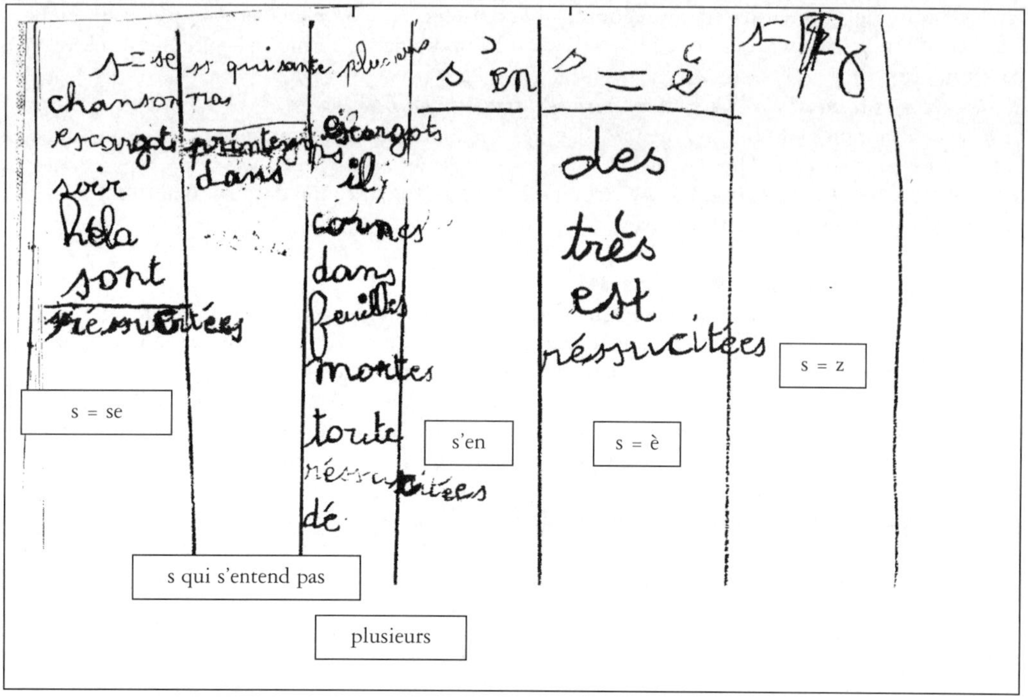

Il repère en effet :
– plan phonographique : les deux valeurs de *s*, à savoir /s/ et /z/ pour cette dernière valeur, aucune occurrence n'a été relevée, mais une colonne est préparée à cet effet ;
– plan morphographique : le *s* du pluriel.
Mais ce groupe va plus loin en relevant le rôle diacritique du *s* dans certains mots : *des*, *est*, *très*, *ressuscitées*. Même si tout n'est pas rigoureusement exact, c'est une découverte importante, qui surprend généralement des élèves plus âgés, qui n'ont jamais pris conscience de cette fonction et écrivent souvent *déssin*, *éssayer*. Pour est, il est clair que la conscience de la distinction des homophones n'est pas à l'ordre du jour en CE1. En outre, le groupe distingue encore une catégorie : celle où le s ne s'entend pas, comme dans *printemps* et *dans*. Ce *s* est donc perçu différent du s de pluriel qui ne s'entend pas non plus. On obtient là une analyse très fine du système orthographique du français, avec la plupart des zones du système. On voit ainsi que les élèves, même très jeunes, sont capables de réflexion approfondie dans cette situation.

Séance 2 : confrontation des classements en CM1

La séance commence par un des classements les moins élaborés : « dans certains mots la lettre *s* se dit /z/ » ; « parfois ça se dit /s/ » ; « parfois c'est au début du mot ». Le suivant apporte une information complémentaire « on entend le *s* ». Invités à dire en quoi ce second classement pourrait aider à modifier le premier, les élèves expliquent que « le nouveau critère rassemble les trois sous-groupes ».
À partir de cette manipulation collective, il se produit deux phénomènes :
1 – une accélération : deux ou trois affiches sont présentées en même temps avec pour consigne de vérifier si on y retrouve les mêmes critères, même si la disposition est différente ;
2 – certains critères que peu de groupes avaient formulés pendant leur recherche s'imposent à la majorité, notamment le « *s* ne s'entend pas ».
Une nouvelle affiche collective est fabriquée : « le S qu'on entend » et « le S qu'on n'entend pas » (voir plus loin).

Séance 3 : suite de la confrontation des classements en CM1

Grâce à l'affiche de la classe, les élèves reformulent eux-mêmes les découvertes de la séance précédente.

1re étape : reclassement d'une partie du corpus

La classe travaille alors sur une des catégories, en l'occurrence « le S qu'on n'entend pas ». En binôme, les élèves doivent reclasser les mots en sous-groupes. L'importance de formuler les critères de classement est soulignée.

2e étape : affinement du classement par la mise en commun

La mise en commun s'effectue comme précédemment, de la réponse la moins élaborée vers une réponse satisfaisante pour la classe. Une discussion animée s'engage autour de deux mots qui posent problème : le *s* de *quelques* et *trois* est-il un *s* de pluriel puisque ni *quelque* (inconnu des élèves) ni *troi* n'existent ? Et pourtant ces mots sont bien au pluriel…

Séance 4 : approfondissement en CM1

La classe est lancée sur la zone du classement *je courus/je pus/je m'enfuis*. Non sans difficulté, elle formule la question suivante : « La lettre S est-elle la marque de *JE* sur le verbe ? » inscrite sur un bandeau pendant la suite du chantier. Au cours des quatre séances nécessaires pour trouver une réponse, le travail se poursuit parallèlement sur deux niveaux pour :
1 – repérer le fonctionnement de la terminaison des verbes à la première personne : *e – s – x* ; repérer que dans ce fonctionnement interviennent des phénomènes de langue qui ne sont pas du même ordre, *d-s* ou *t-s*, et même l'accent circonflexe distinguant *je crois* et *je croîs* ;
2 – comprendre progressivement comment est organisé leur manuel de conjugaison (pourquoi le présent en haut à gauche ?).
Ce chantier se termine classiquement par une phase d'entrainement (avec pièges annoncés) suivie d'une évaluation.

Bilan

Dans toutes les classes, cette façon d'observer l'orthographe sous un angle nouveau a suscité un vif intérêt de la part des élèves. Pour ceux de CM1, ils y ont gagné en plus la maitrise d'un manuel de conjugaison, outil auquel on les renvoie souvent et dans lequel ils se perdent non moins souvent en raison de sa complexité.

Synthèses

Pour terminer, on observera la synthèse de la classe de 5e et l'évolution des traces écrites sur le cahier de leçons des CM1, au fur et à mesure de l'avancée du travail.

• Classe de 5e :

la lettre S est un phonogramme				la lettre S ≠ un phonogramme					
	/s/	/z/	/e/ ou /ɛ/	marque de pluriel	marque verbale	marque familiale	sert à distinguer des homophones	lettre étymologique	ne sert à rien
au début	sauvage selle								
entre V-C	espace respirer		reste espace						
entre C-V	penser course								
entre C-C	instant instinct								
entre V-V	-ss- aussi	brisa visage							
à la fin	plus sens		ces les des	cavaliers muscles	(tu) décides pris (prise)	bras (brasse)	mais (mai) est (et) vers (vert)	corps	jamais toujours dans alors dessus après pas

Le terme de phonogramme a été « deviné » par les élèves à partir des questions de l'enseignant sur l'étymologie, en réponse à la question : « Comment pourrait s'appeler une lettre qui sert à noter un phonème ? »

• Classe de CM1

CAHIER DE LEÇONS

À la fin de la première séance :

Nos recherches sur la lettre S :

1 – j'entends la lettre S	2 – Je n'entends pas la lettre S : « la lettre S est muette »
se dressait grosse la masse panse disposé sucre sac sur sorte sommeillait sous se souleva ours	pus courus m'enfuis oreilles pierres poules grosses pattes petites trois quelques gros sous près
la lettre S se prononce /z/	
disposé museau attisait	

À la fin de la deuxième séance :

Nous avons classé en sous-groupes le groupe « la lettre S est muette, elle ne s'entend pas ».
Nous avons modifié une partie de notre tableau :

2 – Je n'entends pas la lettre S :« la lettre S est muette »			
	la marque du pluriel		On ne sait pas où les ranger
je courus je pus je m'enfuis	petites oreilles pattes pierres poules grosse<u>s</u>	sous près	trois quelques

À la fin de la troisième séance :

Nous avons « creusé » le cas du premier sous-groupe quand la lettre S est muette et nous nous sommes demandé si : « La lettre S est la marque de la première personne du singulier sur le verbe ? »

au **PRÉSENT** **JE**		
souvent	*parfois*	
S 2e *gr* **IR / ISS** je finis je grandis 3e *gr* **IR - IRE** je dis je cours je dors 3e *gr* **OIR – OIRE** je bois je vois j'aperçois je crois **EINDRE – AINDRE – OINDRE** p*ein*dre — je p *ein* **s** cr*ain*dre — je cr *ain* **s** rej*oin*dre — je rej *oin* **s** attention *bat*tre — je ba*t*s *met*tre — je me*t*s *prend*re — je pren*d*s	 **X** je veux je peux	**E** 1er *gr* **ER** je mange je joue je crie je remue j'essaie *certains verbes en* **IR** *du* 3e *gr* je sou*ffr* **e** j'ou*vr* **e** j'o*ffr* **e**

Bibliographie

Orthographe : théorie et didactique

ANGOUJARD A., dir., *Savoir orthographier*, Paris, INRP-Hachette, 1994.

BRISSAUD C., BESSONNAT D., *L'Orthographe au collège : pour une autre approche*, CRDP de Grenoble/Delagrave, 2001.

CATACH N., *L'Orthographe*, Paris, PUF, Que Sais-Je ?, n° 685, 1978.

CATACH N., *L'Orthographe française. Traité théorique et pratique avec des travaux d'application et leurs corrigés*, Paris, Nathan, 1980.

CHARTRAND S., *Pour un nouvel enseignement de la grammaire*, Montréal, Les Éditions Logiques, 1999.

CHERVEL A., MANESSE D., *La Dictée. Les Français et l'orthographe*, Paris, Calmann-Lévy/INRP, 1989.

CHIGNIER J., HAAS G., LORROT D., *Les Systèmes d'écriture : un savoir sur le monde, un savoir sur la langue*, Dijon, CRDP, 1990.

COGIS D., « Marques orthographiques du féminin et pratiques de l'écrit », *Lidil*, n° 27, 2003, pp. 103-115.

COGIS D., BRISSAUD C., « L'orthographe : une clé pour l'observation réfléchie de la langue ? », *Repères*, n° 28, 2004, pp. 47-70.

DUCARD D., HONVAULT R., JAFFRÉ J.-P., *L'Orthographe en trois dimensions*, Paris, Nathan, 1995.

FERREIRO E., « L'écriture avant la lettre », *in* H. SINCLAIR, dir., *La Production de notations chez le jeune enfant*, Paris, PUF, 1988.

FERREIRO E., GOMEZ PALACIO M. et collaborateurs, *Lire-écrire à l'école. Comment s'y apprennent-ils ? Analyse des perturbations dans les processus d'apprentissage de la lecture et de l'écriture*, Lyon, CRDP, 1988.

GAK V. G., *L'Orthographe du français, Essai de description théorique et pratique*, Paris, SELAF, 1976.

GROUPE MAÎTRISE DE LA LANGUE, *Je vous écris sans fautes*, CNDP/CRDP de Lorraine, 1998.

GUION J., *L'Institution orthographe. À quoi sert l'orthographe ? À quoi sert son enseignement ?*, Paris, Le Centurion, 1974.

HAAS G., dir., *Apprendre, comprendre l'orthographe autrement, de la maternelle au lycée*, Scéren-CRDP de Bourgogne, 2002.

JAFFRÉ J.-P., FAYOL M., *Orthographes. Des systèmes aux usages*, Paris, Flammarion, 1997.

LUCCI V., MILLET A., dir., *L'Orthographe de tous les jours. Enquête sur les pratiques orthographiques des Français*, Paris, Champion, 1994.

RIEBEN L., FAYOL M., PERFETTI C., dir., *Des orthographes et leur acquisition. Actualités pédagogiques et psychologiques*, Lausanne-Paris, Delachaux et Niestlé, 1997.

Revues

Dossiers de l'éducation, J. FIJALKOW et J.-P. JAFFRÉ, dir., « L'orthographe, une construction cognitive et sociale », n° 9, 2003.

Le Français Aujourd'hui, J. DAVID et D. DUCARD, dir., « Des conflits en orthographe », n° 122, 1998.

Lidil, C. BRISSAUD et C. TOTEREAU, dir., « Acquisition et enseignement de la morphographie », n° 30, 2004.

Panoramiques, R. HONVAULT, dir., « L'ortografe ? C'est pas ma faute ! », n° 42, 1999.

Pratiques, J.-P. JAFFRÉ et Y. REUTER, dir, « Orthographe(s) », n° 46, 1985.

Pratiques, D. BESSONAT, dir., « La ponctuation », n° 70, 1991.

Repères, G. DUCANCEL, dir., « Résolution de problèmes en français », n° 62, 1984.

Repères, C. VARGAS et F. GROSSMANN, dir., « La grammaire à l'école. Pourquoi en faire ? Pour quoi faire ? », n° 14, 1996.

Repères, F. GROSSMANN et D. MANESSE, dir., « L'"observation réfléchie de la langue" à l'école », n° 28, 2003.

Revue Française de Pédagogie, J.-P. JAFFRÉ et M. FAYOL, dir., « L'acquisition/apprentissage de l'orthographe », n° 126, 1999.

Corpus (Thèses)

COGIS D., *Productions graphiques et procédures dans l'acquisition des marques de genre en français par les enfants entre 8 et 11 ans*, Thèse de Doctorat en Sciences du Langage, Université de la Sorbonne Nouvelle - Paris III, 1999.

ESCOFFIER-BRISSAUD C., *Acquisition de l'orthographe du verbe au collège : le cas des formes en /E/. Invariants et procédures*. Thèse de Doctorat en Sciences du Langage, Université Stendhal – Grenoble III, 1998.

GUILLAUME J.-Y., *Le Problème scolaire de l'orthographe ou le parti pris des fautes*, Thèse de Doctorat de 3e cycle en Linguistique, Rennes II, 1980.

SANDON J.-M., *Les Unités linguistiques et leurs frontières : statut et fonctions dans l'acquisition de l'orthographe du français*, Thèse de Doctorat en Sciences du Langage, Université de la Sorbonne Nouvelle – Paris III, 1999.

SIEGRIST F., *La Conceptualisation du système alphabétique orthographié du français par l'enfant de 6 à 9 ans*, Thèse de doctorat de psychologie, 141, Université de Genève, 1986.

Écritures

BUCHETON D., CHABANNE J.-C., coord., *Écrire en ZEP : un autre regard sur les écrits des élèves*, Scérén, CRDP de l'Académie de Versailles – Delagrave, 2002.

FABRE C., *Les Brouillons d'écoliers ou l'entrée dans l'écriture*, Grenoble, Ceditel/L'Atelier du Texte, 1990.

FAYOL M., *Des idées au texte. Psychologie cognitive de la production verbale, orale et écrite*, Paris, PUF, 1997.

DUCHESNE A., Leguay, T., *Lettres en folie*, Paris, Magnard, 1988.

FOURNIER J.-M., dir., *La Rédaction au collège. Pratiques, normes, représentations*, Paris, INRP, 2000.

GROUPE D'ÉCOUEN, *Former des enfants producteurs de textes*, Paris, Hachette, 1988.

GROUPE EVA, *Évaluer les écrits à l'école primaire*, Paris, Hachette, 1991.

GROUPE EVA, *De l'évaluation à la réécriture*, Paris, Hachette, 1996.

Le Français Aujourd'hui, C. Boré et J.-A. Huynh, dir., « Réécritures », n° 122, 2004.

PENLOUP M.-C., « Ils écrivent !... et alors ? L'écriture scolaire au risque de l'écriture extra-scolaire », *Le Français Aujourd'hui*, n° 127, 1999, pp. 33-41.
REUTER Y., *Enseigner et apprendre à écrire*, Paris, ESF éditeur, 1996.
RIVAIS Y., *Jeux de langage et d'écriture*, Paris, Retz, 1992.
VERMEERSCH G., *La Petite fabrique d'écriture*, Paris, Magnard, 1994.

Au-delà de l'orthographe

ASTOLFI J.-P., *L'erreur, un outil pour enseigner*, Paris, ESF, 1997.
ASTOLFI J.-P., *L'École pour apprendre*, Paris, ESF, 1992.
ASTOLFI J.-P., Develay, M., *La Didactique des sciences*, Paris, PUF, Que Sais-Je ?, n° 2448, 1989.
BACHELARD G., *La Formation de l'esprit scientifique*, Paris, Librairie philosophique J. Vrin, 1938/1999.
BARTH B.-M., *Le Savoir en construction. Former à une pédagogie de la compréhension*, Paris, Retz, 1993.
BARUK S., *L'Âge du Capitaine*, Paris, Seuil Points Sciences, 1992.
BAUTIER É., « De qui, de quoi parle-t-on ? », *Le Français aujourd'hui*, n° 120, 1997, pp. 15-21.
BAUTIER É., « Du rapport au langage : question d'apprentissages différenciés ou de didactique ? », *Pratiques*, nos 113-114, 2002, pp. 41-54.
BLIN J.-F., avec GALLAIS-DEULOSEU C., *Classes difficiles. Des outils pour prévenir et gérer les perturbations scolaires*, Paris, Delagrave, 2004.
BRUNER J., *Le Développement de l'enfant. Savoir faire, savoir dire*, Paris, PUF, 1983.
BRUNER J., *... car la culture donne forme à l'esprit*, Paris, Eschel, 1991.
BRUNER J., *L'Éducation, entrée dans la culture*, Paris, Retz, 1996.
BUCHETON D., BAUTIER É., « Interactions : co-construction du sujet et des savoirs », *Le Français aujourd'hui*, n° 113, 1996, pp. 24-32.
CHARLOT B., BAUTIER É., ROCHEX J.-Y., *École et savoir dans les banlieues... et ailleurs*, Paris, Armand Colin, 1992.
DAHOUN Z., *Les Couleurs du silence. Le mutisme des enfants de migrants*, Paris, Calmann-Lévy, 1995.
DE VECCHI G., GIORDAN A., *L'Enseignement scientifique : comment faire pour que « ça marche » ?*, Z'éditions, 1988.
FABRE M., *Situations-problèmes et savoir scolaire*, Paris, PUF, 1999.
GIORDAN A., *Apprendre !*, Paris, Belin, 1998.
GOMBERT J.-E., *Le Développement métalinguistique*, Paris, PUF, 1990.
GOODY J., *La Raison graphique*, Paris, Éditions de Minuit, 1979.
HÉRITIER F., *Masculin/Féminin. La pensée de la différence*, Paris, Odile Jacob, 1996.
JAUBERT M., REBIÈRE M., BERNIÉ J.-P., dir., *Construction des connaissances et langage dans les disciplines d'enseignement*, Actes du Colloque pluridisciplinaire international, Bordeaux, avril 2003, Cédérom.
LAHIRE B., *Culture écrite et inégalités scolaires. Sociologie de « l'échec scolaire » à l'école primaire*, Lyon, PUL, 1993.
Le Français Aujourd'hui, É. BAUTIER et D. MANESSE, dir., « Classes difficiles : le pari du savoir », n° 120, 1997.
Le Français Aujourd'hui, I. DELCAMBRE et I. LABORDE-MILAA, dir., « Oral : le rapport à l'autre », n° 146, 2004.
LIEURY A., *La Mémoire. Du cerveau à l'école*, Paris, Flammarion, 1993.
MANESSE D., coord., *Le français en classes difficiles. Le collège entre langue et discours*, Paris, INRP, 2003.
NONNON É., « Activités argumentatives et élaboration de connaissances nouvelles : le dialogue comme espace d'exploration », *Langue française*, n° 112, 1996, pp. 67-87.

NONNON É., dir., *Faut-il parler pour apprendre ?*, Actes du colloque, Arras, mars 2004, Cédérom.

OLSON D., *L'Univers de l'écrit. Comment la culture écrite donne forme à la pensée*, Paris, Retz, 1998.

PERRAUDEAU M., *Échanger pour apprendre*, Paris, Armand Colin, 1998.

PERRET-CLERMONT A.-N., NICOLET M., *Interagir et connaître. Enjeux et régulations sociales dans le développement cognitif*, Paris, L'Harmattan, 1988, rééd. 2001.

PIAGET J., *L'Épistémologie génétique*, Paris, PUF, Que Sais-Je ?, n° 1399, 1970.

Repères, M. DABÈNE et G. DUCANCEL, dir., « Pratiques langagières et enseignement du français », n° 15, 1997.

ROCHEX J.-Y., « Lecture, écriture et travail du sujet : des papiers pour quelle identité ? », *Le Français Aujourd'hui*, n° 113, 1996, pp. 33-41.

SCHNEUWLY B., BRONCKART J.-P., dir., *Vygotski aujourd'hui*, Neuchâtel, Paris, Delachaux et Niestlé, 1985.

TERRAIL J.-P., *De l'inégalité scolaire*, Paris, La Dispute, 2002.

VERMERSCH P., *L'Entretien d'explicitation*, Paris, ESF, 1994, rééd. 2000.

VILLECHAISE-DUPONT A., *Amère banlieue. Les gens des grands ensembles*, Paris, Grasset, 2000.

VYGOTSKI L., *Pensée & Langage*, Paris, La Dispute, 1934/1997.

Outils de travail

Dictionnaires

Dictionnaire étymologique du français, PICOCHE J., Les Usuels du Robert, 1979, rééd. 1992.

Dictionnaire historique de l'orthographe française, CATACH N., dir., Paris, Larousse, 1995.

DicoSmart, Tri-Edre, www.tri-edre.fr (Mac OS 8 ou 9).

Le Robert brio, 2004 ou *Le Robert Méthodique*, 1982.

Grammaires

RIEGEL M., PELLAT J.-C., RIOUL R., *Grammaire méthodique du français*, Paris, PUF, 1994.

TOMASSONE R., *Pour enseigner la grammaire*, Paris, Delagrave, 1996.

VARGAS C., *Grammaire pour enseigner*, Paris, Armand Colin, 1995.

Histoires

CERQUIGLINI B., *La Naissance du français*, Paris, PUF, Que Sais-Je ?, n° 2576, 1991.

HAGÈGE C., *Le Français, histoire d'un combat*, Éditions Michel Hagège, 1996.

WALTER H., *Le Français dans tous les sens*, Paris, Robert Laffont, 1988 (Livre de poche, 1996).

WALTER H., *L'Aventure des mots français venus d'ailleurs*, Paris, Robert Laffont, 1997 (Livre de poche, 1999).

YAGUELLO M., *Histoires de Lettres. Des lettres et des sons*, Paris, Point-Virgule, Seuil, 1990.

YAGUELLO M., *La Planète des langues*, Paris, Seuil, 1993.

Rectifications orthographiques

RENOUVO (Réseau pour la nouvelle orthographe du français) : http://www.renouvo.org/

Site d'information sur la nouvelle orthographe française officiellement recommandée : http://www.orthographe-recommandee.info/index.htm

Listes de fréquence

LÉTÉ B., Manulex, http://unpc.univ-lyon2.fr/~lete/manulex/Manulex.htm

TERS F., MAYER G., REICHENBACH D., *L'Échelle Dubois-Buyse : l'orthographe usuelle française*, Paris, MDI, 1964, réédition 1995.

http://eduscol.education.fr/D0102/liste-mots-frequents.htm

Documents officiels

Sites institutionnels : www.education.gouv.fr ; www.eduscol.education.fr
Portail : http://www.education.fr/
Horaires et programmes d'enseignement de l'école primaire, *BO*, n° 1, Hors série, 14 février 2002.
Programmes de Français du collège, 1995.
Accompagnement des programmes du cycle central 5e/4e, 1997.
Résultats des évaluations nationales : http://evace26.education.gouv.fr/

Orthographe pour mémoire :
Arrêté de 1901 ;
Tolérances de 1976 ;
Circulaire n° 77-208 du 14 juin 1977, *BO*, n° 25 du 30 juin 1977.
Rapport du Conseil Supérieur de la langue française, Documents Administratifs, *Journal officiel de la République française*, 6 décembre 1990.

Table des questions d'orthographe, des tableaux et des outils

Questions d'orthographe traitées en classe

Pôle lexical

Pôle grammatical

Pôle complémentaire

Tableaux et outils

Faire écrire

Faire découvrir le système orthographique

Faire évoluer les conceptions des élèves

Observation réfléchie de la langue

Composition : COMPO 2000 – Saint-Lô
CTP
Achevé d'imprimer en France par EUROPE MÉDIA DUPLICATION S.A.S.
LASSAY-LES-CHÂTEAUX
N° d'imprimeur : 18968
Éditions Delagrave – N° d'édition : 8952 – R1 – MARS 2008